政治的规则

第十一版

［英］罗德·黑格（Rod Hague）
［英］马丁·哈罗普（Martin Harrop）　著
［美］约翰·麦考密克（John McCormick）

赵德昊　殷　昊　译

COMPARATIVE GOVERNMENT AND POLITICS

AN INTRODUCTION, 11TH EDITION

中国人民大学出版社
·北京·

译者序

政治学是最古老的社会科学学科之一，对政治现象的学理思考饱含着人类对于正义、秩序与发展的不懈追求。20世纪以来，政治学的学科范式历经了多次重大变革，但不论是聚焦个体行为、运用实证方法的行为主义，还是对结构、理念与行动者各有侧重的新制度主义诸流派，面向错综复杂的政治现象，对政府与政治"规则"的讨论始终是我们构建预期、形塑制度及规范行为的基本框架。

在政治学理论与范式激烈变换的潮流中，本书自20世纪80年代问世以来便坚守对"规则"的关注，在比较政治学教材及入门著述层出不穷的今天，本书仍然经久不衰，是多所著名高校指定的经典教材。本书的第五版曾由张小劲老师主持翻译并由中国人民大学出版社出版，启迪了一代国内的比较政治学人。我们今天所呈现给大家的译本已经是这本经典著作的第十一版，随着政治现实与理论的发展，本书在内容上与旧版相比已有了巨大变化，这本历久弥新的著作仍是比较政治学初学者不容错过的经典之作。

当下，在比较政治学研究更多地转向民主化、国家建设、社会运动、革命、战争等重大现象时，本书难能可贵地把相当大的篇幅留给了对"规则"的介绍。这并不是旧制度主义在当代的尴尬回响，作者对诸如行政、立法、司法、地方政府和官僚体系的分析没有局限于结构与功能的机械式解读，而是能在比较中让读者理解制度的运作、制度间形成差异的原因，分析展现不同制度的未来前景。跟随作者的引导，读者们将会去思考：为什么在已有正式制度的许多领域，非正式制度或者是所谓的"潜规则"仍然存在甚至不可或缺？为什么围绕同样的功能，不同的国家会构建不同的制度？为什么同样的制度在不同的国家会产生不同的效能？在作者深入浅出的分析中，我们对"规则"的理解不再是枯燥的说明书式转述，而是在复杂的历史情境、变化的社会形态与多样的政治互动中掌握政治运作的机理。动态的规则与交互的行为塑造了我们这个政治世界的多元图景，对"规则"的掌握是我们梳理错综复杂的政治现象的钥匙。

作为一本经典入门作品，本书对"规则"的理解还深深根植于理论与情境，全书在理论、主题与案例间形成了设计上的平衡。一些以研究范式和不同主题下理论综述为主的比较政治学教材虽深刻，但并不利于初学者入门。而以区域国别为纲目，在案例中呈现理论与方法的作品虽然降低了阅读与学习的门槛，但又不利于读者对理论与方法形成整体性的把握。本书则兼二者之长，一方面对比较政治学的核心概念、重要研究方法和主要理论作了系统介绍，另一方面又将主题讨论与案例介绍很好地结合起来。通过阅读本书，读者既能对比较政治学的主要理论、方法与主题形成框架性认识，又可尝试结合相关理论与方法对重要的区域国别情况进行学理性分析。

但我们需要注意的是，本书仍带有西方学者的偏见，即以民主-威权的二分框架来对政治现象进行价值判断，并将许多发展中国家政治中的负面现象归为威权政治的结果。这种简单归因不仅忽视了复杂的历史、文化和心理因素，而且也常常演变为对发展中国家的刻板印象。另外，作者对民主的认识也是单一的，例如片面地将民主等同于西方的竞争性选举制度。这是需要读者进行仔细鉴别的。

本书由赵德昊和殷昊合作翻译，赵德昊负责第一至十一章及第二十章，殷昊负责本书的第十二章至十九章。最后由赵德昊进行全书的统稿及审校。本书是一部涉猎广泛的大部头，尽管我们二人已经尽力而为，但翻译的错漏之处恐怕仍然在所难免，望各位读者在未来能够不吝赐教。

前　言

　　在津巴布韦，军队把领导人赶下了台。在印度，曾经占据统治地位的政党遭到了有史以来最严重的失败。在英国，政府努力就本国脱欧事宜进行谈判。在俄罗斯，普京再次当选总统，开启了新的任期。在整个北半球，数百万民众经历着创纪录的高温。在美国，总统特朗普向国家的主要贸易伙伴发动了贸易战，并拒绝接受关于俄罗斯干预其大选的调查。

　　为什么会发生这一切？这些事件又意味着什么？想要解释上述现象，我们必须首先在更广泛的框架中来界定具体的发展。为什么不同的政治体制基于不同的规则运转？不同政府的权力如何解释他们的行为？不同国家的公民如何认识他们所见的变化？为什么一些国家由总统主导而另一些国家却由总理主导？为什么有些国家只有一个占据统治地位的政党，而有些国家有十数个这样的政党？最高法院和宪法法院有什么区别？

　　这些都是比较政治所要解决的问题。比较政治不仅帮助我们认识政府和政治的规则，而且帮助我们理解全世界的政治新闻。追踪这些新闻是一回事，去理解它们并将它们置于情境之中则是另一回事。随着技术、贸易和科学的不断进步，世界更加紧密地联系在一起，某一地区的发展可能对其他地区产生重要的影响，这使得理解我们所见的变化变得十分重要。通过对不同政府和政治体制的研究，我们不仅可以更好地理解我们所生活的国家，而且还能对其他国家以及它们的政府、政治选择和人民有更好的认识。

　　本书专为引导你进入比较政府与政治的学习而设计。下面各章节的目标是为比较政治——政治学中迷人且重要的子领域——的课程提供一个全面且低门槛的指南。我们将会在民主与威权体制的差异中，在政府轮替制度的不同形式中以及普通人参与（或被禁止参与）到政府影响他们生活的决策的方式中检视方法和理论的比较。

　　和上一版一样，本版也基于主题进行比较，全书章节被分为三个部分。

　　● 第一部分（第一至六章）为全书打下基础，回顾了比较政治学中的核心概念，后面的章节关注了理论路径与比较研究方法、国家的意义和范围以及民主和威权体制的特点。

● 第二部分（第七至十二章）关注了构成政治科学核心主题的制度。这部分从关于宪法的章节开始，宪法呈现了制度如何运转、如何彼此联系的权力图谱。后面的章节关注了行政机关、立法机关、官僚体系和地方各级政府。第十二章探讨了政治文化，政治文化帮助我们在更广阔的情境中理解政府和政治运转。

● 第三部分（第十三至二十章）检视了政治过程。这部分从对政治参与的研究开始，接着关注了政治传播、选举、政党、选民和利益集团。本书的最后两章讨论了公共政策和政治经济学。

本书在设计上致力于满足不同国家学生的需要，从不同的视角推进对政府与政治的学习。你可以把它视为你学习政府和政治的第一门（也许是唯一一门）课程或模块的一部分，或是你主修科目之外必修课程的一部分，或是仅仅因为你对政治学有兴趣而学习的课程的一部分，或是你当前主修课程中的一部分。不论你的背景和动机如何，书中各章都致力于帮助你找到理解全世界政府与政治多样性的方法。

两个关键主题：民主回潮、信任衰退

政治总是充满戏剧性而很少保持不变。这里有对权力和影响力无休无止的争夺，有不断变化的需求和供给，还有一群英雄和恶棍，他们的治理努力时而振奋人心，时而天怒人怨。近代历史中很少有时候像今天一样充斥着快速且剧烈的变化，新的压力和机会将各个国家带向不同的道路，许多可能性也随之产生。

在我们所见的所有变化中，有两项尤为突出：

● 民主回潮。不久以前，拉丁美洲和撒哈拉以南非洲军政府的终结以及带来"阿拉伯之春"的中东北非民主运动让民主人士备受鼓舞。一个学者（参见第五章）甚至受此激励而宣称自由民主的胜利和"历史的终结"。近来，民主似乎陷入困境，即便在美国、英国、法国和日本等民主价值观深入人心的国家，其政治权利和公民自由也受到了挑战。与此同时，在像俄罗斯、土耳其等一度开始民主化进程的国家，随着威权领导人及其政党变得更加强大，其民主化进程也出现了逆转。

● 政府信任衰退。世界上许多国家的公民对其政府表现的不满上升到了新的高度，他们愈加不信任本国的领导人并感到自己在政治上和经济上都更加边缘化了。许多人担心那些被他们视为常识的政治、经济和社会价值观念正在受到威胁。这些威胁可能是真实存在的，也可能是想象出来的，但在许多情况下，由于新的政治领导人将一切归咎于政治和经济精英，这种担心已经演变为民粹主义的兴起。政治和经济的分裂已经凸显，有人呼吁将权力还给人民，随着反对移民和全球化声浪的高涨，人们开始投向民族主义，并支持建立物理和法律层面上的壁垒和高墙。

这两个主题贯穿着后面的章节。我们不仅审视了政治体制的结构和公民们彼此关联的方式，还考察了民主和威权、民粹主义、民族主义和全球化的兴衰。由此，我们将对比较政治领域中一些更广泛、更普遍的问题有更多的了解：谁拥有权力，谁没有权力，权力关系是如何演变的，以及政治体制是如何运转的。

致谢

本书的写作和出版得益于出版商的鼓励（写作可以是独立承担的任务）和出品团队的职业精神。在这两方面，红地球出版社（Red Globe Press）都是完美的合作者。作者要感谢劳埃德·兰曼（Lloyd Langman）在这个项目上始终如一地周密、专注和令人安心的领导，彼得·阿特金森（Peter Atkinson）在帮助完成项目方面所做的详细和创造性的工作，安妮·哈利迪（Anne Halliday）作为文字编辑的出色工作，以及艾米·布朗布里奇（Amy Brownbridge）在本书出版方面的出色工作。

作者还想感谢 15 位匿名审稿人——其中 4 位来自英国，3 位来自美国，2 位来自荷兰，澳大利亚、中国香港、新西兰、波兰、瑞典和阿拉伯联合酋长国也各有 1 位审稿人，他们提出了许多对新版本有极大帮助的建议。作者也要感谢其他的许多学者，他们向红地球出版社提供了大量非正式的反馈，其中大部分内容都被纳入了新版本中。

最后，约翰·麦考密克向利安娜（Leanne）、伊恩（Ian）和斯图尔特（Stuart）献上他的爱，感谢他们给他带来的一切。

关于作者

罗德·黑格和马丁·哈罗普是英国纽卡斯尔大学政治学系的高级讲师。约翰·麦考密克是美国印第安纳大学与普波大学印第安纳波利斯联合分校的政治学教授。他的作品有《比较政府与政治案例》（*Cases in Comparative and Politics*，2019）、《理解欧盟》（*Understanding the European Union*，2017）、《环境政治与政策》（*Environmental Politics and Policy*，2017）。

对"聚光灯"的介绍

"聚光灯"关注文本中最常被作为例证提到的 17 个国家和地区，其中包括对每个国家（在介绍欧盟时是区域组织）的简介，对其政治特征、一些关键人口和经济数据的简要描述，并基于"聚光灯"所在章节的主题，对每个国家进行简要的案例研究，具体见下表。

政府组成	对政府组成的概述，包括国家建政以及最新宪法实行的时间
行政	行政机关的形式与结构
立法	立法机关的形式与结构
司法	司法机关的形式与结构
选举体制	选举体制的形式与结构
政党	政党体制的概述和国内运作的主要政党
人口	2017 年的数据，来自 World Bank，2018
国内生产总值	一国所生产的商品与服务的总值，以美元计价。2017 年的数据，来自 World Bank，2018
人均国内生产总值	一国人均所生产的商品与服务的总值，以美元计价。2017 年的数据，来自 World Bank，2018

第十一版导引

尽管距上一版《政治的规则》的出版仅仅过了三年，但在这段时间里，世界已经发生了许多变化。新版本是反映这些变化的一个机会，但是它仍然忠于早期版本的核心目标和特点：在提供一个比较政治学的入门性介绍的同时，将新视角整合到主题研究之中。

结构和特征　新版本有几个关键的结构性变化：

● 理论和方法部分的两章被提前，如此，这两章可以与关于概念的第一章联系得更加紧密。

● 关于行政机关的章节被移到关于立法机关的章节之前，以便于在讨论立法机关之前对议会制度进行深入的阐释。

● 为了回应一些专家的建议，关于政治经济的章节已经被重新撰写。

● 对威权国家的讨论变得更多，在整个文本中插入了更多威权国家的案例。

所有在上一版中凸显的新特点都得到了保留和发展，包括"聚焦"、每一章的"预览"以及"核心观点"。同样，"聚光灯"也被重新设计过，随之而来的还有对"延伸阅读"的更新。

篇幅　教科书每更新一个版本，其篇幅变得更大的现象已经司空见惯。但是本书是一个明显的特例。即便我们额外增加了"政治经济"这一新的章节，第十一版仍然仅比第十版的规模略大。

案例　与上一版一样，这一版仍侧重于案例研究的国家的选择，并在新版本中有所加强，以展现政治、经济、社会和地理多样性，还增加了土耳其作为混合政体的例子。

来源　一如既往，我们一直非常小心地使用最新的资助并尽可能扩展资金的来源。绝大多数的政治学研究都是由欧洲和美国的出版商用英语发表的，这就产生了对世界多少有点不平衡的看法。除了努力包括各种各样的案例外，本版还努力向尽可能多的学者和国家寻求资助。

本版的主要变化

在整本书中，论点得到了发展，定义得到了加强，不同理论之间形成了联系，增加了范围更广的国家案例，并整合了新研究的成果，具体见下表。

	主题	关键变化
第一章	核心概念	加入了更多国家的案例，界定了新的概念，关于政治和权力的部分得以结合
第二章	理论路径	从原位置前提，在政治理论部分增加了新的细节，在文化路径部分增加了新的论述
第三章	比较研究方法	从原位置前提，在不同研究方法部分增加了细节，在民族主义和全球化部分有所扩充
第四章	国家	关于政治权威的部分有所扩写，关于民族主义的作用有了更多的讨论
第五章	民主统治	扩展了对于民主与现代化关系的讨论，重写了民主前景的部分
第六章	威权统治	扩展了对于威权国家特征与影响的解释，新增了关于专制主义与强制的内容，增加了许多国家作为案例
第七章	宪法和法院	补充了关于成文宪法与不成文宪法的内容，扩展了涉及威权国家的部分
第八章	行政机关	从原位置前提，扩展了关于国家元首和政府首脑的讨论，新增了无限总统制的类型
第九章	立法机关	从原位置后置，新增了关于代表模式、信任水平的内容，扩展了涉及威权国家的部分
第十章	官僚体系	明确了本章的讨论对象，更详细地介绍了新公共管理和数字政府，大大扩展了涉及威权国家的内容
第十一章	地方政府	扩展了关于基层政府的内容，新增了作为案例的国家，对威权国家的讨论更具深度
第十二章	政治文化	对政治文化的讨论更加清晰，新增了关于多元文化主义和身份政治的内容，对政治信任的介绍更加深入
第十三章	政治参与	扩展了对于谁参与政治、为何参与政治的讨论，新增了关于政府与政治中的女性的部分
第十四章	政治传播	基于社交媒体的最新发展进行了更新，讨论了假新闻的问题并在相当程度上扩展了涉及威权国家的内容
第十五章	选举	添加了许多案例，大大扩展了涉及威权国家及其政党体制的内容
第十六章	政党	增添了立法机关选举新细节的内容，基于最新选举结果进行了介绍，扩展了关于威权国家选举动态和目的的内容
第十七章	选民	削减了关于选民选择的内容，增加了关于投票率的讨论，扩展了威权国家选民的内容
第十八章	利益集团	扩展了对于游说的讨论，在利益集团工作的部分增加了新的案例，扩展了威权国家利益集团的内容
第十九章	公共政策	在讨论中进行了更多的比较，强调政策发展动力的问题并在很大程度上改写了涉及威权国家的部分
第二十章	政治经济	从更早期版本中恢复的新章节，但几乎进行了重写，涵盖了所有主流理论并增加了关于威权国家的讨论

出版商致谢

XXI   出版商要感谢以下机构允许在本书中使用其出版物中的数据、图表或表格:

- SAGE 出版社,提供表 1-3 和表 17-3。
- 国际议会联盟,提供图 3-1、9-2、9-3、13-3 和 15-2,以及表 9-3。
- 瑞士经济研究所,提供图 3-2。
- 全球系统和平中心,提供图 5-1。
- 世界价值观调查,提供图 9-4。
- 世界经济论坛,提供图 10-5。
- 国际电信联盟,提供图 14-1 和表 14-2。
- 经济合作与发展组织(OECD),提供图 18-1 和图 20-1。
- 和平基金会,提供表 4-4。
- 比较宪法项目,提供表 7-3。
- 国际劳工组织,提供图 10-1、10-2、10-4。
- Taylor & Francis 出版社,提供图 17-1。
- 牛津大学出版社,提供图 4-1、16-1。

目　　录

第一章
核心概念

预览

对任何学科的学习而言，我们都最好从对核心概念的讨论开始。大多数我们所感兴趣的政治概念都已经深入我们的日常语言；政府（government）、政治（politics）、权力（power）以及权威（authority）都是我们所熟悉的名词。但是正如我们将要看到的那样，这并不意味着这些概念能被轻松界定，或政治学者们对如何最好地理解或应用这些概念已经达成了共识。

这一章从对政府和治理意义的讨论开始。这两个概念彼此相关联但又有很大差别：前者关注制度而后者关注过程。接着我们会讨论政治这个概念，政治的核心特征能相对容易地被界定，但其边界却并不清晰：政治意味着决策还是对权力的竞争？后面的内容对权力、权威、合法性以及意识形态这几个概念进行了述评，这些概念都是我们理解政府与政治如何运转的核心。

随后，本章将探讨比较政治学的核心目标。比较政治的首要价值在于帮助我们拓宽和加深对政治和政府的理解，使我们超越研究单一政治制度的固有局限。本章最后回顾了对政治体制进行分类所面临的挑战，并研究了一些可以帮助我们更好地理解复杂、多样和不断变化的政治世界的类型学划分。

核心观点

●像所有领域的研究一样，政治学概念的界定（尽管存在争议）十分重要。

●政府体现了治理社会的制度和结构，而治理体现了集体决策的过程。

●很难对政治进行精准的界定，许多界定之间都存在细微差别。但政治显然是发生在人与人之间的集体活动。

●权力是带来预期效果的能力，也是理解政府与政治的核心。权威和合法性是关键的相关概念。

●意识形态已经失去了它作为思想科学的原始意义，但它仍然是一种包装政府决策和公共政策目标的有效方式。

●类型学帮助我们进行比较，理解世界政治体制多样性中的规律，并帮助我们提出解释和规则。

核心概念：一个概述

任何领域的研究都建立在专门的词汇之上，这些词汇由术语或**概念**（concept）组成，它们需要被理解和界定以便为我们提供参照点。**政治学**（political science）也不例外。例如，为了理解政治体制需要具备何种特征（参见本章下文）才能称得上是民主体制，我们基本都同意大众对统治者的一些控制措施是十分关键的，如果没有让政府负责的方式，那么也就没有民主了。因此，我们可以对民主这一概念进行这样的界定：民主是一个国家中所有符合资格的公民公平、公开授权产生政府的政治体制。正如我们将在第五章看到的那样，我们司空见惯的概念有着多重维度的讨论。

这一章的开篇回顾了比较政府和政治中几个最重要的概念，为理解接下来的章节提供了基础。首先，我们将从"政府"和"政治"这两个概念开始，二者通常可以互换使用，但不总被正确使用。接下来我们将介绍"权力"这一有着多重维度的概念。我们还将在本章讨论"国家"的含义（第四章将更深入地介绍这一概念），以及它如何与权威、合法性和意识形态相关联。

这些概念都是理解政府如何被组织起来、政治如何运转的核心。我们将会发现人们对这些概念的内涵常常存在竞争性解释。这个问题不仅存在于政治学之中，也存在于整个社会科学之中。甚至社会科学这个词汇本身也存在竞争性解释。**社会科学**（social science）被用于研究和更好地理解社会的组织关系和人与人之间的互动。社会科学家研究我们建立的机构、我们同意的规则、我们使用的程序、我们的潜在动机以及我们互动的结果。

最终，为了建构性地进行比较，我们需要去理解这些概念。反过来说，我们需要进行比较以更好地理解人类行为。比较是最基础的人类活动中的一种，我们的每个选择都是在比较中做出的。毫无意外，比较也是整个社会科学的核心，政治学尤其如此。我们可以单独地研究政府和政治过程，但是没有对不同案例和情境的比较，我们永远也不可能完全理解它们，更不能得出关于人们行动动机的一般性结论，或确保我们已经考虑到了所有可能的解释。只有跨时空地看待政府和政治，我们才能对政府和政治如何运转形成更加广阔和全面的理解。

2

概念：
一个理念、术语或范围。

政治学：
对于政府和政治的理论与实践的研究，关注制度、政治过程和政治行为的结构与变化。

社会科学：
对人类社会和社会中人的结构性互动的研究。

政府和治理

政府：
治理社会的制度和结构。

既然这是一本关于比较政府与政治的书，那么合乎逻辑的做法就是从**政府（government）**这个词开始进行介绍。小团体里的人可以不通过任何特殊程序形成集体决策；一个家庭或一支体育队伍可以通过非正式的讨论达成共识，并且这些共识可以自我执行，因为决策者同时也是执行者。然而，这些简单的机制在诸如城镇、城市或国家这样的大型单位中就是不适宜的，这些单位必须发展出制定和执行集体决策的程序和**制度（institution）**。由此，它们形成了一个政府。

制度：
具有政治目的或效果的正式组织或实践，具有持久性和内部复杂性的特征。

政府这一概念，通常描述了社会中最高层的政治职务，如总统、首相、议员、州长、市长和其他处在权力顶端的职位。但是政府通常由共同体中所有负责达成和执行决策的组织构成。在这一定义下，军队、行政官员和法官都属于政府的一部分，即便他们并不通过诸如选举这样与政府类似的方式获得任命。在更宽泛的定义中，政府是共同体中得到公共权威授权的所有制度。政府这一词可以用于描述一组执政的人（例如日本政府）、某个具体的政府（如普京政府）、统治体系的形式（集权政府），以及一个共同体中行政机关的特征（好政府）。

17 世纪的英国哲学家托马斯·霍布斯为政府的存在进行了经典的证成（参见聚焦 1.1）。他认为政府为人们提供了保护，让人们免于因彼此间对财富和荣誉的追求而自相残杀造成的伤害。通过授予政府垄断暴力的权力，我们从无序的自然状态进入了有序社会，和平与互利合作的机会也得以保障。

在一个民主国家中，政府应为那些生活在其司法管辖（参见第五章）下的人提供安全的和可预见性的环境。公民和企业可以进行长期规划，因为他们知道法律是以标准范式制定的，法律考虑到了相互竞争的意见并且在适用上始终如一。当然，事情不会这么简单，因为政府本身就会带来危险。霍布斯式国家的风险在于，国家会滥用自身的权威，创造出的问题比自己解决掉的还要多。正如约翰·洛克（霍布斯的批评者之一）指出的，如果结局是被狮子吞食，那么躲避狐狸带来的危险将没有任何意义（Locke，1690）。政府研究中的一个关键目标就是去发现如何在限制政府内在危险性的同时确保其带来的好处。

在民主体制下，政府会受到各种力量的影响，例如利益集团、政党、媒体、企业和公共舆论。同样，在威权体制下，政府也许并没有太

聚焦 1.1

霍布斯对政府的观点

托马斯·霍布斯（1588—1679）在 1651 年出版的《利维坦》中对政府进行了很好的证成。他论证的出发点是人们伤害彼此的能力大致相等：

就体力而论，最弱的人运用密谋或者与其他处在同一种危险下的人联合起来，就能具有足够的力量来杀死最强的人。

这就在野心与被攻击的恐惧之间形成了冲突：

由这种能力上的平等出发，就产生了平等的达到目的的希望。因此，任何两个人如果想取得同一东西而又不能同时享用时，彼此就会成为仇敌。他们的目的主要是自我保全，有时只是为了自己的享乐；在达到这一目的的过程中，彼此都力图摧毁或征服对方。

没有制约我们的统治者，情况将变得十分严峻：

由此可见，生活在没有使所有人敬畏的共同权力的时期，人们将处于战争状态，类似所有人反对所有人的战争状态。

因此，人们同意（不以明确的方式）建立一个绝对政府以避免"孤独、贫穷、肮脏、野蛮和短寿"的生活：

要建立起这样一种共同权力，使其能够抵御外敌入侵并避免彼此的伤害，唯一的办法……就是把人们全部的权力和力量授予某一个人或一个能通过多数的意见把大家的意志化为单一意志的多人组成的集体……这一点办到后，像这样统一在一个人格之中的一群人就称为国家。

资料来源：Hobbes, 1651.

多自主性，很快会成为某个霸权型人物或小集团的所有物。在这两种情况下，围绕在政府周围的力量和影响力汇聚在一起，形成了**政治体制**（**political system**）。这个概念超越了单纯的制度，帮助我们确定一个国家或共同体政治生活中涉及的所有因素。政治体制有鲜明的轮廓，正如政治学家戴维·伊斯顿（David Easton，1965）对政治体制的著名定义中所使用的修饰词"权威性"所反映的那样：

政治体制是一种为社会进行权威性价值分配的互动。这也是将政治体制和环境中其他体制区分开来的地方。

"瑞典政治体制"不仅仅是"瑞典政府"，还是大多数瑞典政治活动——不论是积极的还是消极的，公共的还是私人的——所发生的地方。瑞典的政治体制与芬兰、丹麦和挪威的政治体制有许多相似之处，但和墨西哥、南非或印度的政治体制则有不少差别，即便所有这些国家

政治体制：
一个社会成功达成并执行集体决策的互动和组织。另见第四章关于政体（regime）的讨论。

的治理制度都有着几乎相同的目的。（关于比较政治学如何评价这些相似与差别的细节可参见第三章。）

治理：
在存在或不存在正式制度的情况下，形成决策、法律和政策的过程。

　　另一个相关的概念就是**治理**（governance）。政府的概念是基于组织的一种相当静态的解释，而治理的概念则强调集体决策的过程和质量。治理概念的重点在于行动，例如，我们能够谈论全球治理，但全球政府并不存在，存在的是各类国际组织（例如联合国）组成的大型共同体，上千条基于国际法产生的条约以及政府、企业和利益集团间不断的互动，所有这些构成了治理的过程。治理将我们的注意力从政府的命令-控制功能转移到公共管理所要达成的一揽子目标上，这是民主国家的执政者与其他主体所共享的角色。我们需要治理的概念作为政府概念的补充，而不是替代。

　　在关于欧盟的讨论中，治理的概念一直很突出。这个区域一体化的组织中有数个接近于欧盟政府（其中包括经选举产生的欧洲议会，以及法院）的组织，但它们更像一个治理体系（McCormick，2015）。它们的工作是制定政策和法律，并监督这些政策和法律的执行，但它们只能做欧盟基础条约及成员国政府允许它们做的事情。因此这些组织更应该被视为欧洲一体化进程的服务者而不是欧盟的政府。

　　因为政府与统治的活动相关，它也成为考察统治质量和有效性的首选词汇。因此，治理更倾向于描述政府机关做了什么以及做得是好是坏。善政在最低限度上也应负责、透明、高效，具有回应性和包容性，但是这些都是理想；即便那些在政治评价体系中排名靠前的国家（见本章后面）也存在缺陷。在威权体制中，糟糕的治理则更为常见，见"聚光灯　尼日利亚"。

◈　政治和权力

政治：
在制定和执行共同或集体性决策时，人们协商和竞争的过程。

　　尽管就政府中的人物、机构及其所在的建筑而言，政府是有形的，但是政治和权力则不那么容易被界定或测量。在关于**政治**（politics）内涵的辩论中，我们可以很容易地列出政治活动的清单并就此达成共识。例如当总统和美国国会参与关于预算的年度辩论时，很明显他们正在参与政治。当西班牙的加泰罗尼亚地区在 2014 年举行并没有约束力的独立公投且在 2017 年再次发起这一公投时，政治又一次出现在视野中。当上千个意大利人来到街头抗议食品价格上升（并且表达他们对政府的反对）时，他们同样在参与政治。正如这些例子所呈现的那样，政治的核心区域非常清晰。

然而，政治的边界却不那么明确。一个国家入侵另一个国家，这是政治行动还是仅仅陷入了战争？独裁者用暴力镇压示威，这是在参与政治还是在阻止政治？一个法庭就隐私问题做出判决时，这一判决应该做政治解读还是做司法解读？政治是否仅限于政府，还是说政治也可以存在于商业、家庭甚至大学课堂之中？

给政治下一个清晰的界定，并且符合我们直觉上称为"政治的"的事情是很困难的，因为这是一个有着多种使用方式的术语。但是政治有三个清晰的特征：

● 政治是发生在人群之中的集体性活动。荒岛之上的孤独漂流者不可能参与政治，但是如果在同一个岛上有两个漂流者，他们则可能形成政治关系。

● 政治涉及对待执行的行动计划和待解决的分歧做出决策。

● 政治决策一旦达成就会成为组织的权威性政策，并对其成员构成约束与承诺（即使一些成员抵制，这一举动本身就是政治活动）。

由于人类的社会性本质，政治是不可避免的。人类集体生活的方式决定了我们必须就资源的使用、与其他人的关系以及对未来的规划达成集体决策。国家要慎重考虑是否参与战争，家庭要讨论去哪里度假，一个公司要决定到哪里开设新的工厂，一个大学要就科研优先还是教学优先做出决策，这些例子都展示着集体组织谋求做出影响其成员的决策。政治要对不同方案进行评估，在理想情况下要将这些方案相结合形成一个折中的行动方案。

决策一旦达成就必须得到执行。必须找到能确保集体成员默许、最好是同意的办法。税收一旦被设立就必须被征收，规章一旦被接受就必须被推行，高速公路一旦被规划、资助就必须修建起来。公共权威（如果必要的话甚至还包括暴力）被用于集体决策的执行，那些不能为公共目标做出贡献的人可能会被当局罚款甚至监禁。

作为一个概念，政治可以被理想化地界定为：基于对集体共同利益的追求，或至少基于对集体内部不同利益的和平调解而制定并执行决策的过程。将政治解读为公共服务活动的尝试可以追溯至古希腊。哲学家亚里士多德（公元前 384—前 322）提出"人是天生的政治动物"（Aristotle，1962），基于这一定义，他认为政治不仅是不可避免的，而且是最高层次的人类活动，是我们与其他物种最为明显的差别。他的观点是人们要参与那些通过讨论来界定公共利益并以所有人参与的实际行动追求共同利益的政治共同体，由此人类才能表现出他们理性、道德的本性。在亚里士多德的政体模型中，"理想型的公民统治要基于所有人的利益，这并不因为他们受到制衡机制的强制，而是他们觉得这是正确的事情"（Nicholson，2004）。

认为政治是一个能够公开讨论的和平进程，且这一进程将带来所有利益相关者都能接受的集体决策，这样的想法很好，但是现实很少和理想相符。也许更加实际的情况是，政治同样能被视作寻求建立自身优势地位的人和组织对权力和资源的竞争。从第二个角度来看，当那些处于权威地位的人将自己的目标置于更广泛的集体目标之上时，政治涉及使用那些导致操纵、腐败甚至是暴力和流血的办法，最终让狭隘的关切优先于集体的利益。

在这一观点下，政治是获取及维持权力的竞争，是会产生赢家与输家的过程。这反映在政治学家哈罗德·拉斯韦尔（Harold Lasswell，1936）的著名定义中，他将政治界定为"某人在某时以某种方法得到了某种东西的学问"。简单来说，政治不是对公共利益的无私追求。持冷酷（或者是现实主义）观点的普鲁士将军卡尔·冯·克劳塞维茨（Carl von Clausewitz）曾说过，"战争是政治以其他方式的延续"。但是我们也可以很容易地反过来表达，即政治是战争以其他方式的延续。

因此，政治有许多不同的面向。它包括共享的和竞争性的利益，合作与冲突，理性与强迫。上面每一个概念都是必要的，但想要充分地界定政治就要将它们聚合在一起。政治的本质存在于概念的交互之中，我们不应该削足适履，将政治的定义局限于其中任何一个概念中。正如拉弗（Laver，1983）所说："纯粹的冲突是战争，纯粹的合作是真爱。政治是两者的混合。"

权力：
带来意图效果的能力。这个词通常作为影响力的同义词使用，但也在狭义上用来指代更具强制性的影响方式，尤其是通过威胁来达到目的。

同时，政治的核心是对**权力（power）**的分配和操纵。权力的拉丁词根是 Potere，意思是"能够去做"，这也是为什么哲学家伯特兰·罗素（Bertrand Russell，1938）将权力视为"对意图效果的生产"。我们能够决定自身命运的能力越强，我们所拥有的权力就越多。在这个意义上，称德国是一个强权（powerful）国家意味着它达到自身目标的能力很高而不论这些目标都是什么。反过来说，缺乏权力——正如许多贫穷弱小的国家那样——就会成为环境的受害者。不过，每个国家都有权力，即使它是迫使更大和更富裕的国家做出反应的那种消极权力；索马里海盗、叙利亚难民和来自墨西哥的非法移民似乎是无权力的，但这三个群体都会激起他们最直接影响的国家政府的政策反应。

要注意到，这里的重点是做什么的权力（power to）而不是对于什么的权力（power over），重点是达成某种目标的能力而不是控制其他人或国家的具体行动。但是大多数对于权力的分析都聚焦于关系，即对其他人或物的权力。这里，史蒂文·卢克斯（Steven Lukes，2005）所界定的三维权力观（参见表 1-1）十分实用，因为这一理论帮助我们回答了如何测量一个群体的权力的问题，或至少回答了一个群体是否比另一个群体更有权力的问题。通过对权力的三维理解，权力的概念也变得更加精细——但也可能在某种程度上超出了它的正常使用范围。

聚光灯

尼日利亚

简介

尼日利亚早在 1960 年就赢得了独立，但直到 2015 年，该国的总统选举才第一次出现了反对派打败现任者的情况。这个非洲第一人口大国和非洲大陆主要的地区性强国一直以来都面临着建立一套稳定政治形式的挑战，这次选举具有重大意义。尼日利亚正处在独立后最为长久的文官政府统治时期，但是军人仍然在政治中发挥着重要作用。该国在经济上依赖石油，腐败在社会的所有层次上都十分盛行，对安全的担忧和糟糕的基础设施阻碍了外国投资，族群和宗教区隔对稳定造成了令人忧心的威胁。自 2002 年以来，由伊斯兰组织"博科圣地"发动的入侵和攻击让这个国家雪上加霜。

政府组成	总统制的联邦共和国，联邦由 36 个州和一个联邦首都区组成。国家独立于 1960 年，现行宪法通过于 1999 年

续表

行政	总统制。当选总统任期为四年，最多可以连任一次。总统由一位副总统及内阁部长辅佐，每个尼日利亚州各产生一名成员
立法	两院制国会：众议院（360 名议员）、参议院（109 名成员），两院当选议员任期都为四年，可连选连任
司法	联邦最高法院，有 14 名由总统提名的成员，由参议院确认或由司法委员会批准
选举体制	总统通过全国性的竞选产生，当选者必须赢得所有选票中的多数并在 2/3 以上的州赢得不低于 25% 的选票。大选可能有两轮。国会选举采取单一议席多票制
政党	多党制，主要政党是人民民主党以及全体进步大会党

人口：1.86 亿

国内生产总值：3 750 亿美元

人均国内生产总值：1 969 美元

尼日利亚的政府与政治

关于政府、政治、权力和权威论辩正在尼日利亚上演。这个国家仍在致力于打造一个行之有效的政治形式和超越内部区隔的国家认同。

由于缺乏持久的政府形式，想要理解尼日利亚也变得复杂。自 1960 年独立以来，尼日利亚已经经历过三次文官政府，五次成功的和多次失败的军事政变，一次内战和接近 30 年的军人统治。第一次文官政府（1960—1966）是议会制的，第二次和第三次文官政府（1979—1983，以及 1999 年至今）都是总统制的。自 2007 年以来，尼日利亚已经实现了两次文官政府间的轮替，长期的政治前景也有所改善。尽管如此，尼日利亚仍然有相当大的不确定因素存在。

政治上的困惑反映了经济的变化，反过来也是如此。这个国家持续增长的人口规模预计在接下来 25 年将翻一番，已经严重不足以支撑现代经济的基础设施将变得更加捉襟见肘。尼日利亚经济上的关键难题在于对石油的严重依赖，这使得经济的规模和健康程度，以及政府收入都取决于不断变化的石油价格。更糟的是，大多数石油财富都被挥霍掉或被偷走，助长了尼日利亚本就猖獗的腐败。围绕如何最佳地使用石油出口的盈余也有激烈的政治争论。

尼日利亚的问题不仅仅是经济上的。在社会层面，尼日利亚被族群所割裂，国家认同感的建构举步维艰。尼日利亚被宗教分裂为一个主要由穆斯林构成的北方和一个非穆斯林的南方，北方扩展沙里亚法或伊斯兰教法管辖范围的愿望引发了激烈的争议。区域差异是根本性的，北方干旱贫穷，南方资源更丰富且基本服务更完善。石油使地区紧张局势进一步恶化，其中大部分石油矿藏位于东南部或沿海地区，但大部分利润分配给了该国其他地区的政治精英。

延伸阅读

Bourne, Richard (2015) *Nigeria: A New History of a Turbulent Century* (Zed Books).

Campbell, John (2013) *Nigeria: Dancing on the Brink* (Rowman & Littlefield).

Campbell, John, and Matthew T. Page (2018) *Nigeria: What Everyone Needs to Know* (Oxford University Press).

表 1-1　卢克斯的三维权力观

维度	核心问题	核心特质
第一个维度	当出现偏好冲突时，谁会获胜？	决策是在存在明显利益冲突的议题上做出的
第二个维度	谁控制着偏好表达？	当存在可被观察到的利益冲突时，不就相关潜在议题做出决策
第三个维度	谁在塑造偏好？	潜在的议题被排除在政治之外，无论是通过社会力量、制度实践还是个人决定

资料来源：Lukes, 2005.

第一个维度的权力观是直截了当的，当行动者在应该做什么方面产生相冲突的观点时，谁的观点占了上风，谁就彰显了权力。个人观点与决策的一致性越强，那么这个人的影响力就越大：胜利越多，权力就越大。这种所谓的决策的路径，是由政治学家罗伯特·达尔（Robert Dahl，1961a）在他对康涅狄格州纽黑文市民主与权力的经典研究中首创的。以美国为例，尽管多次发生大规模枪击事件，但枪支游说团体的成功游说意味着两大政党的大多数领导人都拒绝对拥枪权施加有意义的限制，这形成了一个精英的阴谋，最终确保了枪支的广泛供应。至少到目前为止，枪支游说团体占了上风，拥有权力（参见第十八章）。这一解释路径相对明确、具体，基于确定的偏好和可观测的决策，并直接与政治的概念相联系，即解决群体内部的冲突。

第二个维度的权力观关注那些通过阻止部分主题的形成而使议题无法进入政治议程的能力，这些议题可能会威胁决策者的利益与价值观念。正如巴克拉克和巴拉茨（Bachrach & Baratz，1962）曾经指出的那样："在某种程度上，一个人或群体——有意识或无意识地——制造或强化了政策冲突的公共传播障碍，这个人或群体就拥有了权力。"

第三个维度的权力观对权力的理解不限于偏好的表达，而是扩展到了偏好的形成，这也拓展了我们对于权力的界定。第一个维度和第二个维度的权力观总是假定偏好的冲突，而第三个维度关注到了对共识操纵。例如战争时期，政府经常通过阻止军事失败或重大伤亡的消息在公众领域的传播来维持公众的士气。在这种情况和类似的情况下，通过对信息流的操纵可以实现对议程的控制，其目的是在一开始就防止发生冲突。因此，权力的第三个维度关注操纵偏好，而不仅仅是阻止他们的表达。

这些例子的含义是，最有效的权力形式允许我们塑造人们的信息和偏好，从而防止第一个和第二个维度的权力发挥作用。不让人们获得信息是实现这一目标的一种方式，比如负责运营 2011 年地震后发生核泄漏的日本核电站的电力公司，其最初的简报就是在有选择地提供信息。因此，权力不仅仅与谁的偏好胜出有关；我们还必须考虑哪些人的意见被排除在辩论之外，以及这些偏好形成的更广泛的背景。

◇ 国家、权威与合法性

我们将在第四章更仔细地讨论国家，但这里仍然需要对这一概念做一个简短的介绍，以便我们能够掌握另两个理解政府和政治的核心概念：权威和合法性。这个世界被分成了接近 200 个国家（具体的数字是

9

有争议的——参见聚焦 4.1），每个国家都有居住在固定领土上的民众，每个国家都被其公民和其他国家承认拥有治理特定领土的权利。国家给予政府工作合法性的授权，允许政府使用内在于国家的权威。我们可以在从国家到地方的多个层面上比较政府和政治，但在我们进行复杂的比较时，国家为我们提供了最重要的参照点，而国家需要权威和合法性才能有效运作。

权威（authority） 是一个比权力更加宽泛的概念，在某种程度上，也是比较政治学中更为根本性的概念。权力是行动的能力，权威是被认可的行动权利。当下级承认上级有能力下达合法性指令时，权威就树立起来了。俄罗斯也许对居住在乌克兰、波罗的海国家和哈萨克斯坦等邻国的俄罗斯人拥有权力，但它的正式权威仅限于俄罗斯的边界之内。德国社会学家马克斯·韦伯（Max Weber，1922）提出，在权威关系中，被统治者执行命令，就好像他们是为了自己的利益而自发地接受命令一样。由此来看，权威是比赤裸裸的权力更加有效的控制模式。但是，权威不仅仅是自愿的服从。承认国家的权威不意味着你要同意国家的每一个决定；承认国家的权威仅仅意味着你接受国家有权利去决策，而你有义务去服从。基于此，权威提供了国家的基础。

正如权力有不同来源一样，权威也建构于多重基础之上。韦伯区分了三种证成政治权力的方式：

- 诉诸传统，或被接受的行事方式。
- 诉诸魅力，或对领袖及其言论的强烈认同。
- 诉诸法理型（legal-rational）规范，基于对某个机构而非某个个人依规治理的权力。

这一区分在今天仍然有效，甚至在我们认为以法理型权威为主要模式的民主政体中也是如此。我们也可以对韦伯的理论做出补充。例如，一个领导人能否取得成就，在很大程度上取决于他的能力，或至少取决于他对自己行为的认知，以及他在多大程度上能够代表其追随者的道德观念和意识形态目标。

合法性（legitimacy） 建构于权威之上，但它比权威更加宽泛。当一个国家被其公民和它所打交道的其他国家所广泛接受时，我们就认为其是合法的。因此，我们称机构是权威的，却称国家是有合法性的。虽然 legitimacy（合法性）一词来自拉丁语 legitimare（合法的），意思是"宣称合乎法律"，但合法性远不止是合乎法律。合乎法律是一个技术性

权威：
统治的权利。只要人们接受有权威的人有权利做出决策，那么权威自己就能产生权力。

合法性：
处于合法状态的条件。一个合法的政府体制是建立在权威基础上的，并且受其统治的人承认其决策的权利。

的问题，指的是规则是否按照常规程序正确制定；而合法性是一个更具政治性的概念，指的是人们是否接受国家的权威，没有合法性，国家的存在就成了问题。

合乎法律是律师的话题，政治学家更感兴趣的是合法性问题：政治体制如何赢得、保持甚至有时会丧失公众对其运作权利的信心。繁荣的经济、国际上的成功和受欢迎的执政党将提高政治体制的合法性，尽管合法性远不止于此。事实上，我们可以把合法性看作一个政治体制从过去的成功中所积累起来的信用，一种在经济不景气时可以动用的储备。无论如何，公共舆论才是对合法性的检验，而非法庭。合法性而非武力，为统治提供最稳定的基础。

◇ 意识形态

目前我们所回顾的大部分概念都与政治有关，但是理念同样在政治中起到了一定作用：政治行为都是为人们持有的理念所驱动的。从**意识形态（ideology）**的概念出发是理解它的一种方式。意识形态这个术语是法国哲学家德斯蒂·德·特拉西（Antoine Destutt de Tracy）在法国大革命之后于 18 世纪 90 年代提出的，用以描述理念的科学。但它的内涵早已发生变化，现在是描述各不相同的关于政府角色和公共政策目标的一揽子想法。在今日，意识形态被认为是表达了对人类本性、国家与社会的恰当关系以及个人在这个秩序中的地位的系统性思考。

意识形态：
一个相互联结的信仰体系、一系列共享世界观，或一个关于政治、经济和社会如何组织起来的蓝图。

何种具体的政治观点可以被视为意识形态是一个需要判断的问题，但是表 1-2 提供了一个选择。不管怎样，明确的意识形态的时代起源于法国大革命，并终结于 20 世纪法西斯主义在 1945 年的失败和 80 年代末 90 年代初的苏联解体、东欧剧变。生于大众的怨愤的意识形态似乎也被其摧毁了。当然，诸如环境主义、女性主义和伊斯兰主义等思潮还在流传，不过当代的理念、价值和优先权是否能建构出传统意义上的意识形态仍然令人怀疑。把任何特定的观点、立场或优先权描述为一种意识形态，都严重偏离了其最初的界定——一套具有内在一致性的思想体系。

10

表 1-2 主要意识形态：五个例子

意识形态	典型特点
无政府主义	所有形式的政府权威都是不必要的，社会最好通过自愿的合作与自由的联合建构起来

续表

意识形态	典型特点
马克思主义	对国家体制和私有财产的消灭将会带来一个没有阶级、没有剥削和自治的社会
自由主义	个人是其自身利益最好的判断者。主张一个宽容的社会能够最大化个人自由，并且支持经自由选举产生的有限政府
保守主义	传统制度与实践运转得最为良好，自由市场是回应社会需求最有效的方式，政府应该尽可能地分权
法西斯主义	支持通过威权国家、强力领导和大众动员来实现民族团结，强调民族主义和军国主义

或许意识形态的年代已经成为过去，但我们仍然在讨论意识形态，并把各类意识形态及与它们有关的政党放在一个有左右两极的光谱之上。这种意识形态的归类方式同样源于法国大革命。在立法会议时代，保皇党人坐在会议主席的右侧，也是传统上的荣誉席位，而激进主义者和平民代表坐在左侧。坐在右侧就意味着支持精英、皇室和教士的利益，而坐在左侧意味着支持世俗的共和国和公民自由权。

"左"与"右"的说法会在区分政党时使用（参见第十六章）。由此，左派与平等、人权和改革相联系，而右派支持传统、既有权威和对国家利益的追求。左派支持消除不平等的政策，右派对天生的不平等接受度更高。左派支持文化和族群多样性，右派更倾心于民族的一致性与团结（更多的细节参见表1-3）。调查显示，在民主国家中，大多数选民都可以在左派与右派中找到自己的政治定位，即便许多人只是将这些标签用于具体的政党或阶层上（Mair，2009）。

表1-3　左派右派的主题对比

左派	右派
和平	武装
全球视野	本国优先
民主	权威、道德和宪法
计划与公有制	自由市场
贸易保护	自由贸易
社会安全	社会和谐
教育	法律和秩序
集体主义	个人主义

资料来源：Budge，2006.

注：基于对1945—1998年间50个民主国家中左右翼政党纲领的分析。

尽管左与右这两个术语在整个民主世界中流传甚广，使我们能够对不同时代和国家中的政党和纲领进行比较，但是这些政治倾向所针对的具体议题却在不断变化，这两个术语最好被理解为一系列理念的标签，而不是有着明确界定的理念本身。在欧洲可以看到对这一区分的混淆，左派（社会主义者和共产主义者）一度支持工业与服务业国有化，右派（保守主义者）支持自由市场，但是对市场经济的广泛接受意味着左与右的概念已经失去了一些效力。

 ## 比较政治

　　近年来，一批将政治诉求建立在民族主义（在第四章进行更加深入的讨论）和民粹主义（第五章）基础上的政治领导人和政党得以崛起。仅仅举几个例子来说，在美国、英国、法国、匈牙利、波兰、印度和菲律宾，我们已经看到对这样一种理念的支持，即国家应该将自身利益放在首位并且与其邻国和贸易伙伴建立起有形和无形的障碍。到底发生了什么？为什么一群各不相同的国家会追求如此相似的政策？这种变化对这些国家的民主产生了什么影响？我们可以对其中的每一个国家做单独的考察，但是只有通过对它们的比较才能真正洞察这种趋势背后的动机和思考。

11

　　比较政治（comparative politics）是政治学的一个子领域（见表1-4），且是其中最为重要和最为基本的子领域。它的核心目标是通过检视政府和政治在不同案例中的变化来理解其运转。比较可以提供很多东西，包括改进我们对于政治体制和制度的简单描述，帮助我们理解政治体制和制度得以运转的更广泛的情境，帮助我们发展政治的规则和理论，并且展示相似的问题是如何在不同的社会中得以解决的。其中有两个目标尤其值得具体阐释：拓展我们对于政治世界的理解，以及对政治结果的预测。

比较政治： 对不同国家中政府和政治的系统性研究，致力于通过对相似性和差异性的提炼以更好地理解政府和政治。

表1-4　政治学子领域

子领域	主题
比较政治	对不同背景下的政府和政治进行比较研究
国际关系	对国家间关系的研究，包括外交、对外政策、国际组织、战争与和平等
国别政治	对单一国家背景下政府与政治的研究，包括制度和政治过程等
政治哲学	对政治哲学的研究，关注诸如权威、伦理、自由等话题
政治理论	对理解政治现象的抽象或普遍性路径的研究
公共政策	对政府为回应公众需求而采取或避免的立场的研究

　　注：在不同国家和不同学术传统下，政治学的子领域的划分也是不同的。其他的子领域还包括法律、方法论、政治经济和公共行政。

拓展理解

比较研究路径的首要优势是十分清楚的：它改进了我们对于政府和政治的理解。通过比较，我们可以查明政治制度、政治过程和政治行为的关键特征，并且更好地体会政治体制的动态和特点。我们可以单独研究一个具体的政府、立法机关、政党体系、社会运动或国家选举。但是这种做法无法让我们获取经比较而来的更广泛的情境。不进行比较，我们如何能得知我们的研究对象是寻常还是例外，是有效的还是无效的，是最佳选择还是有所欠缺？

当我们讨论理解时，不仅有理解其他政治体制的需要，也有理解我们自己政治体制的需求。我们可以紧密追踪国内政治并对其如何运转了然于胸。但如果不与其他体制相比较，我们就不能够完全地理解国内政治。与其他体制的比较告诉了我们很多关于我们自己体制的东西。思考一下杜甘和佩拉西（Dogan & Pelassy, 1990）的这段话：

因为对一个案例的理解与对许多案例的理解是联系在一起的，因为我们从概括性的角度更好地看待具体情况，所以国际比较使解释政治现象的可能性增加了十倍。只研究一个国家的观察者可以把在比较主义者看来不正常的东西解释为正常现象。

12　　比较还有一个实际的好处，就是让我们了解那些我们本不熟悉的地方。在全球化不断深化我们之间的政治、经济和社会的联系之时，解读境外事件的能力愈发重要，因为世界其他地区所发生的事件对我们的生活可能会产生更加直接的影响，我们已经无法再忽视"外国"。理解其他体制的政府与政治不仅能帮助我们解读新闻，而且有助于处理实际的政治关系。例如，外交官知道了解他们所交往和协商的政府的政治、经济和社会实际情况的重要性。

预测政治结果

比较有助于我们进行概括，至少在理论上有助于我们预测政治事件的结果。因此，对竞选活动和公共舆论的细致研究将有助于我们更好地了解选举可能产生的结果。例如，我们从对使用比例代表制的欧洲国家的研究中知道，比例代表制的使用与产生更多拥有议会席位的政党和建立联合政府密切相关。与之类似，如果我们知道，在一个国家中，将公共服务供给分包给私人行动者将会增加成本，那么其他国家的政府就会认为这是一个值得考虑的想法。

如果对于现象的解释是有效的，所有相关性因素都已经得到了审视和考虑，那么我们的解释即便不能让我们做出完全精准的预测，至少也应使我们能高度准确地进行预测。但是，尽管对物理和自然科学的研究产生了大量的定律，使我们能够预测物理和自然现象，但社会科学却没有进展得这样顺利。他们没有像提出理论、倾向、观点、格言或警句那样提出科学定律。一个著名例子是阿克顿（Acton）勋爵的"权力导致腐败，绝对的权力绝对导致腐败"（参见第六章）。虽然这一观点包含了很多真理，但它不是一条法则或一则定律，因此不能以十足的把握进行解释和预测。

尽管通过吸取不同国家的经验教训来强化预测有不少可圈可点之处，人们也常常提出"如果……会怎样"的问题，但还是有许多人认为，政治学从一开始就既不应该也不可能进行预测。卡尔·波普尔（Karl Popper，1959）很久以前就断言，人们只能对"孤立、静态和反复出现"的体系进行长时段的预测，而人类社会不是其中之一。最近，《纽约时报》的一篇评论文章也就此提出了抨击（Stevens，2012），文章认为，就提供准确预测而言，政治学"失败得很彻底，浪费了大量的时间和金钱"。文章接着指出，没有一个政治学家预见到苏联解体、"基地"组织崛起，或者"阿拉伯之春"。该文引用了政治学者的一项备受赞誉的研究（Tetlock，2005），其结论是："专家预测的准确度是如此之差，就如同黑猩猩朝各种可能性结果扔飞镖来预测那样糟糕。"

正如我们将在第二章看到的那样，问题并不在于比较方法本身（毕竟这是科学方法的核心），而是我们进行比较的方式。我们研究中案例的数量与组合方式，我们对于每个案例的认知深度，我们数据的可靠程度，我们使用的研究方法以及我们在研究中所允许的偏误和臆断的程度都会影响研究的结果。尽管有古希腊人的开创性示范，但人们以结构化的方式来研究政府与政治的时间还不到一个世纪，仍然有我们所不能完全理解的东西，以及许多关于意义和阐释的激烈争论。当我们更多地了解到政府和政治的各种形式时，比较打开了新的视野，带来了令人兴奋的新的可能性。

◆ 政治体制的类型

尽管国家的政治体制有许多共同的核心元素（例如：行政机关、立法机关、司法机关、宪法、政党以及利益集团），但是这些元素运转以及互动的方式往往是不同的。其呈现也是不同的：一些国家显然是民主的，一些显然是威权的，其他国家则在光谱两极之中的不同位置。使事情更复杂的是，政治体制是变动不居的：它们处在发展和变迁之中，且常常是以一个快速的步调。为了弄清这一令人困惑的图景，一份指南将对我们的理解大有裨益。

类型学：
一个分类的体系，将国家、制度、程序、政治文化等现象分为具有共同属性的不同类别。

　　类型学（typology）是一个分类的体系，它将国家归类至具有共同特征的组别中。凭借类型学，我们可以对每个组别中的国家提出更加通用的假设，可以使用案例研究来提供更加详细的关注点，并且更加容易地提出解释和法则以及检验关于政治现象的理论（Yin，2018）。理想的类型学是简单的、清晰的、一贯的、有逻辑的，并且对于记者、政治领导人或政治学家这样关注因果性的人来说是真实、有效的。遗憾的是，达成这一目标十分的困难。研究比较政治的学者对于类型学的价值存在分歧，即便是那些使用类型学的学者也在哪些标准应被纳入考虑、哪些组别应被用于国家的分类、哪些标签应被使用，甚至是国家应被划分到哪一个组别中都存在着分歧。

13

　　提出政体类型学体系的首个尝试（也是比较政治学最早的例子之一）就是亚里士多德对古希腊158个城邦的分类。大约在公元前500年到公元前338年之间，这些政治共同体的规模都很小，并且有着多种多样的统治形式，这就为亚里士多德的研究提供了一个理想的实验环境，他正在研究哪种类型的政治体制能够有助于政府的稳定和有效。

　　亚里士多德的分类体系包括两个维度。第一个维度是统治者的数量：一人、数人还是很多人。这一维度捕捉到了政治参与的广度。他的第二个维度相对难以应用但是也同样重要，即统治者是为了公共利益（正统的形式）还是为了个人利益（变态的形式）在统治。对于亚里士多德而言，第二个维度的重要性在于，当统治者是为着共同体的长期利益进行统治时，政治体制将会更加稳定、高效。将统治者数量与统治性质进行交叉分类，得出了如图1-1所示的六种政府类型。

　　另一个尝试去建构政体类型学的例子来自《论法的精神》，这是孟德斯鸠所写的政治理论著作，于1748年首次出版。他界定了三种政治

统治者的数量

形态		一人	数人	很多人
	正统的	君主制	贵族制	民主制
	变态的	僭主制	寡头制	暴民制

图 1-1　亚里士多德的政府类型划分

资料来源：Aristotle (1963 edn，Book 3；Chapter 5).

体制：共和政体，由民众或某些民众拥有最高权力的政体；君主政体，由一个人基于固定且既定的法律进行统治的政体；专制政体，由一个人基于自身喜好和观点进行统治的政体。

这两种类型学作为历史例子仍然很有趣，但它们所依据的政治现实早已改变。在整个冷战时期（20 世纪 40 年代末至 80 年代末），一个更为近期的例子是**"三个世界体系"**（**Three Worlds system**）。它不是政治学家所提出的正式的分类模板，而是对地缘政治现实的一种回应，它根据意识形态目标和政治联盟将世界分为三组国家：

三个世界体系：
一种将世界按照意识形态进行划分的类型学，根据各国在冷战中的阵营来贴标签。

● 第一世界：富有、民主的工业化国家，大部分是西方反共联盟的成员。

● 第二世界：社会主义制度的国家，包括大部分反对西方联盟的国家。

● 第三世界：贫穷、较不民主、较不发达的国家，其中一些国家在冷战中选择支持某一阵营，有些国家则没有这么做。

这个体系简单而富有感染力，提供了清晰的标签，可以轻易地进入媒体头条和日常对话：即使在今天，"第三世界"这个词也会让人联想到贫穷、不发达、腐败和政治不稳定等画面。但根据亚里士多德的精神，这一分类总是描述多于分析，而且过于简单。第一世界和第二世界有着内在的逻辑和一致性，但将几乎所有非洲、亚洲和拉丁美洲国家归为单一的第三世界则有些不妥了：其中一些国家是民主的，而另一些是威权的；有些国家很富有，有的很贫穷；有些国家是工业化的，有些还是农业国家。

冷战的结束意味着这种特殊类型学划分的结束，但并没有其他类型学可以像它一样赢得普遍性的支持。

此外，我们还会使用其他经济和社会方面的数据来帮助我们理解复杂的现象。特别是政治和经济的关系是如此的紧密——正如我们将在第二十章看到的那样——有一个专门的研究领域关注二者之间的关系，即

15

政治经济学。政治经济学不仅关注经济的结构和数量，而且关注其他影响经济绩效的因素：好治理更可能造就成功的经济体，而糟糕的治理则不那么可能。

16

国内生产总值：
测量经济规模的核心指标，将一个国家在某一特定年份内生产的所有商品和服务以某一货币计价，而不管生产资料的所有权。

测量经济活动的核心指标是产出。测量经济产出的方式有很多，当下最为流行的就是**国内生产总值（gross domestic product，GDP）**（见表 1-5）。这是一个国家在某一年内经济产出的总和，为便于比较通常以美元计价。尽管数据的准确性因国家而异，统一以美元计价也产生了关于恰当汇率的问题，但这一指标还是被各国政府和国际组织所使用以测量经济规模。尽管 GDP 实现了对国家绝对经济规模的测量，但是它没有考虑人口规模的问题。为了进行更加明确的比较，我们使用人均 GDP 这一指标，以更好地反映不同国家的相对经济发展水平。

表 1-5　比较经济规模

国家	GDP（百万美元）	人均 GDP（美元）
美国	19 390	59 531
欧盟	17 278	33 715
中国	12 238	8 827
日本	4 872	38 428
德国	3 677	44 470
英国	2 622	39 720
印度	2 597	1 940
法国	2 582	38 477
巴西	2 055	9 821
加拿大	1 653	45 032
俄罗斯	1 577	10 743
澳大利亚	1 323	53 800
墨西哥	1 150	8 902
土耳其	851	10 540
瑞典	538	53 442
伊朗	439	5 415
尼日利亚	375	1 969
南非	349	6 160
埃及	235	2 412
新西兰	205	42 940
布隆迪	3	320
世界	80 684	10 714

资料来源：World Bank，2018.

注：表中为 2017 年数据，委内瑞拉数据缺失。

最后，我们不能忘记，衡量政治体制的重要性在于关注它们在为公民提供基本需求方面的相对表现。对于"基本需求"的解读有很多种，即便以最低水平来看其中也应包括充足的食物供给、教育以及医疗服务。在这方面最经常使用的比较性指标是联合国开发计划署所建构的人类发展指数。该指数将预期寿命、成年人识字率、入学率以及人均GDP等指标结合起来，它将世界上大多数国家的人类发展水平归为非常高、高、中等或低四类。在 2017 年的人类发展指数中，大多数民主国家都位于前 30 位，最贫穷的国家则在榜单中垫底，尼日尔排名末尾，列第 187 位。

问题研讨

17

- 什么是治理？
- 什么是政治？它的起点和终点在哪里？
- 谁拥有权力，谁没有权力，我们又如何知道这一点？

- 民主国家是否必然具有合法性，而合法性的体制必须是民主的？
- 现代政治体系中的意识形态差异是否像过去那样重要和清晰？

核心概念

- 权威
- 比较政治
- 概念
- 治理
- 政府
- 国内生产总值
- 意识形态
- 制度

- 合法性
- 政治学
- 政治体制
- 政治
- 权力
- 社会科学
- 三个世界体系
- 类型学

延伸阅读

Boix, Carles, and Susan C. Stokes (eds) (2007) *The Oxford Handbook of Comparative Politics* (Oxford University Press). 该书超过 1 000 页，对比较政治学的许多不同维度做了丰富的探讨。

Dogan, Mattei, and Dominique Pelassy (1990) *How to Compare Nations: Strategies in Comparative Politics*, 2nd edn (Chatham House). 尽管本书出版于多年前，但这本短小精悍的书仍然包含许多有现实意

义的观点。

Goodin，Robert E. （2009） *The Oxford Handbook of Political Science* （Oxford University Press）. 牛津手册系列的另一本书，讨论了政治学研究中的许多问题。

Heywood，Andrew （2017） *Political Ideologies：An Introduction*，6th edn （Red Globe Press）. 一本内容丰富、议题广泛的教科书，成功地介绍了具有影响力的政治意识形态与学说。

Peter，Fabienne （2011） *Democratic Legitimacy* （Routledge）. 该书聚焦民主合法性的构成，以及如何去理解并解释这一概念。

Woodward，Kath （2014） *Social Sciences：The Big Issues*，3rd edn （Routledge）. 该书对社会科学及其相关问题进行了有效的一般性讨论。

第二章
理论路径

目录

预览

在第一章中，我们关注了广义上的比较政府与政治。毫无疑问，这是一个既深刻又复杂的研究领域。仅仅对单个国家展开分析就已经非常复杂了，当我们将多种政治体制放在一起进行比较分析时，情况将变得更为棘手。

为什么有些国家是民主的而有些国家不是？为什么民主在某些国家出现了回潮现象？理论能把一系列非结构化的现象整合到一个框架之中，以便我们去解释诸如此类的政治问题。理论是一种简化的工具或概念过滤器，它可以帮助我们对现象进行筛选以甄别出哪些是主要的、哪些是次要的，从而帮助我们组织和解释信息，并得出关于研究对象的完备论点和解释。

这一章对比较政治学者所使用的理论路径进行了一些思考。在短短的一章内想要对所有理论路径进行全面介绍是不可能的。因此，本章集中讨论了五个最重要的理论路径：制度路径、理性选择路径、结构路径、文化路径和解释路径。本章首先说明了什么是比较政治理论，并回顾了比较政治学的变迁，然后依次介绍了五种主要的理论路径，阐述了它们的起源、原则和目标，并辅以案例进行说明。

核心观点

● 理论路径是政治学研究的方法，它帮助我们识别出真问题并帮助我们找到对问题的解释。

● 制度路径在塑造政治学的学科发展上起到了重要的作用，它现在仍然是比较政治学的重要传统。

● 理性选择路径通过观察政治现象所涉及的行动者的动机来解释政治结果。

● 结构路径着眼于相互影响的网络，关注过去以便于理解现在。通过这一路径，我们得以联结政治和历史。

● 文化路径关注文化规范或实践如何支持或破坏某种政治偏好和政治形式。

● 解释路径将政治视为人们在互动过程中构建的观念，这与主流的理论路径形成了明显的区别。

理论路径：一个概述

理论（theory）在任何知识领域中都是促成理解的关键一步。理论打开了我们的思维，让我们以多重视角看待问题。对于比较政治学而言，理论意味着提出并应用一套规则和概念来解释从国家形成到制度特征的一切现象，包括民主化的进程、独裁者的行事模式，以及政治动荡、政治参与和公共政策的动力。

当前政治理论家正面临着几重挑战。第一，比较政治学是非常大的研究领域，其中包括了从笼统到具体的众多理论路径。对一些人来说，理论的多样性令人眼花缭乱，这引发了对比较政治学缺乏方向性的指责。另一些人则将多样性视为一种优势，认为这正好有利于满足比较研究者的不同需求。

第二，人们批评当前的政治理论对源于西方传统的理念关注过多，这是由于大部分政治学研究者都在西方国家的科研单位工作。在全球化的推动下，比较研究越来越多地立足于国际化的立场，人们也呼吁提升理论的包容性。这一趋势将进一步扩大比较政治本就丰富的理论内涵，但是只要人们对世界上许多地区的研究仍然不足，那么一种具有普遍解释力的理论就很难被发展出来。

第三，政治理论的价值常常受到潮流、范式和个人偏好的影响。对于所有被提出和应用的理论范式而言，都有一大串批评家打算将其驳倒或提出替代性的解释。有时关于竞争性理论范式之间优劣的辩论似乎比关于其在现实世界中应用的讨论更为活跃。

第四，在社会科学中，建构理论的根基并不牢靠。人们普遍认为，自然科学在发展理论上有着更加光辉的记录，其理论能被事实所支撑，并可以用来形成定律、指导实验及做出预测。社会科学的不确定性更强（只是因为它们更加致力于理解人类行为），这也使得社会科学理论要经受更多的质疑，并在提出定律和预测结果上乏善可陈。

在这一章中，我们将关注比较政治研究中五个主要的理论路径。这里的"路径"（approach）是指理解的方法，或"由一系列视角、解释和具体做法所界定的政治学研究的某种方法"（Lowndes et al.，2017）。这些理论范式之间彼此互为替代，影响着我们如何开展政治学研究，框定着我们所能提出的研究问题，指引着我们从何处寻找答案，并且帮助我们界定什么才算是好的解释。本章对这五个理论范式的回顾依照其历

19

理论：
基于大量确凿证据提出的抽象概念或普遍方法，由此可以解释或理解一个或一系列现象。

史发展的顺序依次介绍，但这并不意味着比较政治学仅有这五个理论范式。为了清晰起见，我们没有涉及每个研究视角下的许多细分、交叉和重组再创的理论路径。

◇ 比较政治学的变迁

尽管比较是所有研究的核心，但是比较政治学的子领域及其理论基础都相对年轻。比较政治学体系形成的历史可以追溯到 19 世纪末政治学的正式建立，但是其发展长期落后于国内政治的研究，并且既缺乏一个明确的特性又没有一个单一的（甚至主要的）理论路径。这使得比较政治学与一般意义上的政治学或政治理论的区别很不明显。德雷泽克等人（Dryzek et al.，2006）认为："比较政治学毫无疑问是杂糅的学科分支，既没有主要的方法论，也没有主要的理论范式。"

比较主义者可以从许多不同的理论范式中汲取灵感。这让韦尔巴（Verba，1991）将理论范式上的多样性描述为近乎一种无政府状态。（在理论选择上，没有最终的或权威的清单。但是表 2－1 列出了政治学中具有代表性的常用理论。）与此同时，他认为理论范式的多样性有其优势，因为它"为新颖和非正统的理念与多种多样的理论范式留下了更多空间"。这一观点也得到了普沃斯基（Przeworski，1995）的支持，他认为理论范式的多样性给予比较主义者更大的选择空间，让他们可以成为"机会主义者"，总是可以挑选出最佳的理论范式来使用。芬尼莫尔和西金克（Finnemore & Sikkink，2001）这样描述比较政治学者和国际关系学者的不同：

> 不要觉得有必要保持一致的理论身份或者确保他们的研究在范式战争中维护着某种范式。并且，对于比较政治学者而言，在不同的问题上应用不同的理论范式并不罕见。

我们在第一章中看到了亚里士多德如何被认为是首次尝试对政治体制进行分类的人，但是他的研究主要是描述性的，并没能建立起强韧的法则。从马基雅维利到孟德斯鸠再到马克思，尽管这些政治学与哲学领域的巨擘在很大程度上推动了比较政治学和政治理论的发展，但是他们无一像我们今天这样采用系统性的比较方法来解释政府与政治。

表 2－1 政治学中的部分理论

行为主义	马克思主义
阶级理论	现代化理论
社团主义	新制度主义
文化理论	政治心理学
依附论	后结构主义
精英理论	理性选择
女性主义	结构-功能主义
帝国主义/新帝国主义	结构主义
制度主义	系统理论
解释主义（建构主义）	

作为政治学的子学科，比较政治学从政治学中孵育出来的速度很慢。部分是因为直到 20 世纪，可用于研究的案例数量仍然很有限，部分是因为大多数国家的学者都对本国政治更感兴趣。欧洲学者并不认为欧洲国家间的不同是特别深刻或者有趣的，由此，现代比较政治学诞生在美国似乎并不令人感到意外（Munck，2007）。在美国，学者们开始研究与本国相区别的外国政治体制。然而，仍然存在着一种观点，即美国自身的政治体制是极为优越的，美国人不需要从其他国家的政治体制中学习什么东西（Wiarda，1991）。那些为数不多的、研究他国政治体制的学者主要关注西欧，后来也有学者开始关注苏联和日本，但这些学者的比较研究常常是描述性的而不是分析性的。

二战后，人们对比较政治学的态度发生了转变。此时，美国外交政策所关注的利益更加广泛，冷战也使得美国的学者和决策者更加关注他们的盟友与敌人。最终，这种渴望了解的愿景扩展到了在拉丁美洲、亚洲和非洲的潜在盟友与敌人身上（Lim，2010）。殖民时代结束后，主权国家的数量倍增。主权国家的数量在 1945 年时将将超过 70 个，在 1970 年已经增加到了 130 多个。新兴国家的出现勾起了比较政治学者们的研究兴趣，随后，其研究路径也发生了转变。他们过去的工作常常被批评为过于地方化、过于描述性、过于缺乏理论性，甚至称不上是典型意义上的比较研究（Macridis，1955）。作为所谓的行为主义革命的一部分，比较研究者开始关注政府的制度与行为，并致力于对其进行描述与解释，还以一种更加科学化的路径来发展理论和方法。

向**行为主义**（**behaviouralism**）的转型——后被达尔（Dahl，1961b）

21

行为主义：
一种政治学研究路径，该路径关注人而不是制度，强调对个体行为的系统性研究。

描述为政治学中的抗争运动——可以追溯到查尔斯·梅里亚姆（Charles Merriam）于 20 世纪 20 年代在芝加哥大学所做的工作。他强调将研究的重点从正式制度转向个人行动。但是直到战后去殖民主义时代，他的观点才被广泛接受。在新独立的国家，政府制度被证明是暂时的，总统们，后来是掌权的将军们，很快就废除了独立之初精心制定的宪法。人们迫切需要一种更新颖、更广泛的研究路径，这种研究路径应根植于社会、经济和政治现实而不是宪法性的虚空中。

巧合的是，美国战后一代的政治学家热衷于应用二战时兴起的新型社会科学技术，尤其是面向普通人的抽样调查。这样，政治学的研究就可以作为一门社会科学来呈现，并有资格获得因这一称号所能得到的研究经费。举例来说，对于议会机关的研究就可以从正式制度（例如从法案到法律的议会流程）转向立法行为（例如议员们如何界定他们的工作）。学者们深入研究议员们的社会背景、投票记录、职业发展以及他们反对政党路线的意愿。与之相似，研究司法机关的学者开始将法官而不是法庭作为分析单位，他们使用统计方法来评估法官的社会背景和政治态度如何影响他们的司法裁决和宪法解释。

直到此时，比较政治学领域的名家大部分都是美国人——包括查尔斯·梅里亚姆、加布里埃尔·阿尔蒙德（Gabriel Almond）、西摩·马丁·利普塞特（Seymour Martin Lipset）、白鲁恂（Lucien Pye）和塞缪尔·亨廷顿（Samuel Huntington）——一些具有欧洲背景或关注欧洲问题的学者也开始建立起了影响力，包括乔万尼·萨托里（Giovanni Sartori）、史坦·罗坎（Stein Rokkan）、菲利普·施密特（Philippe Schmitter）、莫瑞斯·迪韦尔热（Maurice Duverger）和阿伦·利普哈特（Arend Lijphart）。在国内政治和比较政治研究之间，也有更多理念实现了互动。随着苏联解体、冷战结束、欧盟诞生以及诸如巴西、中国、印度、墨西哥和南非等国家的重要性日益增加，新的研究增长点也随之而来。

还有一派学者很快表达了对行为主义者及其科学方法的反对，他们试图提出比较政治学的**宏大理论（grand theory）**。在偏好定性方法（研究自然情境中的少数案例，强调案例研究的深度而非广度）和偏好定量方法（使用数据分析，强调广度而非深度，更多细节参见第三章）的学者之间同样出现了分歧。随着理性选择路径的流行，更多的分歧与争议也随之产生，这也促进了计量方法的使用。在 20 世纪 90 年代晚期和 21

宏大理论：
一种宽泛而抽象的理论形式，它结合了许多其他理论，并试图解释一门学科的广阔领域而不是具体的问题。

世纪初，各方分歧达到了临界点，以至于当时在美国政治学家间出现了某种程度上的"反叛"行动，他们反对所谓的"政治学数学化"趋势，尤其是比较政治学的边缘化。一个非正式的"重建运动"开始兴起，这一运动致力于促进多元方法和路径的使用以拓宽政治学的进路从而寻求对问题更恰当的解释（Monroe，2005）。

尽管近几十年来学界对于比较政治学的兴趣与日俱增，相关研究的层出不穷也使这个研究领域越来越完善、越来越系统化，但是大多数比较政治学理论仍然主要来自政治学的其他子领域，甚至来自其他学科。制度的重要性始终为比较政治学者所关注，但是理性选择理论脱胎于经济学，结构主义理论主要受历史学影响，文化路径主要基于人类学的研究，解释路径则立足于社会学。尽管已经进行了数十年的辛勤探索，但是仍然没有理论既赢得普遍的支持又能产生持续性的影响。

我们可以举例来说明这个问题。什么导致了民主化？这一问题的答案就如同政治学研究的圣杯，如果有了这样的知识，我们就能够创造出民主化所需的条件从而让我们的世界更快速、更稳健地朝着民主的方向发展。然而根据格迪斯（Geddes，2007）的观察，对这一问题的研究，学界只能指出一些趋势性因素并排除一些无关项，例如国家越富裕走向民主化的可能性越高（但是发展并不能直接带来民主化），曾经是英国殖民地的国家也更有可能是民主国家，但是在经济上依赖石油出口的国家及拥有大量穆斯林人口的国家，其发生民主化的可能性会降低。格迪斯总结道："考虑到学界在理解民主化问题上所做出的大量努力，这一方面成果寥寥是十分令人沮丧的。"正如我们在第五章所要看到的那样，世界上许多地区已经出现了背离民主的发展，这让我们关于民主发展的分析变得更加复杂。

比较政治理论的一个关键问题在于长期与西方观念紧密相关（一般性的政府与政治理论亦然）。这个现象最初被帕雷尔（Parel，1992）所关注，他认为政治理论的学者过于关注西方政治思想，以至于存在一个普遍的假设，即现代西方的文本是"普遍理性的产物"。他同样指出，西方宣称的普遍性的主张受到了其他文化的质疑，比较政治哲学意味着采取更加关注文化与思想多元主义的路径。这一观点后来也被多尔迈尔（Dallmayr，1999）所吸纳：

只有极少数政治思想的研究者在比较研究中愿意（并且在专业上被

鼓励）超越西方的准则并跨过欧洲北美的文化边界。

近几十年来，比较政治学领域发生了很多变化。有更多的研究关注到了更多西欧北美之外的国家。比较政治的子领域也变得更广泛、更折衷（eclectic），新的概念和想法不断地动摇着旧的假设。对民主国家的研究仍然远远超过对威权国家的研究，而对较大、较老牌国家（有较大政治学者群体的国家）的研究仍然远远超过对较小、较新国家的研究。即便如此，比较研究仍然不得不紧追世界各地政府和政治的最新发展现实，包括国家角色的变化、新经济大国的崛起、新兴技术和全球化的影响、伊斯兰教在政治上的新角色、失败和脆弱国家的影响，以及民族主义和民粹主义的复兴。比较政治学子领域内的变化是积极的和富有成效的，它采用了比以前更多样化的方法（见表2-2中的摘要），但是未来还有很多工作要做。

表 2 - 2　比较政治学中的五个理论路径

研究路径	研究焦点	知识来源	核心观点
制度主义	制度	政治学	制度是决策的框架
理性选择	个人	经济学	个人利益最大化是个人政治决策的基础
结构主义	群体（groups）	历史学	结构就是政治体系中不同组成部分之间的关系；在政治体系中，结构比个人更加重要
文化	社会	人类学	政府与政治活动受到文化规范与社会期望的影响
解释主义	观念	社会学	政治是被其参与者的理念所界定的

◇ 制度路径

23

制度主义：
一种研究政府与政治的路径，关注政治制度的结构与变迁。

长期以来，对政治制度的研究一直是政治学，尤其是比较政治学的中心目标。事实上，在政治学形成之初的几十年间，**制度主义（institutionalism）**是政治学的主导研究路径，理解政治制度的规则与结构是学者们的主要研究兴趣所在。学者们所使用的研究路径也主要是描述性的和质性的，这类研究也很少把精力放在发展理论上。制度被认为是政治学的主要关注对象。

随着行为主义运动在20世纪60年代的出现，制度主义很快失去了普遍性的支持。但在20世纪80年代，人们重新审视了制度主义，对社会和政治结构的研究与发展中国家治理机构改革的结合，催生了所谓的

新制度主义（new institutionalism/neo-institutionalism）（March & Olsen，1984）。新制度主义不仅着眼于政府的正式制度，还关注制度如何塑造政治决策、机构与社会如何相互作用，以及正式制度内部的非正式行为模式。正如泽德瓦尔德（Zijderveld，2000：70）所写，"制度是一种强制结构，它塑造了我们的行为、思维和感觉"。当研究人员进行跨国研究时，这种制度主义的方法很适合比较政治，其中许多人对更好地了解民主化进程感兴趣。

那么，什么是制度？在政治学中，这一词汇常被用于描述政府的主要组成部分，尤其是宪法中提及的那些机构，诸如行政机关、立法机关、司法机关，有时还包括政党（参见表2-3）。这些机构拥有法律所认证的身份以及法定的权力与义务，因此制度经常被认为是政治过程中正式的"行动者"。然而，制度的概念在非正式的层面上也被使用，以包括区分家庭、婚姻、宗教、金钱、法律甚至语言等实体的规则、互动和实践。马奇和奥尔森（March & Olsen，2011）对制度的定义如下：

制度是一系列具有相对稳定性的规则和组织化的惯例，它嵌入在各种意义和资源的结构（structure of meaning and resources）中，这一结构在面对个体的人员更替时就有相对稳定性，而在面对个体的特殊偏好和期待以及不断变化的外部环境时具有弹性。

表2-3 政府的机构

机构	角色和目的	例子
行政机关	统治、决策、提供领导力和前进方向	总统、总理、部长、内阁
立法机关	代表公民的利益，立法，形成政府	议会（parliaments）、国会（congress）、国民大会（national assemblies）
司法机关	维护和解释宪法	最高法院、宪法法院
官僚体系	执行政策	部门
政党	提供政策选项，派遣候选人，形成政府或反对派	保守主义政党、自由主义政党、社会主义政党、绿党、民族主义政党

制度理论假定组织内部的职位比占有相应职位的人更加重要。在这一假定下，制度理论更多地关注角色而不是具体的人。具体言之，制度理论关注总统制度而非总统，关注议会制度而非议员，关注司法制度而非法官。对制度的研究可以被理解为对政治稳定性的研究。正如奥伦和斯科夫罗内克（Orren & Skowronek，1995）所说：

24

制度是政治秩序的支柱，是保证政策完整执行的结构体系，在面对潜在的不稳定力量时，制度也是维持日常运转并保证持续性的力量。制度化的政治就是日常的政治、规范的政治或是处于均衡状态下的政治。

但是稳定不应该与效率混为一谈，制度路径的一个好处就在于它不仅告诉我们制度如何发挥了作用，还阐明了制度的优势与不足，以及如何使制度更加有效。以世界贸易组织（简称世贸组织）为例，这是一个颇为重要的国际组织。世贸组织致力于促进自由贸易并且帮助调解国家间的贸易纠纷，但它未能成功完成 2001 年的多哈贸易谈判，这引发了人们对其有效性的担忧。通过引入制度路径，琼斯（Jones，2015）指出，世贸组织的问题来自其前身（关税和贸易总协定，致力于协调一小部分富裕工业化国家间的贸易谈判）。琼斯认为，与关税和贸易总协定相比，世贸组织的成员的数量更多、情况更多元，其成员在世界贸易中的位置也各有不同，为了适应这一现实，新的改革迫在眉睫。

我们不但要清楚制度稳定性与有效性之间的张力，我们还要清楚制度很少在长时间内保持停滞。事实上，为了回应新的变化，制度几乎无时不处在变革之中，这也常被称为**制度化（institutionalization）**进程。从制度开始形成那一刻起，制度化进程也随之开始了，规则和程序被制定出来，内部复杂性不断提升，自身地位不断被拓展，与外部环境之间的分别不断明晰，最终被外部行动者认知为管理机构的一部分。但是，随着外部压力的变化以及新需求、新机遇的产生，制度也会不断随之调整。

以南非的制度化进程为例。随着种族隔离制度的废除，南非在 1997 年制定了新宪法。尽管新制度是在旧基础上形成的，但它仍然做出了关键性的变革，其中包括国民议会代表全国的九个省、总统由议会中的议员选举产生以及人权范围的扩张。自此以后，南非已经进行了五轮议会选举并产生了五个总统，但是人们最初对于南非民主制度化进程的乐观情绪完全消散了。随着非洲人国民大会的一党独大以及政治腐败习气的流行，以公谋私已经成为政治生活的常态，从某种意义上来讲这也是一种制度化。

我们也应当记住，制度并不是政治体系的全部，制度运转很难离开社会力量。例如，在许多威权国家中，总统就是总统制的化身，在政府的上层建筑之下是个人网络与个人交易在驱动着政治。即便在自由民主

制度化：
组织建构历史、记忆、稳定性和表现的进程。

25

的国家中，人们也常常要追问到底谁会受益于特定的制度安排。正如制度可以为特定目的而创建一样，它也可以因服务在位者的利益而存在。即便如此，政府的制度仍然是政府的核心，我们永远也不能忽视制度的起源、特征与品质（参见表2-4）。

表2-4　政治制度的特征

特征	品质
定义	有政治目的的政治组织，通常拥有法律所认定的身份以及法定的权力与义务
起源	或是为了某个特定目的而成立，或是为了回应某些新需求而创建、演变而来
政治目的	为决策、议题的形成和问题的解决提供框架，但可能只服务少数人的利益，诸如那些有权力和有财富的人
效用	形成塑造行为与预期的规范，提升稳定性和可预见性并且使长期承诺成为可能
特性	可能是正式的，有着规则、等级制和雇佣；也可能是对社会秩序需要的非正式反应（例如宗教或婚姻）

尽管制度路径是一条古老的研究进路，但在理解政府与政治上，这一研究路径仍有相当大的潜能。例如在环境政策领域。自环境难题成为政治议程中的核心议题以来（在工业化国家从20世纪60年代开始，在发展中国家从20世纪80年代开始），对环境政策的研究也随之迅速发展。尽管如此，不论是在国内还是国际上，对正式的环境治理机构的研究都少得可怜。政治学的学者更加关注环保利益集团的行动以及绿党的崛起，但是他们很少留意与环境相关的行政、立法或司法政治的动态，也不关注官僚体系或监管机构的动态。（更多细节参见McCormick，2017b：Chapter 4.）

聚焦2.1

经验性视角与规范性视角

在政治学研究领域最为重要的讨论之一就是**经验性**（empirical）视角与**规范性**（normative）视角的差别。前者主要立足于实然现象，讨论发生了什么以及为什么会发生（描述性）；后者则主要基于应然性的判断和规范，讨论过去该做什么或未来该做什么（评价性）（Gerring & Yesnowitz，2006）。以选举体制为例，"比例代表制促进了多党制的形成"是一个经验性的判断，而"我们应该推行比例代表制以鼓励更多政党参与政治"则是规范性的判断。

大多数政治学研究都试图保持价值中立，并以经验性的方式去讨论为什么事情以这种方式发生。例如学者们会从纯粹客观和科学的范式出发去讨论战争的原因。但是还有一些研究更多地采取了规范性的方式，去讨论应该如何做才能取得理想的结果。例如，研究人员以一种更受价值驱动和哲学的方式来质疑战争，去讨论它是否正当，以及在什么情况下正当。

经验性视角与规范性视角并不是互斥的，现在已经有了将二者结合起来以使政治学发挥更大作用的呼吁。参见耶林和叶诺维茨（Gerring&Yesnowitz，2006）的论断：

> 如果没有规范性价值，那么社会科学领域的经验研究是没有意义的……缺乏规范性价值，经验性研究的重要性也无从判断。同样，没有经验支持的规范性论断也许在修辞或逻辑上具有说服力，但是它呈现不了任何关于外部世界的有效信息。好的社会科学必须把这两类研究视角结合起来，必须既在经验上扎实，又在规范上回应人类的关切。

许多政治思想史的巨擘都跨过了这两种视角的分野，例如马基雅维利和马克思：

● 尼科洛·马基雅维利（1469—1527），作家、历史学家，其著作《君主论》讨论了权力的品质以及统治者赢得、维持和运用权力的手段。一方面，这本书可以看作对真实世界中权力本质和运作的经验性（甚至是讽刺性的）分析。另一方面，这本书也可以理解为在规范上赞同统治者为维持自己的地位而必须采取或应当采取的有时是残酷的策略。

● 卡尔·马克思（1818—1883）撰写了一系列经验性的作品将历史描述为生产资料所有者和无产者之间的阶级斗争。他认为国家代表了统治阶级的利益，资本主义具有内部张力，它正埋下自我毁灭的种子（参见第二十章）。但是在经验分析之下，马克思还有着规范性的关切，他希望加速资本主义的灭亡以迎来一个新的、没有阶级的社会。

经验性：
基于事实、经验或观察而非逻辑或理论形成的结论或推论。
规范性：
关于该如何行动的价值判断或规范。

◆ **理性选择路径**

26

理性选择：
一种基于个人努力实现利益最大化和成本最小化的理念来研究政府与政治的路径。

27

制度主义是一个关注结构和制度变化的研究路径，**理性选择（rational choice）**路径则主要关注个人，其基本假设是人们的行动受个人利益最大化的愿望驱动。正如格迪斯（Geddes，2003）指出的那样，人们"仅在这个意义上是理性的，即在给定目标和备选方案时，人们会从中选取最有可能实现其目标的方案"。我们每个人都会本能地做出自认为符合逻辑且明智的决定，甚至有时这一行动可能看起来是自私的。但当人们帮助别人，或是国家为别国提供援助时，我们仍然可以认为提供帮助的结果有利于其自身的利益，即便可能所谓的利益仅仅是自我满足这么简单。

源于经济学的理性选择路径，其潜在价值就在于：尽管我们对于行动者没有全面的了解，但是这一路径有模型化政治行为并做出预测的能力。我们仅需识别出行动者的目标以及在给定条件下这一目标如何才能以最佳方式达成，有了这样的信息，我们就能预测出行动者的行为。其他一切信息都属细枝末节，包括行动者对自身行为的解释。正如欣德穆尔和泰勒（Hindmoor & Taylor，2017）所说："如果人们是理性且自利的，那么理性选择理论家就可以在解释和预测人们的行为上具有科学可信度。"

对目标的理性追求依赖于准确信息。我们总是自以为做出了最符合自身利益的决策，但经常发现结果并不遂人愿。或是对选择背后的信息及替代选项有更深入了解时才发现当初的决策反而伤害了自身的利益。也许在日常生活中，在我们不需要想得太多的场景下，这一情况并不多发，但是在政治参与的过程中，在那些更大、更复杂的决策中，这一情况可能是相当常见的。

举例来说，理性选择路径常常应用于对民主国家投票行为的研究（我们也将在第十七章讨论这一问题）。研究发现，即便选民投票是理性的，但是花时间和精力去成为知情选民（informed voters）却并不是理性的行为。遗憾的是，政治冷漠恰恰是那些富有且有权势的人和机构得以在选举中有不成比例影响的原因之一。索敏（Somin，2016）针对美国的情况提出了一个应对办法，包括对政府的分权和限制，其基本论点是，当人们有更强的动机去获取相关信息并明智地使用它们时，人们就可能做出更佳的决策。

在对理性选择路径的应用中，人们不仅仅是行动者，如果所有的个人都基于自利的动机而行动，那么他们所结成的集体性的单位也是如此，诸如社会、利益集团、政党、机构、企业甚至是国家或国际组织。识别出复杂组织的利益和目标并不是一件容易的事，但是可以将它们想象成一个追求特定目标的个人，这样可能更有成效。例如唐斯（Downs，1957）把政党当作一个追求执政地位的单一行动者。与之类似，国际政治的学者认为国家的活动无非是追求自身利益最大化。在这两个例子中，这种处理的目的都在于对组织行为的准确预测，而不是详细地重述它们实际上如何决策的过程。

理性选择路径的一个贡献在于指出了**集体行动难题**（collective action problem）。当许多人或行动者为达成一个共同目标而合作时集体行动就发生了（例子可以参见第十八章）。当个人参与的成本阻碍了部分人自愿参与实现这一目标的努力或是削弱了这些努力时，集体行动的难

集体行动难题：
个人理性选择会给集体行动结果带来负面影响的问题。

题就出现了。例如，即便有些人（在面对全面的科学证据时）否认气候变化与人类行为之间的关系，但气候变化仍然是一个重大的难题。从整体上看，所有国家都能从控制气候变化中获得好处，但是大多数国家在全球总排放中占比很小，这些国家同样能通过忽视污染控制协议获得好处。这样一来，背叛集体行动的国家既能从控制污染的集体努力中获益，同时又避免了因环保政策所带来的政治和经济代价。简而言之，这些国家是在搭便车。当有国家开始采取这种搭便车行为时，所有国家的理性选择就会导致集体行动的失败。克服这种集体行动难题仍然是世界未来发展的一个重要议题。

同样，在 2007 年全球金融危机爆发之前（参见第二十章），许多投资银行家为了增加红利而进行高风险投资；只要企业利润继续增长，他们的雇主也能够心满意足。当这些投资最终变成坏账时，不仅对最初的投资者造成了不利影响，更重要的是，还对西方金融体系的稳定构成了威胁。显然，如果要让私人行动与理想的集体结果相一致，就需要某种形式的协调——在这种情况下，政府就要对银行实施更严格的监管。与其他框架相比，理性选择路径让我们认识到，个人偏好和集体结果是两个不同的东西，需要一个政府来弥合。

28　　　有趣的是，理性选择路径的价值不仅仅在于其预测的准确性，还在于解释那些起初看起来并不理性的行为。如果人们的行为令人感到意外，如何解释这样的情况？2016 年英国公投决定开始脱欧进程和唐纳德·特朗普成为美国总统都属此类事件，尽管大量政治专家警告说，他们的行为违背了他们的最大利益。围绕这两个事件产生了大量的政治学分析，这些分析将这两个事件与对移民、全球化、国家主权丧失、政治精英的厌恶以及对（很大程度上想象的）"美好旧日"的怀念联系在一起。尽管英国脱欧和特朗普当选让许多专家感到惊讶，但随后的研究发现，这两个选择都是对当前形势的一种抗议。

和许多其他研究路径一样，理性选择路径也有太多理想化之处。它没能解释个体目标的起源，缺少对这一问题的解释我们就不能理解偏好的形成，也就难以解释许多社会现象（例如英国脱欧和特朗普当选）。我们的期待、我们的恐惧、我们的身份甚至我们的目标都来自与他人的互动，而不是先天形成的。

同样，理性选择路径立足于对人类行为的普遍化模型，这使它很难解释不同国家间的差异。正如理性选择路径对个人目标的解释过于想当然一样，它对于不同国家间的情境差异性也关注不够，而这些情境差异性恰恰决定了个人的策略选项以及他们在其中所能追求的目标。为什么对于某个人、某个共同体、某个社会或某个国家而言的理性选择对其他个人和群体而言却是非理性的。例如在西方民主国家选民的眼中，俄罗斯选民一次次地将普京选上台是非理性的。然而，许多俄罗斯选民（尤其是年轻选民）却认为普京政府（尽管其是威权主义的）是最符合他们利益的政府，《华盛顿邮报》的一篇报道对其进行了简要的分析（Troianovski，2018）：

> 年轻的俄罗斯人并没有过多关注普京对其反对者的压制，他们从基本开放的互联网、开放的就业市场和开放的边界中享受到了个人自由。许多年轻人拒绝国家电视台的宣传但却自觉传播了其中的核心观点：俄罗斯需要普京站出来应对美国的压制。更重要的是，这些年轻人受到了他们从未经历过的集体历史的影响，即害怕回到经济困顿的 90 年代。

总而言之，对于接受自由民主观点的欧美选民来说，将普京政府送上台是不理性的，但对因历史发展而恐惧不确定性的俄罗斯选民而言，这种选择却是理性的。

◆ 结构路径

与基于制度或个人的研究路径不同，结构主义立足于关系：**结构主义（structuralism）**认为我们必须超越个体理性，用利希巴赫和朱克曼（Lichbach & Zuckerman，1997）的话来说，要检验"体系各部分之间的网络、联系、相互依赖与互动"。结构由体系内部不同部分之间的关系所界定，相比之下，各个部分本身（包括其中的组织和个人）却并不与之直接相关。例如，对于结构主义者而言，一个国家内部劳方与资方之间的关系要比工会和商会的内部组织与领导人更加重要。结构主义者假定劳方与资方都会遵循其真实利益而行动，不论是谁在正式层面上领导相关组织。

结构主义的核心原则就是重视群体（groups matter），诸如官僚、政党、社会阶级、教会和军队都是社会中强有力的群体。这些群体拥有并且追逐自身的利益，它们创造了一系列关系形成了支撑或削弱政党与政府制度化政治的结构。结构内部的每一个群体都要在社会中保持一定的政治影响力，而社会总是不断发展以应对经济变动、意识形态创新、

结构主义：
一种研究政府与政治的路径，强调大型体系中不同组织和网络之间的关系。

29

国际政治和组织间冲突的影响。正是这个框架巩固并最终决定了现实的政治，因为人类的行为是由这个更大的结构环境塑造的。

有一个例子很好地说明了结构主义发挥作用的方式，在民主国家中，竞选公职的候选人会周期性地承诺进行变革，将新思维带到政府中来避免"往常的政治"（politics as usual）。唐纳德·特朗普要在华盛顿特区"排干沼泽"（drain the swamp）的承诺就是一个生动的例子。一旦候选人当选，他们就会发现推动变革远比他们想象的要更困难。因为他们只是复杂结构中一个小小的组成部分，而整个结构还涉及一系列组织、意识形态和利益。正如美国的政治家马里奥·科莫（Mario Cuomo）所说："在诗歌般的语言中竞选，在陈词滥调中执政。"与此同时，选民们不断被变革的承诺所吸引，不断投票给那些声称会带来变革的候选人，却没有意识到变革的障碍始终在政治体系结构之中，而他们自己就是这个结构的一部分。结构性约束对于实际的治理而言至关重要，而这些限制却很少在竞选活动中被公开讨论。

另一个例子就是在许多富裕国家中难以根除的贫困问题。制度主义者也许会指责相关制度没能有效运转或彼此协作，但是结构主义会将贫困归结为有产者和无产者之间权力地位与利益的差别。因而对于结构主义者来说，关键因素在于不平等的框架而非制度的失败，制度设计无法解决部分家庭被限制在机会等级中的底层的问题。马奥尼（Mahoney，2003）认为："结构主义的核心是对各类组织与社会间关系的关切，结构主义认为社会关系的结构以一种可预测的方式对行动者进行塑造、限制和赋权。"

并不令人感到意外的是，结构主义路径具有很强的历史性，经常关注关系如何随时间推移而变化，试图去理解权力组织之间的竞争如何随时间的推移而导致特定的结果，诸如革命、民主或多党制。做这类研究的学者认为政治是关于斗争的学问而非关于均衡的学问，他们支持比较历史分析，这与有时是静态描述的制度主义研究形成了对比。

这个领域的领军人物就是美国社会学家巴林顿·摩尔（Barrington Moore），他不仅是结构路径的典型代表人物，还是这一研究路径的开山鼻祖。他的《专制与民主的社会起源：现代世界形成过程中的地主与农民》（1966）比其他作品更多地塑造了结构性力量的历史分析的形式。为了理解为什么自由民主更早且更容易在法国和英国出现，而不是在德国和日本出现，他指出新兴商业阶级的策略是回答这一问题的关键。

在英国这样的国家中，资产阶级避免卷入农民与地主之间的斗争，民主转型是相对和平的。但是像德国这样地主和资产阶级联合起来与农民对抗的国家，则会形成威权政体并会延迟民主的出现。后来有不少研究验证了摩尔的论断，他的成果表明了关注群体与阶级之间长期发展的结构关系的重要价值（Mahoney，2003）。摩尔提出了比较研究中的重要问题，并从阶级关系何时及如何发展演进的角度对这些问题进行了回答。

30

结构路径提出大问题，并从历史中寻找答案。结构路径的研究追问历史，但并不局限于历史的时序发展。许多结构路径的学者都对特定阶级和群体的立场形成过重大判断，特别是对其利益的解释，就好像他们本身就是相关行动者一样。这导致学者提出一些野心勃勃的普遍性理论，而这些理论常常需要详细研究才能得到验证。即便如此，结构路径仍然以比较历史分析的形式为比较政治学的发展做出了独特的贡献。

 ## 文化路径

文化和政治的关系是政治思想家与研究者的长期关注点之一。人们思考文化规范与实践如何支撑或削弱不同的政治偏好和政治形式。然而，如何界定**文化**（culture）始终是研究中的挑战。在人类学或社会学的情境中，文化常被描述为共同体中的人们所共享的历史、价值观、信仰和习俗。正如我们将在第十二章所看到的那样，政治文化勾勒着一个社会的政治特性，这反映在政治规范与价值之中，即作为整体的共同体所赞赏和习惯的政治特性。在更广泛的意义上，文化反映着一系列与制度或社会有关的假设，特定制度或社会如何运转，在特定制度或社会下什么是正常的、什么是不正常的以及什么是值得追求的。罗斯（Ross，2009）认为存在两种意义上的文化，一种是"人们管理日常世界的意义系统"，一种是"人们社会和政治身份的基础，而这种身份影响着人们如何统筹范围广泛的问题并采取行动"。

对文化理论的最早应用关注文化实践如何巩固或削弱不同的政治形式。近来，尤其在欧洲，出现了关于**多元文化主义**（multiculturalism）的激烈辩论，这一辩论也影响着那些自二战以来受移民潮影响而人口日益多元化的国家。这种多元化造就了政治和社会张力，导致了民族主义运动的兴起，以及人们对持反移民立场的政党的支持。这一现象在法国、英国和德国尤为明显。

文化路径：
基于对文化与文化规范影响的理解来研究政府与政治的路径。

文化：
一个社会所支持、回应的价值、信念、习惯、态度和/或规范。这种支持和回应常常是无意识的，即便面对个人分歧时也是如此。

多元文化主义：
在由多元文化和族群所组成的社会中的信念，以及在更广泛的社会中给予少数族群以承认的信念。

欧洲人的苦恼与加拿大形成了鲜明的对比。早在几十年前，加拿大就为界定、建构其多元文化认同展开了艰辛的政治努力。1988 年《加拿大多元文化主义法案》表明："多元文化主义反映了加拿大社会的文化与种族多元性，并且承认所有加拿大社会的成员都有保存、强化和分享其文化传统的自由。"与此同时，在有着大量移民的美国，种族差异比文化差异得到了更直接的讨论。美国也与欧洲一样，在某些领域出现了反对移民的风潮。

文化同样也是在全球视野下对政府与政治进行比较的一个因素，参见聚焦 2.2。我们在之前看到了因政治理论与西方观念紧密联系而引发的担忧，这在一定程度上是因为西方政治学家主导了学术分析和研究。这在本书所参考的研究中也有所反映，本书所参考的研究部分是基于"前言"所列出的 17 个国家和地区。在这些研究中，很容易找到来自美国、欧盟、英国、德国、法国、俄罗斯和中国学者的研究。在去殖民化几十年之后，找到来自第三世界国家（本书中的墨西哥、巴西、印度、南非和尼日利亚）的研究仍然不是容易的事情。

◆ 解释路径

31

解释路径：
一种对政府与政治问题的研究路径，认为政治由我们所持有的不同观念组成。

到目前为止，我们已经讨论了关注制度、个人、群体和社会的理论。贝维尔和罗兹（Bevir & Rhodes, 2004）将解释路径的焦点归纳为观念。他们认为："为了理解行为、做法和制度，我们需要掌握相关行动者的意图、信念和偏好。"换句话说，就像帕森斯（Parsons, 2018）指出的那样，人们做一些事而回避另一些事，这是受社会所建构的观念、信念、规范、假设、规则、身份、意义、描述和价值所驱动的，这些社会所建构的东西也影响着人们看待世界的方式（因此这一研究路径也被称为建构主义）。这一研究路径的出发点是，我们不能像理性选择路径那样把行动者的目标和他对环境的判断当作是理所当然的，相反，必须把这些目标和判断当作在某种程度上是被建构出来的东西。

在最为极端的版本中，解释路径认为政治由观念组成，参与政治的人持有不同的观念。并不存在与精神建构相区别的政治现实，现实并不能反映出观念对其的影响，而政治现实本身就是由观念所形成的。简而言之，观念很重要，除此之外再无其他。

聚焦 2.2

文化与政治：爱德华·赛义德和东方主义

1978 年出版的《东方主义》阐明了比较政治学为弥合文化差异所做出的努力。其作者是巴勒斯坦裔美国学者爱德华·赛义德（Edward Said, 1935—2003）。这本书指出，西方在政治与经济的统治性力量下建构了对东方的负面形象与观念。赛义德认为，**东方主义（orientalism）** 的结果就是对阿拉伯世界和伊斯兰文明的刻板印象。其中包括把西方建构为"理性的、发达的、人性化的和优越的"，而把东方建构为"反常的、落后的和低级的"，以及认为东方"归根结底是令人恐惧的，或是受人奴役的"。

赛义德的书被广泛提及和引用，他为西方对于东方认知的讨论和比较政治的研究提供了新的可能性。然而，这本书也是相当有争议的，关于中东和伊斯兰的研究引发了某种程度上的分裂。兰德斯（Landes, 2017）指出，赛义德的观点也并没有带来实质性的改变：

当一个人对过去二十年进行回顾时，承袭赛义德学术观点的学者在对中东的分析和建议上错得离谱。在对以色列-巴勒斯坦奥斯陆"和平进程"和"阿拉伯之春"的误读中，这种分析上的偏移更是暴露无遗，前者是灾难性的，后者很快发展为族群和教派间的混战。

兰德斯认为，问题在于学者和记者在对中东和平与民主的前景感到兴奋时，未能理解阿拉伯和伊斯兰文化的一个关键特征：荣誉与耻辱之间的张力，"获得、维护和恢复公共荣誉的考量胜过一切"，包括人们对当权者发表公开批评的权利。兰德斯指出："学者们误解了这场把阿拉伯国家统治者赶下台的运动，这场抗议运动是由大众与社交媒体赋权的，学者们却从欧洲式的民主革命的视角来解读它。"简而言之，文化误解持续阻碍着西方学者对中东政治事件的解读。

东方主义：
基于对东方人种、文化和政治体系的刻板印象（且常常是蔑视的印象）来对东方进行界定的西方式惯习。

在相对温和的版本中，解释路径认为我们的政治世界并不是由观念组成的，但是观念可以对其产生独立影响。观念塑造着我们对于自身利益、目标、朋友和敌人的界定。我们看待世界的方式塑造着我们的行动，如果我们的视角不同，那么我们的行为也就相异。理性选择理论关注人们如何达成个人目标，而解释主义者关注目标的形成并将目标的形成看作群体的而非个人的（因此解释主义偏好社会学的而不是心理学的解释进路）。

由于观念是社会建构的，许多解释主义者认为我们可以重构我们对于世界的观念及这个世界本身。例如，个人和国家必须追求其狭隘的自身利益（正如理性选择理论者所假定的那样）并不是出于内在的原因。做出这样的假设就是将概念加诸现实，而我们错误地认为现实与我们的思想是彼此独立的。芬尼莫尔（Finnemore，1996）认为利益并不是存在于什么地方等待我们去发现，而是在社会互动中建构出来的。同样，观念先于物质，因为关于物质的价值本身就是一种观念（尽管马克思主义和其他学派会否认这一观点）。

出于这些原因，解释主义者（和结构主义者一样）侧重于历史叙事，关注对早期事件的理解如何影响着后续事件的发生。以对革命的研究为例，行为主义者看到了一个个的案例（法国革命、俄国革命、伊朗革命等），并在对革命共同起因的解释中将不同的案例视为彼此独立的；而解释主义者则看到了一个序列，并且探讨后发案例（诸如伊朗革命）如何受到早期革命（诸如法国革命）观念的影响。或者以对选举的研究为例，一场选举的意义并不是由其结果所决定的，而是取决于政治家对结果建构的描述。例如"选举结果显示了选民对高失业率说不"（更多相关内容参见本书第十七章）。

在我们对国家的理解上，解释主义意味着什么？国家常常被认为是独立于我们思想观念之外的实体。在一个由国家组成的世界中，我们申请护照、支持本国的运动队，哪怕仅仅是使用"公民"这个词汇，都是在不断地强化着国家这一概念。但是国家并不是山川或建筑这样的物理实体。国家是由政治思想家和政治家在漫长历史中建构出来的观念。正如宇航员常常告诉我们的那样，从外太空看，我们的星球看不出国家的痕迹。当施泰因伯格（Steinberger，2004）说他的国家观就是国家是一种观念时，他其实就是在表达解释主义的国家观。当然，诸如税收、战争这类由国家所带来的现象是相当具象的、真实的。但这些都是现有世界运作逻辑下的现象，我们完全可以重构这一切。正如国家是一种社会所强化或建构的观念一样，这种观念也应该经受社会的拷问（"我为什么一定需要签证才能到访这个国家？"），这会导致我们观念的渐进变迁。

韦登（Wedeen）在对也门（2008）和叙利亚（2015）的两项研究中使用了解释主义/建构主义的方法。在第一项研究中，她认为尽管国家已经无力控制暴力或为其人民提供公共物品和服务，但是政府仍然持续存在着。这是因为也门人已经在彼此间形成了紧密的联系纽带，他们定期聚集在一起进行广泛的讨论，即便是最有争议的政治议题也是如此，这代替了他们与正式制度之间的联系。在第二项研究中（这项研究在叙利亚内战爆发前圆满完成了），她提出尽管哈菲兹·阿萨德（Hafezal-Assed）总统在其任期（1971—2000）内是无处不在的（omnipresent)，但是很少有人相信阿萨德政府的官方言辞。然而，象征阿萨德统治的符号吞没了叙利亚的政治和公共生活，这在鼓励服从、切断叙利亚人彼此间的联系以及建立对公共舆论与行为的引导方面仍然起到了微妙的作用。

对于政治学的学者来说，尤其是对于比较政治学的学者而言，解释主义的路径提供了明确且有用的经验。当我们第一次面对一个政治体制时，我们首要的目标就是要展开政治人类学的研究：去理解构成这一体制的活动。理解这些活动如何运转？具有何种意义？产生意义的背景是什么？以及政治行动背后的认同和价值是什么？在自己国家的某种行为背后的意义可能在其他国家会完全不同，并引发不一样的结果。例如，在一个地方，贿赂可能是被普遍认可的行为，但在其他地方可能会被认为是一种冒犯。在民主政体下，投票意味着做出选择，而在威权政体下，投票可能意味着对权威的效忠。在一个国家，批评国家领导人可能是司空见惯的，但在另一个国家，这种批评可能会被认为是寻衅滋事。相同的行为在不同的情境下完全可能引发不同的后果并具有不同的意义。

在对政治学的研究中，我们总是想要从复杂的现实中整理、界定出抽象的概念。我们寻求超越特定案例的具体做法来得出关于总统、选举和政治体制的一般性观点。我们想要检视它们之间的关系以揭示出整体性的联系。例如，我们想知道复选制是否会导致两党制（参见第十五章）。通过这样的探索，我们可以超越不同情境下参与者的个人理解来形成认识。

同样，我们必须要意识到事物发展会出现意料之外的后果：纳粹大屠杀源于希特勒的构想，但是其后果却远远超出了他的预期。由于强调意义的重要性，解释路径忽略了许多人类活动的意外后果，而这些意外后果恰是许多社会与政治分析中所共同关注的现象。简而言之，分析政治行动的意义最好被视为政治分析的开端，而不是结束。它提供了一条实用的建议：我们必须掌握政治行为的含义，这样我们才能对同类事物进行比较。

与本章回顾的其他理论路径相比，解释路径仍然主要是愿景而不是成就。这一路径下的一些研究关注不同意义体系下有趣但与现实有一定距离的案例：当国家没有统治世界时，当借钱被认为是一种罪过时，或者当政治游戏包括获得依赖的追随者而不是独立的财富时。然而，这些

33

研究并没有验证一个简单的假设，即我们的世界可以轻松地被解构。正如本章之初的制度主义者所说的那样，大多数的社会建构的产物也受社会条件的约束，因为制度具有强大的持久性。我们想象其他可能性世界的能力不应该偏离我们对现实世界的理解。

问题研讨

34

- 为什么政治学家（或比较主义者）在何谓最佳的理论路径上争论不休，为什么宏大理论如此难以捉摸？
- 你认为本章概述的不同理论路径中哪个最有说服力，哪个最不可信？
- 通过对制度的关注，我们能在多大程度上理解政治和政府？
- 行动者、文化、观念，哪个对理解政府和政治更重要？
- "理性"是什么意思，人们的行为是理性的吗？
- 哪些因素对于你政治观念的形成最为重要？

核心概念

- 行为主义
- 集体行动难题
- 文化路径
- 文化
- 经验的
- 宏大理论
- 制度主义
- 制度化
- 解释路径
- 多元文化主义
- 新制度主义
- 规范的
- 东方主义
- 理性选择
- 结构主义
- 理论

延伸阅读

Dallmayr，Fred（ed.）（2010）*Comparative Political Theory：An Introduction*（Red Globe Press）. 一本试图将政治理论的研究重心从西方思想转向伊斯兰、印度和东亚思想的论文集。

Dryzek，John S.，Bonnie Honig，and Anne Phillips（eds）（2006）*The Oxford Handbook of Political Theory*（Oxford University Press）. 详细讨论了政治理论领域中许多不同取向的论文集。

Eriksson，Lina（2011）*Rational Choice Theory：Potential and Limits*（Red Globe Press）. 对理性选择理论的意义、优点和缺点进行一般性讨论的著作。

Lichbach，Mark Irving，and Alan S. Zuckerman（eds）（2009）*Comparative Politics：Rationality，Culture and Structure*，2nd edn（Cambridge University Press）. 详细讨论了比较政治研究中的理性、结构和文化的研究路径。

Lowndes，Vivien，David Marsh，and Gerry Stoker（eds）（2018）*Theory and Methods in Political Science*，4th edn（Red Globe Press）. 该书涉及本章所介绍的大部分理论与方法。

Peters，B. Guy（2019）*Institutional Theory in Political Science*，4th edn（Edward Elgar）. 该书介绍了制度理论的不同面貌，并探讨了其作为政治学研究范式的潜力。

第三章
比较研究方法

目录

预览

35 到目前为止，我们已经讨论了比较政治学的概念和理论。这为我们提供了关键的知识背景并引出了比较研究实践需要关注的方向：提出什么样的研究问题，使用何种研究方法，如何进行比较研究设计和有哪些需要规避的研究陷阱。本章是对研究方法的回顾，也是一项如何开展比较分析的实践指南。本章的目标不是介绍访谈或统计分析等具体研究技术的细节，而是为读者提供一个独立进行比较分析的行动大纲。

本章首先将讨论比较研究中的案例数量和案例应用。在不同的研究中，案例数量可以从一个到多个不等。面向单一案例研究、小样本（small-N）研究和大样本（large-N）研究，研究方法的使用应该是有所区别的。随后，本章将概述定性研究方法、定量研究方法和历史研究方法的不同特征。我们认为历史研究法可以在很大程度上抵消案例研究所固有的局限性。最后，本章讨论了比较研究所面临的挑战，其中包括案例太少而变量太多的难题。

核心观点

● 展开比较研究的方法有很多，它们各有优缺点。

● 比较研究者必须就分析单位、分析层次和研究的变量做出抉择。

● 研究方法包括案例研究方法、定性研究方法（小样本）、定量研究方法（大样本）和历史研究方法。

● 在对两个或更多因素进行比较时，有必要在最大相似法和最大差异法之间进行权衡。

● 比较研究能够受益于历史研究方法：将当下的案例与过去的案例进行比较，或对不同国家进行跨时段的比较。

◇ 比较研究方法：一个概述

36

比较不仅是政治学中最为古老的研究工具（比如我们可以在亚里士多德的著作中找到比较方法的应用），而且是最为重要的研究工具。一些学者甚至认为政治学研究的科学形式不可避免地具有比较性（Almond，1966；Lasswell，1968），或"比较就是政治学研究科学方法的核心"（Powell et al.，2014）。总之，**比较研究方法（comparative method）**是政治学研究的核心。我们在第二章看到了比较研究有不同的理论路径，在**方法论（methodology）**层面，比较研究同样有不同的研究方法。关于哪种方法能够最好地发挥出比较研究的潜能，学者们也有不同意见（Munck & Snyder，2007）。

一旦我们确定了展开研究的最佳理论路径，接下来就需要选定我们的**分析单位（unit of analysis）**，它可以是一个国家、一个政治机构、一项制度、一个过程、一个原则、一个行动、一个主题或一个领域的政策。然后就是确定**分析层次（level of analysis）**，上到国家间的关系，下到群体、社会阶层乃至个人的政治行为都可以作为我们的分析层次。之后我们还要进行几个选择：确定我们希望展开研究的案例、我们感兴趣的变量以及使用何种研究方法。即便我们使用最流行的研究方法——案例研究方法——我们也要处理几个难题，即案例的数量、所用的案例是否具有代表性。

一旦我们针对上述问题做了选择，我们就能选择合适的研究方法。研究方法的选择取决于我们的研究问题，我们对这项研究所能投入的时间和资源，以及我们自身对研究方法的偏好，即我们认为何种方法是能够获得知识的最佳工具（参见 Landman & Carvalho，2017）。在这一章中，我们将主要关注四种研究方法：案例研究方法、定性研究方法、定量研究方法和历史研究方法。对四种研究方法的概述参见表 3-1。（这四种研究方法各自还包含着许多具体的研究方法。此外，将它们分开处理并不意味着它们彼此完全不同，实际上它们之间有很多相交叠的部分并且可以相互组合来使用。）

比较研究方法：
通过对不同案例的比较来更好地理解它们的特性，并提出假设、理论和概念的方法。

方法论：
对特定研究领域所用方法的系统分析。也用于描述所用研究方法的主体，或用于得出一组特定结论的手段。

分析单位：
比较政治学中的研究对象。

分析层次：
比较政治学研究涵盖了从宏观（政治体制）到微观（个人）的层次。

表 3-1　政治学研究方法

研究方法	案例数量	关注点	策略
案例研究方法	一个	案例	对具有广泛意义的单一案例展开深度研究

续表

研究方法	案例数量	关注点	策略
定性研究方法	多个	案例	在自然设定中，对两个或多个案例进行整体性的比较
定量研究方法	多个	变量	在大样本案例中对变量间的关系进行统计分析
历史研究方法	多个	过程	追踪导致已知结果的历史过程

 ## 案例研究方法

案例研究方法是应用最广泛的研究方法，它处在政治学研究的核心，而且在其他社会、自然和人文科学中也被广泛使用。正如耶林（Gerring，2007）所说，案例研究方法通过对"单一案例展开深度研究以实现对更普遍的案例（群体）的理解"。案例研究的焦点可以是一段时间、一项政策、一个政治制度或政治过程。使用单一案例进行比较研究的说法似乎十分古怪，但是单一案例必须是可比的，因为它来自一个更大的母体，在这个母体之中，案例之间是可以相互比较的（例如，伊朗是伊斯兰共和国的一个案例，瑞典是君主制国家的一个案例）。单一案例的研究优势在于其研究深度，其他研究者可以参考两个或多个单一国家的研究来发现更为广泛的相似性和差异性。单一案例也可以与某种典型或类型进行比较。单一案例研究最大的优势就在于提供了对现象深入的、真实的理解，为阐述更广泛的原则提供明确的案例。

因（Yin，2018）指出，案例研究必须从其范围和特征两个方面来理解。就范围而言，他们深入研究具体情境中的现象。举例来说，案例研究不同于实验，因为后者分开了将要研究的现象与其背景。在功能方面，案例研究有助于解决变量太多且案例太少的问题（本章稍后讨论），并且其构建论证的材料来源很广泛。

案例研究成功的关键就在于明确案例代表了什么，以及案例与研究有何不同。就其性质而言，案例从属于一个类别，因此对案例展开研究的意义要超出对其案例本身的讨论。对日本 2017 年大选的描述并没有超出对其自身的讨论，因而可以说是一项研究，却不能称其为案例研究。然而，如果一项研究能够深入到这次选举的意义，即自 1953 年以来日本第一次有现任首相（安倍晋三）能够连续第三次获胜的选举，那么这样的研究就可以称为案例研究了，因为它具体讨论了具有更广泛意义的主题。这将涉及许多有趣的问题，包括政党的演变、政治派系地位

案例研究方法：
一个对具体研究对象和其所处的情境进行深入分析的研究方法。

的变迁以及霸权型政党国家的动态发展。选举的结果还具有国际影响，因为它为安倍提供了足够解除宪法对日本国防政策限制的支持。

38　　就其性质而言，案例研究使用了广泛的技术，包括以下内容：

- 阅读学术文献。
- 检验一手资料和二手资料。
- 对研究单位中的参与者和观察者展开访谈。
- 以参与者或旁观者的身份进行直接观察。

正如金等人（King et al.，1994）所说，从事案例研究的学者致力于"浸泡和戳刺，在细节中腌制自己"，旨在提供吉尔茨（Geertz，1973）所说的"深描"（thick description），也就是既全面又详细的描述。这种多元方法的研究路径与从单一视角出发的更具体和明确的路径形成了对比，后者如统计分析或实验方法。与试图在一系列观测值中识别出所测定变量之间关系的统计分析不同，案例分析旨在识别一系列因素如何在所研究案例的情境下相互作用。

研究案例的方式有很多种，案例研究有很多前缀修饰词，例如说明性、描述性、探索性、累积性和关键性，但在比较政治中有五种案例研究类型十分突出（参见表 3 - 2）。其中，最为常见的就是代表性案例。它是最有用也最常见的案例研究模式，是案例研究的主流。这类研究通常关注研究者自己的祖国。例如，研究人员可能对联合政府的形成感兴趣，但他们往往研究自己国家的政府是如何形成的，并希望由此产生的研究有助于形成更具普适性的解释。一系列的代表性案例研究可以为那些采用其他研究方法并进行普适性比较分析的学者提供材料。

表 3 - 2　案例研究的五种类型

类型	质量	例子
代表性案例	一类现象中的典型	芬兰的联合政府
原型性案例	有望开创一种新类别的案例	美国大选中社交媒体的早期应用
模范性案例	开创了一种新类别的案例	英国议会
异常性案例	与既有解释相偏离的案例	作为一个人口和领土大国，中国却没有采用联邦制
关键性案例	如果在最恶劣的条件下都行得通，那么这一做法将无往而不利	在阿富汗建设民主

相比之下，选择一个原型性案例不是因为它已经具有了代表性，而是因为它有望具有代表性。其要点在于对先驱性做法的研究有助于我们

理解一种可能会变得更重要的现象。例如在美国大选中使用社交媒体，奥巴马在 2008 年的竞选中就是一个潮流引领者。他可能不是第一个在选举中这样做的，但显然他是做得最全面、有效的。奥巴马的做法形成了新标准并探索出了新方法，这被其他地方迅速接受。通过社交媒体开展竞选活动已迅速成为许多民主国家的常态。就像早期的选举使用报纸、广播和电视一样，使用社交媒体进行竞选是可以预见的。但原型性案例的危险之一是它建立在对未来的预测上。如果某些先驱性做法没有大规模铺开，那么对这类现象的研究可能一无所获（大概到那时，研究的重点可以转为分析为什么这类做法未能流行）。

对原型性案例的研究着眼于未来，对模范性案例的关注则将目光投向了过去，这类案例被认为是形成一类现象的早期典型性做法。例如，议会制诞生于英国，因此，对英国议会特性的研究有助于我们深入理解所有议会制国家中立法机关和行政机关如何运转。与之类似，对法国总统制的研究不仅在于阐述半总统制的政府体系，更在于它是其他半总统制国家（例如俄罗斯、乌克兰和其他非洲前法国殖民地）建立制度的基准。虽然模范性案例通常被界定为被模仿的案例，但在研究设计中，这一词汇更中性地指代一类具有影响力的案例，这类案例能够说明一类现象的基本特征。一个模范性案例并不必然是最早出现的原型案例。

39

研究异常性案例的目的就是找出例外和非典型现象而不是寻找常例。异常性案例通常用于整理我们对例外和异常的理解。为什么印度冲击了民主以富裕为前提的假设？当联邦制主要流行于大国时，为什么小国瑞士也采用了联邦制（相反，作为世界上的人口大国，中国却并没有建立联邦制）？为什么瑞典和丹麦的投票率一直很高（最近的选举中投票率超过 80%），而其邻国爱沙尼亚和芬兰却是低投票率的国家？异常性案例总是会引起人们的兴趣，并通过与常例的对比强化了我们对代表性案例的理解。由于异常性案例总是十分引人注目，其危险就在于吸引了太多的研究目光，毕竟比较政治学不应该是特殊现象的集合。

关键性案例（也称为决定性案例）将一项研究命题置于最不支持其成立的条件下以检验其有效性。这一做法的逻辑很直白：如果该命题在最恶劣的条件下都成立，那么它就是放之四海而皆准的。例如，如果我们发现大多数德国人反对欧洲一体化的推进，那么我们可以预期其他欧盟国家也会如此。通过这种方式，对关键性案例的研究是十分高效的，它为我们的研究投入提供了卓越的回报。我们只研究一个国家，却可以将结论推广至其他国家。然而，高回报也伴随着高风险。关键性案例的研究设计提供了将单一研究的结论普适化的可能，但它必须冒着命题必须在最恶劣的条件下成立的风险，而这种可能性往往不高。

案例研究是我们理解政治世界的基础。与普通法系中的法官相类似，政治学者（政治家更是如此）常常通过对案例的比较而不是通过基本原则来展开推论。因此，许多比较政治分析都采取了在案例之间进行类比的形式。例如，俄国革命和伊朗革命的起因有何异同？为什么多数选举制在美国导致了两党制却在印度形成了多党政治体系？为什么部分东欧国家（尤其是匈牙利和波兰）又出现了威权主义的回潮？正如我们将在下一部分看到的那样，案例的比较可以为更广泛的理解拓展空间。

◇ **定性研究方法**

比较研究的设计要么是定性的要么是定量的，要么是这两种方法的混合。**定性研究方法**常常与比较研究方法联系在一起，尽管定性研究涉及对大量案例（也被称为大样本，表示案例数量）的比较，但它最常被用于对两个案例（成对或二元比较）、三个案例（三角比较）或少量案例的比较分析。通过案例选择可以形成因变量的变化，从而克服单一案例研究的固有局限性。

定性研究方法：
基于在自然环境中对少量案例的研究，并强调价值、意见、行为和情境的研究方法。

定性研究方法有如下特征：

- 有限案例的深度分析。
- 侧重描述而非预测。
- 致力于分析多重变量间的互动。
- 意义可以从研究对象中显现出来。
- 主要的数据收集方式是观察。
- 在自然环境中研究现象。

近来对民族主义的研究就是使用定性研究方法的例子，民族主义（正如我们将在第四章看到的那样）在世界不同地区的多个国家兴起，其中大部分是对移民、全球化和多元文化主义的反应，但由此兴起的民族主义情绪却因地而异（适用于涉及少量案例的研究），而且由于民族主义非常情绪化，所以很难适用于采用统计方法的大样本定量分析。

聚焦 3.1

假设和变量

几乎在所有研究领域中，**假设（hypothesis）**的提出和检验都是研究的核心内容。假设与理论不同（正如我们在第二章看到的那样），理论是一个解释性框架，但假设可能来自理论，并且可以反过来被检验以支持或反驳理论。假设的例子如下：

● 国家越富裕越可能维持一个稳定的民主体制。

● 通过暴力来终结威权政体更可能带来混乱而不是民主。

● 当今世界最贫穷国家的难题都源于殖民主义。

在许多比较研究中，学者们关注的焦点在于**变量（variable）**，通过探索变量间的共变程度以便了解国家在某个变量上的水平（例如识字率）如何能够预测其在其他变量上的水平（例如选举投票率）。在这样的分析中，**因变量（dependent variable）**是我们想要理解的变量，其他变量是**自变量（independent variable）**，即我们相信可以解释或影响因变量的变量。例如：

● 更高水平的政治参与可能受诸如更好的经济条件和更高的教育水平影响。

● 政变的发生可能与贫困、社会分裂以及既往的政变历史相关。

● 强硬的外交政策可能来自高度的使命感、国防工业的力量、对外国的恐惧、希望重建失去的影响力（如普京治下的俄罗斯）等。

> **假设：**
> 通过观察或实验，对一个可被证实或证伪的现象提供一个解释。
> **变量：**
> 一个可变的特征、因素、数量或成分。
> **因变量：**
> 我们想要解释的因素或成分。
> **自变量：**
> 我们相信可以解释或影响因变量的因素或成分。在一项研究中，这类变量通常有多个。

迈克尔·比利希（Michael Billig）在 1995 年出版的著作中提出了"日常民族主义"（banal nationalism）的观点，用来描述人们在已建立的国家中体验民族主义的"日常"渠道。其中包括常见的符号和习惯，例如国旗、国歌、体育赛事，以及使用暗示团结一致的词汇，如"（我们的）总统"（the president）或"我们"。（这些被称为指示词，或是"特指"词，如果不了解使用它们的情境就无法理解其内涵。）

于 2017 年由迈克尔·斯基（Michael Skey）和马尔科·安东希克（Marco Antonsich）编辑出版的一本书中汇集了近 20 位学者的论文，他们以比利希的书为基础，对世界不同地区的民族主义展开了案例研究，其中包括阿塞拜疆、法国、德国、日本、新西兰、塞尔维亚和俄罗斯。他们使用各种方法进行研究，包括访谈、案例研究、调查数据、民族志（对人和文化的研究）以及对推特（Twitter）活动的分析。斯基和安东希克讨论了国家纪念活动在"个体、象征和地点之间建立联系的方式，这些联系可能会产生敬畏、尊重、悲伤或喜悦的感觉"，并且这些方式"对于使国家看起来能让人们产生共鸣至关重要"。他们还认为，对国家的任何理解都必须关注"情感或感觉"，否则就可能无法理解"激情、感觉和情绪如何促使人们参与政治运动和与国家相联系的公共庆祝活动"。显然，民族主义研究需要使用基于价值观、观点、行为和情境的定性方法。

对于定性研究来说，案例的挑选十分关键，有两种主要的案例选择策略（参见 Anckar，2008）。最常见的就是**最大相似法（most similar system，MSS）**，即选择除因变量外尽可能相似的两个案例。如利普塞特（Lipset，1990）所说，其潜在的逻辑是"被比较的对象越相似，我们越有可能揭示出造成它们之间差异的因素"。如果被研究的对象在诸如历史、文化和政府体制方面相似，那么我们就可以将这些因素排除出对因变量解释。

以具体研究为例，最大相似法可以用于研究各国对于欧盟成员国身份的态度。比较对象可以设置为六个创始国或西欧国家或特定东欧国家。每个组别中的国家都有很多共同之处，但其对欧盟一体化的态度可能有所不同。因此研究的目标就是：在条件相似的国家组别中，找到它们对欧盟支持度有差异的原因。

最大差异法（most different system，MDS）则基于相反的逻辑，研究目标是检验两个因素之间的因果关系是否也能在政治体制、历史或文化都有很大差异中国家中观察到。如果检验通过，那么我们将更有信心地认定变量间的关系是真实的，而不是由其他未纳入分析的遗漏变量导致的（Landman & Carvalho，2017）。使用这一方法的著名案例就是西达·斯科克波尔（Theda Skocpol，1979）对于法国、俄国和中国革命的比较历史分析。这三个国家在政治、经济和社会体系上有着巨大差异，所以她试图找出在这三个国家之中造成相似政治结果的共同原因。她的结论是，在土地贵族只提供有限支持的旧秩序中，当有组织的鼓动者成功地利用农民的失望情绪时，在国际上软弱且在国内又无能的政权就容易受到革命浪潮的冲击。

最大相似法：
使用尽可能相似的案例的研究设计，通过将相似的因素控制住来揭示产生差异的原因。

41

最大差异法：
在差异尽可能大的案例比较的基础上进行的研究设计，其目的是控制差异性特征来观察案例间共性所产生的因果效应。

定量研究方法

当定性研究方法使用广视角（wide-angle）来理解政治现象并经常以小样本作为研究设计的自然环境时，**定量研究方法**经常在大样本、多变量和统计分析的基础上形成更聚焦的视角。具体参见表3-3的总结。定量研究通常试图量化数据，并将研究结果推广至更广大的群体中。它通过实验和调查研究产生信息，并要求研究者熟悉统计学的技术语言。与定性研究相比，定量研究需要更多样的研究技术，并且更可能受到不同案例中数据质量和数据可得性的影响，但其研究结果更具通则性。

定量研究方法：利用统计分析的技术，在更多案例和变量的基础上实现对政治现象解释的研究方法。

表3-3　定性研究方法与定量研究方法的特性比较

	定性研究方法	定量研究方法
目标	理解现象背后的原因与动机	将数据量化，并将结果从样本推广到总体
方法	探索性的或"自下而上"（bottom-up）的方法；从经验现象中提炼出假设和理论	证成性的或"自上而下"（top-down）的方法；用经验现象验证假设和理论
对人类思想与行为的认识	情境的、个人的且不可预测	有规律可循且可预测
焦点	广视角	窄视角
情境	自然情境	受控条件
案例规模	较小	较大
核心原则	阐释与探索	科学与确证
信息类型	开放式的、描述性的、非数字的、词汇、图像、主题	统计型、数字型
信息收集方式	访谈、案例研究、小组讨论、观察	实验、社会调查、审计、量表
结果	特殊的，受访者框定的	普遍化的，研究者框定的
优势	适用于那些难以量化的对象	可用于大规模的研究
劣势	难以进行分析，常常产生相互冲突的结论	理念与政治现象常常难以量化

资料来源：Johnson & Christensen，2017：Chapter 2.

注：这些特性的比较是相对的而非绝对的。这两种研究方法有许多相交叠的地方。

定量研究方法最基本的形式就是数数（counting numbers）。例如世界上有多少联邦制国家？有多少民主国家？有多少国家被界定为完全民主的国家，又有多少国家被界定为有缺陷的民主国家？正如平铺直叙的案例研究可能比复杂的理论检验更有助于比较政治学的知识积累一样，描述性统计有时可以提供比复杂的统计模型更有用的结果。然而，一旦我们跨过这些基础性的描述，我们就进入了一个由因变量和自变量组成的更强调分析性的世界。

为了阐明统计分析的方法，我们可以考虑图 3-1 中的例子。图中呈现了关于国家议会成员数量（因变量）和国家人口规模（自变量）之间关系的散点图。我们所关注的问题是人口规模是否影响了议会的规模，图中则呈现了一个相对微弱的正**相关关系（correlation）**：人口规模越大，议会规模也越大。图中通过计算一条**回归线（regression line）**实现了对研究结果的总结：利用变量数据和相关公式，图中的回归线与数据的拟合程度最高。

相关关系：
两个及两个以上变量或特性间的关系。

回归线：
散点图中能够实现最佳拟合的直线，其概括了两个变量之间的关系。

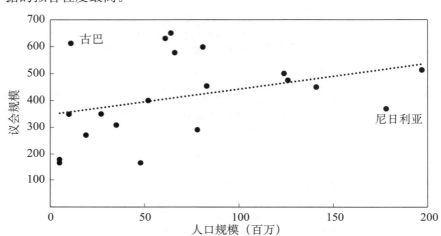

图 3-1　人口规模和议会规模

资料来源：议会规模的数据来自 Inter-Parliament Union，2018；人口规模的数据来自 World Bank，2018。两院制的仅指下院成员。

在这个例子中，回归方程显示：平均而言，一个国家每增加 100 万人口，议会规模就会增加一个单位。利用这一回归方程，我们可以使用任何国家的人口数据来对其议会规模进行预测。（如果议会规模和人口规模呈负相关关系，回归线就会向下倾斜而不是向上倾斜：在这种不太可能的情况下，一个国家的人口越多，其议会规模就越小。）

异常值：
与回归线上的预测值偏离最远的观测值。

回归线的一个重要优点是能识别出**异常值（outliers）**。对议会规模的估计值与其实际规模的差异越大，我们就越需要对其进行额外的解释，这也指向了对异常值的案例分析。在图 3-1 中我们可以看到，按人均计算，尼日利亚的议会规模比大多数国家都要小：在一个人口近 1.8 亿的国家，其议会仅有 360 名议员，平均每个议员要代表 49.4 万人。尼日利亚偏小的议会规模反映了其联邦制的国家结构形式，联邦中

央层面的议会规模小是因为其国民在州/省级议会中已经得到了代表。 *42*
与尼日利亚的情况正相反，按人均计算，古巴全国人民政权代表大会的
规模很大，多达 612 名成员，而古巴全国不过 1 100 万人，平均每个议
员代表 18 000 人，这一代表水平高于全世界所有其他国家。一个可能
的合理的解释是：古巴这样的社会主义国家需要大型的议会机关来进行
政治吸纳。

定量比较分析的价值在于，它可以利用标准技术形成对大数据的精
确总结，这些技术的运用过程和结果也可以被其他研究者所检验。但
是，对研究结果的解读总是困难的，这其中有两大难题。首先，两个变 *43*
量之间的强相关性可能来自其他未被纳入分析的遗漏变量。在这种情况
下，我们所认为的因果可能并无相关关系。例如，比例代表制（pro-
portional representation，PR）和多党制都多发自分裂型的社会，因此
并不是比例代表制导致了政党数目的增加。这种虚假相关的问题可以通
过将所有相关因素纳入分析来避免，但是我们可能难以在分析中穷尽所
有相关因素，我们也不可能对所有相关因素形成有效的测量。

第二个难题是，即便变量间的关系是真实的，但谁为因、谁为果仍
然有待进一步说明。假设我们发现自由民主国家的经济增长率高于威权
国家，但这种相关性到底是因为民主促进了经济增长，还是经济增长导
致了民主？在一些案例中可能是前者，在另一些案例中可能是后者，还
有些案例中可能同时存在上述两种机制。统计上的相关性并不能直接给
我们提供答案，相关性本身也不能显示出因果关系的方向。

布雷迪和科利尔（Brady & Collier，2010）认为量化方法存在几个
潜在的危险。他们警告说："构建一个统计模型需要假设，而假设往往
不仅未经检验，而且在很大程度上也无法检验。"这些假设会作用于研
究所纳入的参数，以及偶然因素对结果的影响程度。他们还警告说：
"回归分析依赖于模型，如果模型是错误的，那么分析也是错误的。"简
而言之，研究所用数据的质量和数量，以及估计所用的模型会影响量化
研究的结果。通常情况下，政治学学者最终争论的是模型的构建而非它
们产生的结果。

◇ **历史研究方法**

大多数政治研究（尤其是比较政治研究）都关注当下而将历史留给

了历史学者。但这种劳动分工是武断而随意的，因为我们今日所经历的当下正是明日所谈论的历史。此外，对政治体制的理解离不开对其历史根源的挖掘。无论是像种族灭绝和革命这样的罕见案例还是能够例证、挑战或完善现有理论的特殊实践，政治学都能够也应该更多地利用历史来作为案例的宝库。**历史研究方法**对定性和定量研究方法都有很大的帮助，有助于检验不同历史时期下研究结果的稳健性。

以对欧盟的研究为例，欧盟研究的最大挑战之一就是解释"何谓欧盟"。世界其他地方再没有像欧盟这样的组织。欧盟既不是一个标准意义上的国际组织，也难称得上是欧洲合众国。一个可能的答案是，它是一个邦联（独立国家的联合体——更多相关内容参见第十一章），但当今世界上并没有一个真正能与之相比较的邦联存在。这意味着我们必须回溯历史，寻找像旧瑞士邦联（1789 年之前）和德意志邦联（1815—1866）这样的例子，以便更好地评估今天的欧盟在多大程度上可以被视为邦联。

我们可以使用**过程追踪（process tracing）**的方法将政治学与历史联系起来，以此来识别并解释历史发展的因果序列。例如：是什么使希特勒的反犹主义发展成了大屠杀？是何种机制使得战败导致了政权变迁？以一个具体的例子来说：为什么伊朗和西方世界的关系困难重重？乍一看，似乎是伊朗人对西方的批评太多，而西方领导人的本能反应是用批评、不信任和不愿接触来回应伊朗的易怒情绪。尽管伊朗从未成为过西方殖民地，但在历史上，西方对伊朗政治和经济的长期干预仍然影响了伊朗人的认知框架。双方的叙事框架已经被改变、操纵并重塑以适应于不同的议程（Whiskin，2018）。只有通过这样的历史分析，我们才能通过过去来理解当下。

皮尔逊（Pierson，2004）提出了一些概念以在时空情境下思考政治，从而帮助我们梳理出那些经常被淹没的关于政治变迁的想法。首先是**路径依赖（path dependence）**，这是经济学者从物理学中借用来的概念，经济学者试图以此来解释技术变化如何影响商业行为的演变，自此以后，这一概念也在社会科学中流传开来。例如，它可以用来论证普京领导下俄罗斯的威权主义回潮，这一现象可以追溯到 1991 年苏联解体后所进行的改革。

路径依赖既意味着强调一般意义上的历史，也意味着重视历史发展中的分叉点。相比之下，路径独立（path independence）则意味着无论

44

历史研究方法：
一种面向历史案例的研究方法，通常关注案例的时间脉络。

过程追踪：
对因果关系的事件序列的研究。

路径依赖：
政治过程的结果取决于引致特定发展路径的早期决策。

走上什么样的道路，最终都会到达同样的终点，即所谓的条条大路通罗马。这意味着强调根本性的结构和资源，而不是历史发展的序列。例如，如果战争的结果是路径依赖的，那么战斗的成败就具有决定性意义。如果战争的结果是路径独立的，那么无论具体战斗的结果如何，实力强的一方最终将会获得胜利。

路径依赖的起点是**关键节点**（critical juncture）。在关键节点之后，形成的新道路仍将长期延续下去，例子参见聚焦 3.2。在关键阶段（常常是某种危机之中），所有的选项都摆在台面上，也都被历史所记载着。革命就是这样的时刻，制宪会议也是如此。然而，一旦新秩序得到巩固，政治就会安定下来，可供决策者选择的选项也会减少。革命的一代让位于新政权的实干家。变化的思想会转变为稳定的制度，就如同制定何种宪法的思考与裁量终将带来约束政治的宪法制度。

通过将历史分割为关键阶段与平常阶段，我们为"历史发展是否由人所决定"的争论提供了一个合理的解答，即人类或许能够决定历史的发展方向，但只是偶一为之。换句话说，只有处在关键节点的时刻，人们的决策才能对长期发展起决定性作用。

在关键节点时，观念的力量尤为重要。在平常时期，大部分政治讨论都是为了维护既定的政治程序和利益。但是，现有的观念有时无法对环境的变化做出反应，从而带来了修订或重塑既有程序的压力。一个国家可能会经历经济衰退，一个政党可能会失去选民的支持，一个工会可能会面临成员人数的大幅下降。突然之间，过去很少被认真考虑的观念可能会成为讨论的中心。当既有安排面临土崩瓦解的威胁时，人们迫切需要新的观念。

序列（sequencing）是事件发生的顺序，这有助于我们阐明路径依赖的发生。例如，在欧洲，那些在社会主义思潮出现之前成立的工会在意识形态上更加纯粹，呈现出一种温和的改革派特征（如英国）。但是在诸如法国这样马克思主义思想已经扎根的地方，工会发展出了一套更为激进的政治议程。因此，工会出现于马克思主义思潮之前还是之后解释了欧洲国家的劳工运动到底会是改革主义的还是激进主义的。这一结果不是预先注定的，而是取决于时间发生的先后。

序列的一种形式是独立事件同时发生，其政治影响也随之扩大。例如第一次世界大战与工人社会主义的碰撞，这些事件的同时发生要比它们单独出现产生的政治影响更大。这种历史事件的交汇通常是历史的必

关键节点：
一个建立长期存在的利益、结构或制度的转折点。

序列：
一种认为事件发生的顺序和事件本身同样会影响结果的观念。

45

聚焦 3.2

希腊金融危机为何会发生

2009 年的希腊金融危机既是阐明路径依赖作用机制的例子，也是说明关键节点作用的例子，在关键节点时，人们所做出的决策形成了新的路径依赖。

这场危机始于 2002 年，希腊当时是采用欧元作为单一货币的 12 个欧盟国家之一。即使在那时，也有很多关于希腊是否做好了相关准备的质疑，因为希腊还没有达到加入欧元区所需的所有标准，包括对预算赤字的限制。但希腊仍然排除万难加入其中了。成为欧元区成员国家的好处是，希腊、葡萄牙和西班牙等较为贫穷的欧洲国家可以获得较低的贷款利率。凭借有利条件，希腊掀起了一股支出狂潮，预算赤字高达 13%，远高于欧元区成员国的 3% 的上限。通过篡改官方统计数据，夸大经济增长水平，希腊所累积的国家债务最终超过了国家的经济规模。

要不是 2007 年美国爆发了一场金融危机，并迅速蔓延到欧洲，希腊可能会在这种状况中无限期地挣扎下去。欧洲国家都受到了美国金融危机的影响，但是那些经济状况较差的国家所受影响更为严重。2009 年，希腊政府最终承认了其财政赤字的真实规模，这在欧元区引发了一场更广泛的危机。希腊得到了财政援助，但条件是削减公共开支并增加税收。该协议条款引发了雅典街头的骚乱，投资者的信心也没有得到提振。

欧盟修订了其管理政策以确保未来对欧元区各国的预算赤字规模保持更密切的关注，但希腊危机仍在继续。人们不仅质疑希腊是否还会留在欧元区中，更质疑着欧元的未来及希腊的欧盟成员国身份。

这场危机的整个发展历程都是路径依赖的，每次解决问题的努力都以失败告终，这将引向进一步的改革计划。那么关键节点又在哪里呢？这个让希腊能够解决其核心经济问题，不论希腊是否留在欧元区，欧元区都能拥有更加安全稳健的未来的节点在哪里呢？这一刻还没有到来且并不一定会到来。在讲述希腊危机的故事时，记者们提到了太多的历史转折点，但政治学者对此的谨慎态度才是正确的。

慢进因素：
进展缓慢的影响性因素，但其效应经过长时间累积能带来显著的变化。

然，同时也是带来路径依赖的一种方式。

慢进因素（slow-moving cause） 是在长时段内发挥水滴石穿效应的因素。诸如现代化、技术进步、教育普及、全球化和大众传媒的发展等现象都属此类。这一过程通常都要达到一个阈值或临界点，超过这个临界点，变量就会开始产生明显的影响。例如，欧洲右翼反移民政党在 20 世纪 90 年代早期的兴起反映了对移民、法律、秩序、失业和近来欧洲的"伊斯兰化"等问题的长期担忧。至少在诸如奥地利、法国等一些国家，相关因素的累积已经跨过了阈值。奥地利出现了奥地利自由党，其首任党主席曾是奥地利纳粹党和党卫军的成员，该党在 2000—2005

年及 2017 年都曾是奥地利联合政府的成员。我们需要从历史的角度来理解长期但进展缓慢的因素。当代的爆炸性事件通常有着长长的引线，政治学家们需要通过研究历史来发现这些"引线"。

 比较研究的挑战

正如我们在第一章所看到的那样，比较拓展了我们对于政治世界的　*46*
理解，帮助我们更好地归类、理解甚至预测政治现象的发生和发展。正如我们刚才所看到的，在比较研究中使用案例和变量的方法有很多。尽管不同研究方法各有其优势，但比较的广度本身就带来了研究上的挑战，其中有四个尤为突出（表 3-4 对此进行了概述）。

表 3-4 比较研究的挑战

变量太多，案例太少	针对某一现象的解释性因素比可供研究的案例还要多
选择偏误	研究所选用的案例对总体缺乏代表性，限制了研究发现的重要性；案例选择可能受到幸存者偏差、价值观偏误或确认偏误的影响
理解偏误	在不同的国家中，"同样"的现象可能有着完全不同的含义，这导致我们很难在同类间进行比较
全球化	国家不再被视为彼此间完全独立，从而减少了可用于检验理论的有效案例数量

变量太多，案例太少

有一类学者耐心地寻求单一变量的独立影响，在他们看来，比较政治是实验研究的一种。对他们而言，变量太多、案例太少是研究上的难题。这就是利普哈特（Lijphart，1971）所说的同时想要控制的变量很多而案例不足的情况。换句话说，变量的数量超过了案例的数量。即使有近 200 个主权国家，我们也没有足够的案例让比较政治像实验室里的实验一般精确。或者说，我们永远也不可能在对各国政治差异的解释中纳入所有可能性的因素。

例如，为什么绿党在不同国家间的表现有着如此大的差异？即便是在经济结构、环境法体系几乎相同的两个同为欧盟成员国的邻国间，绿党的差异性表现常常也很显著。例如，绿党在奥地利、比利时和德国的影响力要胜过在英国、法国和意大利的影响力。绿党在拉脱维亚的表现也不错。因杜利斯·埃姆西斯（Indulis Emsis）在 2004 年担任拉脱维亚总理，他是世界上第一位出自绿党的政府首脑。雷蒙兹·韦约尼斯（Raimonds Vējonis）在 2015 年担任拉脱维亚总统，他是世界上第一位出自绿党的国家元首。针对绿党在不同国家间的差异性表现存在很多解释，包括后物质主义价值观（参见第十二章）、受教育水平、国家文化传统、选举体制，环境污染程度、绿党实现其议程的政治技巧以及环境理念的跨国传播。面对如此多的潜在解释，我们只有相当有限的案例来对其进行验证，这让我们很难得出决定性的结论。

针对这一难题有几种可能的解决办法。我们可以转向历史，在更长的时间维度中进行案例的比较，从而增加案例的数量。我们也可以用最大相似法专注于少数几个案例，或使用最大差异法来减少变量的数量。我们也可以诉诸**反事实**（**counterfactual**）假设，提出"如果……"这样的问题。如果没有高等教育的普及，绿党会在欧洲发展起来吗？如果英国在美国独立战争中取胜，如果希特勒在 1932 年的一场车祸中死亡，或者"9·11"事件从未发生，今天的世界又会是怎样呢？泰洛克和贝尔金（Tetlock & Belkin，1996）已经为判断反事实的可信性制定了实用的指导方针，从定义上来讲，这种反事实的思想实验，其结果永远不会被现实所检验。

反事实：
如果某个过程中缺少特定元素，或某个实际不存在的元素出现在现实中，则推测其可能的结果的思想实验。

选择偏误

比较研究的第二个障碍是**选择偏误**（**selection bias**），即分析单位（如国家、城市、利益集团或选举体制）是被有意挑选而非随机选择的。这种做法的危险性在于，经过主观选择的分析单位无法代表其所属的总体，因此，对其进行分析的结果也无法**推广**（**generalizable**）到案例所在的总体中。例如，对讲英语的民主国家的研究结果无法推广至所有民主国家中，对撒哈拉以南非洲国家政党的研究也与对欧洲或拉丁美洲国家的政党研究难以互通互鉴。由于在定性比较研究中难以做到随机抽样，所以重点并不在于完全消除选择偏误带来的影响，而在于要意识到它的存在。

选择偏误：
当案例或变量选择无法代表其所在的更广泛的类别时所出现的现象。

推广：
能够准确地应用或拓展到原初研究之外的情况或环境中。

47

选择偏误通常是由随意的案例选择所造成的。例如，我们会选择那些和我们说同一种语言的国家来研究，或者我们会研究那些可以安全展开现场调研的国家。因此，相比于小国和弱国，大国和强国得到了不成比例的高度关注，即便这些国家并不具有普遍代表性。相反，有一些国家因对其展开研究的难度大而让研究者望而却步。古德（Goode，

2010）指出，因为研究的政治敏感性，对俄罗斯这类威权国家的研究是相对不足的。这种选择偏误使我们已发表的研究成果很难推广到所有国家中。

大样本研究设计的一个优点是可以降低选择偏误的风险。如果研究已经覆盖了当今所有国家，那么选择偏误的问题似乎也就不存在了。实际上，在这种研究中，选择偏误的难题还会以另一种形式出现，即对变量而非国家的选择偏误。例如，许多比较政治的量化研究都依赖政府、智库和国际组织所收集的数据，这些主体更多地关注经济而非政治（例如本书所使用的数据主要来自世界银行）。其结果就是，金融和经济的数据得到了更多关注，在这种情形下，政治学几乎成了经济学的一个分支。

一种尤为令人困扰的选择偏误形式是只关注正面案例，忽视了我们所试图解释的现象的变化。如金等人（King et al.，1994）所说：

很多研究的确犯了"被解释变量没有变化"的错误。比如一些试图解释战争或者革命爆发的研究，其所依赖的样本却是战争和革命本身。还有一些研究试图通过采访没有投票的选民去解释选举结果。

当我们只关注正面案例时，一些潜在的因果机制就被我们忽略掉了。只有在变化中我们才能进行比较，从而找到那些能够影响战争与和平、革命与稳定、弃权与投票的因素。

尽管因变量没有变化，但我们仍然可以找到案例的共同特征。例如，我们经常会发现革命总是发生在战争之前，或者所有的弃权选民都对政治冷漠、排斥。然而，我们无法通过对比来进行探索和解释。我们不太知道在没有引发革命的地区，与革命相关的条件在何种程度上存在着。我们也不知道在弃权者身上所发现的政治犬儒主义是否在投票者身上同样存在着（Geddes，2003）。换句话说，战争可能是革命爆发的必要条件（所有革命都伴随着战争）但不是革命爆发的充分条件（只要出现战争就会爆发革命）。

三种形式的选择偏误各有其问题。首先，在一个时间过程中，当非幸存者被排除在分析之外时就会出现**幸存者偏差（survivorship bias）**，从而导致有偏误的分析结果。将少数延续至今的军人政权作为整个此类政权（从过去到现在的所有军人政权）的代表来研究是错误的，因为少数幸存者可能与那些未存续的政权有着很大的差异。同样，如果我们要

幸存者偏差：
当我们只研究那些幸存者的案例而忽视失败的例子时所出现的一种选择偏误。

研究联邦制国家，那么我们应该意识到有些联邦制国家已经失败了，不应仅仅通过关注今天现存的联邦制国家来探究联邦制是否成功，而是应该关注过去的和现在的所有联邦制国家，并依此来探讨其中有多少国家能够成功维系并繁荣起来。历史上所有的邦联制国家都失败了或演变成了联邦制国家，是否意味着未来的邦联也注定失败？在我们进行研究设计时，我们需要使用望远镜的两端来进行观察，关注起点和终点、关注失败者和幸存者。

其次，当研究者在研究中以某种价值观或意识形态为指导时就会出现**价值观偏误**（value bias）。当我们阅读报告、期刊论文和书籍（包括本书）时，我们不得不遵循作者所具有的政治偏好。在受资助的研究中，我们必须要意识到其赞助者是否对研究者施加了条件，或者其研究是否有潜在的政治议程。价值偏误是比较研究中的一个特殊问题，因为在研究者自己长时间生活的国家之外，研究者对其研究对象的直接了解很少，他们不得不依据自身的经历、价值观和知识来理解这些国家。不用想也知道，他们会受到政治、文化、种族、性别、宗教、年龄、经济状况和许多其他因素的影响。

最后，在研究者开始研究之前，当他们只关注那些支持他们观点的事实而忽略或漠视与其观点相冲突的证据时就会出现**确认偏误**（confirmation bias）。研究的赞助方可能会寻找并资助那些能拿出支持其利益的研究者。例如，在气候变化方面，其支持者和否认者都会抓住任何支持其观点的研究，而忽略或拒绝承认那些与其立场背道而驰的发现。无论是有意识的还是无意识的，确认偏误都会产生有缺陷的研究结果。

理解偏误

政治行动的含义取决于有关国家的习惯，因此在同类之间进行比较并不像看起来那样容易。上一章所谈到的文化路径（在第十二章也会讨论）在这里起到了重要作用。在我们进行跨国比较之前，我们需要确定我们理解了研究对象国家的相关文化准则。如果难以做到这一点将导致文化帝国主义，即研究者本国政治行动的含义被不恰当地嫁接到其他国家的社会中。

以政治代表的风格为例，这在各国都有所不同。尼日利亚的政客可能会通过华丽的奢侈行为来打动他们的支持者，而瑞典的政客则更可能去表现他们的平民风格。政客们给选民留下深刻印象的目标相同，但他

价值观偏误：
研究者的价值观念影响了评价、事实选择和结论。

48

确认偏误：
倾向于寻找或解释能够证实之前观念和态度的信息，而忽略不支持相关观念和态度的信息。

们要基于特定的文化来行动。在拉各斯行得通的方式在斯德哥尔摩将造成灾难性的后果，在斯德哥尔摩取得成功的做法则很可能会在阿布贾遭遇失败。

与之类似，当议员的投票与其所属政党的路线相悖时，其所引发的后果可能也会因国家而异。在一些国家，政党可能会对此习以为常，但在另一些国家，该成员可能会面临开除党籍的惩罚。看似相同的行动有着不同的内涵，因此行动的内涵取决于所处的环境。在比较立法机关中的暴力事件时，行动的内涵与所处的环境也发挥了作用。例如，为什么意大利、墨西哥、韩国、乌克兰和委内瑞拉的议员之间会常常爆发冲突，而这种情况在其他国家和地区却很少见。如果有的话，上述国家和地区到底有什么共同之处？

全球化

比较研究（如果我们展开分析的基本单位是国家的话）的最后一个障碍来自**全球化**（**globalization**）（Teune，2010）。尽管联合国有 193 个"独立的"正式成员国，但在现实中，这些国家是相互依存，甚至是相互依赖的。在不断的互动中，各国相互学习、相互模仿、相互竞争、相互贸易、相互影响，甚至相互侵略。其结果可能是国家间的同质化，即不同国家的政府和政治变得越来越相似（尽管特殊化是另一个可能的结果，即每个国家都专注于其在全球秩序中的比较优势）。（参见第十九章关于政策扩散和趋同的讨论。）

瑞士经济研究所（Swiss Economic Institute）的 KOF 全球化指数（KOF Globalization Index）根据各国在经济、政治和社会方面的全球联系程度，形成了一个排名，推动了人们对这一现象的理解。除此之外，根据图 3－2 显示，往往是那些经济发达的小型民主国家——如瑞士和荷兰——实现了最高水平的全球互联互通。大型经济体自然更依赖国内市场，因此，尽管它们的经济规模庞大，贸易网络不断扩大，但美国和日本的全球化程度仍较低，而印度等新兴大国的排名则更低。最贫穷的非洲国家，则不出意料地在排名中处于较低的位置。

从这些数字来看，可以合理地得出结论：全球化程度最高的国家间的政治差异更小。但是民众对全球化影响的认识存在分歧。全球化是否意味着国家的终结？全球化和国家建设的进程是否相互作用并相互适应？全球化是否比我们认为的要古老得多？甚至，全球化是否存在？

49

全球化：
通过贸易、投资和科技发展将各国政府、企业和民众联系起来的过程。

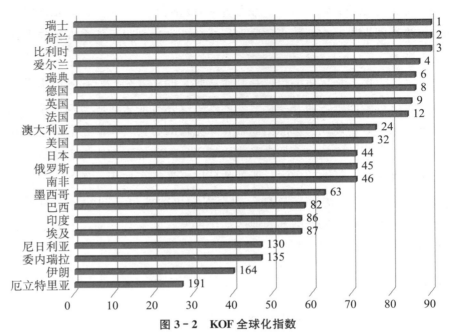

图 3 - 2 KOF 全球化指数

资料来源：Swiss Economic Institute，2018.

注：横轴表示全球化指数，其满分为 100，即全球化程度最高，0 表示全球化程度最低。数据四舍五入到最接近的整数。图中统计条尾部的数字表示该国在 191 个国家中的排名。

（相关讨论参见 Holton，2011）社会学家乔治·里策（George Ritzer，2018）认为全球化确实存在，他提出了社会的麦当劳化，即文化已经被效率、可计算性、可预测性和可控性的目标所主导。这一结论也可以推广至政治和政治期望。那么，当英国、法国、印度和菲律宾等国的民族主义者在全球化面前努力重申国家的主权地位时，我们又该如何解释政治在生活中的回潮呢？

世界历史的重大转变——工业化、殖民主义、去殖民主义、民主化和全球化——都在全球舞台上展开。从这个意义上说，我们生活在一个全球体系中，而不是一个由独立国家组成的世界。格林（Green，2002）很好地指明了这一点，他认为世界就如同一个大型的有生命的实体，而国家是处于其中的细胞。这意味着我们应该研究这个更大的有机体，而不是仅仅比较它的各个组成部分，就好像它们彼此之间没有联结起来一样。

一些制度形式同样反映了全球化下的扩散。拉丁美洲的总统制来自美国，首相制和议会制来自英国政治史的特殊发展历程，监察使（ombudsman）（参见第十章）制度来自瑞典。从联合国到欧盟，国际组织的发展也创造了新的治理层级，所有成员国都必须对此做出回应。

国家间的联结不会使比较分析趋于无效，事实上，这让我们可以比较国际因素对不同国家的影响，从而架起了从国际政治到比较研究的桥梁。但是国家间相互依存的关系为统计分析带来了技术上的难题。将国家视为独立的实体会人为地夸大统计研究中的有效样本数量，从而夸大对所得结果显著性的信心（Tilly，1997）。更直观地说，如果国家在实际上都受到诸如全球化这样外部因素的共同影响，那么将国家视为独立实体将会导致错误的推论。

问题研讨

51

- 如何让政治研究变得科学，在科学化的过程中的哪些环节最容易失败？
- 使用何种方式能够将你的国家处理为代表性案例或异常案例？
- 在比较政治研究中，定性研究方法和定量研究方法的优势和不足分别是什么？
- 如何将对政治的研究区别于对历史的研究？
- 如何能够最好地使比较政治研究免于受价值观偏误的影响？
- 全球化为比较政治学带来了何种挑战？

核心概念

- 案例研究方法
- 比较研究方法
- 确认偏误
- 相关关系
- 反事实
- 关键节点
- 因变量
- 推广
- 全球化
- 历史研究方法
- 假设
- 自变量
- 分析层次
- 方法论
- 最大差异法
- 最大相似法
- 异常值
- 路径依赖
- 过程追踪
- 定性研究方法
- 定量研究方法
- 回归线
- 选择偏误
- 序列
- 慢进因素
- 幸存者偏差
- 分析单位
- 价值观偏误
- 变量

延伸阅读

Box-Steffensmeier，Janet M.，Henry E. Brady，and David Collier（2008）*The Oxford Handbook of Political Methodology*（Oxford University Press）. 关注政治研究中不同研究方法的论文集。

Gray，David E.（2018）*Doing Research in the Real World*，4th edn（Sage）. 本书为理解何谓研究提供了一般性指南，书中对本章所提及的许多议题做了详细的介绍。

Halperin，Sandra，and Oliver Heath（2017）*Political Research：Methods and Practical Skills*，2nd edn（Oxford University Press）. 一本关于政治研究中研究方法、研究目标和研究路径的导论性书籍。

Landman，Todd，and Edzia Carvalho（2017）*Issues and Methods in Comparative Politics*，4th edn（Routledge）. 本书对比较政治中的比较方法、研究路径和特定议题进行了专章介绍。

Lange，Matthew（2013）*Comparative-Historical Methods*（Sage）. 本书对比较历史研究方法的策略和优势做了介绍。

Yin，Robert K.（2018）*Case Study Research and Applications：Design and Methods*，6th edn（Sage）. 该书使用不同学科的案例来展示何谓标准的案例研究。

第四章
国　　家

目录

预览

在比较政治研究中，最常见的分析单位就是国家。但国家并非唯一 52
的选择，实际上任何政治制度、过程、问题或现象都可以拿来比较，从
地方性比较到跨国比较，比较研究可以在其中的任何层次中存在。即便
如此，我们在比较中使用国家就意味着要弄清楚什么是国家，国家如何
运作、如何演变，国家有多少种类型，当代国家的发展态势是什么。

本章始于对国家特性的回顾，并尤其关注国家的主权。之后本章将
简要梳理国家的发展历史，主要关注国家在何处形成、如何形成，以及
政治关系如何在纵向（统治者和被统治者之间）和横向（在不同政治共
同体之间）上发生变化。随后，本章将讨论国家的多样性及民族和民族
主义等相关概念，最后本章将分析关于国家当前状态与未来前景的
讨论。

国家这一概念的出现比大多数人认为的要晚得多。在 20 世纪初，世界上仅有不到 50 个国家。但是目前国家的数量已经增长到大约 190 个，关于国家长远未来的相关问题的讨论也越来越多。一些人认为国家将一如既往地强大下去，另一些人则认为国家在全球化时代之下正经历着根本性的转变，即正处在衰落之中。

核心观点

- 国家是政府与政治研究的关键，这是理解国家的特性与演变极其关键的原因。
- 所有国家都有五个本质特性：政府、人口、合法性、领土和主权。
- 现代国家诞生于欧洲，其架构通过英国、法国和西班牙等帝国的力量向全球输出。
- 从国家的人口、政治权威的渗透力和财税收入来看，不同国家彼此间各不相同。
- 民族与国家不同，即便这些名词有时可以互换使用，并且两者间经常相互重叠。
- 人们对现代国家处境的认识存在争议。一些人认为国家将一如既往地强大，一些人认为国家将衰落下去，还有人认为国家不过是处在演变过程之中。

国家：一个概述

尽管我们理所当然地将世界分解为一个个**国家（state）**，但是我们应该意识到，不论是过去还是未来，国家都不是主导性的政治组织。在国家之前存在一个不同的世界，正如全球化倡导者乐于指出的那样，在国家之后也存在着一个不同的世界。

在现代国家之前，政府和政治主要是以王国、帝国及城市的形式联系起来的。它们的统治模式是高度个人化和间接性的，因而缺乏现代国家的许多结构化和形式特征，尤其是统治特定领土上人口的主权权威。虽然早期的政治组织之间存在许多政治和经济联系，但这些联系是相当有限的，而且只存在于近邻之间，很少受更遥远地区的政府观念的影响。

现代国家的观念来自 16—18 世纪的欧洲，作为政治术语的"国家"在 18 世纪末成为常用语。state（国家）来自拉丁语中的 status，原义为"状态"或"站姿"。正如我们将要看到的那样，国家与民族的内涵大为不同，尽管二者常相混用。国家的数量一直处在缓慢增长中，1800年时世界上只有 19 个国家（大多数在欧洲和亚洲），到 1900 年时，世界上已经又建立起了 30 多个国家（大多数在欧洲和美洲）。

在全球层面，二战后是新国家出现最多的时期，随着去殖民化浪潮击垮欧洲帝国，有将近 70 个非洲或亚洲国家于 20 世纪六七十年代赢得了独立，在 1991 年苏联解体后，又出现了一波国家建立的浪潮。随着诸如中国、印度和巴西这样的新兴国家在 20 世纪 90 年代迅速发展，全球权力的平衡也在发生变化。在这一过程中，关于主权、权威和民族自决的讨论不断扩大和深入，政治体制（即便它们有很多共同特征）也变得更加多样化。

今天的世界大约有 190 个国家（聚焦 4.1 阐述了当我们讨论国家数量时为什么要加上"大约"这个限定词），而且国家之间的关系与前两个时代相比完全不同，也更加复杂。国家之间的互动影响着国内的政治和经济考量，人们经常质疑国家是否是真正独立自主的。在全球化浪潮开启之后，我们看到了关于国家未来发展的激烈辩论：国家是否变得更加脆弱？国家是否像过去一样强大？还是国家只是在新的需求和压力下在不断改变？

无论答案是什么，国家依然是理解全世界政府与政治现象的基础。

53

国家：
特定领土和人口范围上的法律和政治权威，其领土通过边界来划定。

可以肯定的是，确实存在着次国家的政府以及全球层面的治理（正如我们将在第十一章看到的那样），但几乎每个人都是其国家的公民。当我们想到政府的时候，几乎也就想到了国家。本书后续内容所涉及的制度和过程主要和国家有关，即使我们想研究次国家层面的政治现象，我们仍然会回到国家层面的政府上，政府驱动和决定的事情不仅在其境内，而且在区域性和全球性的国家间关系中。

◆ 什么是国家？

很少有概念像国家一样对于理解政府与政治现象极为关键，也很少有概念像国家一样有着如此多的争议。如果没有对国家的有效理解，我们几乎不可能对政府和政治现象进行任何有意义的研究，因为国家是世界上占主导地位的政治组织形式，它们共同构成了国际体系的基石。当我们纳税时、受国家法律约束时、必须携带护照才能进行跨国旅行时、进行政治参与时，我们都能够体会到国家的存在。然而，当我们离国家的实践性行为越远，我们就越难理解什么是国家。

德国社会学家马克斯·韦伯为国家下了一个经典定义，他认为国家是"在特定领土空间上，（成功地）拥有合法使用暴力的垄断地位的人类共同体"（引自 Gerth & Mills，1948）。这一定义已经成为对国家的基准性解释。但是国家的内涵不仅在于暴力的使用，它需要在现代语境中进行更具体的概括，作为法律和政治实体的国家有五个主要特征：政府、人口、合法性、领土和主权（参见表 4-1）。

表 4-1　国家的特征

特征	性质
政府	国家需要有公认权威的政府来进行行政管理并代表国家与其他政府进行外交
人口	国家必须有人口，否则其领土不过是一块地产
合法性	国家被其居民和其他国家所正式承认在其领土上具有管辖权与权威
领土	国家在边界圈定的固定领土上运作，并控制人、财、物的跨境流动
主权	国家对其领土、人口和资源拥有主权，这意味着只有国家拥有立法、司法和征税的权威

如果所有国家的五个主要特征都可以清楚明了地界定，那么世界上的每一寸土地都可以依据国界来划分其归属。然而世界上有许多地区缺乏上述五个特征中的一个或几个，因而不能被视为国家，例如巴勒斯

聚焦 4.1

世界上有多少国家？

54

这不是一个容易回答的问题。一个基准参照点是联合国的成员名册，在 2018 年年中联合国有 193 个成员国，但其中包括 4 个欧洲飞地型小国（enclave state）：安道尔、列支敦士登、摩纳哥和圣马力诺。这些国家符合国家的法律定义，但实际上它们属于较大国家的一部分。同时，该名册中并不包含一些功能与国家非常相似却缺乏独立性和/或合法性的地区。科索沃是前南斯拉夫的一部分，但现在已在外交上得到了 100 多个其他国家的承认，其中包括大多数欧盟成员国。科索沃还是多个重要国际机构（包括世界银行和国际货币基金组织）的成员。但许多联合国成员国并不承认科索沃的独立国家地位。不过尚不清楚科索沃具体需要做些什么才能得到联合国的承认。

尽管"世界上有多少国家"这个问题很可能会带来"这取决于你认为什么是国家"的回应，但本书给出了"189"作为答案，即在联合国 193 个成员国的基础上减去 4 个欧洲的飞地型小国。（欧洲的第 5 个飞地型国家梵蒂冈城国不是联合国成员国。）同时，我们不应忽视本章对袖珍国家、准国家和事实上的国家的讨论。

坦、波多黎各和西撒哈拉。此外，还有一些殖民时代残留的殖民地或海外领土缺乏国家所必备的主权，如百慕大、法属波利尼西亚、直布罗陀和关岛。

每个国家都有一个政府，那国家与政府间有什么不同？从本质上来说，国家是政府作为代理人所管理的政治共同体。通过享有对权威的垄断地位，国家向政府进行了统治授权，由政府来实施实际上的统治。国家与政府之间的区分在很多国家表现为国家元首（例如君主或虚位元首）和政府首脑（例如总理）之间的角色划分（参见第九章）。

拥有**主权（sovereignty）**是国家的关键特征，16 世纪的法国哲学家让·博丹（Jean Bodin，1530—1596）将其描述为至高而不可分割的立法权。"主权"一词本义为"上面的位置"（one seated above），所以拥有主权的实体是没有更高权威限制的机构，是至高无上的。从定义上看，这一实体就是国家。如博丹所写，主权者可以"不依靠其臣民的任何的东西就为全体臣民制定法律"（Bodin，1980）。主权的概念最早源于欧洲，是为了证明君主巩固其对王国控制的尝试是正当的，这一权威过去被封建贵族和天主教会所分享。这就是君主（以及货币）与主权在英语中用同一词汇指代的原因。

然而，随着民主观念的发展，代表人民的民选议会才是真正的主权

54

55

主权：
社会内部权威的终极来源。主权者是共同体内部最高的或最终的决策者。

所有者的观念也随之流行起来。这意味着获得主权的方式也在随之变化，尤其是在英国和法国等中央集权的欧洲国家。相比之下，巴西、德国、印度和美国等联邦制国家，对主权的强调则较弱，因为权威是由中央政府和地方政府所共享的（参见第十一章），在这种情况下，主权的观念被淡化了，国家的概念也随之被淡化。（美国人更习惯用"state"一词去指代联邦之下的"州"而不是指代整个美国。由于分权制衡体制的限制，美国联邦政府缺乏绝对的权威。）

公民：
一个国家的正式成员，有权享有与该身份相关的权利并履行相应义务。公民身份通常通过护照或身份证等证件得到正式确认。

公民（citizen）也是与国家息息相关的概念。随着国家的权力在发展中凌驾于欧洲的贵族和教会之上，公民的概念也开始出现，这意味着在国家所界定的政治共同体之下，所有成员都拥有完整而平等的权利。正如希特（Heater，1999）指出的："法国革命者（1789）将公民一词作为人人平等的象征，贵族的头衔及特权则被取消了。"成为公民就意味着拥有了权利（如被法律保护）和义务（如参军或为共同体服务）。

然而，请注意，将国家视为其公民居所的想象并不符合现实。不仅许多国家都接受双重国籍身份，而且国际移民已经降低了国家边界所构筑的障碍。移民并不是什么新鲜事，但是随着国家试图对这种流动实施限制和控制，跨境移民具有了新的意义。在他们的移民目的国，合法移民可能会被授予永久居留权而无须寻求公民身份，尽管这意味着无法在国家选举中投票。将一个国家的人口等同于其公民就忽视这种居民权利上的不平等现象（Hammerstad，2010）。

◈ 国家的起源与演变

现代国家主要是一个西方概念，它脱胎于中世纪的欧洲（1000—1500）。在世界的其他地区，也出现过类似于现代国家的政治实体。但是我们今天所理解的国家主要是由西方所建构的，它形成于西方关于主权和自治的观念之上。

如果有任何单一因素推动了现代国家的形成，那么就应是战争。正如蒂莉（Tilly，1975）所写："战争制造国家，国家发动战争。"火药在14世纪被引入欧洲，彻底革新了战争的规模与战术。诸如有组织的步兵和火炮取代了骑士和城堡在战争中的地位。这在欧洲引发了一场激进、竞争激烈且代价高昂的军备竞赛。这迫使统治者雇用行政人员来招募、训练、装备和供养常备军，这也为现代官僚体系奠定了基础。政治单位变得更加庞大，官僚体系的膨胀意味着地方行政和司法模式变得更加统一。商业发展更加自由，不同国家的统治者之间开始建立外交关系。

正如备战削弱了中世纪框架中作为支柱的封建体系一样，宗教改革摧毁了中世纪的信仰基础。从 1520 年开始，以马丁·路德为首的新教改革者谴责了教会的腐败与特权。这场宗教改革运动带来了深刻的政治后果。随着新教和天主教统治者之间走向对立，基督教的王国瓦解了。

如果有任何单一事件能被视为现代国家体系的开端的话，那么一定是 1648 年的《威斯特伐利亚和约》。和约的签订结束了神圣罗马帝国的"三十年战争"以及西班牙与荷兰共和国的八年战争。这一和约对欧洲国家的边界进行了调整，为主权这一概念附上了新的界定，并使得国家的世俗权威能够凌驾于来自罗马的宗教法令之上。这一和约也缔造了著名的**威斯特伐利亚体系**（Westphalian system）。尽管诸如英格兰、爱尔兰、法国、西班牙和葡萄牙等国的形成要早于《威斯特伐利亚和约》，但该和约明确界定了国家的权力。

威斯特伐利亚体系：
许多人认为现代国家体系形成于 1648 年的《威斯特伐利亚和约》，该和约基于国家主权和政治自决而签订。

随着中央集权权威在欧洲的发展，对其在理论上证成的需求也在增加。博丹认为，在社会中，一个单一的主权权威应该拥有五项主要职能：立法、战争与和平、公职任命、司法、发行货币。但主权者仍然需要受到限制，英国哲学家约翰·洛克（John Locke，1632—1704）在这方面发挥了关键作用。洛克认为，公民拥有**自然权利**（natural rights），其中包括生命权、自由权和财产权。这些权利应该被统治者以法律的形式保护起来。他继续谈道，即便只是通过默许的方式，如接受法律的保护，也可以认为公民同意国家法律。但是，如果统治者侵犯了公民的自然权利，那么人民将"因此不再服从任何命令，并去往上帝为所有人提供的、反对强制和暴力的共同避难所——抵抗的权利"（Locke，1690）。

自然权利：
这些权利（诸如生命权、自由权和财产权）源于天赋，它们的存在独立于政府。

这些关于主权和同意的理论以截然不同的方式出现在两个现代性的里程碑式的认同性活动中：美国革命和法国革命。在美国，殖民者从英国独立出来，并建立了一个新的共和国，为洛克式的自由主义国家提供了实体。《独立宣言》（1766）宣称"政府的权力合法性基于被统治者的同意"，而美国宪法（1787 年起草）则因以"我们，美国人民"的字眼开头而著称。

1789 年的法国革命进行了最大胆的尝试，以民主（而不是自由）的方式重新阐释了主权。芬纳（Finer，1997）将法国大革命描述为

"整个统治史上最重要的单一事件"，它勾勒了现代民主的轮廓。当美国联邦政府受到主权权威的限制时，法国革命者认为，在享有平等公民权利的民族共同体中，中央集权的单一制国家可以作为共同体主权的实现形式。

在 19 世纪的欧洲，国家的形象变得越来越具体。地图上标明的国家边界越来越成为一种障碍。法律专家们认为，一个国家的领土应该包括海洋，并以加农炮的射程来限定领海的范围。随后，又用热气球的飞行高度来限定领空的范围。第一次世界大战期间，欧洲引入了护照，这反映了对边界的新关注。穿越国界成为一种仪式，官方以盖章的方式来表明正式的许可。

经济方面也是如此，19 世纪下半叶见证了相对自由贸易时期的终结。受经济萧条的刺激，许多欧洲国家引入了保护主义的贸易政策。国内市场在与地方性市场和国际市场的对抗中占据上风，这意味着经济体变得更容易受到中央政府的监管。对内，国家承担的职能扩大到教育、劳动监管、治安和统计收据的收集（所谓的"国情"）。

₅₇

在 20 世纪的大多数时间里，国家对其社会的渗透都更加深入了，这一变化常常是由战争驱动的。两次世界大战是典型的**全面战争**（**total war**），国与国之间陷入全面而彻底的对抗，而不再仅是武装部队之间的战斗。大规模武装部队用坦克、飞机、战舰和炸弹装备起来，这需要对公民、经济和社会进行空前的动员。如布罗蒂加姆等人（Bräutigam et al.，2008）描述的那样，全面而有效的税收能力进一步成为"国家能力的核心支柱"。由于全面战争代价高昂，税收收入占国内生产总值的比例在 1930—1945 年几乎翻了一番（Steinmo，2003）。20 世纪是国家的时代，也是战争的时代。

1945 年的和平起初并没有削弱国家的作用。相反，西方政府致力于强化其行政能力以应对国内的需求。在整个西欧，备战国家让位于**福利国家**（**welfare state**），统治者接受了保护其公民免受疾病、失业和高龄困扰的职能。通过这种方式，欧洲国家形成了战后安置的方案——被称为"凯恩斯福利国家"（以英国经济学家约翰·梅纳德·凯恩斯命名）——这是一种将充分就业、公共福利和私营部门主导的经济模式结合起来的做法（参见第二十章）。

与此同时，重要的事态正在西方之外的地方发生。国家诞生于欧洲，其基本架构被英国、法国和西班牙等帝国输出到世界各地。在帝国

全面战争：
需要动员民众以支持在广大地理空间内使用先进武器进行的战争，其中需要国家的领导、指挥和资金。

福利国家：
政府通过诸如失业金、养老金和医疗保障这样的公共项目对公民的社会和经济保障负主要责任的安排。

的掠夺与互相征伐中，它们也在其征服之地确定了边界。这些边界最终成为新兴独立国家的国界。正如阿米蒂奇（Armitage，2005）指出的那样："在过去500年间，全球史上最重要的政治现象就是帝国的世界让位于国家的世界。这一现象从根本上奠定了我们今天所生活的政治世界。"有少数国家（除了殖民帝国之外）并没有从属于另一个国家的漫长历史，其中包括埃塞俄比亚、伊朗、日本和沙特阿拉伯。

尽管"后殖民"这一术语经常被用于指代那些在二战后赢得独立地位的国家，但是诸如澳大利亚、加拿大、新西兰和美国这样的定居型殖民社会，它们提供了在殖民地建设国家的早期模板。在这里，殖民者无情地取代了土著社会共同体并在此重建了部分欧洲传统。因此，这些地方的政治组织依然强大并得到了西方的认同。在非定居型殖民社会中，这里的民众在两个世纪的四波浪潮里次第建成自己的国家，但这些国家与欧洲这些经军事和政治竞争形成的强大国家形态有着明显的区别。

后殖民国家形成的第一波浪潮发生在19世纪早期西班牙和葡萄牙的拉丁美洲殖民地。此时进行的独立战争没有像美国那样以自由平等主义为基础。它们所制定的新宪法既不是民主主义的也没有得到全面的施行。对土著居民和穷人的经济掠夺，以及过去的奴隶制仍然在后殖民时期存在。由此引发的不平等问题如今仍在困扰阿根廷、巴西和墨西哥等拉丁美洲国家。

随着奥匈帝国、俄罗斯帝国和奥斯曼帝国的解体，国家的形成的第二波浪潮发生在一战后的中欧和中东。帝国瓦解后出现了五个新兴的独立国家：奥地利、匈牙利、波兰、捷克斯洛伐克和南斯拉夫。除了在奥斯曼帝国的废墟之上形成的土耳其之外，这一波浪潮并未塑造出强大而稳定的国家。

随着欧洲殖民体系的瓦解，1945年后发生了第三波也是规模最大的一波国家形成浪潮。印度尼西亚于1945年宣布独立，菲律宾于1946年独立，印度和巴基斯坦于1947年独立，缅甸和锡兰（今斯里兰卡）于1948年独立。许多非洲、加勒比和中东的殖民地也纷纷走上了独立国家道路：1945—1989年，有将近90个国家宣布独立，几乎是今天世界上国家总数的一半（参见图4-1）。但此时独立的大多数国家都缺乏作为一个具有内聚力的实体的经验，不像欧洲国家那样已经通过战争和外交建立了它们的边界，大多数新兴独立国家最早都是殖民者生造出来的，不同族群、地区和宗教的民众被捏合到一起，它们在互相合作上困难重重，包括尼日利亚、伊拉克和印度在内的许多国家持续性地受到这种张力的破坏性影响。

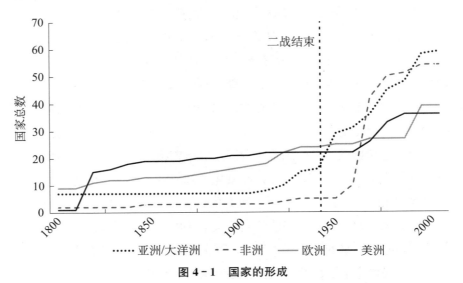

图 4-1 国家的形成

资料来源：Crawford，2007：appendix.

58　　第四波也是最后一波国家形成浪潮发生在 20 世纪的最后 10 年。苏联的解体使得苏联被 15 个国家所继承。这些国家独立后的发展情况各不相同，尽管波罗的海国家由于接近欧盟成了欧盟成员国而实现了政治和经济的稳定，但像乌兹别克斯坦这样的中央国家却长期遭受族群分裂、经济落后和威权统治的困扰。由于缺乏前殖民时代作为独立国家的经验，上述难题在这些国家中变得更为严峻。

59　　总之，后殖民国家很少拥有像早先形成的欧洲国家那样在自身发展中获得的力量和自主性。主权地位仍然重要，这是国际承认和获得外部援助的前提，但这种地位有时仍是象征性的，有些国家很难阻止人员、士兵、货品和恐怖分子的跨境流动。许多国家由于无法消除民众间的猜忌并建立有效的国家体系而引发了内战，例如安哥拉、塞浦路斯、埃塞俄比亚、斯里兰卡、苏丹和刚果民主共和国。在极端且例外的情况下，这会带来脆弱甚至失败的国家，这些国家无法维持本国的基本秩序（参见本章的后续部分）。

◆ 国家的多样性

或许所有国家在主权意义上都是平等的，但是它们在规模、财富和权力上则大不相同。没错，当一个国家入侵另一个国家时，主权地位就在被践踏。对于巴哈马、马尔代夫和所罗门群岛等沿海和岛屿小国来说，当它们因气候变化导致的海平面上升而面临消失的风险时，对主权和民主的哲学担忧就退居二线了。但除此之外，所有国家都平等地行使主权，这意味着它们的多样性反映在其他方面，如人口、政治权威和收入。

人口

尽管许多比较政治研究关注了大规模国家，但从全球视角来看，大规模国家才是例外。就人口规模而言，一方面而言，中国 13.8 亿的人口超过了世界上 160 个人口最少国家的总和。另一方面，大多数国家的人口少于 1 000 万，甚至有 1/5 的国家人口不足 100 万（参见图 4 - 2）。处在人口规模中位数的国家是瑞士，该国有 840 万人。瑞士通常被描述为一个"小"国，但这是从大国视角而言的。

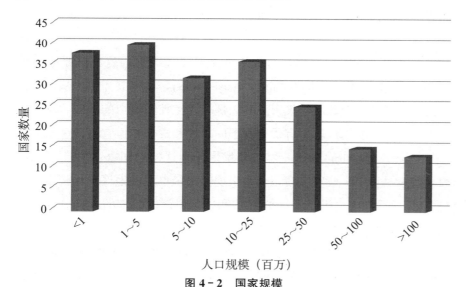

图 4 - 2　国家规模

资料来源：World Bank，2018.

注：最后超过 1 亿人口的国家，包括中国（13.8 亿）和印度（13.2 亿）。

最小的一群国家，即**袖珍国家（microstates）**，主要存在于加勒比海地区、太平洋地区或非洲海岸附近岛屿地区，以及 5 个欧洲国家，包括梵蒂冈城国。这些国家决定自己命运的能力有限，但是我们并不能因此而认为它们是无能的。许多欧洲的袖珍国家既维持着政治稳定又保持着经济繁荣。然而，许多袖珍国家的人口和资源都很贫乏。例如图瓦卢、

袖珍国家：
领土小、人口少的国家。例如安道尔、巴巴多斯、帕劳和马尔代夫。

帕劳、马绍尔群岛和基里巴斯这样的太平洋岛国，这些国家人口稀少，要么自然资源贫乏，要么经济机会有限，它们和世界其他地区的贸易和交通联系也很少。

政治权威

即便所有国家在主权上都是平等的，但这并不意味着它们在内聚力和稳定性上都具有同等水准。许多被欧洲殖民者捏合到一起的国家仍然在维持内部团结上困难重重。在诸如苏丹这样的国家里，长期内战导致了国家分裂。苏丹的原南部地区在 2012 年成为独立国家，即南苏丹，这也是目前世界上最年轻的国家。许多人认为欧洲国家的内部问题已经在几十年前通过战争解决了，但即便是在欧洲，仍然有许多活跃的分离主义运动。捷克斯洛伐克于 1993 年和平解体为捷克共和国和斯洛伐克。同时，苏格兰的分离主义者仍在寻求脱离英国而独立。加泰罗尼亚的分离主义者也在谋划脱离西班牙的独立运动。我们将在本章后续部分关于民族主义的讨论中对这一问题做进一步探讨。

在一些情况下，由于国家不能获得国际社会在法律上的承认或不能实现对其领土的完全控制，其政治权威是不完整的。这也就是杰克逊（Jackson，1990）所说的**准国家（quasi-states）**，他将其界定为从前殖民帝国中取得独立但此后却失去对其大部分领土控制能力的国家。这些国家被国际社会所承认，拥有代表全国的权利和责任，但它们几乎从来也不是一个有效运作的实体。索马里就是一个这样的国家：1991 年的内战导致索马里中央政府崩溃，全国出现了多个自治的地区。尽管索马里自 2012 年后在名义上是一个联邦共和国，但该国北部的大部分地区长期以索马里兰或索马里邦特兰州的名义在运作。

另一种情况是佩格（Pegg，1988）所说的**事实上的国家（de facto states）**，这些国家虽然能在其领土上有效施政，但是它们不被国际社会所承认（其国家地位在法律上不被认可）。因此不论准国家如何的无能，它们都具有法定的国家地位；而不论事实上的国家如何有效地施政，它们都不具有法定的国家地位。主要的例子包括阿布哈兹、纳戈尔诺-卡拉巴赫、德涅斯特沿岸、索马里兰和北塞浦路斯土耳其共和国。其中索马里兰和索马里形成了准国家和事实上的国家的鲜明对比，后者保有联合国中的正式席位，即便该国政治运作十分低效无能，但其国家地位依然得到了国际社会的普遍承认。而前者虽然有效控制着索马里北部 1/3

准国家：
在国际法层面被承认但只有很少的领土处于其有效管辖下的国家。

事实上的国家：
在国际法层面不被承认但能够有效控制其领土并有效施政的国家。它们在事实上存在，但在法律上不被认可。

60

的土地，并自 1991 年起就有效维持着政治秩序，但其国家地位依然没有被普遍承认。

收入

国家可以被分为"穷国"或"富国"、"发达国家"或"发展中国家"的时代已经过去了。尽管国家间的经济差异仍然很大，但我们需要对这一情况进行更细致的审视，尤其是关注那些处于高速增长中的新兴经济体。世界银行将国家（严格上来说是经济体）分为四个收入组别（参见表 4-2），这是一个很有价值的分类方式。这种分类法于 1988 年推出，旨在提供与贫困和婴儿死亡率等关乎福祉的指标相关的经济指标。

表 4-2　世界银行根据收入将国家分为四组

类别	人均国民收入	国家数量	案例
高收入经济体	12 200 美元以上	78	法国、德国、波兰、日本、瑞典、英国、美国
中等偏上收入经济体	4 000～12 200 美元	56	巴西、中国、伊朗、墨西哥、俄罗斯、南非、委内瑞拉
中等偏下收入经济体	1 000～4 000 美元	53	埃及、印度、尼日利亚、菲律宾、越南
低收入经济体	1 000 美元及以下	31	阿富汗、埃塞俄比亚、海地、朝鲜、索马里

资料来源：World Bank，2018.

注：① 人均国民收入的统计以四舍五入的方式取整。

② 数据来自 2018 财年。高收入经济体包括那些尚未被视为国家的地区，例如开曼群岛、直布罗陀、格陵兰等。

高收入经济体主要由西欧、北美、澳大利亚和亚洲部分国家所组成。这些国家构成了经济合作与发展组织（Organisation for Economic Co-operation and Development，OECD），即所谓的富裕国家俱乐部。根据该组织的官方网站可知，它们致力于"通过经济增长和金融稳定来帮助政府巩固经济繁荣并与贫困做斗争"（OECD，2018a）。尽管 OECD 国家的文化、经济、政治和科学资源仍然十分充裕，但是它们的力量还是在 2008—2010 年的国际金融危机中被大大削弱了。这带来了公共债务水平的不断攀升，以及后续欧元区的危机。此外，这些国家的人口规模并不大。在 OECD 国家中，只有美国和墨西哥是世界上人口规模前十的国家。高收入经济体中也有非民主的富裕石油小国，如科威特和卡塔尔。这再次说明了规模并不是积累财富的必要条件。

在中等偏上收入经济体中我们可以发现很多快速增长的新兴经济体，而这些新兴经济体的经济动能和人口规模已经让世界权力的天平偏离西方发达国家。金砖国家（巴西、俄罗斯、印度、中国）中的两国就是这样的国家。金砖国家的称谓最早是由高盛投资公司的一位经济学家在 2001 年提出的（O'Neill，2001）。对于俄罗斯和印度来说，情况就没有那么乐观了。前者一直受通胀、不断攀升的经济不平等和 2014 年克里米亚危机带来的制裁的影响；而后者则一直受干旱、经济低迷、腐败和日益增加的能源成本的影响。

62 　　中等偏下收入经济体主要分布于非洲和亚洲。尽管这些经济体处在变革和增长之中，但是它们的经济发展水平和在全球政治中的地位还不足以和中等篇上收入国家相提并论。印度的发展是一个让人长期困惑的存在：它是世界上经济规模最大的国家之一，但是它的发展潜力多年来并未得到发挥，其经济发展红利并没有惠及最贫穷的公民。根本原因在于政府在经济中扮演了过多的角色，以及印度人口快速增长所带来的挑战。最近的印度政府已经对其经济体制进行了现代化改造并积极吸引外国投资，这促进了经济的发展，但是仍有许多问题存在。

　　除了阿富汗、海地、朝鲜、尼泊尔、塔吉克斯坦和也门外，低收入经济体全部来自非洲。这些国家的年度人均收入低于 1 000 美元（甚至比这个数字还少得多），这些国家中大部分民众的生计仍然是个大问题，它们的资源和基础设施极为有限，经济主要依赖农业，许多国家（诸如撒哈拉沙漠边缘地区的国家）都受到严酷自然环境的影响。在许多其他因素中，上述因素导致这些国家中的穷人和弱势群体依赖于有钱有势的人。正如我们将在第五章看到的那样，这种不平等为民主体系的有效运作造成了严重的阻碍。

◆ 民族和民族主义

民族：
一个文化和历史的概念，用于描述一个基于共同历史、文化、语言或神话而相互认同的群体。

　　对国家的讨论离不开**民族（nation）**，这一概念与国家相关甚至有时二者的内涵相互重叠，甚至有时难以把握。国家的存在有法律的认可，而民族却被安德森（Anderson，2013）称作"想象的共同体"，似乎任何宣称自己是一个民族的群体都可以得偿所愿。但是我们依然可以从两个角度更准确地认识民族这一概念。首先，民族是有着共同生存家园的群体。正如埃利和萨尼（Eley & Suny，1996）所说，民族和国家一样都意味着"对特定土地的要求"。民族这一词在拉丁文中最初就意味着"出生地"。民族和土地之间的联系使其区别于部落（tribe）或族群（ethnic）。部落可以迁移，但是民族则与其故土紧密联系在一起，并主要通过扩张或收缩来改变土地形态。

第二，当一个群体宣称其是一个民族时，它通常拥有在其土地上的**自决权**（self-determination）。这意味着对土地拥有主权，并挖掘或创建一个共享的文化来证明其宣称。自治主张让民族具有了政治特性。不论是通过独立的方式，还是通过获得自治权力的方式，一个社会群体可以通过实现对自我命运的控制而成为一个民族。将讲法语的加拿大人描述为一个独立的民族而不是一个语言族群，表明这个文化独特和地理上集中的群体即使不是独立的，也要求是自治的。同样，1948 年以来的巴勒斯坦的建国运动加强了以前难以名状的巴勒斯坦民族认同。

自决权：
不需外部强制而自主行动的能力。民族自决权是民众以民主或其他手段决定其政府的权利。

如果我们认为民族是现代事物，那也就意味着民族是被创造出来的，而不是被发现的。民族隐含对国家地位的主张，既然国家是现代性的产物，那么民族亦如是。具体来说，民族认同将两个互不相识但生活在共同统治者和市场下的人们联合起来。共同的民族为日益理性的世界提供了情感纽带。特别是，它让那些大市场经济下的失败者能够从整个国家的进步中获得安慰。类似地，民族认同也为参与战争提供了合理化论证，以民族大义为口号，人们可以"为陌生人而死"（Langman，2006）。

民族主义（nationalism）是比民族本身现代性色彩更强的学说。像许多其他"主义"一样，民族主义出现于 19 世纪并在 20 世纪蓬勃发展。但是与其他"主义"不同的是，民族主义的原则直截了当。其核心就是民族有权决定自身的命运。在 1966 年的联合国《公民权利和政治权利国际公约》中总结如下："所有人民都有自决权。凭借这一权利，他们可以自由地确定自己的政治地位并追求自己的经济、社会和文化权利。"由此，即使每个民族都根植于特定的地方，但民族主义依然成为一种普遍性的观念。

民族主义：
相信有共同民族认同（经常以共同的文化和历史为标志）的民众有权建成独立的国家并不在外力干扰下自由地进行治理。

与国家不同，民族并不必然拥有明确的地理边界。一些民族可能存在于多个国家中。例如伊朗、伊拉克、叙利亚和土耳其就都生活着库尔德人，因此说库尔德人是没有国家的民族。伊拉克的库尔德人1970 年就获得了自治地位，并且控制着大片石油产地，同时，在叙利亚内战中战斗的库尔德人自 2012 年以来控制着叙利亚的库尔德地区。

然而，约有3 800 万人口的库尔德民族至今仍未形成一个独立的库尔德国家。

民族国家：
公民拥有同一民族认同的主权国家。

一个典型的**民族国家（nation-state）**只包含本民族的民众（Wimmer，2013）。1789 年的法国大革命确定了这一观念，即国家应该伸张以单一民族身份聚合起来的公民的利益和权利。19 世纪，英国政治哲学家约翰·斯图亚特·穆勒（John Stuart Mill，1861）认为："在任何力量都存在民族情感的地方，有初步的迹象表明，每个民族都将拥有自己的政府，而政府间彼此疏离。"然而，这在现实中很少发生。我们很难找到那些全国人口在族性上高度同质化的国家。少数的例子之一是冰岛，其 33.5 万多居民绝大多数都是冰岛人。

多民族国家：
在同一政府的治理下，由多个不同民族所组成的国家。

与单一民族国家相反，在**多民族国家（multinational state）**中，多个民族必须共享同一个政府。出于被异族所压制和不能公平共享国家资源的担忧，维持多民族国家从来不是一件容易的事。国际移民正在使许多（或大多数）国家都朝着多民族国家的方向发展，因为这些国家变得越来越多样化。但是多民族主义并非新鲜事，例如，英国长期以来可以被划分为英格兰、威尔士、苏格兰和威尔士民族。加拿大可以分为讲英语的民族和讲法语的民族，比利时可以分为讲荷兰语的民族和讲法语的民族。多民族主义是大多数欧洲国家的特征，所有这些国家都有少数民族。同时，其中大多数国家还参与了欧盟的建设（参见"聚光灯　欧盟"），这在一定程度上鼓励了欧洲人建立除民族认同和国家认同之外的新认同。

聚光灯

欧盟

简介

在国家的世界中，欧盟是一个特例。欧盟缘起于 20 世纪 50 年代在 6 个创始成员国中建立单一市场的努力，这是为了促进战后的经济重建与维持和平。此后，它的成员和行事范围都有所扩大，但其政治特性却有所争议。欧盟成员国在许多领域有着共同政策，它鼓励其 20 多个成员国在许多议题上展开合作，其大多数成员国还接受了欧元作为单一货币。欧盟有条约却没有宪法，其行政机关还难以称得上是欧盟的政府。欧盟不是欧罗巴合众国，尽管一些成员国支持其朝这个方向发展，但也存在对更深层次的欧洲一体化的抵制，特别是在民族主义者和反对移民的人士中。

政府组成	有争议的。比一般的跨政府组织要强，但还谈不上是联邦制的欧洲超国家
行政	作为成员国首脑会议的欧洲理事会、作为政府部长会议的欧盟理事会和结合了行政和官僚属性的强大的欧洲委员会同为行政机关
立法	一院制的欧洲议会，其成员由欧盟成员国的所有合格选民直接选举产生。1970年以来，其地位得到了大幅提高，但是其行事范围仍未涵盖欧盟所负责的所有领域
司法	欧洲法院，每个成员国在其中都有一名法官；欧洲法院已经为欧洲一体化奠定了坚实的法律基础
选举体制	欧洲议会的议员通过比例代表制的方式选举产生，任期五年，可连选连任；每个成员国都被视为一个单一选区或被分为多个独立选区
政党	很少有政党作为欧洲政党参与欧洲议会的选举，相反，选举是由参加有效独立的全国性选举的国家政党竞争的

人口：5.11 亿

国内生产总值：17.3 万亿美元

人均国内生产总值：33 715 美元

欧盟及其对欧洲国家的意义

区域一体化（regional integration）是现代国家要面对的众多挑战之一，即两个或更多国家建立了超越普通国际组织的合作纽带：它们寻求减小贸易壁垒，创建联合行政机关并在保持政治主权的同时创建共同的规则以维护共同利益。欧盟是最古老也是最先进的例子，自1952年起，欧盟就以不同形式存在着，目前欧盟已经拥有了 24 个成员国（更多信息可参见McCormick，2017a）。其他例子还有非洲联盟（54 个成员国）、南美洲国家联盟（12 个成员国）和东南亚国家联盟（10 个成员国）。与欧盟相比，这些国际组织的目标相对较为保守。

欧盟的主要机构在某些方面看起来像是一个欧洲政府，但是实际上它们不过是有一套共享的治理体系。在欧盟成员国同意展开合作的领域中，如贸易、竞争、农业和环境，它们监督着共同政策和法律的制定。这导致其成员国的自主权力被削弱，欧洲认同的发展也阻碍了其成员国国家认同的强化。欧盟不是欧罗巴合众国，也并不存在能够替代各成员国公民身份的欧洲公民身份，但欧盟的权力和职能范围已经超越了其他任何区域一体化组织。

欧盟权能范围的扩张并不是广受欢迎的，自 20 世纪 90 年代早期以来，欧盟国家联系纽带的强化与对欧洲一体化的抵抗始终相伴。有人指责欧盟是一个威胁其成员国权利的精英主义组织。这种想法促成了英国脱欧的决定：2016 年大多数英国选民投票赞成脱离欧盟。尽管欧洲模式出现了问题，但区域一体化的想法仍然在世界其他大多数地区引起了共鸣，人们更多地关注经济目标而不是政治目标。

延伸阅读

Dinan, Desmond, Neill Nugent, and William E. Patterson (eds) (2017) *The European Union in Crisis* (Red Globe Press).

McCormick, John (2017) *Understanding the European Union*, 7th edn (Red Globe Press).

Nugent, Neill (2017) *The Government and Politics of the European Union*, 8th edn (Red Globe Press).

区域一体化：
国家之间建构经济和政治联系的过程，从而在它们认为合作优于竞争的政策领域集中权威。

◆ 国家的未来

国家不是一成不变的，其边界在不断变化，受维持内部团结和稳定的困难的影响，它们的权威面临挑战。因此，人们常常对威斯特伐利亚体系的现状和前景充满疑惑。一个学派认为，国家像过去一样强大。它们仍然垄断着对军队的控制，它们仍然是经济生产和国际贸易中的关键行动者，它们的公民仍然主要认同自己的祖国并且受制于国家的权威和规则，凭借技术创新，国家应对新挑战的能力也在增强。

66

另一派学者认为国家实际上变得比过去更为强大，并且它们在公民日常生活的存在感已经不那么强了。例如，在应对国际恐怖主义的努力中，许多国家拥有了更广泛的权力来获取个人隐私从而限制在其境内生活和旅行的人的行为和选择。闭路电视、电话监控和互联网监控等监控技术为国家提供了新工具，不论是普通公民、恐怖分子还是恐怖行为嫌疑人都受到国家的监控与追踪。这种时而被称为**"安全国家"**（security state）的出现引发了公民的恐慌，监视行为、对自由权利的威胁和不受限制的情报机关让公民们感到担忧。

"安全国家"：
通过闭路电视、电话监控和互联网监控等方式追踪其公民活动的国家。

近来，多个国家的政党和社会运动正在重拾对国家的重视，它们支持民族主义的思想，即国家有权免于外部的干预，或者至少要将本国利益置于其他国家利益之上。例如，有几个欧洲国家明显抵制欧洲一体化，并还伴随着对移民的抵制。诸如法国国民联盟（原国民阵线）、奥地利自由党和芬兰人民党等右翼反移民政党一直保有这种观念。民族主义的反移民情绪也是英国选民在 2016 年投票支持脱欧出现这一黑天鹅现象的重要原因，民族主义也是莫迪（Modi）在 2014 年印度大选中取得胜利的原因。2016 年，杜特尔特（Rodrigo Duterte）在菲律宾大选中的胜利和特朗普在美国大选中的胜利也皆出于此。

另一种思想流派认为，国家的信誉和权力已经严重下降了，国家体系可能实际上正处于最终衰退期（参见 Ohmae，2005）。除了批评者直接针对的国家的批判外（参见表 4-3），还有两个影响国家地位的宏观发展趋势，国家对其的控制十分有限。第一个发展趋势是全球化：经济相互依存度的提高、技术和通信的进步、国际市场的增长、全球文化的传播以及面对共同问题时在公共选择上的协调（参见聚焦 4.2）。与此同时，人们的流动性变得更强：经济需要和个人选择共同推动了复杂的新移民模式，这已经打破了国家之间的许多心理障碍。

表 4 - 3   对国家的十种批判

1. 在人类社会中制造不必要的分裂

2. 有彼此间开战的历史

3. 限制人与资本的自由流动

4. 贸易限制阻碍了创新与效率

5. 以人类利益为代价去追求国家利益

6. 让排斥凌驾于包容之上

7. 以更广泛的身份认同为代价去构建狭隘的身份认同

8. 与其他国家合作解决恐怖主义、跨界污染、非法移民和疾病传播等共同问题的记录不佳

9. 经常无法满足其居民在安全、正义、繁荣和人权方面的需求

10. 在让经济和国家资源惠及全体民众方面表现不佳

聚焦 4.2

全球化和国家

全球化（正如我们在第三章看到的那样）是一个政治、经济、文化、技术和基本服务供给跨国整合的过程，目前全球化已经是现代国际政治和经济学最主要的讨论对象。在全球化之下，各国都比以往更容易受到其他国家的事件和发展的影响，并失去了一部分影响变革的自主权。国家从没有真正成为完全独立的力量，因为它们总是在不同程度上受到世界其他地区的事件的影响。从这个意义上说，全球化并不像很多人认为的那样新鲜（Cohen, 2007）。有所不同的是，在人类历史上，一体化的程度和空间范围从未像今天这样大。我们所有人的日常生活也没有像今天一样，要明显受到另一个大陆的国家所做出的决定的影响。

全球化既有支持者也有反对者（Held & McGrew, 2007；Bhagwati, 2007），他们围绕全球化对贸易、民主、国家主权、就业、环境、文化和工作条件的影响展开了激辩。其支持者认为，全球化通过对威权政府施加压力，促进了民主和自由市场的落实，也减少了贫困，促进了经济和社会平等，并推动了预期寿命的延长，鼓励了技术创新。其批评者认为，较贫穷的国家的利益在经济竞争和剥削中进一步受损，富裕国家的企业则从中受益较大，收入不平等在加剧，富裕国家的工作岗位在流失，环境在恶化。

不论利弊如何，新兴经济体一直处在全球化所带来的变革的中心。虽然工作和环境条件没有改善，但它们看到了扩大贸易带来的新投资、就业增长和新机会。对于全球化的支持者来说，全球化所带来的弊端并不令人感到意外，而且也不会长期存在。他们将今天新兴经济体的经济快速增长与美国、欧洲和日本在工业革命时代的经济发展相提并论。

第二个发展趋势是国家之间在一系列议题上的合作不断扩张，这削弱了国家自身的独立性。各国之间签订了数以千计的双边和多边合作条

政府间组织：
组织成员为签订条约的国家，具有常设秘书处和合法身份，并按照既定的规则运作并具有一定的自主权。

67

衰落国家：
一个治理体制脆弱，经常陷入内部分裂，以及公民的基本需求难以得到满足的国家。诸如厄立特里亚、海地、索马里、叙利亚和也门都是这样的国家。

约，形成了众多的自由贸易集团，它们通过**政府间组织（intergovern-mental organization，IGO）**联系起来，由此来鼓励和监督国家在广泛问题上的合作。如今有数百个政府间组织，其中包括联合国和世界贸易组织。有些组织的历史可以追溯到 19 世纪（国际电信联盟成立于 1865 年），但大多数组织是在 20 世纪创建的，尤其是在世界大战之后。政府间组织包括单一目的的组织、区域组织和全球性组织，其中最重要的组织以大多数主权国家为成员国。

如果全球化和国家间合作的最新水平是国家走向衰弱的象征，那么对于单个国家来说，未来所面临的极端挑战就是"失败、脆弱或**衰落国家（failing state）**"（对这一现象的描述没有在用语上达成一致）的现象。这些国家内部有很多问题，以至于已经无法有效运转，它们还具有罗特伯格（Rotberg，2004）所归纳的脆弱国家的特征：

● 当局难以控制局势，并常常要面对暴乱或武装叛乱，这些暴乱或武装叛乱在国内的大片领土上蔓延，最极端的情况下会演变为全面内战。在种族或其他社群间的敌意的驱使下，政府掠夺自己的民众，统治者压迫、勒索并骚扰他们的人民。

● 随着当局变得脆弱，暴力犯罪的情况也愈演愈烈。帮派在街头横行，枪支和毒品泛滥，警察对社会治安失去控制，民众转向军阀或其他强人以寻求保护。军阀取代了官方成为政治物品的供给者。

● 政治体制变得失效，除了行政机关基本失能或停止运作外，法院也被全面地削弱，官僚体系没有职业责任感，民主辩论几乎消失，军队是唯一保持整全性的机构。

世界上失败国家或衰落国家有 20～60 个，这取决于人们对这类国家的界定。这方面值得参考的数据是由和平基金会每年编制的脆弱国家指数（Fragile States Index），和平基金会是一家位于华盛顿特区的研究机构，它们使用一系列政治、经济和社会测量指标对世界上几乎每个国家进行评级。在 2018 年的脆弱国家指数中（参见表 4-4），我们可以看到那些民主程度最高的国家同时也是最稳定或最具可持续性的国家（例如芬兰），印度、印度尼西亚、墨西哥和俄罗斯被该指数标为"警告"状态，包括阿富汗、伊拉克、缅甸、苏丹、叙利亚和也门在内的数十个中东非洲国家则被标为"警戒"状态（有关讨论参见 Collier，2007）。

至于国家为什么会失败这一问题，学界目前众说纷纭。例如，戴蒙德（Diamond，2011）通过对历史案例的回顾得出了结论：国家的成功

68

表4-4 脆弱国家指数

国家	得分	国家	得分	国家	得分
芬兰	17.9	波兰	41.5	伊朗	84.3
瑞典	20.8	巴西	68.7	委内瑞拉	86.2
德国	25.8	墨西哥	71.5	埃及	88.7
法国	32.2	南非	72.9	尼日利亚	99.9
英国	34.3	印度	76.3	南苏丹	113.4
日本	34.5	俄罗斯	77.2		
美国	37.7	土耳其	82.2		

资料来源：Fund for Peace，2018.

注：指数内的国家得分取值范围从 0（可持续的）到 120（警戒）。

与地理和运气相关，失败则是因为环境的变化。同时，阿西莫格鲁和罗滨逊（Acemoglu & Robinson，2013）则将国家的兴衰归结于制度。他们认为，这不是地理、气候或文化的问题，而是领导人推行了错误的政策。他们认为，国家的崩溃是因为：

国家处于他们所称的"掠夺性"经济体制之下，这破坏了激励措施，阻碍了创新，并通过创造不公平的竞争环境和剥夺公民机会的方式削弱了民众发挥才能的能力。这些制度……让精英从掠夺中获益良多（不论是通过矿产资源、强迫劳动还是受保护的垄断），却以社会的整体利益为代价。

不论真相是什么，国家始终处在变化之中，并且要不断面对新的挑战。国家始终需要为政府提供服务，管理经济、提供安全保障、为公民提供应对全球变化所需的教育和技能训练，并且为应对诸如疾病和气候变化等全球性问题提供所需的力量。国家可能并不会衰落，但是因为贸易、国际法和现代化发展改变了国家权力的性质，所以国家也正处在变革过程中，而国家之间的关系以及国家与公民之间的关系也将发生变化。（关于相关讨论的调查参见 Sørensen，2004；Hay et al.，2006.）

问题研讨

69

- 国家如何让我们在生活中感受其存在？
- 国家与政府之间有什么区别？
- 成为一个国家的公民意味着什么？
- 国家认同如何在我们的生活中体现出来？
- 国家的利益与民族的利益有什么区别？
- 国家的职能范围是在扩大、缩小、保持不变还是处在改革中？

核心概念

- 公民
- 事实上的国家
- 衰落国家
- 政府间组织
- 袖珍国家
- 多民族国家
- 民族
- 民族主义
- 民族国家
- 自然权利
- 准国家
- 区域一体化
- "安全国家"
- 自决权
- 主权
- 国家
- 全面战争
- 福利国家
- 威斯特伐利亚体系

延伸阅读

Crawford，James（2007）*The Creation of States in International Law*（Oxford University Press）。本书从法律的视角探讨了国家的定义、起源、权力及难题。

Heater，Derek（2008）*What is Citizenship?*（Polity Press）。本书讨论了公民权的内涵及其和国家、民族的关系。

Jackson，Robert（2007）*Sovereignty：The Evolution of an Idea*（Polity Press）。本书对主权的历史及内涵做了简明的介绍。

Jessop，Bob（2015）*The State：Past，Present，Future*（Polity Press）。本书讨论了国家的起源、质量及未来前景。

Smith，Anthony D.（2010）*Nationalism：Theory，Ideology，History*，2nd edn（Polity Press）。本书对民族主义做了简洁而富有理论性的概述，审视了民族主义的概念、理论、历史和未来发展。

Sparke，Matthew（2013）*Introducing Globalization：Ties，Tensions，and Uneven Integration*（John Wiley）。这是一部关于全球化的调查性文本，它为全球化提供了定义并解释了全球化如何与经济、法律和政府相互影响。

第五章
民主统治

目录

预览

　　民主是最容易理解的概念，也是最难理解的概念。我们容易理解民主，是因为民主国家有很多，我们也对这些国家比较熟悉，甚至本书的大多数读者就生活在民主国家之中，而其他人也生活在渴望成为民主国家的国家中。民主也是所有政治概念中被研究得最密集的概念之一，民主国家的开放性和其运作信息的可得性也使得进行相关研究更加容易。但是随着民主这一概念被误解和滥用、民主的内涵在实践中出现多种高度精细化的解释、许多国家宣称其是民主的但其所作所为却与民主相去甚远，我们对民主的理解变得更加困难。

　　本章首先对民主的关键特征进行了回顾，从雅典的直接民主理念

（一个重要的历史概念，随着电子民主和社交媒体的兴起而获得了新的意义）开始，然后评估并比较了代议制民主与自由民主的特征。其次，本章着眼于民主与现代化之间的关系，回顾了塞缪尔·亨廷顿所说的三波民主化浪潮。最后，本章对民主的现状和未来进行了评估。几十年来，民主国家的数量在不断增加、威权国家的数量在不断减少，但如今这一趋势开始出现逆转。

核心观点

● 尽管对民主的界定不存在普遍性的共识，但是今天世界上的民众大约有一半都处于民主统治之下。

● 雅典的直接民主为自治提供了一个典范，区别于经常被讨论的代议制（间接）民主。

● 代议制民主限制民众对政府的选举，而自由民主则通过限制政府和保护民主权利而在民主上更进一步。

● 民主、现代化和经济发展之间存在着紧密的联系。

● 民主的扩张共有三波浪潮，但现在人们质疑其继续扩张的前景。

● 民主现在遭受着内部缺陷的困扰和外部更加自信的威权体制（如俄罗斯）的压力的威胁。

民主统治：一个概述

今天世界上大约有一半人口生活在民主统治之下（参见聚焦5.1）。 *71* 乍一看，这比例可能令人印象深刻，特别是因为民主国家的数量比上一代翻了一番，民主理念已经跨越了西方的核心区域，传播至南欧、东欧、拉丁美洲以及亚洲和非洲的更多国家。但我们既要看到半杯水里有水的那一半，也要想到没水的那一半。为什么有那么多的国家仍未实现民主？为什么许多人认为民主化浪潮将会陷入停滞，甚至将会在世界上的部分地区有所回潮。

尽管**民主（democracy）**这一概念或许是政府与政治研究史上被研究得最密集的概念，但我们对民主的理解仍不透彻，对上述问题的回答仍然首先要取决于如何界定民主。至少，民主需要开放且具回应性的政府、自由选举、言论自由、对个人权利的保护、对法治的尊重和"人民"的政府（参见表5-1）。但是上述特征的确切内涵仍然有待商榷。许多民主国家仍被精英主义、有限代表权、特定政治阶层的霸权、社会不平等和个人及群体权利相冲突等因素困扰。

民主：
由国内所有合格公民基于公平、公开授权而形成政府的政治体制。

表5-1 民主统治的特征

- 代议制政体的政府基于定期、公平、秘密和竞争性的选举产生
- 分权制衡原则下明确、稳定和可预测的政治制度与政治过程
- 存在多种制度化的政治参与和政治代表方式，包括具有不同纲领的政党
- 存在对政府权力的限制，法律对个人权利和自由权利的保护，并有独立的司法机关作为保障
- 存在积极、有效且受保护的反对派
- 有多样化且独立的媒体机构，且这些媒体几乎不受政治控制，能自由地传播不同的观点

几乎没有任何政府自称为非民主政府，因为这等同于承认其限制公民的权利。但是一些国家宣称自己比其他国家更民主。直到最近，我们仍然可以自信地指出许多国家正在经历**民主化（democratization）**的历程。这些国家的政治体制和政治过程正变得更稳定，它们的公民权利被建构在更坚实的基础之上，国内民众的声音也能够被更清晰地听到。但是世界上的许多国家也正在经历民主的回潮，世界上最重要的威权国家正对其政治制度越来越自信。（参见第六章对威权统治的讨论。）

民主化：
建构国家成为稳定民主国家所需的制度和程序的过程。

民主的核心原则就是自治。"民主"一词源于希腊语中的"demokratia"，意为由人民（demos）进行统治（kratos）。从这个角度看，民主

并不意味着由被统治者选举统治者，而是否认这两者之间的分离。理想型的民主是自治政府的一种模式，在平等和协商的环境中，所有符合条件的公民都可以参与到集体决策中。在这种模式下，国家与社会是一体的。但这不过是一种理想状态，除了在分权制政府的基层政治中，其在实践中很少见。

事实上为了更好地理解民主，我们应该避免先入为主地将其封为最佳的统治模式。与独裁政治相比，民主确实有很多优势，只要相关群体同意通过选举来分享权力，民主就能为历史上分裂的社会带来政治稳定。但是民主也有很多不完美之处，正如英国政治领袖温斯顿·丘吉尔那句广为人知的话所说的那样，他认为民主是最差的政府形式，但仍要好过所有其他的政府形式。

◇ 直接民主

72

直接民主：
共同体内所有成员都能够参与影响共同体的决策的政府体制。

最纯粹的民主模式莫过于**直接民主**（direct democracy），公元前461年至公元前322年间的雅典政府就是典型的直接民主模式。这一历史时期，希腊由上百个小型的独立城市共同体组成，这些城市共同体也被称为城邦（poleis），每个城邦都包括一个城市核心区域和乡村腹地。雅典是城邦中的领导者，雅典所有男性公民都可以参加公民大会（Ekkle-sia），在会上他们可以向其同胞发表讲话。公民大会是公民的会议而不是代表们的会议。用亚里士多德的话来说，公民大会是"至高无上的"（Aristotle，1962 edn）。公民大会是主权机构，它不受正式宪法的约束，甚至在最初的几十年里也不受任何成文法律的约束。雅典人认为，公民的直接参与和公开讨论具有教育性，这塑造了熟知公共事务且忠诚的公民，他们对公共利益以及小共同体中的各种利益和意见都很敏感。

由500个30岁以上公民组成的行政委员会承担了行政职能，他们只有一年任期且不可连任。与此同时，数百人组成的陪审团——同样是从志愿者中随机挑选出来的——能够决定诉讼，这些案子通常是公民们对那些被认为违反了城邦利益的人提起的。法院就像一个竞技场，在这里，高层人物（包括将军）能够被问责。最重要的是，政治是一项业余的活动，所有公民都应该从事政治活动，这不仅是为了整个共同体的利益，也是为了促进自身的发展。投身于民主之中意味着能够熟悉城邦事务，一个受过教育的公民阶层意味着一个更强大的政体。

但是，该体制也存在着如下缺陷：

● 公民权仅限那些父辈也具有公民身份的男人，大多数成年人都被排除在外，其中包括妇女、奴隶和外邦人。

● 当大多数公民缺席公民大会，甚至在引入出席津贴也无法扭转这一局面时，投票率就成了一个问题。

● 这一体制十分耗时、昂贵且过于复杂，尤其是对小型社会来说。

● 自治政府的原则并不总是能够带来具有连续性的政策，常设官僚体系的缺乏最终将会引发治理失效，这导致了雅典战败后的衰落。

雅典的民主实验证明了：在良好的环境下，直接民主是可能的。但在现代社会中，我们仍难以找到直接民主的影子（参见表 5-2）。最显著的直接民主实践莫过于公民投票和倡议（参见第十五章），或者在村庄或学校这样的共同体中以决策的形式存在。在此基础上，如果要再进一步就会被认为具有风险，因为许多民众缺乏和政治相关的兴趣和知识，这将削弱政府有效治理的能力。但是，创造一个更具参与性的社会环境，并回应其支持者，人们必须承担并支持自治的任务。考虑到"个人通过参与来学习参与"（Pateman，2012），社会将教育民众去参与民主政治。

表 5-2 民主的模式

形式	性质
直接民主	公民可以对涉及共同利益的问题直接进行讨论并参与决策
代议制民主	公民选举立法机关，并在总统制下选举行政首脑；代表通过选举而负有责任
自由民主	一种间接民主形式，民主的范围受到宪法对个人权利的保护的限制，包括集会自由、财产权、宗教自由和言论自由。举行基于普选权基础上的自由、公正和定期的选举

最近有一些关于电子化的直接民主或基于网络的**电子民主**（e-democracy）的可能性的讨论。其中包括线上投票、发动或签署线上请愿、通过社交媒体组织示威。随着代议制政府被认为变得越来越精英主义化，电子民主可能是对其进行有效回应的一种方案。互联网，尤其是社交媒体，对政治的影响是好坏参半的。一方面，互联网让政治信息变得即时可得，这让政治领导人能与选民进行更加直接和密切的沟通（有助于改变竞选的模式）；另一方面，互联网还可以帮助民众更直接地参与政治讨论。

电子民主：
一种民主表达的形式，所有对某一问题或议题感兴趣的人都可以通过互联网或社交媒体来发表意见，并由此实现对政府决策的塑造。

但是电子民主也存在一些问题：

● 与真正的直接民主不同，在网上表达的观点并没有被有条不紊地收集和评估；我们所能看到的观点更多的是那些经常发帖的人的观点，并且通常会导致从众效应（bandwagon effect），正如在推特上的热门帖子上所看到的那样。

73 ● 正如互联网上匿名的"网络喷子"经常发布的煽动性帖子所反映出来的那样，许多在社交媒体上表达意见的人要么是某个党派的支持者，要么是蓄意的挑衅者。这导致讨论被扭曲了方向，我们也永远无法确定到底是谁在发表意见。

● 对社交媒体的使用加剧了人们对隐私的担忧，这可能加剧了对政府的不信任并导致传统形式的政治参与减少（参见第十三章）。

● 电子民主依赖于对互联网的使用，而贫穷国家的民众可能很少能够接触互联网，甚至有时富裕国家中的贫困地区也会存在这样的问题。

当互联网作为政治传播媒介时也会存在这样或那样的问题，我们将在第十四章对此进行详细的讨论。

◇ 代议制民主

代议制民主：
一种政府制度，社会成员选举其代表代表他们的利益，并做出影响社会的决定。

在现代国家中，民主的原则已经从自治政府转变为选举政府，这就形成了**代议制民主**（representative democracy），一种间接民主的政府形式。对于古希腊人来说，代议制民主的想法似乎很荒谬：如果存在一个单独的统治阶层，又怎么可以说是人民自治呢？直到 18 世纪，法国哲学家让-雅克·卢梭（Jean-Jacques Rousseau，1762）仍警告道："自民众授权给代表的那一刻起，他们就失去了自由。民众将不复存在。"

然而，随着大型国家出现，人们需要新的方式来让民众参与到集体决策中。最早将代表和民主联系在一起的是托马斯·潘恩（Thomas Paine），他生于英国，是个政治活动家，曾亲历法国革命和美国革命。在《人权论》（1791/1792）中，他写道：

原初的简单民主……无法进行扩张，这并不是因为其内核有缺陷，而是因为其在形式上存在不便。简单民主制是社会不借助任何辅助手段而自己管理自己。把代议制和民主制结合起来，就可以获得一种能够容纳和联合一切不同利益和不同大小的领土与不同数量的人口的政府体制。

在雅典，共和国的上限被认为是可以聚集在一起聆听演讲的人数。然而，现代代议制政府允许庞大的人口（如 13 亿印度人和 3.2 亿美国人）对其统治者施加一些来自大众的控制。但也有很多人批判代议制民主，其中最主要的是奥地利的政治经济学家约瑟夫·熊彼特（Joseph Schumpeter，1883—1950），他质疑普通选民做出政治选择的能力：

> 一旦涉足政治领域，公民的精神操守普遍会跌落到更低层次。如果涉及其切身利益，他就会以幼稚的方式进行论辩和分析。由此，他又回到了原始人状态。（Schumpeter，1943）

熊彼特认为，选举不应是选民选举代表以贯彻自己意志的工具，而仅仅是形成政府的手段。从这一点看来，选民成了政治上的配角，仅限于从政党所准备的领导人和政策组合中做出选择。熊彼特认为，选民所能决定的问题是次要的，关键在于选举那些做决策的人。

可以说，代议制形成了一种有效的劳动分工。那些想要参与政治的人能够尽其所能，而其他人的政治事务则仅限于监督政府和在选举中投票（Schudson，1998）。毕竟，如果我们试图强迫那些不愿参与政治的人参与政治，又何谈自由社会呢？但是关于代表在实践中是如何运作的仍然存在很多质疑：

● 选举是选择代表的标准方式，但是正如我们将在第十五章看到的那样，选举被建构的方式存在很多问题，因此收集意愿与代表民众的方式也存在问题（参见表 5-3）。

表 5-3　民主的程度

形式	性质
全体一致	每个人都同意，或至少默许
共识	没有人不同意
并行多数	要求一个以上的多数群体，例如，大多数选民和国内的大多数地区
绝对多数	一半以上的合格选民
简单多数	一半以上的票数
特定多数	多于简单多数，经常是 2/3
关键少数	能够阻止提议通过的少数派
加权多数	根据投票权的差异调整后形成的多数，例如，股东每股可投一票
相对多数	最多的，票数但不一定是多数票

● 媒体永远不会给政党和候选人同等的曝光度，财富和特殊利益将会扭曲人们对不同公共政策组合的关注。

● 投票率的差异化与减少引发了人们的质疑。投票率受年龄、性别、受教育程度、种族、收入等因素的影响。

● 有很多种方式可以操纵选举，包括复杂而不便的选民注册程序、对选民的恐吓、投票站的无序组织和操纵计票。有人声称俄罗斯通过操纵社交媒体和入侵电脑上的选举系统干预了美国和欧洲的选举，这给选举带来了新的挑战。

聚焦 5.1

世界上有多少个民主国家？

我们在第四章看到，人们对于世界上有多少国家存在争议。关于世界上有多少个民主国家也存在类似的争议。20 世纪 80 年代以来，我们普遍认同世界上大约有一半以上的国家是民主国家。这主要归功于两个方面的发展。首先是冷战的终结。其次是欧盟的扩张，这促使东欧各国建立并强化其民主和资本主义制度，这些国家现在已经是欧盟成员国了。

即便如此，在世界上大约 190 个独立国家中，人们对于民主国家的数量并没有达成共识。全面和平中心（Center for Systemic Peace）提供了一个答案。这是一家总部位于美国并研究政治行为的研究机构，它们的政体 IV（Polity IV）工程收集了自 1800 年以来各国政治体制的数据，结果显示，自 1945 年以来，随着越来越多的国家独立，民主国家的数目波动很大。冷战结束后，民主国家的数量有所增加（2016 年达到了 95 个），而威权国家的数量也随之下降（参见图 5-1）。近年来几个国家的民主回潮将对这一趋势造成何种影响还有待观察。

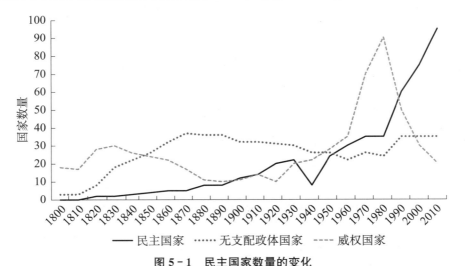

图 5-1 民主国家数量的变化

资料来源：Center for Systemic Peace，2016.

注：只统计了人口数量在 50 万以上的国家。威权国家指那些权力集中在一人手里的国家。无支配政体国家指结合了威权政体和民主政体特点的国家。

● 正如我们将在第八章看到的那样，人们质疑当选的政客能否真正代表选民的想法和需要。尤其是，他们如何抵御利益集团、大型企业、社会运动或那些有能力且大声表达其诉求的人的过度影响。

这种质疑也带来了一个问题，即我们在代议制民主中到底在多大程度上得到了真正的代表。乔治·奥威尔（George Orwell）在他的小说《动物农场》中写道："所有的动物都是平等的，但是有些动物比其他动物更加平等。"

75

◈ 自由民主

在实践中，现代民主国家都是**自由民主（liberal democracy）**的。这意味着这些国家在**有限政府（limited government）**的意义上既具有代议制特征又是自由主义的。**自由主义（liberalism）**反映了洛克关于自然权利的概念（参见第四章）。自由主义要确保即便是代议制政体也要符合民众的意愿，在反对统治者时，人民应该得到保护。尤其是对于少数群体而言，他们可以免于民主的一个内在危险——多数人的暴政。描述自由民主的另一种方式是少数人权利的多数统治。

由此，自由民主取代了无所不包的雅典城邦，自由民主国家依靠法律而不是人民来治理。根据法治原则（参见第七章），民选统治者和公民都受制于通常包含个人权利声明的宪法。如果政府变得蛮不讲理，公民可以利用国内和国际法院来维护自己的权利。当然，所有民主国家必须为政治观点的形成并使其通过政党政治得以表达留出空间。正如比瑟姆（Beetham，2004）所言："没有自由，就没有民主。"但是，在自由民主中，自由不仅仅是保障民主的一种手段。它在价值上高于或至少不低于民主。因为，人们可以通过对自己负责来最好地发展和表达自己的个性，从而最有效地为共同利益做出贡献。

对**公民自由（civil liberties）**的保障是自由民主内涵的关键部分。这基于这样一种理解，即公民相对于政府必须拥有某些权利和自由，政府的行为不能侵犯这些权利和自由。这些权利和自由包括自由、安全、隐私、生命权、平等待遇和公平审判的权利，以及言论和表达自由、集会和结社自由、新闻和宗教自由。这些权利当然都很好，但是如何界定它们的内涵和边界则并不那么容易。即便在最为民主的国家我们仍然很难确定不同组织或个人的权利边界在哪里，政府在何种情况下（尤其是

76

自由民主：
一种间接民主模式，民主的范围受到宪法对个人权利保护的限制。

有限政府：
为了公民的安全必须限制政府权力和职能范围的理念。

自由主义：
相信个人的最高价值，认为个人拥有独立于政府而存在的自然权利，因此必须保障自然权利免受政府过多的影响。

公民自由：
公民拥有独立于政府的权利，且这些权利不能被政府限制。

77

关乎国家安全的时候）可以限制这些组织和个人。

以对言论自由的限制为例。民主社会认为言论自由是其关键组成部分，然而在民主社会中，实际上有很多限制言论的措施，比如法律会禁止谣传（口头）、诽谤（通过社交媒体中伤）、煽动骚乱（反对现存秩序）和仇恨言论（攻击个人或组织的固有特征）。什么是法律所允许的言论自由以及言论在何时会影响他人的权利和情感？对这些做出界定并非易事。例如，西方社会是否会尊重这样一个事实，即以图像的形式展示先知穆罕默德是对穆斯林的冒犯；或者穆斯林是否会承认，在西方实行这样的限制是对西方人言论自由的一种侵犯。

结构性暴力：
一个用来描述政府体制中固有的社会和经济压迫的术语。

例如，印度经常被描述为世界上最大的民主国家，但它却常被归为有缺陷的民主国家。这至少部分源于其国内普遍的**结构性暴力（structural violence）**，即隐藏在社会和政治体制中无形的压迫或"暴力"。对妇女的压迫就是男权政治体制中的结构性暴力，极端贫困也是社会中一部分人对另一部分人的一种暴力形式。在印度，结构性暴力可以在贫困和种姓制度的影响中找到。这些根深蒂固的不平等通过影响印度人与政治体制的关联方式而蔓延到政治领域。

一些民主国家比其他民主国家更强调自由民主中的自由，在这里我们可以对英国和美国进行比较。在美国，对自由的保护在制度设计中被刻意强化。其国父希望能预见所有暴政的可能性，包括多数人的暴政。为了避免任何政府，尤其是选举政府获得过多的权力，美国宪法致力于打造一个**分权制衡（checks and balances）**的体系。不仅在中央层面（总统、国会和法院）进行分权，还在联邦政府和 50 个州政府之间进行分权。这只是理论层面。在实践层面，人们指责美国政府刻意限制少数族裔的政治参与，政党和职业政客（参见第八章）累积了过多的权力。政党为了自身利益可以更改选区的边界（参见第十六章），金钱在选举和政策辩论中发挥了过大的作用。

分权制衡：
一种让政府机关相互制衡并迫使其共同致力于治理和决策的制度安排。

当美国民主在制度中进行分权时，英国民主则强调议会至上。英国政府由下院中拥有最多席位的政党或党派联盟组成，其对成员的控制力（通常）有助于确保政党法案成为法律。除了政府的自我约束意识外，美国对行政权力进行限制的制度——包括成文宪法、三权分立和联邦制——在英国都不存在。但有迹象表明，英国的体制正在朝更加自由主义的方向发展：其司法机关变得更加活跃且独立性更强，私有化减少了国家对经济的直接控制，目前的选举制度也很难让单一政党形成实际多数并控制议会，并且大众对职业政客存有普遍性的反感。英国政府比美国政府的控制能力更强，但两国的情况都处在变化之中。

◇ 现代化与民主

为什么一些国家是民主国家，而另一些国家尚未进入这一行列？换句话来说，稳固的民主制度需要何种经济和社会的先决条件。我们常听到的答案是，自由民主成长于**现代（modern）**社会之中，即有着受过充分教育人口的高收入工业化或后工业化国家。反过来说，中等收入国家更有可能成为有缺陷的民主国家，而低收入国家很可能是威权国家。

将现代性与民主联系在一起有着重要的政策意义。这意味着，在威权国家中，对经济发展的关注应该优先于民主化建设，让政治改革在以后自然出现。先致富，再民主，这看起来顺理成章。俄罗斯则试图反其道而行，其所推行的民主制度并没有像预想的那样发挥作用，而是让财富集中在了少数人手里。

政治社会学家西摩·马丁·利普塞特（Seymour Martin Lipset，1959）对**现代化（modernization）**的影响做了一个经典论断，他认为："国家越富裕，维系民主的可能性就越大。"利用 20 世纪 50 年代的数据，利普塞特发现社会富裕、工业化、城市化和受教育程度与民主之间有着很强的相关性。戴蒙德（Diamond，1992）评论道，民主与社会富裕程度之间的相关性仍是"国家发展研究中……最强有力的论断"。在一个对 1789—2001 年世界上所有民主国家的分析中，什沃里克（Sovlik，2008）发现："经济发展水平较低的民主国家……更加难以存续。"博伊克斯（Boix，2011）也认同这一观点，但一旦社会已经达到了发达水平，经济发展对民主的影响力就会衰减。

并不是所有人都认同现代化与民主之间的关系。在普沃斯基和利蒙吉（Przeworski & Limongi，1997）的研究中就可以看到相反观点的论证。经济发展和民主之间的联系存在着显著的例外。中东石油资源丰富的国家的历史表明：富裕程度，即便是民众的富裕程度，并不能保证民主制度一定会建立起来。但这些反例仅仅表明，人均收入并不是现代性的全部。中东威权君主统治的社会可能会很富裕，但它们也非常传统保守。一个更重要的例外是印度，它虽然是中等偏下收入国家，但有着稳固的民主体系（参见"聚光灯　印度"）。

现代：
用于描述国家的概念，这样的国家具有工业化或后工业化的经济，社会富裕、工作岗位专业化、社会流动性强且有着城市化的和受充分教育的人口。

78

现代化：
建成现代社会或落实现代理念、制度和规范的特性的过程。

79 那么，为什么自由民主成为治理现代社会最自然的方式呢？利普塞特（Lipset，1959）对这一问题的回答如下：

- 社会富裕弱化了阶级差异，带来了更加公平的收入分配，使工人阶级远离了极左思潮。同时，大规模中产阶级的出现也调和了富人和穷人之间的阶级斗争。

- 经济安全感的提升削弱了腐败的动机从而提升了治理质量。

- 高收入国家有更多追求强化自由民主的利益集团。

- 教育和城市化也起到了重要作用。教育推广了民主和宽容的价值观，城市从来都是孕育民主的温床。

尽管利普塞特的论证受到了一些人的质疑，尤其是那些认为全球资本主义是一些国家政治和经济落后的主要原因的人，但利普塞特的观点仍然在后续研究中得到了很好的支撑性论证。例如，戴蒙德和马克斯（Diamond & Marks，1992）的研究发现，经济发展水平仍然是"预测民主可能性最有力的指标"。博伊克斯（Boix，2003）的研究也发现，"当国家的经济平等或资本流动程度高时，民主就有可能实现"。相反，威权国家则出现在那些平等程度低的地方。卢斯（Luce，2017）在其近来的研究中将经济增长比拟为维系民主体制的"最强黏合剂"：

当不同群体为经济增长的果实而斗争时，对政治运作规则的维护会相对容易。当经济果实消失或被少数人垄断时，对规则的维护将会变得难上加难。

正如我们将在本章后续部分看到的那样，民主的故事主要涉及其稳固扩张的过程。尽管近年来，随着不平等程度的加剧，这一趋势出现了某种程度上的逆转。

聚光灯

印度

简介

印度经常被描述为世界上最大的民主国家，也是世界上文化和人口结构最多样化的国家之一。经过几个世纪的英国殖民统治（有时是直接统治，有时是间接统治），印度于1947年独立。虽然印度有许多政党，但在过去几十年里，一直是印度国民大会党（简称国大党）统治着国会，直到最近国大党让位于奉行印度教民族主义的印度人民党。印度拥有庞大的军队而且是一个核大国，其经济长期以来起色不大。许多分析人士认为，过度的国家干预和地方腐败压制了其经济增长的潜力。近来的政策调整有助于解决这些问题，但印度仍然遭受宗教和文化冲突的困扰，并面临着普遍性的贫困问题。

政府组成	由 29 个邦和 7 个联邦属地组成的联邦议会共和国；独立于 1947 年，其现行宪法颁布于 1950 年
行政	议会制总理领导部长会议（内阁）并任命其成员；总统是国家首脑，由间接选举产生，任期五年，可连选连任；总统授权政党领导人组建政府，可以行使紧急权力
立法	两院制：下院人民院（Lok Sabha），有 545 名议员，任期五年，可连选连任；上院联邦院（Rajya Sabha），有 245 名议员，由立法机关选举产生，大多数人只有固定的六年任期
司法	独立的最高法院有 31 名由总统根据宪法任命的大法官，法官必须在 65 岁时退休
选举体制	人民院选举采用单一议席多数制；印度选举委员会根据宪法设立，监督国家和各邦的选举
政党	多党制，近来有组建党派联盟的倾向；两个主要政党是印度人民党和曾经占据主导地位的国大党；地区性政党也在政治中十分重要

人口：13.24 亿

国内生产总值：2.6 万亿美元

人均国内生产总值：1 940 美元

印度的民主

对于稳固的民主只能出现在富裕国家的论断来说，印度是一个最大的例外。尽管存在规模庞大的贫困人口和严重的社会不平等，但民主与印度仍然相得益彰，印度也因此被描述为世界上最大的民主国家。印度的成功带来了这样一个问题，面对如此大的经济和社会障碍，民主如何能够得到巩固？

部分原因在于英国对印度的殖民史：英国主要对印度进行间接统治，允许印度本土的地方精英保有权威，这形成了一种分权且允许表达不满意见的治理模式。由国大党（成立于 1885 年）所领导的国家独立同样是一个渐进且经过深思熟虑的历程，国大党建构了一个广泛的且基于恩庇（patronage）关系的网络，这有助于它们在独立后治理一个具有内在多样性的国家。随着殖民统治时期政治参与的扩大，国会也从中吸取了不少经验。甚至在 1947 年独立前，大约 4 000 万人已经有了在选举中投票的资格，这些选举就是民主的训练场。

不过，印度民主成功的关键可能在于国会精英的民主价值观。简单来说，民主之所以能在印度生根发芽，是因为这是印度精英想要的结果。与英国民主相关的实践——如议会制政府、独立的司法机关和法治，被看作是有益的模仿。在印度，巩固是一项精英工程。

印度民主的效能不可避免地要受到其社会经济、宗教、种族和阶层不平等的限制。从积极的方面来看，科布里奇等人（Corbridge et al.，2013）留意到了印度日益增长的制度自信，至少在城市中产阶级中是这样，印度人越来越觉得他们正在成为"亚洲经济增长的核心"。不过，人们对印度民族主义的复兴也存有担忧，特别是这种复兴可能会对印度和整个南亚造成影响。

延伸阅读

Corbridge, Stuart, John Harris, and Craig Jeffrey (2013) *India Today：Economy，Politics and Society* (Polity Press).

Datta, Rekha (2018) *Contemporary India* (Routledge).

Mitra, Subrata K. (2017) *Politics in India：Structure，Process and Policy*, 2nd edn (Routledge).

◆ 亨廷顿的民主化浪潮理论

现代民主何时以及为何会出现？与我们在第四章中对去殖民化的讨论一样，政治学家塞缪尔·亨廷顿（Huntington，1991）认为，今天的民主国家是在一系列**民主化浪潮**（**waves of democratization**）中出现的（参见表 5-4）。正如每波去殖民化浪潮都造就了特定类型的国家一样，每波民主化浪潮所形成的民主国家也各具特性。

表 5-4 亨廷顿对民主化浪潮的划分

波次	时期	案例
第一波	1828—1926 年	英国、法国、美国
第二波	1943—1962 年	印度、以色列、日本、联邦德国
第三波	1974—1991 年	东南欧国家、拉丁美洲国家、部分非洲国家

资料来源：Huntington，1991.

注：第一次回潮发生在 1922—1942 年（例如德国和意大利），第二次回潮发生在 1958—1975 年（例如许多拉丁美洲和非洲国家）。许多民主回潮的国家后来也重新民主化了。

第一波

第一波民主化浪潮发生在 1828—1926 年，最早的代议制民主国家就出现在此时。在这一历史时期，有将近 30 个国家建立了最低限度的民主国家制度，其中包括阿根廷、澳大利亚、英国、加拿大、法国、德国、荷兰、新西兰、斯堪的纳维亚国家和美国。然而，由于许多民主国家被法西斯主义或军事独裁所取代，这段时间也出现了民主的回潮。这也被亨廷顿称为"第一次回潮"，主要发生在 1922—1942 年。

82

第一波民主转型具有缓慢且逐步推进的特点。传统上，政治竞争主要在特权阶层内部展开，随着投票权的扩大而延伸到更广泛的人群中，政治竞争的范围也随之扩大。稳健的转型降低了政治发展的激烈程度，在第一波浪潮中，民主既是结果也是意图。例如，在英国，投票权的扩张是渐次发生的（参见图 5-2），每一次发展都缓解了有产阶级对进一步改革危险性的担忧。赋予妇女投票权是投票权最大的一次扩展。1918 年，英国 30 岁以上的妇女获得了选举权，到 1921 年时，投票权已经扩展至 21 岁以上的妇女。

在美国，公民应该被和自己同类型的人所代表的观念要区别于其国家开创者起初的想法，他们认为共和国本应由有钱有闲的地主绅士阶层所领导。在独立后的 50 年内，几乎所有白人男性都有投票权（Wood，

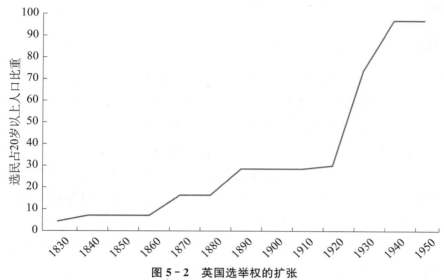

图 5-2　英国选举权的扩张

注：最大的变化出现在 1969 年，投票的门槛年龄从 21 岁降低到 18 岁。

1993)，但直到 1919 年，女性才获得和男性相同的投票权。而美国黑人的选举权直到 1965 年《投票权法案》之后才落实。从这个意义上来说，美国的民主转型也是一个漫长的过程。

第二波

亨廷顿所界定的第二波民主化浪潮自第二次世界大战起到 20 世纪 60 年代为止。和第一波一样，许多在此时出现的新兴民主国家并没有实现民主巩固。例如，许多拉丁美洲国家的民选政府都被军事政变推翻了。但是在 1945 年后，在独裁统治的废墟上确实涌现出了一些巩固的民主国家，奥地利、日本和意大利都属于这个行列。这些战后民主国家是由战胜的盟国在当地合作伙伴的支持下引入的。第二波所形成的民主国家基础坚实并在美国的援助下实现了经济的复苏。在第二波浪潮中，民主制度也在新成立的以色列和新独立的印度生根。

在民主转型的过程中，政党的作用至关重要。在第一波民主国家形成时，政党主要被看作是派系组织而不是一个纲领性组织。到了第二波民主化浪潮时，政党已经成为大众选举中的主导性力量。正如许多国家的宪法所描述的那样，德国的《基本法》（1949）这样界定政党的角色："政党应该参与塑造民众的民主意愿。"但是在许多国家，有效的政党竞争被一党独大的情况削弱了。例如印度的国大党、意大利的天主教民主党、日本的自由民主党和以色列的工人党。许多第二波民主化浪潮中形成的民主国家花了整整一代人的时间才建成一个充分竞争的政党体系。

第三波

83   第三波民主化浪潮出现在 20 世纪的最后 25 年，主要包括以下内容：

- 20 世纪 70 年代右翼独裁政府在希腊、葡萄牙和西班牙倒台。
- 20 世纪 80 年代拉丁美洲军人向文官归还政权。
- 20 世纪 90 年代的苏联解体和东欧剧变。

第三波民主化浪潮改变了全球的政治图景，残存下来的非民主政权的处境变得艰难。即使在撒哈拉以南非洲，总统也要通过选举的方式产生（尽管在任者很少失败）。随着冷战的结束和其他非民主发展路线的破产，美国和欧盟也变得更加鼓励民主转型。当然，它们仍然主要关注自己的短期利益。

◇ 民主化

亨廷顿撰写其著作时正逢重大变革发生（正如我们将在本章后续部分看到的那样），因此他有理由对民主的未来持乐观态度。不过在关注第三波民主化浪潮结束后发生了什么之前，我们应该更详细地了解民主化是如何发生的，以及各国实现民主化所需的前提条件。奥唐奈等人（O'Donnell et al.，1986）对民主化发展阶段的概括（参见表 5-5）为上述问题提供了一种解释。

表 5-5　民主化的发展阶段

阶段	性质
自由化	民主化的初始阶段，通常是威权统治者承认民主变革是不可避免的结果
转型期	形塑新的政府体制
巩固期	新体制被广泛接受，并证明了其在实践中是有效的
深化期	民主制度从形式走向实质

政体：
严格来说，这一词汇几乎与政治体制的含义相同，但经常在贬义的意义上用于描述威权国家的政治体制。

民主化的第一个阶段就是威权**政体（political regime）**的自由化。尽管我们愿意相信公共舆论的力量，但面对团结的威权政府，大规模示威很少能引发民主转型。民主转型通常发生在统治集团有意或无意地承认民主变革不可避免的时候。正如奥唐奈等人（O'Donnell et al.，1986）所说：

没有任何民主转型的开始不是威权政体自身发生重要分裂的直接或间接后果。这种分裂主要发生在强硬派和改革派之间。例如在巴西和西班牙，面对软弱且无组织的反对派，现任政权中的高层甚至是占主导地位的人决定了自由化进程的开启。

在更加自由的环境中，公众表达不满的机会会更多，这会推动政治改革并将民主转型推进到道阻且长的第二阶段。在此期间，必须形塑新的政府体制，努力克服强硬派（他们可能会发动军事政变）和激进革命者（他们可能寻求全面革命而不仅仅是政体变迁）对过渡的威胁，必须编写成文宪法、进行制度设计并将选举提上日程。此时经常会出现统治者和反对派之间的协商会谈，这会促成精英间达成一致。

在民主化的第二个阶段转型期，旧体制的精英会寻求在新的民主秩序中占有一席之地。例如，军队统治者可能会将自己包装为唯一能够保障秩序和安全的力量。旧精英将通过谈判的方式来获得特权以确保自己的未来，例如被免予起诉的权利。随着新体制的建立，民主转型基本完成。此时最重要的标志就是高投票率的选举，这被视为民主乐观情绪的高潮时期（Morlino，2012）。

民主化的第三个阶段是巩固期，这发生在新制度已经为政治竞争提供了制度化框架之后。如普沃斯基（Przeworski，1991）所说："当特定政治体制成为唯一的游戏规则时，没有人想在民主制度之外行动。"例如军队需要一段时间来接受自己的新角色：只是专业性的军事力量而非政治行动者。

尽管民主巩固是一个态度问题，但其成败是通过行动来衡量的，特别是通过选举和平移交权力。当选举中失败的政府和平交权时，民主的精英转换机制就会被认为是有效的，这进一步促进了政治稳定。因此，民主巩固是将民主实践变成习惯的过程。民主实践和其他实践一样，都需要时间来养成（Linz & Stepan，1996）。民主转型带来了一套新的政治体制，民主巩固确保了这套体制的延续。

民主化的第四个阶段是深化期，随着新体制向完全的自由民主体制发展，民主也随之深化。由于许多第三波国家都处于威权政体和民主政体的中间状态，学术界开始关注民主的"深化"。正如我们在第一章看到的，新兴民主国家的制度可能是表面化的而不是深层的。"民主质量"长期处在较低水平（Morlino，2012：Part Ⅲ）。因此，"深化"一词的意义与其说是描述民主化过程中的普遍性阶段，不如说是承认民主化的一种可能性结果，即稳定而表面化的民主，在许多现代化水平不高的国家尤其如此。

20世纪90年代以来，墨西哥的政治变迁就符合上述发展阶段。1929年以来，集权主义的墨西哥革命制度党长期执政。这部分是因为革命制度党吸纳了墨西哥社会中的重要人物，并为他们的支持提供了丰厚的回报。但是随着墨西哥人受教育程度的提高，以及革命制度党对90年代日益严峻的经济困顿负主要责任，民主变革的呼声越来越高。

长期以来，墨西哥总统选举都是一系列暗箱操作的结果。现任总统会提名他的继任者，凭借革命制度党对选举过程的控制，这位继任者肯定会赢得选举。1988年出现了将总统提名过程变得更加民主化的尝试，革命制度党内部的异议集团要求将总统提名更加公开化。这次尝试失败后，异议集团的领导人夸特莫克·卡德纳斯（Cuauhtémoc Cárdenas）与革命制度党分道扬镳，并和党内内定的候选人卡洛斯·萨利纳斯（Carlos Salinas）分庭抗礼。大多数独立观察家都预测卡德纳斯可能会在选举中获胜，但他领导的左翼政党联盟只赢得31%的选票。萨利纳斯虽然成了大选的赢家，但他50.7%的得票率创造了历史上最低的胜率差值。而且萨利纳斯在延迟了很长一段时间后才宣布胜选，事后这被归咎于计算机出现"故障"（Preston & Dillon，2004：Chapter 6）。

萨利纳斯的继任者是埃内斯托·塞迪略（Ernesto Zedillo），他下令对选举过程进行审查，这促成了公开的政党初选制度。与此同时，越来越多的反对党崛起，选举制度发生了变化，国会席位也变多了，选举也受到外国观察员更密切的监督。1997年，革命制度党失去了众议院的多数席位，2000年失去了参议院的多数席位。最引人注目的是，墨西哥总统也由反对党国家行动党的候选人担任。国家行动党于2006年再次赢得大选，革命制度党在2012年重新成为执政党。尽管墨西哥社会仍然有很多问题——普遍性的贫困、自2006年以来的血腥的毒品战争以及持续性的腐败，但是20世纪90年代的变革——在革命制度党认为变革不可避免时开展的变革——创造了一个更具竞争性的民主制度。

近几十年来最具戏剧性的政治变革浪潮之一——"阿拉伯之春"——讲述了一个不同的故事。这无疑表明了许多受影响国家对民主的渴望，但事实证明这只带来了长期的失望，因为这些国家的统治者没有为变革做好准备。"阿拉伯之春"始于2010年12月10日的一个孤立的事件，一名失业的突尼斯人穆罕默德·布瓦齐齐（Mohamecl Bouazi-zi）想要通过摆路边摊卖水果谋生，但是他的货品被一名市政检察员没收了。布瓦齐齐，这名值得被铭记的小贩最终以自焚的方式来表达抗议。他的去世在两周后引发了突尼斯和其他国家民众对变革的渴望，人们组织了民主运动和抗议活动。对变革的呼吁导致埃及、利比亚、突尼斯和也门的领导人下台，叙利亚爆发了内战，阿尔及利亚、巴林、约旦、科威特等国都发生了大规模抗议或骚乱。

很显然，一名小贩的死并不是这一切得以发生的全部原因，这与更广泛的因素相关，包括年轻人对高失业率的不满、对国内长期以来的威权统治的不满、对财富和机会不平等的不满，以及对长期存在的腐败问题的不满。在这个威权国家十分集中的地区，人们普遍希望抗议浪潮能够带来持续性的民主变革。然而，到 2012 年年中，变革的势头已经基本消退，许多政府的行动带来了新的不确定性。

"阿拉伯之春"的经验证实了一个关键点，即从威权政府转型并不必然带来自由民主，其结果还可能是一种威权秩序被另一种威权秩序所取代，或成为失败国家。"阿拉伯之春"在 2010—2012 年达到高潮，利比亚今天的处境要比"阿拉伯之春"之前更加绝望，而叙利亚内战导致了数十万人死亡和一场大规模的难民危机，其影响远远超出了叙利亚边界。

85

◆ 民主的未来

在亨廷顿关于民主化浪潮的著作出版之前，政治经济学者弗朗西斯·福山（Francis Fukuyama）受冷战结束和东欧剧变的影响，借用黑格尔等思想家的概念宣称了**"历史的终结"（end of history）**，或民主的最终胜利：

> 也许我们经历的不仅是冷战的结束，或战后一个特殊历史时期的结束，而是历史的终结……也就是说，这是人类意识形态演化的终点，也是作为人类最后一种政府形式的西方自由民主的普遍化。（Fukuyama，1989）

至少在一开始，一切看起来都很美好，因为俄罗斯在 20 世纪 90 年代似乎正在变得更加民主，东欧与西方以及西方关于民主和自由市场的理念正在越走越近。民主似乎正在蓬勃发展。但并不是每个人都对苏联

历史的终结：
一种认为政治、经济或社会制度已经发展到了演化过程的顶峰的理念。

解体感到欣慰，普京将其描述为"二十世纪最大的地缘政治悲剧"。福山对于历史终结的论断太过草率了，随着民主制度在实践中暴露出许多内在的缺陷和不足，冷战的结束与其说是带来了新的机会，不如说是带来了新的不确定性。

2008 年，政治评论家罗伯特·卡根（Robert Kagan）正在撰写"历史的回归"，他认为过去那种追求影响力和地位的斗争以及自由主义和威权主义的斗争正在回归，而且激进伊斯兰主义和现代世俗主义的斗争增添了新的不确定性，从这个层面来说，世界正在重新变得"正常"。戴蒙德（Diamond，2015）在其著作中为 1974—2007 年民主的"历史性转变"和"显著的全球性扩张"欢呼，但他担心自由和民主扩张的停滞所带来的"民主衰退"。

戴蒙德认为，这次衰退可以视作一个平衡期，反映了"民主浪潮的非凡和出乎意料的持久性"，特别是在那些挑战了简单的民主分类的"灰色地带"国家。如果用经济学现象类比，福山认为，民主回潮是市场的技术性调整还是全球性的萧条仍然有待观察（引自 Luce，2017）。无论未来如何发展，今天的许多政治讨论都不是关于民主的健康发展或扩散的，而是关于民主所面临的挑战，即使在我们认为是坚定的自由民主国家中也是如此。

这些挑战包括：社会撕裂、选民疏离、个人权利与民主之间的张力，以及竞争性的政治和经济对共同体意识的破坏。列维茨基和齐布拉特（Levitsky & Ziblatt，2018）认为，民主可能会因为军事政变而突然崩溃，也可能会因权力滥用和对反对派的镇压而缓慢瓦解。正如我们在聚焦 3.2 看到的那样，美国和日本最近的事态让它们从完全民主国家降级为有缺陷的民主国家。此外，人们担心有几个东欧国家，特别是匈牙利和波兰，会重现威权统治。民主国家面临的更具体的挑战包括：

● 与男性相比，女性的政治权力和政治机会更少，不能在工作上拥有和男性同等的待遇，而且不能像男性一样轻易被提拔到掌握政治权力和企业权力的位置上。

● 种族和宗教的排外性也是一个严峻的挑战，少数群体经常被挤压到社会的边缘，甚至在最具开放性的社会也出现了对移民的强烈排斥。

● 富人和穷人之间的收入鸿沟始终存在，失业率和贫困率仍然居高不下。随之而来的是穷人政治影响力的减弱，有时甚至会带来政治激进主义。

民主所面临的最严峻的挑战就是公众对政府的信心和信任一直在下降，这并不反映在作为概念的民主上，而主要反映在作为实践的民主上。许多人认为政府由精英所主导，人们对领导人的信任程度越来越低并认为政府在处理经济和社会问题方面做得很差。这会导致投票率逐年走低，选民放弃现有政党和主流政治参与方式，或支持以**民粹主义**（**populism**）为纲领的候选人。与民粹主义理念有关联的民粹主义领导人包括委内瑞拉的查韦斯、意大利的贝卢斯科尼、美国的特朗普、菲律宾的杜特尔特和印度的莫迪。

> **民粹主义：**
> 一种在统治精英面前捍卫民众权益的政治纲领或政治运动。

在最近出版的两本论文集中，我们可以看到在民主发展等相关主题上论点各异的研究。一方面，在名为《民主处在衰退中吗？》（*Democracy in Decline?*）一书中，戴蒙德和普拉特纳（Diamond & Plattner，2015）指出，民主国家在数量上正在减少、更主观的民主地位问题，以及如何从合法性和吸引力的角度看待这些问题。另一方面，在名为《威权主义走向全球》（*Authoritarianism Goes Global*）的书中，戴蒙德等人（Diamond et al.，2016）认为，诸如俄罗斯、沙特等威权大国正在世界上建立新的信任与影响力，它们基于新技术的发展塑造了"威权主义浪潮"，遏制了民主的传播并对自由世界的国际政治秩序造成了挑战。它们不仅运用新的手段来镇压异见者并操纵国内媒体，而且还学会了如何更好地在国际上投射自己的影响力。而先进的民主国家并没有对此做出回应。

我们应该对民主的未来感到乐观还是悲观呢？诚然，还没有任何一个巩固的民主国家改旗易帜选择另一种政府形式。同样，自由民主国家从不开战并在彼此合作上记录良好。自由民主模式的广泛目标（包括自由、有所选择、安全和财富）被全世界共享。但并不是一切都进展顺利，民主国家内部还存在严重的社会不平等问题，其中许多国家的社会极为撕裂，并且还面临着来自外部的挑战与威胁。这些国家显然需要在满足民主的核心原则上做得更好，并要确保关于民主好处的信息能在全球传播。

问题研讨

- 在实践中，民主制度是意味着人民管理政府还是其他人的声音能被更好地听到？

- 当今社会，互联网能够让雅典式的直接民主复兴吗？

● 在民主国家中，应该对政府施以何种限制？

● 为了让民主蓬勃发展，我们需要何种先决条件？

● 民主国家如何回应威权国家的国际威胁？

● 我们应该对民主的未来感到乐观还是悲观？

核心概念

- 分权制衡
- 公民自由
- 民主
- 民主化
- 直接民主
- 电子民主
- 历史的终结
- 自由民主
- 自由主义
- 有限政府
- 现代
- 现代化
- 政体
- 民粹主义
- 代议制民主
- 结构性暴力
- 民主化浪潮

延伸阅读

Altman, David（2012）*Direct Democracy Worldwide*（Cambridge University Press）. 关于世界上不同地区直接民主概念、效用和运作模式的研究。

Dahl, Robert A.（2015）*On Democracy*, 2nd edn（Yale University Press）. 关于民主及核心组成部分的简明研究。

Diamond, Larry, and Marc F. Plattner（eds）（2015）*Democracy in Decline?*（Johns Hopkins University Press）. 关于近期民主制度发展趋势的论文集，主要回应了民主是否处在衰退之中这一问题。

Grugel, Jean, and Matthew Louis Bishop（2014）*Democratization：A Critical Introduction*（Red Globe Press）. 一部关于民主化理论与实践的教科书，专章探讨了世界上五个区域的民主化问题。

Levitsky, Steven, and Daniel Ziblatt（2018）*How Democracies Die*（Crown）. 本书对民主可能面临的风险进行了批判性评估，使用历史案例来讨论现代政权的崩溃。

Morlino, Leonardo（2012）*Changes for Democracy：Actors, Structures, Processes*（Oxford University Press）. 本书是关于民主化和混合政体研究的综述。

第六章
威权统治

预览

　　尽管民主制度在 1945 年后已经扩散到世界大部分地区，许多人也
已经生活在民主国家中，但是世界上仍有半数人口处在威权统治之下。
威权统治意味着集权的政府，权力为精英服务，限制公民的自由和权
利。威权统治不仅存在于现代，在人类历史上的多数时期它都是主流的
统治模式。20 世纪至少会因其催生的独裁政权（如希特勒的德国）以
及即将结束的民主过渡而被人们铭记。尽管民主正在扩散，但不少威权
国家仍然在全球范围内有着重要影响力。无论是因其对恐怖主义的影响
力（阿富汗），还是因其自然资源（俄罗斯），或是因其有意愿或实际拥
有核武器（巴基斯坦和伊朗）。

　　本章将非民主国家分为混合政体国家和威权政体国家。本章将从对
混合政体的讨论开始，混合政体在制度形式上是民主的，但是统治者可
以操纵制度运转以长期掌权。诸如伊拉克、肯尼亚、尼日利亚和土耳其

都是如此。随后本章将讨论威权政体，并将其分为五种不同的类型：绝对君主制、个人统治、一党专政、军人政府和神权政府。许多中东和非洲国家都属于上述类型之一。最后，本章将讨论腐败问题，这是威权政治图景中的重要部分。

核心观点

● 威权政体和民主政体同样复杂精巧，但威权政体在特定范围内运转，这为研究增添了额外的困难。

● 混合政体是民主和威权之间的过渡阶段。

● 威权主义的中枢由个人或某个小团体所统治，其好战的外表往往是对内在脆弱的掩饰。

● 威权主义的核心是强制和庇护主义，其所利用的手段可以是巧妙而隐秘的，也可以是残酷而明显的。

● 威权政体主要有五种类型：绝对君主制、个人统治、一党专政、军人政府和神权政府。

● 当人们想利用公职谋私时就会出现腐败，但是腐败在威权政府中发挥着特别重要的作用。

◇ 威权统治：一个概述

在第五章，我们谈到人们对民主的概念尚存争议，民主有不同的类型。与之类似，威权主义的概念也存在争议，威权政体也没有特定的模式。在对威权主义的研究中，我们应避免轻率地将其和依赖恐惧与监视的专制主义联系起来。威权统治之间的细微差别往往难以捕捉和识别。此外，民主和威权在政治制度上的差别并不明显，因为前者也包含后者的许多元素，反之亦然。

正如民主国家的领导人需要维系选民的支持一样，威权统治者也要维系盟友的支持。威权统治通常围绕着一个核心领导人或一个精英群体展开，在这个群体内部存在着相当程度的权力争夺。统治者试图通过限制大众参与而不是通过动员民众的方式来维持他们的地位（并增加他们的财富）。普通人只要与政治保持距离就不会在生活上受到威胁。在这种情况下，政治统治是无限权威和政治脆弱性的不稳定结合。

威权国家的领导人明显凌驾于法律之上，因此宪法文本（如果有的话）是一份糟糕的说明（参见第七章）。法律含混不清且相互矛盾，它为任何可能的麻烦制造者提供了被送上法庭的借口。诸如军事法庭这样的特别法庭通常被用于处理敏感案件。立法机关和司法机关资源不足、不专业且效率低下。公民自由得不到保护，国家经常要求私人组织获得正式牌照才能运作。缺乏宪法的约束使得包括妇女、少数民族、非国民和囚犯在内的弱势群体被苛待。由于没有可供执行的法律以保护私有财产权，所以威权统治常常也意味着经济停滞。统治者将"蛋糕"据为己有的代价是无法将"蛋糕"做大，这也产生了更多的政治脆弱性。

在 20 世纪 80 年代末 90 年代初的苏联解体、东欧剧变以及 2011 年的"阿拉伯之春"之后，人们很容易将任何非民主政权视为历史的异常，它们似乎很快就会被社交媒体的一代所征服。我们在第五章已经讨论过，这种乐观情绪是笼统而盲目的。历史并没有在 20 世纪 90 年代终结，苏联解体和东欧剧变并没有给白俄罗斯或哈萨克斯坦带来民主，甚至也没有给俄罗斯带来民主。同样，"阿拉伯之春"也并没有让民主有太大发展，埃及、利比亚、叙利亚和也门陷入了长期的困境。正如关于民主巩固的先决条件有很多问题一样，围绕威权政治何以具有韧性也有很多问题。

威权主义的不同成色反映在对混合政体和威权政体的区分中。混合政体是民主和威权主义的混合，具备一些民主特征，但在实施和表达民主的方式上存在着重大缺陷。而威权政体有着和最不民主制度相关的所有特征，例如政治强人、集中的政治控制以及对民众参与的限制（见表6-1）。在威权政体的不同类型中，人们对其统治者如何获得和维持权力有着不同的解释。

表 6-1　威权统治的特征

代议制形同虚设，选举（如果有的话）通常伴随着欺诈、操纵和暴力
政治制度和政治过程脆弱、不成熟或低效，同时权力集中在领导人或精英手中
政治参与和政治代表的模式有限，公民的呼吁并不一定能被有效倾听
对政府权力的限制很少，在对个人权利和自由的保护上表现不佳，没有独立的司法机关
反对派受到严格限制并要经受强制甚至是暴力
对有限的媒体实行严格控制，媒体从属于政治控制并只能分享官方审核后的观点

◇ 混合政体

几十年来，土耳其对欧洲和中东特性的混合已经转化为相互斗争的政治力量，它们一方想要拉着国家追求民主，另一方则想要远离民主。长期以来，土耳其都渴望加入欧盟，但它未能达到其他欧盟领导人在欧盟中所期待达成的那种民主一致性。2014年8月，当了11年总理的埃尔多安成为土耳其首位直选总统时，事情的发展达到了高潮。尽管土耳其总统主要是一个仪式性的角色，但他却利用总统权威来镇压持不同意见者。2016年，土耳其的未遂政变造成近300人死亡，埃尔多安逮捕数千名被指控支持政变的土耳其人。2017年4月，他赢得了将国家转为总统制政府的全民公投，大大加强了他控制权力的能力（参见Cagaptay，2017）。

混合政体：
政治体制表面上看起来是民主的，但是其制度、程度、法律和政策都被操纵以确保统治和精英集团能够掌权。

正如**混合政体（hybrid regimes）**这一标签所暗示的那样，其混合了民主和威权的元素，它与民主或威权既不完全一致，也不完全不一致。混合政体国家在政治文化、政府运作以及政治参与方面都存在弱点。选举会举行但充斥着违规行为，因而很难说是公平和自由的。政府常常对反对党和候选人施加压力。腐败普遍存在，法治薄弱，司法缺乏独立性，记者常常受到骚扰。例如，在土耳其，侮辱国家或总统都是犯罪行为，埃尔多安利用他的新权力限制媒体自由，尽管目前土耳其仍然存在

91

活跃且具竞争性的媒体机构。

混合政体的领导人和执政党是通过选举产生的，但他们利用了国家的资源及其对媒体的影响力，能够在竞选开始之前就决定选举的结果。一旦当选，政府只表现出有限的宪法约束感。所谓的公平竞争、忠诚的反对派和个人权利几乎都是空谈。领导人的更替是因为宪法对任期有限制，而政府的性质和政策方向在不同领导人之间并没有太大变化。这是因为混合政体通常建构在强大的领导人或政党之上，而不是依靠强有力的制度。作为满足民众需求的回报，领导人要求民众尊重、服从和支持他们。法律被有选择地使用，成为权力的工具，因此，统治者的政治对手受到法律的严查，而统治者的朋友们却几乎不受法律的限制。正如巴西前总统瓦加斯所说："我的朋友可以拥有一切，而我的敌人将面对法律。"与纯粹的威权政体相比，混合政体的领导人通常能够提供有效的治理，他们也依此来赢得并操纵民众的支持。

因为混合政体在性质上是如此的个人化，所以从长远来看，它可能会变得不稳定。列维茨基和韦（Levitsky & Way，2010）指出，混合政体具有"内在的张力"。反对派可以对现存权力结构构成严峻挑战。这些威胁迫使统治者要么屈服（和民主化），要么镇压（并恢复到粗暴的威权统治）。但这并不意味着混合政体仅是过渡性的。一些混合政体国家（尤其是远离西方势力范围的）为治理贫困和社会不平等提供了有效的方案。一旦有效运作，混合政体可以产生强大的化合反应，尤其是在伊斯兰社会，自由民主几乎被等同于西方式的放任。阿尔伯塔斯和梅纳尔多（Albertus & Menaldo，2018）认为，即使威权政体垮台，取而代之的民主制度也经常保护精英不受法律的干扰并为他们提供持续性的支持。

海地是混合政体国家中特别令人不安的案例。尽管海地在 1804 年取得了独立，但它从未建立一个能够长期稳定的政治模式。从理论上看，海地是一个分权制衡的单一制总统共和国；但在实践中，海地的现政府成长于内部动荡、公民骚乱和腐败的乱局中。该国经常遭受飓风、地震等多种自然灾害，但基础设施薄弱使其无力应对这些灾害。2010年 1 月的一次地震造成大约 23 万海地人死亡，该国的政府、经济、基础设施和社会结构一片狼藉。2016 年，海地的人类发展指数在 167 个国家中排第 163 位。

◆ 威权政体

在这一部分，我们将会讨论那些具有威权主义特征的国家，这些特征包括强人政治，集中化的政治控制，薄弱的大众参与、公民自由和公民权利。正如我们将要看的那样，**威权政体（authoritarian regimes）**有多种形式，但它们的行政中枢主要由某个领导人或派别统治，它们拒绝接受公开和竞争性选举的挑战，不能忍受任何具有威胁的反对派，并尽其所能地长久维系其权力地位。尽管许多威权国家领导人看起来都是具有侵略性且好战的，但实际驱动他们行为的是恐惧和脆弱。

斯沃利克（Svolik，2012）认为独裁者要面对两类冲突：一类是他们与其所统治的大众之间的冲突，一类是他们与同他们分享权力者的冲突。他们缺乏独立的权威来确保关键政治行动者之间的政治协议的执行，暴力始终是解决冲突的潜在选项。通过研究1946—2008年间以非宪法方式下台的行动者，他发现，其中只有20%的人是由于民众抗争或公众要求民主化变革而下台的，而超过2/3的人是被政权内部的人搞下台的。莎士比亚写道："欲戴王冠，必承其重。"丘吉尔说的"独裁者们骑虎难下，不得不骑着它来回走动"，进一步阐释了这一现象。

除绝对君主制外，缺乏明确的领导人更替程序是提供许多政治动力的威权政体的主要弱点。由于没有竞争性的选举来对政治领导人进行更替，威权领导人可能会一直占据权位直到被民众所厌倦，就像2011年"阿拉伯之春"最终推翻了年迈的威权领导人的政权一样（参见图6-1）。但正如这些大众运动所呈现的那样，在威权政体中进行领导人更替要远比在民主政体中艰难。

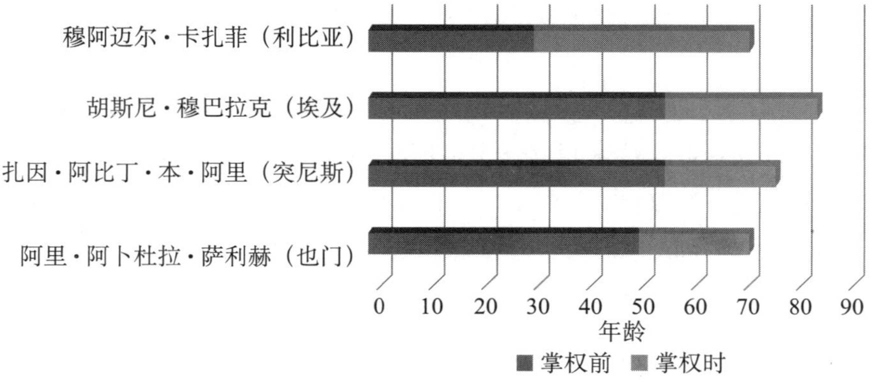

92

威权政体：
建构于对权威的服从之上的政权，其特点是精英统治、有限的政治多元化、集中的政治控制、不容忍反对派及对人权的侵犯。

93

图6-1 在2011年"阿拉伯之春"中被推翻的领导人
注：在1990年成为也门的总统之前，萨利赫已经任北也门总统12年。

在受到"阿拉伯之春"影响的国家中，很少有国家像利比亚这样迅速陷入一片混乱之中。自1969年起，利比亚就被专断而古怪的卡扎菲所统治，之后，利比亚几乎成为教科书式的**专制主义（despotism）**国家。卡扎菲通过一场军事政变掌权，从未在选举中验证过他的领导能力。2011年2月，利比亚爆发内战，卡扎菲为避免被捕而转移了居所，但是在当年的10月，他还是在建筑工地的排水管中被发现了，并在经受殴打后被杀。卡扎菲没有为继任者做出任何安排，直到2015年，经联合国斡旋，利比亚才成立了新政府。但新政府并未获得各方势力的普遍认可。利比亚的例子表明，在威权政体中，政府与政治强人的联系是相当紧密的，以至于在领导人离开后，整个体制也会随之分崩离析。

执政期间，威权领导人通常诉诸四种关键控制手段以维持权位：军队、强制、恩庇和媒体。强大的军队和安全部门的存在，以及领导人使用这一资源的意愿，是至关重要的。维持武装部队的高额支出主要来自自然资源的收益。这也是一种收买潜在反对者的投资，同时也为压制国内的异议提供了手段。军队本身并不参政，但它为政治和行政机关提供了关键的支持基础。因此，厚待武装部队是必要的，但这可能会拖累经济表现。威权政权的军事和政治领域区分不明显，而这一点往往能在自由民主国家实现。

威权领导人的第二项手段就是**强制（coercion）**，阿特（Art，2012）称之为威权政体的"核心特征"。说服是试图鼓励其自愿改变其行为（例如支持特定政策或投票给某一政党），与说服不同，强制是迫使人们做他们不愿做的事情。从强制的表现上看，它可以是微妙而隐秘的，一切尽在不言中，如果不按要求行事将会对自己不利；也可以是残酷而显著的，例如使用军队、秘密警察、民兵甚至武装暴徒来执行政策所会反映的那样。虽然对于威权领导人来说，强制的手段很有吸引力，但是对强制的使用也具有危险性。正如阿特所指出的，独裁者"必须建立强制性机构，在不破坏对政权支持的情况下应对威胁"，或者让这些机构成为替代性的权力中心。毕竟研究表明，大多数威权领导人的下台并不是因为民众抗争，而是被内部的精英所取代，尤其是来自军队的精英。此外，虽然威权领导人可能在一段时间里风头无两，但他们会引发怨愤，这些怨愤最终可能会累积起来成为反对自己的力量。

第三项手段是建立非正式的**恩庇（patronage）**网络，其他拥有权力

专制主义：
在国内行使绝对权力，通常以滥用权力、专断决策和使用暴力为特征。通常可以和独裁（dictatorship）、暴政（tyranny）和威权（autocracy）互换使用。

强制：
使用威胁、制裁或暴力的手段来对付某个人或某个组织，从而迫使他们开始或停止某个进程或行为。

恩庇：
个人或组织给予另一个人的支持、鼓励、渠道和特权。在威权政体下，该术语描述了领导人使用国家资源来奖励那些为政权提供支持的人。

的人被威权领导人吸纳其中，这些人将获得领导人所提供的资源（例如对工作机会、资源和赚钱机会的控制），这些人也可以通过对这些资源的分配来收买自己的支持者。（在自然资源富裕的国家，如石油国家，这一情况也被纳入对资源诅咒的讨论中，详细内容可参见第二十章。）以这种方式，受庇护人直接效忠于其恩主，这是他们取得成功的密钥，但他们对政权的忠诚则是次要而间接的。恩庇-侍从网络的金字塔在民主国家也可以找到，但它们对于理解专制政权更为重要，在专制政权中，效忠网络往往凌驾于公私分歧之上。当实用主义的联盟很强时，制度的作用就被弱化了，前者把整个政权联系在了一起。但这种行为是要付出高昂代价的：腐败侵蚀着大众对政权的支持，增加了潜在的不稳定性。

最后一项手段就是利用媒体来报道政权的成就，并批评甚至忽视它们的反对者。那些诸如危害国家尊严或有效性的信息会被审查。在伊朗，媒体是公私混合所有制的，而且有多家媒体可供选择。但是伊斯兰革命法庭会监控所有可能威胁国家的报道和行为。"威胁国家"的界定十分模糊，以允许广泛的指控，这可能导致相关出版物的暂停或终止。许多伊朗人依靠社交媒体、卫星电视和手机来绕过官方审查。

◈ 威权统治的类型

威权统治经常和独裁联系在一起，独裁者经常被描述为不可预测的、残酷无情的以及精神失常的人。埃兹罗和弗朗茨（Ezrow & Frantz，2011）认为，尽管这种刻板印象有些道理，但威权主义并不总是公开表现出来，而往往采取更加隐秘而微妙的形式。相比于民主政体，威权政体更加难以研究，因为威权政体经常是在暗箱中运作的。威权统治在很大程度上还涉及机会主义，政治强人或某个统治集团或通过偶然事件或某些陋习掌权。威权统治也存在于不同情境中，如布鲁克（Brooker，2014）提到的那样——"民主包装下的独裁者"可能会组织选举，选举的结构和组织虽然能让反对党赢下一些席位，但反对派赢下的席位永远不足以组成政府。鉴于所有这些原因，威权主义很少能找到我们在研究民主政体时所能举出的标准模板。话虽如此，但在威权统治的世界里，我们仍然可以将其划分为五种不同类型（参见表6-2）。

表 6 - 2　威权统治的类型

类型	特征	例子
绝对君主制	由君主控制大局，其他皇室成员占据军队和政治的关键位置	巴林、科威特、阿曼、卡塔尔、沙特阿拉伯、阿拉伯联合酋长国
个人统治	由政治强人控制政府和媒体，其反对派通常毫无还手之力并且被边缘化	俄罗斯、白俄罗斯、哈萨克斯坦、乌兹别克斯坦、安哥拉、布隆迪、刚果民主共和国和津巴布韦
一党专政	由单一政党统治，通常还辅以政治强人	部分非洲国家
军人政府	军队统治的政府，经常通过由军队各部门领导人所组成的小团体施政	在二战后几十年里，许多非洲、亚洲和拉丁美洲国家都属于这种，今天较为少见
神权政府	一种少见的威权政体模式，直接由宗教领袖进行统治	伊朗

绝对君主制

　　欧洲的君主立宪制国家，其国王和王后仅作为政治象征存在，并不拥有重要的权力（参见第八章），而绝对君主则拥有无限的权力。尽管这一统治模式并不民主，但是**绝对君主制（absolute monarchy）**为传统权威的存续提供了一个稳定的模式，统治者对其臣民表现出家长主义（paternalistic）式的关怀。绝对君主制在中东尤为重要，中东许多绝对君主制国家都表现出了相当的稳定性。例如，统治阿曼的赛义德王朝，其统治可追溯到 1749 年，其历史比美国作为独立国家的历史还要长。许多中东绝对君主制国家都有丰富的石油和天然气资源，其中包括巴林、科威特、阿曼、卡塔尔、沙特阿拉伯和阿拉伯联合酋长国，这为它们提供了全球性的影响力。

　　然而，我们应该谨慎使用"君主"（由一人统治）一词来描述波斯湾的传统政治体制，原因如下：

　　● 在阿拉伯，君主反映了部落或伊斯兰传统，如埃米尔（领袖或指挥官）、酋长（受人尊敬的部落领袖）或苏丹（拥有权威的领袖）一样。

　　● 统治王朝的头号人物，代表一个群体行使着权威，而不是某个具体的个人大权独揽。这些国家以家族企业的手法被运营着，而不是由某个单一领导人掌舵。

　　● 虽然国王通常会指定一位王储作为他的首选继承人，但习俗要求在君主死后召开部落会议以确认或更改这一任命。相比之下，在大多数

95

绝对君主制：
一种由掌握绝对权力的君主进行统治的政府形式，政府的其他机构较其都更边缘化。不应将这种政体与君主立宪制相混淆。

欧洲君主制国家中，君主更替都是基于长子继承制。

在这些男性主导的阿拉伯王朝中，权力归属于统治者，而不是一个更抽象的实体，如国家或政党；统治者既不受法律约束，也不受竞争选举的约束。因为统治者要对他的人民负责，所以普通人有权就个人事务请愿。但是，请愿人仅要求被统治者仁慈对待，而不是落实宪法规定的权利。国家将统治者和公民联系起来的抽象概念是薄弱的，宪法、权利、利益集团、分权和法治等概念也是薄弱的。政治建立在宫廷阴谋的基础上，公共部门和私营部门之间几乎没有区别。几个王国，特别是科威特，现在已经建立了协商会议，但这项改革不太可能预示着向君主立宪制的过渡（Herb，2005）。

沙特阿拉伯为绝对君主制国家的模型提供了样板。沙特政府的核心是一个庞大的王室家族，由数百名有影响力的王子领导。这个家族本身分为不同派系，占据并控制着国家的领导机构，形成了一种分散式的集体领导阶层，这有效阻止了激进变革的发生。王室家族在部长会议中占据关键位置，充当政府、军队和安全部队之间的桥梁。尽管沙特政府禁止组建政党，但是存在一些代表机制，这为传统政权进行了制度性包装。比如沙特的咨询委员会，其由非王室人员和技术性官僚组成，是为国王提供建议的机构，最多只能算立法机关的雏形。统治者还密切关注社交媒体上提出的问题，有时会吸纳意见并采取行动。

与中东的其他君主制国家一样，沙特阿拉伯的君主制极具韧性。尽管中东的一些君主制国家在"阿拉伯之春"中同样面临着大规模抗议，尤其是巴林，但它们基本都撑过了这次风波。与其他地区寻求政权更迭的民众抗争不同，海湾地区很少有示威者寻求政治转型，他们主要寻求经济改革（增加就业机会、减少腐败）和政治改革（扩大已经存在的代议机构的选举权），而不是废除君主制。凭借镇压和技术性的变革，例如向民众提供更多的救济，这些国家的抗议活动得到了遏制。即使时代变得更加不稳定，个人式的、家长式的和王权统治的传统仍然坚如磐石。

个人统治

尽管许多威权领导人的权力都不直接源自其行政机关，而是来自诸如家族或族群纽带等外在性因素，但是总统（在一些情况下是总理）的权位本身偶尔也会成为权力基础。在威权体制中，总统占据着独一无二的地位，这有时会让他们积累巨大的权力，以至于整个国家的行政机关都被整合为一种**个人统治**（**personal rule**）的体制或以个人为核心的体制（Jackson & Rosberg，1982；Kendall-Taylor et al.，2016）。在这种安排下，政治活动比政府行政更重要，统治者的个性比国家制度更重要。个人统治可能是十分稳定的，但这种稳定建立在个人而非制度的基础上，因此不稳定因素始终存在。个人统治常常导致对政策的重视不够，领导者经常拍脑袋决策，如果领导者易于被攻击或已经下台，那么政治继承问题将引发严重的斗争。

在白俄罗斯，卢卡申科（生于 1954 年）自 1994 年上台后始终紧握权柄。尽管大多数白俄罗斯的邻国（除了民主回潮的匈牙利和波兰外）都已经建立了自由市场和民主体制，但卢卡申科依然延续了苏联时期的政策，包括国有企业对关键行业的控制。卢卡申科因美国和欧盟对其侵犯人权的指控而被制裁，和普京领导的俄罗斯维持了紧密的联系，并被描述为欧洲最后的独裁者。2015 年，卢卡申科开始了他的第五个任期，据称他以 87％的投票率赢得了近 85％的选票，在任何情况下，如此之高的投票率和得票率都让其可信度大打折扣。

再往东，乌兹别克斯坦的政治也呈现出类似的模式。在这里，伊斯兰·卡里莫夫在 1991—2016 年统治着这个国家，将他的国家从一个以政党为基础的政权转变为一个以总统为基础的政体。为了阻止反对派，他经常解雇部长和更换地区领导人，严格控制媒体，并依靠国家安全局进行监视。他的去世立即引发了一场取代他的选举，沙夫卡特·米尔济约耶夫在据称 87％的投票率的基础上（再次）以令人难以置信的 89％的选票获胜。不过预计领导人的变动不会带来什么变化。

在世界其他地区，如许多撒哈拉以南非洲国家都经历了以政治强人为核心的政治体制的长期统治。一个典型的例子就是津巴布韦，穆加贝在 1980—2017 年长期执政。事实证明他善于打对手一个措手不及（用从白人农场主那里没收的土地来奖励其支持者），边缘化和分裂政治反对派，煽动部落主义，并一路推动经济发展（参见 Compagnon，2011）。2008 年，通货膨胀了 2.3 亿倍，政府不得不废止津巴布韦元的流通转而使用美元。随着穆加贝的年龄越来越大，有流言称他的妻子格雷丝在幕后行使着越来越大的权力。93 岁高龄的穆加贝最终在 2017 年 11 月的一场军事政变中被推翻（尽管军方否认这是一场政变），总统一职由第一副总统埃默森·姆南加古瓦继任，人们并不期待他会给津巴布韦带来

个人统治：
一种统治形式，其权威不是基于其所担任的职务，而是基于统治者与其庇护人、伙伴、恩庇人和支持者之间的个人联系，而且是腐败的联系。

97

多少改变。

个人统治下的常见现象之一就是**个人崇拜（cult of personality）**，威权领导人以此来支配人民的意识。他（现代没有一个独裁者是女性）经常占据新闻头条，他的照片或形象无处不在，他提供了政权所拥有的一切能量，政治体制的稳定在很大程度上取决于他的控制力。总统的影响力很少达到 20 世纪极权主义国家（例如纳粹德国）的水平，但个人崇拜仍然是个人统治的重要组成部分，许多以个人崇拜为执政风格的总统都用这种方式来维持其控制力。

个人崇拜：
威权领导人利用媒体、宣传和政治机构来确保他们能够主导民众与政治体制关系的安排。

一党专政

20 世纪见证了多个政党（包括法西斯主义政党、民族主义政党）国家的兴起与消亡，这些政党以经济现代化、社会转型和民族复兴的名义对公共权威实现了垄断。一党专政国家的数量可能在减少，但是这种统治模式仍然可以在许多非洲国家中找到，许多独大的政党依然能够在选中举赢得多数席位。

曾经，大多数非洲国家（包括埃塞俄比亚、肯尼亚、马拉维、坦桑尼亚和赞比亚）都属于一党专政的政治模式，但这些国家如今几乎都转型为更具竞争性的多党体制，或者如安哥拉、刚果民主共和国、莫桑比克和苏丹那样，转型为霸权型政党体制。在这些国家中，政党只是统治工具而不是统治者本身，真正的权力掌握在总统、军事领导人或政治精英手中。所谓的执政党不过是特定精英团体施加并巩固其控制的平台，政党唯精英马首是瞻。

埃及的民族民主党（National Democratic Party，NDP）就是一个生动的例子。在"阿拉伯之春"爆发前，该党不过是以强大的总统权力和庞大的官僚体系为基础的稳定权力结构的一部分。在这个框架中，民族民主党只是一个地位低微的参与者，与其说它是决策的力量不如说它是促进个人政治和商业发展的舞台。该党在 2011 年埃及革命后被取缔，尽管现在埃及的政坛上活跃着数十个政党，但埃及总统塞西自我标榜为独立政治家，2015 年选举后，埃及议会中 60% 的成员都把独立政治家作为自己的标签。

军人政府

与一党专政国家一样，军人政府今天也不如往日那般常见。在 20

世纪下半叶，许多非洲、拉丁美洲国家及部分亚洲国家都出现过军人政府。今天，要么那些通过军事政变建立政权的领导人已经将他们自己转型为文官领导人，要么军队已经退居幕后对文官政府施加影响。例如，自 2006 年的不流血政变后，泰国从军人政府转型为文官政府，文官政府经常利用军队去镇压反政府示威。尽管军人政府如今并不常见，但是作为威权政体的重要类型之一，军人政府仍然值得研究。

军人统治通常通过**武装政变**（coup d'état）或非法夺权实现。在军人政府统治下，除官僚体系、法院和警察之外所有重要政治机构都被暂停活动，政治活动基于等级制度和军事原则展开而很少进行协商。政变通常更容易发生在较为落后的小国家中，在这些国家，所有的政府机关及媒体都集中在首都。一个大胆的将军只需要几辆坦克并指挥几位心怀不满的军官去夺取总统官邸，再通过电视和广播宣告行动的胜利就能够完成一次武装政变。一旦夺取了政权，军人政府一般会形成最高委员会，该委员会由军队各部门的领导人组成，并以一位统治性人物为首领。

在许多撒哈拉以南非洲国家的军人政府中，军队领导人常常用文官的无能来证成自己政变行动的合法性。他们宣称一旦全新而有效的文官政府体系成功构建，军人就会把政权归还给文官。但军队领导人经常无限期留任，或试图将自己塑造为文官政治家。尼日利亚就是一个代表性案例。自 1960 年独立以来，尼日利亚有近 30 年都处在军人政府的统治下。尼日利亚上一次成功的政变发生在 1983 年，军队接管了政权后指控政府变得过于族群化和越来越专制。新的军方领导人督办了新型文官体制的设计，但是在 1993 年的选举后却拒绝向文官交权，他声称选举存在欺诈行为。一个新的军队领导人，萨尼·阿巴查控制了局势，他以文官的姿态当选总统并大力掠夺尼日利亚的石油收入。阿巴查于 1998 年死于突发心脏病（这也被称为"来自上天的政变"），继任的军队领导人在 1999 年实现了归政于文官政府。

不是所有的政变都会成功，我们很难准确地统计未成功的政变的次数，出于以下几个原因：许多政变失败了或组织不善，许多政变只是据称"发生了"，而且在许多情况下，我们无法确定哪些人牵涉到政变之中（一些政变实际上是对领导人的刺杀而不是对政府的颠覆）。鲍威尔和泰恩（Powell & Thyne，2011）通过一项详尽的研究发现，1950—2010 年，共有 49 个国家发生了 450 次政变，其中约有一半的政变取得

武装政变：
利用军队非法夺取政治权力。

99

了成功。大约有 1/3 的政变发生在非洲，另外 1/3 发生在拉丁美洲，剩下的 1/3 亚洲和中东各占一半。政变的数量从 20 世纪 60 年代的平均每年 10 次降低到 2000—2010 年的每年 3～5 次。近来，小国家中的军事政变也变得罕见并且常常是暂时性事件。

在当今的威权政体中军队扮演了何种角色？在大多数案例中，军队仍然是文官统治者统治基础的重要组成部分。例如，在 2011 年的"阿拉伯之春"运动中，军队的立场是关乎统治者命运的决定性因素。当军队忠于政权时，例如叙利亚，政府就能够与反对派进行斗争。但是当军队拒绝镇压抗议民众时，例如像埃及那样，政权则会因此而垮台。因此，军人政府的罕见并不意味着军队政治影响力的终结。当新的文官统治者无法将将军们限于专业性的军事事务时，军队将继续主导、监督或约束政府并破坏政府的民主信誉。

神权政府

神权政府：
由宗教领袖统治的政府。

和军人政府一样，由宗教领袖统治的政府十分罕见，但是这并不意味着宗教在威权政体中没有发挥作用的空间（甚至在一些民主国家中，宗教的作用也十分重要）。一个宗教型社会并不必然意味着存在一个神权政府，即便是伊斯兰国家，在全民信奉伊斯兰教的同时也会存在典型的政教分离的人事安排。事实上，在许多中东国家，清真寺已经成为威权领导人反对派的主要基地，这是在政教合一结构中不可能出现的情况。

伊斯兰共和国：
一个基于伊斯兰宪法和伊斯兰教法（沙里亚法）的国家，尽管伊斯兰教法的具体角色有时是模糊的。

自 2001 年阿富汗塔利班政权的统治结束以来，伊朗**伊斯兰共和国（Islamic Republic）**几乎成了世界上唯一一个（除梵蒂冈城国外）宪制意义上的神权国家。阿富汗、巴基斯坦、毛里塔尼亚也自称伊斯兰共和国，但是它们的宗教领导人远不如伊朗那样重要。即便在伊朗，宗教领导人（阿亚图拉和毛拉）的统治合法性也相对有限，尤其是在年轻和受教育的阶层中。伊朗公众对 2009 年总统选举结果的异议，不仅证实了民众对政治制度的不满，也证实了统治精英内部改革派和强硬派之间的分歧。2011 年"阿拉伯之春"期间的社会抗争被强有力的安全部门压制住，但这并没有阻止具有改革派色彩的哈桑·鲁哈尼赢得 2013 年的总统选举。然而，鲁哈尼的经济政策未能满足增加就业和提高生活水平的需求，这导致 2018 年初社会抗争的爆发，最终造成多人死伤，数千人被捕。

伊朗的神权政体是 1979 年革命的产物，这场革命也是 20 世纪最后一场大革命。76 岁的阿亚图拉·霍梅尼，一位致力于伊斯兰宗教激进主义的伊斯兰学者，推翻了亲西方的伊朗国王。伊朗革命致力于创建一个面向传统的伊斯兰共和国，他不受外国的控制并把"既不东方，也不西方"作为口号。掌权的阿亚图拉创造了一个独特的政治体系，他们主要通过世俗领导人进行间接统治。尽管存在通过直接选举产生的总统和议会，但伊朗仍然是威权性的，因为真正的权力掌握在神职人员手中。其中最高等的神职人员就是最高领袖，这是终身制的国家元首。最高领袖必须是伊斯兰教法的专家，并拥有许多行政权力，包括控制外交和经济政策的制定。同时，由 12 名成员组成的监护委员会确保所有行政和立法职位的候选人都遵守伊斯兰教法。政府以严格执行的、男性主导的传统伊斯兰教法为基础，内政部仍然广泛使用线人，国家还进行任意逮捕以恐吓民众从而实现控制。

与许多威权国家一样，伊朗的统治者在经济发展、货币政策和海外贸易等实际问题上没有给出明确的政策方向。尽管伊朗有石油收入，但它们的核计划和对恐怖主义的支持导致了国际制裁，从而限制了经济增长。但是神职人员通过慈善信托（bonyads）积累了大量个人财富，因为这一"慈善信托"是免税的。这些基金组织以及一般意义上的公共部门主导着伊朗效率低下的经济。其结果是伊朗的神权政体由以中老年男性为主的竞争性派系构成，它们利用革命遗产成功地建立并巩固其权力与财富。既不存在强大的政党，也不存在所谓的王室家族来引导总体发展方向。

102

正如人们所预见的那样，在这个 2011 年全国中位年龄只有 27 岁的国家里，神权精英的统治加剧了代际分歧。受过良好教育的年轻人，包括许多受过良好教育的女性，对宗教机构的限制感到恼火。这种对自由的渴望不一定来自某种世俗的观念，相反，它反映了对国家的未来信心的缺乏以及对由宗教领袖所施加的文化压迫的反对（Gheissari，2009）。

◇ 腐败的政治影响

腐败（corruption）绝不仅存于威权政体中，只要人们想假公济私，那么我们可以在任何社会的任何层次的政府中发现这种现象，即便是有缺陷的民主国家和完全民主国家也不例外。然而，在混合政体

腐败：
滥用权力以服务于个人利益。

和威权政体中，腐败发挥了尤为显著的作用，它既是威权领导人手握权力的原因也是结果。19世纪的英国政治家阿克顿勋爵对此做了著名的论断：

> 权力导致腐败，绝对权力导致绝对腐败。伟人几乎总是坏人，即使他们施加的是影响而不是权威。而当你以权威再加上腐败的趋势或必然，就更是如此。（引自 Figgis & Laurence，1907.）

当一名官方人员（可能是政府官员、法官、行政官僚、海关人员或处于某种权威地位的人）不基于授权而是寻求或提供利益以求得某种回报时，腐败就发生了。官员们可能会自我安慰他们所做的是无论如何都会做的事，或者是应该及时去做的事，但这仍然涉及违法。最令人担忧的是，腐败会降低治理质量和经济效率。腐败将促进公共利益的努力扭曲为积累私人财富的行为，有限的资源被从最需要它的人那里转移出去。这阻碍了外国投资并腐蚀了公众的信任，这也将那些愿意并有能力违法的人的利益置于全体民众的利益之上。

腐败的形式有很多，其中包括下列几种：

● 选举欺诈涉及操纵选举结果，其中包括更改选区划分、让投票者难以找到投票点、恐吓反对派候选人及其支持者、通过重复计票的方式人工扩张选民名册、增加虚假投票或借用亡故者的名字投票。

● 向政府官员或警察行贿。

● 影响力寻租，即某人利用其在政府中的影响力向第三方寻租并使其获益，例如官员利用其在政府中的影响力确保特定公司中标。

● 恩庇关系在前文已经讨论过了，它的许多表现形式是合法的，但是当领导人为了巩固政治支持而让能力不足的人取代足以胜任的人获得公职时，这种行为就可以被归为腐败的范畴。

● 任人唯亲（nepotism）或裙带关系（cronyism），前者涉及偏袒自己的亲戚，而后者则更多地强调对朋友故旧的偏好，这些亲朋旧友在选举中更容易被选为候选人，或被任命为重要的政府职位，或更容易在政府招标中中标。

● 挪用公款涉及盗窃公共资金。例如西非石油资源丰富的几内亚的总统奥多罗·奥比昂的儿子奥多林·奥比昂在房产、豪华汽车和艺术品上花费了近1.75亿美元。年轻的奥比昂于2017年10月被法国法院认定犯有贪污罪。

● 回扣指官员利用其职位向特定公司提供公共工程合同，该公司从政府支付的款项中提取一部分返给该官员。

测量并量化腐败并不容易，主要是因为从定义上说，腐败是一项非法且隐秘的活动。在比较的意义上，最好的做法是参考透明国际出版的报告。透明国际是一家总部位于柏林的组织，它致力于限制腐败并提升政治经济活动透明度。透明国际使用一系列官方和非官方的资料来编制并出版年度腐败感知指数（Corruption Perceptions Index，又译为"清廉指数"），并由此来对世界各地的腐败感知情况进行排名。这里的关键词是感知，这一指数反映了了解该国状况的人对国内腐败程度的认知和感受，而不是直接且客观地测量腐败本身。该指数基于银行、基金组织和利益集团的信息进行汇编。腐败感知与政治统治模式十分相关，腐败程度最低的国家往往是完全民主国家，而腐败程度最高的国家有一半是威权国家。

103

即便是最先进的民主国家也存在腐败，例如丹麦和新西兰。这两个国家经常在透明国际的清廉指数排名中名列前茅（尽管这并不意味着它们是最廉洁的国家，最多只是腐败活动最不明显的国家）。近来的腐败感知报告指出，丹麦在政治和竞选活动的资金上缺乏透明度，关于信息自由的法律也已经过时，这导致对举报人的保护不足。而新西兰则因未能批准《联合国反腐败公约》而受到批评。

和索马里的情况相比，丹麦和新西兰的问题都较为次要。索马里通常在腐败感知指数排名中垫底。由于索马里粮食短缺、缺乏基本自由以及对任何被定义为反政权行为的严厉处罚，贿赂已经成了一项关乎基本生存的问题。该国还存在更高层面的腐败，涉及恩庇关系以及挪用公共资金。

104

问题研讨

105

● 混合政体和威权政体的主要区别是什么？

● 庇护主义在威权政体和民主政体中有何不同？

● 即便个人统治仅存在于威权政体中，它是否也有助于我们描述民主国家的政府？

● 威权政体中的执政党和民主政体中的霸权型政党有何区别？

● 为何军人政府在今天不似过去那样常见？

● 为什么有如此多的威权政体都十分腐败？

核心概念

- 绝对君主制
- 威权政体
- 强制
- 腐败
- 武装政变
- 个人崇拜

- 混合政体
- 伊斯兰共和国
- 恩庇
- 个人统治
- 神权政体
- 专制主义

延伸阅读

Brooker, Paul（2014）*Non-Democratic Regimes*，3rd edn（Red Globe Press）. 该书评估了不同类型的非民主政权，阐释了这些政权如何出现、它们使用何种工具以及它们如何维系。

Ezrow, Natasha, and Erica Frantz（2011）*Dictators and Dictatorships：Understanding Authoritarian Regimes and Their Leaders*（Continuum）. 该书对不同类型的威权政体进行了比较研究，主要关注领导人和精英间关系的重要性。

Heywood, Paul M.（ed.）（2015）*Routledge Handbook of Political Corruption*（Routledge）. 本书系统论述了腐败的内涵及原因，并以世界上不同地区的案例进行专章分析。

Levitsky, Steven, and Lucan A. Way（2010）*Competitive Authoritarianism：Hybrid Regimes After the Cold War*（Cambridge University Press）. 本书详细解释了1990年以来竞争性威权政体的不同命运。

Marquez, Xavier（2016）*Non-Democratic Politics：Authoritarianism, Dictatorship and Democratization*（Red Globe Press）. 全面分析了威权政体的主要类型并介绍了威权政体何以获取并维系其权力。

Svolik, Milan W.（2012）*The Politics of Authoritarian Rule*（Cambridge University Press）. 对于威权政体形成的原因、路径和策略进行了全面分析，解释了为何威权政体在不同情境下呈现出不同的形式。

第七章
宪法和法院

预览

到目前为止，我们已经探究了比较政治学中的许多概念、观念、理论路径及研究方法。自本章开始我们将关注政治制度，从对宪法和法院的讨论开始。宪法概述了政治体制的规则，阐述了政府的结构、愿景以及公民的权利。法院则努力确保相关规则能够得到尊重并得到普遍适用。然而，正如人类是不完美的一样，人类创建并管理的政治制度也不是完美的。宪法的理想与实践往往存在着巨大差距。

本章从对宪法的评估开始：宪法是什么、发挥什么作用、有何种特性、稳定性如何、如何衡量宪法的效能以及如何修宪。宪法没有固定的模板，它们在文本长度、有效性、理想与实践的差距上都各不相同。

本章还讨论了法院的角色及其与宪法的关系，考察了最高法院与宪法法院的差异，以及司法能动主义（judicial activism）的可能性。接着，本章关注了法官：他们如何被招募、他们的任期以及这些因素如何影响司法独立。在讨论宪法和法院在威权国家中的地位之前，我们还简要回顾了世界上出现的三种法律体系：英美法系、大陆法系和宗教法系。

核心观点

● 宪法是理解政府的关键，它通过阐述政治原则与规则形成了一幅权力地图。

● 理解政府不能仅仅关注宪法文本，还要了解宪法的稳定性以及修宪的方式。

● 了解法院的结构与角色以及最高法院和宪法法院之间的区别也十分重要。

● 法官正变得越来越愿意进入政治舞台，了解司法体制的招聘规则变得更加重要。

● 在比较宪法和法院时，英美法系和大陆法系的区别一直很重要，我们也需要更加关注宗教法系的政治意义。

● 在威权国家中，宪法和法院一般很脆弱，政府要么将其虚置，要么干脆无视。

宪法和法院：一个概述

宪法（constitution）是一幅包含着一系列原则与规则的权力地图，它描述了政府体系的权力与结构，政府机关与制度如何运作及其相互关系，以及政府权力的边界和公民的权利。没有宪法的政府体制根本谈不上是一个体制，而是可随领导人或民众意愿更改的一系列无组织的惯习。就民主国家而言，由宪法授予的权威具有可预测性和安全性。而在威权国家，宪法更像是精英们的遮羞布，宪法的条款根据精英的需要而被解释，或者干脆被完全忽视。除了确定政府的规则外，宪法还提供了衡量政府绩效的基准。

近几十年来，人们对宪法研究的兴趣日益浓厚，主要原因有四个：

● 1990—2014 年出现了制宪高潮，有 105 个国家推行了新宪法（Comparative Constitutions Project，2018）。

● 民主国家的法官和法院已经越来越愿意出现在政治舞台之上，这也被称为司法或宪法审查。（更多细节可参见本章后续部分。）

● 对人权问题的兴趣有助于司法参与。

● 国际法律体系的扩张影响了国内政治，法官被要求针对国内法和超国家法律里相冲突的主张进行仲裁。

法治（rule of law）理念是宪法、法律和政府之间的关键联系。用 19 世纪英国法学家戴西（Dicey，1885）的话来说，法治意味着除非违反法律，否则没有人可以受到惩罚，没有人可以凌驾于法律之上，法律面前人人平等，因而我们用"法治政府"取代"人治政府"。在法治之下，政治领导人不能任意用权，有权力的人（至少在理论上）与其他所有人一样受制于相同的法律（参见 Bingham，2011）。

法治和政党程序（尊重个人的合法权利）的落实可能是民主政体和威权政体之间最重要的区别。在威权国家中，法律的通过和适用更加随意，很少基于久经考验的原则，而是基于领导人和精英的政治目的。没有一个国家能真正提供完全平等适用的法律体系，但是民主国家在这方面比威权国家要好得多，威权政体的政治脆弱性大多源于其宪法的虚置无用。

宪法的特性

大多数宪法的结构都很相似，因为它们大都包含四方面内容（参见表 7-1）。宪法经常以一系列宽泛的愿景作为开头，含糊地描绘理想中

107

宪法：
由单一文本或一系列文本组成，描绘了权力、制度和政府结构，同时也阐明了公民权利与政府权力的边界。

法治：
社会的最佳治理原则是使用明确、稳定和公正的法律，所有居民无论其身份或背景如何，都平等地遵守法律。

的国家，这些愿景往往是鼓舞人心的，通常包括对民主和平等理念的支持。宪法文本的核心部分详细介绍了政府的体制结构：如何选举或任命不同职位的人员，以及身居这些职位的人应该做什么和禁止做什么。宪法中通常还会包括一项权利法案或类似的法案，概述公民相对于政府的权利。宪法的最后部分将介绍修正宪法的规则。

表 7 - 1　宪法内部的专题

专题	目的
序文	通过鼓舞人心的原则性宣言及对国家目标的界定来寻求大众对宪法的支持
组织部分	规定政府机关的权力和结构
权利法案	阐述个人权利，通常也包括群体的权利及获得法律救济的权利
修正程序	描述了修正宪法的程序

成文宪法：
在单一文本中呈现其内容的宪法。

不成文宪法：
由多个文本组成的宪法。

108

大多数国家的宪法都是**成文（codified）**的，所有内容都汇集在一个单一文本中。也有少数国家（诸如英国、加拿大、以色列、新西兰和沙特阿拉伯）的宪法是**不成文（uncodified）**的，宪法分散在多个不同的文本中。就英国而言，我们必须在大量的制定法（statue law）、普通法、欧盟法律、宪法专家撰写的评论以及习俗和传统中寻找其宪法。与大多数国家不同，英国从未被别的国家殖民统治过，也从未经历过激烈或革命性的变革，因而没有创建新宪法的需要。但是成文宪法与不成文宪法之间的区别并不总是十分明晰：瑞典的宪法就处在两者之间的模糊地带。因为瑞典宪法由四个单独的法案组成，这些法案在1810—1991年被陆续通过，包括描述政府结构的《政府统治法》，处理君主权力的《继承法案》、《新闻自由法案》以及《关于言论自由的基本法》。

一般说来，我们可以从两个方面来看待宪法。一方面，宪法作为国家对其公民权利的监督者发挥了历史性的作用。对于奥地利哲学家哈耶克（1899—1992）来说，不论政府是选举产生的还是非选举产生的，宪法都只是一种限制政府权力的工具（Hayek，1960）。与之类似，德裔政治理论家弗里德里希将宪法定义为"对政府行为进行有效、规范化限制的机制"（Friedrich，1937）。从这个角度来看，宪法的主要特征是对个人权利的陈述和对法治的表达。从这个意义上来说，宪法表达了非宪法法律以及一般性法律的总体原则。

权利法案现在已经出现在几乎所有成文宪法中。尽管美国的《权利法案》（1791）仅限于宗教、言论和集会自由等传统自由权利。但近来制定的宪法表现得更加进取，经常对统治者施加诸如保障公民就业和医疗权等社会权利的责任。还有一些国家进一步扩展了公民权利的范围。例如，波兰宪法对个人的权利和责任进行了冗长的描述，包括父母"按照自己的信念抚养子女"的权利，以及工人选择职业和工作地点的自由。这导致宪法文本不断膨胀，宪法（包括修正案）的平均长度达到了2.9万字（Lutz，2007）。

另一方面，宪法更具政治性和更基本的作用是勾勒出了权力的地图、规定了政府结构、明确权力的进路并规定立法程序。正如萨托里（Sartori，1994）所观察到的，宪法的关键特性在于对政府框架的规定。没有权力宣言的宪法依然是宪法，但没有权力地图的文本根本不可能是宪法。因此，宪法是政治工程的一种形式，与其他任何建筑一样，我们需要根据它的运作情况和经受住时间考验的程度来对其进行评价。

大体而言，宪法是由政治家们精心设计并制定的，通常意味着一个混乱时期后的新开始（参见表7-2）。宪法通常由政治家在闭门会议中根据惯例编写，只有当一个国家举行全民公决批准新宪法时，这里才存在所谓的"人民"的声音。但是包括美国在内的许多国家从未举行过这样的投票。有趣的是，冰岛曾尝试进行开放性的宪法制定过程。首先由一组公民列出新宪法的优先事项，并由另一组公民进行文本的起草。随后，草案被放到社交媒体上用于收集评论。该草案在2012年的非约束性公投中获得批准，但未能在2013年获得立法支持。目前，冰岛仍在1944年宪法的框架下运作。

表 7-2 制定新宪法的原因

原因	案例
政权变迁	20世纪90年代，苏联、南斯拉夫、捷克斯洛伐克的解体，以及2011年苏丹的分裂
全面性的政治变革	玻利维亚（2009）、肯尼亚（2010）、津巴布韦（2013）、突尼斯（2014）
战后重建	1945年后的日本，2005年后的伊拉克
独立	大多数20世纪五六十年代取得独立的非洲国家，苏联在1991年解体后形成的15个共和国

宪法的诞生通常是艰难的，尤其当制宪是政治行动者以不信任代替冲突的妥协时。霍罗威茨（Horowitz，2002）认为宪法是自上而下设计的。例如，1996年，南非结束种族隔离制度后，在近乎奴隶制和长期

109

种族敌对的背景下实现了白人和黑人共同体领导人之间的和解（可参见本章后续的"聚光灯 南非"）。

作为妥协的结果，大多数宪法都是模糊、矛盾和模棱两可的。起草者通常更关注短期的政治解决方案而不是建立长期而具有韧性的结构。原则上，每个人都同意美国政治家亚历山大·汉密尔顿（Alexander Hamilton, 1788a）的观点，即宪法应该"仅仅寻求规范国家的总体政治利益"，但在实践中，宪法通常是反映互不信任的合作伙伴间不完全性妥协的冗长文件。

新宪法的主要危险在于它未能赋予统治者足够的权力。政治上的不信任常常意味着新政府受到限制，这也限制了其有效性。意大利的1948年宪法就存在这个问题，该宪法以保护公民自由（garantismo）为标志，这意味着所有政治力量都能在政治体系中占有一席之地。意大利建立了强大的两院制立法机关并保证了区域自治权，同时为了防止法西斯独裁统治的复辟，意大利宪法迎合了左派的激进愿景。最终的结果是意大利集权控制的薄弱以及治理的低效。

◈ 宪法的稳定性

在评价宪法的实践价值时，我们大多会考虑宪法所历经的年头。（关于宪法的十个事实可见表7-3。）似乎最令人铭记的文件也是持续生效时间最长的文件。相反，一个不断修正宪法的国家显然难以维持稳定的治理框架（参见聚焦7.1）。从这个角度来讲，1789年通过的美国宪法与海地宪法形成了鲜明的对比。海地在1804年独立后不久就制定了第一部宪法，1987年，该国通过了其第23版也是最新一版宪法。然而，比宪法持续生效时间更重要的是宪法的质量问题。所有宪法都在不同程度上存在理想主义的色彩，并会提出难以客观衡量或在现实中无法反映的主张。那么，我们该如何衡量宪法的质量呢？至少在一定程度上，可以通过宪法文本与实践的差距来评估宪法质量。

表7-3 关于宪法的十个事实

特征	案例
最古老的现行宪法	英国（1215）、美国（1789）、挪威（1814）、荷兰（1815）、比利时（1831）
最新颁布的宪法	泰国（2017）、科特迪瓦（2016）、尼泊尔（2015）

续表

特征	案例
2015 年时宪法的平均生效时间	17 年
最短的宪法	冰岛、老挝、拉脱维亚、日本（各为 4 000～5 000 字）
最长的宪法	印度（14 600 字）、尼日利亚（6 600 字）
修正次数最少的宪法	美国（在近 230 年里修正了 27 次）
修正次数最多的宪法	墨西哥（一个世纪里修正了近 230 次）、印度（70 年里修正了 101 次）
迄今宪法版本数最少的国家	澳大利亚、比利时、英国、加拿大、印度、荷兰、挪威、美国等（只推行过一版宪法）
迄今宪法版本数最多的国家	多米尼加共和国（32 种）、委内瑞拉（26 种）、海地（23 种）、厄瓜多尔（20 种）
拥有不成文宪法的国家	加拿大、英国、以色列、新西兰、沙特阿拉伯

资料来源：部分信息来自：Comparative Constitutions Project，2018.

以墨西哥宪法为例，它在 1917 年颁布时是一部激进且进步的宪法，其中包括禁止任何形式的歧视的原则，承诺提供免费教育、推进男女平等、落实八小时工作制、禁止私刑。但是许多墨西哥人认为，宪法中有太多目标根本没有得到落实，因此他们认为宪法是一项仍在推行的工作。一项研究（Castagnola & Noriega，2017）认为，墨西哥最高法院没有为宪法的推进提供有效帮助，这让墨西哥错过了许多向民主转型的机会。印度宪法是反映宪法理想与现实差距的另一个例子，印度宪法中的 448 个条款规范着这个世界上最大的民主国家，然而印度仍然饱受大规模贫困、普遍性腐败、人权侵犯（尤其是女性）、教育不公和法律程序极其缓慢的折磨。

110

近来美国宪法的变化从另一个角度揭示了宪法的稳定性和有效性问题。美国宪法在 2011 年"9·11"事件后并没有被修正，但是关塔那摩监狱拘押了被指控犯有恐怖主义罪行的人。有报告显示，这些人遭受了酷刑的折磨。政府对电话和电子通信加强了监管，这引发了人们对美国个人权利的健康状况的担忧。人们常说，真理是战争的第一个牺牲品，同样，在面临外部威胁的国家，法治往往要让位于国家安全并需要通过法院重建。

聚焦 7.1

修宪

时机、需求和预期都在变化，宪法也应该在一定程度上随之发生变化。因此，尽管我们始终应允许修正宪法，但是修宪所涉及的程序会产生重要影响：频繁修宪会带来不稳定，而宪法修正过少则会导致发展僵化。在此，我们遇到了一个**门槛（entrenchment）**问题，这指的是与普通立法法案相比，相关程序为宪法修正设置了更高水平和更广泛的支持门槛。

在**柔性宪法（flexible constitution）**的情形中，宪法修正相对较为容易，而修正一个刚性宪法则更加困难，通常需要超级多数或同时多数才能达成（参见表 7－4）。**刚性宪法（rigid constitution）**为政治框架提供了更多稳定性，并能够限制政治反对派赢得权力后给原统治者带来伤害，但这也让变革变得更加困难。没有任何门槛（这种情况很少见）的宪法适应性更强。在新西兰，这种适应性使其能够在 20 世纪 80 年代和 90 年代改革选举制度和政府管理模式，而在英国，这使得该国能够在 1999 年将重要权力下放给苏格兰和威尔士，而没有太多宪法上的麻烦。

表 7－4　修宪所需的程序的比较

国家	修宪所需的程序
澳大利亚	修正案须在两院通过，并在全民公投中同时获全国和国内所有州的多数支持
加拿大	修正案须在两院通过，并获全国 2/3 省份及半数以上民众的支持
德国	修正案须获两院 2/3 以上多数的支持
尼日利亚	修正案须获两院 2/3 以上多数支持，并被全国 2/3 以上州议会批准
印度	修正案须获两院 2/3 以上多数的支持，并在两院分别得到多数支持

续表

国家	修宪所需的程序
爱尔兰	修正案须获两院 2/3 以上多数的支持并在全民公投中获多数支持
瑞典	修正案须在以选举为界的两届议会中分别连续以多数票通过
美国	修正案须获两院 2/3 以上多数的支持，并被全国 3/4 以上的州批准

注：德国：国家联邦制、社会性和民主性的特征及相关的个人权利不能被更改。印度：特定修正案，诸如改变议会中各邦代表的修正案，也必须得到全国一半以上的邦的批准。美国：还可以通过各州和国会召集的特别会议来修宪，但这种方法尚未被使用过。

最极端的修正门槛是指特定条款根本不得修改。例如，法国和土耳其宪法确保了该国政体的共和属性。这些声明旨在同旧政权决裂，但它们也为那些将宪法视为死者主宰活人的人提供了攻击的弹药。在新的条件下，过去解决问题的方案可能会变成今日的问题。

立法机关是修宪过程中的关键。一些宪法可以通过在立法机关中达成简单多数而被修正，这也削弱了宪法的相对权威性。这种修正模式往往出现在欧洲议会至上的国家中。例如在德国，宪法修正案（在允许的情况下）只需要两院 2/3 的多数就能生效。在澳大利亚，宪法修正案不仅必须得到国民议会的批准，而且还必须得到大多数州和整个国家全民公决的多数票才能生效。历史上，澳大利亚共提出过 44 项宪法修正案，但只有 8 项得到了批准而最终生效，最近的一次修宪发生在 1977 年。

除正式的修宪程序外，宪法修正也可以通过其他形式发起，其中最为重要的就是司法审查（宪法法院的裁决），以及修改政府规则的某些方面的新法律的通过。即便宪法被汇编成籍，简单的习俗和传统也不会被遗忘。许多关于政府结构的内容并没有被记录下来，而是成了习俗或传统。例如，政党在世界各地的政府中都发挥着至关重要的作用，但是宪法中可能并不总是对它们有太多的提及。

门槛问题：
修宪的合法性程序问题。
柔性宪法：
较为容易修正的宪法，通常和普通法律的修正方式相同。
刚性宪法：
修正门槛更高的宪法，修正案需要更多修正程序才能生效。

法院的角色

宪法既不能自行制定，也不能自我执行，它需要能够通过废除违宪法律和做法来执行其条款的机构的支持。这一职责就落到了**大法官（judiciary）**的肩上：他们利用其**司法审查（judicial review）**权，在政治内外占据着独特的地位。很少有宪法最初就规定了司法审查权（美国宪法中也不存在，尽管该国常被视为司法审查的模板，美国最高法院在1803年通过了一项赋予自身司法审查权的决定），但现在绝大多数宪法都包含了关于审查权的规定。金斯伯格（Ginsburg，2008）将这种发展描述为"一种全球性的制度规范"，它几乎已经传播到了每个民主国家，并在几个威权国家里也有所发展。赫希尔（Hirschl，2008）甚至提出了司法政权或法官政府的兴起。

司法审查的方式可以被归纳为两种。第一种方式，也是最传统的一种方式就是基于司法体制中的最高法院来进行司法审查，美国及大多数拉丁美洲国家都采用这一模式。最高法院对宪法事务做出裁决，就像它对普通法和成文法的其他问题也拥有最终决定权一样。第二种方式，也是最近出现的一种方式，就是建立一个区别于寻常司法体系的宪法法院，这种方式在欧洲广为流行。

大法官：
法院系统内根据宪法来解释和适用法律的法官的总称。
司法审查：
法院有权取消政府官员提出或采取的任何违宪的法律或行动，也被称为合宪法审查。

111

112

最高法院

如其名称所暗示的那样，最高法院是司法体制中最高层级的法院，它的裁决不能被其他任何法庭推翻。最高法院通常也是终审法院，它受理来自较低层级法院的上诉案件。最高法院还负责**具体审查（concrete review）**工作，即根据具体案件的事实来询问下级法院所做的裁决是否符合宪法要求。与之相反，宪法法院主要进行**抽象审查（abstract review）**，即判断法律内在的合宪性，而不局限于具体案件。此外，宪法

具体审查：
基于具体案件对法律的宪法有效性进行判决。有时也被称为美国模式。
抽象审查：
法院就法律或公共政策的合宪性提供建议（通常不具约束力）。有时也被称为欧洲模式。

法院可以应政府或立法机关的要求对法案的咨询做出回应，这通常不需要特定案件的推动。这些咨询通常比较短，而且不需要签署，缺乏最高法院判决所依托的法律依据。因此，具体审查对有宪法性影响的案件做出裁决，而抽象审查是对法律或法案的合宪性进行一般化的评估。最高法院和宪法法院的比较可见表7-5。

表7-5　最高法院和宪法法院的比较

	最高法院	宪法法院
审查形式	主要是具体审查	主要是司法审查
与其他法院的关系	最高上诉法庭	仅处理宪法问题的特殊法庭
法官任命的原则	政治上被认可的法律专家	政治原则更加重要
法官任期	任职直到退休	通常为一届固定任期（6~9年）
案例	澳大利亚、巴西、加拿大、印度、日本、墨西哥、尼日利亚、瑞典、美国	奥地利、埃及、法国、德国、大多数东欧国家、俄罗斯、南非

令人困惑的是，特定法院的名称并不总是和其功能相一致。例如，澳大利亚的最高法院被称为高等法院，法国和比利时的最高法院被称为上诉法院，欧盟的最高法院是欧洲法院，而包括西班牙在内的一些国家设有最高法院，但是其判决（部分或全部）可以在宪法法院进行上诉。

113

美国是最高法院进行具体审查的典型案例。尽管美国最高法院对以美国各州或以他国代表为当事人的案件有**原始管辖权（original jurisdiction）**，但其主要作用是**受理上诉（appellate）**的案件。也就是说，宪法问题可以在司法体系中的任何环节被提出，最高法院只选择它们认为会引发重大宪法问题的案件进行回应。绝大多数要求最高法院复核的申请都被拒绝了。

原始管辖权：
法院首次审理特定案件的权力。

受理上诉：
法院审理由较低层级法院上传的案件的权力。

宪法法院

宪法法院诞生于1920年的奥地利宪法，并于二战后在欧洲大陆铺开。德国联邦宪法法院的成功鼓励其他非欧洲国家纷纷进行效仿，截至2005年，世界上已经有近半数国家建立了这样一种法院（Horowitz，2006）。如果最高法院是对所有上诉（并非所有上诉都涉及宪法）做出最终裁决的司法机关，那么宪法法院更像是一个额外的立法院。在这个制度下，普通法院无权进行司法审查，只能向最高法院提出上诉；司法审查职能则专属于一个单独的宪法机构（参见 Vanberg，2015）。

德国是使用宪法法院进行合宪性审查的典型。其联邦宪法法院拥有以下权力：司法审查、裁决各州和联邦政治机构之间的争端、保护个人权利以及保护宪法和民主秩序免受试图推翻它的个人或团体的侵害（Langenbacher & Conradt，2017）。德国宪法《基本法》中的永久性条款表明，联邦宪法法院在民主、联邦制和人权等关键领域的裁决即为最终裁决。

德国联邦宪法法院的声誉因提供宪法申诉而获得提升，该申诉允许公民在用尽其他法律救济措施后直接向法院请愿。科默斯（Kommers，2006）将宪法法院描述为"德国民主的守护者"，并描述了其在投票权、竞选活动的公共资助、选举制度以及小党权利方面的作用。联邦宪法法院还密切关注欧盟的法律和政策是否会损害该国立法机关的自主权，并一直积极关注堕胎、移民、学校内宗教活动和大学改革等各种政策议题。

司法的角色

1945 年以来，在自由民主世界中，司法对公共事务的干预与日俱增，这带动了从**司法克制（judicial restraint）**到**司法能动主义（judicial activism）**的转型。从孟加拉国、印度、南非到加拿大和美国的研究都显示出，法官正变得更愿意进入政治舞台，而这里曾经仅由民选政治家和国家议会发挥作用（参见 Coutinho et al.，2015）。

例如，美国最高法院决定了 2000 年总统选举的结果，最高法院的法官根据其各自的政党背景进行投票，经裁决乔治·W. 布什赢得了佛罗里达州，因而最终赢得了大选。一位愤怒的评论员将此次投票描述为"最高法院历史上最腐败的决定"及"对司法誓言的违背"，因为大多数人的决定是基于"诉讼当事人的个人身份与政治派别"的（Dershowitz，2001）。2016 年，贝拉克·奥巴马第二个任期时，美国参议院的共和党拒绝了奥巴马对最高法院补缺法官的提名，并通过延迟程序而期待共和党人能够赢得总统并提名一位更加保守主义的法官（这也确实如他们所愿了）。与此同时，在以色列，最高法院处理了诸如约旦河西岸隔离墙、安全部门对在调查中使用酷刑以及暗杀恐怖分子嫌疑人等争议性问题（Hirschl，2008）。

司法克制：
法官应主要致力于法律条文，而将政治留给民选主体来处理。

司法能动主义：
法官应超越狭隘的法律推理以影响公共政策。

116

从司法克制到司法能动主义的转变主要有三个关键理由：

● 治理模式对监管的依赖促进了司法干预。例如，反对同性恋的政府决定会受到司法挑战，而发动战争或增税的决定则不会。

● 国际公约为法官提供了超越国家法律限制的额外工具。《世界人权宣言》和《欧洲人权公约》等文件为法官提出过去曾被视为政治化的宣言提供了基础。国际法院，如国际刑事法院（成立于 2002 年）的出现也让国家法院变得更自信。

● 司法机关的声誉使其在更多领域具有权威。在大多数民主国家中，司法机关至少还保有廉洁公正的声誉，而许多其他机构（尤其是政党）在这方面的名声已经败坏了。

无论司法权力扩张背后的原因是什么，这一进程本身是自我强化的。能感受到法官在处理更广泛的政治议题上越来越有信心，利益集团、有权利意识的公民，甚至政党都变得更愿意在司法领域进行斗争。只有少数几个国家的司法能动主义比美国走得更远。美国是建立在宪法契约之上的，大量的律师永远在条款上争论不休。凭借成文宪法、联邦主义、司法独立、没有独立的行政法院、基于法官判例的法律体系和对法官的高度尊重，美国进一步发展了司法能动主义文化。到目前为止，关于法院将以何种方式对一个问题进行投票的讨论与其说是宪法原则，不如说是九位大法官中保守派和自由派的相对数量。

在长期以来议会至上的英国，司法自治的空间相对有限。由于缺乏废除法律的权力，英国的司法审查通常是指法官根据行政法提供的模板审查行政决定的能力。即便如此，随着欧洲法院制定了适用于欧盟所有成员国的法律（甚至影响了欧盟以外的国家），司法能动主义在英国有所发展。1998 年英国终于通过了《欧洲人权公约》、曾使国家凌驾于法律之上的皇室特权的衰落，以及 2009 年英格兰和威尔士最高法院的成立，进一步鼓舞了司法机关的信心。这两个法院也是联合王国所有民事案件，以及英格兰、威尔士和北爱尔兰刑事案件的最终上诉法院。

正式的权利宣言也鼓励了其他英语国家司法权力的扩张。1982 年，加拿大将《权利和自由宪章》附加到宪法中，赋予了法官在捍卫个人权利方面发挥更突出的作用。同样，新西兰在 1990 年推出了一项权利法案，以保护"人的生命和安全"，并确认了过去并未汇编的传统的民主和公民权利。

聚光灯

南非

简介

几十年来，南非在制度化的种族隔离中苦苦挣扎。这一制度以黑人、混血儿和亚裔南非人的利益为代价，保障白人的特权。面对越来越多的抗争和来自外界的批评，南非国内达成了一项协议，这为 1994 年的首次民主选举铺平了道路。人们本来对这个资源丰富的国家寄予了厚望，腐败始终是这个国家要面对的主要问题，失业率也居高不下，许多人仍生活在贫困之中。南非还面临着重大的公共安全挑战：它是世界上人均凶杀和暴力袭击率最高的国家之一。尽管它是非洲第二大经济体（仅次于尼日利亚），但它仅部分地兑现了其区域大国的潜力。

政府组成	单一制议会共和国，于 1910 年建国，最近一版宪法于 1997 年通过
行政	总统制：总统是政府首脑及国家元首并设有内阁辅助其统治；每次大选后由国民议会选举总统；总统一届任期五年，最多能连任一次
立法	两院制：国民议会（400 名成员）每五年改选一次；由各省代表组成的省务院有 90 名成员，九个省可各自任命 10 名省务院议员
司法	司法体制结合了英美法系和大陆法系；宪法法院裁决宪法问题并可以推翻立法；宪法法院由 11 名法官组成，成员由总统任命，任期 12 年
选举体制	国会基于封闭式政党名单的比例代表制选举产生，半数议员从国家的名单中产生，半数议员从各省的名单中产生
政党	霸权型政党体制：非洲人国民大会（African National Congress, ANC）自 1994 年实现完全民主制并结束种族隔离以来一直居主导性地位；更加自由化的民主联盟（Democratic Alliance）是主要的反对派，其在西开普省执政

人口：5 600 万

国内生产总值：3 490 亿美元

人均国内生产总值：6 160 美元

南非的宪法

南非从基于制度化的种族隔离体系向基于民主的宪法秩序的转型是 20 世纪后期最显著的政治转型之一。1996 年，经非洲人国民大会和白人的国民党（National Party，NP）长达两年的艰苦谈判，双方达成了协议，形成了一份长达 109 页的新宪法，该宪法于 1997 年 2 月生效。更详细的分析参见 Klug，2010。

用一句令人想起美国宪法的话来说，南非宪法宣布"共和国的行政权属于总统"。然而，与美国不同的是，南非总统是在大选后由国民议会选举产生。总统可以经立法机关的不信任投票（尽管这会引起大选）和弹劾而被罢免。总统与一个大内阁共同执政。

南非的 9 个省各自选举其立法机关并组成各自的行政机关。像美国一样，南非的权力和资金也是自上而下流动的。无论如何，非洲人国民大会不仅是联结行政和立法的黏合剂，还是联结国家及省市各级政府的黏合剂。至少到目前为止，非洲人国民大会仍主导着治理机构，而在美国则是机构主导着政党。

以"彩虹之国"自誉的南非在调和宪政民主与非洲人国民大会的主导地位上面临着许多困难。一些人认为，应该制定更多反映非洲社会需求和现实文化的新宪法，从而取代为终结种族隔离而形成的妥协性文本。也有人认为宪法是为所有公民创造一个基于社会、经济和政治权利的社会的里程碑式尝试，虽然它并未被真正落实（Dixon & Roux，2018）。但我们更应该根据宪法过去的作用来评判它的影响。南非宪法通过了建立新南非的考验，这已很了不起了。

延伸阅读

Butler，Anthony（2017）*Contemporary South Africa*，3rd edn（Red Globe Press）.

Deegan，Heather（2011）*Politics South Africa*，2nd edn（Pearson）.

Klug，Heinz（2010）*The Constitution of South Africa：A Contextual Analysis*（Hart）.

◇ 法律体系

除了了解宪法和法院，对法律体系的理解也同样重要。法律体系中最重要的是英美法系和大陆法系，在原则方面比较这两类法律体系对于我们了解中东之外各国司法机关政治角色的差异至关重要。还有一种法律体系是宗教法系，其中最重要的例子是大多数伊斯兰国家的伊斯兰教法。在尼日利亚这样穆斯林人口众多的国家，或是埃及这样有殖民历史的国家，伊斯兰教法会与英美法系或大陆法系共存。

英美法系

117

英美法系：
对立法中未明确处理的事项进行司法判决时主要依靠对特定案件的裁决所形成的先例。

英美法系（common law）的主要特点是，法官对具体案件的裁决形成了一个与国家权威截然不同的法律框架。这类法律体系主要存在于英国和那些曾为英国殖民地的国家，诸如澳大利亚、加拿大（魁北克除外）、印度、肯尼亚、尼日利亚、巴基斯坦以及法国（路易斯安那州除外）。英美法系最初源于传统和习俗，许多裁决最初发布出来是为了在全境内实现司法标准化。由于法官遵循先例原则，而他们最初的裁决开创了先例，形成了可预测的法律框架，从而为经济交流和国家建设做出了贡献。

制定法：
由立法机关颁布的法律。

英美法系是法官制定的法律，**制定法（statute law）**是由立法机关针对特定领域制定的，但是制定法也通常基于判例（法庭在过去所做出的判决）并通过司法解释对其进行完善。英美法系的政治意义在于，法官是独立的权威来源。他们是社会治理的一部分，却不是政府的一部分。在这种模式下，英美法系有助于政治多元化的形成和维系。

大陆法系

大陆法系：
以书面法律法规为基础的司法判决，旨在为公共事务提供单一的总体框架。

大陆法系（civil law）主要源于成文法条而非判例，其主要目标是为包括商业合同在内的公共事物提供单一的法律框架。整个拉丁美洲的国家、欧洲大陆的所有国家、俄罗斯以及大多数曾被欧洲国家殖民的非洲国家都采用大陆法系。大陆法系最初的法典可以追溯到罗马时代，后来演变成不同的法典，各国法典经由国家立法机关通过的法律得到了详细阐述。

聚焦 7.2

司法独立

如果法院要客观评估法律的合宪性以及政府的行为，那么司法就需要独立。尽管如此，梅尔顿和金斯伯格（Melton & Ginsburg, 2014）认为，让司法免受过多干扰的努力最近才开始展开。同时，我们必须区分事实上的保护和法律上的保护。因为给予法官以法律保护并不意味着他们将永远完全不受政治领导人、媒体或舆论的影响。司法独立的核心是如何招募及罢免法官：如果法官的招募被政客控制，那么司法机关只会加强党派权威，促进权力的集中（而不是分离）。但是，真的有方法可以让法官免受政治影响吗？

司法独立已被提上政治议程，因此各国政府制定了多种方案来进行法官的遴选，其中包括了从民主选举到在职法官共同选择（参见表 7-6）。前者虽然是民主的，但也是政治性的，后者最有利于保障司法的独立性，但可能导致精英阶层的自我延续，因为这种方法存在让法官总是寻找与其相似的人任职的风险。在这两个极端之间还有更为传统的方法：由立法机关、行政机关或独立的小组进行任命。许多国家将不同的方法结合起来，由政府从专业机构的提名人选中进行选择。或者以一种更传统的方式，可以通过一种方法去遴选高级法院的法官，而通过另一种方法去遴选其他较低级别的法官。

对于大多数负责司法审查的法院来说，法官遴选仍然涉及政治维度。例如，美国最高法院的地位以及终身制这一不同寻常的规则，使得法官的提名变得至关重要。被提名人的司法

经验和司法能力可能并不如其意识形态、党派背景和身家清白那么重要。遴选宪法法院的法官的政治性也是显而易见的。通常，议员是由立法机关通过一个可能涉及政党讨价还价的程序选出的。例如，西班牙宪法法院的 12 名成员中，有 8 名是由政党主导的议会任命的。

表 7-6 法官任命的比较

	法官数量	任期	任命程序
德国	16	12 年的单一任期，68 岁退休	由议会选举产生，并需要 2/3 以上的多数同意
印度	31	没有固定任期，65 岁退休	总统根据首席大法官和 4 名高级法官的推荐任命
意大利	15	9 年的单一任期	5 名成员由总统任命，5 名成员由议会选举产生，5 名成员由其他法院选举产生
尼日利亚	21	没有固定任期，70 岁退休	总统在国家司法委员会的推荐下任命，并要经参议院多数通过
俄罗斯	19	12 年的单一任期	由总统提名，并经联邦委员会多数同意
英国	12	没有固定任期，基于任命年龄在 70 岁或 75 岁退休	经过遴选委员会提名后，君主在首相的建议下任命
美国	9	终身制	由总统提名，并经参议院多数同意

118

在大陆法系中，法官（而不是陪审团）敲定案件中的事实，甚至经常指导调查。然后，他们会将法典的相关章节应用于手头的案件。这里的政治重要性在于，法官经常被视为公正的国家官员，从事的是行政工作。因而法庭变成了政府的一部分，而不是独立的权力领域，由法官制定法律将被视为对立法权至高无上的威胁。

大陆法系的内在原则是同等地强调社会稳定和个人权利。其中的哲学观念是国家引导下的社会整合，而不是对多元化的推崇。事实上，这些法典在功能上起到了类似于宪法的作用，对个人的义务和自由进行了系统性的界定。然而许多大陆法系国家新宪法（与法典相比处于强势地位）的制定也对自由权利的重视有所强化。但是法官也发现他们不可避免地要弥补法典的缺漏，提供具有判例功能的判决，即使这些判决不会被承认是真正意义上的判例。

宗教法系

沙里亚法：
基于《古兰经》及穆罕默德训导与行动的伊斯兰法律体系，在大多数伊斯兰国家中与西方法律体系共同发挥作用。

伊斯兰教、犹太教、印度教、佛教和天主教会都有自己独特的法律体系，其中一些在规范它们所在的社会方面仍然很重要。一些国家（例如孟加拉国）有多元的法律体系，其中包括针对不同宗教的单独条款。在所有宗教法律体系中，最受国际关注——也是最饱受误解的——就是伊斯兰国家的**沙里亚法（sharia law）**。

119

在西方，只有在某人因通奸被判处石刑，或许多妇女在伊斯兰社会中遭到不平等待遇时，伊斯兰法律才会引起人们的注意。这导致人们对伊斯兰教法的运作存在误解，并且未能理解伊斯兰教法是深刻而复杂的，它拥有独特的法院、法律专家、法官及法理学传统（参见 Ahmad，2017）。与此同时，虽然应用伊斯兰教法是伊斯兰共和国（参见第六章）的理念之一，但伊斯兰教法并未在任何国家普遍适用。伊斯兰教法在伊朗、约旦、利比亚、毛里塔尼亚、阿曼和沙特阿拉伯得到了广泛应用，但大多数伊斯兰国家都将伊斯兰教法与英美法系或大陆法系混合使用。后者主要适用于较为严重的犯罪，前者主要适用于家庭问题。与西方法律不同，伊斯兰教法不仅包括穆斯林被禁止做的事情，还描述了其不鼓励以及推荐和强制执行的事务。例如，穆斯林禁止饮酒、赌博、偷窃、通奸或自杀，他们应当每日祈祷、向慈善机构捐助、对他人有礼貌、穿着得体，在死后葬于匿名墓地。当穆斯林不确定他们所作所为是否符合伊斯兰教法时，他们被鼓励与被称为穆夫提（mufti）的穆斯林法官交流，法官将发布被称为法特瓦（fatwah）的判决。

 ## 威权国家的宪法和法院

制定和实施新宪法的成本是高昂的，这需要耗费大量时间和精力（即便在缅甸这样的威权国家，新宪法的制定和颁布也花费了 15 年的时间，于 2008 年才正式施行），然而现在威权国家和民主国家一样频繁地制定和颁布新宪法。针对这一现象，金斯伯格和辛普塞（Ginsburg & Simpser，2014）问道：当宪法文本通常被虚置并几乎不能产生任何合法性时，威权国家为何仍要制定宪法？他们提供的答案是威权国家的宪法履行了许多和民主国家宪法相同的职能（诸如最小化制度权责间的冲突），此外还履行了四项额外的职能：制度运作的说明书、体制的宣传板、呈现体制的蓝图和对门面的装点（参见表 7 - 7）。

表 7 - 7　威权国家宪法的四项职能

职能	效果
制度运作的说明书	展示政府应该如何运作
体制的宣传板	向国内外的观众展示统治者的意图
呈现体制的蓝图	描述了那些应然而非实然的情况以激励民众
对门面的装点	用于掩饰实际的政治实践

资料来源：Ginsburg & Simpser，2014.

在为上述目的而制定宪法、保留法律框架并维系司法独立的外表的同时，许多威权统治者采用两种普遍策略中的一种或两种来限制法院权威。一种是在招聘、培训、评价、晋升和纪检程序上间接地影响法官。在更坚决的司法抵抗案件中，他们可以简单地解雇法官中的反对者并由自己的支持者取而代之。1969 年，埃及总统纳赛尔在所谓的"法官大屠杀"中一举解雇了 200 名法官，这一举措几乎后无来者。乌干达臭名昭著的军事独裁者伊迪·阿明在 1971 年采取了一种终极的控制形式，枪决了首席大法官。

委内瑞拉总统乌戈·查韦斯（1999—2013）的政府同时使用了间接和直接的方式来削弱最高法院的作用（Taylor，2014）。他在不修改法律的情况下，通过威胁法官和不遵守关键判决的方式削弱了法院的效力。随后，2004 年，全国代表大会由他的"第五共和国运动"及其盟友所主导，查韦斯借此机会修改了法律，最高法院的法官从 20 名增加到 32 名，查韦斯的支持者获得了多出来的这 12 个席位。相关法律也随之修改，政府可以在没有宪法所规定的超过国会 2/3 多数的情况下罢免法官。2018 年 3 月查韦斯去世时，一系列渐进式的变革几乎已经取消了司法机关对委内瑞拉行政机关的所有审查。

另一种更加精妙的策略是跳过司法程序。例如，许多非民主政体以紧急状态声明为掩护，做出不受司法审查的决策。这在实际上等于通过了一项宣布不存在法律的法律。一旦紧急状态生效，这种"临时"的紧急情况可能会持续数十年。统治者还可以通过专门法院来执行政权的命令，而不再假装司法独立。埃及的国家安全法院就是如此，在 2008 年被关闭之前，这一专门法院负责处理涉及对"安全"（一个通常被宽泛解释的概念）造成的"威胁"的事件。军事统治者经常将秘密军事法庭的适用范围扩大至平民。与此同时，普通法院则继续处理非政治性的案件，向世界提供司法公正的薄弱形象。

在宪法主张的背后，外部观察家（以及许多国内观察家）能够清楚地看到威权国家糟糕的人权记录。与民主和腐败指数等数据相比，该领域缺乏可供比较的系统性数据，但人类自由指数提供了可供参考的记录。该指数由来自美国、加拿大和德国的三个智库维护，它将自由界定为"没有强制性约束"，并使用了近 80 个指标，包括经济自由和公民权利的混合，例如行动自由、宗教自由、结社自由和出版自由。在一个由 0 到 10 的量表中（10 代表最大程度的自由），2015 年该指数所涵盖的所有国家的平均得分为 6.93，得分最低的地方主要分布在中东、北非、东欧、南亚及撒哈拉以南非洲。得分最低的国家如图 7-1 所示。

如图 7-1 所示，津巴布韦在维护自由方面做得很差，自 1980 年独立到 2017 年罗伯特·穆加贝被迫下台，津巴布韦在其所领导的政府下始终萎靡不振。在经历了一段日益严重的政治冲突和经济衰退后，一部新宪法于 2013 年通过，这让津巴布韦的人民对更安全的生活有了更多的希望。但执政党（在有着严重问题的 2013 年大选中赢得了津巴布韦议会 3/4 的议席）在执行宪法规定的条款及取消现行对言论和集会自由的限制上裹足不前。在穆加贝的统治下，媒体和学术自由仍然受限，反对派经常受到骚扰，财产权也被忽视，军队被用来巩固政权的统治，法院被操纵以满足政权的需求。例如，尽管有明确的证据指向 2013 年大选存在不公，但法院仍裁定这一选举是自由和公平的。

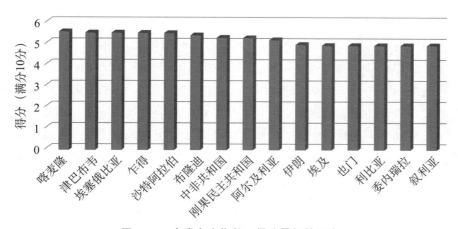

图 7-1　人类自由指数：得分最低的国家

资料来源：Vásquez and Porčnik，2017．

注：此图基于 2015 年的数据。在数据集中，全球平均得分为 6.93，其中瑞士的得分最高，为 8.89。数据集共涵盖 159 个国家，其中不包括阿富汗、白俄罗斯、古巴、伊拉克、朝鲜和索马里。

另一个人权记录糟糕的威权国家是伊朗。可以肯定的是，这个国家呈现了以法院系统支撑宪法的所有特征。宪法文本对"伊朗人民基于长期对真理主权和《古兰经》正义的信仰而认可的"伊斯兰共和国，以及"人的崇高尊严和价值"和司法独立做了崇高的蓝图式声明。但是伊朗仍是世界上人权记录最为糟糕的国家之一。许多活动家因政治指控而入狱，伊朗的死刑率居世界第二，伊朗有许多死罪，包括叛教（放弃伊斯兰信仰）和与安拉为敌。妇女和少数民族面临多种歧视。与西方国家相比，宪法更多表达了伊斯兰价值观而非自由的价值，法院体系是权力的工具而不是对权力的限制。

混合政体国家也是如此，宪法和法律要屈从于政治权威。领导人可以在宪法框架内当选，但这一框架是由前任领导人塑造的，权力的行使很少受到独立司法机关的限制。总统占据最高地位，在选民授予他们的广泛权力下界定国家利益。换句话说，总统的责任制是垂直的（对选民）而非水平的（对司法机关）。在民主政体中，主要政党认为受制于法律总要好过受制于反对派，而在混合政体中，最高领导人仍将宪法、法律和法院视作政治优势的来源。与纯粹的威权国家相比，混合政体下的法律程序的运作相对更不受限，但仍受制于政治操控。

无论是民主体制还是威权体制，将政府与政治的显要发展方向与潜在趋势区分开来都是很重要的。相对而言，法庭判决很少成为显要事件，判决受到广泛关注通常是因为它们影响了本就被公众所广泛关注的议题。与此同时，法院的日常工作以及它们所依据的宪法原则继续在没有引起公众太多关注的情况下发挥作用。

亨德利（Hendley，2014）在对俄罗斯的研究中指出，那些成为国际头条的事件——例如，2012年朋克摇滚乐队暴动小猫在莫斯科东正教堂举行反普京活动后被定罪，或是反对派政治家阿列克谢·纳瓦尔尼多次被捕——和其他案件一同塑造了俄罗斯法律的形象，即"法律是国家用来将其意志强加给不同政见者的工具"。不过，她还认为，这些案件掩盖了法律在俄罗斯人日常生活中的作用，尽管人们因法官对行政机关的软弱而心存疑虑，但越来越多的人使用法律来解决纠纷。

亨德利（Hendley，2014）认为，在鲍里斯·叶利钦的领导下，宪法法院对总统的一些政策提出了挑战，即便这些挑战仍是间接性的。然而，在普京的领导下，法院变得更加沉默，许多问题继续困扰着司法体系：

- 刑事案件的定罪率高得令人可疑。
- 司法体系内部的专业性和待遇水平不足，腐败文化仍然根深蒂固。
- 警察的暴力行为很常见。
- 在敏感案件上，政治考虑压倒了法律准则。
- 司法判决，尤其是针对国家的司法判决很难得到执行。
- 公众对司法体系的信心不足。

将俄罗斯的法治水平拔高到自由民主国家的水平仍需在未来进行长期努力。史密斯（Smith，2010）承认，俄罗斯在建立"可行的和独立的司法及法律体系"方面取得了很大进展——颁布了新法律并进行了司法改革，但他认为俄罗斯仍存在"法律执行不均衡以及法律被政治化的问题，这侵蚀了公众对司法的支持和信念"。这些问题在许多威权国家都普遍存在。

问题研讨

123

- 哪种宪法更好？简短、模糊、能为司法解释保有空间的宪法，还是冗长、细致，不给误解留空间的宪法？

- 成文法和不成文法各自的优势与不足是什么？

- 最高法院和宪法法院各自的优势与不足是什么？

- 司法克制与司法能动主义哪种更有利于政治体制的良好运作？

- 招募法官的最佳方式是什么？在法官任期内最应对其施加的限制是什么？

- 宗教法律体系和世俗法律体系能共存吗？

核心概念

- 抽象审查
- 受理上诉
- 大陆法系
- 成文宪法
- 英美法系
- 具体审查
- 宪法
- 门槛问题
- 柔性宪法
- 司法能动主义
- 司法克制
- 司法审查
- 大法官
- 原始管辖权
- 刚性宪法
- 法治
- 沙里亚法
- 制定法
- 不成文宪法

延伸阅读

Bobek，Michael（2013）*Comparative Reasoning in European Supreme Courts*（Oxford University Press）. 一项关于国际发展趋势如何影响欧洲国家司法决策的研究。

Ginsburg，Tom，and Alberto Simpser（eds）（2014）*Constitutions in Authoritarian Regimes*（Cambridge University Press）. 关于威权国家宪法的设计、内容和影响的论文集。

Harding，Andrew，and Peter Leyland（ed.）（2009）*Constitutional Courts：A Comparative Study*（Wildy，Simmonds & Hill）. 对宪法法院的比较研究，以欧洲、俄罗斯、中东和拉丁美洲国家为例。

Issacharoff，Samuel（2015）*Fragile Democracies：Contested Power in the Era of Constitutional Courts*（Cambridge University Press）. 本书认为强大的宪法法院有力地阻止了威权主义的发生，因为这一机构有助于抵御外部威胁和内部权力的巩固。

Lee，H. P.（2011）*Judiciaries in Comparative Perspective*（Cambridge University Press）. 关于澳大利亚、英国、加拿大、新西兰、南非和美国司法机关的论文集。

Rosenfeld，Michel，and András Sajó（eds）*The Oxford Handbook of Comparative Constitutional Law*（Oxford University Press）. 对宪法历史、类型、原则和结构的比较研究。

第八章
行政机关

目录

预览

124 　　本章的重点是所有政府体制中最显眼的部门：最高领导层。无论我们谈论的是总统、总理、首相、独裁者还是君主，那些在政府权力金字塔顶端的人总是最能激发公众的兴趣，不论公众对其的看法是积极的还是消极的。可以肯定的是，至少在民主国家中，高层领导人不仅仅指最高领导人个人，还包括庞大的人员与制度网络，以及组成内阁或部长理事会的部长和秘书。最高领导人通常最广为人知，这意味着他们的成败及举动都会牵动大众的注意力。

　　本章首先讨论了国家元首和政府首脑的作用，这两种角色在行政体系中起到了重要而有差异性的作用。随后讨论了三种主要的行政组织模式：总统制、议会制和半总统制，并对比了行政机关在其中的角色与权力。本章还深入地讨论了议会制下行政组织模式的不同亚类型，以及行政机关参与立法联盟的不同情况，尤其是在个人统治模式下其所具有的特殊性质和作用。威权领导人通常比他们在民主国家的同行拥有更多权力，但他们在任期内所具有的制度化保障也更少。这不可避免地影响了他们获取权力的方式。

核心观点

● 政治行政机关负责确定优先事项、动员支持、解决危机、制定政策并监督其实施。

● 行政机关中，国家元首和政府首脑的职能必须履行，它们在一些体制中区分开来，在另一些体制中则合二为一。

● 尽管总统制下的行政机关存在不同的类型，但典型的安排是在总统和其他政府部门之间共享权力。

● 议会制下的行政机关脱胎于议会，行政机关的权力也主要取决于议会中政党支持的平衡。

● 半总统制下的行政机关结合了总统制与议会制的不同特征，这一制度形式并不常见，也没有得到充分的研究。

● 与民主国家相比，威权国家的行政机关所受的限制更少，同时，行政人员在任期内所得到的保障也更少。

◈ 行政机关：一个概述

行政机关：
负责法律和政策执行的政治机构，通常和国家领导人的概念相联系。

政治**行政机关**（executive）是政府的核心，其由构成行政最高层的政治领导人组成：总统、总理、部长和内阁。其中最令我们感兴趣的莫过于国家领导人，但是行政机关同时也存在于较低层级的政府中，例如州或省的行政长官，以及市镇和城市的市长。制度主义的比较研究路径侧重于行政机关作为政府驱动力的作用，行政机关要确定优先事项、动员支持、对问题做出反应、解决危机、制定政策并监督其实施。没有立法机关或司法机关的统治或许是可行的，但是没有行政机关的统治则完全不可想象。在威权体制中，行政机关往往是唯一拥有真正权力的机构，但即便如此，结构主义或其他研究范式也有助于理解威权体制下行政人员的工作模式。

区分政治行政机关（制定决策）和官僚体系（落实政策）十分重要。与任命制的官员不同，政治行政机关的成员（至少在民主国家）是通过政治手段选举产生的，并且可以通过同样的方式被罢免。行政机关对政府的活动负责，这是其职责所在。相较而言，官僚体系则主要由不负直接责任的职业雇员组成，官员体系顶层的秘书和部长通常是经政治任命产生的，他们为政府服务，但是正如我们将在第十章看到的那样，大多数官僚都不是选举产生的，他们承担了相当一部分的行政工作。

在民主国家中，要了解行政机关首先要研究制度安排。民主国家成功地实现了使行政权力受宪法约束的制度安排。政府不仅由选举产生，而且受制于权力制衡的规则并要定期面临选举的压力。相比之下，在威权国家，宪政和选举的限制要么缺席，要么无效。行政机关的职能范围主要受政治现实而非宪法的制约，行政机关的流动性更强并往往受非正式的关系而非正式规则的塑造。

行政机关主要有三种组织模式：总统制（有两种亚类型：有限总统制和无限总统制）、议会制和半总统制。在这三种模式中，权力都是分散的，它们都可以被理解为划分和限制权力的不同方法。在总统制和半总统制政权中，宪法在行政、立法和司法间建立了一个权力制衡体系。在议会制中，政府受到不同方式的约束，其存续取决于立法机关的信任。通常，政府的行政自由受共同分担治理任务的政党联盟的需要的限制。

尽管如此，这些行政组织模式中的任何一种都不存在固定不变的模板。随着时间的推移，在不同国家内部和不同国家之间，它们会根据宪法规则、在任领导人的领导风格以及行政机关和立法机关之间变动不居的权力平衡而发生变化。一些国家完全符合某一种模式，而另一些国家则可能同时兼具多种模式的特征，甚至会随着在任者的更替而从一种模式演变为另一种模式。

◆ 国家元首和政府首脑

在讨论行政机关的不同组织模式之前，我们有必要先区分领导行政机关的两种角色：

● **国家元首**（head of state）是代表国家及其所有公民的象征。人们期待国家元首超脱于政治，为一个国家所有公民的普遍利益而工作。作为仪式性领导人的国家元首和作为政治家的国家元首之间并不存在清晰的界限，特别是在总统制国家中，一个人会同时担任国家元首和政府首脑。国家元首的大部分工作都是象征性的，例如接待来访的领导人、对外国进行国事访问以及在战时或国家危机时提供领导力。

● **政府首脑**（head of government）是政府的政治领导人。在这一身份特征下，政府首脑要么由选举产生，要么由民选政治家任命，在威权国家中也可能是通过其他不那么透明的方式产生。政府首脑很少努力隐藏其党派偏好，他们更关注保持政党、选民和支持者对其的支持，而不是声称代表全体公民的广泛利益（尽管党派利益通常被其表述为国家利益）。

维多利亚时代的英国评论家沃尔特·白哲特（Walter Bagehot）（曾任《经济学人》主编）对国家元首与政府首脑的角色差异进行了经典分析。在他的著作《英国宪法》（1867）中，他提出了宪法结构中的两个关键要素：

首先，那些激发并维系民众敬畏的人，我称其为仪式性（dignified）的部分；其次，那些实际上执行统治工作的人，则为实效性（efficient）的部分……（每一个）组成部分都必须先获得权威，然后才能使用权威；它必须先赢得人的忠诚和信任，然后才能在政府工作中加以运用。

在诸如美国、墨西哥和尼日利亚这样的总统制国家中，这两种角色合二为一。其结果是混合了行政机关的仪式性（象征性）和实效性（政治）职能，其国家元首可能会声称其党派政策符合所有公民的普遍利益，如果他们失去政治支持，则可能会试图超越政治来发挥其作为国家元首的作用。

国家元首：
国家的象征性领袖，由选举或任命产生，在君主制国家中则通过继承制产生。

政府首脑：
经选举上台的政府领导人，其权力来自认同其党派的选民的支持。

126

相反，在议会制国家中，国家元首和政府首脑的角色由不同的人分别担任，这使得象征性职能和政治职能可以被很好地区分。政府首脑一般为当选的总理或首相，国家元首则可能存在两种形式（参见表 8-1）。

表 8-1　议会制下国家元首的产生方式

国家	国家元首	产生方式	任期
澳大利亚、加拿大、牙买加	总督	由政府首脑提名并由英国君主批准	根据其君主的意愿
奥地利	总统	经两轮制普选产生	6 年
德国	总统	由联邦议员和各地议员联合选举产生	5 年
印度	总统	由联邦和各州议会组成的选举团选举产生	5 年
意大利	总统	由国会和各地代表联合选举产生	7 年
日本	天皇	继承制（最年长的男性继承）	终身
马来西亚	最高元首	选举制（在马来西亚 9 个州的世袭苏丹中选举产生）	5 年
西班牙	君主	继承制（最年长的男性继承）	终身
瑞典	君主	继承制（长子继承）	终身
英国	君主	继承制（长子继承）	终身

● 非行政性总统可以通过大众投票（如爱尔兰）或议会投票（如以色列）选举产生，或通过特殊的选举团选举产生。特殊的选举团通常由国家立法机关和地区或地方政府的代表组成（如德国）（参见 Tavits，2008）。

● 相对不那么常见的国家元首是通过继承制产生的君主。有 10 个欧洲国家由**立宪君主**（**constitutional monarchy**）担任国家元首，包括比利时、丹麦、荷兰、挪威、西班牙、瑞典和英国，以及两个侯国（摩纳哥和列支敦士登）及一个公国（卢森堡）。马来西亚的国家元首则是极为罕见的选举制君主。在民主时代，大多数君主都很难参与政治，但皇室的影响常常也十分关键，尤其是在危机和转型的时代。例如，国王胡安·卡洛斯推动了西班牙在 20 世纪 70 年代实现了民主转型，比利时国王在国家于 1970—1993 年间转向联邦制的过程中发挥了推动和解的作用。

立宪君主：
由君主作为国家元首，但君主的政治权力受到宪法规则的严格限制，不同于绝对君主制。

127　　在半总统制国家中，对国家元首和政府首脑的区分则更加复杂。半总统制下既存在总统，也存在总理，但是总理的工作很少超过政府首脑的职责范围，总统的工作则涵盖了两种角色。如果总统更受民意拥护并

在议会中拥有更多的支持，那么总统则会将两种角色合二为一。如果总统不那么受民意拥护且其所属政党并不在议会中占据明显多数，那么总统则更多地承担国家元首的职能而更少专注政府事务，而总理的政府首脑身份则更加明确。

 ## 总统制

世界上有许多总统，但他们并不相同。在一些国家中，总统一词意味着议会制下没有行政权力的人，他们是礼仪性的国家元首，并不能进行决策。在另一些情况下，许多威权国家的总统积累了如此之多的权力，以至于他们成了说一不二的人，总统成为国内唯一真正具有影响力的政治机关。我们可以将总统制主要分为两种类型：有限总统制（在此介绍）和无限总统制（在本章后续部分介绍），但在这两种类型下也存在多种子类型。正如梅齐（Mezey，2013）所说："总统制不仅仅是一个宪法范畴，它包括一系列公众认知、政治行动以及正式和非正式的政治权力安排。"

有限总统制（limited presidential executive）是一种宪政统治模式，由一个人使用基于普选而授予的权力与独立的立法机关一同执政，参见表 8 - 2。（作为对比，可参照本章后续部分对无限总统制的讨论。）选举通常采取大众直选的模式，总统有任期限制。与议会制政府中的大多数总理不同，总统不仅领导政府，还担任国家元首。总统任命其他主要政府机关的负责人，例如法院和政府部门的负责人，但有些提名可能需要得到立法机关的批准。总统和立法机关人员的任期都是固定的。总统不能解散立法机关，立法机关可以通过弹劾等机制罢免总统。双方都不能轻易扳倒对方并存在着分权机制，因此双方都有一定自主权（参见聚焦 8.1）。

总统制：
行政机关和立法机关都由直接选举产生，并有各自的权力和责任的安排。

有限总统制：
总统作为行政长官，其权力受到宪法和政治现实的限制。

表 8 - 2 有限总统制

当选总统领导政府并任命主要政府部门领导人
总统和议会都有固定任期，双方都不能轻易扳倒对方
总统通常存在任期限制，一般不超过 2 届
同时在行政机关和立法机关任职的人员很少
总统可以同时担任政府首脑和国家元首
案例：阿富汗、印度尼西亚、尼日利亚、菲律宾、美国和大多数拉丁美洲国家

有限总统制既有优势也有不足，其优势如下：

● 总统的固定任期让行政机关具有连续性，避免了议会制政府中常见的执政联盟瓦解。

● 赢得总统选举意味着候选人获得了全国的广泛支持。

● 由整个国家选举产生的总统超越了因代表地方利益而纷争不休的立法机关。

● 总统是国家团结的自然象征，也为国内和国际提供了熟悉的面庞。

● 总统制必然涉及权力分立，因而它也促成了有限政府并保护了自由权利。

128

有限总统制的主要弊端在于只有一个政党能够赢得大选，除非总统试图跨越党派界限或在立法机关中受到反对党的制约，否则这就是一个赢家通吃的安排。更严重的问题是，正如美国的经验所表明的那样，当行政机关和立法机关的意见不一致时就会出现僵局，这使得政治体制无法解决紧迫的问题。总统制也缺乏议会制中由执政党领袖所形成的天然集结点，尤其是英国的反对派领袖——主要反对党的正式领导人，他在担任候任首相的同时，又能对现任首相施加压力。

聚焦 8.1

权力分立

128

权力分立（separation of powers）是有限总统制的核心特点：总统拥有领导和执行的权力，议会拥有立法权，法院拥有司法权。尽管三个权力机关在实践上存在相重叠的部分，但是责任划分基本上是清晰的，这种权力划分通过人员的互不相属而得到强化。总统和内阁成员（参见本章后续部分）不能在议会中任职，这使得两个机构间形成了更强的距离感。与之类似，如果议员想在政府中任职也必须辞去其议员身份，这限制了总统通过封官许愿的方式来获得议会支持的能力。

总统和议员不同的选举方法带来了自然的利益分歧。议员仅依靠其选区的选民，而总统则在一个更广泛的选区内当选——通常是全国。这种分歧产生了政治动能，在这一动能下，总统追求与立法机关所代表的特殊和地方利益不同的全国性议程。因此，尽管权力聚焦于总统制，但总统制政府还是会分割权力。这一体制要求行政机关与立法机关进行协商，反之亦然，从而确保协商战胜独断专行。

权力分立并不是总统制的专利，议会制下也存在事实上的权力分立。没错，政府高级人员同时也是议会成员，议员不必因在政府任职而辞去议员身份，在议会中占有一席之地反而是担任诸如部长之类政府高层职位的前提。尽管如此，行政、立法和司法在议会制下的角色是不同的，它们对政府过程所做的贡献也是不同的。正如英国上院议员在一次关于宪法改革的辩论中所说的那样：

议会拥有制定其认为正确的任何法律的权

力，这在法律上无可争议。行政机关根据法律赋予的权力对国家进行管理。法官解释法律，并确保其得到执行。（引自：Thompson & Gordon，2014）

> **权力分立：**
> 行政、立法和司法机关被赋予不同但互补的权力的安排，这样任何一方都不能单独统治，在理想情况下，三方应共同统治。

有限总统制主要存在于美洲国家。美国就是一个代表性的例子，为了解总统制的工作方式提供了重要的参照（参见 Cox，2017；Edwards et al.，2018）。除了推动法律执行的一般性任务外，总统还拥有其他职责（例如总司令），随着时间的推移，这些职责被解释为授予总统的额外的权力。例如，总统可以具有行政特权：有权向国会（立法机关）和法院隐瞒那些会损害总统执行法律能力的信息。总统还可以发布行政命令、声明和公告。同时，总统也经常受到约束，因为他们要与国会共享重要权力：

- 总统是三军统帅但只有国会才能宣战。
- 总统可以任命政府机关人员并缔结条约，但是必须得到参议院（国会上院）的批准。
- 总统可以否决法律，但是国会可以推翻总统的否决。
- 国会而非总统控制着财政。

129

把总统与国会之间的关系描述为权力分立实际上是不准确的，现实情况是机构上的分立，而两者共享权力，互相影响着对方，都无法单独发号施令。在议会制中，总理通常可以依靠其在议会中政党或党派联盟的支持，但在总统制中则很少出现这种情况。

在有限总统制中，总统与立法机关通常单独选举产生（参见"聚光灯　巴西"）。因此，总统的存续（如果不是成功的）独立于立法机关中政党席位占比。总统在全国范围内选举产生，议员则从地方选区选举产生。不过，南非在这方面是一个例外，该国是有限总统制中有趣的特例。南非存在着总统，但总统是由立法机关的成员选举产生，而不是通过全国直选产生。总统也可以通过立法机关的投票被罢免，就像2018年初雅各布·祖马那样，他因无数的腐败指控而面临失去信任投票的危险，最终他选择了辞职。

这种安排使得南非的总统更接近议会制下的总理，特别是总统是立法机关最大政党的领袖这一点。不同的是，南非的总统既是国家元首，又是政府首脑，任期五年且最多连任一次。虽然必须成为立法机关的成员才有可能成为总统，但是一旦参选总统又必须从议会中辞职（参见Butler，2017）。除南非外，只有缅甸和博茨瓦纳采用了类似的制度。南非这种罕见的制度安排的政治影响因后种族隔离时代非洲人国民大会的一党独大而变得更加复杂。如果立法机关的选举没有形成明确的多数党，那么很难说总统选举会出现何种局面。

◆ 议会制

议会制：
一种行政机关（通常是联合政府的形式）源自立法机关并继续对其负责的安排，行政机关领导人必须维持其在议会中的多数支持才能继续任职。

在总统制下，行政首脑与立法机关分别选举，**议会制（parliamentary executive）**则与之不同，行政机关与立法机关有机地联系在一起。政府首脑（通常是总理）往往也是议会中最大党的领袖（或执政联盟中首要政党的领袖），通常（但并不总是如此）在议会中拥有一席之地，并与独立开展工作的国家元首进行合作。并且总理既不须单独进行选举，也没有任期限制（参见表8-3）。与总统类似，总理可以任命主要政府部门的负责人，这些提名一般不再需要议会来确认。议会制与总统制的两个关键区别在于，总理可以因不信任投票而下台（更多细节参见第九章），他也可以在立法机关的任期结束之前进行选举。

表8-3 议会制行政

总理（或首相）通常是执政联盟主要政党的领袖
政府形成于议会，首相所在政党失去议会多数席位或通过不信任投票后其政府也随之解散
行政人员没有任期限制
通常以内阁（或部长理事会）形式进行集体领导，总理在传统上是同僚中的首席
总理是政府首脑，其与独立的仪式性国家元首合作
案例：大多数欧洲国家和加勒比国家，以及澳大利亚、加拿大、伊拉克、日本、新西兰、巴基斯坦

内阁：
由主要政府部门负责人组成的机构，也被称为部长理事会。其在议会制中比在总统制中更为重要。

内阁（cabinet）或部长理事会是议会制政府中的核心要素。该机构由委员会组成，像政府一样行事，是行政机关和官僚体系之间的主要联系点，并且可以为那些有志于成为总理的人提供跳板（或墓地）。大多数政府部长也是议会的议员（尽管在一些国家——例如瑞典——这种双重身份并不被允许）。总统制中也存在内阁，但它们很少像总统那样强大，而经常作为总统的咨议机构。从这个意义上说，议会制政府比总统制政府有更多集体领导的色彩。

聚光灯

巴西

简介

崛起中的巴西是新兴经济体的代表性例子，其与俄罗斯、印度和中国一起组成了金砖四国①。作为世界上土地和人口第五大国，巴西也是世界上最大的民主国家之一，是最为重要的南美国家，其影响力已经扩展至许多发展中国家。然而，巴西国内仍然存在许多问题。如贫富差距悬殊、大部分耕地为少数富裕家庭所有、主要城市的社会条件较差、亚马孙流域的森林砍伐影响着全球的生态系统、各级政府腐败横行。巴西最近的经济发展发出了喜忧参半的信号，最新探明的石油储量使其能在能源上自给自足，但经济低迷和政治归于往常给巴西的经济发展蒙上了一层阴影。

政府组成	联邦制总统共和国，由 26 个州和一个联邦首都特区组成；国家于 1822 年成立，现行宪法于 1988 年通过
行政	总统制，总统由直接选举产生，每届任期四年，最多连任一次
立法	两院制国会：下院众议院（513 名议员）每四年改选一次；上院参议院（81 名议员），由每个州选举产生（每个州可选举三名参议员），每八年改选一次
司法	由州法院和联邦法院构成的双重司法体系，最高法院大法官由总统任命、参议院批准并终身任职；最高联邦法院也是宪法法院，由 11 名大法官组成，总统对其进行提名并由参议院批准，终身任职但须在 70 岁退休

续表

选举体制	总统和参议院选举采用两轮多数制，众议院选举采用比例代表制
政党	多党制，十多个政党在国会内部形成了四个主要的政党联盟，还有许多不属于任何一个联盟的独立政党

人口：2.08 亿

国内生产总值：2 万亿美元

人均国内生产总值：9 821 美元

巴西的行政体制

巴西采用了总统制的政权组织形式，但巴西总统所拥有的宪法权力超过了美国总统。巴西总统可以在特定领域发布法令，宣布紧急状态法案（迫使国会迅速做出决定），在国会提出法案，如果国会不通过预算，他还可以逐月提出生效的预算。但巴西总统必须在政府的两个特征下进行工作，这是美国所不存在的两个特征，这使得国会更不容易屈服于总统的意志。

第一个特征，由于采用比例代表制的选举制度，巴西国会的政党构成更加复杂。在 2018 年 10 月的议会选举中，有 30 个政党在众议院中获得了席位，其中没有任何一个政党所拥有的席位超过 56 个，而有 10 个政党所拥有的席位不足 10 个。这些政党又各自形成了不同的联盟。

第二个特征，巴西政党的纪律极弱。众议员可以在任期内改换门庭，许多议员更关注的是为他所在的选区带来更多的资源而非展示其

---

① 2010 年南非加入后，发展为金砖五国。2024 年 1 月，阿根廷、埃及、埃塞俄比亚、伊朗、沙特阿拉伯、阿联酋成为金砖国家正式成员，发展为金砖十一国。——译者注

对政党的忠诚。在这种情况下，巴西的总统有义务通过任命各党派的部长来建立非正式的联盟以试图强化其对政党的忠诚度。梅洛和佩雷拉（Melo & Pereira，2013）认为，这带来了多党总统制，将宪法规定的权力强大的总统与健康政治竞争中形成的强大的权力制衡体系相结合。

与欧洲议会政府中精心设计的跨党派联盟相比，巴西政治中所形成的联盟更加非正式、更实用主义也更不稳定。毕竟在总统制中，联盟的瓦解并不意味着政府的垮台，这削弱了维系联盟的动力。因此，尽管在拉丁美洲宪法中，行政首脑的角色似乎更加重要，但这只是一个具有欺骗性的表象。拉丁美洲的政治实践证实，在民主环境中运作的总统难以确保其纲领的落实。

延伸阅读

Melo, Marcus André, and Carlos Pereira (2013) *Making Brazil Work：Checking the President in a Multiparty System* (Red Globe Press).

Reid, Michael (2014) *Brazil：The Troubled Rise of a Global Power* (Yale University Press).

Roett, Riordan (2016) *Brazil：What Everyone Needs to Know* (Oxford University Press).

总统制存在不同子类型，议会制也是如此，根据总理、内阁和政府部长之间微妙而多变的关系，议会制也有所不同（参见表 8-4）。对于安德维格（Andeweg，2014）来说，这种关系的关键在于政府部长是总理的下属、团队成员，还是团队领导者之一。审视治理网络之中这些节点之间的平衡，以及它们如何随实践而变化，有助于我们更好地了解议会制政府的实际情况。

表 8-4　议会制政府的类型

类型	特征	案例
总理主导	总理是决定性人物，直接和部长打交道。部长是总理的下属	德国
内阁主导	内阁对总体性的政策进行审议并决策，部长是团队成员	芬兰
部长主导	部长可以在没有得到总理或内阁详尽指示的情况下开展工作。部长是团队领导者之一	意大利、日本、荷兰

注：上述特征无一被制度化或宪法化，相反，其主要来自政治博弈和传统。

总理主导的政府（prime ministerial government）的核心原则在于层级性而非集体领导。德国的制度曾被称为"总理民主"，其中联邦议院（德国的下院）任命总理，总理通过其办公室对联邦议院负责（Langenbacher & Conradt，2017）。总理对议会负责，而部长们对总理负责。德国行政首脑的强势地位源自《基本法》（德国宪法），该法规定"总理应决定并负责总体政策的指导方针"。有人担忧德国总理一职已经

"总统化"了，因为总理更加强大，其作用也更显著。这在一定程度上也要归功于媒体曝光率的提高（许多总理都设有通信办公室，旨在确保其政策能被更多公众了解）。行政首脑的国际性角色也在日益增加，并且随着治理任务变得更加复杂，总理也需要更多地进行政策协调的工作（Poguntke & Webb，2004）。

对于议会制的拥护者来说，与总统制相比，内阁主导的政府（cabinet government）的优势在于鼓励更多的协商与集体领导。该体制在小国家效果更好，在许多大规模国家，决策的复杂度和数量使其难以都通过内阁的协商而实现。芬兰是应用内阁制的典型案例。根据法律，芬兰内阁拥有广泛的决策权，总理是理事会的主席，理事会会议也是进行协商和妥协的主要场所。与此同时，总理和部长都受到芬兰复杂的多党联盟的制约。

在部长主导的政府（ministerial government）中，部长可以在没有得到内阁或总理详尽指示的情况下开展工作（部长和总理或内阁联盟的情况除外，部长们会发现自己受联盟协议的限制）（Moury，2013）。这种去中心化的模式既可能是出于对专业知识的尊重，也可能是考虑到政治联盟的现实情况。回头来看德国的情况，总理制定总体性的指导方针，但宪法规定"每位联邦部长应自主并自行负责处理其部门的事务"。任命部长是因其对专业领域的了解，并希望其能在总理指导下制定部门政策。因此，德国混合了两种模式的特点，在总理民主框架内运行部长主导型政府。

在许多联合政府（参见聚焦 8.2）中，政党任命他们的领导人领导特定部门，这也促成了部长主导型政府的形成。例如在荷兰，总理不能任命、解雇或调任部长。内阁成员与政府首脑共同工作但并不受其领导。这一情况削弱了总理的地位，部长的政治忠诚更多地对其所属政党而非总理或内阁。行政首脑与其说是首长或执行官，不如说是技巧高超 *133* 的协调人。在印度的多党联合政府中，对总理的公开蔑视并不鲜见（Mitra，2017：Chapter 4）。

此外，在日本，部长们经常在没有首相强有力指导的情况下开展工作。首相更像是掌舵人而非船长，他们很少在政府中留下持久的个人印记（参见 Shinoda，2011）。在这一体制下，首相的更替也极为频繁。1990—2018 年，法国共经历了 5 位总统，英国存在过 6 位首相，而日本 *134* 则先后有 15 位不同的首相，其中部分人的任期仅有数月。

聚焦 8.2

行政模式与政党数量

与总统制相比，议会制政府的核心特征之一是行政权力取决于议会中的政党权力分布。根据选举结果，这可能产生如下不同的结果：

多数派政府。在这一情况下，单一政党赢得了议会中的多数议席，政党领袖也成了总理/首相的自然人选。多数派政府的总理/首相有着充分的治理授权。总理/首相必须始终与内阁一同工作，内阁的支持对总理/首相而言至关重要，统治有效性通常依赖于总理/首相对其党派成员所施加纪律的严密性。如能确保内阁支持和党派纪律，那么多数派政府的总理/首相就大权在握。传统上，英国一直是议会制政府的典型，其政府往往建立在单一多数政党执政的基础上。

多数制（或赢家通吃）的选举方式（参见第十五章）通常能够在下院形成单一多数政党，因而使得总理/首相能够任命来自统一党派的成员组成内阁。执政党同时控制内阁和议会，因而通常能够确保其对议程的控制。

联合政府（coalition government）。 在这一情况下，没有任何政党能够独立占据多数议席，这迫使两个或多个政党（通常在意识形态光谱中立场相近）共同执政。这种安排的成功取决于联盟伙伴达成的协议对各方的适合程度，以及参与方的数量。多数联盟（由两个政党控制议会多数席位）是最稳定的，涉及更多且经常较小参与方的执政联盟的稳定性较低，而不足以达成多数席位的少数联盟的稳定性最差。

在一些情况下，在选举之前就形成执政联盟更有助于选民对其投票结果形成清晰的认识。尽管在大多数案例中，执政联盟都是在选举后才形成的，即将卸任的政府要在联盟谈判期间担任看守政府。协议谈判或许能在几天内达成，但更复杂的谈判则需要更长时间。由于众议院内部存在严重分歧，比利时新政府在2010—2011年联合政府的谈判上花费了创纪录的541天（18个月），共有11个政党参与组阁。

组成联合政府是欧洲大部分国家的常态，但各国的经历也各不相同。丹麦自1909年以来从未形成过多数派政府，并且自20世纪80年代以来，仅依靠少数派的联合执政也获得了良好的治理效果。在德国，涉及两大政党（德国基督教民主联盟和德国社会民主党）的联盟并不罕见。而意大利则与此不同（参见第九章）。

少数派政府。在一些情况下，没有任何政党在大选后赢得多数席位，政党间的协议也难以达成，这就导致了由单一少数派政党或两个政党所形成的少数派联盟组阁执政的情况。例如，后者曾在2014年的瑞典出现过，当时社会民主党和绿党（在大选中赢得了38%的选票和39%的议席）在联合政府并不罕见的国家组成了最为弱势的少数派联盟政府。只有得到议会其他党派的非正式支持，政府才能实现有效治理。

联合政府：
通过涉及两个或更多政党的议席以组成政府的政治安排。

在日本，强大的官僚体系、国会、党内派别、其他政党的领导人以及对日本政治模式的共识共同限制着首相的权力。特别是出自日本自由民主党的首相，他们还要受党总裁定期选举制度的限制。但日本首相并不是软弱无力的。比如，日本首相拥有广泛的行政权力，可以任命或解雇内阁成员及所有其他政府高级成员。国际事务也主要由首相负责，安倍晋三（2006—2007，2012—2020）在国内和国际上的知名度都远高于其大多数前任。即便如此，日本首相与德国总理民主制的对比仍然十分鲜明。

半总统制

第三种主要的行政机关组织模式（同时也是最少被仔细研究的模式；参见 Elgie，2014）是总统制和议会制的结合体，该模式既混合了其他两种模式的特征，又产生了自己所独具的特点、优势与不足。在半总统制（有时也被称为双首长制）国家中，既存在普选产生的总统，又存在对议会负责的总理和内阁。总统由单独的选举产生并与领导内阁的总理分享权力。总理通常由总统任命，但必须得到立法机关多数票的支持，参见表8-5。

半总统制：
经大选上台的总统与任命的总理及单独选举产生的议会共存的政治安排。

表8-5　半总统制

结合了经大选产生的总统和经任命产生的总理
总统通常能够任命总理并解散议会
总统任期通常为5年并存在连任届数限制
总理和内阁同时对总统和议会负责
总统担任国家元首，与总理共同承担政府首脑的职责
案例：法国、蒙古、波兰、俄罗斯、斯里兰卡、乌克兰、许多非洲的原法国殖民地国家

在半总统制中，总统是国家元首，其与总理共同承担政府首脑的职责。总统经常起到监督的作用并对外交事务负责，并且一般能够行使紧急权力。而总理主要负责政府的日常工作。与有限总统制下的总统相比，半总统制下的总统有更多的时间承担国家元首的职责，但是他要与总理分享行政权力，这可能为总统和总理的行政争端带来了潜在的可能性。

当总统所属的政党在议会占多数席位时，权力优势在总统一边，总理及内阁将遵从总统的领导，总理也将在议会中推进总统的政策纲领。

共治：
在半总统制下，当总统来自一党而议会被另一党所控制时所形成的政治安排。

但是当反对党在议会中占据多数时，总统将别无选择，只能和来自反对党的总理及内阁合作，这种安排也被称为**共治（cohabitation）**。总理也必须为了国家利益和总统合作，但总理同时也是反对派的领袖。雄心勃勃的总理也可以利用这一职位为将来竞选总统奠定基础。

法国为半总统制提供了原型案例（参见 Bell & Gaffney，2013）。为了摆脱第四共和国的不稳定状况（在短短 12 年间经历了 23 位总理），1958 年的第五共和国宪法设立了总统一职以适应其首任领导人戴高乐（1959—1969 年任总统）。第五共和国的权力划分如下：

● 总统是国家独立和宪法的保障者，负责领导武装部队、谈判条约、召集公民投票、主持部长会议、解散国民议会（但是不能否决立法）、任命（但不能罢免）总理，并根据总理的提名和建议任命或罢免部长。2000 年起，法国总统的任期从 7 年缩减为 5 年，2008 年起施加了最多连任一次的任期限制。

● 总理主要负责国内事务，戴高乐称之为诸如"牛奶价格"之类的俗事。总理由总统任命但对国民议会负责。总理正式任命部长并协调他们的日常工作，总理主要在总统的行事风格下开展工作。议会有权在通过不信任投票后罢免总理和部长（参见第九章），这是半总统制行政中议会的主要角色。

法国的总统和总理需要和谐相处。在单一政党控制政府和议会时，这也是法国的常态，这一目标并不难达成。例如 2017 年，总统马克龙所在的政党及其盟友获得了国民议会中的大多数席位。不过，法国偶尔也要面对政府分裂的状况。例如 1986—1988 年，社会党总统密特朗不得不和保守派总理希拉克共享权力。后者在 1995 年赢得了总统大选，并在 1997—2002 年被迫与社会党总理若斯潘（Jospin）分享权力。这种安排加剧了两位行政首长之间的竞争，并使总统处在同时要领导国家和反对派的尴尬境地。

在总统和总理之下，政府的日常工作主要由资深部长负责，但在议会制中，部长理事会的重要性远不如内阁。部长理事会更多的是一种仪式而非真正的讨论，部长们更加自主，因为他们长期在特定政策领域开展工作。总理和总统的干预通常是为了解决争端而非强加一个来自上级的整体性议程。

总统制、议会制与半总统制的比较可见表 8-6。

表 8 - 6　行政体制的比较

特征	总统制	议会制	半总统制
选举方式	全国范围内的直接选举	通过议会进行间接选举	总统由直接选举产生，总理由间接选举产生
国家元首和政府首脑是否分离	否	是	否
行政机关人员能否在议会中任职	否	是	总理可以但总统不行
权力是否分立	是	否	在某种程度上分权
有固定任期吗	是，但是无限总统制下的总统除外	否	只有总统有任期限制
政府下台的方式	任期结束、输掉总统选举、被弹劾或辞职	输掉议会选举、议会通过对政府的不信任投票、总理失去对政党的领导地位、辞职	总统会因任期结束、输掉总统选举、被弹劾或辞职而下台
内阁的角色	更加边缘化并依赖总统领导	更加核心化并有更多集体领导色彩	更加边缘化并依赖行政首脑领导
行政机关能和反对派控制的议会合作吗	能，但这种合作是脆弱的（无限总统制除外）	仅在少数派政府下可以合作	能，但这种合作是脆弱的

威权国家的行政机关

　　宪法规则和政治现实能够帮我们厘清民主国家的行政机关能做什么或不能做什么。相比之下，我们只能根据政治现实去阐述威权国家的行政机关。尽管威权国家也存在宪法规则，但这些条文对它们执行政策能力的限制非常有限，对行政官员的制度化保障也比较缺乏。正如斯沃利克（Svolik，2012）指出的那样，独裁者缺乏帮助其执行协议的独立政治权威，以及管理正式政府机关工作的规则。因此，他们可能倾向于使用更极端的方法来赢得并掌握权力，与此同时也要面临更大的个人风险。例如，他们可以使用军队来执行镇压任务，但是一旦军队成为政权维系的关键，那么军方就可能获得能够与政权相抗衡的影响力（Svolik，2012）。

　　威权国家最常见的行政组织模式就是总统制，但这种总统制区别于

136

无限总统制：
一种总统制的行政组织模式，其总统权力所受的宪法或政治限制很有限。

民主国家的有限总统制，所以我们用**无限总统制（unlimited presidential executive）**来描述这类行政体制。我们不能完全从字面意思上来理解"无限"这一前缀，因为政府中的任何人都有功能性限制。威权国家领导人的权力与其说反映了宪法条款，不如说是反映了其操纵政治体制为个人牟利的能力。

"无限"这一前缀描述了这一体制下的总统权力缺乏大多数民主国家所存在的宪法性或政治性制衡，其中包括任期限制或需要在竞争性选举中赢得总统权力（参见表 8-7）。即便在存在任期限制的无限总统制国家，政党的决定性地位也会确保反对派候选人不可能当选，有时在任总统会修改规则以移除对总统的任期限制。有些总统会参与选举来实现连任，但他们能够操纵这个过程——压制他们的对手并维系其支持者的忠诚（Wintrobe，2007）——以确保自己获得一连串无休止的胜利。通过这种方式，独裁者实现了**独裁统治（dictatorship）**（参见 Ezrow & Frantz，2011）。

独裁统治：
一种领导人或统治精英利用暴力镇压和政治忠诚以维系权力的政治体系。

表 8-7 无限总统制

大多数重要的权力都集中在总统手中，总统比其他机构更加重要
总统虽然通常要参与选举，但是往往会通过操纵投票来把控选举结果，任何反对派都会被边缘化
总统任期很少受到限制，绝对君主通常完全不存在任期限制
所有政府机关都处在行政首脑领导之下，行政首脑则通常利用恩庇来维系其统治韧性
总统通常既是国家元首也是事实上的政府首脑
案例：埃及、委内瑞拉

威权国家的总统制为那些寻求独尊地位的人提供了平台。在这一体制中，总统的权力不受自由民主国家行政首脑所需要面对的宪法限制。相反，总统基于他们所谓的人民授权，直接盖过了法院和立法机关的限制。虽然他们不会将这些机构削弱到完全仅是象征性意义的程度（他们特别需要法院和官僚体系的正常运转），但是他们会努力将权力集中在自身及其支持者身上，而不是在各个机构间分权。制度化水平不足正是威权国家行政体制的核心特征，第六章所提到的个人统治阻碍了制度化水平的提升。在这一情况下，使用制度路径去分析政府体制是有极大局限性的。结构主义因其对政治体制内部各部分间关系的关注，而更可能在这方面有所建树。

在某些情况下，威权国家的领导人会培养家庭成员承袭权位，例如叙利亚的阿萨德家族、加蓬的奥马尔·邦戈与其子阿里·邦戈·翁丁巴，以及刚果民主共和国的洛朗·卡比拉及其子约瑟夫。在许多绝对君主制国家中，领导人更替是由继承制度保障的。如若不然，缺乏明确的继承制度不仅可能会在领导人下台后导致潜在继任者之间的冲突，冲突也可能在现任领导人即将下台时就会发生。威权领导人通过对反对派的限制来维系个人统治，这意味着他们必须监控威胁，并准备好消灭那些变得过于强大的人。因此，政治往往要优先于政策。

此外，失败的代价是高昂的，威权体制下的政治是生死攸关的斗争。西方民主国家的领导人在卸任后往往可以通过进行回报优厚的演讲、撰写回忆录、担任高薪顾问、设立慈善基金会等方式生活。而被赶下台的独裁者可能要面临更加严酷的命运，假设他们可以活到"退休"，其中幸运的人或许可以在"流放地"做个富家翁，不幸运的人则可能要在监狱中苦苦挣扎甚至被当街处决。因此，威权统治者总是倾向于冷酷无情的统治风格也就不足为奇了。

有时，个人统治并不是绝对的。许多独裁者都会受到其他政治行动者的约束，包括军队、族群领袖、地主、商界精英、官僚体系、跨国公司，甚至是领导人"宫廷"内部的派系。为了维系统治，领导人必须分配职位以构建有效的支持者联盟，这就是个人统治与腐败密切联系的原因。许多世界上最为腐败的领导人都是威权国家的领导人，其中包括菲律宾的费迪南德·马科斯（1972—1986 年在任）、扎伊尔〔现刚果（金）〕的蒙博托·塞塞·塞科（1965—1997 年在任）、印度尼西亚的苏哈托（1967—1998 年在任）、突尼斯的本·阿里（1987—2011 年在任）和赤道几内亚的特奥多罗·奥比昂·恩圭马·姆巴索戈（1979 年至今在任）。

在中东，第六章讨论的绝对君主以传统的父权制方式统治着石油资源丰富的王国，这种方式强调统治多过治理。例如，在沙特阿拉伯，统治家族进行晋升遴选时与其说是考虑功绩，不如说是基于其与家族顾问、朋友和警卫的社会网络的亲近程度。公与私相互交织并各自形成了统治者领域的一个部分。获得政府职位的基础是良好的行为，例如表现出对统治者个人利益坚定不移的忠诚。然而，随着年长的领导人将权力移交给新一代，以及年轻人越来越多地进入就业市场，其对政治参与和治理透明度的期望也在增长（Haykel et al.，2015）。

个人统治的体制在中东已经存在了几个世纪，这限制了制度能力的增长。然而，"阿拉伯之春"的爆发也暴露了个人统治的弱点。许多阿拉伯国家的民众抗议由古板的领导人所领导的腐败的保守主义政权，因为在这种政权统治下民众缺乏机会。但从专制向民主的转型也带来了许多难以应对的问题，正如埃及所展现出来的那样。埃及总统穆巴拉克在2011年因反对其政权的示威活动而下台。2012年，穆罕默德·穆尔西在该国首次真正具有竞争性的选举中获胜。

138 　　然而穆尔西来自奉行伊斯兰主义的穆斯林兄弟会，这在国际上引发了紧张情绪，尤其是在美国。当穆尔西开始表现出威权主义的倾向时，他在2013年7月由军方领导人法赫塔·塞西将军所领导的军事政变中被推翻了。塞西将军随后退役，把军装换成了两件套西装，以文官领导人的身份赢得了2014年5月的选举，并迅速展露出不愿容忍反对派的态度。在塞西政府结束了对民主的暧昧阶段后，埃及很快回到了它的老路上。这并不是大多数埃及人所期望的结果，对塞西政权的反对情绪开始滋长。但埃及其他的政治机构太弱了，无法抵制对个人统治的恢复。塞西在2018年3月的选举中获胜连任，此次选举因舞弊而广受谴责。

　　我们很容易能识别出大多数威权统治者，如果他们参加真正公开且具有竞争性的选举将很难获胜。但其中一些威权统治者确实做了令人信服的工作，他们说服了大多数公民相信自己是带领国家应对挑战的正确人选。在这方面，很少有人能像普京那样成功。他于1999年接任俄罗斯总统，此后数年，其政权维持了大多数俄罗斯人的支持（参见 Ambrosio, 2016）。

　　从正式制度上来看，俄罗斯和法国一样采用了半总统制，既存在直接选举产生的总统，也有一个由总统任命并经杜马（俄罗斯的下院）批准而上台的总理。在一些领域，俄罗斯总统的权力还要略强于美国总统：

　　● 两国总统都最多连任一次，但是俄罗斯总统可以在两届任期结束后隔任期参选并上台。

　　● 两国总统都可被弹劾，但是在美国，弹劾总统仅需众议院多数支持，而在俄罗斯则需要议会2/3多数的通过及法院的确认。

　　● 理论上来说，俄罗斯总统可能会因杜马中的敌对性反对派而下台，这会使他比美国总统还要脆弱。

　　在现实中，俄罗斯总统拥有一系列重要的权力：他是国家元首、三
139 军统帅、宪法的守护者。俄罗斯总统还可以否决其他国家机关的决策、宣布紧急状态并且不需杜马同意就可以解雇各部部长。根据宪法，俄罗

斯总统还负责"确定国家内外政策的基本方向"并"确保国家机关的协调运转与合作"。这些权力确证了俄罗斯长期以来的强行政权力传统。面对一个大型而缺少法律规范的国家，强大的政府被认为是有效领导的必要来源。

普京在消除有威胁的反对派并在宪法框架内维系其控制方面下了很大功夫。他不得不在 2008 年完成两届总统任期后辞去总统一职，但他成了新政府的总理，并削弱了继任总统的权力，从而继续掌控大局。新总统梅德韦杰夫不过是等待普京于 2012 年回归总统一职的占位者。到那时，总统的任期已经从 4 年增加到了 6 年，因此普京能够进一步加强自己的控制力，并在 2018 年不出意料地获胜。普京确保自己不会面临任何有威胁的竞争者，他获得了 77% 的选票，并开启了新一轮 6 年任期。

军政府或许是威权国家行政模式的终极版本。军政府领导人既控制文官政府又控制军队。与过去相比，现代的军政府已经非常少见了。不过，即便纯粹意义上的军人统治不再常见，但仍然有许多文官政府是在军队满意的基础上维系着政权。如果说民主国家是权力与责任相伴，那么在威权国家中，与强大权力相随的则是高度的风险。如果民主国家的行政领导必须始终担心其在民意调查中的表现、他们与立法机关合作的能力以及其他寻求权力的人对自身的威胁，那么威权国家领导人所面临的威胁则主要来自内部，更加不可预测并且更加暴力。

尼日利亚的故事就很能说明问题。自 1960 年独立以来，尼日利亚已经经历了 15 位领导人，其中有 6 位是文官总统（尽管这 6 位中的 2 位是前军事将领以文官身份重新上任），剩余的 9 位是军事领导人。这 15 人中，有 3 人因军事政变而被推翻并被杀，4 人在政变中被推翻但保住了自身性命。尼日利亚的所有领导人都必须关注军队内部的批评者，他们一直在组织反对派并在必要时发动政变以颠覆现任政府。

问题研讨

140 ● 国家元首与政府首脑的角色相分离会有哪些优势和劣势？

● 赢家通吃的概念如何帮助或阻碍了总统制行政模式的政治制度？

● 在议会制中，哪种安排是最民主的或是最有效的：总理主导型政府还是议会主导型政府？

● 议会制下的总理已经成为总统了吗？

如果是的话，为什么？

- 半总统制是否是一种有益的折中方案，是否能够平衡总统制和议会制的优势与不足？

- 威权领导人所面对的潜在风险和不确定性是否足以阻止他们使用极端方法进行统治？

核心概念

- 内阁
- 联合政府
- 共治
- 立宪君主
- 独裁统治
- 行政机关
- 政府首脑
- 国家元首
- 有限总统制
- 议会制
- 总统制
- 半总统制
- 权力分立
- 无限总统制

延伸阅读

Bennister, Mark（2012）*Prime Ministers in Power：Political Leadership in Britain and Australia*（Palgrave Macmillan）. 通过对两个案例的比较来研究总理制度。

Elgie, Robert（2011）*Semi-Presidentialism：Sub-Types and Democratic Performance*（Oxford University Press）. 本书研究了半总统制的不同形式如何影响民主的稳定性和质量。

Ezrow, Natasha M., and Erica Frantz（2011）*Dictatorships：Understanding Authoritarian Regimes and Their Leaders*（Continuum）. 本书评估了威权领导的类型、原因、方法和影响。Krasno, Jean, and Sean LaPides（eds）（2015）*Personality，Political Leadership，and Decision Making：A Global Perspective*（Praeger）. 对领导人（不论民主国家的还是威权国家的）决策的研究，为了解领导人的特征和行为提供了有益的见解。

Mezey, Michael L.（2013）*Presidentialism：Power in Comparative Perspective*（Lynne Rienner）. 对总统制的比较研究，关注到了总统制的历史、相对权力和不断变化的特征。

Rhodes, R. A. W., and Paul't Hart（eds）（2014）*The Oxford Handbook of Political Leadership*（Oxford University Press）. 对政治领导人的一般性考察，书中专章探讨了不同类型的行政体制。

第九章
立法机关

预览

立法机关是民主政治的基础，诸如集会、代表大会、大会、议会等 141
描述立法机关的词汇反映了其最初的目的。在立法机关中，人们审议并
通过法律。即使立法机关并不像行政机关那样吸引公众关注，但它们是
最接近公民的政府机关，因为它们通常是直接选举产生的，并负责代表
各个地区。而行政机关的领导人要对整个国家负责。立法机关还要负责
许多至关重要的任务，包括批准立法、批准开支、组建政府、审议重要
的公共事务以及监督行政机关。

本章首先讨论了立法机关的多重角色，并介绍了对不同立法组织模
式的不同看法，包括一院制与两院制的区别。随后，本章讨论了立法机
关中的成员，包括他们多样性角色以及他们所可能扮演的角色。接着，
本章介绍了公众对立法机关信任度下降的现象，其中对职业政客信任度
的下降更为明显，这激起了更多选民思考对议员施加任期限制的利与

弊。最后，本章介绍了威权国家的立法机关，并指出，它们可能看起来十分脆弱但其对领导人和统治精英却有着很多用途。

核心观点

● 人们通常聚焦于立法机关的代议职能和立法职能，但立法机关的职能远不仅限于此。

● 立法机关参与制定法律的程度取决于它们同行政人员的关系以及政党权力的平衡。

● 对大多数国家来说，一院制议会足以胜任工作。但对于部分国家而言，两院制十分有利于提升代议制的质量。

● 并非所有的代表都是相同的，目前已经有了几种解释代表活动的模式，包括委托-代理式代表、受托-自主式代表以及党派式代表。

● 立法机关常被指责是职业政客的大本营，议员们共同构成了一个政治阶层，他们的背景和利益已经与他们所代表的民众相脱节了。

● 大多数威权国家都存在立法机关，政治吸纳是其核心功能。

立法机关：一个概述

立法机关（legislature）并不是政府机关，它们并不进行重要的决策，甚至并不经常发起立法提案。它们在政治上的重要性主要来自其所承担的代表角色，正如英国政治理论家约翰·洛克（John Locke, 1690）观察到的那样：

在立法机关中，国家的成员显示了他们的团结，并结合在一起成为一个具有内聚力的有机体。立法机关赋予国家形式、生命和统一的灵魂——由此，国内民众得以相互影响、相互同情并相互联系——因此，当立法机关被破坏或解散时，随之而来的是国家的解散和死亡。

西方传统中最早的大众会议是雅典议会，所有服了两年兵役的男性公民都可参与。后来，在欧洲古代的皇家宫廷中，君主会借助议会审判重要的法律案件，并会见王国的贵族。渐渐地，这些会议变得更加稳定和结构化，开始代表社会中所划分出来的各个阶层——教士、贵族和城镇平民。在13—14世纪，国王开始在战争、行政管理、商业和税收问题上更加频繁地咨询土地精英。早在成为具有主权的现代立法机关之前，这些欧洲的早期议会就被视为有权进行咨询并通过法律的机构。

在当代，民主立法机关为治理过程和民意表达做出了贡献：它们可以提高立法质量，监督行政机关的行动，并就公众关注的问题举行有影响力的听证会。立法机关的运作模式有很多，关键的区别在于其与行政机关的关系：它们是由政府领导还是帮助塑造政府。这意味着我们可以通过制度理论的视角来研究立法机关，但理性选择理论也可以被用来更好地理解立法者的行为，我们还可以用结构方法来检视立法机关与行政机关、法院和选民的关系。作为代表机构，立法机关比高高在上的政治行政机关更接近公民，但具有讽刺意味的是，立法机关并不总是受到民众欢迎。许多国家的民意调查发现，民选代表并没有被恰当地视为一个群体（参见本章后续内容），立法机关因其行动拖沓且其决策主要基于党派立场而受到批评。

与此同时，人们对威权国家中立法机关角色的认识则更为多样化。威权国家的立法机关在提供政权合法性、吸纳温和反对派、整合中央与地方、将精英吸收到政权中以及吸纳变革要求等方面发挥了作用。同时，近来的研究也表明威权体制中的立法机关存在许多细微差别。它们发挥作用的程度要取决于行政机关、立法机关和政党复杂的三方关系，

142

立法机关：
代表了多元民众的机构，它考虑公共问题并接受、修改或拒绝新法律和政策的提案。

以及立法机关被用于拉拢政权反对者的程度。

 立法机关的角色

民主国家的立法机关主要有从代表到监督（参见表 9-1）在内的六个主要的功能，不同国家立法机关的侧重可能各不相同。例如，它们都行使着"代表"的职能，但是在制定预算过程中，不同国家的立法机关扮演了不同的角色。在政府的构成上，议会制中的立法机关往往比总统制下的立法机关更加关键。

表 9-1　民主国家立法机关的功能

功能	特征
代表	立法机关成员通常在某一政党名义下代表并促进其选民的利益
立法	无论法案的来源是什么，立法机关都有责任审查、修改和批准新的法律
批准开支	立法机关批准或拒绝政府所制定的年度预算
组建政府	在大多数议会制国家中，政府都来自议会并依赖于议会的信任而执政
审议	立法机关就重要的公共事务进行辩论并将其公之于众
监督	立法机关负责监督或审查行政机关以使其尽职尽责

代表

代表是大多数人想到立法机关时最容易联想到的角色。我们可能会认为代表的概念是不言而喻的，但讽刺的是，政治学界对代表的概念始终没有达成共识。大多数讨论都围绕汉娜·皮特金（Hanna Pitkin）在 1967 年时所提出的代表的四种理解模式：

● 形式性代表：这种模式主要关注代表的相关规则及安排，探究代表如何产生、其决定如何得到执行、他们如何回应选民，以及选民如何追究他们的责任。

● 描述性代表：这种模式主要关注代表和其所代表的选民的相似程度，探究代表与选民是否有共同的兴趣和经历。从理论上讲，立法机关应该是社会上的缩影，其中男人与女人、穷人与富人、黑人与白人的人数比例应该与社会上的相同。但问题是，社会中应该有或实际上有多少不同的阶层被代表？

● 象征性代表：这种模式关注选民如何看待其代表。例如，代表们是否被认为是有能力并关心其地区的广泛利益，或者代表是否被认为过于党派化、被特殊利益集团所俘获或者是难以接近的？

● 实质性代表：这种模式关注代表在多大程度上服务于选民的最大利益。反过来说，这取决于选民在多大程度上拥有成熟的政治需求，或者在多大程度上了解其所面临的所有选择。

理解代表的第五种模式就是集体性代表，这指的是立法机关中的代表应该作为一个整体代表所有选民的利益，而不仅仅代表他们各自选区的利益。这一观点在 1774 年由政治家埃德蒙·伯克（Edmund Burke）在英国布里斯托选区的议会选举后提出。他承认他对自己所在的选区一无所知，并且在竞选中也没有发挥什么作用，但是，他继续说道：

议会不是代表不同或敌对利益的人的大会，在这里每种利益都必须得到代理人和倡导者的维护，他们会反对其他利益的代理人和倡导者。但是议会同时也是一个国家进行协商的大会，在这里存在一种利益，即全体公众的利益。这种利益不是需要加以引导的地方性的目的或偏见，而是源于普遍理性的普遍性的善。您确实选举了立法机关的成员，但是当你选举他时，他不仅是布里斯托的一员，更是整个议会的一员。（Burke，1774）

尽管存在相互竞争的分析，但在实践中，代表通常以一种平淡无奇的方式运作：通过政党展开工作。在大多数情况下，获胜的候选人会将他们选举的成功归因于其所在的政党，他们在立法机关中也主要根据政党的命令和期望投票。在议会制中也是这样，在这一制度下，代表必须遵从党的路线。在印度，自 1985 年通过"反叛"法以来，如果议会成员的投票与政党相抵触，他们甚至可能会失去自己的席位。理论上，如果他们在选举后改换门庭，那他们就是在欺骗选民。选民也根据议员所属党派来对其进行评估，如果选民和代表的党派背景一致，那么选民会认为该代表更加平易近人、更具回应性且更值得信赖，如果二者党派背景不同，那么选民的正面认知也会更有限。

立法

Legislature（立法机关）一词源于拉丁语中的 legis lator（立法者），这种词源的联系反映了立法机关的关键职能：独立制定法律的权利，包括引入并塑造新法律及修改现行法律的复杂程序。不过，立法职能并不仅限于字面意思，因为虽然新法律的制定主要掌握在议员手中，但这些法律的提出可能有多重来源，例如说客和利益集团。立法要经历数次审读（论辩），法案会从议会到委员会，再从委员会到议会（参见图9-1）。在两院制议会中，必须协调不同议院通过的法案的版本差异。

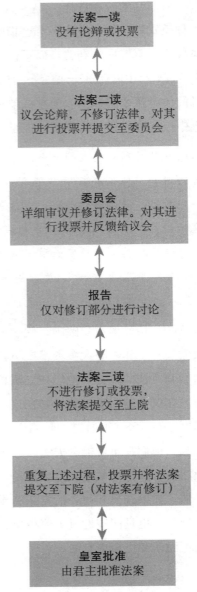

图9-1　英国议会立法的不同阶段

资料来源：UK Parliament，2018.

144　　　立法很少是"立法机关"发挥最大影响力的职能，因为在大多数自由民主国家中，政府实现了对立法的有效控制。关于新法律的提案没有经过立法机关设计，甚至没有经过立法机关的修改就通过了。在英国，主导立法的历来是执政党。正如莫兰（Moran，2015）所指出的那样：

> 将下院视为立法者是一种误读。几乎所有的立法提案都来自行政机关，即现政府，由行政机关制定并在公务人员的建议下施行。下院对立法提案的原则或细节的公开论辩对法律的制定也没有重大影响：确保执政党在议会中的多数席位（迄今为止一直是常见情况）意味着立法提案几乎不会被推翻，详细的修改通常是部长间妥协的结果。

在澳大利亚、英国和新西兰的政党主导的议会中，立法机关的立法职能是反应性的，并被限缩为对法案质量的控制：修补部长及官僚匆忙制定的法律中的错误。（在1996年新西兰采用比例代表制选举制度之前，一位总理吹嘘说，如果他在刮胡子时想到了一个主意，他可以在当天晚上将其加到法规中。）相比之下，欧洲大陆国家以委员会为基础的立法机关（参见后面审议职能的讨论）在立法方面所发挥的作用更加积极主动，在联合政府、强力的委员会和精英的共同作用下，它们致力于提出各方面都能接受的法律。

在诸如美国、巴西和墨西哥这样的总统制国家中，立法机关在立法方面拥有最大的自主权。只有国会议员才能提出法律草案，但是行政机关可以找到友好的议员来代为提案。总统制中固有的权力和人员的分权制衡限制了行政机关对立法机关的影响，政府内部的党派分裂常常还会强化这种制度化的机构分权（总统来自某一党派，而议会中的某一院或两院则由另一个党派所主导），这进一步降低了立法机关将行政机关的提议转化为法律的意愿。

两院制立法机关在立法时会面临额外的阻碍，即其中一个议院可能想要修改另一个议院所通过的法案。在诸如英国或西班牙这样的国家中，下院的权力更大，它可以决定接受或拒绝上院的修正。在诸如澳大利亚、巴西和印度这样的国家中，两院将进行联合投票，其中人数较多的下院在投票中也更占优势。在诸如法国、德国和美国这样的国家中，面对这种情况，它们将组成两院来源人数相等的特别委员会，这一委员会将形成得到两院认可的法案。意大利的做法与其他国家都不同，它允许法案在两院间来回进行审议直至达成协议（如果可能的话）。意大利一项关于强奸的法律草案能够很好地说明这一情况，该法案于1977年提出，直到 1995 年才正式成为法律。

批准开支

批准开支是立法机关，尤其是下院最古老的职能之一。它是欧洲国家组建议会的最初目的，即审查君主的开支申请。但在后来，尤其是在许多议会制民主国家，这种批准已经成为形式上的活动，通常是由行政机关准备预算并提交至立法机关，而立法机关很少对其进行修改。

为了让立法机关拥有管理财政的权力，韦纳（Wehner，2006）建议，立法机关必须有能力修改预算（而不是简单地被授权去削减预算），需要建立有效的委员会制度，有足够的时间来审议预算的详细情况并获得预算背后的背景性信息。很少有国家能满足这些条件，立法机关的批准通常在事后，是对政府部门间协商的确认。在许多民主国家，一旦预算到达立法者手中，预算草案就已经成为定局，如果立法者从复杂的一揽子计划中挑出任何部分去削减，整个预算都会分崩离析。

在对财政进行行政控制方面，美国是最明显的例外。国会仍然处于预算制定的核心，因为行政机关所花费的所有资金都必须分配至国会批准的特定门类下。其结果是联邦年度预算的辩论有时会变成一场精心设计的僵局：总统和国会都希望对方在资金用完之前能够同意自己的提议。当僵局出现时（这在 1976 年通过新的预算程序法以来已经出现过多次），大多数政府部门都必须暂时关闭，其工作人员也处在休假状态。

组建政府

立法机关是政府的关键部分，不仅因为它们负责处理政府事务，还因为行政人员的治理能力在很大程度上取决于立法机关的政治构成。在诸如美国、墨西哥和巴西这样的总统制国家中，单独选举产生的总统并不依靠议会中忠诚的党员来维系其执政地位。即便如此，这些议员在影响行政领导能力方面仍然发挥着关键作用。一个支持或友好的立法机关将为行政机关的有效领导提供明确的路径，而由反对党主导的立法机关将成为行政领导的阻碍。

相比之下，在议会制中，政府的人员构成完全取决于立法机关的政治结构。拉弗（Laver，2006）认为，在议会制中，立法机关最重要的作用并不是立法，而是"组建及推翻政府"。如果没有立法机关中的多数支持（至少是可行的少数），政党既不能任职也不能掌权。此外，执政党或执政党派联盟在立法机关中的实力影响着政府的稳定性。正如我们在第八章看到的那样，一个以单一政党为基础的、拥有立法机关多数的政府要比少数派政府更加稳定。

立法机关组成政府的功能在意大利体现得淋漓尽致，该国长期以来一直遭受其立法机关中政党过多的困扰。部分原因是避免再现墨索里尼那样的权力集中，部分原因是意大利内部持续存在的地区和经济差异。因此，在意大利政坛上，建立稳定的联盟很困难，政府经常倒台，总理的任期总是很短。1946—2016 年，意大利共经历了 65 任政府，每届政府任期不到一年。只有 2001—2006 年的贝卢斯科尼政府经历了完整的一届议会任期。但是他也不得不在第四年时辞任以重新组建政府。相比之下，阿明托雷·范范尼的任期最短，他在 1954 年 1—2 月间担任总理，任期只有 21 天（尽管在从那时起到 1987 年他先后担任了 5 次总理）。

审议

许多立法机关都是一个审议协商的机关，讨论在全国范围内具有重要性的公共事务。在**审议型立法机关**（debating legislature）中，审议主要采取在会议厅内进行一般性辩论的形式，这也被称为**全体会议**（plenary session）。例如，英国下院是讨论关键性问题的地方。在那里，议员们基于热情、党派立场和才能进行论辩。现场的论辩是全国政治讨论的舞台，也是长期性竞选活动的一部分。正如在辩论中所揭示的那样，在议院中所掀起的情绪通常比随后的投票更为重要。（有关英国议会的更多信息请参见"聚光灯 英国"。）

相反，在**委员会型立法机关**（committee-based legislature）中（例如美国国会和斯堪的纳维亚国家的议会），审议就不那么戏剧化了，采取了委员会政策讨论的形式。立法机关的**委员会**（committee）是由议员组成的小型工作组，旨在处理大量的、细节性的立法事务。规模庞大、事务繁多的下院尤其如此。委员会是立法机关有效工作的主力，它们对涉及国家利益的事项进行详细审查，包括行政和立法的提案。它们的主要任务是评估政府提案，同时对其行动进行有规则的监督。这种审慎的风格不像公开论辩那样引人注目，但通常更具建设性。

审议型立法机关：
以现场论辩为核心，通过辩论，主要议题得以解决，政党则因之获得或失去优势。

全体会议：
整个立法机关参与的会议，与委员会会议相区别。

委员会型立法机关：
大多数工作都在委员会中进行，委员会成员负责将提案转化为法律，举行听证会并监督行政机关。

委员会：
议员被指派到各个小组以研究新法律提案的细节。

148

聚光灯

英国

简介

英国是世界上最古老的国家之一，是议会制政体的诞生地。大不列颠及北爱尔兰联合王国的四个组成部分（英格兰、苏格兰、威尔士和北爱尔兰）自 1945 年以来经历了很多变化，并为未来留下了令人困扰的问题。福利国家的创办和如今的衰败、帝国的终结以及国家经济和军事实力的下降，这些问题迫使人们重新思考政府的角色以及在世界上的地位。2014 年苏格兰独立公投失败并没有终结关于联合王国未来走向的辩论，而 2016 年脱欧公投的结果则引发了更多问题，因为特雷莎·梅领导的保守党政府在舆论的严重分歧的背景下，难以确定脱欧的最佳条款。

政府组成	单一制下的立宪君主议会制政体；于 1066 年建国，没有成文宪法
行政	议会制。政府首脑是首相，他或她也是议会中最大党或党派联盟的领袖，与内阁一起进行统治；国家元首是君主
立法	两院制：下院（650 名议员）每五年改选一次，上院（约 790 名议员）由世袭的终身贵族和英国国教的资深成员组成
司法	基于英美法系传统。最高法院成立于 2009 年，由 12 名大法官组成，尽管最高法院无权否决立法，但其成立仍然强化了司法的独立性；法官终身任职，根据被任命的时间在 70 岁或 75 岁时强制退休
选举体制	下院采用单一议席多数制的选举制度；还存在一系列的制度用于其他地方机构的选举，诸如在苏格兰、威尔士和北爱尔兰
政党	多党制，尽管传统上以右翼的保守党和左翼的工党为主要政党，但较小的政党和地区性政党在政治上也很重要

人口：6 560 万

国内生产总值：2.6 万亿美元

人均国内生产总值：39 720 美元

英国议会

英国议会以议会制之母而闻名，是议会制度下立法机关所参照的模板。传统上，英国议会将全能和无能结合为看似不可能的一体。议会被认为是无所不能的，因为议会主权与不成文宪法的组合意味着在这片土地上不存在更高的权力。但它也被认为是无能的，因为执政党对其在议会中的成员施加了严格的控制，议会变成了一种工具而不是拥有权力的主体。

在今天，议会的地位并不太确定。由于北爱尔兰、苏格兰和威尔士议会的工作，英国议会已经失去了对这些地区的权力。而将权力让渡给欧洲议会也是英国脱欧政治家论证应该脱欧的重要理由之一。具有讽刺意味的是，在关于英国脱欧的辩论中，议会发现自己陷入了与特雷莎·梅政府的斗争中，这引发了关于议会权力应当更大的主张。

英国议会中的议员对议会工作已经变得越来越投入，有越来越多的议员具有专业性和商业性的背景，他们也将更多的时间投入选区的工作中，他们会议迟到的次数变得越来越少。长期以来，关于议会与社会相脱节或议会已经过时的观点正在式微，议会正变得更加自信且有效，对政府的约束也更有力（Russell，2016）。与此同时，与许多其他立法机关一样，英国议会对政府的信任度正在下降，这一现象还要早于当前反政治浪潮的兴起（Clarke et al.，2018）。

上院的角色也并不稳定。近 800 名议员主要由委任的终身贵族组成，但改革（如果最终达成一致）可能涉及实质上的选举手段。这样的发展可能使上院在挑战行政机关时更加自信。然而即使英国议会会更新其手段，但它仍将继续做它一直以来最擅长的事情：充当辩论的舞台，讨论对国家、政府和领导人具有重要意义的议题。

延伸阅读

Griffiths, Simon, and Robert Leach (2018) *British Politics*, 3rd edn (Red Globe Press).

Heffernan, Richard, Colin Hay, Meg Russell, and Philip Cowley (eds) (2016) *Developments in British Politics* 10 (Red Globe Press).

Leston-Bandeira, Cristina, and Louise Thompson (2018) *Exploring Parliament* (Oxford University Press).

监督

立法机关的最后一个职能就是对行政机关的监督（或审查）。在总统制下，这一角色的重要性取决于立法机关中的政党结构，即立法机关与行政机关是否由同一个政党所主导，以及立法机关与行政机关是否有着积极而富有建设性的关系。相比之下，在议会制中，立法机关通常更多地由行政机关所驱动，但它们仍然有集中监督行政机关的方式：

● 提问：针对领导人及各部部长进行提问，可以是口头上的也可以采用书面的形式。例如在英国，下院议员可以向官员及大臣们提出大量问题，更加有趣的活动是每周一次的首相提问时间，这是首相与反对党领袖之间的戏剧性较量。然而，在其他立法机关中，提问并不那么重要，法国的部长们经常不回应问题。

● 质询：在诸如芬兰、法国和德国的欧洲国家立法机关中，质询是另一种提出问题的方式。作为信任动议的一种模式，质询往往基于一个实质性的问题并要求迅速得到回应，随后会进行简短的辩论，并通常会就政府的回答能否被接受而进行投票。

● 紧急辩论：这一引人注目的手段，用于让行政机关承担责任。通常，提出紧急辩论动议的议员必须达到门槛数量且议长必须批准该动议。紧急辩论通常以政府获胜而告终，其意义在于辩论本身及辩论得以召开的情况。紧急辩论通常会引起公众的关注，并要求政府发言人做出审慎的回应。

毫无疑问，立法机关追究行政机关责任的最有效方式就是**信任投票**（**vote of confidence**）或谴责动议。前者是会导致政府下台（一旦结果对

信任投票：
在立法机关进行关于其对政府领导信心的投票。如果投票失败，则立法机关通常要求政府成员辞职。

政府不利）的投票，而后者则表明因特定原因而对特定部长的不赞成。信任投票与其说是一种监督形式不如说是关于政府是否可以继续执政的决定。这样的投票很少见，但却能决定行政机关的命运并有可能导致领导层的更选，甚至是引发新的选举。最近通过的不信任投票是 2011 年针对加拿大的少数派哈珀保守党政府的投票，该政府被指控未能披露与新法律相关的财务细节以及关于犯罪和减税的事项。此次投票引发了新一轮大选，导致哈珀的保守党多数派政府得以形成。

在法国和瑞典，需要立法机关内部的大多数人投票（不仅是出席投票的人）表示对政府失去信任，不信任投票才能通过。在其他国家，不信任投票的动议没有特别的指定，可以是政府认为如果投票结果不利将不得不辞职的任何投票。典型的例子就是在批准开支的动议中失败。在包括瑞典在内的一些国家中，不信任投票可以针对个别的部长，也可以针对整个政府。

一院制还是两院制？

一院制和两院制：
用来指示立法机关中议院数量的术语。

对于大多数国家来说，**一院制**（single-chambered/unicameral）（单一议院）立法机关足以代表公众的利益并履行自身的职责，因此，世界上近 60％的立法机关只有一个议院（Inter-Parliarmentary Union，2018）。出于历史、政治或实际需要，还有 40％的国家实行**两院制**（double-chambered/bicameral）（双议院）。南非甚至在 1984—1994 年建立了一个三院制的立法机关，每个议会代表一个种族，但这是极其不寻常的做法。

149

在实行两院制的立法机关中，其中一个议院通常被称为下院，另一个则被称为上院。与直觉相反，下院（具体名称案例参见表 9-2）通常在规模和权力上都较上院更大。下院几乎是法案的来源地，而上院则扮演着再看一眼的角色。下院通常拥有对预算事务的唯一或主要控制权。上院与下院名称的起源尚不明确，但可能要追溯到英国在贵族和平民之间划分开并分别立议院的做法。"历史和精神上的贵族"构成了英国更具历史意义和独特性的"上"院。

表 9-2　部分国家下院名称

名称	案例
众议院	阿根廷、巴西、智利、捷克斯洛伐克、海地、意大利、墨西哥、罗马尼亚、卢旺达、西班牙

续表

名称	案例
国民议会	阿富汗*、安哥拉、保加利亚、法国、希腊、匈牙利、科威特、尼日利亚*、巴基斯坦、俄罗斯**、南非、韩国、泰国*、土耳其、委内瑞拉
代表大会	澳大利亚、埃及、日本、荷兰、新西兰、尼日利亚、菲律宾、美国
平民院	加拿大、英国
人民院	阿富汗、印度
协商会议	印度尼西亚、伊朗、阿曼、沙特

注：＊表示两院，其他仅表示下院或仅有一个议院，＊＊表示联邦议会。

在一院制与两院制之间的选择反映了不同的民主愿景。一院制的立法机关由民主主导的多数主义理论所证成，其逻辑是，基于直接选举的立法机关反映了民众的意愿，其行动不应受到阻碍。此外，一院制更具负责性，更加经济也更加果断。但它无法像两院制那样，因为所代表的地区利益的不同而更能留意细微之处。

但两院制立法机关的捍卫者认为，上院的存在是一种制衡机制，能够让政策论辩更加审慎，因为上院议员的任期一般更长，而且因为上院规模较小可以实现两院合议，并且可以保护个人和团体免受下院中可能出现的多数人暴政的压迫。两院制常见于规模较大的国家及民主政体中，并且普遍存在于联邦制国家中，其中上院通常代表组成联邦的各州或各省（参见第十一章）。

上院的存在还可以分担下院的工作，并作为复核议院来修改法案、审议宪法修正案、驳回激进立法。总之，上院的存在为立法机关的工作提供了三思而后行的空间。美国的开国元勋詹姆斯·麦迪逊建议成立上院以防止"过度立法"（Hamilton，1788b）。因此，上院类似于传统中元老院的现代变体，与下院相比，上院中的辩论通常没有那么浓重的党派色彩。

当立法机关有两个议院时，它们的关系也会成为一个问题。通常，下院在被称为**弱两院制**（weak bicameralism）的安排中占据主导地位。在典型的单一制（参见第十一章）议会政府中，政府的存续取决于议会的支持，因此必须（或应该）明确一个议院成为这种责任制度下的核心。维持和推翻政府的任务自然落到了下院的肩上。

弱两院制：
下院主导两院制时的情况，下院成为体系政府责任制的核心。

150

聚焦 9.1

立法机关：规模重要吗？

我们在直觉上觉得立法机关的规模应该反映着国家的人口规模。然而，立法机关的规模很难衡量其强度和代表性。庞大的议会可能看起来很强大，但是庞大的规模也使得其成员很难团结一致，甚至有被更具内聚力的行动者——如政党，甚至是它们自己的委员会——所架空的风险。相比之下，一个人数可能不足百人的小议院能为所有代表在合议中发表意见提供更多的机会。

更具说服力的指标是人均代表人数（参见图 9-2）。相比之下，仅有 349 名成员的瑞典议会的规模要小得多，但平均每名议员仅代表约 28 400 人，这使得瑞典人在国家层面的代表性要更强。

乍一看，印度人的政治代表性水平是最差的，平均每名议员要代表超过 230 万人。但印度是联邦制（参见第十一章），因此印度人在州和地方立法机关中也有代表。同样的情况也适用于人均代表数较多的其他国家，例如美国和尼日利亚。相反，英国和瑞典似乎在代表性水平上很高，但与联邦制国家相比，它们在次国家层面的政治单位中就较为弱小。

在理解总体规模、人均规模和立法机关代表质量之间的关系上，制度主义的理论最具有潜力。同时，正如这里引用的例子所说明的那样，数字并不能说明一切。在进行案例选择时，研究者必须小心留意不同国家的政治环境。

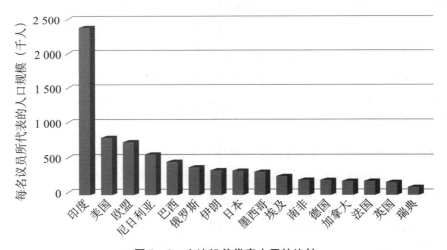

图 9-2 立法机关代表水平的比较

资料来源：Inter-Parliamentary Union，2018；World Bank，2018.

注：在两院制立法机关中仅使用下院的规模数据。均为 2016 年的数据。

151 下院的主导地位也可以通过其他方式看出：

- 下院的规模通常更大，世界上下院平均有 254 名成员，而上院仅有 95 名成员（Inter-Parliamentary Union，2018）。

- 下院通常对预算负有特殊责任。

● 下院通常是引入重要立法提案的论坛。

● 下院有权推翻上院的立法修正或否决。

与此同时，在总统制中，总统是直接选举产生的，他并不依靠议会的信任来维持自己的执政地位，因而对行政机关的问责不必再聚焦于某一议员。在这种情况下，**强两院制（strong bicameralism）**可能会随之产生，尤其当两院制与联邦制（参见第十一章）相结合的时候。美国国会就是这种制衡性安排的代表性案例。凭借作为各州代表的宪法地位，参议院在美国国家治理中发挥着全面的作用。

两院制的第二个问题是：如何确定哪个议院是上院？除非两院代表不同的公共利益，否则两院制立法机关的意义很有限。如果它们的规模相同，以相同的方式选举产生，具有相同的力量，那么它们将简单地互相复制。避免这种重复的一种方法是以不同的方式形成两个议院，为此有三种形成议院的方式：直接选举、间接选举和委任制，参见图 9-3。

> **强两院制：**
> 在联邦总统制国家中，当两院权力更加平衡的时候就会形成强两院制。

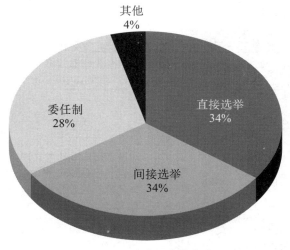

图 9-3 形成上院的方式

资料来源：Inter-Parlimentary Union，2018.

注：数据基于席位而非上院的人数来计算。相比之下，下院近 95% 的议员是直接选举产生的。

法国的参议院就是间接选举产生的，其参议院成员由法国各省（县）的选举团选举产生。这些选举团由地区议员、市长、市议员和当地国民议会议员组成。选举团成员偏重农村地区，这有助于保持参议院在政治上的保守风格，这阻止了社会主义者在 2011 年之前赢得国民议会多数席位（社会主义者随后在 2014 年又失去了多数席位）。

加拿大的参议院则是通过委任制形成的，其参议院的 105 名成员都是由总督（英国国王的代表）根据总理的推荐任命的。这可能使其参议院看起来缺乏民主色彩，如同成员的任命由总统控制的俄罗斯联邦委员会一般（参见本章后续部分）。然而，加拿大总理对地区性的权衡十分敏感，除了自己所属政党的成员外，他还会任命独立人士以及反对派成员。无论如何，参议院很少违背众议院的意愿，并且不像众议院那样有着浓厚的党派色彩。

上院是直接选举产生的，上院议员比下院议员的任期更长。通常能达到 5 年或 6 年，而下院议员一般任期为 4 年或 5 年（参见表 9-3）。为了进一步区分两院，其选举周期也是错开的，美国联邦参议员任期 6 年，每 2 年对其中 1/3 的席位进行改选，法国参议员的任期 3 年，每 3 年对其中一半的席位进行改选。

153

表 9-3　上院的比较

国家	名称	成员数量	任期	上任方式
澳大利亚	参议院	76	6	在每个州通过单一可转移投票直接选举产生
德国	联邦参议院	69	—	由各州政府任命
印度	联邦院	245	6	233 名议员通过各邦议会简介选举产生，12 名成员由总统任命
爱尔兰	参议院	60	5	11 名成员由总理任命产生，43 名成员通过职业委员会选举产生，6 名成员在两所大学中产生
墨西哥	参议院	128	6	通过直接选举的方式产生；每个州的最大党能够赢得该州的 2 个参议院席位，排名第二的政党获得 1 个参议院席位；有 32 名参议院议员为国家选举产生
俄罗斯	联邦委员会	166	6	由地方立法和行政机关选举产生并由总统"批准"
美国	参议院	100	6	每个州有 2 名参议员，通过各州内部的多数决直接选举产生

资料来源：Inter-Parliamentary Union，2018.

联邦制（参见第十一章）中也会出现两院之间的自然分歧，因为联邦上院的选举是由各州安排的，较小的州被特意给予了更多的代表。例如，美国 50 个州在参议院中各自有 2 名成员，这意味着加利福尼亚州（人口 3 900 万）和怀俄明州（人口 58 万）拥有的代表数是相同的。巴西的参议院也是如此，每个州可以产生 3 名参议院成员，这意味着南部的圣保罗（人口 4 400 万）和北部的阿马帕（人口 75 万）所拥有的代表数也是相同的。美国的情况比巴西要好一点，巴西每名议员所代表的公民人数从 5.3 万人到 57 万人不等，这极大地扭曲了代表的平等性。

 代表们和他们的工作

理解作为一个机构的立法机关十分重要，但是了解立法机关内部成员以及他们如何开展工作并如何将政府的制度观念转化为行为观念也十分重要。人们期待立法机关的成员作为代表而工作，但人们对于代表如何产生、在多大程度上应独立于选民工作仍有着不同观点。这源于埃德蒙·伯克关于代理人和倡导人的想法（见本章前述部分），并由沃尔克等人（Wahlke et al.，1962）对美国州政府的研究发展而来。现在至少有三种**代表的模式（model of representation）**：委托式代表、自主式代表和党派式代表。近来在代表类型上又出现了新的观念，包括调解式代表和拥护式代表（参见表 9-4）。代表的可能性是无穷无尽的，对英国下院的一项研究（Searing，1994）就形成了十几种代表的工作模式，包括政策倡导者、理论家、高层人士、专家、通才、追求地位的人和旁观者等。

代表的模式：
理解民选官员如何代表选民和地区利益的方法。

表 9-4　代表的模式

类型	特点
委托式代表	代表是选民的喉舌，他们没有自主权，并且无论更广泛的国家利益为何，他们都被期望能够按照选举他们的人的偏好行事
自主式代表	选民给予代表自主权，让他们做出自己所认为的最佳判断，并采取有利于更大利益的行动，即便这意味着有时会违背自己所代表的选民和地区的短期利益
党派式代表	代表是政党成员，应该根据党的政策做出决策
调解式代表	代表必须在政府和选民之间进行调解，并将公民聚拢为可供代表的选民
拥护式代表	代表们必须根据自己最佳的判断力为选民的要求而战

注：调解式代表由威廉姆斯（Williams，1998）提出，拥护式代表由乌尔比纳蒂（Urbinati，2000）提出。还可参见：Blomgren & Rozenberg，2012。

与大多数情况一样，没有哪种模式能够完全捕捉到所有时间和所有地点的代表的本质，每种概括的模式都各有其优劣。这些概括提供了有益的参照点，可以用于观察立法机关成员在不同时空下的工作模式。然而，无论他们工作的动机及他们扮演的角色是什么，很明显，许多民选官员都认为他们的工作不仅仅是临时性的。自由民主国家最重要（也最令人不安）的发展就是职业政治家的崛起：受过教育的但在政治事务外

154

经验有限的立法者，他们期望能在政治领域展开全职且充实的生涯。传统意义上的业余政治家已经让位于那些对其他事务一无所知的专业政治人物，对这些人来说，专业化是成功的必要条件。

政治阶层：
有相似背景、利益和价值观念的职业政治家。

职业政治家的崛起引发了民众对这一**政治阶层（political class）**发展壮大的担忧，该阶层的背景和利益可能与其选民有所不同，并且他们经常会被特定利益所俘获。虽然专业人士可能在专业知识甚至在承诺上比业余政治家更具优势，但是他们作为一个阶层的崛起也可以被解释为对代议制民主的威胁，特别是如果该阶层不能反映普通民众的背景和态度。职业政治家的存在使得许多人更难以竞选到政治职位。职业政治家形成了一个立法者群体，他们的行为模式与思维方式都很类似（Allen，2018）。从某种意义上来说，这使得寡头统治（少数人统治）取代了民主。

政治阶层的崛起往往与其他两个因素相结合——立法机关的党派性与拖延作风——这使得立法机关及其成员都不受欢迎。图 9 - 4 显示了各国对立法机关信任程度的民意调查数据，该数据揭示了普遍的情况，尽管通常不是非常积极的情况。图中显示的较高信任程度可能也值得怀疑，因为威权国家中的人们可能不太愿意在民意调查中分享他们的真实的感受。在民意调查结果更为可信的成熟的民主国家中，通常只有不到一半的受访者对立法机关有信心。立法机关制定或确认人们生活中的规则，如果人们对立法机关缺乏信心，那他们也很难对规则充满信心（Holmberg et al.，2017）。相反，如果人们信任立法机关，这可能意味着政府运行会更加顺畅。

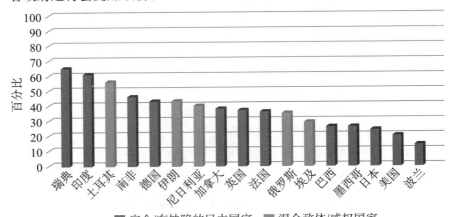

图 9 - 4　各国对国家立法机关的信任水平

资料来源：Inglehart et al.，2014.

注：数字反映了声称对国家立法机关"非常"和"相当"信任的人的百分比。

以美国为例，自 20 世纪 70 年代以来，在盖洛普（Gallup）民意调查中，美国民众很少对国会工作的认可度超过 40%。在"9·11"事件后，曾出现过一个短暂的高峰时刻，当时美国民众产生了民族团结感，对国会的信任度达到了创纪录的 84%。但该数字在此后急剧下降，并在 2013 年跌至 9% 的历史低点并自 2010 年以来始终在 20% 左右徘徊（Gallup，2018）。这一效应已经反映在了美国选民中日益增长的反在任者运动中，解释了为何特朗普在总统竞选中承诺"排干华盛顿的政治沼泽"（但并未真正遵守）具有吸引力。信任度的走低还反映在美国民众关于施加议员任期限制的讨论中，这是为了促使立法机关成员有更大的流动性（参见聚焦 9.2）。

155

聚焦 9.2

任期限制：优势与不足

156

正如我们在第八章看到的那样，无论是法律的规定，还是选民或执政党的意愿，民主国家的行政人员通常存在任期限制。即便没有固定的任期限制（例如议会的情况），高级行政官员任职超过 8～10 年的情况仍然很罕见。

立法机关的情况则大不相同，代表们很少需要面对**任期限制（term limits）**。只要他们的精力和选民的支持能够维持下去，他们就能再次当选。确定理想的任期时间并不容易，一方面，任期时间应足以养成专业精神；另一方面，任期不应定得太长以至于出现腐败或者如杰克逊（Jackson，1994）所说的与长时间在职相关的问题：傲慢、冷漠和退缩。

在使用政党名单比例代表制（参见第十五章）的国家中，政治人物的流动性更大，这使得政党领导人能够确保至少有少量新鲜血液输入。在使用多数选举制的国家中，政治人物的流动性相对较低。极端的例子是美国，国会的公众支持度虽然很低，但是受他们的知名度、获得竞选资金和政党支持的渠道以及选区划分的影响（参见第十五章），现任议员有超过 90% 的机

会能够连任（Bardes et al.，2018：表 8-5）。相比之下，墨西哥不允许国会议员任职超过一届，因此议员必须在三年任期满后下台，参议院则必须在六年任期满后下台，他们只能隔届参选再次任职（如果他们能在竞选中获胜的话）。

支持意见	反对意见
任期限制能够阻止职业政治家和政治阶层的形成，从而削弱了腐败的可能性	阻碍了那些优秀的议员为国家利益工作
议员任职时间越长就越有可能脱离选民	让议员难以和其选民与选区构建长期关系
任期限制能够带来新观点，并带来世代更替，这可能比让经验丰富的议员继续任职更重要	让选民难以从长期任职的议员的经验中获益
能够审查个别议员的权力累积情况	形成短视的议员，使其不再规划下一次选举之后的事情

任期限制：
限制当选政治家最长任期或禁止其连续任职超过一定届数的规则。

◇ 威权国家的立法机关

鉴于立法机关是民众拥有政治代表的象征，而且公众意见在威权国家中的作用并不如在民主国家中那样重要，长期以来，立法机关在威权国家中的重要性也远不如在民主国家中的。同时，与威权国家的行政机关相比，威权国家的立法机关也很少受到研究者的关注，这意味着人们对于两者的相对权力和弱点形成了许多假设。传统观点指出的，威权国家中的立法机关和选举是"协助统治者统治的工具，而无法追究他们的责任或迫使他们在政策上让步"（Schuler & Malesky，2014）。然而，就像在民主国家中一样，威权国家中的立法机关也存在不同的组织形式，它们很难被彻底抹去，而且其成员有时会成为国家内部唯一实质性的反对声音。

奥马克（Allmark，2012）注意到，政治学倾向于将威权国家中的立法机关视为橡皮图章，但他通过对 10 个国家（包括缅甸、沙特阿拉伯和叙利亚）的研究发现，威权国家中的立法机关在某些情况下可以成为表达反对意见的平台，可以强化国内的反对派并促进对公民的政治教育。舒勒和马莱斯基（Schuler & Malesky，2014）指出了研究中的新趋势，即认为威权政权不那么依赖强制镇压，而更多地依靠立法机关来吸纳（参见下文）、授权或削弱反对派。他们认为，立法机关是统治者为了最大化持续统治的利益或强化政体稳定性而自我构建的约束措施。

除了沙特阿拉伯等少数例外，协商性的议会能够提出法律但不能通过或执行法律，所有威权国家都具有某种形式的立法机关，它们的价值体现在以下五个方面：

● 它们为政权提供了国际和国内的合法性。统治者把立法机关的存在能让其他人参与政府作为证据，来应对其他政府和机构的批评。

● 立法机关可以将温和的反对派吸纳进政治体制，并作为协商不威胁统治者关键利益的议题的论坛。

● 立法机关为人们提供了宣泄不满情绪、为地方利益而游说的场所，并提供了整合中央与地方、国家与社会的措施。这种活动能够润滑政治的车轮却不会威胁到驾驶人的安危。

● 立法机关是未来精英的蓄水池，被考察者担任立法机关代表时的行为是一个初步的可靠性测试。

● 甘地（Gandhi，2008）认为，对于独裁者来说，立法机关是"受控的制度参与渠道"。其他团体可以通过这一渠道提出要求，而领导人可以"做出让步而不必屈从于民众的抗议"。

威权国家立法机关的核心功能是**吸纳**（co-option）：威权领导人虽然可以不必担心公众的舆论，但他们总是面临来自精英内部的挑战，至少是面临利益被分一杯羹的要求。出于这个原因，对统治者来说，将对手带到体制内可能会是在战术上更好的一招。正如电影《教父》中的一位角色所说："让你的朋友靠近，但要让你的敌人靠得更近。"斯沃利克（Svolik，2012）将立法机关在民主和威权国家中的作用做了对比。在民主国家中，立法机关致力于维持被代表的政治利益的多样性。而在威权国家中，立法机关的作用是"通过缓解承诺和监督的难题来增强威权国家在精英间进行权力分享的稳定性"。

吸纳：
领导人鼓励政治运动或政治反对派成为体制一部分的过程，这是为了将反对派进行无害化处理。

在混合政体中，立法机关是重要的政治工具。在不威胁行政领导人的领域中，立法机关的立场可能十分重要，例如，在代表地方和通过常规立法方面。然而，立法机关仍然要在行政机关的阴影下运作。对权力的嗅觉将引导人们远离立法机关，走向总统办公室。在那里，我们可能会发现一位既以行政命令又以法律治国的领导人，在极端情况下，他可能会解散顽固的立法机关以寻求更合自己心意的安排。 *156*

对于立法机关可以通过严密的监督使政府承担责任的理念而言，混合政体的政治环境是极为不利的。与之相反，国家领导人认为自己对整个国家负责，而不对他们所认为的腐败、党派色彩明显和狭隘的立法机关负责。此外，大部分混合政体要么出现在新生政权中，要么出现在相对贫困的国家中，这两个因素都阻碍了一个成员稳定、有广泛支持和完善委员会制度的专业立法机关的出现。

埃及立法机关的情况反映了混合政体中存在的一些问题。1923年 *157* 以来，埃及一直设有立法机关，但行政机关始终有能力推翻其决定或操纵选举以确保其中主要是对政府友好的议员。埃及立法机关于1971年更名为人民议会，并拥有了几项似乎能够限制总统的宪政权力：它可以拒绝政府提出的法律提案、提出自己的法律提案、密切控制国家预算并且可以就政府政策做辩论。但这些权力的实际意义并不大，沃特伯里（Waterbury，1983）曾对这种辩论做了生动的描述："在正常的情况下……立法机关中的专业委员会只能拿到政策的部分内容……而报纸则会拿到草案的全部……以报道其内容，议会仅能对拿到的政策草案进行少量的修改并将其作为一个整体而通过。"

埃及在 2014 年成立了新的众议院，但强有力的行政机关和相对薄弱的立法机关的传统似乎注定要延续下去，尽管其背后的原因有所不同。过去的人民议会被执政的民族民主党所主导，即被总统所控制。而新的立法机关饱受政党过多的折磨：在 2015 年的选举中，有将近 20 个政党赢得了议席，而选民的投票率——为了表现对塞西总统的反对——仅为可怜的 10%。不论是作为政府支持的来源还是作为反对派协商的论坛，新议院都无法发挥相应的作用。

相比之下，对于完全的威权国家而言，立法机关、总统和执政党之间的关系则不那么明了。统治者可以通过确保执政党占据立法机关多数席位（必要时可以使用非法手段来操纵选举）或确保政府中的大多数权力掌控在行政机关手中来掌权。赖特和埃斯克里瓦-福尔奇（Wright & Escribà-Folch，2012）还指出，立法机关可以"让统治者对潜在的竞争对手和民主主义者的承诺更加可信"。一方面，立法机关可能会降低统治者被反对派或民主化运动推翻的可能性，因而能够维系统治者的执政地位。另一方面，如果反对派对民主化不感兴趣而是以一个独裁者取代另一个独裁者，那么立法机关可能会产生破坏威权领导人的统治的作用。简而言之，统治者必须小心平衡对反对派的吸纳并严格控制他们。

普京领导下的俄罗斯表明，统治者通过对立法机关的操纵能够维持对多党体制的控制。俄罗斯的立法机关实行两院制。为了确保法律的效力强于总统的命令，立法机关的权力由宪法赋予。起初，在 20 世纪 90 年代，国家杜马（下院）成为抵制叶利钦改革的场所，经常发生激烈的辩论。普京的野心与俄罗斯对强政府的偏好相结合，使得权力平衡向总统倾斜。宪法规定，俄罗斯总统不仅是"宪法的保证人"，而且还被要求"确保行使国家权力的部门能够有效运转并相互协作"。到目前为止，总统在履行这一职责时并不重视立法机关。

我们可以在俄罗斯上院联邦委员会中发现普京对立法机关的控制。鉴于俄罗斯的庞大规模和多样性，以及俄罗斯的联邦体制（参见第十一章），俄罗斯联邦委员会类似于俄罗斯的参议院，提供了一种与国家杜马有所区别且相互补充的代表模式。但普京公开利用该委员会来扩充权力，因为俄罗斯宪法中缺乏联邦委员会如何确定其成员的具体规定。起初俄罗斯联邦委员会由联邦内部 83 个地区每地区所选出的 2 名代表组成，他们于 1995 年被各地的行政长官和立法机关负责人所取代。

2000 年，为了限制地区领导人的权力，普京通过国家杜马制定了一项新法律，联邦委员会成员由地方立法机关及其行政人员任命的全职代表担任。这一规定在 2012 年又发生了改变，各地议会选出 1 名联邦委员会成员，州长则从地方行政人员中任命另一名代表。但在实践中，普京的顾问对成员的选择拥有最终决定权（Remington，2014）。因此委员会必须批准总统提出的俄罗斯高等法院的候选人，并且必须批准总统宣布的戒严或紧急状态。也就是说普京控制着这些决定。

问题研讨

● 在民主国家的立法机关所承担的六项职能中，哪一项最为重要，哪一项最具影响力？

● 一个完全由具有相同宗教和种族背景的异性恋中产阶级男性组成的立法机关能否有效地代表一个国家？如果不能，原因是什么？

● 在非联邦制国家中，两院制立法机关还能发挥什么作用？

● 无论是作为解释工具还是指导原则，在本章列出的五种代表模式中，你认为哪一种最令人信服？

● 有任期限制是好还是坏？

● 在威权体制中，行政机关是唯一重要的机构吗？还是与立法机关相关的五种角色表明，它的角色比我们预想的要更加重要？

核心概念

● 两院制

● 委员会

● 委员会型立法机关

● 吸纳

● 审议型立法机关

● 立法机关

● 代表的模式

● 全体会议

● 政治阶层

● 强两院制

● 任期限制

● 一院制

● 信任投票

● 弱两院制

延伸阅读

Arter, David（ed.）（2013）*Comparing and Classifying Legislatures*（Routledge）.全面讨论了包括欧洲、拉丁美洲和非洲国家在内的立法机关的情况。

Blomgren, Magnus, and Olivier Rozenberg（eds）（2012）*Parliamentary Roles in Modern Legislatures*（Routledge）.利用欧洲、澳大利亚和新西兰的案例来讨论议员不同角色的论文集。

Fish, M. Stephen, and Matthew Kroenig（2011）*The Handbook of National Legislatures：A Global Survey*（Cambridge

University Press). 通过立法机关自主性、能力、影响力和权力这四个维度来评估国会权力的作品。

Loewenberg, Gerhard（2016）*On Legislatures*：*The Puzzle of Representation*（Routledge). 本书讨论了立法机关工作方式中所固有的难题和矛盾。

Martin, Shane, Thomas Saalfeld, and Kaare W. Strøm（eds）（2014）*The Oxford Handbook of Legislative Studies*（Oxford University Press). 全面讨论立法机关问题的论文集。

Olson, David M., and Gabriella Ilonszki（2012）*Post-Communist Parliaments*：*Change and Stability in the Second Decade*（Routledge). 关注欧洲后共产主义国家的立法机关如何实现民主转型的作品。

第十章
官僚体系

 目录

预览

　　作为负责实施公共政策的机构，官僚体系是政府结构中的重要组成　　　*160*
部分。官僚是唯一与我们中的大多数人有直接联系的公职人员，无论是
申请驾照或护照还是纳税或购买房产，我们都要和官僚打交道。尽管民
众与官僚的直接联系很多，但是官僚体系仍然经常被误解，正如它们会
因失败而受批评、因成功而受赞扬。

　　在 20 世纪初马克斯·韦伯将注意力转向官僚体系之前，西方很少
有研究关注到官僚体系。对官僚体系的刻板印象包括等级森严、受程序
驱动、对客户需求反应迟钝。但官僚体系也是政府的重要组成部分，为
了解官僚体系的发展变化，我们需要了解它的结构、使它承担工作的政
治和专业压力以及官僚体系正在如何演进。

　　本章首先回顾了官僚体系是如何发展演变的，讨论了新公共管理方

法的兴起以及近来数字政府的发展。其次，本章转向民主国家中的官僚体系如何组织，包括从政府部门到政府部门内部各分支和提供公共服务的非政府组织在内。然后，本章着眼于官僚是如何被招募及追究责任的。最后，本章讨论了威权国家中官僚体系的发展，我们可以看到，威权国家与民主国家在官僚体系的发展上有着惊人的相似之处。

核心观点

- 韦伯对传统官僚体系的分类是理解现代官僚体系的起点。

- 新公共管理和服务外包改变了官僚体系的工作模式及其与公众的关系。

- 数字政府意味着政府更容易被接触到，但也引发了对监控、隐私和数据保护的担忧。

- 在民主国家中，公共部门是包括政府各部、各分支机构及监管机构在内的复杂网络。

- 决定公共雇员质量的因素有两个：如何以最佳方式雇用他们以及如何使他们负责。

- 官僚体系是威权国家中边缘化政治机构的例外。没有官僚，统治者就无法发号施令。

官僚体系：一个概述

对**官僚体系**（bureaucracy）（也被称为文官体系）的研究侧重于研究支持政治行政机关的中央部门和公共机构的网络。这一网络主要有两个功能：一是在制定政策前向政治家提供建议，二是在达成决策后推动决策的落实。向部长或书记提供建议的科室负责人、检查纳税申报表的稽核员、试图找出飞机失事原因的工程师——所有这些都是复杂的公共官僚体系的一部分。官僚体系的概念可以进一步拓展：任何大型组织的行政人员（例如大学、政党或公司）都可以被视为官僚体系的一种。他们所属的组织有许多我们在公共官僚体系中也能够发现的激励、限制和引导措施。

从传统意义上来说，对官僚体系的研究集中于在政府部门中长期工作的官员身上。这些精英官僚以及他们所属的部门具有显著的重要性，官僚主义这一词汇有时仅是对他们的描述。然而，今天人们研究的注意力越来越多地转向更宽泛意义上的治理主体，如半独立机构、地方政府甚至是非政府组织和私营公司。公共项目越来越多地外包给这些主体。我们在此将所有公共网络统称为官僚体系，其他人则使用公共行政或公共管理等概念来指代对更广泛意义上的公共部门的研究。无论使用什么标签，了解现代国家和在其中开展工作的人，都需要一张关于复杂网络的思维导图。结构理论有助于我们理解将官僚体系与政府其他部分联结在一起的网络、纽带和互动。

在理解官僚体系方面，我们需要审视其内部结构、人员招募和问责模式，关注其如何实现跨部门协作以及如何在缺乏市场机制的情况下有效地提供服务。寻找最优秀的雇员并让其进入公共部门——尤其是那些技术门槛和薪酬都较低的职位——还要让其获得使命感和服务动机并非易事。提供关键公共服务的专业人士（例如公共卫生系统中的医生和护士）的使命感往往最强，但刻板印象中的官僚则往往推诿塞责，通过"**繁文缛节**"（red tape）来降低服务效率的情况也十分常见。

然而，近几十年来，迫于改善公共服务的压力，以及向电子政府转型的契机，官僚体系经历了重大变化。理解现代官僚体系（至少在较为富裕的民主国家）有两个主要的议题：一是外包，即将公共服务转移给私人承包的行为；二是通过互联网进行公共服务。

161

官僚体系：
字面意思是由官僚来统治。在比较政治的背景下，这一概念描述了承担公共行政的人员和组织。

繁文缛节：
官僚体系被程序和规则所束缚的典型情况，源于 16 世纪一些欧洲国家以红色丝带捆束行政文件的习惯。

◆ 官僚体系的起源与演进

古代王国或帝国也存在某种形式的官僚体系，在中世纪的欧洲，文官起初是王室的代理人，在君主的领导下开展工作。现代官僚制的许多特征，诸如定期工资、养老金、公开招录等，都是为了避免官僚体系的公共服务异化为为统治者个人服务。

卡尔·马克思（1818—1883）是最早对官僚体系进行理论研究的人之一，他认为官僚体系的发展与私营公司的发展天然是共生共依的。德国社会学家马克斯·韦伯（1864—1920）最早对官僚体系进行了系统化的研究。韦伯的理论构成了我们理解西方官僚体系的基础。韦伯的模型以传统制度的观点看待公共行政，将其视为一个纪律严明的等级制度。在这种科层制体系中，根据绩效进行招录和晋升的受薪官僚利用明确的规则对事实进行理性决策（参见表 10-1）。

162

表 10-1　韦伯的官僚制模型

类目	特性
工作	精确划分的任务分工
决策	通过将规则有条不紊地应用于具体事例而达成
招录	基于已被验证的（至少是潜在的）能力来招录
职业发展	有能力的官员能够拥有稳定的工作职位和薪水，基于资历和才能晋升
结构	纪律严明的科层制，较低级别的官员服从于他们上级的权威

韦伯的模型将公共服务想象为专业性的和法律性的，而不是管理性的和商业性的。他的核心主张是：官僚制提高了行政管理效率，为工业和军事组织技术应用于民政提供了手段。

与其他组织相比，全面发展的官僚体系就像一台不生产器械的机器一样。准确、高效、清晰、规范、连续性、谨慎、统一、严格地服从、减少损耗及人力和物力成本——这些在严格的官僚行政中能够达到最佳水平。（引自 Kalberg，2005）

韦伯的理论在欧洲大陆有很大的影响力，但是在北美的影响力则要略逊一筹。北美的公共服务体系以更加务实的方式发展。由于不存在欧洲的君主制传统和国家历史，公共管理起初被认为是落实政治决策的常规手段。例如，在美国，最基础的哲学理念是由普通人进行治理。这一理论假设所有公民都能够胜任所有的公共部门职位。专业性的官僚的理念被认为是精英主义的和不民主的。

民粹主义的官僚体系理论很自然地支撑了**分肥制**（spoil system），这一概念源于"赢家通吃"的俗语。在美国，分肥制最初确保了新当选的总统能够更替几乎全部联邦政府的成员，那时联邦政府的规模也较小。这一体系至少持续到了 1883 年，直到《彭德尔顿法案》引入了一个公务员制度委员会来招募和管理联邦雇员。在加拿大，选贤任能的原则在 1908 年被引入，并在 1918 年的《公务员法》中得到全面应用。

西方的官僚体系在 20 世纪达到了顶峰。大萧条和两次世界大战极大地拓展了政府的工作内容和范围，从而扩大了官僚体系的规模。与此同时，在二战后的几十年里，福利国家在西方尤其是北欧国家得到实现（参见第二十章），这需要一个庞大的官僚体系来分配补助金、津贴和养老金。到 20 世纪 70 年代，公共就业占英国和斯堪的纳维亚国家劳动力总数的近 1/3，不过这种规模的扩张主要发生在地方层面。

然而并不是一切都尽如人意，因为在 20 世纪最后的几十年里，人们对官僚主义的行事方式越来越不满，改革的呼声越来越高。早在 1971 年，尼斯卡宁（Niskanen）就指出了批评者如何看待公务人员通过参与非生产性质的活动以增加其部门的预算和人员。民主国家通过外包公共服务的方式来进行公共服务改革（参见聚焦 10.1），这一变化有助于削弱中央政府对政策执行的垄断。另一项改革举措是以市场为导向的官僚体系，这种方法后来被称为**新公共管理**（new public management），这一措施在 20 世纪的最后几十年席卷了民主国家的整个官僚体系。

美国的里根政府和英国的撒切尔政府于 20 世纪 80 年代最早引入了新公共管理，其目标远不限于外包服务。新公共管理致力于使用私营公司的方法来提高公共部门的效率和响应能力，提高管理者的责任感并削减公共支出（Christensen & Lægreid，2016）。在新公共管理的观念中，公共组织从横向和纵向上被拆分，更多的单一功能的自主性机构被创建出来。管理者在运营上能够获得更多的自主权，公共和私人供应主体都被允许竞争政府合同。这些改革的意义在于，它们彻底不同于韦伯意义上的官僚体系，即官僚的工作只是简单地用固定化的规则处理问题。人们宣称，公共行政已经被公共管理所取代。

分肥制：
一种恩庇式的安排，当选的政治家通过分配政府职位以回馈其支持者。

新公共管理：
一种在 20 世纪 80 年代出现的公共行政模式，这一理论认为市场导向的原则将使公共管理变得更加有效。

163

聚焦 10.1

政府工作外包：优势与劣势

许多政府长期以来一直依赖外部承包商为其提供商品和支持性服务，近几十年来，这种做法随着**外包（outsourcing）**的增多而逐渐深化。这就是为什么美国联邦政府雇员占社会总劳动力的比重从 1966 年的 4.3% 下降到了 2013 年的 2%。这也是基于合同的聘用制人数是直接由联邦政府雇用的人数的两倍的缘故（US Bureau of Labor Statistics, 2018）。

随着政府和承包商的工作通过程序来进行协作，并且认识到什么是可以（或不可以）进行协作的，有越来越多的启动性问题开始出现。但趋势表明，外包仍将存在下去，更多的工作和服务正在从政府部门转移到私营部门。其中部分是出于互联网的驱动，但是主要的原因是政府想要节约开支的愿望。开展外包的项目包括垃圾收集、废水处理、安全服务、设备服务、技术支持和公立学校及医院的管理，甚至还出现了私人管理的监狱（澳大利亚有将近 1/5 的囚犯被关押在私人监狱中）。外包的一个变种是合包（co-sourcing），即公共部门和私人部门的协作。

从积极的一面来看，外包意味着潜在的承包商之间要展开竞争，这有助于降低成本并促进优胜劣汰。由于明白自己身处竞争性环境，私营机构的员工会更关心客户的满意度，私营承包商也更有动力去高效地完成任务。同时，私营承包商还相对不容易受到政治操弄和控制。

从不利的一面看，如果没有谨慎的选择和有效的监督，外包可能导致公共服务质量降低，对于私营承包商而言，他们也不需要负直接责任和政治责任。而且与首次进入某个领域的私营公司相比，政府部门通常在相关领域拥有更多的知识和经验。此外，一旦签订合同，受雇的私营供应商通常是唯一的供应者，这实际上是以私人垄断取代公共垄断。最后，外包的数量是有限的，因为并不是所有政府事务都可以外包出去（例如警务）。

外包：
与私人承包商签订合同以提供那些曾由公共管理体系控制的服务。

新西兰是应用新公共管理方法的先驱。在 20 世纪八九十年代，新西兰进行了可能是"所有西方民主国家中最全面、最激进的改革"（Pollitt & Bouckaert, 2011）。新模式的一个特点就是大量使用合同。其应用范围远不限于规定私人企业提供地方性服务（如垃圾收集）的标准费用。政府甚至与私人供应商签订合同以解决像债务追缴这样的敏感问题。通过这种方式，新西兰的官僚体系规模从 1988 年的 88 000 人减少到 1994 年的 37 000 人（即便其中的一些人只是分配到了其他岗位）。此外，合同还被用于约束服务的购买者（例如交通部）和供应者（例如负责道路的新西兰运输局）之间的关系。

尽管现在对新公共管理的兴趣已经过了顶峰，但是其影响仍然长期存在。新公共管理的最大贡献可能在于思想的转变，以及对于"私有化、市场化、参与、放松管制和灵活性愿景"的促进（Pollitt & Bouckaert，2011）。与此同时，有些人（如 Christensen & Lægreid，2016）认为新公共管理可能已经进一步转型为新公共治理，这意味着由多重行动者参与公共服务供给也带来了不少担忧，包括在许多国家中长期存在的经济难题的恶化，以及诸如恐怖主义、气候变化以及传染病传播等问题的深化。

通过比较不同国家官僚体系的规模，我们可以深入了解一些已经发生的变化。首先，我们可以比较官僚的整体数量，这是政府规模的指标，以及不同政府通过公共项目提供教育和医疗的程度。国际劳工组织的数据表明，依据就业比重来衡量，富裕的斯堪的纳维亚国家拥有规模最大的公共部门，而韩国和日本公共部门的规模最小（参见图 10－1）。

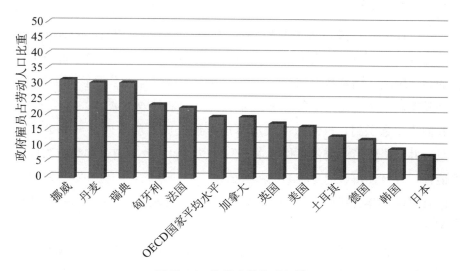

图 10－1 比较官僚体系规模

资料来源：International Labour Organization，引自 OECD，2017a.
注：图中为 2015 年的数据，涵盖所有层级的政府。

其次，我们可以看到中央政府和地方政府在人员雇佣方面的比例，这一指标能够反映中央集权化水平。国际劳工组织的数据（参见图 10－2）表明，大多数民主国家所雇用的公务员主要集中在地方而非中央层级。在美国、加拿大、德国和巴西等联邦制国家中，中央层级的公务员占比是最小的。瑞典虽然是单一制国家，但是其政策的执行人员也主要集中在地方层级。

165

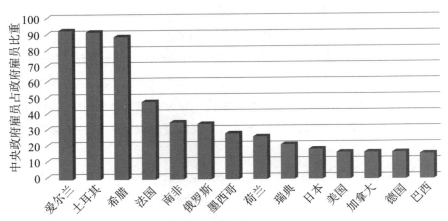

图 10-2　比较中央政府规模

资料来源：International Labour Organization，引自 OECD，2017a.

注：图中为 2015 年的数据。

 数字政府

数字政府：
利用信息和通信技术提供公共服务。

　　官僚体系在近来最重要的发展趋势就是**数字政府（e-government）**的出现。数字政府的出现得益于互联网所开辟的政府、政府各部与公民的沟通渠道。随着数字政府的扩展，我们不应忘记新公共管理的教训，即随着新渠道对旧渠道的补充而非替代，预期的效率收益往往会消失。我们也要意识到，虽然数字政府可以方便公民访问政府部门和公共信息，并且降低了政府的运作成本，但它也增加了政府遭受网络攻击的可能性，并且使得政府更容易监视其公民。即便如此，外包和数字政府的结合可能意味着我们正处于官僚体系运作，以及官僚和公民联系模式的革命之中。

　　蒙塔吉尔（Montargil，2010）提出了数字政府的四个发展阶段：

　　● 信息供给阶段，可能是通过网络来披露公共服务的具体信息。这有助于寻找有关部门或机构的工作信息。

　　● 交互阶段，使用者可以下载政府表格或向政府发送邮件。

　　● 执行阶段，使用者可以线上支付账单或提交申请。

　　● 整合阶段，这意味着使用者仅需注册或电子认证就可以在一个站点享受从申请驾照到注册公司在内的所有政府服务。然而这样的门户网站或线上办事大厅很难落实，这需要整合来自多个部门的数据库。

　　信息整合有助于公共部门提供更加积极主动的公共服务。如果你的出生年份和地点能在政府部门查询到，那么在你整个一生中，交通部门可以据此向你发送有关申请驾照的信息，内政部可以据此向你发送选民登记表，卫生服务部门可以据此向你发送与年龄相关疾病的家用试剂检测盒。同样，将学校记录与国家儿童数据库关联整合有助于找到那些移居到其他地方的儿童。由此，数字政府发挥了把政府部门联结起来的作用。

数字政府在互联网接入最广泛的富裕国家方面取得了最多的进展。表10-2呈现了联合国编制的在定期调查中电子政务办理排名前十的国家。2016年的调查指出，越来越多的国家正在公开可供随时审查的政务信息（诸如公共支出）。换句话说，数字政府正在使政府活动更加透明化。联合国报告还指出，大多数国家的数字政府已发展至交互阶段，进入整合阶段的国家数量也在急剧增加，从2003年的45个发展到了2016年的90个。更多的国家也正在转向参与性或者至少是协商性的决策模式，例如就当代的经济发展倡议征求人们的意见。

表10-2　世界数字政府发展排名前十的国家

1. 英国	6. 瑞典
2. 澳大利亚	7. 荷兰
3. 韩国	8. 新西兰
4. 新加坡	9. 丹麦
5. 芬兰	10. 法国

资料来源：UN Department Economic and Social Affairs，2016.

注：排名依据2016年的数据，并基于线上服务的联通性、电信基础设施质量以及总体的教育水平。

与此同时，正如我们将在第十四章看到的，数字政府的应用仍然是不平衡的。例如，在欧洲，有线和无线网络服务的供给几乎已经达到了饱和状态，但非洲地区在这方面仍然远远落后于其他国家。即便在同一国家内部，人口稠密的地区往往有更多体验电子政务的机会，人口稀少的地区则相对弱势一些。澳大利亚就是一个例子。虽然它是世界上数字化水平较高的政府之一，其数字政府的发展可以追溯到20世纪90年代中期，但他们也发现，数字政府的应用不仅取决于技术能力还有许多社会和经济障碍，例如贫困。澳大利亚也是一个大规模国家，人口集中度高，农村人口少且分散，不容易接触到各类基础设施。具有讽刺意味的是，和许多国家一样，澳大利亚最有可能从数字政府中获益的人反而是最难接触到数字政府的人（Baum，2014）。

关于数字政府的另一个担忧涉及隐私权的丧失、形成权力滥用的新渠道，例如未经授权将数据传输给第三方（包括私营企业和外国），以及黑客攻击政府所带来的危险会增加。公众因意识到私人通信（如短信、电话和互联网使用记录）可以被政府以应对安全威胁为名获取而对数字政府产生的质疑正在加剧。隐私和数据的保护性法规，例如欧盟2016年的《通用数据保护条例》（取代了1995年通过的《数据保护指令》）只能提供有限的保障。人们可以准确查询个人记录、访问记录，但不能防止其个人信息被滥用。

◇ 如何组织官僚体系

拥有不同权力的行政机关、立法机关与司法机关以不同的模式组织起来，官僚体系也是如此。它们的结构和特性因所在国家而异，这要求我们在研究时关注其结构性因素的重要性。通过对这些差异的观察，我们可以区分出三种主要的机构类型与层次：部门、处室和非部门性质的公共机构。

部门

部门：
由部长进行直接领导的行政单位。一般以正式的等级制度组织起来，依据法规设立并通常具有内阁级别的地位。

现代官僚体系的核心被称为部门。各国政府部门的总数各不相同，但通常有12~24个。几乎所有国家都具有处理外交、经济、司法、卫生和环境的部门，其他部门则根据政策领域的重要程度和中央政府（参见表10-3）的职责而增加。政府各部也具有内阁级别的地位，这意味着各部的领导同时也是内阁成员或部长会议成员，这使他们在政府中发挥更核心的作用。部门间有一个明确的排序，最重要的部门通常包括外交、财政、国防和司法。

表 10-3　部分国家政府部门的设立情况

政策领域	美国	英国	日本	墨西哥	尼日利亚	俄罗斯
外交	✓	✓	✓	✓	✓	✓
财政	✓	✓	✓	✓	✓	✓
国防	✓	✓	✓	✓	✓	✓
卫生	✓	✓	✓	✓	✓	✓
内政	✓	✓	✓	✓	✓	✓
教育	✓	✓	✓	✓	✓	✓
司法	✓	✓	✓	✓	✓	✓

续表

政策领域	美国	英国	日本	墨西哥	尼日利亚	俄罗斯
劳工	√	√	√	√	√	√
贸易	√	√	√	×	√	√
交通	√	√	√	×	√	√
农业	√	×	√	√	√	√
环境	×	√	√	√	√	√
文化	×	√	√	√	√	√
地区事务	√	√	√	×	×	√
城市	√	×	√	√	√	√
能源	√	×	×	√	√	√
商业	×	×	√	√	√	√
地方政府	×	√	×	×	×	×
其他	√	√	√	√	√	√
总计	15	22	19	19	29	22

"√"代表该国在相关政策领域设立了政府部门。

"×"代表该国在相关政策领域没有设立政府部门。

资料来源：六国的政府网站。

注：截至 2018 年年中的安排（包括部门名称、数量和分布），不包括相关处室、机关和监管机构。

公共活动的范围及其在政府中对应的组织因国家而异。例如，虽然大多数国家只有一个能源部，但是尼日利亚有独立的能源部、石油部和电力部门。文化部在一些国家中设立，在另一些国家则可能没有。美国几乎是唯一具有内阁级别的退伍军人事务部的国家。各国经济政策、金融、投资和货币事务的责任分配也各不相同。最后，政府部门将根据社会发展而定期进行更名、拆分或合并，这使得政府部门结构不断变化。例如，2018 年，英国有专门的政府部门负责监督该国退出欧盟，而日本则组成新部门来处理诸如出生率下降、"工作方式改革"以及核问题的应急管理。（关于日本官僚体系的更多细节参见本章的"聚光灯　日本"。）

大多数国家在设立政府部门时都遵循了类似的顺序，这种顺序反映了国家职能的扩张。最古老的部门通常涉及国家的核心职能，例如财政、司法、安全、国防和外交。英国财政部的历史至少可以追溯到 1066 年的诺曼入侵，法国外交部至少可以追溯到 16 世纪，美国的国务院和财政部则可追溯到 1789 年。接着，各国会设立新部门来承担政府的新职能，包括农业、贸易和劳工。20 世纪后期则出现了处理社会保障、教育、卫生和住房的部门。最近设立的重要部门则是环境部门，自20世纪60年代后期以来，几乎每个国家都成立了类似的部门。在阿富汗、柬埔寨、印度、新西兰、南非和斯里兰卡在内的一些国家还设有处理妇女事务的部门。

167　　　政府部门的结构反映了韦伯的原则，其内部通常是科层制的（参见图10-3）。最高层有部长及其副手，他们接受政治任命并会随着政府的改组或换届而更换。在他们之下是常任的职业公务员，由部门的一名高级行政官领导，他负责部门的行政管理并在政治与行政层级之间架起重要的桥梁。从理论上讲，部长负责领导，职业官僚负责执行。但通过行为模式的比较，我们发现实际情况要更复杂，甚至令人不安。与政治任命的部长相比，常任官员的工作时间更长、经验更丰富、更了解实际情况且具有更密集的同行网络。在这种情况下，部长们通常没有足够的技能来为部门提供有效的政治领导。

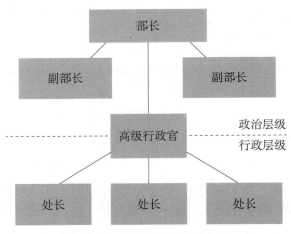

图10-3　政府部门的内部结构

聚光灯

日本

简介

在把现代自由民主嫁接到本国的独特传统上，日本是一个典型的例子。值得注意的是，日本长期的孤立历史（因其与亚洲大陆的物理隔离），以及在二战战败后的国家重塑。日本的经验表明，一个社会可以在保持传统的基础上进行变革。我们可以从其经济和技术发展中观察到日本现代性的显著特征。日本是世界第三大经济体，是全球资本和信贷的主要来源，也是许多世界大公司的所在地。

政府组成	单一制下的议会制政体，保有一个仪式性的君主。其国家形成的起点具有争议，现行宪法发布于 1947 年
行政	议会制。政府首脑是首相，他也是议会中最大党或最大党派联盟的领袖，与内阁一起进行统治。国家元首是君主
立法	两院制：众议院（465 名议员①）每四年改选一次，参议院（242 名议员）任期六年，不过这一点意义不大
司法	由 15 名大法官组成的最高法院具有司法审查的权力，但这一权力并不经常使用。不同寻常的是，大法院的法官由内阁直接任命，并在后续大选中由选民进行确认，并且每十年进行一次相关程序，法官在 70 岁时强制退休
选举体制	混合多数制：296 名众议院议员通过单一议员多数制选举产生，179 名通过政党名单比例代表制选举产生。在参议院，有 146 名议员通过单一不可转让投票制度选举产生，另外 96 名通过比例代表制的方式选举产生
政党	多党制，长期由保守主义的自由民主党执政。较小的政党和地区性政党在政治上也很重要。国民民主党偏社会自由主义，维新会是民族主义政党，此外日本还有活跃的共产党

人口：1.27 亿

国内生产总值：4.9 万亿美元

人均国内生产总值：38 428 美元

日本的官僚体系

与其他民主国家相比，日本的官僚体系非常强大，它们的权威来自其高门槛。2017 年，参加公务员考试的 2 万多人中仅有 1 900 人（约 9%）通过考试（*Japan Times*，2017）。公务员是一项社会地位很高的职业，它能提供良好的福利以及退休后在私营机构和地方政府中获得工作机会的可能。

由于日本立法机关和政党相对薄弱，政府部门部长频繁更换（因为大多数日本政府都难以长期执政，参见第八章），日本官僚的影响力也就凸显了出来。同时，与社会的紧密联系，以及官僚对法律技术内容的解释权也强化了官僚的权力。尽管这可能会改变法律的最初意图（Hayes，2017）。因此日本厚生劳动省的公务员宫本正男曾打趣道（带有一点夸张）："日本政府的权力，官僚掌握 90%，而政客只掌握 10%。"（引自 Beason & Patterson，2004）

官僚体系在日本的战后重建中发挥了重要的作用，这与执政的自民党以及大企业密切相关。在战后几十年的高速增长中，日本成为一个杰出的案例，证明了主要以说服为基础的小型、贤能制官僚体系如何在市场经济的框架下指导经济的快速发展。但这一情况在 90 年代发生了变化，国家导致的通货紧缩和官员的腐败等丑闻使得大企业在对退休官僚的雇佣上更加谨慎。更为根本的是，由于大公司开始在世界范围内运营，一些海外公司也开始在日本扎根，官僚无法再为全球经济中的产业提供战略发展方向。即便如此，与许多其他民主国家相比，日本的官僚体系仍然更加强大、更加专业且规模更小。

延伸阅读

Hayes, Louis D. （2017） *Introduction to Japanese Politics*，6th edn （Routledge）.

Stockwin, Arthur, and Kweku Ampiah (2017) *Rethinking Japan：The Politics of Contested Nationalism* （Lexington）.

Sugimoto, Yoshio（2015）*An Introduction to Japanese Society*，4th edn （Cambridge University Press）.

---

① 与下文"选举体制"部分数据有出入，但原文如此。——译者注

有两项因素影响着对政府部门的政治控制。第一，部长在部门内部进行的任命越多，就越容易强化特定的政策发展方向。要知道，高级官僚需要政治技巧，许多民主国家现在倾向于为重要部门配备政治忠诚且有同理心的官僚。这一实践在德国和芬兰被长期执行，目前其他西方民主国家也正进行效仿它们的做法（Peters，2013）。这有助于强化政治层级并让部长在部门内部有更可靠的下属。

第二，可以为部长配备政治顾问来帮助其对部门工作进行指导。由于这些顾问不属于在部门内部长期工作的人员，他们可以充当部长的耳目，报告可能会在正式的层级制度中发现不了的问题。在新西兰，自2006年起，每个部长办公室都配备了一名政治咨询顾问（Eichbaum & Shaw，2007）。在法国还有另一种做法，部长们有一个由15到20人组成的个人幕僚团队，他们在部长的控制下工作。这种模式出现在了欧盟委员会中，它是欧盟的主要官僚体系和执行机关。在欧盟，每个委员（相当于部长）都拥有一个幕僚团队，团队人员的来源通常涵盖大多数欧盟成员国。行政人员自视其位置比部长更为稳固，幕僚团队则自知其职位的稳固性取决于为部长提供有效支持（另见聚焦10.2对官员责任的讨论）。

处室

政府部门一般由**处室**（divisions）或科室组成，每个处室负责部门工作的一个方面。例如，教育部可能下属负责小学、中学和高等教育的处室。处室是部门的业务单位，是执行工作的机关。处室是政府的主力军，是政府经验的宝库，在实践中，处室是做出许多重要决策的场所。

在一些民主国家，处室的地位变得更加重要，因为它们在一定程度上独立于上级部门。最极端的例子在美国，其官僚体系的内部结构是韦伯科层制原则的一个巨大例外。美国联邦政府的部门更像是跨国公司，在一个外壳下包含许多处室（或机构）。例如，卫生与公众服务部下属12个业务部门（参见表10-4）。美国政府部门内部各个行政单位的自主权来自国会的直接资助，这也是美国总统难以对联邦政府强加其意愿的一个主要且长期被低估的原因。

处室：
政府部门内部的业务单位，向部长负责但通常具有相当的独立性。处室也被称为科室或局或在一些国家中同样被称为部，因为其上级行政单位是大部。

170

表 10‑4　美国卫生与公众服务部下属业务部门

儿童与家庭管理局	医疗保险与医疗补助服务中心
社区生活管理局	食品和药品管理局
医疗保健研究与质量署	卫生资源和服务管理局
有毒物质和疾病记录署	印第安医疗服务中心
信仰和邻里合作中心	国家卫生研究院
疾病管制与预防中心	药物滥用和心理健康服务管理局

资料来源：US Department of Health and Human Services，2018.

即便在拥有更多行政层级的政府中，假设实际工作与组织结构图完全一致也是大错特错的。信息很少在行政金字塔上下平稳移动。例如，德国 14 个联邦部委的许多部门集中了相关领域的专业知识，这使它们能够阻挠或至少规避高层提议的改革。信息的垄断使得变化有可能被抵消掉。在大多数民主国家，部门内部的处室也有自己的风格，这些风格源于其在相关政策领域的长期经验。这种根深蒂固的内部视角使得人们对最新的政策动议总是抱持冷嘲热讽的态度，这也解释了许多部长在领导部门向新方向发展上总是感到沮丧的原因。

非部门性质的公共机构

政府部门及其内部处室是我们所熟悉的官僚体系，但是还有另一种公共组织正在变得日益重要，那就是**非部门性质的公共机构（non-departmental public body）**。这些机构在政府部门之外运作，具有半独立性质。在整个民主世界，此类机构的数量在不断增加，这不仅让描述政府运作的学术工作变得更复杂，而且使政府作为一个行动一致的整体变得更复杂。

这些机构包括国有实体（如从事邮政或医疗保健服务的实体）、签订政府服务合同的机构、向政府提供建议的机构，以及负责监管涉及公共利益的社会生活方面的机构。它们的身份具有内在张力，虽然都由政府创建并资助，但是与政府部门不同，它们不受行政长官的日常性控制。这些机构一旦被政府创立，它们的领导和工作人员就拥有了相当大的自主权。

这些机构能被创建和维系主要有以下几个原因：

- 为了实现比政府部门工作更大的灵活性（在较低成本的情况下）。
- 认识到了相关领域人员的专业地位和自主性。

171

非部门性质的公共机构：
在政府部门之外的一处或多处开展工作，这使管理工作更加灵活、更有政治独立性。

- 针对某一问题所带来的短期压力所做出的回应。
- 使政府部门能够专注于政策制定。
- 使工作免于日常行政中的政治干预。

典型的例子就是**监管机构**（**regulatory agency**）。这类机构旨在监督政府法规在垄断性自然资源（如水或能源供应）、社交、选举、食品标准和环境质量方面的事实情况。几乎所有民主国家中的监管机构数量都在增加，这部分是为了平衡私营部门无法进行良好判断所带来的风险。例如，权衡引入新药的好处与副作用的风险应当交给具有公共意识的专家来做，而不是逐利的制药公司。英国积极地接受监管机构，设立了从食品标准局到通信管理局在内的 140 多个机构，并由此来实现国家对社会的监督。

美国则建成了最为完善的独立监管机构体系。首个监管机构是州际商务委员会（1887—1995），此后联邦通信委员会、环境保护署、联邦贸易委员会、证券交易委员会和许多其他机构也加入了这一行列。这些机构背后的理念是它们应该以技术的和非政治的方式运作。尽管它们有权制定、实施相关领域内的法规并解决争议，但委员会负责人并不向总统汇报工作，而且只能依据机构在创建时相关法律所规定的特定原因由总统罢免。

欧盟在监管方面也很活跃。监管规则包括适用于欧盟所有成员国的法规，通常设定了成员国必须实现的技术标准或目标的截止日期。在此过程中，它创建了一个不断扩大的专门监管机构，负责帮助制定或监督从毒品和毒瘾问题到工作中的安全、新药、商标、海事和航空安全、食品安全、疾病预防和电子通信等领域的政策（参见 McCormick，2015：Chapter 14）。在许多情况下（例如新化学品的注册），欧盟还继续建立全球标准并促使其主要贸易伙伴进行监管变革。

◆ **如何招募官僚**

招募问题处在官僚体系论辩的核心位置，官僚如何被遴选、什么样的人能成为官员等问题得到了深入的研究，因为对这类问题的回答反映了官僚体系的特性。**统一招聘**（**unified recruitment**）和**部门招聘**（**departmental recruitment**）的主要区别在于，前者是以官僚体系为一个整体进行招聘，后者是以技术技能为主要考量的特定部门的招聘。英国是

监管机构：
独立的政府主体，为设置并实施特定领域内的标准而设立。

172

统一招聘：
以公务员群体作为一个整体进行招聘而非针对特定岗位进行招聘的模式，行政工作被认为需要智力和教育而非技术知识。

部门招聘：
基于应聘人对于特定部门或岗位的技术背景进行招聘的模式。

统一招聘的典型，行政工作被视为判断力的艺术，源于智慧并成熟于经验。专业知识很有价值，但是一个好的行政人员应当可以胜任多个部门的工作，并且这样的人也被认为工作能力更加全面。

统一招聘的一种变体是将人员招募到公务员的不同组别（corps）中，而不是针对部门的特定岗位进行招聘。法国就是采用这一方法的典型。法国通过竞争性的考试招录公务员，并将其归为诸如外交组、金融监察组这样的组别中。尽管人员招录是针对具有专业头衔的特定组别，但它同时也是对综合性精英的录用，有1/3的公务员可能会在其职业生涯的某一时间从事非本组别的工作（Proeller & Schedler，2007）。

相反，在部门招聘中，招聘者总是在寻找各个部门工作的专家。因此，财政部要雇用经济专家，卫生部要雇用医学专家。当员工离职时，他们也往往会转到同行业的私营部门工作，而不是转到政府的其他部门工作。这种模式在小政府的国家很常见，诸如荷兰、新西兰和美国。举例来说，在荷兰，每个政府部门都制订了自己的招聘标准，通常要求应聘者接受过相关领域的专业培训或具有专业知识。一旦被录用，公务员的流动性就会受到限制，他们通常会在整个职业生涯中留在同一个部门（Andeweg & Irwin，2014）。在这种招募模式中，将有才华的年轻毕业生录用到精英化、整体化的公务员队伍或特定组别中的想法很微弱，或根本不存在。

与通常的择优录取模式不同，在公务员招录中的典型例外是**平权行动**（affirmative action）。在那些致力于解决主体族群和中产或上层公职背景家庭的男性在高层官僚体系中的主导地位问题的国家中，这种做法较为常见。其目的在于使官僚体系在性别、族群、教育和经济背景方面能够代表更广泛的人口。这一逻辑接近立法机关中关于描述性代表的理念（参见第九章）。对此种的做法的支持论点如下：

平权行动：
通过强调对妇女、少数族群和其他在官僚体系中代表性不足的群体的招聘来克服过去的歧视政策所造成的影响。

173

● 如果公务人员本身就来自某一群体，那么当他们在工作中与该群体直接接触时，他们的表现将会更好。

● 如果公共部门从不同宗教、地区背景中吸纳人才，这将有利于分裂化社会的稳定。

● 一个包含了所有主要社会群体的多样化且具代表性的官僚体系将会大大提高公众对于决策的接受度。

● 少数群体在公共部门的就业将会影响到劳动市场，包括私营企业对少数群体的态度。

自 20 世纪 60 年代和 70 年代开始，美国做出了相当大的努力来确保其公务人员与大众情况相匹配。加拿大也做了类似的努力，政府希望强化对法语人士的招聘。然而，此类计划并未在欧洲流行，也许是因为欧洲国家在宪法中要求对公务人员的招聘应该一视同仁。

至少在民主国家中，女性在官僚体系中的占比要高于其在总劳动力中的占比（参见图 10 - 4）。这不仅是平权行动的结果，也是政府努力提供更多具有灵活性的工作条件的结果，包括带薪育儿假、对儿童保育的补贴以及其他减轻女性工作负担的福利。不过，这一情况也部分是由于女性在秘书、兼职工作和看护性质职位上的占比过高，她们在更高行政级别中的代表性仍然不足（OECD，2017a）。

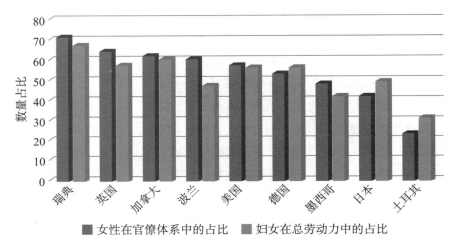

■ 女性在官僚体系中的占比　■ 妇女在总劳动力中的占比

图 10 - 4　女性在官僚体系和总劳动力中的占比

资料来源：OECD，2017a.

注：上图为 2016 年的数据。

◈ 威权国家的官僚体系

尼日利亚是一个有着长期军政府历史的国家，自 1960 年独立以来，尼日利亚有 30 多年的时间是处在军人统治之下。军政府总是在上台时暂停文官主导的行政管理机构，因此我们可以合理地假设其暂停了官僚体系的运作。事实上，尼日利亚的情况正好相反。当军人上台时，他们需要官僚的知识和经验来确保政府的维系，因此官僚将仍然待在他们的工作岗位上。在早期的军政府时期（1966—1979），尼日利亚通过两个机构进行统治：一是由高级军官组成的最高军事委员会，这是主要的决策机构；二是由高级官员组成的联邦执行委员会，负责执行最高军事委员会的决策。在第二个军政府时期（1983—1999）也出现了类似的安排，新的武装部队统治委员会与高级官员们一起工作从而确保军队的决策能被落实。

聚焦 10.2

使官员们负责任

在 2016 年 6 月导致英国脱欧公投的竞选中，最常被提及的抱怨之一就是英国正被"未经选举且不负责任"的欧盟官僚们所统治着。这是一个虚构的论断：所有欧盟成员国或国际组织中行政机关的人员都不是选举产生的，欧盟中的高级行政人员是由民选政府所任命的，就像在其他国家的政府中一样。但是责任制的问题有多么重要？官僚可以被视为公仆。显然，尽管官僚是政府的工作人员，但他们也是国家或人民的公仆（或两者兼而有之）。这些概念之间的平衡因各国的情况而异并且会随着时间的推移而发生变化。

马克斯·韦伯曾警告过，要使官员负责任并防止他们阻碍民选政府的目标是十分困难的。官僚体系的专业性、持久性、巨大的规模及其对执行的控制意味着它不可能仅仅是政治指令的执行者。越来越多的民主政府寻求扩大问责制的范围，要求高级行政官僚证成自己的行为，而不仅仅是将自身视为政治决策的建议者和执行者。由此，问责制既承认了也在一定程度上消除了韦伯对于官僚制的恐惧。

具体而言，高级官僚不仅要对本部门的长官负责，而且还要对行政机关，通常控制着钱袋子的立法机关、立法委员会甚至是法院负责。最后，外包有助于改变问责的渠道，因为绩效与合同的签署及续签直接相关。

欧洲有一个独特的且发展前景大好的问责手段就是**监察员（ombudsman）**。1809 年，瑞典设立了第一个监察员，以负责调查对行政失当的指控，但这一做法直到很久以后才有其他效仿者。1919 年，芬兰设立了监察员制度；自 1945 年起，其他民主国家也出现了类似做法；自 1995 年起，欧盟成员国都设有监察员(Hoffmann & Ziller，2017)。世界上大约有 90 个国家和地区设有监察员，其中的大多数都在地方或部门层面开展工作。在国家级别设立监察员的包括阿根廷、澳大利亚、博茨瓦纳、冈比亚、印度尼西亚、新西兰、尼日利亚和秘鲁。一位监察官可以负责对整个政府部门的监察，也可以针对特定领域任命单独专员从事监察工作。

监察员：
由立法机关任命并负责调查公共部门不当行政指控的公职人员。

尼日利亚的例子说明了我们很难区分官僚体系在民主国家和威权国家之中的角色。在本书的几乎其他所有章节中，民主国家和威权国家都存在着明显的差异。诸如选举、竞争性政党制度以及自由组织的利益集团等方面，威权国家的代表性的制度和渠道都较民主国家更为脆弱，因为控制是自上而下的而不是自下而上的。然而，当涉及官僚体系时，前述的规则并不适用。虽然威权国家统治者可以操纵甚至取消选举或立法机构，但他们将会发现，和民主国家的统治者一样，如果没有官僚来维持国家的运作，有效统治将是不可能的。

我们可以看到世界经济论坛每年发布的全球竞争力指数，该指数综合了110个以上的指标，比较了驱动世界各国经济生产力发展的不同因素。其中官僚体系的效率显得尤为突出。教育、基础设施、技术、税率和腐败程度也很重要，但低效的官僚体系是发展的主要障碍，它不仅影响着治理质量的提升，而且对腐败、政策稳定性、劳动法规和融资渠道的获取方面也具有很大影响力。

我们或许很自然地就认为民主国家的官僚体系在全球竞争力指数上表现良好，而威权国家的官僚体系表现不佳，但事实并非如此：

● 正如我们所料，在阿尔及利亚、孟加拉国和伊朗等多个混合政体国家或威权国家中，效率低下的官僚体系被列为阻碍良好企业发展的主要因素之一。然而，在被腐败和政治动荡严重困扰的委内瑞拉、也门等几个威权国家中，这一因素则被认为不那么重要。

● 与此同时，低效的官僚体系也被认为是包括澳大利亚、奥地利、加拿大、希腊、意大利、荷兰、葡萄牙、瑞士等在内的几个民主国家的主要难题，在许多东欧国家中也有这样的问题。

● 与此同时，在俄罗斯，官僚体系的低效仅被视为影响企业发展的中等程度的难题，远低于腐败和令人咋舌的税率的影响。

值得注意的是，全球竞争力指数在很大程度上基于在相关国家中开展商业活动的人的看法（为了编制该指数，有将近15 000名企业高管接受了调研）。在该指数中，不同国家阻碍商业发展的因素各异，一些在官僚体系效率上表现不佳的国家可能在整体竞争力上排名靠前（例如瑞士在整体竞争力上排名第一，但在官僚体系效率上排名较低，参见图10-5）。尽管如此，该指数阐明了为何民主国家与威权国家的官僚体系难以进行一般意义上的对比。

事实上，大量关于威权国家官僚体系的讨论主要集中于官僚体系在经济发展中的作用。例如，在20世纪50—60年代，官僚体系推动了几个中东北非国家的经济现代化。在拉丁美洲，这一现象创造了**官僚威权主义（bureaucratic authoritarianism）**的概念（O'Donnell，1973），这一概念用于描述阿根廷和巴西等国家的官僚在压制性的军政府的保护下无情地推动经济改革的模式。类似的模式后来在东亚的高效经济体中也有

官僚威权主义：
官僚在军政府的保护下维持经济稳定的政权。

175

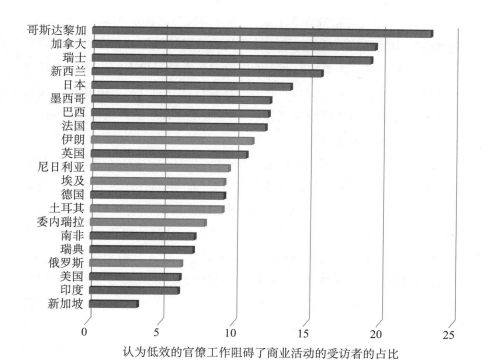

认为低效的官僚工作阻碍了商业活动的受访者的占比

■ 完全/有缺陷的民主国家　■ 混合政体/威权国家

图 10 - 5　对不同国家官僚体系效率的认知

资料来源：Global Competitiveness Report 2017 - 18（Schwab，2018）.

所体现，例如在印度尼西亚与马来西亚。但与在阿根廷和巴西的情况一样，经济改革的成果最终推翻了威权主义的政治。

官僚威权主义的概念，与约翰逊（Johnson，1982）所提出的**发展型国家（developmental state）**的概念很相似。这一概念起初被用于解释日本的情况，日本以积极的政府干预推动工业化发展。后来这一概念被普遍用于描述那些由强大的官僚精英来制定并监督执行经济政策的国家，其中包括印度、印度尼西亚、马来西亚等有缺陷的民主国家，泰国这样的混合政体国家。按照日本和韩国的模式，这些发展型国家大多都取得了快速的经济进步，甚至其中的一些国家还进行了民主化改革。这与委内瑞拉和津巴布韦等掠夺性国家形成了鲜明的对比，这些国家开采资源但其收益很少能回馈于民众，而且民主化的前景也十分暗淡。更普遍的观点是，政府可以受到的官僚的驱动，使用类似于威权主义的手段推动国家的经济起飞，带来可能会引发民主化的经济增长。

俄罗斯还受到**裙带资本主义（crony capitalism）**的严重影响（这个问题不仅存在于威权国家，也存在于美国、英国和印度等民主国家）。

176

发展型国家：
依靠高效的官僚体系，通过监管与规划，由国家深度干预经济的模式。

裙带资本主义：
基于政府官员与企业高管之间的裙带关系来实现经济发展的现象，这体现在特殊的税收减免，以及在招标投标和补助等环节上的偏袒。

佩（Pei，2016）将裙带资本主义描述为"精英之间的勾结"。佩认为，这种勾结串通形式的腐败比个人性质的腐败更具破坏性，它破坏了国家的组织结构，其行为更加隐蔽，能够给参与者带来更大的经济利益并削弱了地方政府提供公共物品的能力。在最坏的情况下，"由官员、商人和黑社会组成的腐败网络甚至俘获了（地方政府）正式辖区的控制权，他们成了地方上的土皇帝"。

尽管存在威权国家中的官僚体系推动现代化发展的成功案例，但也存在官僚体系阻碍而非推动经济发展的案例。例如在许多撒哈拉以南非洲国家，威权领导人经常将他们对公职任命权的控制视为一种政治奖品，这破坏了政治与行政之间微妙的区隔。这种对公职任命权的控制还体现在吸收过剩劳动力（特别是应届毕业生）进入行政机关的做法中。公共部门的扩张经常被作为一种购买支持的办法，或者至少是一种阻碍反对派形成的做法。因此到 20 世纪 90 年代初，非洲地区的非农业就业中公共部门就业占很大一部分（Smith，2013）。一旦有了在公共部门任职的机会，这些公务人员的亲属将认为这些人有责任利用自己的特权地位回馈他们的家庭和族群，而这也将进一步扩大公共部门的就业。

在这种情况下，官僚体系变得臃肿、过度政治化、效率低下，成为进一步发展的累赘而不是推动发展的工具。行政人员为了自己的利益从社会中攫取资源，这延续而非取代了原有的殖民模式。由于国家财富的主要来源（例如大宗商品出口）受政府控制，公共就业成为致富的捷径，这推动了官僚资产阶级的形成。直到最近，在国际组织的压力下，非洲各国试图通过重视**行政能力（administrative capacity）**建设来驾驭公共部门（Turner et al.，2015）。

不论是官僚体系的经济角色还是政治角色，其在民主国家和威权国家中所发挥的作用并不如人们预期的那么大。在这两种角色下，尽管韦伯关于专业化的理念认为官员很难在不同的角色地位上发挥作用，但是我们发现在行政机关的工作经验就如同在选举政治方面的经历一样，都可以成为社会就业的捷径。我们将在第十八章中讨论民主国家中的旋转门和铁三角现象，以及利益集团、立法机关和政府部门之间普遍存在的密切政治关系。这种人员流动模式在威权国家中也十分常见，官员可以将自己在行政机关的职位作为自己向商业或政治职位转型的跳板。

在这方面，俄罗斯是一个典型案例。赫斯基（Huskey，2010）指出，在俄罗斯，由于共产党党员身份不再成为担任政府高级职务的关键

行政能力：
官僚体系通过有效管理以及对公共政策的执行来解决社会问题的能力。

条件，以及普京政府努力施加控制，在行政机关的就职经验的重要性已经超过了担任政治职位或企业高管，成为产生影响力或担任高级职务的主要途径。这所带来的影响包括：担任高级政治和行政职位的人相比于整个俄罗斯民众的社会背景而言并不具有代表性；牢固的精英内聚力意味着开放性和竞争性的削弱；缺乏与社会的联系，"在巨大官僚体系中的政治精英成为原子化的行动者，其自我保护机制源于所属的非正式网络的成员身份，并且越来越多地取决于对总统的忠诚"。

因普京总统所推动的俄罗斯联邦中央集权化的深化，俄罗斯高级官僚的权力也变得越来越大（参见第十一章）。斯莱德（Slider，2014）指出，俄罗斯官僚体系的结构有助于巩固其高级成员的权力：从官僚体系中心到各个部分的权力渠道并不是单一的，而是数十个渠道并行。联邦部委和各个机构有着自己的权力链条。这导致在莫斯科以及在各个地区的联邦公务人员的数量激增。尽管存在着通过权力下放来提高政府效率并减少腐败机会的建议，但普京总统还是选择了强化中央集权从而强化其对这个巨大国家的控制。

问题研讨

178

● 当提到官僚体系时你首先想到的是什么，你认为你所想到的在何种程度上贴近于现实？

● 外包服务是好还是坏？是否存在一些工作不能或不应该通过签订合同承包给私营部门？如果有的话，是哪些工作，原因是什么？

● 数字政府在何种程度上改变了官僚体系的特质？这些变化是好是坏？

● 高级行政官应该由选举产生吗？如果发生了这种改变，那么会产生何种影响？

● 是否应该有越来越多的政府为政府部门的领导配备幕僚团队？

● 为什么政体类型与官僚体系效率之间的关系并不紧密？

核心概念

● 行政能力

● 平权行动

● 官僚体系

● 官僚威权主义

● 裙带资本主义

● 新公共管理

● 非部门性质的公共机构

● 监察员

● 外包

● 繁文缛节

- 部门
- 部门招聘
- 发展型国家
- 处室

- 监管机构
- 分肥制
- 统一招聘
- 数字政府

延伸阅读

Hummel，Ralph P.（2015）*The Bureaucratic Experience：The Post-Modern Challenge*，5th edn（Routledge）. 本书认为尽管人们经常谈论官僚体系的改革，但是官僚体系的组织结构仍然维持了稳定。

Massey，Andrew（ed.）（2011）*International Handbook on Civil Service Systems*（Edward Elgar）. 本书对官僚体系的结构进行了比较分析，书中有专章讨论了欧洲、美国、日本、印度和其他国家的官僚体系。

Nixon，Paul G.，Vassiliki N. Koutrakou，and Rajash Rawal（eds）（2010）*Understanding E-Government in Europe：Issues and Challenges*（Routledge）. 本书主要考察了信息和通信技术对欧洲国家治理的影响。

Peters，B. Guy（2018）*The Politics of Bureaucracy：An Introduction to Comparative Public Administration*，7th edn（Routledge）. 本书是被广泛使用的官僚体系研究导论。

Van der Meer，Frits M.，Jos C. N. Raadschelders，and Theo A. J. Toonen（eds）（2015）*Comparative Civil Service Systems in the 21st Century*，2nd edn（Palgrave Macmillan）. 本书包括对东西欧、亚洲和非洲国家官僚体系的分析。

Van der Wal，Zeger（2017）*The 21st Century Public Manager*（Red Globe Press）. 尽管本书是为了启发公共管理者而写，但本书仍然为我们评估今天的官僚体系提供了实用的框架。

第十一章
地方政府

预览

比较政治研究主要关注中央国家层面的活动，但我们也可以很容易 179
地比较区域、城市和基层的政府。国家行政机关、立法机关和司法机关
的功能都可以部分地或全部在地方政府中找到其同构体（在联邦制国家
中这种情况尤为明显），这意味着对任何国家政府与政治的研究都不能
忽视地方政府。具有讽刺意味的是，大多数选民往往忽视了地方政府的
工作，他们在地方和基层选举中的投票率远远低于其在全国选举中的投
票率。但地方政府通常能够直接影响民众的生产生活，与中央层面的官
员相比，地方政府官员也更好接近。

本章首先回顾了多层级治理的概念，描述了不同层级政府之间经常
存在的横向和纵向的互动。随后，本章着眼于最常见的两种国家结构形
式：单一制和联邦制。大多数国家都属于单一制国家，这一体制适用于

那些领土较小且国民同质性较强的国家。联邦制则相对较为少见，但世界上大多数规模较大的国家都采用了联邦制，这也扩大了联邦制的影响和全球意义。随后，本章考察了基层政府的结构和职能，讨论了基层政府日益增长的重要性。最后，本章回顾了威权国家地方政府的发展动态，在这些国家中，传统政治领导人仍然占有一席之地。

核心观点

● 多层级治理是考察不同行政级别（超国家、国家、中层、基层）政府之间关系的框架。

● 大多数国家采用了单一制的结构形式，在这一体系下，中层政府和基层政府从属于中央政府。

● 除单一制外，还有的国家采用了联邦制的结构形式。联邦制政府由两级或更多层级的政府组成，不同层级的政府具有各自的独立权力。

● 单一制国家中同样存在联邦制下的政府层级，甚至行政层次还要更多。单一制国家中层政府的强化形成了显著的发展趋势。

● 基层政府是公民最常接触到的政府层次，但学界对此的关注度明显不足。

● 与民主国家相比，威权国家地方政府的独立性更差，且拥有的正式权力更少。但是威权国家的统治者经常依靠基层领导人维系其对权力的掌控。

地方政府：一个概述

中央政府关注整个国家的利益以及主权国家之间的关系，而地方政府几乎完全关注内部事务。地方政府包括不同层级（州、省或国家内部的地区）的中层政府，以及在城镇、城市和其他定居点中的基层政府。人们用不同的名称称呼地方政府，包括自治市（镇）、公社、郡、区、市、教区、县等。

180

每个国家要么采用**单一制（unitary system）**的政府结构形式，要么实行**联邦制（federal system）**的政府结构形式。在单一制中，中央政府是唯一的主权所有者，这意味着中层和基层政府完全是依照中央政府的意愿而存在。在联邦制中，中央政府和地方政府都具有独立的存续地位和权力基础，它们之间不能互相废除。单一制和联邦制在运作方式上存在许多细微的差别。有些联邦制国家在功能上更接近单一制（如俄罗斯），有些单一制国家在功能上更接近联邦制（如英国和西班牙）。

单一制：
中央政府是唯一的主权所有者，中层或基层政府没有独立权力。

联邦制：
两层或多层级政府共享国家主权，每一级都有独立的权力和责任。

世界上大约有 24 个联邦制国家，几乎所有大规模国家都建立了联邦制，这些国家包含了世界人口中的相当一部分（确切地说是 37%）。与此同时，联合国中有 90% 的会员国实行单一制，但由于其中有很多都是小国家，因此单一制国家的人口占世界总人口的 63%（World Bank，2018）。

单一制与联邦制国家的内部结构不同，公民看待政府的方式也不同。在单一制中，政治权力往往集中于中央政府，地方政府虽然也很重要，但最重要的议题都属于中央政府的处理范围，而且公民对于整个国家的归属感更强。相比之下，在联邦制中，地方政府具有更多的独立性，地方议程也更加突出，并在公民的政治考量中更加重要。此外，由于联邦制下地方政府拥有独立的权力，联邦内部各州对中央政府的影响力也更大。

虽然比较政治中最常见的分析单位是国家，但我们不应忽视地方政府。地方政府负责与我们日常生活密切相关的事务，包括治安、应急管理、公共交通、土地规划以及诸如公共交通和废物处理这样的公共工程。现在世界上有一半以上的人口居住在城市中，我们特别需要了解城市中政府的结构、决策方式以及如何应对由决策所带来的压力。与此同时，在威权国家中，地方政治对人们来说，远比遥远的城市精英的决策要更加与切身利益相关。许多威权国家都没有民主国家的集权化水平，只要不威胁到中央政府，地方领导人往往具有很大的自由裁量空间。

◆ 多层治理

多层治理：
在包括超国家层面和各个地方政府层面在内的政府之间进行权力横向和纵向分配与共享的行政系统，各个行为体之间有着密切的交流与互动。

多层治理（multi-level governance，MLG）用于描述自由民主国家中的政策制定者和利益集团如何沟通、说服和协商，从而努力在诸如交通和教育等特定职能领域形成具有连续性的政策。这一概念的潜在论点是，没有任何一个级别的政府能够单独解决大多数问题，因此多个层级的政府必须相互合作。尼曼和施密特（Niemann & Schmitter，2009）对多层治理的定义如下：

> 多层治理是一种能够进行有约束力的决策的安排，它让政治上独立但又相互依存的众多行为体（包括公共部门和私人行动者）在不同的区域层级上进行持续的协商、审议、实施，各个行为体没有专属的政策权限，各方之间也未形成稳定的政治权威层级。

181 在多层治理模式中，交流与互动不仅局限于在同一或相邻级别工作的官员。相反，在特定领域内，国际、国家、地方和基层政府的官员都将形成自己的政策网络，交流与互动将在所有层次中实现。使用治理（governance）而不是政府（government）的概念将我们的注意力引向不同机构之间的关系而不是这些组织本身。欧盟的情况很好地呈现了这种变化，这是一种独特的安排，从国际到地方，所有层级都有合作和相互影响，这使得政府和利益相关方在所有层面都形成了交流和互动，参见图 11 - 1。

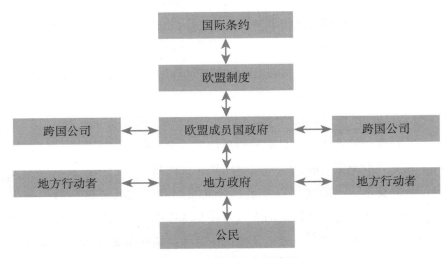

图 11 - 1　欧盟的多层治理

多层治理的理念还有更深一层含义。类似于多元主义（pluralism）（参见第十八章），多层治理承认包括公共、私人和志愿主体在内的一系列行动者都有助于对社会的规管。例如，在教育领域，中央政府希望改善学校的育人成效，但为了实现这一目标，不仅需要与公共部门中的较低层级（例如教育委员会），还需要与包括家长委员会、教师工会、私营部门供应商和教育研究人员在内的一系列利益相关方合作。

与多元主义一样，多层治理也是一把双刃剑。从好的方面来讲，它是一种务实的理念，即通过利益相关方的相互协商来寻找解决共同问题的方案。从消极的一面来看，它指向了一种复杂、缓慢的内部团体管理模式，既抵制民主监督，又抵制非内部群体和理念的渗透。多层治理可能是一个时髦的概念，但它的流行不应让我们假定它就是最佳的治理模式。

了解多层治理需要明白各级政府所能调动的资源（参见表 11－1）。通常来说，中央政府拥有最强的政治显著度、最高级别的预算和战略目标，但是地方和基层政府的官员同样有自己的优势，他们对问题有着更详细的了解并且有能力判断各种措施的质量。如果地方政府既有资源又有动力，那么它们就能够有所作为；否则，它们可能只会浑浑噩噩，这就限制了中央政府实现其政策目标的能力。

表 11－1　政府的四个层级

层级	特征	案例
超国家	在国家层级之上运转，将两个或多个具有共同利益的国家聚集在一起	欧盟
国家/中央	在国家层级运转，聚焦于整个国家的利益	世界上的任何主权国家、准国家或事实上的国家
中层	在国家和基层政府的中间层级运转	联邦制下的州或单一制下的省或市
基层	在最接近普通公民的层级运转，关注地方利益	市区、乡村、市镇、公社

如果说多层治理仅仅体现了说服的力量，那么就大错特错了。各行为体之间的交流与互动仍在宪法框架内，这为每一层级的行为体提供了限制与机会。如果宪法将教育责任分配给中央政府，那么除非教育部拨款否则地方政府则不太可能建造新的学校。因此，正式的职责分配仍是建立多层治理的基石。多层治理从多层政府发展而来，却并不是要取而代之。

◆ 单一制

世界上大多数国家都是单一制国家，这说明尽管这些国家存在中层和基层的地方政治机构，但主权仍完全为中央政府所有。中层或是基层地方政府虽然可以制定和实施政策，但是必须得到中央政府的许可。虽然地方政府可以制定并通过地方性法律法规，但这只限于非中央政府权限的事务。这一体制体现了中央政府的至高无上。大多数单一制国家的立法机关都只有一个议院，因为不需要第二议院来平衡中央和地方的利益。

182

具有君主制或皇帝制历史的社会很自然地形成单一制体制，例如英国、法国和日本。在这种情况下，权威从首都发散出来。较小的，尤其是那些没有严重族群隔阂的民主国家也大多采用了单一制。在拉丁美洲，几乎所有的小型国家都是单一制国家（但阿根廷、墨西哥和巴西这三个较大的国家则没有一个采用单一制）。

与联邦制（本章稍后讨论）的复杂性相比，单一制似乎既简单又有效。中央政府掌握所有重要的权力，地方政府只被允许做中央政府许可的事务。然而，主权的集中并没有准确地反映现实，单一制往往也是分权的。事实上，在近几十年来，许多单一制国家一直在努力将更多的职能向下分配。

中央政府向下分权的方式有三种（参见表 11 - 2）。第一种，**去集中化（deconcentration）**，中央政府的任务从首都向国家的其他区域疏解。这也分散了工作机会，有助于为国家较为贫困的地区带来就业和收入。将部分职能转移到运作成本较低的地区不仅有助于降低行政成本，而且能让中央政府专注于决策而不是执行。例如，签发护照等日常任务可以分散到失业率较高且行政成本低的地区。互联网也使这种去集中化策略变得更容易操作，人们可以在线上完成大量政府工作，这让地理区位变得不再那么重要。

表 11 - 2　单一制国家的分权措施

	定义	案例
去集中化	将中央政府的部分工作从首都转移到地区或基层	英国国家统计局在 2006 年从伦敦迁至威尔士，这虽然节省了资金，但也危及了数据质量
授权	中央政府的职责转移至向中央政府负责的半独立主体	在斯堪的纳维亚国家，地方政府接手了对福利项目的管理
放权	中央政府向地方政府下放部分决策权	在法国、西班牙、英国、意大利存在的自治政府

注：去集中化同样也发生在联邦制国家中。

　　第二种，也是在政治上更为重要的一种做法是**授权**（delegation）。这涉及将权力从中央政府转移到下级政府。这在近几十年来一直广受欢迎，支持者将其视为使政府更接近其公民的手段。但也有批评者认为许多政策难题（例如经济管理）最好在中央政府层级以统一的方式来处理。

　　斯堪的纳维亚国家是采用授权做法的典型。在这些国家中央政府的许可下，地方政府实施了许多福利项目。在瑞典尤其如此，国家议会（Riksdag）向中层和基层政府进行了广泛的授权。郡议会尤其关注医疗保健、交通运输和旅游业事务，而更低层级的市镇政府的职能范围则更加广泛，包括教育、城市规划、救援服务、污水处理、垃圾收集与处理以及民防事务。与公务员的透明度、问责制和自主性一道，这种广泛的授权模式构成了所谓"瑞典模式"的一部分（Levin，2009）。

　　第三种，也是最为激进的权力分散模式就是**放权**（devolution）。这指的是中央政府将决策自主权（包括部分立法权）授予下级的情况。西班牙就是典型的例子。西班牙曾是一个被中央政府紧密控制的国家，在1975年弗朗西斯科·佛朗哥去世后，地方权力在民主转型的过程中得到了强化。此后权力转移的进程迅速推进。该国北部的巴斯克地区有一个充分自治的政府。东北部的加泰罗尼亚在2006年被承认是一个独特的民族区。权力下放已经让西班牙变成了一个徒有其名的单一制国家，其在许多方面的行为已经更接近一个联邦制国家。

183

　　在英国，权力也在很大程度上向下转移了（参见 Deacon，2012）。伦敦有一个中央级别的政府和议会，但在1998年，北爱尔兰成立了地区性议会，苏格兰和威尔士也在1999年成立了自己的议会。理论上这些议会通过的法律可以被伦敦的法律所废除。北爱尔兰的问题导致其他地区议会在2002—2007年暂停活动，选举也相应被推迟。这种情况通常不会在联邦制国家中出现。但大不列颠各区域的联合在很大程度上取决于伦敦政府与各地区政府的关系。2014年苏格兰独立公投以微弱的劣势而未能通过，这凸显了苏格兰地位的敏感性。支持独立的苏格兰民族党在2015年的大选中取得了巨大进展，它赢得了苏格兰59个议会席位中的56个（尽管其在随后的2017年选举中又失去了许多席位）。

中层政府：
在单一制国家的多层级政府体系中代表中央政府以下、基层政府以上的政府层级。

中层政府

在许多单一制国家中，中间层级政府的创建和强化一直是一个重要的发展趋势。胡格等人（Hooghe et al.，2010）在对 1950—2006 年的 42 个主要高收入国家的研究中发现，其中有 29 个国家存在中层政府权威提升的状况，而仅有 2 个国家的中层政府权威有所收缩。国家规模越大，中层政府往往也越强。在这一趋势下，法国、意大利和波兰等单一制国家现在有三级地方政府：大区政府、省级政府及基层政府（参见表 11-3 及"聚光灯 法国"）。

表 11-3 单一制国家的中层政府

层级	单位数量				
	法国	意大利	英国	波兰	瑞典
最高	26	20	3	16	—
中间	101	103	35	314	20
最低	36 683	8 101	434	2 478	290

资料来源：Loughlin et al.，2011：Appendix 1.

在最初，许多中间层级的区域仅是由中央政府所创建的空间单位，这是为了引发对国内区域不平等的关注并制定政策来消除这种不平等。但在大多数大型的单一制国家中，很快就形成了具体的中层组织并成为执行中央政府规划的行政依托。中层政府负责经济发展及相关公共基础设施的建设，尤其是交通设施的建设。中层政府并不是选举产生的，通常是由中央政府所创建的。中层政府提供了一个宝贵的中层视角，处在国家视角和基层视角之间。将基层政府简单合并或许可以起到和中层政府类似的作用，但考虑到传统社区在许多人心中的重要性，这种做法可能会付出更大的政治代价。

184

尽管欧盟成员国已经在广泛的政策领域展开了合作，但地方主义还是得到了欧盟的支持。即便各成员国存在着更受认可的地方认同，欧洲层面的一体化也能够存续。欧洲区域发展基金不通过中央政府而直接向各区域投资。欧盟设有由次国家政府组成的委员会。地方之间的合作一直是强化欧盟凝聚力政策的核心，旨在消除成员国之间的经济与社会差异，相关措施包括对欧盟中较贫困地区的投资以及跨欧洲交通运输和能源供应网络的建设（参见 McCann，2015）。

聚光灯

法国

简介

法国是一个重要的欧洲国家，在这个竞争性的世界中，其独特的传统也正随之调整。1789 年法国大革命塑造了法国长期的例外主义特质。与其他建立在革命基础上的国家（如美国）一样，法国也被认为是一种理念的象征。如果说美国的理念是多元主义的话，那么法国就象征着用革命来实现自由、平等与博爱。自1945 年以来，随着法国变得更加现代化、城市化和工业化，法国的独特性也在下降。和英国一样，法国也不再是一个帝国，而是一个以欧盟为新基础的中等强国。随着来自北非的移民越来越多，法国的社会正变得日益复杂，其经济和执政精英面临着来自全球化的挑战。

政府组成	单一制的半总统制共和国。其国家形成的起点具有争议，现行宪法（在第五共和国时颁布）发布于 1958 年
行政	半总统制。总统由直接选举产生，任期一届为五年，最多连任一次。领导内阁的总理对国会负责。国家不设副总统
立法	两院制：国民议会（577 名议员）每四年改选一次，参议院（348 名议员）由地方政府间接选举产生，任期六年
司法	法国法律的基础是《拿破仑法典》（1804—1811）。自 2008 年以来，宪法委员会的重要性不断提高并拥有司法审查权。宪法委员会由九名成员组成，任期九年，由现任总统、国民议会和参议院各任命三名。多达三名法国前总统可能也在委员会中工作，尽管实际上很少有人这样做

续表

选举体制	法国总统和议会选举都采用两轮选举制。如果候选人想在第一轮直接当选需要获得多数票
政党	多党制。社会主义政党主导左翼，它得到绿党、左翼分子和激进分子的支持；而共和人党（原人民运动联盟党）主导右翼；还有一个新出现的中间党派（共和国前进党），该党是 2017 年当选法国总统的马克龙所依托的政党；属于极右翼的国民联盟也一直在积蓄力量

人口：6 690 万

国内生产总值：2.6 万亿美元

人均国内生产总值：38 477 美元

法国的单一制

近几十年来，法国对其地方政府进行了多次重组，将其分为三个层级：大区（16 个）、省（96 个）以及市镇（将近 37 000 个）。更复杂的是，法国还有 5 个海外大区或郡（包括法属圭亚那和瓜德罗普）。省与市镇共同形成了共同体集体（intercommunalities）。同时，国内3 个最大的城市——巴黎、里昂和马赛——还设有多个市区。

法国曾采用高度中央集权的政治体制，仅有两级地方政府：省与市镇。拿破仑于 18 世纪早期创设了各省，每个省都有自己的省长与经选举产生的议会。拿破仑称省长为"小皇帝"，但实际上，省长必须与地方和基层议会合作而不仅仅是监督它们。省长是各省的代理人，向上代表各省的利益，向下传递命令。1972 年，法国将各省归为 22 个大区（2016 年缩减为 16个大区），每个大区都有主要起咨政作用的民选咨议会以及大区经济与社会委员会。

不过法国政府的基本单位是市镇，主要由一位市长和一个主要在基层市议厅工作的理事会来治理。法国市镇的规模从数十人到数万人不等，但大多数市镇人口不到 1 500 人。最近的发展趋势是最小的市镇开始合并。由于法国政府正在努力控制开支，地方政府的财政压力变得更大了。但是每个市镇无论规模大小，其权力都是相同的。

在法国，国家级别的政治人物通常也是其家乡市镇的长官。这种同时拥有不同级别职位的做法在法国被称为多重授权（cumul des mandats）。尽管这一做法在 1985—2000 年间有所收紧，但国民议会议员担任地方市镇长官的做法仍然被允许并且很受欢迎。这反映了即便在权力下移的时代，法国公共权威仍具有融合性的特征。

延伸阅读

Cole, Alistair（2017）*French Politics and Society*，3rd edn（Routledge）.

Cole, Alistair, Sophie Meunier, and Vincent Tiberj（eds）（2013）*Developments in French Politics 5*（Red Globe Press）.

Elgie, Robert, Emiliano Grossman, and Amy G. Mazur（eds）（2016）*The Oxford Handbook of French Politics*（Oxford University Press）.

 联邦制

在单一制国家中，中央政府至高无上，地方各级政府只能在中央政府允许的权限范围内做事，联邦制则有所不同。联邦制国家的权威由具有独立权力的各级政府所共享。根据对联邦制的定义，必须至少存在两个共享权力的政府层级，但一般来说联邦制国家中有三级政府共享权力，分别是中央政府、中层政府和基层政府。（不同概念可能会引起混淆：国家或中央政府通常被称为联邦政府，中层通常被称为州或省，参见表 11-4。）联邦制通常在大型国家或在内部有分歧的国家中运转良好。目前世界上约有 24 个符合联邦制定义的国家，包括巴西、印度、俄罗斯和美国等。

表 11-4　世界上的联邦制国家

国家	建立联邦制年份	人口规模世界排名	领土面积世界排名	州级单位的数量
印度	1947	2	7	29 个邦和 7 个联邦属地
美国	1789	3	4	50 个州和 1 个首都特区
巴西	1891	5	5	26 个州和 1 个联邦特区
巴基斯坦	1947	6	33	4 个省、2 个联邦属地、2 个自治区
尼日利亚	1960	7	31	36 个州和 1 个联邦首都属地

续表

国家	建立联邦制年份	人口规模世界排名	领土面积世界排名	州级单位的数量
俄罗斯	1991	9	1	85 个州级单位，包括边疆区、自治共和国和 3 个联邦直辖市
墨西哥	1810	10	13	31 个州和 1 个联邦特区
德国	1949	16	62	16 个州
加拿大	1867	37	2	10 个省和 3 个地区
澳大利亚	1901	52	6	6 个州和 2 个地区
比利时	1993	76	137	3 个大区
瑞士	1848	98	132	26 个州

其他联邦制国家：阿根廷、密克罗尼西亚、南苏丹、奥地利、尼泊尔、苏丹、波斯尼亚和黑塞哥维那、帕劳、阿拉伯联合酋长国、埃塞俄比亚、圣基茨和尼维斯、委内瑞拉、伊拉克、索马里

转型中的或准联邦制国家：科摩罗、马来西亚、西班牙、刚果民主共和国、南非

资料来源：Watts，2008.
注：上表将较大型的联邦制国家按照人口规模进行了排名。

联邦制的关键在于中央政府和地方政府都不能废除或重塑彼此，正是这种受宪法保护的地方政府地位（而不是权限范围）将联邦制与单一制国家区分开来。联邦制为每一层级分配了特定的职能。中央政府通常负责对外关系（国防、外交、贸易和移民）以及关键的国内事务，如本国货币。地方政府则通常负责如本地的教育、交通、住房和执法等事务。未被明言的职能通常属于地方政府而不是中央政府。在几乎所有的联邦制国家中，各州通过国家立法机关的上院来保证自己在国家政策的制定中享有稳定的发言权。每个州通常在议会中拥有平等或接近平等的代表权。

联邦制的形成通常有两条路径。第一条路径，也是最常见的路径就是过去独立的政治单位共同创建了一个中央政府，即共同联合的路径。第二条路径则是将主权从中央政府向下级政府转移，即共同持有的路径（参见聚焦 11.1）。澳大利亚、加拿大、尼日利亚、瑞士和美国是通过第一条路径建构联邦制的典型，而比利时是通过第二条路径建构联邦制的典型。比利时自 1830 年建国以来长期受法语区和荷兰语区之间的分歧的困扰。该国最终于 1993 年转为联邦制，下设三个大区：

- 北部主要讲荷兰语的弗拉芒大区。
- 南部则分布着主要讲法语的瓦隆大区，其中有一个主要讲德语的小社区。
- 说双语但主要流行法语的首都，布鲁塞尔大区。

聚焦 11.1

建立联邦制背后的动机

联邦制的建立往往是受消极动机的驱动而非积极动机的驱动。对维持独立地位的前景的恐惧战胜了维持独立地位的自然愿望。鲁宾和菲利（Rubin & Feeley, 2008）认为，在国家形成的过程中，如果"国内的强者不足以消灭弱者，而弱者又不足以维持独立地位时"，联邦制就会成为一种解决僵局的方案。

从历史上看，联邦制形成的主要动机是利用经济和军事上的规模红利，在面对强大竞争对手时尤为如此。赖克（Riker, 1996）强调军事因素的作用，他认为联邦制的形成是为了应对外部威胁。例如，最初 13 个州联合起来建立美国的部分原因是其在掠夺性的世界中感受到了自身的脆弱。不过，美国和澳大利亚的联邦主义也相信共同市场会促进经济发展。

近来出现的一种推动联邦制形成的动机是族群因素，比利时就是一个典型的例子。往南部看，瑞士将 26 个州、4 种语言区（德语、法语、意大利语和罗曼什语）和 2 个宗教区（天主教和新教）整合到一个稳定的联邦制框架中。但是，将一个本就分裂的社会联邦化也具有风险，因为这可能会加大社会的分裂。当分裂只涉及两个群体时，这种风险将尤为严重。因为两个群体间可能会形成零和关系。当联邦跨越（而不是巩固）族群分裂、边缘化（而不是强化）社会分裂时，联邦制会更有效。

尼日利亚所面临的挑战就是典型的例子。自 1960 年独立以来，尼日利亚有 3 个大区，后在 1963 年时增加到 4 个大区。在 1967 年，尼日利亚建立了 12 个州以取代原来的大区，此后，国家将内部区域分割为越来越小的单元，以防止以特定族群为基础的州得到自我巩固。现在，尼日利亚包含 36 个州和 1 个联邦首都属地，但是地方主义和族群分裂仍然阻碍着建立一个尼日利亚认同的努力。

联邦制的不同变体

正如单一制国家没有固定模板一样，联邦制国家也有不同变体，不同变体之间各有优势与劣势（参见表 11-5）。最标准的联邦制是权力在中央和地方之间统一分配，但现实并不如此。中央和地方之间的关系随时空情境的变化而变化。在 20 世纪的大多数联邦制国家中，中央政府在逐步获得更多的权力，这得益于民族经济的兴起以及因经济和劳动力扩张而带来的税收增长，财富由此流入国家的中心。然而，自 20 世纪 80 年代以来，这一变化趋势开始放缓，这导致中央和地方政府对于权力相对关系有了不同的看法。

表 11－5　联邦制的优势与劣势

优势	劣势
对于规模庞大、内部分裂的国家来说是一个可行的安排	在回应国家安全威胁时不够有效
能够形成更强大的制衡机制	决策缓慢且复杂
允许多样化的认同	巩固内部分裂
减轻中央负担	中央政府更难以贯彻自身意志
鼓励各州或各省之间形成竞争，公民将由此来选择在哪里居住	公民被如何对待将取决于自己住在哪个州或省
为政策试验提供机会	使问责制更加复杂：谁应为问题的解决负责？
让小型政治单位通过合作来获得经济和军事上的规模优势	可能导致一个州或省内的多数剥削少数
让政府更接近其民众	上院基于各州的代表制破坏了一人一票的原则

　　双重联邦制（dual federalism） 的设想吸引着美国，而**合作联邦制（cooperative federalism）** 的概念则吸引着欧洲（尤其是德国和奥地利）。美国是在各州联合签署契约的基础上形成一个职能有限的联邦政府。而欧洲的联邦制则基于各级政府相互合作的理念，双方共同致力于建立一个将各方联系起来的国家。然而，在这两种模式下，运作原则仅是**次要（subsidiarity）** 的。中央政府提供全面领导，下级政府负责执行：这是对共同目标的分解而不是不同目标的划分。

　　自 1949 年以来，德国一直建立在中央和地方政府相互依存的结构之上。所有的州都应该为整体的成功而努力，作为回报，它们将得到中央的尊重。在德国宪法中，"各州应将联邦法律作为自己关心的事务来执行"，这是联邦政府制订政策而各州执行的行政分工。但这种合作精神正在遭受越来越大的压力，因为人们认为决策变得越来越烦琐且不透明。2006 年的宪法改革旨在在柏林和各州之间建立更清晰的责任界限，例如赋予地方在教育和环境保护方面更多的自主权。尽管这代表了合作联邦制变得更加次要，但协商仍然根植于德国的政治实践之中。

　　如果联邦国家内部所有州在规模、财富和影响力方面都相似，这就非常有利于维持联邦内部的凝聚力与平衡。但是这种情况在现实中并不存在。由于历史发展过程的差异，联邦内部总是有一些州面积更大、人

双重联邦制：
联邦政府和地方政府的职能和责任相互独立。

合作联邦制：
各层政府职能和责任交织难以分辨出哪级政府完全对某事负责。

次要：
应在最低可行层面上得到执行的原则。

189　口更多、更富裕、实力更强。例如，在印度，北方邦的人口是米佐拉姆邦的 182 倍，而巴西的圣保罗州是罗赖马州人口的 88 倍。在墨西哥，全国超过 15％ 的人居住在墨西哥城及其周边地区，按人均国内生产总值来衡量，墨西哥城也是该国目前最为富裕的地区。另一种不平衡有时出现在文化差异中，例如魁北克民族主义者长期为加拿大内部的法语省份寻求特殊的承认。他们认为加拿大联邦制的形成是两个"平等社群"（英语人群和法语人群，前者与后者人数比为 4∶1）之间的契约而不是 10 个具有平等地位的省份之间的契约。

190　有一些国家在法律上属于联邦制，但在实际运作中更接近单一制；有些国家则恰恰相反，在法律上从未自称为联邦制国家，但实际权力却转移到了地方政府，这实际上开启了联邦化进程。这两种现象让我们更加难以清晰辨识联邦制国家。由多个原英国殖民地所组成的马来西亚是前一种情况的典型案例。马来西亚被认为是有缺陷的民主国家，它也是世界上族群最具多样化的国家之一。在法律上，马来西亚是由 13 个州和 3 个地区组成的联邦。然而中央政府对地方决策的控制权要强于一般意义上的联邦制国家。多个政党组成的国民阵线在 1974—2013 年间连续 10 次赢得选举，这强化了中央集权。不过也有学者认为希望联盟的崛起表明了变革可能正在进行（Wah，2015），而且马来西亚可能正在走向更加分权化的联邦模式。在被指控欺诈和操纵选票的选举中，民联在 2018 年 5 月赢得了足够席位，曾在 1981—2003 年间担任过总理、已经 92 岁的马哈蒂尔再一次组建了政府。

与此同时，在英国的苏格兰、威尔士和北爱尔兰，成立于 90 年代的地区议会使得这三个地区更像是联合王国联邦中的"州"，所缺少的只是一个和三区议会具有同等地位的英格兰地区议会。在阿根廷、西班牙和南非，权力已经下放到省和基层社区，虽然不具有联邦制的形式，但已经在事实上成为联邦制度或 **准联邦制**（quasi-federation）。

准联邦制：
行政管理体制在形式上是单一制但具备某些联邦制的特征。

在准联邦制国家中，南非是一个非常有趣的案例。南非于 1910 年成立时，它聚集了四个有着独特历史的英国殖民地，这些殖民地本可效仿澳大利亚和加拿大组建联邦制国家，但这并没有发生。南非直到 1994 年还只有四个省。每个省都有自己的总理和内阁，各省在议会的上院（全国省级事务委员会）有代表。无论各省大小如何，都有 10 名代表参加理事会。各省代表团内的政党结构反映了该省立法机关中的政党力量。南非的结构可以说是联邦体制，但对国家进行中央集权管理的悠久传统仍在继续。

联邦制的最后一种变体是**邦联（confederation）**，这是一种更为松散的政治合作形式。邦联是一个统一的国家，权力在中央和地方政府之间划分，政府与公民之间存在直接的联系（中央政府对公民行使权力并直接对公民负责）。邦联是各有主权的各邦结合，同时也具有中央权威。中央的权威来自内部的各个邦，公民将中央权威与他们所居住的邦联结起来。中央当局仍是较为低级的行动者，它仅是各邦集合体的代理人，各邦仍保有自己的主权。

邦联在历史上很少出现，也很少有邦联能长期维系。历史上的邦联包括 1781—1789 年的美国、1815—1848 年的瑞士和 1815—1866 年的德国。今天唯一可称之为邦联的政治联盟可能是欧盟（参见 McCormick，2015：Chapter 1）。欧盟不是欧罗巴合众国，它也从未以邦联自称，这使得我们很难在字面上描述欧盟的政治形式。许多评价家也避免对欧盟贴标签，只是将其描述为自成一体的组织模式。通过比较我们可以最好地阐述欧盟联邦化的程度，表 11‐6 对美国和欧盟进行了比较。结果显示二者确实具有相似的地方，但在一些领域也有明显差别。

邦联：
一种松散的联邦体制。邦联是各邦的联合体，权力更多地保留在了各邦的手中。

表 11‐6　对美国和欧盟的比较

	美国	欧盟
创立文件	宪法	条约
独立的联邦政府	是	否
选举形成议会	是	是
共同市场（人员、货币、商品和服务的自由流动）	是	基本形成但还不完善
单一货币	是	在大部分而非所有成员国中流通
唯一的法定公民身份	是	否
联邦税	是	否
共同的贸易政策	是	是
共同的外交和国防政策	是	在大多数情况下协同但没有共同的政策
联合武装部队	是	否
在国际组织会议中有唯一的代表席位	是	在部分国际组织中实现，但在诸如联合国等组织中则未实现
共同的认同	是	是，但是大多数欧洲人首先仍更认同自己的祖国

◆ **基层政府**

192

基层政府：
最低层级的政府，设立在有限范围的地理级别之上，例如县、镇或市。

中央政府在国家层面运作，中层政府在中间层面运作，**基层政府**（**local government**）则关注有限的、基层性的事务。不论是在单一制国家还是在联邦制国家，都存在基层政府，它们是处理最接近大多数人利益与需求的政治事务的地方。中央政府负责处理对所有人来说都至关重要的经济与安全问题，但我们在生活中最能清楚感受到的往往是那些更为直接的需求，例如好的学校、垃圾处理和道路的维修。鉴于基层政府在提供公共服务上的作用，它本不应该成为被遗忘的政府层级。我们不应该忘记美国政治家蒂普·奥尼尔（Tip O'Neill）的一句调侃："所有的政治都是基层政治"，这意味着政治家在任何层面上的成功都与他们满足基层选民需求的能力密切相关。

在最好的情况下，基层政府体现了有限规模的优势。它能够代表自然形成的社区，使居民能够很容易和其进行互动，并且能够强化地方的认同，提供在政治上有效的教育，并为更高层级的招聘提供场所。基层政府通常是公民应征的第一站，也是将各种资源向下分发的场所。不过，基层政府也有其劣势：它们往往规模太小而不足以有效地提供服务，它们也缺乏足够的资金来解决自己的优先任务，它们还很容易被地方精英所俘获。

基层政府在公众参与与提升效率上的平衡会随着时间的推移而发生变化。20 世纪下半叶，基层政府被鼓励不断提升效率，这导致基层政府的单位不断变大。例如，瑞典城市的数量从 1951 年的 2 500 个下降到 1974 年的 274 个（Rose，2005），如今是 290 个。在英国，效率问题一直是重中之重，地方当局服务的平均人口在 2007 年时就已经超过了 14 200 人，这一数据为欧洲之首（Loughlin et al.，2001：Appendix 1）。

到 20 世纪末，由于需要应对地方选举中投票率下降的问题，人们开始重新关注公民的参与问题。在新西兰，1989 年实行的管理改革取得了成功，随后又通过了《2002 年基层政府法案》。该法案提出了一个覆盖面更广、更具参与性的基层政权运作模式。同样，荷兰基层政府原本主要致力于提升效率和有效性，而自 90 年代以后则开始转向对公众参与的重视（Denters & Klok，2005）。1995 年，挪威决定"不应违背有关城市中大多数居民的意愿对基层政治单位进行进一步合并"（Rose，2005）。这种效率与参与之间的循环不仅表明两者之间存在着实实在在的权衡，而且体现了它们之间很难达到稳定的平衡。

基层政府的普遍性目标有两项：

● 提供范围广泛的地方性公共服务，包括警察和应急管理、公共图书馆、土地使用规划、公共交通、小学和中学教育、公园和娱乐、街道清洁与废物管理（每个国家的基层政府的任务清单，以及单一制和联邦制国家下的基层政府的任务清单都有所不同）。

● 落实国家的福利政策。

对职能的静态描述难以揭示出近几十年来基层政府的作用是如何演变的，在那些基层政府承担重要职能的国家中尤为如此。一个重要的趋势（在英语世界和斯堪的纳维亚国家中尤为明显）是，基层政府正在将原来由自己直接提供的服务外包给非政府的组织（正如我们在第十章看到的那样）。理论上，大多数的基层政府服务都可以外包出去，这在效率和服务质量上都可能有所提升。但在实践中，预期的收益并不总是能够实现，公共服务在外包的过程中也产生了风险，制造了很多问题，即基层政府直接向公民提供服务在本质上是否比通过承包商来提供公共服务更可取。

组织基层政府的方式有两种（参见表 11-7）。第一种也是最为传统的方式——市议会制，即将权威集中在由当选议员组成的市议会中。市议会一般通过强大的委员会来负责主要的基层事务，市长（由市议会或中央政府任命）的权力相对较小。（有关欧洲国家市长的研究参见 Heinelt et al.，2018.）

表 11-7　组织基层政府的方式

	描述	案例
市议会制	选举产生的市议员组成市议会并通过小组或功能性委员会来运作；市长不由选举产生，而由市议会或中央政府任命	比利时、荷兰、瑞典、英格兰、爱尔兰、南非、澳大利亚、埃及、印度
市长-市议会制	由一位选举产生的市长担任首席执行官。市议员代表不同基层社区并组成市议会，市议会控制立法权和财政权	巴西、日本、波兰以及包括芝加哥和纽约在内的半数美国城市

市议会制的案例还能在印度及其邻国孟加拉国、尼泊尔和巴基斯坦中找到。这些国家在历史上存在潘查亚特（panchayat，字面意思是五人会议）基层网络。传统上，印度的潘查亚特主要由村庄选出的受人尊重的长老组成，他们负责解决争端。随着更多行政职能迁移到基层，印

度的潘查亚特变得越来越重要（并获得了更加结构化的特征）。目前存在三个级别的潘查亚特：在村庄中的潘查亚特（在印度有 6 000 多个）、聚合村庄一级的潘查亚特以及在印度 29 个邦中的潘查亚特。尽管潘查亚特的财政资源仍然很有限，但是它们的地位受到宪法的保护，并且根植于印度村庄的自治理想和文化依恋中。

第二种组织方式是市长-市议会制。这一制度类似于国家层面上的总统制而非议会制，经选举产生的市长和经选举形成的市议会各有权力。市长是首席执行官，而市议会拥有立法和批准预算的权力。巴西、*193* 日本和许多美国大城市（如纽约、芝加哥）都采用了这种模式。这种高度政治化的模式使城市利益能在复杂的框架内得到代表。市长由整个地方层面的选举产生，市议员则代表城市内的不同社区。

市长和市议会所拥有的权力有很大差异。在"强市长"的政府中（如纽约），市长是权威和问责的焦点，他有权在未经市议会批准的情况下任免部门负责人。在"弱市长"的政府中（如伦敦），市议会拥有立法权和行政权，可供市长发挥的余地很有限。不论是"强市长"还是"弱市长"，经选举产生的市长总在公共领域中有一席之地。随着全球级别城市的出现，大型城市中市长的政治重要性也越来越大，参见聚焦 11.2。

在投票率走低的时代（基层选举的投票率往往是最差的，参见第十五章）。近年来，人们也进行了一些让地方决策更公开化的努力。一种方法（如英国、意大利和荷兰已经尝试过的那样）是将市长包装为代表地区公众的领袖，并引入对市长的直选机制。一位知名的市长可以提高地区的曝光度，尤其是提高在游客和投资者眼中的可见度。

聚焦 11.2

城市中的政府

194 现在大多数世界人口都生活在城市之中，如何治理城市、如何处理城市和郊区的相互依存变成越来越紧迫的问题。基于传统的边界，将城市视为完整独立的大都会区的做法被证明很难解决上述问题。更复杂的是，因其比农村地区更具多样化，城市有许多自身独特的问题。城市内部存在着穷人与富人的界限、黑人与白人的界限、同性恋和异性恋的界限、宗教信徒和无神论者的界限以及几乎一切人类社会所具有的其他界限。

并不是所有国家都在大都市的治理上取得了成功。我们可以看看这个澳大利亚的案例

(Gleeson & Steele, 2012)。澳大利亚几乎是一个由城市组成的国家，全国近 2/3 的人口居住在五个最大的州的首府中（阿德莱德、布里斯班、墨尔本、珀斯和悉尼）。这些城市在现有的三级联邦政府（国家–州–基层）中没有得到恰当的治理。联邦政府参与市政受到宪法限制，国家行政机关还必须面对其他压力（包括治理农村地区的压力）。基层政府是从属的和分散的，仅在悉尼就有 34 个基层政府的存在。联邦结构与集中在几个大城市的人口不太协调。

在城市治理中，首都占据着特殊地位。作为国家形象的重要组成部分，中央政府需要与首都的城市管理者定期沟通。首都的国际联系（甚至包括法兰克福、纽约、孟买和圣保罗等非首都的主要城市）意味着它半独立于国家的泊口，是所谓的**全球性城市（global city）**。即使在同一国家中，中央政府的利益与首都的利益也会出现分歧。首都不可避免地要受到与其他城市相区别的对待，在多层治理的概念下，这又带来了进一步的复杂性。

> **全球性城市：**
> 一个通过其金融、贸易、通信或制造业的地位而在全球体系中占有重要地位的城市。诸如迪拜、伦敦、莫斯科、纽约、巴黎、上海和东京都属于这样的城市。

威权国家的地方政府

对威权国家央地关系的研究反映了非民主国家中制度建设的相对不足。地方政府的角色是边缘化的，权威自上而下流动，自下而上的代表机制则沦为辅助性的措施。当中央政府权力基于军队或执政党来实施时，军队或执政党通常会在地方创建平行于政府的机构，这些机构的权威要凌驾于正式的地方政府官员之上。在这种情况下，对于一个谨慎的市长来说，他需要保持低调以避免冒犯真正的一把手。多级治理概念所隐含的决策多元化在这里几乎不存在，对央地关系的一般化描述则更符合威权国家的情境。

但是，将地方政府抛弃掉也是绝对不可取的。事实上，中央统治者就像中世纪的君主一样，经常依靠省级领导人来维持他们个人化的、有时也是脆弱的权力控制。因此，与自由民主国家相比，威权国家的央地关系往往更加个人化，制度化水平也更低。特别是在较小的国家里，地方领导人的权力并没有嵌入地方的制度之中。相反，这些地方上的统治者以个人化的方式进行领导，形成了对国家层面领导模式的复制。中央和地方的统治者通过恩庇–侍从关系整合在一起：国家统治者购买地方大人物的支持，这些地方大人物反过来通过把国家的资源分配给自己的支持者来维持其在地方的地位。庇护而非制度成为整合性的线索。

传统的统治者及其治理结构也很重要，这反映了许多威权国家在地方政府中引入现代制度的弱点。尼日利亚就是一个典型。正如许多殖民地一样，英国间接统治的殖民模式强化了地方领导人的地位，但传统精英仍然具有影响力。这一点在索科托表现得尤为明显。索科托是尼日利亚的一个州，于1976年创立，其形成可以追溯到19世纪初的伊斯兰索科托哈里发国。索科托有一位州长，但曾经统治哈里发国的苏丹仍然存在。事实上，苏丹仍然是尼日利亚穆斯林的精神领袖。传统的伊斯兰领导与地方政府由此共存。

195 　　在尼日利亚，根植于当地文化的传统政治单位比后殖民的、现代政治机构更具优势。位于遥远的州首府或首都阿布贾的民选机构和竞争性的政党对民众来说是十分陌生的，难以形成巩固的基础。尼日利亚联邦政府正面临着两难境地：应该利用传统政治领袖在共同体中的特殊地位来扩大联邦政府的影响力并推动现代化、民主化进程（但这可能削弱联邦政府的权威），还是应该绕过传统领袖并削弱他们的权力（但这有可能激怒地方的伊斯兰社群并降低联邦政府的信誉）？

军阀：
在中央动荡的脆弱国家中使用军事力量和恩庇来控制领土的非正式领导人。

　　在一些最不稳定的威权国家中，地方政府总是被**军阀（warlord）**的机会主义行为或非正式控制所取代。我们在阿富汗和索马里能够看到很多关于军阀角色的讨论。但军阀绝非一种新现象，甚至在某种程度上属于最古老的政治统治模式。这是一种基于军事力量的控制，在欧洲、日本和蒙古的历史中都有出现，并且在非洲和亚洲成为一种新现象。许多人认为，国内制度崩溃带来了权力真空，有地方民众支持的军阀则填补了空白（Felbab-Brown et al.，2018）。军阀甚至有时会发展出一套长期存续的制度，这往往会破坏民族国家的合法性。

　　针对军阀的田野研究无疑是非常危险的，但由于军阀在世界上几个地区的新动向，我们对于其动机与方法的理解也有了进一步的认识。在一项关于利比里亚、塞拉利昂和刚果民主共和国的军阀作用的早期研究中，雷诺（Reno，1997）将军阀的出现与拥有丰富资源（如钻石、钴和木材）的弱国联系起来。对于马滕（Marten，2012）来说，军阀不是国

196 家建设者，就像他们在亚洲和欧洲封建时期的前辈一样，他们总是依靠私人部队来获取资源与服从，并胁迫国家官员合作。在正式的国家制度较为脆弱或根本没建立起来的地方，军阀因其残酷的政治控制能力而蓬勃发展。

　　在规模较大的威权国家中，地方政府通常也更为发达。私人化的联系仍然很重要，但是制度安排也不能被忽视。地方政府被积极地调动起

来以确保中央权力的维系。我们可以合理地认为，大多数混合政体国家和威权国家将避免形成联邦体制。然而，世界上大约有一半的联邦制国家属于混合政体国家或威权国家，其中包括埃塞俄比亚、伊拉克、尼日利亚、巴基斯坦、俄罗斯、苏丹和委内瑞拉。假设联邦体制内部所固有的分权机制并没有推动民主转型，那么联邦体制又是如何运作的呢？简而言之，已经找到了一种办法，既可以保留联邦制架构又能够确保对关键政治问题的集中化控制。

俄罗斯就是这样做的。它虽然是一个联邦制国家，但是内部各个部分对中央的独立性要远小于一般意义上的联邦制国家。尽管在鲍里斯·叶利钦（1991—1999 年任总统）的领导下，俄罗斯进行了权力的下放。但是继任的普京又推动了权力的重新集中化。普京的成功主要基于以下几个方面的发展（Slider，2014）：

● 建立了一套行政管理体制，能让普京在不依赖地方官员所提供的信息的情况下实现对地方官员的监督。

● 将俄罗斯划分为七个宪法外的（extra-constitutional）联邦大区以监督下级单位的工作。每个大区都有一位总统代表来负责，他们的任务就是使地方法律与联邦法律保持一致。代表们还确保该地区的联邦政府部门仍然忠于中央政府。

● 要求所有地方行政长官放弃原有的党派身份，加入执政的统一俄罗斯党，并让其致力于使统一俄罗斯党成为地方议会中的多数党。

● 通过赋予总统任命联邦委员会成员的权力来削减俄罗斯联邦会议的权力。

通过这些手段，普京提升了中央政府治理俄罗斯的能力，因此罗斯（Ross，2010）总结道："俄罗斯是一个伪装成联邦制的单一制国家。"当然，普京的改革推动了其所谓的俄罗斯"主权民主"计划。在普京看来，主权民主并不建立在多层治理这一具有不确定性的多元化基础之上。相反，它优先考虑俄罗斯的利益，其中包括一个能够控制其人口的有效的中央政府。在此基础上，俄罗斯寻求在它所认为的充满敌意的国际环境中强化其地位。

尽管俄罗斯是一个庞大而多元化的国家，或许可以称得上是帝国的产物而不是一般意义上国家建设的产物。委内瑞拉则不同，它是一个规模更小且同质性更高的国家，同时它也是一个威权国家。那么为什么委内瑞拉也会选择联邦制？委内瑞拉自 1821 年独立后立刻建立了联邦制

197

并维系至今。该国人口仅有 3 100 万且主要居住在沿海地区。不过委内瑞拉的联邦制在很大程度上仅是名义上的。政治动荡、石油财富（参见第二十章对资源诅咒的讨论）和民粹主义军事独裁的组合阻碍了权力的下放。虽然宪法规定各州拥有所有联邦政府或市政当局所未明言的权力，但联邦政府仍然是权力的主要所有者，其中包括选举、教育、卫生、农业和劳工等事务的权力。即使各州有权制定自己的法律，但它们也不能偏离联邦法律的框架（Brewer-Carías and Kleinheisterkamp, 2013）。因此，权力的分割并不是很多，委内瑞拉也只是有名无实的联邦制国家。

问题研讨

- 在何种情况下单一制是更合适的政府形式，在何种情况下联邦制更符合实际需求？
- 为什么不论单一制还是联邦制都没有一个明确的模板，这有何影响？
- 是否所有的基层政府都应该复制中央政府的结构并由选举产生的议会和地方行政长官所领导？
- 你的国家有全球性城市吗？如果有的话，这个城市与国内其他城市的关系如何？如果没有，那么这对国家或地方政治有何影响？
- 为什么人们对于地方政府的研究要远小于对中央政府的研究？
- 基层政府十分重要的威权国家的经验是否表明民主国家中的权力变得过于集中化了？

核心概念

- 邦联
- 合作联邦制
- 去集中化
- 授权
- 放权
- 双重联邦制
- 联邦制
- 全球性城市
- 基层政府
- 多层治理
- 准联邦制
- 中层政府
- 次要
- 单一制
- 军阀

延伸阅读

Bache, Ian, and Matthew Flinders (eds) (2004) *Multi-level Governance* (Oxford University Press). 本书讨论了多层治理，并将这一概念应用到了具体的政策领域中。

Haider-Markel，Donald P. （2014） *The Oxford Handbook of State and Local Government* （Oxford University Press）. 关于国家和地方政治制度与公共政策的论文集。

Hueglin，Thomas O.，and Alan Fenna（2015）*Comparative Federalism：A Systematic Inquiry*，2nd edn（University of Toronto Press）. 本书对联邦主义的内涵展开了讨论，还在理论和实践层面上比较了联邦主义在不同社会中的运作状况。

Parker，Simon（2011）*Cities，Politics and Power* （Routledge）. 本书基于对欧洲、美洲的案例形成了对市政府的研究，关注了其权力如何构成并如何运作。

Pierre，Jon （2011）*The Politics of Urban Governance* （Red Globe Press）. 本书从城市所面临的调整出发，评估了治理的四种模式。

Watts，Ronald J.（2008）*Comparing Federal Systems*，3rd edn（McGill-Queen's University Press）. 本书评估了联邦制的设计及运作。

第十二章
政治文化

目录

预览

政治文化刻画了政治体系的信仰、价值、态度和规范。人们对政府有何期待，对政府的信任（或不信任）程度如何，价值在空间和时间上如何变化，以及态度在民主和威权体系下有何异同？回答这一系列问题，对于我们在多种多样的变体中理解政府与政治而言十分重要。前面几个章节对制度的结构、规则以及发展变化的回顾固然重要，但为了有效地进行比较，我们还需要理解不同政治体系的"个性"。

作为重要的参考点，本章首先讨论了公民文化的概念。公民文化以对国家权威的接受以及对公民参与的信仰为基础，是政治文化的一种特有形式。换言之，公民文化是借以理解民主如何运作的理想概念。在讨论了身份政治、多元文化主义以及后物质主义后，本章继续探讨民主国家政治信任下降的原因与影响。随后，本章回顾了塞缪尔·亨廷顿在其

《文明的冲突》一书中提出的颇具争议的观点，并思考了这一分析在全球层面为我们理解政治文化带来的启示。最后，本章着眼于理解威权体制中政治文化所面临的特殊挑战，包括威权体制中质性研究的相对缺乏，以及区分本土与外来政治价值时的困难。

核心观点

● 政治文化的概念是有吸引力的，但这一概念也有可能被滥用：文化并不总是与国家一一对应，我们需要避免陷入关于民族文化刻板印象的陷阱。

● 公民文化、身份政治和政治信任这类观念，往往被用于识别最有利于稳定的自由民主体制的态度。

● 向后物质主义的漂迁是理解政治文化如何变迁的一种有趣尝试。

● 许多民主国家的政治信任正在衰退，但其速率与原因则各不相同。

● 关于国家间文明冲突的观念是一种有争议的尝试，其试图将文化分析应用于后意识形态世界。

● 许多证据表明，威权体制中对强有力领导人的支持要多于对自由和自我表达的支持。

◈ 政治文化：一个概述

200

联合国教科文组织在其 2001 年发布的《世界文化多样性宣言》中，将文化定义为"一个社会或社会群体所独有的一系列精神、物质、智力和情感的特征，包括文学艺术、生活方式、组织方式、价值体系、传统以及信仰"。不同于自然，文化包括价值、象征、意义和期望。它告诉我们：我们是谁，对我们而言什么是重要的，以及我们应该如何行动。

政治文化（political culture） 的概念来源于这一思想，描述了特定社会中围绕政治和政治体系的信仰、态度和价值图式。它涉及何谓正常、可接受的，何谓不正常、不可接受的。我们很容易将政治文化与政治意识形态区别开来，正如我们在第一章中所看到的以及在第十六章中将要提到的，政治意识形态是指人们——特别是政治精英对政府角色和公共政策目标所持有的一套观点。这些意识形态将对个人如何看待互相竞争的领导人、候选人、政党及政策产生影响。相比之下，政治文化缺乏系统性特征，反映了更广泛的社会规范。政治文化更接近林茨（Linz）提出的"心智"（mentalities）概念，即"思维与感觉的方式，更情感化而非理性化，提供了对不同情况做出非程序化反应的方式"。相比于政治意识形态，政治文化更加宽泛、分散，应用也更为广泛。随着意识形态的衰落，政治文化已经成为理解信仰与态度在政治中的作用的主要途径。

虽然我们通常能够识别一个国家政治文化的主题，但我们也必须意识到一些潜在的危险。首先，除极小的国家之外，几乎每个国家都包含具有多种文化特征的社会群体。其结果可能是一个主流的政治文化伴随着一个或多个亚文化，也可能是如同巴西与印度一样的多元文化社会。其次，我们必须认识到，政治文化会随着时间的推移而发生变化。它绝不是一个静态的概念，而是能与社会看待政府和政治方式的广泛变化相互影响的。最后，当我们想不出其他解释时，就会依赖于援引文化因素："这只是他们文化的一部分罢了。"总之，我们应时刻警惕将政治文化简化为一种"国家性格"的刻板印象。

对比较政治学中的政治文化研究而言，利用个人态度问卷调查的行为主义视角最为常见。这种方法尽管站得住脚，但也有些狭隘。它淡化了政治文化作为公共领域中共同的象征与叙事的概念，这一概念体现在广告、艺术、运动、仪式、文学、博物馆和大众媒体之中（Ross，

政治文化：
与政治和政治体系相关的个人价值与规范的总和，或赋予政治行动共同意义的群体文化。

2009)。考虑到政治是一种集体活动，研究政治文化的公共表征是必要的。不管我们多少次听到某国领导人表示该国人民如何如何，或该国人民想要如何如何，这种公开表述可能与公民个人的意见不相匹配。这些表述真正的意思通常是："这是支持我的群体和选民所说的。"出于上述原因，政治文化可以是比较政治体系的一种有益方式，但我们也必须认识到它的不足。

 ## 理解政治文化

政治文化对比较政治学研究者有着天然的吸引力。在首次研究或访问某一国家时，我们自然会被其特有的文化所吸引。然而，轻易用文化差异去解释政治差异是危险的。虽然如仪式、行为和语言等文化因素会影响政治游戏的玩法，但未必会影响政治的实质内容。

澳大利亚的政治辩论为此提供了例证，其不时出现的粗鲁形式并不一定意味着澳大利亚存在着比辩论风格更为克制的国家（如瑞典）更尖锐的潜在冲突。在澳大利亚的政治对话中，侮辱式的辩论十分常见。这一风格的代表人物是在 1991—1996 年间担任总理的保罗·基廷（Paul Keating）。他曾将一位反对党领导人的辩论技巧形容为"就像被热莴苣抽打一样"，同时形容另一位总理约翰·霍华德（John Howard）"如同行尸走肉"。围绕政治侮辱的问题的讨论甚至提升到了宪法的高度，一位分析人士认为，侮辱是政治讨论的一部分，而政治讨论是受宪法保护的（引自 Stone，2018）。

我们也应注意不要把主导文化视为民族文化。我们容易认为所见所闻的政治现象反映了这一国家广泛的政治文化，但事实并非总是如此。首先，我们围绕某一社会所联想到的实际上是其**精英政治文化**（**elite political culture**）。精英的价值体系往往比普罗大众的要清晰得多。我们关于一个国家或社会的联想，往往是基于政治领导人、党派领袖、媒体、编辑和评论员的言行，而非普通人的言行。

以日本为例，其政治文化倾向于支持现有的精英，尽管这种支持并非全然由精英推动。政治权力长期建立在群体认同的观念之上，具体表现为忠诚、义务和等级观念。一张社会和金融相联系的网络将日本的少数政治精英连接在一起，加剧了裙带关系和派系主义。在这一特有的文化下，员工往往一生都在一家公司工作，政党内部派系持续存在，政治

201

精英政治文化：
最接近政治权力中心的人所持有的关于政治体制的价值与规范，他们包括民选官员、官僚和商业领袖。

中兜售影响力的现象一直存在。对地位和等级的强调意味着任何人都知道他们在群体中的地位，对群体的忠诚是一种光荣，而自下向上的批评则被视为对群体和谐的威胁（McCargo，2012）。这些价值观阻碍了日本的政治现代化和思想交流，助长了大企业的自满和保守主义，因而受到了越来越多的批评。

相反，很少有精英能像欧盟中的那样把顾全大局放在首位。在从战后支离破碎的大陆上建立统一欧洲的过程中，政府首脑和他们的官僚主动采取行动制定规则与政策。可以说没有他们的努力，就没有欧盟今天的成就。这不仅是利益的胜利，也是那一代欧洲领导人意志的胜利。然而，今天欧盟的批评者则指控欧盟不仅仅是由精英建立的，而且是由精英把控并促进自身利益的俱乐部。这自然也是 2016 年英国脱欧公投背后的动机之一。

主导性民族文化的缺失往往意味着社会存在某种程度的多元文化现象（见第二章）。事实上，很少存在几乎或完全同质化的国家，大多数国家都由多种文化、族裔的群体构成。这些群体学会彼此相处的程度不尽相同，也很少有国家能够完美地解决这一问题。例如，自由民主国家在很大程度上是以平等原则为基础的，但很少有国家能够将其下所有公民纳入统一的民族文化之下。这使得英国、法国和德国的领导人先后宣告多元文化主义的失败。与此同时，本书所提及的几个国家，尤其是美国、南非、印度和尼日利亚，都面临严重的分裂。这些国家不仅挣扎在国内文化的紧张关系中，甚至不时在其国家认同的定义方面出现问题。身份政治和全球化的双重压力对此带来的更多挑战，可见聚焦 12.1。

最后，除了精英文化和多元主义文化所包含的差异外，我们还发现政治文化中基于地理和历史情境的差异，包含着极高多样性的印度就是一个很好的例子（参见 Tenhunen and Säävälä，2012）：

- 印度包含了许多有着悠久历史但彼此独立的地区。
- 印度南部和西部各州在经济上比北部和东部各州更富裕。
- 贫富差距较大，社会发展和外国投资模式也各不相同。
- 社会基于初始职业划分形成复杂的种姓系统，其影响力虽遭削弱但仍存续至今。
- 城乡差距显著，数以百万计的印度人仍然过着原始的乡村生活，而更多的人口则聚集在快速发展的国际化都市（如孟买、德里）。
- 印度有超过 1 000 种语言，其中 18 种被认定为民族语言。

聚焦 12.1

身份政治与全球化

受益于研究方法的进步，以及对政治文化概念的进一步理解，学者们探索出了许多有趣的新思路。其中之一就是政治文化正在将许多受到身份政治和全球化影响的国家引向不同方向。身份政治是处于更广泛社会中的群体对其身份的"再主张"，以使其观点得到更多认可和理解。换言之，这是向异质化迈进的一种努力。而全球化则是使各国走到一起，据其批评者的说法，这是一种推动同质化的力量。

身份政治（identity politics）是指具有特定身份的人群能够形成政治联盟，以在其所属的社会或共同体中为自身争取群体利益。这一观念出现于20世纪下半叶，引起了人们对女权主义者、LGBTQ＋群体、少数族裔和不同世代群体利益的关注。这些群体的共同点是其成员容易受到基于其群体身份的压迫、排斥和歧视，并通过彼此确认来增进对自身境况的认知。身份政治的影响之一就是进一步强化了国家政治文化的内部异质性。

全球化最初所产生的效果却与此相反。通过建立国家间的联系、促进相互依存、强调共同的问题与需求以及加强人类的共同体意识，全球化在一定程度上抵消了这些群体的利益分歧。同时，全球化也挑战了传统的民族、文化和宗教身份。帕雷克（Parekh，2008）指出，国家在人们的生活中依然重要，但是：

（国家）受到了自上和自下的空前压力，使得人们对其赖以维系统一与稳定的国家认同的性质与基础提出了质疑。文化共同体间不断接触，并不断改变自身以回应彼此。它们已不能像从前那样定义与保持自己的身份。

从英国的跨国主义到巴西的多元文化主义，从印度的种姓制度到尼日利亚和南非的种族划分，本书关注的所有案例中都能看到国家所承受的来自不同身份的压力。与此同时，国家还会受到全球化蕴含的政治、经济与文化压力，包括在竞争激烈的全球经济中的赢家（高教育程度、流动的专业人才）与输家（低教育程度、低技能的产业工人）之间新的分化。

> **身份政治：**
> 与某一特定身份相关的政治立场与行动，例如性别、年龄、族裔、宗教、残疾或性取向等。

● 尽管80％的印度人是印度教徒，13％是穆斯林，但平衡取决于少数宗教群体。

显然，在这一情况下，将印度表述为拥有多种政治文化的国家，要比称其为单一政治文化国家更为准确。

◆ 从《公民文化》到后物质主义

在过去的几十年间，由于我们了解了更多对政治和政府的不同态度，政治文化在政治学与比较政治学中的角色经历了过山车式的变化。威亚尔达（Wiarda，2014）认为，尽管我们都认为政治文化在理解国家与地区间的差异上十分重要，但关于这一差异的程度以及如何准确衡量其影响，长期以来未有定论。政治文化向来被批评为印象流与刻板印象，且由于其固有的难以量化的问题而遭到排斥。然而，自 20 世纪 60 年代以来，政治文化研究开始复兴，变得更加条理化、实证化。在瓦尔达看来，这一复兴使解释主义与结构主义和制度主义齐名，成为政治学的主要解释范式之一。

203

这一变化可追溯到 1963 年加布里埃尔·阿尔蒙德（Gabriel Almond）与西德尼·维巴（Sidney Verba）所合著的《公民文化》一书的出版。这是第一部系统性研究政治文化的著述。阿尔蒙德与维巴首次尝试使用大规模民意调查揭示人们的实际想法，而不是别人认为他们在想什么。在找寻并识别自由民主制最可能发扬与巩固的文化时，他们最终落脚于所谓的**公民文化**（**civic culture**）。这是一种特殊形式的政治文化和忠诚，其中大多数公民接受国家的权威并对公民参与抱有信心。公民期望得到政府的公平对待，并希望政府允许自由的政治讨论，宽容对待反对派，促进公民的合作与信任。

公民文化：
一种温和的政治文化，它使大多数人接受参与政治的义务，并承认国家的权威及其决策权利。

就自由民主制而言，我们可以将健康的政治体制定义为公民相信其能够参与政府的决策并受其影响。但阿尔蒙德和维巴反对这一主张，他们认为只有参与的文化被较低水平的参与行为所平衡时，民主的理想条件才会出现。换言之，公民并不总是在参与政治，但他们必须保持随时采取行动的潜力。基于这一理论以及覆盖英国、意大利、墨西哥、美国和联邦德国的抽样调查，他们发现英国最接近这一理想，美国次之。这两个国家的公民有信心对政府施加影响，但他们通常选择不这样做，从而赋予了政府必要的灵活性。相比之下，意大利、墨西哥和联邦德国的政治文化在不同程度上偏离了理想。（最新的评估见"聚光灯 德国"。）

与大多数开拓性的研究一样，阿尔蒙德和维巴的研究受到了许多批评。这些批评大多强调政治文化这一概念本身的局限性。首先，批评者认为"国家政治文化"这一整体性概念本质上是模糊的，作者应更多地关注种族和阶级的亚文化。麦克弗森（Macpherson，1977）认为，如果遵循这一做法，他们将发现最积极的参与者是受过良好教育的中产阶级，而教育程度低的工人阶级则是正式参与政治最少的群体。

其次，批评者指出，阿尔蒙德和维巴未能详细描述政治文化的起源和演变。相反，政治文化在很大程度上被当作一种既定事实。这不禁让人怀疑这一概念只是对"国民性"这一简单概念的复杂重述。批评者指

聚光灯

德国

简介

204

德国为比较政治学提供了一个有趣的研究案例。德国建立于 1871 年，在两次世界大战中扮演了关键的角色，第二次世界大战后被分裂为联邦德国和民主德国。于 1990 年重归统一后，德国作为欧洲一体化的领导者发挥了关键作用。德国自然而然地透过自己的政府体系来看待欧洲的发展，因此其政治制度对欧洲大陆而言具有重要意义。在议会制框架下，德国采取了一种独特的政体形式：总理民主制。在这一制度下，总理决定政府决策，任命内阁部长，领导政府官员。并且，总理只有在立法机关就其继任者提名达成共识的情况下，才能被免职。德国是欧洲最大的经济体，有着资本密集型的工业与娴熟的工人，其优质产品主要用于出口。然而，其世界范围内的军事影响力极为有限。

政府组成	由 16 个州组成的联邦议会共和国。其现代国家建立于 1871 年，最新的宪法《基本法》通过于 1949 年
行政	议会制。总理领导一个由 16～22 名部长组成的内阁。总统主要是象征性的国家元首（由联邦议院特别会议选举产生，任期五年，可连任一次）
立法	一院制。由 631 名议员组成联邦议院（Bundestag），任期四年。尽管其功能类似于选举产生的上院，但拥有 61 名成员的联邦参议院（Bundesrat）由来自各州的代表组成
司法	联邦宪法法院作为宪法仲裁机构有着巨大影响力，由 16 名成员组成，一半由联邦议院选举产生，另一半由联邦参议院选举产生，任期 12 年，不可连任，68 岁强制退休

续表

选举体制	联邦议院通过复杂的混合成员比例代表制选举产生，其中，一半采用简单多数制，另一半采用州政党名单比例代表制。最终的成员名单会有所调整，以确保每个政党的席位数量反映其受支持的程度。联邦参议院的成员则由各州提名
政党	多党制。主要政党是德国基督教民主联盟及其在巴伐利亚的联盟政党基督教社会联盟以及德国社会民主党。其余重要的政党有绿党和右翼的德国选择党

人口：8 250 万

国内生产总值：3.7 万亿美元

人均国内生产总值：44 470 美元

德国的政治文化

政治文化在很大程度上是由一个国家的历 205 史所塑造的。二战后德国的分裂提供了一个罕见的自然实验，使我们能够评估这些不同的发展对大众思想的影响。

我们可以观察到两个主要的过程：其一是战后经济复苏对德国西部政治文化的积极影响。1959—1988 年，联邦德国人对自己的政治制度感到自豪的比例从 7% 提升至 51%。同一时期，联邦德国人对多党制的支持度从 53% 提升至 92%。这为其他寻求在威权体制的历史基础上建立民主文化的国家带来了希望。

其二是统一所带来的影响。1990 年德国统一时，民主德国人对其立法机关、法律体系和公民彼此的信任显著低于联邦德国人。可见在不同政权下，政治文化会产生差异。

此后有证据表明，德国东西部之间的差异逐渐减弱但仍然存在：西部的可支配收入和年轻人占比更高，东部的失业率和对右翼政党的支持率更高。东部人倾向于认为西部人是布尔乔亚的、傲慢的、物质主义的和个人主义的；而西部人也有些瞧不起东部人，东部人当然也对此有所觉察。具有讽刺意味的是，2014 年的一项民意调查显示，75% 的东部人认为统一是成功的，但只有 50% 的西部人持同样的观点（Noack，2014）。

我们有理由认为，如果东部的生活水平继续趋近于西部，文化差异将继续减小。在这种情况下，东部所具有的物质主义文化将非常容易染上西部长期存在的后物质主义色彩。然而就目前来看，统一而未整合，仍然是我们讨论德国政治文化的共同主题。

延伸阅读

Langenbacher, Eric, and David P. Conradt (2017) *The German Polity*, 11th edn (Rowman & Littlefield).

Padgett, Stephen, William E. Paterson, and Reimut Zohlnhöfer (eds) (2014) *Developments in German Politics 4* (Red Globe Press).

Roberts, Geoffrey K. (2016) *German Politics Today*, 3rd edn (Manchester University Press).

出，一个国家政治文化不应被视为固定和稳定的，而应被视为被政治运行过程（部分）塑造的动态概念。这一观点似乎很快得到了证实：在经济增长与繁荣的间隙，许多自由民主国家遭遇动荡，受到了学生运动、石油危机、金融危机、分离主义和女权主义运动的冲击。

这一动荡的影响之一便是引起了人们对第二次世界大战后被视为理所当然的优越条件的反思。美国社会科学家罗纳德·英格尔哈特（Ronald Inglehart）在 20 世纪 70 年代初创造了**后物质主义（post-materialism）**这一概念，从而将经济增长与安全领域所谓的"物质主义偏好"与围绕一系列生活质量议题的新的文化焦点区分开来。这些问题包括环境保护、核裁军、性别平等、言论自由等。英格尔哈特认为，二战后出生的西方人成长于空前繁荣的和平年代。彼时，福利国家不断发展，以保障受到疾病、失业和老龄所影响的人们。免于生存与安全压力的战后一代，尤其是受过教育的年轻人，更倾向于关注自己的生活质量。这使得他们与父辈有着不同的优先级排序。

根据英格尔哈特（Inglehart，1971）的说法，这种富足、和平和安全的独特组合造成了西方政治文化悄无声息的革命。基于广泛的调查证据，英格尔哈特发现，一个国家越是富足，其后物质主义者的比例就越高。例如，在欧洲，后物质主义首先出现在如丹麦、荷兰和联邦德国等最富有的国家。除挪威外，富裕的斯堪的纳维亚半岛几乎被后物质主义价值观所占领。相反，后物质主义在教育水平低、相对贫穷的欧洲民主

后物质主义：一种价值观，它强调生活质量，而非经济增长和安全等物质价值。

国家则不太常见，希腊就是其中一个例子（Knutsen，1996）。

当英格尔哈特在 20 世纪 70 年代初开始他的研究时，在许多西方国 *206*
家，物质主义者与后物质主义者的比例约为 4∶1；而到了 2000 年，这
两个群体的规模已大致相当。这背后是政治文化的重大转变。其中，全
球化和教育的普及在后物质主义价值观的广泛传播中发挥了关键作用。
事实上，接受高等教育（尤其是在艺术与社会科学领域）成为预测后物
质主义态度的最有效变量。在大学中获得或强化的自由主义价值观，在
后续以知识而非财富与权威为成功要素的职业中得以维持。2005—2008
年进行的调查显示，在法国，56％受过高等教育的受访者是后物质主义
者；而在受教育程度较低的受访者中，这一比例仅为 25％（Dalton，
2013）。

然而，向后物质主义的转变也不应被夸大。不仅有大量保守主义的
政党仍在后物质主义时代大行其道，还有一些极右翼民粹政党在欧洲民
主国家出现，这可以被部分解释为对后物质主义价值观的抵制。包括恐
怖主义、能源供应、气候变化、移民、年轻人失业和社会安全在内的问
题都是 21 世纪特有的挑战。这些问题促使人们重新关注安全与生存，
迫使他们回到那些足以消磨他们这代人身上新的文化印记的政治议题
上来。

尽管将后物质主义价值作为分析工具仍然存在分歧，但它的出现表
明，衡量和理解价值观的方法，包括以政治文化为基础的方法，在不断
发展。1981 年，欧洲价值观研究（European Values Study）在荷兰成
立，其目的是更好地衡量和理解欧洲国家的价值观。此后不久，世界价
值观调查（World Values Survey，英格尔哈特本人也参与其中）成立并
开展了数波调查研究。最近的一波为 2017 年的第 19 波调查，覆盖了世
界上半数以上的国家。此外，位于美国的皮尤研究中心（Pew Research
Center）也进行了数量可观的调查研究，包含政治价值、政治态度等，
是用以比较不同国家政治文化的良好材料。

最近一次的皮尤调查中包含了询问人们是否认为他们国家的生活在
过去 50 年间有所改善的问题，结果如图 12-1 所示。显然，国家的富
裕程度与民主程度与这一问题的回答几乎没有关联。例如，多数认为生
活变好的国家既有富裕的稳定民主国家（德国和瑞典），也有较为贫穷
的新兴民主国家（印度），同时还包括最近倒向威权主义的国家（土耳
其）。同时，在三个有缺陷的民主国家（美国、巴西和法国），多数人对 *207*

这一问题给出了消极回答。对这一问题回答最消极的两个国家则包括了一个有缺陷的民主国家（墨西哥）和一个威权国家（委内瑞拉）。

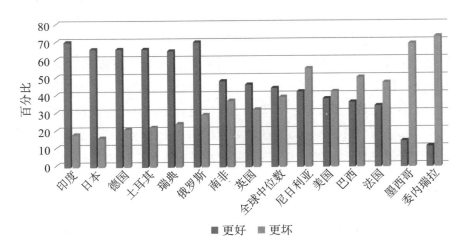

图 12 - 1　生活在过去 50 年间是变好了还是变差了？

资料来源：Pew Research Center，2017a.

注：问卷问题为："对我这样的人来说，过去 50 年间这一国家的生活变＿＿＿了。"

◇ 政治信任

政治信任：
统治者通常是出于善意并有效地为被统治者的利益服务的信念。

当阿尔蒙德和维巴进行研究时，人们普遍认为，高度的**政治信任（political trust）** 是成功的自由民主体制的标志之一。当人们相信政治体制和政府制度能够执行反映人民需求的合理决策时，就意味着存在这样一种信任。哈丁（Hardin，2006）对信任和诚信进行了区分，认为前者的下降必然导致后者一定程度的下降。他认为，诚信的价值在于其让社会合作变得可能或更容易。因此，诚信的下降会带来合作精神的丧失，甚至导致我们避免与他人接触。

尤其是在 20 世纪 90 年代和 21 世纪头十年，人们普遍认为西方民主国家的政治信任正在衰退。然而，这种衰退趋势在不同民主国家中并非完全一致，它更多的是由公众对民主制度表现的信心而非民主原则本身所驱动的。不过，这些结论往往是基于对少数几个民主国家的研究所得出的。近来，多尔顿和韦尔策尔（Dalton & Welzel，2014）以阿尔蒙德和维巴的研究为基础，对世界各地的多个国家进行了更为广泛的研究。他们发现，许多人已经放弃了忠诚，而对政治采取了另一种更果断的态度。他们不信任选举政治、制度和代表，并已经准备好以自己的需求与精英对峙。

这一研究结果被美国营销咨询公司埃德尔曼（Edelman）所做的"信

任晴雨表"调查所证实。自 2001 年以来，埃德尔曼公司一直在对政府、企业、媒体和非政府组织这四类机构的信任水平进行研究。他们发现，对这些机构的信任水平会随经济和政治环境的变化而变化。例如，在 2007 年的第 8 波调查中，人们对企业的信任水平要高于对政府和媒体的信任水平，但在随后的金融危机中出现下降。2016 年，这四类机构的信任水平都达到了危机后的最高峰，而在 2017 年的第 18 波调查中再次下降。这一调查结果还揭示了各国信任水平的巨大差异，如图 12-2 所示。

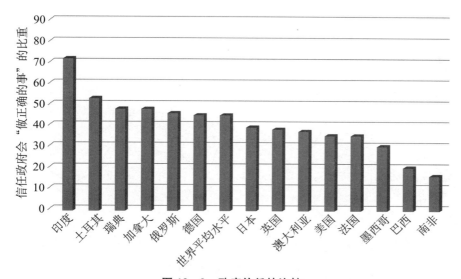

图 12-2 政府信任的比较

资料来源：Edelman，2018.

注：基于对 28 个国家的田野调查。

这是一些有用又有趣的数据，但关键在于如何解释它。例如，瑞典在经济一直较为稳定的情况下有着较低的信任水平。瑞典在多项指数上的排名都很高，但只有不到一半的人信任他们的政府。林德和埃林松（Linde & Erlingsson，2012）认为，导致这一局面的原因之一是瑞典人怀疑他们所看到的腐败只是冰山一角。另外，俄罗斯较低的政治信任水平与其政治不确定性相符，但却与弗拉基米尔·普京的高支持率形成了鲜明的对比。与此同时，英国的低信任水平可以部分解释为英国脱欧所带来的影响，但墨西哥、巴西和南非的情况则并不出人意料，尤其是在这三个国家腐败问题严重的情况下。

美国是另一个有趣的例子（参见图 12-3）。在 20 世纪 50 年代末 60 年代初，大约 3/4 的美国人认为他们大多时候信任联邦政府。而到了

1994 年，这一数字下降到了大约 1/5。尽管 2001 年 9 月的恐怖袭击让美国人再次团结在星条旗下，提高了人们对政府的信任。但随着"9·11"事件背后情报失误的暴露、对 2003 年入侵伊拉克的争议以及 2007 年开始爆发的金融危机，对政府的信任再次跌至新低。在更深层面，许多特别是乡村地区的美国人开始感受到他们身边发生的变化对其产生了威胁。这些威胁包括失业、全球化、贫富差距扩大以及对政治特权阶级崛起的怀疑，工作的白人也担心移民和社会变化会冲击其传统的经济和政治角色（Wuthnow，2018）。

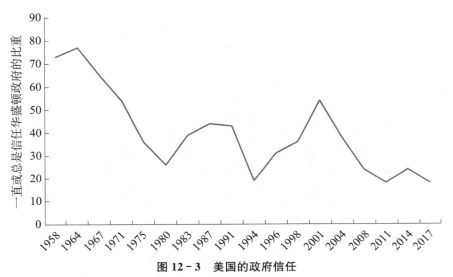

图 12 - 3　美国的政府信任

资料来源：Pew Research Center，2017b.

◇ 文明的冲突？

政治文化不仅仅是一个国家或地方现象，还可以在全球层面上进行理解。美国政治学家塞缪尔·亨廷顿的畅销著作《文明的冲突》就是在全球范围内对此进行分析的重要例子。将宗教问题引入政治文化的讨论是其颇有影响力的尝试。

亨廷顿在 2001 年 9 月恐怖袭击前曾写道，在 21 世纪，文化而非国家的冲突将成为政治冲突的主要根源。他说，冷战的结束并不意味着文化分歧的终结。相反，亨廷顿预测政治冲突的焦点将从意识形态的斗争转移至文明的冲突。由于文明是一种超国家的划分，因此他认为政治文化已经摆脱了国家的束缚，拥抱一种更广泛的身份认同。换言之，文明是世界上最广泛的文化实体，或者说是"大写的文化"。

亨廷顿设想了七种或可以说八种文明：西方文明、日本文明、伊斯兰文明、印度文明、斯拉夫-东正教文明、拉丁美洲文明、中华文明以及（可能的）非洲文明。他认为，在这些互有矛盾的文明之间几乎没有妥协的余地——虽然经济冲突可以通过讨价还价来解决，但文化差异却没有简单的解决办法。例如，亨廷顿表明了文化上的亲缘关系是如何影响 20 世纪 90 年代战争中双方的选择的。在南斯拉夫的冲突中，俄罗斯向塞尔维亚人提供了外交支持，这并非出于意识形态、强权政治或经济利益等原因，而是因为文化的亲缘。2014 年，俄罗斯总统普京以文化亲缘为借口接管了克里米亚，并开始动摇乌克兰东部地区的稳定局势。

209

那么，国家与亨廷顿所谓的文明有何关系？表 12 - 1 呈现了亨廷顿对核心国家、成员国家和孤立国家所进行的有趣划分。除此之外，他还讨论了混合和分裂的国家，这些国家的领导人试图将国家从一个文明转移到另一个文明，尽管亨廷顿对这一努力表示怀疑。他认为，澳大利亚未能将自己重塑为一个亚洲国家，是因为其不具有亚洲国家的文化。文化差异也能解释土耳其在加入欧盟的过程中遇到的问题：土耳其到底是一个亚洲国家还是欧洲国家？一个伊斯兰国家（即使它在传统上是世俗国家）将如何与基督教国家（尽管越来越多的人已不再做礼拜）相融合？

表 12 - 1 亨廷顿划分的国家与文明

类型	特征	举例
核心国家	最强大并在文化上居于文明的中心	印度（印度文明）
成员国家	完全认同某一文明身份的国家	英国（西方文明）
孤立国家	缺少与其他社会文化同质性的国家	日本（日本文明）

资料来源：Huntington, 1996.

亨廷顿的理论招来了相当多的批评，学者们要么拒绝划分文明的观点，要么质疑文明间冲突的证据。这一理论对伊斯兰文明与西方文明之间关系的评估遭到严重批评，这是因为亨廷顿把二者间的关系描述为文明之间永久性的冲突：

西方面对的潜在问题是伊斯兰问题，这是一种不同的文明，其人民深感自己文化的优越和力量的不足。而伊斯兰面对的潜在问题是西方，这也是一种不同的文明，其人民深信自己文化的普世性和优越性，并认为他们的强大使其有义务将他们的文化推广到全世界。

许多批评人士反对这一看法。例如，爱德华·赛义德（Edward Said，2001）在一篇题为《无知的冲突》的文章中提到，诸如"西方的""伊斯兰的"等说法是"无益的标签"。他认为，这些标签具有误导性，不利于我们理解无序的、不易归类的现实。而斯特潘（Stepan，2001）解释道，伊斯兰世界是有多种声音的，并会在不同时间和地点有不同的表现。以土耳其和沙特阿拉伯的对比为例，二者都是伊斯兰国家，但前者是在埃尔多安的统治下才明显伊斯兰化的。与此同时，沙特阿拉伯最近采取了温和的行动，向着更加自由化的方向发展。这种对比符合格雷戈里安（Gregorian，2004）对伊斯兰世界"是组合体，而不是整块巨石"的比喻。人们对"9·11"事件的反应也证实了伊斯兰世界有多种声音的特征：尽管劫机者无疑利用了伊斯兰内部反西方的声音，但大多数穆斯林和基督徒都认为这次袭击是不道德的（Saikal，2003）。

另外，逊尼派（Sunni）穆斯林和什叶派（Shia）穆斯林之间长期存在着紧张关系。加之 2011 年"阿拉伯之春"后，中东地区社会内部日益明显的分歧，都证明了伊斯兰世界并不是铁板一块。（逊尼派穆斯林约占全部穆斯林的 80%，其实践建立在穆罕默德的举措之上，并接受一定程度的政教分离。相反，主要分布在伊朗和伊拉克的什叶派穆斯林主张政教合一，宗教领袖直接扮演政治角色。）同时，基督教的整体性也同样经不起推敲。几个世纪以来，宗教分歧成为欧洲战争的主要原因；即使是在今天，新教、天主教和更宽泛的基督教中的大小教义之间也存在着紧张关系。

尽管受到了诸多批评，但亨廷顿的文明划分理论还是成功地刺激了学者对伊斯兰文明与西方文明间文化差异的研究。这些研究发现，两个世界之间政治态度的差异十分有限。例如，诺里斯和英格尔哈特（Norris & Inglehart，2011）在对 1995—2001 年间 50 多个国家的研究中得出结论：生活在西方和伊斯兰文化中的公众，对民主应如何运作、民主理想的支持以及强有力领导的认可方面，没有显著区别。但这一研究也确实发现，穆斯林公众支持宗教权威扮演更强的社会角色——尽管他们证实这一差异更多是西方文明与其他文明之间的差异，而不是西方文明与伊斯兰文明之间的差异。就此而言，西方文明的世俗性反而是与众不同的。对于习惯将伊斯兰世界想象为异己的西方国家来说，将自己的世俗文明视为一种例外，可能会更具启发意义。

当涉及性别问题和性观念时，两种文明出现了更大的差异。诺里斯和英格尔哈特（Norris & Inglehart，2011）发现：

以瑞典、德国和挪威为首的所有西方国家都强烈支持女性的性别平等，对同性恋也持以宽容的态度。相反，正如埃及、孟加拉国、约旦、伊朗和阿塞拜疆的情况，伊斯兰文化在这一点上都显示出了最为传统的社会态度，只有阿尔巴尼亚稍稍更自由一些。

虽然其他研究也证实了这些差异，但从亨廷顿著作所引发的争论中得出的总体结论是：无论是文化差异还是历史差异，都不能证明伊斯兰世界和西方世界之间存在着永久性的文明冲突。

英格尔哈特-韦尔策尔世界文化地图（the Inglehart-Welzel cultural map of the world）是对全球范围内政治文化一项争议较少的分析。它将世界上大多数国家绘制在一张二维图表上：

● 传统对世俗-理性维度：前者强调宗教、家庭、顺从权威、爱国主义，在诸如离婚和堕胎等问题上持保守立场；后者则与前者持相反的立场。

● 生存和自我表达维度：基于英格尔哈特对后物质主义价值的定义，前者强调经济发展和人身安全，导致信任和宽容水平较低；后者则优先关注环境保护、宽容、性别平等以及更多地参与政治和经济决策。

利用这一框架，英格尔哈特和韦尔策尔基于宗教、地理和语言的结合将世界划分为九种类型。这有利于清晰地认识与该国政治文化有关的一系列特性，如民主理想、公民的赋权、全球化、性别价值观、宗教和生活满意度等。在本书关注的 17 个案例中，瑞典最趋近世俗-理性和自我表达，墨西哥最趋近传统和自我表达，而土耳其最趋近传统和生存。总体来看，大多数民主国家倾向于世俗-理性和自我表达，而大多数威权国家倾向于传统和生存。

然而，就像几乎所有对文化这一难以捉摸概念的分析一样，英格尔哈特-韦尔策尔世界文化地图在回答一些问题的时候，也造成了一些其他问题。例如，为什么所有语言中只有英语被用于划分一个类别（为什么英国不被划入欧洲新教，爱尔兰不被划入欧洲天主教）？将伊斯兰国家和（通常不是伊斯兰国家的）非洲国家划入同一类别的意义何在？为什么把波罗的海三国单独划分为一个类别？尽管存在这些疑问，这幅世界文化地图仍然提供了一个有趣的参考，世界价值观调查的大量研究，

211

也经常在这一领域提出有趣的新议题。例如，明科夫和霍斯特德（Minkov & Hostede, 2011）使用这些数据来反对国家内部存在多重文化身份，因为这将有损于民族文化的观念。他们的研究表明，国家的文化价值都紧密地围绕着"民族主线"，而跨国界的文化融合则相对罕见。他们认为，即便是拥有多种语言、宗教、民族和历史传统的国家也同样如此。

◈ 威权国家的政治文化

正如阿尔蒙德和维巴所认为的，稳固的自由民主理想包含着对强调自我表达的多元公民文化的要求。因此，韦尔策尔和英格尔哈特（Welzel & Inglehart, 2009）指出，许多威权主义政权是依靠其民众对安全的文化认同得以维持的。从这一角度看，认为非民主体制只能靠镇压反对者来进行统治是错误的。相反，威权体制可以和民主体制一样合法，不同的只是其权威的基础。我们在此提出威权条件下政治稳定的文化理论。

具体而言，韦尔策尔和英格尔哈特（Welzel & Inglehart, 2009）认为，低收入国家的国民会更看重权威和强大的领导力，而不是自由和自我表达。因此，如果民主确实出现在了这样的文化环境中，它很有可能是不稳定的———一种"没有民主的民主"自然是脆弱的。即使人们拒绝现任的威权领导人，他们可能只是想生活在另一群威权领导人的统治之下。换言之，西方分析人士将威权统治之下的所有异见解读为对民主的追求，可能是仅仅看到了其诉求的表象。此外，生活在非民主政府下的民主支持者，他们想要的与其说是人民的统治，不如说是社会秩序、民族自治和经济发展。

俄罗斯是以安全和秩序为中心的威权主义文化的一个范例。许多西方人骄傲地认为自己见证了20世纪90年代俄罗斯投向自由民主的怀抱，如今又惊讶于普京时代的俄罗斯重新拥抱威权主义。事实上，俄罗斯的政治文化只包含着对民主原则的有限支持。我们可能只看到俄罗斯人对政府的信任水平很低（44%），然而其对企业（41%）、媒体（35%）和非政府组织（25%）的信任水平要更低（Edelman, 2018）。

某种程度上，俄罗斯仍然背负着麦卡利斯特（McAllister, 2014）所描述的历史的重担（尽管在考察政治文化时，任何社会都要考虑这一点）。政治态度和政治行为受到童年经历的强烈驱动，而许多俄罗斯人仍然保留着苏联时代的印记，甚至有些怀旧，这使他们在向一个安全性和可预期性较低的新政治经济体制过渡时遇到了困难。这种情况会随着新老更替而改变：与父辈和祖辈相比，俄罗斯的年轻人对旧政权的支持要弱很多。

俄罗斯分别在 2008 年与 2014 年介入格鲁吉亚和乌克兰事务，尽管国外对普京的批评声不绝于耳，但普京在国内的支持率却创新高（Taylor，2014）。来自官方和第三方的民意调查结果显示，2014 年 3 月，普京的支持率高达 72%，达到三年来最高。（同一时间，美国总统奥巴马的支持率为 43%，法国总理奥朗德的支持率不足 20%。）即使由于对经济和腐败状况的担忧，普京的支持率在此后有所下滑，但仍处于自由民主国家领导人望尘莫及的水平。显然，俄罗斯人抛弃了旧政权，但仍然倾向于坚决而强大的领导。

对于非民主政体得到政治文化支持的这一观点的一种反驳是，这一观点中包含的因果关系实际上是相反的。正如我们已经指出的，文化可以反映而不是维持一种体制。就俄罗斯而言，政治信任的缺失可能是其非民主历史和当代腐败状况的反映。假若稳定的自由民主体制在俄罗斯建立，其政治文化也可能以某种方式向自由民主的方向转变。换言之，长期的政治文化反映了政体的性质，而不是相反。

有趣的是，韦尔策尔和英格尔哈特（Welzel & Inglehart，2009）拒绝了这样的观点。他们坚持认为，正如其前辈阿尔蒙德所指出的那样，政治文化是一种独立的力量。为了驳斥"政治文化只是当前政治体制的一面镜子"这一观点，他们举出韩国等国家的案例说明，在许多威权社会向民主社会过渡之前，对民主的高度内在支持就已经出现了。他们认为，随着社会的现代化，受教育程度较高的群体将更加强调自我表达和后物质主义价值观。这种文化转向将导致民主化的压力。然而，委内瑞拉的案例似乎表明，在中上层阶级掌握权力的情况下，近年来的这些变化在很大程度上遭到了抑制（参见聚焦 12.2）。

在许多非民主的伊斯兰国家，威权统治者试图从伊斯兰文化中寻找对其掌握权力的支持。他们把民主表述为外来的西方概念，宣称民主的实践会导致放纵而非自由、强调物质价值而非精神价值、追求个人私利而非社会和谐。例如，马来西亚总理马哈蒂尔（于 1981—2003 年以

212

213

聚焦 12.2

革命与政治文化

在本章开头，我们提到了一种将国家的主导政治文化与民族文化等同的倾向，并以政治精英的价值来定义主导文化。我们当然也看到这是一种错误的倾向。在威权国家，这一错误则更为明显。这是因为民主国家精英的价值会通过社会中不同集团的争鸣而互相制衡，而威权国家则由范围更窄、人数更少的政治精英所统治。

在威权体制中，我们会偶尔看到精英的易位，不管是通过民众抗议还是选举。在此情况下，新的体制将取代旧精英的统治，并重新定义何为"正常的"信仰、态度和价值。这种情况几乎发生在所有推翻旧政权的革命中，无论是 1789 年的法国革命、1910—1920 年的墨西哥革命、1952 年的埃及革命还是 1979 年的伊朗革命。最近一次发生在委内瑞拉，尽管其方式有所不同：1998 年，雨果·查韦斯（Hugo Chávez）通过赢得选举而非推翻现有政权上台，并发动了玻利瓦尔革命。

这场以委内瑞拉革命领袖西蒙·玻利瓦尔（1783—1830）命名的革命，爆发于委内瑞拉与其他几个拉丁美洲国家为从 20 世纪 80 年代的地区债务危机中恢复而采取的紧缩措施之下。斯特罗恩（Strønen, 2017）将其核心特征描述为：挑战作为主要石油生产国的历史为该国所塑造的政治文化，并通过动员穷人和改革国家制度来打破中上层阶级的霸权。然而，查韦斯于 2013 年在任上去世后，留下了一个社会分裂严重、经济混乱、改革承诺落空、人们对政治改革普遍幻灭的烂摊子。查韦斯个人崇拜色彩的统治并未强化国家制度，反而将其削弱。韦尔策尔和英格尔哈特所言作为独立力量的政治文化，也无法在很短的时间内重塑。

将委内瑞拉的案例置于更广泛的背景时，值得注意的是，我们对拉丁美洲的政治文化还知之甚少，这也使得对委内瑞拉案例意义的评估变得更加困难。布思和理查德（Booth & Richard, 2015）指出，选举民主在这一地区向来罕见，且总是刚一出现就迅速瓦解。尽管拉丁美洲已经基本摆脱了军事独裁，在民主化方面取得了很大进展，但其选举民主的持久力依然充满不确定性。他们总结道，委内瑞拉的案例更加使人们质疑精英给出的承诺以及大众对民主的拥护。

及 2018—2020 年在任）谴责西方民主国家的领导人不敢做正确的事，由于宣称媒体自由不可侵犯，致使他们自己和他们的人民生活在对自由媒体的恐惧之中。通过这样的表述，威权统治可以被塑造为一种与西方自由主义对立的本土固有文化传统。

这样一来，我们该如何解释埃及的案例呢？首先，我们看到埃及人走在了"阿拉伯之春"运动的前列，于 2011 年初爆发了大规模公众示威活动，推翻了穆巴拉克政权，将这位掌权了近 30 年的总统赶下了台。随后，埃及走上了民主道路，在 2011—2012 年通过竞争性选举推选出了穆罕默德·穆尔西政府。值得注意的是，这不仅是埃及历史上第一个伊斯兰政府，也是自 1952 年推翻君主制以来唯一一个平民领导人的政府。当穆尔西开始表现出向威权转变的迹象时，军方在 2013 年 7 月将他赶下了台。总统之位随后被名不见经传的埃及军方领导人阿卜杜勒·法塔赫·塞西取代。

马格拉维（Maghraoui，2014）认为，在埃及威权主义的历史背景中，塞西崛起背后的动力是一个谜。他既没有个人魅力，也没有从政经历，没有战功，也没有特别的意识形态，甚至对埃及长期的社会和经济发展也没有明确的规划。看起来，尽管埃及人在 2011 年支持了民主变革，但许多人仍然偏好强大的领导。这表明在埃及的政治文化中仍然有一种威权主义的核心倾向，至少在较为年长的埃及人中是如此（如果站在反对穆巴拉克和穆尔西的抗议前线的年轻人并非如此的话）。塞西将反恐战争作为其政府的支柱，这一理念吸引了许多埃及人，强化了对他的支持。在坎巴尼斯（Cambanis，2015）看来，塞西只需要足以掌权的权力和足够的国际支持，就可忽视那些对公民权利、政治自由和经济发展有所诉求的埃及人的不满。然而，塞西能够在任坚持多久仍然有待观察。

当谈到撒哈拉以南非洲时，政治学家面临的关键挑战之一是将当地的本土政治价值与被殖民的经历和后果所形成的政治价值区分开来。欧洲国家边界的形成是欧洲内生冲突和竞争的结果。相比之下，非洲和中东国家的边界则是外生的，即由欧洲殖民列强不顾政治、文化和宗教现实所划定的。这种边界划定的结果是创造了一种"人造的"政治单元：具有不同历史的民族被期望共同建立一个统一的国家，并在不完备的政治体制和欠发达的经济条件下进行统治。

尼日利亚就是这一问题的典型案例。在前殖民时期，该地区的族群（如豪萨族和约鲁巴族）已经彼此形成了平衡，以保证双方的互不干涉。英国殖民者统治尼日利亚之后，这些群体被迫一起生活和工作，建立共有的政府和行政体系。这反而使他们走上了相互敌对的道路，开始争夺权力与资源，并努力维护自己的身份。由于缺乏国家传统，尼日利亚人至今仍很难信任政府官员，转而依赖族群以获得稳定，并认为对族群的忠诚是至高的美德。1986 年的诺贝尔文学奖得主、尼日利亚小说家沃莱·索因卡（Wole Soyinka，1997）曾将尼日利亚国族的概念描述为"可笑的幻想"，足以见得尼日利亚族群分裂的严重程度。

尼日利亚上述问题的后果之一是系统性腐败的传统。在尼日利亚，系统性的腐败已非常普遍，以至于许多当地人称之为"尼日利亚因素"（the Nigerian factor）。除了我们已在第六章所讨论的显著且典型的特征外，尼日利亚腐败的标签已经因从尼日利亚发送给西方收件人的诈骗邮件而变得广为人知。这些邮件声称有巨额遗产无法继承，可赠予收件人数百万美元以求其帮助解决财产转移事务。这一诈骗手段被命名为"419骗局"，并成为尼日利亚仅次于石油的第二大国外收入来源（Smith，2007）。

尼日利亚的政治文化有多少是真正"尼日利亚的"，又有多少是其在建立统一国家的过程中遭遇困难的结果？在这样的情况下，现代化能带来改变吗？尼日利亚是否存在明显的、根植于尼日利亚社会的政治文化倾向？如果存在，那它是否也如我们在有着更长历史和更稳定国家认同的西方民主国家中所发现的那样，受到类似的压力和影响？或者说，是否我们对威权体制下政治文化的最好评价就是：它存在，但有着本质上消极的属性？

问题研讨

● 当今民主政体中的公民文化健康程度如何？

● 如何改变政治信任衰退的局面？

● 后物质主义是否仍然可以作为一种理解西方政治文化有意义的方式？

● 伊斯兰世界与西方世界之间存在文明的冲突吗？

● 是否存在一种"西方政治文化"？如果存在，它有何特点？

● 革命能够在短期或长期内改变政治文化吗？

核心概念

● 公民文化

● 精英政治文化

● 身份政治

● 政治文化

● 政治信任

● 后物质主义

延伸阅读

Dalton, Russell, J., and Christian Welzel (eds) (2014) *The Civic Culture Transformed：From Allegiant to Assertive Citizens* (Cambridge University Press). 本书重

新评估了公民文化的概念，书中留意到了许多国家的国民对政府愈发不信任，这激发了与政治精英越来越多的对抗。

Fukuyama，Francis（2018）*Identity：The Demand for Dignity and the Politics of Resentment*（Farrar，Straus and Giroux）. 这是一本由保守派作者关于政治认同的作品，本书认为自由民主正在遭受诸如民族、宗教、教派、种族、族性或性别等认同的挑战。

Inglehart，Ronald（2018）*Cultural Evolution：People's Motivations are Changing，and Reshaping the World*（Cambridge University Press）. 英格尔哈特是后物质主义概念的提出者，他在这本书中对后物质主义概念进行了重估。他认为几十年来工作保障的削弱和不平等的加剧强化了威权主义的发展势头。

Norris，Pippa（2011）*Democratic Deficit：Critical Citizens Revisited*（Cambridge University Press）. 基于充分的调查分析，本书挑战了这样一种说法，即自20世纪70年代初以来，自由民主国家公众的不满情绪在持续上升。

Uslaner，Eric M.（ed.）（2018）*The Oxford Handbook of Social and Political Trust*（Oxford University Press）. 一本关于社会和政治信任来源及影响的论文集。

Wiarda，Howard J.（2014）*Political Culture，Political Science，and Identity Politics：An Uneasy Alliance*（Ashgate）. 本书评估了在政治学中作为一种解释范式的政治文化的衰落与崛起。

第十三章
政治参与

预览

216　　　民主的质量取决于公民在何种程度上愿意并能够参与到治理过程中。公民可以通过许多正式与非正式的渠道参与政治，但问题是他们是否愿意使用这些渠道。本章的内容将澄清两个要点。第一，参与的"量"与"质"不仅会因政体的不同而有所差异，且在同一国家也会随时间和社会团体的变化而变化。即使仅在民主国家之间进行比较，参与程度的差异也较为悬殊。第二，即便参与的形式扩大了，许多人也依然选择不进行自我表达，或者处于政治信息极为匮乏的状况。在威权体制中，公民的意见和观点在一开始往往是不被接受的。

　　　本章首先对"谁参与，为何参与"进行了评估，特别关注政治排斥问题，并回顾了正式、非正式和非法参与形式之间的区别。随后，本章将参与和民意联系起来，解释了民意如何测量，并探讨了对政治事务不同程度的了解将产生何种影响。本章还考虑了女性在政治中的特殊地位，审视了女性政治参与的障碍，提出了为什么政府至今仍然常由男性主导的问题。最后，本章讨论了威权国家如何管理和限制政治参与，并指出威权国家的实际参与水平往往高于预期。

核心观点

- 我们知道民主政治中谁在参与、为何参与，但这些参与图景背后的原因会随时间和地点而变化。
- 对民主参与的研究表明，参与更多偏向社会地位较高的群体，这是资源和利益分配不平等的反映。
- 虽然看似世界各地的政治参与度在下降，但这可能是因为越来越多的人选择了更广泛的方式来进行自我表达。
- 民意测量的科学正迅猛发展，但其面临的政治与技术挑战也随之增加。
- 尽管女性对政治的参与取得了实质性进展，但她们在竞争权力和职位时仍面临不平等。
- 在威权国家，恩庇主义和参与动员是重要的现象，但民意的测量往往面临很大的困难。

◇ 政治参与：一个概述

政治参与：
个人试图影响政府人选及其决策的行动。

正式参与：
在正式的政治和法律框架下进行的参与。

非正式参与：
在正式的政治甚至法律框架之外进行的参与。

政治参与（political participation）描述了人们积极寻求影响政府组成或政策的方式。**正式的**（conventional）参与形式包括在选举中投票、公民联系政治代表、在选举中为其支持的候选人造势，以及不断增加的通过社交媒体进行的参与。然而，参与也可以是**非正式的**（unconventional），例如参加示威活动，进行违法的暴力活动，甚至包括针对国家的恐怖主义行为等。随着政治参与形式的拓宽和演变，正式和非正式参与形式之间的区别变得越来越模糊。为此，塞奥哈理斯和范德斯（Theocharis & van Deth，2018）提出了这样的问题：当我们看到政治参与时，我们该如何识别它？

在自由民主国家，人们可以选择是否参与政治、通过何种渠道、参与到何种程度。而在威权政体中，参与也同样存在，尽管很多时候这些参与只是被操纵、被制造的假象，其目的是支持而非威胁到既有的统治者。此外，政治参与的形式和成本也会有所不同。

我们应该对政治参与的研究抱有何种期望？一种可以追溯到古希腊的观点认为，参与集体决策是对政治共同体的一项义务，也是对个人发展的一种锻炼，因为参与可以拓宽个人的视野，并达到政治教育的效果。从这一视角来看，参与对个人和政治体系都有所裨益，而不进行参与的人则是搭便车者——他们从别人的努力中获益。

而第二种关于政治参与的观点则植根于政治现实而非政治理想，因而设定了较低的标准。这一观点认为，人类并不是什么天生的政治动物，广泛的参与与其说是健康的民主政治的标志，不如说是政治体系内存在未解决张力的标志。游行示威、抗议活动甚至是高投票率都预示着一个"过热"的系统，而非一个健康的系统。正常情况下，有限的参与才是政治系统成功满足民众需求的标志，它使公民有时间追求更有成就感的活动。

然而，这两种观点都认为自由民主的关键在于公民对政治事件保持监督，并在必要时参与其中。换言之，参与的渠道是开放的，但未必是经常使用的。舒德森（Schudson，1998）提出，公民即使在不活跃的时候也依然蓄势待发——就像在泳池旁看着孩子戏水的父母一般。在一个正式参与形式已然式微的年代，这种监督甚至可以被视为民主的核心机制。保持"警醒、警惕与警戒"被罗桑瓦隆（Rosanvallon，2008）称为公民身份的基本属性。他认为，监督应被理解为一种参与形式，而警惕则是一种"行动的模式"。

第三种观点认为，那些未进行参与的公民之所以不这么做，是因为其感到被边缘化和疏远；抑或他们认为政府是一系列由精英主导的机构，他们参与与否并不会带来什么变化。人类也许不是政治动物，但他们的确会进行成本和效益的计算。一些人在理性的计算后，认为参与是在浪费时间和精力。随着人们对政府信任水平的下降，这种观点变得更加明显。

◈ 谁参与？为何参与？

参与率和参与的类型是近几十年来许多政治参与研究的主题。这些研究对政治参与率下降、不同社会群体间参与水平的悬殊以及不满、愤世嫉俗和政治冷漠的日渐加剧提出了担忧。民主若想运转起来，必须有足够的人与政府接触，并认为自己的参与事关紧要。另一个潜在问题的表现是，正如我们将在第十七章中讨论的，许多国家的选举投票率正在下降。然而，选举和政党活动仅仅是选举总体状况的两个部分，参与率及其变化趋势在各个国家都有所不同（甚至在同一国家内部也有所差异）。也许这一下降的趋势仅仅体现在某些形式的参与中，而其他形式的参与——例如与社交媒体相关的参与——则正在上升。

近几十年来，围绕民主参与的研究结果中最引人注目的结论是：除了投票之外，大多数人其实很少参与甚至不参与政治活动，参与政治活动的往往只是那一小部分人。在其颇具影响力的比较分析中，米尔布拉思和戈尔（Milbrath & Goel，1977）将美国的政治参与与古罗马的政治参与进行了类比。如图 13 - 1 所示，他们将全体公民分为三类：少数活跃的角斗士、数量庞大的观众和规模介于二者之间的冷漠者。这一分类方法后来也被应用于其他的自由民主国家。

角斗士所占的比例最小可能并不令人感到意外，这些人有着更大的政治影响力，但他们的构成绝不是对社会真实面貌的写照。在大多数民主国家，参与程度最高的是受过良好教育、高收入的白人男性。除了年轻人更多地参与抗议活动外，中年人的政治参与总体最多。政治参与这种向社会上层的偏差十分重要，因为它表明冷漠并不是人们对现有秩序满意的标志——如果说冷漠是出于对现状的满意，那么更少参与政治的

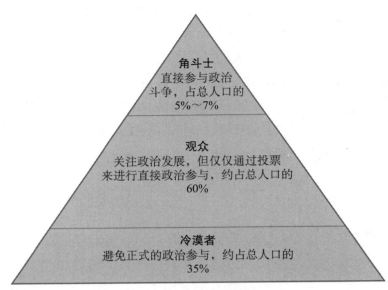

角斗士
直接参与政治
斗争，占总人口的
5%～7%

观众
关注政治发展，但仅仅通过投票
来进行直接政治参与，约占总人口的
60%

冷漠者
避免正式的政治参与，约占总人口的
35%

图 13－1　民主国家的政治参与

应该是富人，因为他们相对来说没有什么可抱怨的。然而，这与我们现实中的状况恰好相反。

那么，为什么社会上层更多地参与政治呢？根据维巴等学者（Verba et al.，1995）的观点，其原因有二。一是资源的重要性。处于社会高位的人拥有更优越的教育、充裕的金钱、较高的地位和更高超的沟通技巧。良好的教育提高了他们获取并解释信息的能力，充裕的金钱使他们有足够的闲暇进行政治活动，较高的地位使他们的观点更容易被听到和尊重，更高超的沟通技巧则使他们更友好地表达自己的观点。资源也使人们更有自信，相信自己能够使社会有所改变。这些加在一起，为有效地参与政治提供了条件。因此，资源分配的不平衡能够帮助我们解释弱势社会群体参与不足的问题。

二是政治利益的重要性。居于高位的人更有动机和手段去参与政治。摆脱了日常的柴米油盐后，他们能够从参与集体活动中获得满足（Inglehart & Welzel，2010）。此外，富人也更能看到政治如何影响他们的财富与发展前景。因此，社会地位更高的人群对政治有着更大的兴趣，并更有能力将这一兴趣付诸实践。相反，那些社会地位较低的人所处的家庭和社区更有可能将应付眼下日常生活的压力放在首位，无暇旁顾遥远的国家和政治。

至于米尔布拉思和戈尔分类中的"观众"，他们的特征很难界定，但其角色会随着可获取信息的增加而发生变化。互联网和社交媒体的兴起，使人们能够收集更细节化的政治信息，这对上一代人而言是很难想象的。如果说旁观而不必发言也是一种参与形式的话，那么我们所能旁观的渠道已经前所未有地拓宽了，以至于"政治旁观"可能已经成为一种普遍而具有高度影响力的参与形式。正如格林（Green，2010）所言，在一个旁观的年代，人们凝视的目光——他们的眼睛而不是声音——成为他们权力的来源。

虽然政治参与的研究重点是解释角斗士与观众的区别，但我们也不应忽视另一群人——冷漠者，那些根本不参与政治的人。这一群体的出现引发了**政治排斥**（**political exclusion**）的问题。正如维巴等人（Verba et al.，1995）所说，冷漠者主动或被动地置身于公民集体塑造社会的正常方式之外。典型的不参与者可能是没有一技之长的失业年轻人，居住在城市中高犯罪率的社区，甚至不会说主流的语言。在这种情况下，来自日常生活的压力限制或抹杀了其进行正式政治参与的可能性，进而诱使他们产生激进行为。

219

政治排斥：
一些人（例如穷人和失业者）由于其在社会中的边缘地位而无法参与集体决策的现象。

对于大多数民主国家的公民而言，参与是一种选择而不是一种要求（一个例外见第十五章关于强制投票的讨论），加之资源与利益差异，参与永远不可能是平等的，积极参与的少数人注定无法代表消极的大多数人。然而，如果不去了解政治冷漠背后的动机，我们对参与的理解将永远不够完整。普遍参与和平等的目标，与有限参与和不平等的现实并存。

既然要问"谁参与"，那自然也有必要简单问一下他们"为何参与"。理性选择理论者认为，投票是一种非理性行为。这是因为在保证充分知情的前提下参与投票需要付出大量时间与精力，但这一参与所产生的实际影响可能微乎其微（Downs，1957）。这就是**参与的悖论**（**paradox of participation**）。当然，如果每个人都这么想，那么结果自然是没人再去参与政治，民主就会停止运转。所以说，人们费力参与政治是出于几个更具体的原因：

参与的悖论：
认为投票是一种非理性行为——因为要花费时间和精力，且单一选民对结果的影响微乎其微。

- 理想：有些人相信民主是可能的，希望通过自己带来改变。
- 责任：有些人认为参与是他们作为公民的责任，不能让几世纪以来为赢得选举权和自由表达权所付出的牺牲白费。
- 关心：有些人参与政治是因为他们关注社会所面临的问题，并希望为寻找潜在的解决方案出一份力，或者希望为有意推动这些问题解决的政党和政治家提供支持。

● 动员：一些人是受到政党或政治领导人的鼓动才参与政治的，以反对现任者或消除来自反对派的威胁。

● 享受：有些人参与政治是因为他们乐在其中，不论是出于社交原因、共同参与感还是来自竞争的刺激。

除投票外，正式的参与形式还包括接触或支持当选官员、政党以及利益集团（见表 13 - 1）。一些不久前还被认为是非正式参与的形式，现在已变得越来越常态化。其中最主要的就是通过社交媒体表达观点、参与辩论或动员他人。而在坐标的另一端，则是通过吸引最为边缘化和不受信任的社会成员进行违法活动，甚至导致政治暴力和恐怖主义行为。

表 13 - 1　政治参与的形式

正式的	选举投票 加入或捐助政党 加入、支持或捐助利益集团 联系当选代表 签署请愿书 表达观点、辩论或通过社交媒体进行动员 参加选举或组织选举 组织社区活动 参与政治集会或政治会议 佩戴徽章或展示政治标语、海报 为候选人、政党募集资金 竞选公职
非正式的	参与和平示威、抗议或罢工 组织或参与消费者维权和抵制行动
非法的	公民不服从 占领建筑或公共空间 破坏政党、候选人或官员的工作 政治动机的犯罪 政治暴力，包括恐怖主义和暗杀

在两个极端之间，也存在着一些非正式参与的手段。例如，那些厌倦了政府和"政治如常"，但又没有完全倒向政治冷漠和极端行为的年轻人，可能会采取诸如政治抗议和消费政治的方式进行参与（消费政治见聚焦 13.1）。在这一地带，事情的发展有着不确定性，这种不确定性得到了两位学者的关注和讨论。一方面，格拉索（Grasso，2016）使用来自西欧的数据说明，参与的代际变迁正在发生：年轻的公民正变得更加疏离，他们更少地参与到投票、政党支持和政治行动中。

另一方面，彼得斯（Peters，2018）认为，人们并没有变得更加冷漠，而是将时间和注意力重新分配到了新的参与形式上。她还就我们应如何理解和定义参与提出了两个有趣的问题：参与应该包含积极与消极两种形式吗？（了解政治信息是消极的，但也可称其为一种参与形式。）另外，参与应当只针对围绕政府的活动，还是也包括针对诸如企业等政府之外的机构呢？或许我们长久以来对政治参与的定义都狭隘了，尤其是在互联网时代，我们需要对这一定义进行扩展。

◇ 民意

如果说仅仅关注政治事件而不进行政治行动也算是一种参与的话，那么我们可以将**民意**（public opinion）视为政治参与的舞台。当人们以影响民意的方式讨论当下的问题时，他们就参与了政治——而且是民主政治。

民意对于民主国家来说尤为重要，对于非民主国家也不遑多让。民意调查机构通过问卷调查的形式来测量民意，互联网研究机构监测社交媒体上的民意走势，而政客们则针对"公众"在不同问题上的看法进行持续的辩论。政客们虽然嘴上说唯一重要的民意调查是选举日的投票，但身体还是很诚实地保持着对民意的日常关注。我们甚至可以说，民意对政治决策的影响要超过选举，因为民意对具体问题的探讨是持续的，而选举则只是偶尔举行。关于这一点，法国大革命时期的认识至今仍未过时：

> 民意无时无处不体现着自己的力量，它甚至不需要在任何特定的地方得到确立或被代表。因此，它使得人民成为一种永久的、活跃的存在。（Rosanvallon，2008）

尽管我们可以将民意定义为一般民众对特定问题的看法，并假设能够通过民意调查来测量，但这一简单的定义并不能概括大部分政客对民意的理解。他们对通过传统媒体或意见领袖表达出来的有组织的意见十分敏感。社交媒体则使得对意见的测量更加困难——更加广泛的偏好在社交媒体上得以表达，很难找到这其中有代表性的案例。

民意的测量有几种可行的方法。其中最重要的方法是**民意测验**（opinion poll）和**抽样调查**（sample survey），传统上它们被视为识别人们声称自己持何种信念的最准确方法。尽管公众本身对抽样调查持怀疑态度，但民意调查的准确性目前已得到了充分的证明：至少那些民调专家知道如何解释调查数据的国家，抽样调查在预测选举结果方面十分准

220

民意：
共同体成员对所关注的问题持有的一系列观点。

民意测验：
以标准的方式向总体人口中的系统样本提出一系列问题来估计民意。

抽样调查：
类似于民意调查，但使用了更加详细的问卷。此类调查通常由政府或学术研究人员委托进行。

221

确。例如，在现代的美国总统选举中，抽样调查对最终选票结果的推断误差很少超过 3%。《纽约时报》的纳特·西尔弗（Nate Silver）就曾在 2008 年的美国大选中正确预测了美国 50 个州中 49 个州的胜者。在 2012 年的美国大选中，他甚至成功预测了全部 50 个州的胜者。许多人以 2016 年美国大选的结果批评民意调查——大多民意调查都预测希拉里·克林顿将击败唐纳德·特朗普，但结果却恰好相反。尽管如此，这次选举中的民意调查其实仍然相当准确：尽管唐纳德·特朗普在选举人团票上胜出，但在公民投票数上希拉里·克林顿则以 2.1% 的优势胜出，这与民意调查所预测的 3.2% 相差无几。

聚焦 13.1

作为政治参与者的消费者

有这样一种政治参与形式，尽管很少出现在我们熟悉的列表中，但却是许多人进行参与的工具，那就是**消费政治（consumer politics）**。消费政治涉及出于政治原因购买或抵制某些商品或服务的决定。这种行为并不新鲜，而且是一种有效的表达观点、达成目标的方式，且对于行动者来说代价并不大。这些抵制活动长期以来一直被用于表达围绕人权、消费者权益、保护动物、公共卫生和生态环境等各种问题的意见。

消费政治的最著名案例之一就是美国独立战争：这是一场由美国殖民地对英国推行的贸易政策的抗议引发的战争。另外两个例子是 19 世纪末出现在欧洲部分地区的"不买犹太人的东西"运动，以及德国纳粹分子对犹太人企业的抵制。最近的案例包括消费者节约能源以限制自己或公司的碳排放，购买对原创者进行保护和高额回报的厂商的产品，抵制血汗工厂所生产的商品等等。

赫尔德曼（Heldman, 2017）认为，从更广的视角来看，消费者运动是"一种民主的力量，它对政治参与、自治、企业和政府责任都有裨益"。她特别指出，社会责任投资、社交媒体活动和消费者的直接行动都突出表明，消费者运动可以作为制衡企业与政治权力的一种力量而存在。

众所周知，消费者也会组织反抵制运动，即与抵制运动针锋相对地组织购买行动。例如，当中东地区发生通过抵制运动以抗议 2005 年丹麦出版的描绘穆罕默德的讽刺画时，一个组织通过进行"购买丹麦货"运动试图消解抵制运动的影响。

> **消费政治：**
> 出于政治或道德理由购买或抵制商品或服务。

然而，在当今这个投票率下降、技术变革、民意调查回馈率下降且选民往往在投票前的最后一刻才做出决定的时代，民意调查机构面临着越来越多的挑战。例如，在 2015 年的英国大选中，民意调查结果严重

低估了保守党所赢得的席位数量。这其中一个原因可能是工党支持者往往倾向于夸大自己投票的可能性。另一种可能的解释是，选民的价值立场和最终选择是有区别的。他们可能不喜欢某一政党的价值观，但仍然会出于对其（尤其是在经济方面）进行有效治理的预期而投票支持这一政党（Booth，2015）。

说出来你可能不相信，但事实是在民意调查中精心挑选 1 000 个人就可以准确地代表整个选民群体。在这里，"精心挑选"是重点。这一样本选择的程序必须是系统性的，且样本必须与已知的总体数据进行比照，并对出现的差异进行调整（加权）。对于自选择（self-selected）样本——例如对同意参加通过互联网进行民意调查的人而言，加权尤其重要。无论是否加权，自选择样本（例如一小部分选民就其感兴趣的话题联系代表）都不应被视为估计民意的有效基础，至少在我们将民意的主体视为整个成年人口的时候不应如此。

222

即使是系统性地选择样本，在个体受访者意见的测量方面，夸大民意调查的可靠性也是错误的。民意调查通常由政党或大众媒体主持，而不是由回答问题的普通人主持。因此，在人们被问到自己关于一个问题的意见之前，他们可能根本没有考虑过这个问题。这样一来，他们要么在没有意见的情况下发表意见，要么简单表示"支持"了事，要么站在他们认为社会上大多数人所接受的立场上。因此，民意调查中蕴含的一个危险就是，它会帮助构建民意调查机构所测量的那些民意。

焦点小组（focus group）的出现可能有助于这些困难的解决。焦点小组是研究人员召集的具有共同特征的一小群人（通常为 8～10 人），他们可能是不参与投票的人或者是某个特定政党的捐助者。其目的是以开放的方式探索参与者看待问题的视角。与民意调查不同的是，焦点小组的议程至少在一定程度上是由参与者推动的。作为一种定性研究，焦点小组在规模上要小于民意调查，而且通常是自选择的，它寻求的是比大多数民意调查预先编码的回答更深入的理解。

焦点小组：
一组受访者就某一特定议题进行讨论，以此探究人们态度背后的思想和情感。

由于民意调查没有给受访者在发表意见之前进行讨论的机会，那些认为公众应扮演更重要角色的人对此提出了批评。基于针对公众能力的更丰富的观点，学者们提出了**协商式民意调查（deliberative opinion poll）**或公民陪审团（citizen's jury）的概念（Fishkin，2011）。这一技术意在通过专家和政客的演讲等方式，让一小部分选民了解关于一些议题的各种观点。在明确议题的背景后，这些选民开始进行讨论和判断。

协商式民意调查：
在人们的意见被测量之前，由专家和政客就某一特定议题进行简要介绍和问答的一种安排。

只有当问题得到充分讨论后，意见才能得到真正的测量。正如菲什金（Fishkin，1991）所解释的，民意调查所模拟的是知之甚少的公众的想法，而协商式民意调查所模拟的则是公众有更充分的机会表达对问题进行思考后的意见。

因此，协商式民意调查可用于预测针对新议题的意见可能如何发展。一方面，它还有助于解决技术含量较高的议题，如全球变暖、基因测序、国际政治和安全等。在这些领域，专家的意见能够先于公众意见得以有效表达。另一方面，公民陪审团虽然未得到广泛采用，但同样不失为一种巧妙的尝试，它克服了传统民意调查难以解决的信息不足的问题。

◇ 民意的动态

民意会通过各种方式渗透并推动决策过程，指导政策辩论的方向，塑造政客所处的环境，甚至决定政府所为及所不为。在这种情况下，民意通常扮演了以下两种角色中的一种：决策的推动者或决策的否定者。"民意要求我们就交通拥堵问题采取行动"是前者的一个例子，而"民意永远不会接受对车辆使用的限制"则是后者的反映。

然而，即使在自由民主国家，民意也从来不是万能的。民意为议程而不是政策提供了信息，且有以下四个弊端值得注意：

● 民意几乎无法为决策提供详细的处方。公众往往关注的是一些大事，但大多数政策制定只是没有什么争议的例行公事。在具体的政策制定中，专家和有组织的意见往往比民意更加重要。

● 公众作为一个主体往往是信息匮乏的，在外交政策方面尤甚（具体见聚焦 13.2）。例如，在准备 2016 年的英国脱欧公投时，有人建议公投如此措辞："你认为英国应该成为（should be）欧盟成员国吗？"然而这一提议被否决了，原因是英国选举委员会警告说，其实有许多英国人并不知道英国已经是欧盟成员国了，这样的措辞将导致混乱和结果的偏差（McCormick，2014）。

● 民意可以逃避权衡和取舍，但政府不能，尽管有时候也想试一下。例如，公众既想要更低的税收，又想要更多的政府支出和更低的预算赤字，而政治领导人则必须在这些矛盾的目标之间做出选择。此外，公众通常只对一项政策的风险进行浅层次的评估，但实际上政策的风险要远远比大多数人想象的复杂，这有可能让公众感到震惊和失望。

聚焦 13.2

不知情的公民

政治参与的质量和数量在一定程度上取决于公民政治知识的多寡：那些关注公共事务并对其持有系统性意见的人，比那些根本不关注公共事务的人更有可能参与。然而，即使是最积极的参与者也不能保证自己对相关问题有着多少真正的了解。现实是，大多数人在大部分时间里都是对公共事务知之甚少的，或有选择地了解的。这给我们提出了一个令人不安的问题：不知情的、低政治知识水平的公民如何影响政府与政治。

这并不是一个新鲜的问题。早在《理想国》中，柏拉图就提出政府最好由掌握知识的哲学王来掌握，以使政治不受无知的大多数人的影响。在《利维坦》中，霍布斯提出公众的角色不应该延伸到政府建立之后。亚历山大·汉密尔顿则谈到了"民主的轻率"以及人民的不稳定与易变的本性，认为他们很少能够做出正确的判断或决定（Morris，1996）。另外一些思想家——包括马基雅维利、休谟和黑格尔——则承认，虽然公民参与对政府而言十分

重要，但它不过是一种"必要的恶"。约翰·斯图亚特·穆勒则认为，民意代表了"集体的平庸"。他主张建立一种加权的选举体系，给予大学毕业生更多的选票，因为他们被认为在政治上有着更强的能力。

然而，许多政治学家则倾向于一种更精妙的方法。他们认为，选民可以通过有效的"捷径"——例如政党标签、专家背书和竞选提示——来做出相对明智的选择。唐斯（Downs，1957）认为，选民可以根据候选人的党派关系推断其政策立场。波普金（Popkin，1994）则认为，选民了解到的大部分政治信息不过是他们日常生活活动的副产品。他认为，媒体有助于解释政治领导人和政党的行为以及这些行为与选民的相关性，而竞选则有助于澄清议题。对卢皮亚（Lupia，1994）而言，"捷径"的使用在某些情况下可以让不知情的选民模仿相对更知情的选民的行为。如此看来，不知情的选民也未必完全是无知的或愚蠢的。

同样就英国脱欧的例子而言，没有人能确切知道英国脱欧的后果，其对就业和经济的许多影响都是不可预知的。英国政府也发现它处在了一系列广泛的、始料未及的问题的复杂协商之中。

● 政客对民意所持有的看法往往是不准确的，因为他们总是受到个人关系的影响。比如来自他们顾问的建议、他们自身所感兴趣的问题和政策等，这些都不是更广泛的选民的意见。

当民意发生可见的变化时，它有着最大的影响力。只有有勇无谋的政客才会无视民意的整体发展，而大多数政客都对国民情绪的变化十分敏感。比如，同性婚姻在今年可能是一个无关紧要的话题，而在明年则可能变成人人讨论的话题——一个有经验的政客能够发现并应对这样的

议程变化。因此，民意的变化和民意本身一样重要。但是，正如我们在第八章中看到的，政治领导人应该在多大程度上跟着公众的情绪走，以及他们实际上应该在多大程度上引导公众，则是另一个问题。

◈ 政府与政治中的女性

女性的参与是政治参与领域中一个有趣的子领域。这一领域在自由民主国家展现出了很强的发展趋势，在一些国家，这一趋势被旨在增加女性议员比例的政策加强了。然而，尽管大多数国家消除了女性参与政治的正式制度障碍，但女性参与政治的多重障碍仍然存在——这不仅体现在她们作为公民的政治参与方面，还体现在竞选和任命官员方面（Henderson & Jeydel，2013）。一部分原因可能在于，历史上女性参与政治相对较晚：新西兰在 1893 年允许女性投票，可能是世界上第一个允许女性投票的国家；芬兰则在 1907 年拥有了第一位女性议员。除此之外，女性的选举权在二战之后才随着新兴民主国家的建立而得以普及。

世界价值观调查以投票率为指标简单测量了 59 个国家的女性政治参与情况（参见 Solijonov，2016）。调查发现，这些国家中男性和女性在 2010—2014 年的总体投票率大致相同：有 61% 的男性和 59% 的女性表示他们"总是"投票，而 22% 的男性和 23% 的女性表示他们"有时"投票。但就细节而言，存在显著的差异：在大约 1/3 的受访国（包括俄罗斯、新西兰、巴西、南非和瑞典），女性的政治参与比男性更活跃；而在中东、北非和一些亚洲国家（尤其是巴基斯坦、埃及、尼日利亚和日本），男性的政治参与则更为活跃。

问题在于，世界价值观调查的数据是基于问卷调查的，投票率性别差异的真实数据则很难找到。原因很简单，出于无记名投票的原则和法律，参与投票公民的性别信息很少被记录。美国是少数几个长期可获取此类数据的国家之一。就美国的数据来看，总统选举的参与的性别差异逐步扩大：女性的投票率通常比男性高出约 4 个百分点（见图 13-2）。究其原因，可能有如下几点：第一，相比于男性，女性在日常生活中更容易直接接触政府（出于福利、教育和卫生健康等需求）；第二，社会规范正逐步发生变化，更活跃的年轻女性取代其母亲与祖母成为女性政治参与的主力军；第三，女性相关的议题（如堕胎、性别权利、儿童保育和同工同酬等）在政治议程上取得了新的突出地位（Rampell，2014）。

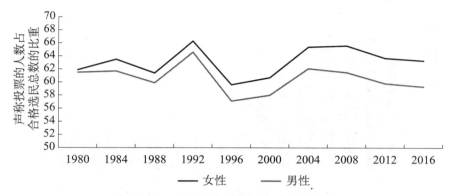

图 13 - 2 美国总统大选投票率的性别差异

资料来源：Center for American Women and Politics，2017.

不过，在投票以外的大多数正式政治参与形式中，男性仍然处于领先地位。他们往往主导了政党活动，与政客和官员直接接触。在担任政治职务方面，女性的比例在地方与国家层级上有所不同（Stokes，2005：Part V）：越高的政治职务越有可能由男性担任。可以肯定的是，尽管当选成为议员和代表的女性比例正在增加，但政治高层仍然由男性主导。除了一些特定国家的文化因素外，这一现象还有着更为普遍的原因：

● 许多男性（尤其是欧洲之外的国家）还未准备好让女性担任公职。

● 女性在获取竞选公职或政党领导职务所需的资源时面临更多障碍。

● 与男性相比，女性更少认为自己有资格竞选公职，对自己的竞争力缺乏信心，也更不愿承担风险（Lawless & Fox，2012）。

● 在一些国家（主要是中东国家），妇女被明确禁止竞选公职。例如，沙特阿拉伯直到 2015 年才有第一位女性当选公职。如图 13 - 3 所示，也门议会也没有女性成员。

● 立法机关仍然是**性别化的制度（gendered institutions）**，这意味着它们仍然在许多方面不利于女性。例如，其工作时间对于承担了过多家庭责任的女性而言非常不友好（Kittilson & Schwindt-Bayer，2012）。

无论是作为选民还是政客，女性对政治的影响带来了许多有趣的问题。例如帕克斯顿和休斯（Paxton & Hughes，2017：Chapter 8）提出了以下几个问题：掌握政治权力的女性会将女性选民视为一个特殊的群

225

性别化的制度：
出于正式的规则或非正式的惯例，有意或无意地使男性获得相较于女性优势的制度。

226

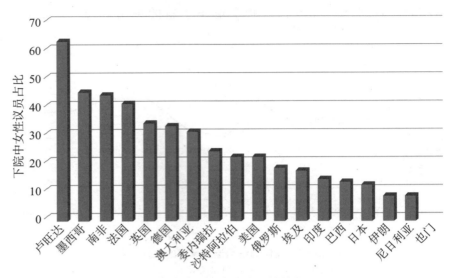

图 13-3 立法机关中女性的占比

资料来源：Inter-Parliamentary Union，2018.

体吗？女性对于不同政策优先级排序的态度是否与男性不同？我们能在多大程度上说一些政策议题——如家庭暴力和堕胎——是"女性的"，而不是"男性的"议题？掌握政治权力的女性是否会主动代表女性，并采取相应的行动？女性的立法风格与男性不同吗？她们是否改变了政治的游戏规则？认为女性更多担任公职这一现象本身就能够改变政策议程或主流的政治风格，可能为时尚早。在政党制度强势的地方，男性与女性议员的行为可能仍然更多地受到党派而非性别的影响。

受 1995 年联合国发起的《北京行动纲领》的推动，许多国家已经采取正式制度的手段增加女性在立法机关中的人数，主要有三种方法。第一种方法，也是最古老、最少见的方法就是预留席位（reserved seats）。通过这一方法，政党可以让女性获得特殊席位，并确保她们得到足够比例的选票。在巴基斯坦，这种形式已经得到了确立，国民议会全部 342 个席位中有 60 个预留给女性。女性议员比例最高的国家——卢旺达也采取了这种方法。在卢旺达，下院的 80 个席位中有 24 个预留给了女性，而其他女性候选人则是直接选举产生的。

第二种方法则是目前最普遍的政党配额（party quota）。这一做法在欧洲非常普遍，当一个政党对候选人实行性别配额后（女性的配额比例通常是 25%～50%），其他政党为了避免被视为观念落后，也会纷纷效仿。为了防止这一做法被视为"象征性的"，政党可能会额外做出规定以要求女性在该党候选人中居于高位（在比例代表制的情况下），或者直接把她们安排在能够胜选的地区（在多数选举制的情况下）。

第三种方法是法律指令（legal mandate）。这是一种最近兴起的方法，在拉丁美洲最为普遍。其具体运作与政党配额类似，区别在于它是由法律规定的，并适用于所有政党。1991 年，阿根廷成为第一个通过这类法律的国家。此后，其他拉丁美洲国家纷纷效仿。对女性配额比例的要求从玻利维亚、哥斯达黎加、厄瓜多尔、墨西哥和巴拿马的 50%，到阿根廷和巴西的 30% 以及巴拉圭的 20% 不等（Piscopo，2015）。然而，目标的设定并不意味着目标的实现。例如，墨西哥在 1996 年为女性确立了 50% 的政党配额，但在 2012 年大选后，只有 37% 的议员由女性担任。这些问题来自一系列制度漏洞（这些漏洞已于 2014 年解决），例如女性议员的选票通常被鼓励让给男性（通常是她们的丈夫），或在候选人名单中被置于过低的位置进而降低当选的概率（Glover，2014）。巴西的情况则更糟糕：尽管在 1997 年确立了 30% 的配额，但 2014 年女性议员在参议院中的比例仅有 15%，在众议院中则低至 11%。

配额并不是万能的，这不仅仅是因为它无法从根本上解决代表不平等的问题。其他原因，例如在诸如墨西哥此类案例中，因制度的各种漏洞以及政党未能兑现它们的配额承诺，这些配额制并不总能产生实际效果。即便如此，配额仍然是为了影响政治参与模式所广泛采取的一种手段，并迅速成为一种全球标准（Krook，2009）。

尽管世界上有超过半数的国家实行性别配额，但这对于当选或被任命担任高级政治职务的女性人数有何影响，人们则知之甚少。批评人士认为，配额制损害了女性的利益，因为其可能被视为一种政治污名化，即不相信女性具有在政府中与男性争取平等待遇的能力，并破坏了以人的品质为追求的领导理念。然而，奥布赖恩和里肯（O'Brien & Ricken，2016）以瑞典为案例进行的研究发现，配额不仅增加了女性在立法机关中的数量，也为有能力利用这一平台进阶更高政治职位的女性政治家提供了机会。

的确，当选政府首脑的女性人数越来越多，女性被选为总统或总理已不再像过去那般引人注目了。自 1960 年 7 月，现代历史上第一位女性政府首脑——锡兰总理西丽玛沃·班达拉奈克当选以来，已经有 40 多个国家有女性担任过国家首脑，具体案例见表 13 - 2。

表 13 - 2 女性领导人（部分）

国家	领导人姓名	在任时间
斯里兰卡	西丽玛沃·班达拉奈克	1960—1965，1970—1977，1994—2000
印度	英迪拉·甘地	1966—1977，1980—1984
以色列	果尔达·梅厄	1969—1974
英国	玛格丽特·撒切尔 特雷莎·梅	1979—1990 2016—2019*
多米尼加	尤金尼娅·查尔斯	1980—1995
挪威	格罗·哈莱姆·布伦特兰	1981，1986—1989，1990—1996
巴基斯坦	贝娜齐尔·布托	1988—1990，1993—1996
菲律宾	科拉松·阿基诺	1986—1992
新西兰	海伦·克拉克 杰辛达·阿德恩	1999—2008 2017—
印度尼西亚	梅加瓦蒂·苏加诺普特丽	2001—2004
莫桑比克	路易莎·迪奥戈	2004—2010
德国	安格拉·默克尔	2005—2021*
利比里亚	埃伦·约翰逊-瑟利夫	2006—2018
冰岛	约翰娜·西于尔扎多蒂 卡特琳·雅各布斯多蒂尔	2009—2013 2017—
澳大利亚	朱莉娅·吉拉德	2010—2013
巴西	迪尔玛·罗塞夫	2011—2016
韩国	朴槿惠	2013—2016
波兰	埃娃·科帕奇 贝娅塔·希德沃	2014—2015 2015—2017

* 任期结束时间由译者补加。——编者注

在全球范围内，女性担任内阁职位的人数也在增加，包括芬兰、法国、冰岛、挪威、西班牙、南非、瑞典和瑞士在内的几个国家，已经实现或接近实现内阁中的女性与男性人数相当。尽管许多女性内阁成员仍然在诸如教育和社会之类的"软性"部门，但也有一部分女性已经进入了国防、金融和外交等更"硬核"的领域（Paxon & Hughes, 2015）。尽管取得了这些进展，但我们仍然要记住，女性还远远没有占据政治参与的"半边天"。在绝大多数国家，大多数的部长和议员，以及大多数企业高管仍然是男性。

227

◆ 威权国家的政治参与

有时我们会听到这样的观点：我们在自由民主国家所理解的政治参与，在非民主的政治环境中就是一个空洞的概念。毕竟，威权政体的本质就是控制民众的活动，以确保当权者的生存，维持其对权力的掌控。

然而，有证据表明，尽管威权国家间的参与率差异比民主国家更大（中东和非洲的威权国家参与率比亚洲国家低，见图 13-4），但威权或混合政体国家在参与模式方面与民主国家相比则并没有什么不同。这些国家诸如年龄更大的人更有可能投票，年轻人更可能通过不那么正式的方式参与政治，以及受教育程度更高的公民参与更普遍等现象，我们在自由民主国家也能观察到。

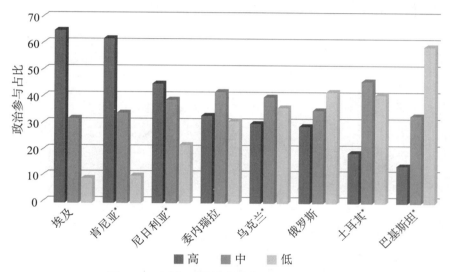

图 13-4　威权以及混合政体国家的政治参与

资料来源：Pew Research Center, 2014.

注：政治参与的测量方式是投票频率、参与抗议、签署请愿书以及其他形式。图中星号表示混合政体，其余则是威权政体。

不过话虽如此，但威权国家的政治参与往往暗流涌动，政治活动家和异见者不断试探政治行动的边界，详情见"聚光灯　俄罗斯"。威权统治者可能会允许人们在不直接威胁其统治的领域（如地方政治）有言论自由。人们可能被允许在互联网上发表意见，尽管电视和广播往往受到审查。同时，随着社会变得越来越复杂，统治者逐渐意识到，在不痛不痒的问题上给公众以适当的回应能够减少社会上的异议。但他们所做的或所能容忍的也就仅限于此了。

在威权国家控制政治参与的一种常见的技术就是**恩庇主义（clientelism）**，或恩庇-侍从关系。这是一种传统的、非正式的等级制度，由地位高的恩庇者与地位低的侍从者之间的交易所驱动。俗语"大男人/小男孩"道明了这种交易的本质：恩庇者是地主、雇主、政党领导、政府官员、族群领袖或任何控制着资源的人，而自身缺乏这些资源的侍从

228

恩庇主义：
基于恩庇-侍从关系的政治。一个有权势的人物（恩庇者）为地位较低的侍从者提供保护，以换取他们无保留的效忠和支持。

者则聚集在这些人周围寻求保护和安全。

虽然在包括自由民主制在内的所有政治制度中都在某种程度上存在恩庇主义，但在威权政体中，这种关系则具有最大的政治意义。特别是在低收入以及治理机构薄弱的不平等社会，恩庇者和侍从者的个人网络可以说是普通人接触到正式政治的主要途径，更别说这一关系本身往往就是政治的核心组织结构（见图13-5）。尽管这些网络都是非正式的，但它们却是政党等一系列正式制度的基础，且常常掩盖正式的参与渠道。

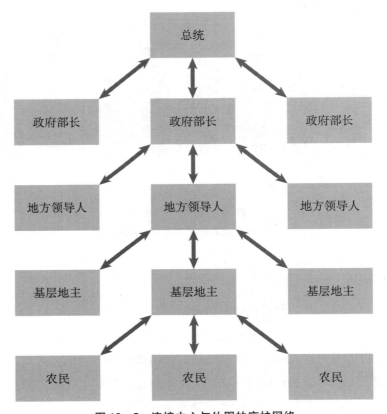

图 13 - 5　连接中心与外围的庇护网络

政治恩庇者掌控了其侍从者的选票，说服他们参加会议、加入组织或仅仅是毕恭毕敬地跟着自己。侍从者的参与是被控制和动员的，但恩庇-侍从关系出于个人交换，而不是政党或共有的政治观点。恩庇者的权力及其对民主的排斥在埃及总统阿卜杜勒·纳赛尔（Abdul Nasser）的评论中得到了体现。在1957年接受采访并发表这段话时，纳赛尔还是一位改革派领导人（Owen，1993）：

我们也许在 1923—1953 年之间就建成了民主制度，但这种民主对 *229*
我们的人民有什么好处呢？你会看到地主开车把农民运到投票站，让他
们按照自己主人的指示投票。我希望农民能够在不影响他们生活和生计
的情况下，从容地说出"是"和"否"。在我看来，这才是自由和民主
的基础。

在威权背景下通过恩庇关系进行政治参与是有意义的，因为它在不
平等的环境中将精英与大众、中心与边缘联系起来。尽管恩庇网络生长
在不平等的土壤之上，但这些关系仍然发挥着政治黏合剂的作用，将上
层社会的人与下层社会的人联系到一起。

通过将不同社会阶层的人联系起来，恩庇-侍从关系限制了处在同
一阶级的人们彼此团结。对于精英阶层而言，这是一种分而治之的有效
策略。这种等级化依存网络的衰落可能标志着向现代社会的过渡，即人
们已经能够获得足够的资源，以自主的方式进行参与。坦率地说，安全
意味着人们不再需要把他们的选票作为交易的筹码。贫困和威权政治为
恩庇-侍从关系提供了适宜生长的环境，而富足和民主则会使这一关系
走向衰败。

动员参与（mobilized participation）是威权国家的一种特有现象。
与自由民主国家的自主参与（公民根据自身需要选择参与或不参与）不
同，动员参与是被管理、操纵和强制的。这一概念被用来表述一种较为
广泛的现象，即人们被鼓励去参加政治集会或政治活动以换取奖励，如
食物、娱乐或现金；抑或人们只是受到了胁迫才去参与这些活动。这一
现象甚至在民主国家也会出现，如政党组织的大型集会等活动。

动员参与：
被精英所操控的政治
参与，被用来表现群
众对体制的拥护。

撒哈拉以南非洲有许多威权国家利用动员参与的方式，营造出人们 *232*
热情支持政权的印象。津巴布韦是其中一个典型的案例。执政的津巴布
韦非洲民族联盟-爱国阵线党会定期在体育场馆举行集会，大量支持者
穿着印有政党标志性颜色（红、黑、绿、黄）或总统照片的衣服参加集
会，并跳舞、鼓掌、唱歌。这场面让人不禁觉得他们再也找不到比这更
好的领导人或政府了。

对于许多威权国家而言，理解其政治参与的困难之一源于难以测量
这些国家的民意：

● 在贫穷的国家，大多数人关注的是生存和日常生活，教育和交流
都非常有限。可能没有人关注除了本地事务之外的舆论或民意。

聚光灯

俄罗斯

简介

近几十年来，俄罗斯经历了巨大的变化。在近 70 年的时间里，它作为苏联的主要构成部分而存在，是西方人恐惧和误解的对象。苏联于 1991 年解体后，其国家社会主义的政治和经济体系仍然笼罩在现代俄罗斯的上空。对于民主人士而言，建立多党制民主似乎颇具挑战。俄罗斯领导人并未从强大行政权威的民族传统中走出来，因此，要理解今天的俄罗斯，不仅要了解其治理机构，还要考察其领导人——弗拉基米尔·普京及其周围集团的行动与动机。普京于 2000—2008 年连任两届总统，虽然随后按照宪法要求下台，但在 2012 年和 2018 年再度连任。尽管经济发展和人口增长停滞不前，但普京仍然试图重申其心目中俄罗斯作为对抗敌对国际体系主导力量的地位与正当性。

政府组成	半总统制联邦共和国，由 83 个"主体"组成，包括自治共和国、州和边疆区等；国家成立的日期有争议，最新宪法于 1993 年通过
行政	半总统制。总统由直接选举产生，最多连任两届，任期六年；总理来自国家杜马，领导部长会议，并在必要时继任总统（俄罗斯没有副总统）
立法	两院制联邦议会：由 450 名成员组成国家杜马，每届任期五年；另有由每个联邦加盟国（州、边疆区）的领导人任命两名，共计 166 名成员组成的联邦委员会，权力较弱
司法	司法体系主要由 1993 年宪法和民法构成；设有由 19 人组成的宪法法院（总统提名并经联邦委员会确认，任期 12 年），民事和行政案件由最高法院负责

续表

选举体制	总统由直接选举产生，如果第一轮投票中没有人赢得多数，则可能进行两轮选举；国家杜马采用政党名单比例代表制
政党	多党制，但政党软弱且不稳定，更多是政治权力的结果而非塑造政治权力。执政党为统一俄罗斯党，为弗拉基米尔·普京的地位提供了基础

人口：1.44 亿

国内生产总值：1.6 万亿美元

人均国内生产总值：10 743 美元

俄罗斯的政治参与

俄罗斯为研究威权政治中参与的局限性提供了案例。一方面，这是一个高度政治化的社会，人们受过良好的教育，并对国内和国际事务感兴趣。另一方面，其政治参与是浮于表面的，对普通人参与能力的怀疑普遍存在，这连同政府对媒体和选举的操纵一起阻碍了政治参与。无论是过去还是现在，人们的政治态度中仍然弥漫着威权主义的味道，造就了一个有着沉默的大多数的国家。2017 年的一项调查结果显示，仍有 48% 的俄罗斯人认为，拥有一个能在不受立法或司法机关干预的情况下做出决定的强势领导人是一件好事。要知道在全球范围内只有 26% 的人持有相同的观点，而在绝大多数欧洲国家，这一比例则低至 13%（Pew Research Center，2017c）。

对组织的怀疑成为一种风气，越来越多的人不信任军队和教会等组织（这两种已经是信任程度最高的组织了），而将大部分信任交付给了与朋友和家人的人际网络。政治信任在俄罗斯人的信任名单上几乎垫底，这都要归因于政客与总统，以及缺乏稳定与安全的社会基础。

在俄罗斯，几乎没有人自愿加入公共组织，工会成员和经常去教堂礼拜的人很少。鲜有社会组织能够长期保有大量成员，而其他一些社会组织则已被纳入政权的体系。由于缺少站在国家与公民之间的社会组织，选举成为大众政治参与的集中场所。

俄罗斯民众对普京操纵 2011 年议会选举和 2012 年总统选举的抗议释放了一个重要的发展信号。在大城市，尤其是莫斯科，受教育程度更高的年轻人越来越对国家高度管控的政治现状表现出不满。然而，至少在短时间内，这些抗议带来的结果也不过是一项限制（而不是禁止）此类抗议的新法律出台。

延伸阅读

Colton, Timothy J. (2016) *Russia：What Everyone Needs to Know* (Oxford University Press).

Monaghan, Andrew (2016) *The New Politics of Russia：Interpreting Change* (Manchester University Press).

White, Stephen, Richard Sakwa, and Henry E. Hale (eds) (2019) *Developments in Russian Politics 9* (Red Globe Press).

● 抽样调查很难进行，因为我们不知道如何在这些国家定义一个具有代表性的样本。

● 由于城市精英是最容易接触到的群体，他们经常被作为调查对象，但他们的利益（以及参与的方式或水平）与农村的穷人完全不同。

● 这些国家的人们可能对自由民主国家所使用的正式访谈技术比较陌生，会感到不舒服。而比较适合他们的方式则可能不那么具有系统性。在威权国家，人们自然会对民意调查机构持怀疑态度，不愿表达自己的真实想法。

人们很可能自然而然地认为威权领导人对本国公民的想法并不感兴趣，但这是大错特错的：威权领导人反而会更想了解这些群体的信息，以便随时监测自己在任期间所面临的威胁。然而，怎么去获得这些信息就是另一回事了。

问题研讨

233

● 政治参与是理性的吗？

● 消费政治是个人表达自己政治偏好的有效途径吗？

● 你怎么看待人们对可以使用"信息捷径"帮助自己做出明智的决定的争论？

● 为了解决男性和女性参与政府与政治的不平等，预留席位、政党配额和法律指令是好办法吗？

● 如果男性与女性平等地参与政府与政治，平等地获得权力和职位，政治是否会发生变化？如果是，会发生什么变化？

● 非民主环境下的政治参与理念是否真的像它最初看起来那样空洞？

核心概念

- 恩庇主义
- 消费政治
- 正式参与
- 协商式民意调查
- 焦点小组
- 性别化的制度
- 动员参与
- 民意测试
- 参与的悖论
- 政治排斥
- 政治参与
- 民意
- 抽样调查
- 非正式参与

延伸阅读

Dalton, Russell J. （2014） *Citizen Politics：Public Opinion and Political Parties in Advanced Industrial Democracies*，6th edn（Sage）. 这一比较性的作品对自由民主国家中的一系列政治态度和行为进行了全面的分析。

Lupia, Arthur （2016） *Uninformed：Why People Seem to Know So Little About Politics and What We Can Do About It*（Oxford University Press）. 领域内的顶尖学者对不知情公民的形成原因及可能的影响进行了评估。

Paxton, Pamela M., and Melanie M. Hughes （2017） *Women, Politics, and Power：A Global Perspective*，3rd edn（CQ Press）. 本书对女性政治地位的变化进行了分析，包括对女性权利发展的分析，书中有专章讨论世界不同地区的情况。

Somin, Illya （2016） *Democracy and Political Ignorance：Why Smaller Government Is Smarter*，2nd edn（Stanford University Press）. 本书使用美国的案例来分析低选民知识的问题及其对民主质量的影响。

Stolle, Dietlind, and Michele Micheletti （2013） *Political Consumerism：Global Responsibility in Action*（Cambridge University Press）. 本书研究公民、消费者和政治活动家如何利用市场作为政治参与的舞台。

Theocharis, Yannis, and Jan W. van Deth （2018） *Political Participation in a Changing World：Conceptual and Empirical Challenges in the Study of Citizen Engagement*（Routledge）. 本书提供了一种理解变化中的政治参与模式的新方法，并将政治活动的传统形式和现代形式进行了对比。

第十四章
政治传播

预览

　　大众传播位于政治话语的中心地带。它为政府和公民提供信息，定　234
义了表达的边界，为我们提供了自身经验之外世界的"心理图式"。大
众政治传播技术在过去一个世纪里发生了翻天覆地的变化，将我们从广
播时代（无线广播与电视）带到了如今的互联网时代，让我们能够从众
多渠道即时获取数量空前的信息。随着技术的发展，政治传播的动态也
发生了变化：受众在定义何谓"新闻"时扮演了关键角色，这不仅改变
了政府与民众的关系，也改变了政治传播原有的性质。

　　本章首先简要介绍了大众媒体和政治传播的演变，并对我们尚未完
全理解的数字媒介的含义进行了评估。随后，本章聚焦大众媒体的政治
影响，探究它的呈现形式和生成机制，这些机制包括强化、议程设置、
框架和铺垫等。在考察了政治传播的一些新趋势（商业化、碎片化、全

球化和互动性）之后，本章对威权国家的政治传播进行了评述。威权国家的信息传播受到严密的控制，但互联网和社交媒体总体上还是为公民的自由交流创造了空间。

核心观点

● 政治信息能否自由流动是分辨民主国家与威权国家的一个重要标志。

● 互联网与社交媒体已经对政治传播产生了实质性的影响，尽管我们还没有完全理解这一影响。

● 互联网使得政治信息更加易得，但也加剧了假新闻的传播和回音室效应。

● 大众媒体的政治影响有四种类型：强化、议程设置、框架、铺垫，这些效应都随着互联网的出现而有所变化。

● 政治传播正在被商业化、碎片化、全球化与互动性所重塑。

● 研究发现民主国家与威权国家政治传播质量的差异并不像最初看起来那么大。

政治传播：一个概述

社会——以及随之产生的政府与政治——是通过交流来创造、维持和改变的。没有持续的信息交流，社会就不会存在，政治参与也就无从谈起。高效并具有回应性的政府依赖于这种交流，没有交流，领导人就无从得知公民需要什么，公民也不知道政府在做什么（或没做什么）。然而，大众传播也是一种控制的技术——正如曾五次担任厄瓜多尔总统的贝拉斯科所说："给我一个阳台，我就能当上总统。"简而言之，大众传播是一种核心的政治活动，它允许意义的建构、需求的传递、权威的行使。

对**政治传播（political communication）**质量的评估是理解政治体制的关键。民主政治被认为具有信息开放和多渠道自由传播的特点。例如，达尔（Dahl, 1998）认为，自由民主必须为它所谓的"开明理解"创造机会："政治共同体中的每个成员都必须平等有效地享有了解相关替代性政策及其后果的机会。"相比之下，在混合体制中，对媒体的掌控是领导人对其潜在挑战者保持优势的一种工具。对他们而言，威权政体通常不允许存在明确的异议。媒体渠道受到限制和操纵，公民必须更多地依赖包括谣言在内的一些非官方渠道来获取更多的政治信息。

尽管最近很多关于政治传播的研究都把关注的焦点集中于被传递的信息及其背后的含义，但只关注内容的危险在于，我们可能对信息接收者一无所知，以至于对这些政治信息的影响知之甚少。把他人未能像我们一样看待世界的原因归咎于媒体偏见，是很诱人但缺少启发性的肤浅观点。我们将看到，**传播模型（transmission model）**是我们理解通过大众传媒进行的政治传播过程的一种有效方法。这种方法将信息的发送者、信息本身的性质、传播的渠道、信息的受众以及信息的影响纳入研究范围。

同时，媒介技术从来都没停下其发展的脚步，即使是从第一本印刷书籍的问世到大众传播出现的1 300年间也是如此。从此之后，尤其是进入数字时代以来，媒介技术变革的速度大大加快。为了适应已网络化的媒介，政治传播的手段和方法也不断与时俱进。政治传播的变化发生在其形式、影响、范围和权力等方面，它变得更加全球化、网络化，更具互动性和参与性（McNair, 2018），而这些戏剧性的变化仍在以超乎想象的速度进行着。这导致我们虽然可以理解这些变化的一部分影响，

235

政治传播：
政治信息的生产、传播方式及其对政治过程的影响。

却无法看清其影响的全貌；很多我们曾以为可预测的东西，也已经变得特别不稳定和不可预测。媒体仍然是我们接触政治信息的主要渠道，然而，新闻的扭曲程度正在不断扩大（虽然新闻从一开始就注定被利用和扭曲），用来加工信息的手段也越来越精巧。没有人可以断言这些变化对政治过程将有何种长期的影响。

◇ 大众媒体的演进

媒介的政治意义可以用埃德蒙·伯克或托马斯·麦考利（Thomas Macaulay）的说法来概括——他们把坐在下院旁听席上的记者称为除贵族、神职人员和平民之外的**"第四等级"**（the fourth estate），这一说法此后常被用以表示记者的重要政治意义。这一意义随着不断发展变化的媒介技术而演变，正如查菲（Chaffee，2001）所言，媒介技术的结构和内容至关重要，因为"传播的结构塑造了政治的结构，这既是因为传播广泛包含于各类政治活动中，也是因为传播的范围约束了政治权力的行使"。

第四等级：
用以描述记者政治角色的一个概念。

尽管接触各种各样的**大众媒体**（mass media）在我们看来是再寻常不过的事，但事实上大众媒体的兴起可以说是才不久之前的事，可追溯的历史还不到两个世纪（见表 14-1）。第一本印刷书籍诞生于公元 686 年的中国，经历了 1 453 年古腾堡活字印刷术的发展，世界上的第一份报纸直到 1605 年才出现。然而，我们现在所认识的大众媒体则起源于 19 世纪、20 世纪的技术发展，这才使得传播普及到"大众"的水平。而大众传播又反过来促进了国家认同的出现和民族国家的发展。自此，政治传播有了新的含义——那就是使分散的人口得以共享经验，并为大型政治共同体的公民提供了彼此联系的黏合剂。

大众媒体：
接触到大量人群的传播渠道。例如电视、无线电广播和互联网。

236

表 14-1 大众媒体的演进

19 世纪末 20 世纪初	发行量较大的流行报纸出现
20 世纪 30 年代	无线电广播的黄金年代，政客们第一次实现"在选民家中演讲"
20 世纪 50—60 年代	电视成为最流行的大众媒介；通过监管或国有化，政客们保证了对媒体的接入
20 世纪 70—80 年代	随着电视频道数量的增加、有线电视和卫星电视的普及以及视频的使用，电视受众开始分化
20 世纪 90 年代	随着互联网、手机的使用和 24 小时全球电视新闻的兴起，国际传播开始日益扩大

续表

| 21 世纪头十年 | 手机普及至许多低收入国家，印刷报纸的读者人数急剧下降 |
| 21 世纪第二个十年 | 社交媒体兴起并不断扩张，进一步扩大了公民间的横向传播，越来越多的人通过智能手机接入互联网 |

报纸

19 世纪末 20 世纪初，政治传播的一个重要发展体现为西方各国流行报纸的出现，这得益于使用共同语言以及人们读写能力的提升。印刷和发行技术的进步使得发行量较小的政党刊物有望发展为面向群众的、靠广告盈利的报纸。通过对政党属性的脱离，报纸不仅变得更流行，而且变得对政治更为重要。

在英国和日本等国家，报纸的发行量非常大，报社的所有者也成了有权势的政治人物。例如，在两次世界大战之间的英国，四大报业大亨——比弗布鲁克（Beaverbrook）、罗斯梅尔（Rothermere）、卡姆罗斯（Camrose）和凯姆斯利（Kemsley）——名下的报纸发行量超过1 300 万份，占英国全国日报销量的一半。当时的英国首相斯坦利·鲍德温曾用一句话来形容这些报业大亨："只追求权力而不承担责任，这是妓女式的特权。"（Curran & Seaton，2019）

广播

虽然报纸仍然是政治传播的重要渠道，但在 20 世纪，其主导地位被广播所取代。新闻影片、无线电广播以及随后的电视使得与大众的交流以一种新的形式进行：口头的而非书面的、人格化而非抽象的，并且越来越多的"现场"取代了"报道"。20 世纪 20 年代，英国与荷兰向其全球领地进行广播的需求推动了短波收音机的发展，传播开始走向国际化。德国、美国、苏联和其他国家也紧随其后。

对国内传播而言，广播在西方自由民主国家的影响相对温和。在第二次世界大战后，少数的全国性电视频道主导了大多数国家的电视广播，为这些国家的公民提供了关于全国性事件和大众娱乐的共同体验。在战后的几十年间，这些媒体通过向仍然被阶级和宗教所严重分裂的社会提供共同的基础，成为国家整合的重要主体。

更引人注目的是广播对政客本身的影响。面对现场观众的公开演讲鼓励夸张的语言和戏剧性的手势，而从广播室直通选民的客厅则需

237

要相对安静的语调。与数以百万计的人交谈，就像他们每个人都是独立个体一样，这是一门艺术。20 世纪 30 年代，富兰克林·罗斯福总统通过广播向全国人民进行的炉边谈话就是这种方式的例证。他所使用的平易近人的俗语有着不可忽视的影响——他"像"国民那样讲话，而不仅仅是"向"国民讲话，这使他赢得了整个国家的信任。通过这种方式，广播和无线电媒体不仅改变了政治传播的范围，也改变了政治传播的风格。

对电视而言则更是如此，因为候选人和领导人不仅要考虑他们的演讲听起来如何，还要考虑他们在演讲时看起来如何。1960 年美国总统选举期间，电视转播的尼克松、肯尼迪辩论首次有力地证明了这一点。这是二人首次在电视上交锋，也是全部四场辩论中最为人熟知和反复讨论的一场。在电视画面中，肯尼迪显得健康而放松，尼克松则显得紧张而局促。这使得在电视上观看辩论的多数人认为肯尼迪表现得更好，而通过广播收听辩论的大多数人则认为尼克松表现得更好。此后，电视成为政治竞选的中心，候选人和领导人如何在电视上展示自己，也成为他们传播策略的重心。

广播也对大多数低收入国家的政治传播做出了实质性的贡献，这得益于其相较于纸质媒介的两大优势：不需要向受众发放实物，以及对文盲也可以进行传播。这些因素加快了广播的普及，使得偏远山村的居民也可以聚集在收音机旁获取最新的消息，尤其是当地农产品的价格。随着卫星电视和手机在低收入人口中的普及，精英阶层向下传播和普通人之间的横向传播有了更多机会。

例如，在肯尼亚，互联网的接入在 2002 年政府开放手机市场之前一直是昂贵且发展缓慢的。手机市场的开放引发了运营商之间激烈的市场份额争夺战，从而导致价格的下降和选择的增加。萨法利通信公司（Safaricom）成为当地成功的运营商，同时许多肯尼亚人开始使用 M-Pesa，这是一个手机银行平台，支持在线的账单支付和转账。

◆ 进入数字时代

238　　　　数字技术的诞生和发展对政治传播的影响可谓一石激起千层浪，同时也带来了层层波浪之下的暗流涌动，让人很难进入这片水域并对这颗石头带来的影响一探究竟。事实上，数字技术带来的变革发生在非常短的时间内：第一个商业互联网供应商可以追溯到 20 世纪 80 年代，而万维网直到 1989 年才被发明，谷歌则成立于 1998 年，Wi-Fi 出现于 1999 年，而我们似乎习以为常的**社交媒体**（**social media**）才刚刚进入其发展的第二个十年（见表 14-2）。

社交媒体：
促进集体或个人交流，交换用户生成内容的互动式在线平台。

表 14-2　社交媒体类型

类型	特征	实例
社交网络	允许人们互相联系，分享信息和观点	脸谱（Facebook，2004 年创立）、领英（Linkedln）、聚友（MySpace）、照片墙（Instagram）、色拉布（Snapchat）、"在一起"（VK，俄罗斯）、谷歌（Google＋）
媒体共享	允许用户上传图片、视频和其他媒体	油管（Youtube，2005 年创立）、红迪网（Reddit）、拼趣（Pinterest）
合作网站	允许用户发布内容	维基百科（Wikipedia，2001 年创立）
博客	允许用户分享观点，并就共同感兴趣的问题进行在线对话	推特（2006 年创立）、汤博乐（Tumblr）

　　互联网的兴起给大众传播带来了前所未有的、快速的、深刻的变革，以至于今天的学者们只能在忙于记录这些变化的间隙去努力地理解这些变化。起初，范迪克和哈克（van Dijk & Hacker，2018）认为，数字通信技术将带来许多积极的政治影响，如为信息检索带来便利，促成更多的公共辩论，甚至提高政治参与率。这些预言其中的一部分的确实现了，但也伴随着许多负面的影响。

　　好消息是，互联网已经可以为我们提供大量的信息，而社交媒体则突出地改变了政府和公民的沟通形式。政治领导人可以通过社交媒体更频繁、更直接地与公民进行沟通。社交媒体将过去无法相互沟通的人们联系起来，并在需要协调和集体行动的政治事件或示威运动中，帮助志同道合的行动者聚集到一起，完成他们在过去无法完成的行动。

　　而坏消息则包括以下几个方面：首先，今天的用户可能迷失在为数众多的信息来源中而显得不知所措，并且很有可能通过寻找与自己现有的价值观和偏好一致的信息来强化自己的立场。在互联网出现之前，人们有更多的机会接触到截然不同的观点，而现在他们则更有可能身处**回音室**（**echo chamber**）之中，并不断受到这些回音的影响。政治辩论的质量也受到了影响，因为互联网用户可能被无处不在的、不文明的**网络喷子**（**internet trolls**）的骂战所包围。这些负面影响的结果是，思想的

回音室：
观点在封闭系统内循环的现象，用户只寻找那些能够证实或强化其既有价值观的信息来源。

网络喷子：
通过发布煽动性和挑衅性的评论来故意冒犯他人和引发线上争端的人。

自由市场被干扰，偏见和封闭的思想被强化，流言和对事件的狭隘解释被助长。无怪乎苏斯坦（Sustein，2017）认为，持不同政治观点的人发现即便是彼此理解都变得越来越困难。

机器人：
在互联网上运行的自动化任务程序，用于大规模发布政治信息等。

239

其次，尤其是对于社交媒体用户而言，他们的观点可能被自动**机器人（bots）**、机器推文（robo-tweets）和越来越复杂的算法所操纵。这些算法会根据用户过去的使用习惯向用户推送特定的内容。贝西和费拉拉（Bessi & Ferrara，2016）对机器人在美国选举中的使用进行了研究，发现机器人被用于支持一些候选人而抹黑另一些候选人。这些机器人将互联网用户引导至含有假新闻的网站，自动转发推特上包含某些关键词的消息，摸排搜索引擎并发布基于特定标准的新闻故事，自动发布推文，等等。使用这些自动机器人并没有很高的技术门槛，我们也很难弄清到底是谁在使用它们或阻止其行动。

最后，互联网加剧了假新闻的产生和传播。研究发现，虽然大多数人都认为互联网提供了比传统媒体更广的视野，但它也加剧了极端观点带来的影响，并对用户的信息鉴别能力提出了新的挑战。互联网曾被描述为"信息高速路"，但也许它更应被视为一系列彼此隔绝的信息社区。

后真相：
这一观点认为，情感和个人信念在塑造公共舆论和公共政策方面比客观事实更有影响力。

这些社区往往并不像它们看起来的那样美好：随着用户主动进行新闻溯源的减少，越来越多的人受到机器人、算法和回音室的影响，导致假新闻和**后真相（post-truth）**社会问题的加剧，参见聚焦 14.1。

聚焦 14.1

假新闻问题

特朗普在美国的上台让人们重新认识到了一个老问题，那就是我们所读到、听到或看到的新闻（以及领导人的言论），其准确性究竟如何？只要新闻被分享——无论是经由群众之间的口口相传，还是通过电视或互联网在全球范围内的传播——它难免会被操纵和歪曲。谎言可能会掩盖真相，不准确的信息可能会大行其道；也有人会通过精妙的处理来选择性地呈现某些事实，以制造错误的印象，而其他一些事实则根本不会被报道。在威权国家，假新闻是常有的事。而讽刺的是，就像希特勒所著

《我的奋斗》一样，谎言越大，就越容易被人们相信。

然而，假新闻在民主国家同样成为一个日益严重的问题。在美国，特朗普被认为对其政府的虚假报道格外敏感。他动不动就给某些新闻做出"假新闻"（FAKE NEWS!!!）的判定，并在其新闻发布会上公开形容记者是"难以置信的骗子"和"最不诚实的人"，甚至将新闻媒体斥为"人民公敌"。在特朗普执政早期，他的一名顾问对参加其就职典礼的人数的报道提出了异议，甚至说他们的政府在这一问题上

持有"另一个事实"。

然而，更具讽刺意味的是，《华盛顿邮报》在2018年5月的一篇报道称，特朗普在其上任后的466天里，发布了3 000多个有待核实的虚假或误导性言论（Kessler et al.，2018）。其内容包括参加其就职典礼人数的多少、他所签署的减税法案、他上任后增加的就业岗位等。

互联网对假新闻可能的影响包括：黑客入侵网站篡改信息；通过操纵社交媒体，向潜在的受众传播虚假信息；普通人在网上发表评论，为扭曲事实推波助澜；等等。有句谚语说

得好：真相还没穿好鞋，谎言就已经周游世界了。现在，由于谎言和不实信息在网上传播时会受到"谣言层叠"（rumour cascades）的影响，这一谚语获得了新的含义。沃苏吉等人（Vosoughi et al.，2018）研究了数千个这样的层叠并得出结论：在所有类别的信息中，虚假信息都比真相传播得更远、更快、更深、更广。他们还指出，假新闻是政治新闻特有的问题，网上的普通人和自动机器人都与这一问题脱不了干系。

还有一个问题需要我们注意，那就是互联网的接入远未达到平等的程度。许多人由于缺乏电力资源、电脑或手机等设备或宽带服务而根本无法上网。即使在富裕的国家，也仍有许多老年人无法上网。同时还有很多人并不使用互联网获取新闻，或者只是有选择地使用互联网。

截至2017年，世界上仍有超过一半的人未接入互联网，世界各地 *240* 的互联网接入率也有很大差距：欧洲的接入率达到80%、美洲为66%、亚洲和大洋洲为44%、非洲则仅有22%（见图14-1）。不过，年轻人比老年人更多地接入互联网，互联网随着代际更替的更广泛普及也许尚未到来。这一数据也可能意味着西方在互联网上建立了信息帝国主义的霸权，但随着其他国家的崛起，这一平衡也正在被打破（Jin，2015）。

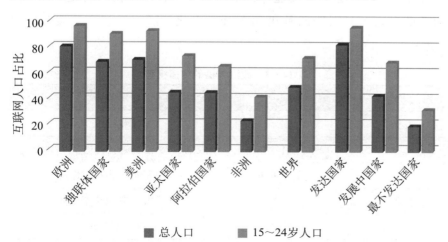

图 14-1　互联网接入情况比较

资料来源：International Telecommunication Union，2017.

关于社交媒体对大众媒体的长期影响，我们仍将拭目以待。弗雷姆（Frame，2015）指出，在过去，每当一种新媒体崛起，人们都会预言既有媒体的消退——然而这些预言从未成真。相反，新的传播形式在社会上的普及，会驱使旧媒体深耕细分市场并适应新环境。例如，广播和电视曾被认为威胁了纸质媒体的生存，但这些媒体最终学会了彼此共存。这一模式可能也将发生在社交媒体时代。

◇ 媒体的影响

许多政治传播活动的目的是说服而不是告知。无论我们是从政治领导人和政党那里直接获取的信息，还是通过大众媒体获取的信息，这些信息总是受制于一些价值判断和偏差。卡伊德等学者（Kaid et al.，1991）认为，信息会同时产生三种不同的"现实"：

传播模型：
用于区分任何传播中五种不同要素或组成部分的模型，信息本身只是其中的一种要素。

- 客观现实：实际发生的事件和实际存在的政治事实。
- 主观现实：政府、政客和公民对事件的感知。
- 建构现实：媒体对事件的报道和展示。

在试图理解大众媒体如何塑造这些现实时，我们可以跟随**传播模型（transmission model）**的指引。这一模型区分了政治传播中的五个组成部分：谁，对谁，说了什么，通过何种媒介，产生何种影响（见表 14-3）。通过研究这些组成部分，我们很快就会发现，媒体提供了一个结构，使得很多人可以在其中完成他们的政治生活。尽管关于媒体是如何做到这一点的还存在争议，但随着传播技术的发展，人们对此的讨论大多围绕四种机制展开：强化、议程设置、框架和铺垫（见表 14-4）。

241

表 14-3　政治传播的传播模型

组成部分	实质	示例
发送者	谁？	政党组织
信息	说了什么？	鼓励大家在即将进行的选举中投票
渠道	通过何种媒介？	传单、电子邮件、社交媒体推送
接收者	对谁？	潜在的或现有的政党支持者
影响	产生何种影响？	投票率上升

表 14 - 4　媒体影响的机制

机制	特征
强化	媒体强化既有的观点。也就是说，人们有选择地接触支持自己既有观点的媒体（选择性接触），并对信息进行与自己之前观点一致的解释（选择性解释），忘记那些与自己既有观点相悖的信息（选择性回忆）
议程设置	媒体影响着我们思考和讨论的话题。新闻，尤其是电视新闻的压缩性决定了报道总是高度选择性的。被报道的事件被公众广泛讨论，而不被报道的事件却会失去可见度
框架	媒体决定如何对事件进行叙述。通过关注问题的某些特定方面——如事件的根源、补救措施和评价，媒体引导观众和读者以相似的方式解释这一话题
铺垫	媒体影响着我们在特定故事之外解释事件的方式。例如，全国性媒体对犯罪事件的报道可能会鼓励选民在评价候选人时更看重其有关法律和秩序的政策

20 世纪 50 年代，在电视取得统治地位之前，**强化（reinforcement）**理论——也就是最小效果模型占据着主导地位（Klapper，1960）。这一观点认为，通过家庭所传递的政党忠诚起到了类似防晒剂的作用，使人们的政治立场免受媒体的影响。人们总是看到他们想看到的，记住他们想回忆的。例如，在英国，全国性的报纸都带有强烈的党派色彩，许多在工党家庭长大的工人阶级子弟在成年后也会继续阅读工党的报纸。报纸的党派与其读者之间的相关性的背后可能不是媒体宣传的效果，而是读者的**自选择（self-selection）**。由于自选择的存在，媒体能做的最多的就是强化读者现有的倾向，鼓励他们忠于特定政党，并在选举日参与投票。

强化理论在今天仍然是高度有效的，正如我们所见，两极分化的环境存在于一些美国的媒体。福克斯新闻或《华尔街日报》的典型受众更有可能是被这些媒体吸引的忠实保守派，而不是偶尔看到这些媒体的报道从而转变为右派的前自由主义者。至少在某种程度上，福克斯新闻和《华尔街日报》是在向"皈依者布道"。强化效应也是互联网和社交媒体对政治传播影响的核心。

媒体影响的第二种机制是**议程设置（agenda-setting）**，即媒体未必影响我们如何思考，但通常会影响我们思考什么。媒体把特定的议题写在议程表上，也就意味着它们把其他议题排除在了公众的视线之外。1922 年，沃尔特·李普曼（Walter Lippman）提出，媒体就像一束不停转动的探照灯光，把一段又一段故事带出黑暗，让它们进入人们的视野。例如，在竞选活动中，电视将我们的注意力引向主要候选人和竞选

242

自选择：
个人对信息来源的选择。例如，本身很保守的人更有可能选择保守派的媒体作为新闻的来源。

的胜负，而边缘候选人和候选人提出的议题则往往被视为次要的。

新闻编辑的选择往往影响着议程设置，从而在竞争中吸引读者。无论我们使用什么媒体来获取政治信息，我们都会看到编辑们关注这些问题：

- 这个新闻故事能强烈地吸引受众吗？
- 这个新闻故事包含暴力吗？（只要见血，就能上头条。）
- 这个新闻故事是新鲜、新奇的吗？
- 这个新闻故事里有名人出现吗？

由于新闻节目经常关注不寻常的事件（虽然偶尔也会关注轻松有趣的事件），所以它们的内容往往是不具有代表性的。例如，政策的失败比政策的成功更受关注，腐败相比于廉洁更容易成为新闻故事，一件新鲜事比一个旧闻的最新发展得到更多的新闻报道，等等。另外，熟悉的事物要比陌生的事物更受关注，这意味着我们将更多地看到来自编辑认为我们感兴趣领域的新闻。总而言之，议程设置制造了我们对世界扭曲的印象。

然而，新闻编辑对其消费者的回应性限制了议程设置的影响。编辑对新闻的选择并不是心血来潮，而是基于对各类内容能够吸引多少受众、获得怎样的反馈的高度敏感性进行的。编辑对新闻性的嗅觉是他们赖以谋生的本领，如果他们始终做不到这一点，就很有可能失去这份工作。因此，仅仅因为编辑能够决定出现在电视屏幕或报纸头版的内容，就将广泛的议程设置现象归因于新闻编辑，是一种幼稚的观点。媒体从业者可能只是提供了他们认为观众和读者想要看到的东西而已。

媒体影响的第三种机制则是新闻故事的**框架（framing）**，或说报道如何建构一个事件的叙事。这是一种理解媒体影响的新尝试，也是用解释性方法来理解政治的一个典型例子，反映了柏拉图所观察到的"讲故事的人统治着社会"。记者的文字和照相机的胶片为故事的构建提供了基础，并以此生成一种鼓励受众做出特定反应的叙事。

举例来说，移民问题是刺激经济的因素，还是对社会的威胁？一些欧洲国家的媒体对其他欧盟成员国的描述是正面的还是负面的？罪犯被判处死刑是正义的伸张还是残酷的惩罚？正如"故事"这一概念所蕴含的意义那样，记者需要将对时间的报道转化为与其接收者相联系的组织化叙事。一则新闻报道越简短，它就越依赖于贾米森和瓦尔德曼（Jamieson & Waldman，2003）所提出的"共识框架"（consensus frames），即人们所共享的、有时则是非常简单的对新闻的预设。

　　最后，媒体也可能产生**铺垫（priming）**效应，即鼓励人们将一个故事中隐含的标准用于理解新的信息和问题。例如，媒体对外交政策的报道越集中，选民就越有可能根据政党和候选人在外交方面的政策来对他们进行评判，这甚至会影响其投票时的选择。同样，对种族主义袭击事件的报道也可能促使一些人效仿此类行为，从而增加这一地区发生此类事件的概率。

◈　政治传播的新趋势

　　在高收入国家，政治传播普遍正在发生四种变化，这些变化共同改变了新闻的性质和消费者的选择。大众媒体曾经有着把人们聚集起来的作用，但随着传播的商业化、碎片化、全球化和互动性发展，大众媒体已经开始倾向于分裂一个国家的受众。

243

商业化

　　大众媒体的商业化意味着公共广播的衰落，以及将受众视为消费者而不是公民的营利性媒体的崛起。公共广播和电视在大多数民主国家依然活跃，为有辨识能力的受众提供高质量的、均衡的政治内容（如美国的国家公共电台、英国的 BBC、德国的 ARD，以及欧洲多个国家都用收取电视授权费的方式支持公共传媒）。然而，在一个日益商业化的环境中，为了追求利润，电视台很少把时间和精力放在严肃的政治信息报道上，更不用说花时间在深入的政治分析上了。它们的报道更多集中在名人、娱乐和生活相关的软新闻上。它们认为，相比于提供大量的政治节目，进行有限但足够刺激的内容报道会使它们接触更大的受众群体。毕竟事实上，只有那些对公共事务有浓厚兴趣的人才会接受政治节目。因此，专业化的政治节目仍然存在，并为政治迷们提供服务，但这样的广播无法再扩展到更大且对此不感兴趣的受众群体。

碎片化

　　随着电视频道和广播频道的不断增加以及互联网上可选择网站的不断出现，消费者被允许在其想看、想听、想读的任何时间、任何地点，根据自身需求来下载、收看和消费这些节目和信息。电视观众被限制在几个主要的电视台和频道、只能在家中和固定的时间收看的时代已经成为历史。通过有线电视、卫星电视、互联网和移动设备等传播方式，受众可以接收到更广泛的内容，并通过使用 DVR、点播服务或流媒体定制符合个人品味和时间安排的节目表。

在美国，这些变化突出地体现在三大电视网络（ABC、CBS 和 NBC）夜间新闻受众份额的下降上：1980—2012 年，这些晚间新闻的受众份额从 42％下降至 16％，随后趋于平稳（Pew Research Center，2017）。就发达国家的整体情况而言，纸质报纸的发行量大幅下降：2006—2015 年，日报发行量在美国下降了 23％，在西欧下降了 16％。尽管许多地方报纸和晚报早已关门大吉，但有些报纸尝试通过转变印刷材料以求在线上谋生存。与此同时，在全球范围内，报纸的发行量在 2011—2016 年间却有了 5％的增长，这主要得益于印度和其他亚洲地区的需求增长。目前，仍有约 27 亿人（约占世界人口的 1/3）在阅读纸质报纸（World Association of Newpapers，2017）。

大众广播的式微带来了重要的政治影响。早些时候，人们还在被动地观看电视屏幕上出现的任何内容，而随着由用户驱动的互联网出现，电视也迅速效仿之。政党也被迫采取更广泛和复杂的政治营销策略来应对这一变化，这包括使用更加个性化也更加昂贵的技术与选民接触，如直接寄送信件、发送电子邮件、社交网络和电话等。奥巴马正是利用了这些策略与捐赠者和志愿者联系，并取得了 2008 年和 2012 年总统竞选的胜利（Kreiss，2012）。

在这种更加碎片化的媒体环境中，政客们不断地从电视新闻转移到收视率更高的脱口秀节目中。在政治（Politics）和好莱坞（Hollywood）之间开辟了不断扩张的"宝莱坞"（Pollywood zone），进而使政客和网红的界限日益模糊。在脸谱和推特上，这些政客和体育明星、电影明星和电视真人秀名人争夺粉丝。在政客学着在简短的采访或更简短的政治广告中阐明自己的议程时，原本就很重要的原声片段就显得更加重要。

全球化

1776 年，英国人对美国《独立宣言》的反应，花了 50 天的时间才传回美国。而到了 1991 年，全球的观众都能实时观看"沙漠风暴行动"的广播。今天，我们往往认为有新闻价值的事件立刻传遍世界各地是一件理所当然的事情。即使对于威权统治者而言，将本国人民与国际事态发展隔离开来也变得越来越不可能。其实，早在互联网出现之前，威权主义国家就很难阻止外国人针对其人民的广播，今天威权国家的信息铁幕也将更轻松地被海外博客和网站绕过（参见 Negro，2017）。

最新的传播技术发展也促进了对独裁政权的隐秘反对。不管这些反对团体的规模多小，只要能上网，就有可能将全世界的目光引向该国滥用政治权力的事件上，并为嗅觉灵敏的记者提供素材。伊朗和沙特阿拉伯的政府都因此受到了海外组织的影响。另一方面，互联网也可能传播有害的信息。"基地"组织和"伊斯兰国"都擅长在网上发布任何人都能看到的图片信息，其中包含宣传、恐吓和暴力场景，目的是鼓励其支持者并威慑其敌人。

全球 24 小时新闻站的兴起同样印证了政治传播的全球化。这些新闻站的起源可以追溯到全国性的全新闻电视台，比如 1980 年开始在美国运营的 CNN。随后出现的还有 1985 年的 CNN 国际频道、1991 年的BBC 世界频道、1992 年的德国之声频道、1996 年的卡塔尔半岛电视台、1998 年的日本 NHK 世界频道、2005 年的俄罗斯 RT 频道以及 2006 年的法国 24 频道。这些电视台并不能保证总是盈利，它们可能也只覆盖了那些能获取有线电视或卫星电视的观众，但全球电视的确拓宽了受众的政治信息来源。

互动性

毫无疑问，互动性的增强是政治传播最重要的一个发展。长期以来，广播热线让普通民众能够听到其他人对当下问题的讨论，而无需经过政客从中协调。社交媒体在互联网空间有着类似的功能，而且其受众更为广泛。信息系统和社交媒体有着与生俱来的互动性，并允许点对点的交流，这挤占了政客主导的自上而下政治传播的空间。仅仅接触过互动性媒体的新生代给政客们提出了一个他们还没完全解决的问题：当我们可以选择与拥有共同兴趣的人进行线上互动时，我们为什么还要听你们的发言呢？

互动性是预测未来政治传播发展的一个关键主题。荷兰新闻基金描绘了一系列场景，从少数互联网巨头主导政治、经济和社会议程，到由初创企业和合作关系主导的世界（Kasem et al.，2015）。荷兰新闻基金会总干事勒内·范赞滕（René van Zanten）所得出的结论格外有趣（引自 Ireton，2015）：

对我们而言，即将出现的最重要变化似乎是用户在这一（传播）过程中扮演着越来越重要的角色。新闻将不再是记者和编辑所认为的重要的事，而是人们各有自己的看法。他们通过点击和刷新来建构自己的世界。媒体最好认真对待这一点，不仅要准备好采取新的出版方式，还要准备好用新的方式定义新闻。

如果只是充满善意的人类决定了互动的节奏和质量，那么我们可以将这一转变视为思想市场的健康发展。但遗憾的是，正如我们前面所提到的，许多"恶意"也进入了这种互动，并且其程度几乎被自动地扩大了。

聚光灯

委内瑞拉

简介

照理说，委内瑞拉应该是拉丁美洲的一个成功案例，但政治和经济困境共同导致其从混合型体制退化为威权体制。委内瑞拉盛产石油、煤、铁矿石、铝土矿和其他矿产，但大多数人口生活在贫困中。进口豪车、修剪整齐的庭院展现着封闭社区中的富人们有多么的富有，与脏乱差的公共区域形成鲜明对比。委内瑞拉的失败大部分要归咎于在 1998 年凭借左翼民粹主义纲领当选为总统的查韦斯。被称为"查韦斯主义者"的支持者声称，查韦斯的经济国有化政策和扩大的社会项目扶助了穷人，但其批评者则指责这些政策导致了通货膨胀和失业。查韦斯于 2013 年去世，但其继任者马杜罗延续了查韦斯的做法，继续奉行扭曲的经济政策，妖魔化反对派并将国家文化过度政治化。

政府组成	联邦总统制共和国。由 23 个州和一个首府区组成。建国时间为 1811 年，最新的宪法通过于 1999 年
行政	总统制，总统任期六年，可无限次连选连任，并设有副总统和内阁部长

续表

立法	一院制国民议会，由 165 名成员组成，任期五年，可连任
司法	最高法院由 32 名成员组成，经国民议会选举产生，任期 12 年
选举体制	总统选举采取简单多数制，国民大会采用混合成员比例代表制：其中 60% 的成员由单一选区简单多数制选出，其余成员由比例代表制产生
政党	多党制，目前由委内瑞拉统一社会主义党主导，政党名单不断变化

人口：3 160 万

国内生产总值：（数据无法获取）

人均国内生产总值：（数据无法获取）

委内瑞拉的政治传播

与拉丁美洲其他国家一样，委内瑞拉的媒体机构为私人所有，但这并未阻止政府的长期干预。"记者无国界"（总部位于法国的一个促进新闻自由的组织）发布的年度报告则指控委内瑞拉政府对独立媒体施加压力，其手段包括禁止编辑和媒体主管旅行、对涉及记者的庭审做出有偏见的判决、减少获得报纸的机会，甚至对记者发出死亡威胁，等等。

委内瑞拉的宪法保障言论自由，但在 2004 年却出台了一项包含限制言论规定的法律。该法律规定，禁止发布可能煽动或激起委内瑞拉公民焦虑的新闻，也禁止发布不尊重当局的媒体报道。该法律还允许总统中断常规电视节目和包含反对派攻击内容的节目，播放官方直播的所谓"华彩节目"。

尽管宪法保障公民获取信息的权利，但记者发现这种权利其实很难落实。政府积极地禁止公民获取会影响其政策的信息。例如，2014 年有报道称委内瑞拉一个沿海省份可能爆发一种通过蚊子传播的疾病。而马杜罗总统指责那些想要公开这些信息的记者，并下令对他们进行起诉。

委内瑞拉前总统查韦斯的政治风格，是民粹主义领导人利用广播媒体来影响其天生的支持者——贫困选民的典型案例。许多人打电话到他周日上午冗长的广播节目《喂，总统!》(Aló, Presidente!) 向他请愿，希望获得一份工作或社会保障福利。这让我们看到了威权领导人是如何不顾媒体人士的反对，通过支配广播媒体来加强其威权统治的。

延伸阅读

Derham, Michael (2010) *Politics in Venezuela*: *Explaining Hugo Chávez* (Oxford University Press).

Matos, Carolina (2012) *Media and Politics in Latin America*: *Globalization*, *Democracy and Identity* (London: I B Tauris).

Tinker Salas, Miguel (2015) *Venezuela*: *What Everyone Needs to Know* (Oxford University Press).

◇ 威权国家的政治传播

我们了解到，威权国家的媒体部门缺乏资源，这限制了其专业性，也增加了其面对压力时的脆弱性。官方电视台和受到政府补贴的报纸遵循体制路线，而持批评态度的记者则受到干扰，媒体通过自我审查培养了一种自我保护的本能。这一切的结果就是，流向高层的信息不足，加宽了国家与社会之间的鸿沟，最终导致决策时的缺陷。

有经验的独裁者对这一问题采取的解决方式是鼓励媒体揭露地方政府的渎职行为，以便中央监督地方政府的治理。但这也并不足以使他们突破威权主义的悖论：统治者通过控制信息及其流动，虽然可能在短期内确保自己的权力，但也会降低其治理的质量，从长远来看，这不利于其政权的生存。在越发达的国家，高层信息缺乏所造成的危害就越严重。

威权统治者限制新闻独立的方法很多，既可以简单粗暴，也可以十分精妙。在最坏的情况下，自由独立的媒体机构根本不存在。

尽管如此，事情也并非如我们想象的那般消极。威权政府可以控制正式的媒体，但无法控制私下的谣言和信息，完全控制互联网接入也很难实现。

在混合体制中，对媒体的控制要比威权国家少。媒体和互联网往往是独立的，提供了辩论的公共领域。这可能为统治者带来一定的效益，但同时也使他们承担了一定的风险。然而，即使没有公开或隐秘审查的情况下，主要的政治力量也都主导着新闻报道。这在某种程度上反映了政治传播的一个现实：受众天然地对那些最能影响他们生活的人感兴趣。

在一些国家，对媒体的控制十分严厉，以至于反对派记者受到威胁、监禁，被迫流亡，甚至遭到谋杀。联合国教科文组织专门设有列出在工作中遇难的记者名单的网站，2006—2016 年，总共有 930 起记者身亡事件被确认（其中一些是死于武装冲突，另一些则是被谋杀）。而在另一些国家，对媒体的控制则较为精妙。例如，布尔戈（Bourgault，1995）在其对 20 世纪 90 年代自由化浪潮之前的撒哈拉以南非洲的研究中，总结出了几种可以限制媒体发展的方法：

- 宣布长期紧急状态，正式限制媒体自由。
- 颁布覆盖广但灵活适用的相关法律。
- 威胁撤销政府资助。
- 选择性地限制报纸获取。
- 要求出版物和记者持有执照。
- 对印刷设备高额征税。
- 要求新的出版物向政府上交保证书。

我们不应将西方的新闻自由理念奉为具有普世性的价值——伊斯兰国家就经常强调媒体在传播宗教价值方面的作用。那么问题来了，如果自由的结果是到处可见的色情内容，那么我们为什么要引入西方的新闻自由思想？当一个社会被视为是某种至高无上的道德准则的现实表达时，无论是对于伊斯兰教还是其他什么宗教而言，西方言论自由的传统都会显得格格不入，甚至是不道德的。互联网注入的新思想及其与封闭体制的化学反应，在"阿拉伯之春"（参见聚焦 14.2）的案例中得到了鲜明的体现：这一冲突可能未必带来一些人预期中的民主化改革，但的确为威权体制带来了前所未有的挑战。随着互联网使用的继续扩大，类似的事件可能还会出现。

聚焦 14.2

网络行动主义与"阿拉伯之春"

在一些威权体制中，使用互联网平台进行的公民互动削弱了政治控制，"阿拉伯之春"就是一个很好的例子。如表 14-5 所示，在 21 世纪的头十年，中东和北非的互联网接入急剧增长，为彼此远离的城市同龄青年之间的交流提供了可能 (Sreberny & Khiabany, 2010)。互联网的这一增长不仅仅是在 2011 年经历政体变迁的国家发生，也成为埃及、突尼斯等一些国家的政府被推翻的重要因素。

互联网设施不仅加速了最新抗议地点等信息的传播，也为人际交往，例如异性交往提供了难得的自由空间 (Bayat, 2010)。事实证明，推文中的词语比街头出现的词语更难审查。通过这一方式，社交媒体创造了一个自由而振奋人心的民主社会模式。相比之下，阿拉伯世界的威权政治制度就显得越来越僵化。脸谱成为"自由的论坛"，这让林奇 (Lynch, 2011) 大胆断言：一种新型的公共领域的长期演化，可能比直接的政治结果更重要。惠勒和明茨 (Wheeler & Mintz, 2012) 也提出了类似观点，他们认为，人们对新媒体工具的使用所发现和创造的新空间，能够成为威权背景下重大政治变革的基础。在这些空间中，他们可以表达异议、保持立场，以追求更好的生活。

正如我们在第六章中所看到的，"阿拉伯之春"所承诺的要多于其最终实现的——民主

的浪潮在很多国家迅速出现，又迅速消退。然而，现在就否定互联网使用的增加为阿拉伯世界的政治变革带来压力的可能性，仍然为时尚早。诺登森 (Nordenson, 2017) 指出，现有的互联网接入还远未达到普及的程度，但推特、脸谱和油管等平台潜在的重要性已然十分明显。正如本章前面所提到的，学者们仍然更多地忙于记录这些变化，并没有充分理解它们的影响。即便他们试图做出解释，互联网普及率的不断增长也可能为之增加新的变化。正如表 14-5 所示，2016 年使用互联网的人口比例要远高于 2009 年。

表 14-5 互联网与"阿拉伯之春"

国家	互联网用户		互联网用户占人口比重（%）（2009）	是否在2011年发生政权颠覆	互联网用户占人口比重（%）（2016）
	2000	2009			
摩洛哥	10 万	1 030 万	33	否	58
沙特阿拉伯	20 万	770 万	27	否	74
突尼斯	10 万	280 万	27	是	51
埃及	45 万	1 260 万	16	是	39
阿尔及利亚	5 万	410 万	12	否	43
利比亚	1 万	32.3 万	5	是	20
也门	1.5 万	37 万	2	是	25

资料来源：Wheeler & Mintz, 2012；International Telecommunication Union, 2018.

在俄罗斯，有权势的人和政界人士能够对媒体施加很大压力。长期以来，广播一直是影响其辽阔国土中分散的人口的主要方式。对俄罗斯人而言，免费的电视比付费的报纸更有吸引力。在 2008 年的一项调查中，82% 的俄罗斯受访者说他们经常看电视；而相比之下，表示自己是全国性报纸的忠实读者的受访者则仅有 22% (Oates, 2014)。此后，互

联网逐渐取代了电视的地位，成为俄罗斯人主要的信息来源：2017 年，72％的俄罗斯人通过互联网获取和分析新闻，而使用电视的比例则是65％。然而，他们对这三种信息来源的信任度则都很低：只有 40％的人信任互联网，30％的人信任电视，而信任社交媒体的比例则只有可怜的 11％（Deloitte，2017）。

在俄罗斯，用于管理媒体行为的法律超过 100 条。在偶尔有记者被不明身份的袭击者杀害的环境中，这样的声音不时在编辑的脑海中回响："我发表这篇报道是否存在风险？"正因为编辑们懂得他们自身最大的利益落在何处，所以政客们也没有必要对编辑们进行明确的指示其可能涉及的政治风险。审查的内部性给了总统足够的推诿空间，让他可以带着和蔼的微笑问你："审查？什么审查？"

相比电视而言，俄罗斯对互联网和纸质媒体的控制并没有那么直接。互联网的接入让城市地区的年轻人能够表达和组织对普京的反对。作为一个竞争性威权体制，俄罗斯对主要媒体的主导并不意味着对媒体的完全审查。

问题研讨

251

- 就政治而言，社交媒体是一个威胁还是一个机会？

- 普通人应采取何种行动，以保护自己不受假新闻的影响？

- 媒体塑造民意还是媒体反映民意？

- 总体而言，媒体环境的碎片化对政治话语是好是坏？为什么？

- 总体而言，媒体环境中更大的互动性对政治话语是好是坏？为什么？

核心概念

- 议程设置
- 机器人
- 回音室
- 强化
- 自选择
- 社交媒体
- 传播模型

- 后真相
- 铺垫
- 第四等级
- 框架
- 网络喷子
- 大众媒体
- 政治传播

延伸阅读

Ekström，Mats，and Andrew Tolson (eds) （2013） *Media Talk and Political Elections in Europe and America* （Palgrave Macmillan）. 本书分析了媒体与选举之间的联系，其中有专章涉及政治访谈、政治辩论和使用互联网来接近选民。

Kenski，Kate，and Kathleen Hall Jamieson（eds）（2017）*The Oxford Handbook of Political Communication* （Oxford University Press）. 本书是对政治传播历史、现状、影响和未来的研究文集。

McNair，Brian （2018） *An Introduction to Political Communication*，6th edn （Routledge）. 本书讨论了政治传播的方式及影响，包括对互联网发展的分析。

Robertson，Alexa （2015） *Media and Politics in a Globalizing World* （Polity）. 本书在媒体与政治的互动关系中评估了全球化和技术的影响。

Semetko，Holli A.，and Margaret Scammell（eds）（2012）*The Sage Handbook of Political Communication* （Sage）. 另一本帮助我们将这个分散在多学科的领域聚拢起来的论文集。

van Dijk，Jan A. G. M.，and Kenneth L. Hacker （2018） *Internet and Democracy in the Network Society* （Routledge）. 本书评估了互联网对政治的影响，并探究曾经我们所预期的积极影响是否真的发生了。

第十五章
选　　举

目录

预览

选举是代议制民主的核心。选举不仅是大多数选民与政府联系的主要手段，让政客和政党短暂的以恳求者而不是管理者的身份出现，还是一种竞争公职和对政府进行问责的手段。竞选活动也为选民和政党之间、社会和国家之间的对话提供了机会。丘吉尔声称，对政治家来说，选举斗争是最不可或缺的教育。竞争性选举赋予官员权力（这有助于其有效地履行职责），并促进选择、问责和合法性。

这一切听起来都非常美好，但要确保选举结果的公正并选出合适的代表却是说起来容易做起来难。各国已经发展出了多样的选举体制，但目前看来还没有任何一个代表形式是完美的。本章首先依次介绍这些制度以及它们在立法选举和总统选举中的应用。选举的方式不同，所得到的结果也不同，而这些都反映了对代表制和民主本身看法的不同。随后，本章讨论了全民公投、倡议和罢免的具体影响。在本章的最后，我们讨论了选举在威权政体中的作用。在威权政体中，尽管选举结果受到了操纵，但其仍然发挥着几项关键的政治功能。

核心观点

● 目前，世界各国采用了多种不同的选举制度，但无一能够达到选举制度"准确地将选票转化为席位"这一核心目标。

● 立法选举和行政选举在机制和意义上有所不同；投票选举多个议员组成的立法机关所需要的规则，与投票选举一位行政首脑也有所不同。

● 比起选举活动的结果，其为选民、候选人和政党提供的学习机会更为重要。

● 一场选举的政治影响取决于人们对其结果的描述，而这种描述往往是夸张的。

● 全民公投、倡议和罢免使选民成为决策者，但他们有多么渴望民主却是另外一个问题。

● 威权体制对选举施加了许多控制，但其效果往往是抑制而不是消除政治选择。

◆ 选举：一个概述

253 　　选举是民主过程的核心，其目的是确保选民的偏好能如实反映在立法机关和政府的组成之中。代表的质量与选举的质量、定期性和选票计算方法直接相关。民主体制和威权体制最显著的区别之一就是，前者的选举通常是自由而公平的，后者则不是。我们不能寄希望于用选举制度解决潜在的社会冲突，但如果其能被广泛接受并长期保持稳定，如果选举的赢家并不会试图通过改变制度来扩大自己的利益，输家也不会把自己的失败归咎于选举的规则，那么这一选举制度就可以被认为是有效的。

　　就选举的机制而言，选举行政首脑和立法机关的计票方式各不相同，主要包括：简单多数制、绝对多数制、比例代表制和混合制。虽然无论采取何种制度，选民的偏好都很少能精准地反映在立法机关和行政职位的选举结果中，但这些制度还是存在很大差异。此外，不同选举的重要性也有所不同：**一阶选举**（first-order elections）的风险往往要高于**二阶选举**（second-order elections）——包括不那么重要的中期选举（mid-term）和地方选举。

一阶选举：
风险最高的选举，通常有政府更迭的可能性。

二阶选举：
风险较低的选举，如地方选举、中期选举。

　　例如，在议会制中，大选显然是一阶选举，因为它可能导致政府的更迭。因此，大选获得了比地方选举更高的关注，投票率往往也更高。通常与大选不同期举行的地方选举显然是二阶选举：它们对选民的吸引力较低，因此投票率也更低，选民经常通过它们来表达对国家政府的看法。它们削弱了代表的表现和选民的反应之间的联系，如此一来，一个优秀的地方政府就可能会因为其政党在全国范围内不受欢迎而惨遭解散。

　　在理解选举时，我们还需要考虑选举的范围。例如，美国政府有50万个可供选举的职位（这一数字反映了较强的地方自治传统），而欧洲选民的投票在传统上则限于国家的立法机关和地方政府，最近又增加了地区选举和欧洲选举。为了对比两地的差异，多尔顿和格雷（Dalton & Gray，2003）通过计算得出，1995—2000年，英格兰牛津的居民只可以投4次票；反观美国，加利福尼亚州欧文市的居民仅在2000年一年就可以投超过50次票。

　　然而，选举过多也存在一定的危险，尤其是选民疲劳导致的兴趣下降、投票率下降和选择质量下降。在威权体制中，则完全是另一种景象：公民的兴趣水平和投票率往往被夸大，但真正的选择并未被做出。因此，问题不在于选举制度的结构，而在于如何操作和利用选举来维持执政精英和（或）政党的执政。

◇ 立法选举

谁统治？——19世纪的不同时期，一位比利时的律师、一位法国数学家、一位英国律师、一位丹麦数学家和一位美国建筑师都在为这一问题殚精竭虑，试图发展出一种能够准确反映选民意愿的**选举制度**（**electoral system**）。对于维克托·德洪特（Victor d'Hondt）和安德烈·辛蒂-拉格（André Sainte-Laguë）而言，名单比例代表制是问题的答案；而对托马斯·黑尔（Thomas Hare）和卡尔·乔治·安德雷（Carl George Andrae）来说，单一可转移票制是最好的；韦尔（W. R. Ware）则认为选择性投票制才是众望所归。虽然比例代表制在欧洲很多地方都是很受欢迎的选择，但这并不意味着它能完美地解决所有问题——所有将投票转化为席位的方法都有各自的优缺点。

第一眼看上去，选举的主题似乎相当简单：有职位需要填补，通常会有候选人去竞争这个职位，选民被要求做出选择，而得票最多的人被宣布为获胜者。然而，即使粗略地看一下其中所涉及的计算方法，也会发现许多问题。尽管都在代议制民主的核心主张之下，但选票的实际作用其实并不平等，所采取的**选举公式**（**electoral formula**）也很少将一个政党所赢得的选票份额完美地按比例转化为其在立法机关中的议席。更不用说，就选举行政首脑的情况来看，那些为落选者投票的人几乎没有得到任何回报。

尽管被提出和使用过的选举制度数不胜数，但在本部分中，我们将它们归纳为四种最常用于立法选举的选举制度（参见表15-1），对行政选举制度的讨论则在下一节进行。最简单的单一选区相对多数制在选举产生政府时，在大多数国家都有着良好的应用，但在将选票份额转化为议会席位的份额时却效果很差。另一方面，最能将选民偏好反映在议席中的制度——尤其是比例代表制——由于机制更为复杂，往往会在选举后经由立法机关中各政党的讨价还价而形成联合政府。

选举制度：
选举规则的总称，包括投票的结构（如每个政党列出多少名候选人）。

选举公式：
如何将选票转化为席位和分区（将领土划分为不同的选区）。

254

表 15 - 1 比较立法选举制度

选举制度	选举流程	示例
简单多数制		
单一选区相对多数制	政党在单一选区竞争，赢得最多选票（不需要占绝对多数）的候选人获得席位	孟加拉国、加拿大、印度、马来西亚、尼日利亚、巴基斯坦、英国、美国
绝对多数制		
两轮选举制	如果没有候选人赢得过半选票，领先的候选人将进行二次决选，这一选举方式更多用于行政选举	白俄罗斯、法国、海地、伊朗
选择性投票制	所有候选人都要被选民排序。被绝对多数选民排在首位的候选人直接赢得选举。如若不然，则将排名最低的候选人淘汰，他的选票将被重新分配，直到有一人赢得绝对多数	澳大利亚、巴布亚新几内亚
比例代表制		
名单制	各政党在多成员的选区竞争，并公布候选人名单。选票投给政党而非候选人，该地区的席位按照各党所获选票的比例分配	大多数欧洲和拉丁美洲国家，南非、土耳其
单一可转移票制	与选择性投票制类似，选民对候选人进行排序，但获胜者是由一系列规则和算法的配额决定	澳大利亚（上院）、爱尔兰、印度（上院）、马耳他
混合制		
并立制或混合成员多数制	一些议席由比例代表制决定，另一些则由单一选区相对多数制或两轮选举制决定。实际上存在两种不同的选举	埃及、匈牙利、日本、墨西哥、菲律宾、俄罗斯、韩国、乌克兰、委内瑞拉
混合成员比例代表制	除了用比例代表制来调整总席位分配之外，与混合成员多数制相似	玻利维亚、德国、新西兰

上述大部分示例指的是两院制中立法机关的下院或一院制中唯一议院的选举。有关选举制度和使用这些制度的国家的完整列表，请参阅国际民主及选举协助研究所（IDEA）网站：www.idea.int

单一选区相对多数制： 一种基于选区的选举制度，每个选区产生一名代表，在该选区得票最多的人赢得选举。

相对多数制

255

在**单一选区相对多数制**（**single-member plurality**）——也被称为"简单多数制"或"赢家通吃"（winner-take-all）——的形式下，区域被划分为多个选区，每个选区选出一名立法机关成员作为代表。每个选区都有多名候选人角逐，最终得票最多的候选人获胜，无论其得票是相对多数（比其他候选人多）还是绝对多数（超过半数）。尽管有着悠久的历史，但相对多数制正在变得越来越不普遍，目前主要存在于英国和与之有渊源的国家。然而，由于采取这一制度的一些国家人口众多（如印度、巴基斯坦、美国和尼日利亚等），民主国家中使用这一投票制度的人数要比其他任何方式都多（Farrell，2011）。

单一选区相对多数制的主要优势在于其简单性和产生单一的地区代表的事实，但它的关键缺点是可能产生不平衡的结果。例如，在一个国家的部分地区有着强大支持群体的政党，往往能够比支持者分布较为分散的政党赢得更多席位。可以参考以下案例：

● 1945—2017 年英国举行的 20 次大选中，有 17 次都有一个政党赢得下院的过半数席位，然而从来没有一个政党赢得过过半数的选票。

● 在 2014 年的印度大选中，印度人民党仅赢得了 31％的选票，但在人民院中获得了近 52％的席位。

● 在 2015 年的加拿大选举中，自由党以不到 40％的选票赢得了54％的席位，而相加总共获得了超过 60％选票的其他政党则仅仅获得了 46％的席位（如图 15 - 1）。

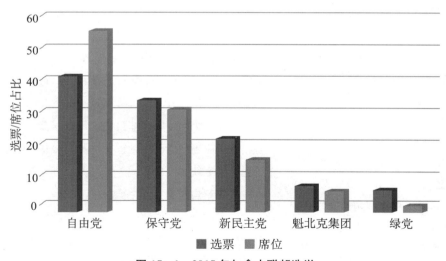

图 15 - 1　2015 年加拿大联邦选举

绝对多数制

正如这个标签的字面含义，绝对多数制要求候选人获得绝对多数选票才能获胜。反映在对民主的观点中，其意义则是任何候选人在证明自已被大多数选民接受之前都不应担任公职。通常这一制度有两种具体方式：进行两轮选举（也被称为两轮决选），或更少见地采取选择性投票制的安排。

在两轮选举的安排下，所有候选人在一个选区内进行角逐，如果有候选人赢得过半数的选票，他将直接被宣布为胜者。但如果没有人获得过半数选票，第一轮投票中得票数排名最前的两名候选人将在随后不久举行的第二轮投票中再次竞争，从而确保其中一人赢得绝对多数的选票。（在法国，第一轮投票中赢得超过 12.5％以上选票的候选人均可参加第二轮选举，但这一规则常常为了为领先的候选人在第二轮选举中扫清障碍而被破坏。）尽管两轮选举曾经在西欧的广大地区较为普遍，但如今只有法国及其前殖民地的立法选举才会采用。这一制度在行政选举中使用更多，将在本章后面部分做详细介绍。

256

聚焦 15.1

谁应该被允许投票？

令人惊讶的是，选举权（谁可以投票）的问题在有关选举的讨论中很少受到关注。在过去的一个世纪中，对投票的限制一直在稳定地减少，大多数民主国家在 20 世纪六七十年代将投票年龄降低至 18 岁。但问题仍然存在。是否应该像奥地利和巴西那样将最低投票年龄降低至 16 岁？囚犯应该被允许投票吗？非公民的合法居民应该被允许投票吗？

在一些国家，许多罪犯仍然没有投票权，美国的一些州就是最好的例子。美国被剥夺公民权的重罪犯和前重罪犯总数超过 600 万，约占投票适龄人口的 2.5%（Uggen et al., 2016）。英国也采取了强硬立场，以抵制欧洲人权法庭"在 2017 年前给予所有囚犯投票权"的裁决。英国前首相卡梅伦曾声称，看见囚犯投票会让他产生生理不适。

尽管威尔（Weale, 2007）认为，反对剥夺囚犯投票权的理由可能和支持剥夺囚犯投票权的理由一样多，但并不是每个人都接受人身

被关起来就意味着权利也被关起来。加拿大最高法院判定，在以包容、平等和公民参与为原则的民主主义中，不存在剥夺囚犯权利的问题。以色列最高法院还表示"必须将对拉宾总理行为的蔑视和对他权利的尊重分而视之"，并因此恢复了拉宾总理的选举权（Manza & Uggen, 2008：232）。

另外一个问题则是非公民居民的投票权问题：他们应当在自己生活、工作和与公民一同纳税的国家获得投票权吗？如果是，他们是否也应该保留自己国家的投票权？在这一点上，更加包容成为缓慢的趋势：近 40 个国家（大部分是欧洲国家）已经批准了某种形式的非公民投票权（Immigrant Voting Project，2018）。在欧盟内部，所有合法居住在其成员国的欧盟公民都可以投票，并可以作为候选人参加地方选举和欧洲选举。这一政策是在流动的时代维护投票权迈出的坚实一步。

相对罕见的选择性投票制则将问题变得更复杂，并且要求选民做出更多的思考。选民需要对所有候选人进行排序，如果一位候选人在所谓"第一轮偏好投票"中获得绝对多数（在绝对多数选民的排序中位列第一），则该候选人当选。但如果没有人赢得多数，则将排名最后的候选人淘汰，重新分配其选票，并重复这一过程直到有候选人当选。目前，只有澳大利亚和巴布亚新几内亚在国家立法选举中采用这一制度，英国、新西兰和美国的一些地方选举中也采用该制度（此时它被称为排序复选制或优先选择投票制）。2011 年，英国就是否将选择性投票制引入英国大选一事进行全民公投，而最终结果以失败告终，选民认为选择性投票制太过复杂是其中一个原因。

比例代表制

比例代表制是在欧洲和拉丁美洲最常见的选举制度（如图 15 - 2 所示），即根据每个政党赢得的选票数量在立法机关中分配席位，选民更多的是基于政党而不是单个候选人做出选择。由于单个政党很少能够赢得绝对多数的席位，结果通常是组成联合政府（参见第八章）。

比例代表制：
一种选举制度，互相竞争的每个政党所获得的席位与它们所赢得的选票成比例。

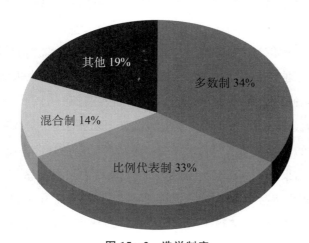

图 15 - 2 选举制度

资料来源：Inter-Parliamentary Union，2018.

注：IPU 将相对多数和绝对多数的制度合称为"多数"。图中数据显示的是采用不同制度国家的百分比。

比例代表制有两种变体：政党名单制和单一可转移票制。名单制是最常见的，并分为不同类型。一般而言，选区由多名成员代表（不同于单一选区相对多数制），参加选举的每个政党都提出一份候选人名单（通常与该地区要填补的席位数相同），选民则在提供这些名单的政党中进行选择。各政党赢得的选票数量决定了它们各自的名单中有多少候选人当选，而名单上候选人的顺序（由政党本身决定）通常决定了谁当选。

比利时、南非和西班牙等许多国家则使用封闭式名单，选民只能直接从各个政党中做出选择。在这种形势下，各党派官员对其名单有着较高的控制——包括将女性和少数族裔列于榜单前列。然而大多数欧洲国家使用公开名单，让选民至少在不同候选人中做出选择。虽然在特定候选人名单上的总票数决定着该政党的代表性，但候选人的"偏好票"会在一定程度上影响其是否当选。

第二种不太常见的变体是单一可转移票制，这是一种描述起来和选民理解起来都很困难的制度。这一制度下，选民被要求对选区内的候选人进行排序，当其中一名候选人作为选民首选的份额达到某一预设的数值后，就宣布其当选；剩余的首选则根据次选项分配给其他候选人。得票最少的候选人将被淘汰。这一过程将一直持续到所有的席位被选出。与政党名单制不同的是，这种方法可以将选票投给具体的候选人，将浪费的选票降到最低。只有爱尔兰和马耳他两国在国家一级使用这一制度。

大多数的比例代表制都规定了准入门槛，即一个政党的得票低于一定的水平就不能获得议席。这个门槛在各国各不相同，大多数国家定在3%，土耳其则设定在最高的10%。明确准入门槛有助于保护立法机关不受分裂和极端政党的影响，也不会出现"尾巴摇狗"的现象。准入门槛设定过低的代价在以色列有所体现：2013年的以色列选举设定了2%的准入门槛，结果有12个政党在全部120个议席中获得了席位。其中，有6个政党的得票率甚至不足5%，但它们控制了25个席位；最大的政党利库德集团（Likud）仅控制了31个席位。2014年，这一门槛被提高到3.25%，但这也只将2015年选举中获得议席的政党数量减少到10个。在2015年选举中，6个政党以各自不足8%的选票获得了总共42个席位。

混合制

第四种选举制度涉及相对多数制和比例代表制的混合，其目的是最大化其各自的优势，最小化其各自的劣势。最简单的变体是并立制或混合成员多数制，这一制度使用互不相关的单一选区相对多数制/绝对多数制和政党名单制投票，相当于举行了两个独立的竞选活动。选民在互相角逐的候选人中选择代表他们所在地区的候选人，在政党名单中选择代表更大地区的候选人。例如，在日本众议院选举中，300 名议员由单一选区相对多数制选出，180 名议员由比例代表制选出。选民进行两次投票，一次针对候选人，一次针对政党。政党可以将候选人同时分配到单一选区和政党名单中，因此在单一选区中落选的候选人也有机会通过候选人名单当选。

混合成员多数制不包含确保选举结果比例的机制，但其另一个版本——混合成员比例代表制（有时也被称为补偿比例代表制）却有着比例的性质。这种制度同样混合了单一选区相对多数制和比例代表制，但是通过使用比例代表名单补充空余的席位，从而使整体结果具有比例的性质。德国是这一制度设计的起源国。德国的 299 个选区的选民以单一选区相对多数制为基础，通过个人投票选出当地选区的代表，同时通过正当投票在德国 16 个州的政党中以比例代表制的方式选出额外的 410 个席位。在理想的情况下，每个政党都能获得相同比例的单一选区相对多数席位和比例代表席位，但这种情况实际很少发生，所以一些席位是用 31 个"平衡席位"或"悬置席位"填充的。赢得地区席位多于比例代表席位的政党将获得最少的平衡席位，而赢得地区席位少于比例代表席位的政党将获得较多的平衡席位（参见 Farrell，2011）。

正如 2017 年选举结果所显示的那样（见表 15－2），投票结果与赢得的席位之间并非完全一致，而是允许进行一些调整。比例代表成分的加入对较小的政党有着较大的帮助，例如右翼的德国选择党、中间派的自由民主党、左翼党和绿党等。这些政党只赢得了 9 个地区席位，但有 301 个政党名单席位和平衡席位。这一制度在描述或理解上较为困难，但事实证明它很有影响力，因为它在相当准确地反映了选民的偏好的同时，为每个地区保留了一名代表。

表 15－2 2017 年德国联邦选举

政党	直接投票			政党名单		总席位
	得票率（%）	席位	席位占比（%）	得票率（%）	席位	
德国基督教民主联盟	30.2	185	62.9	26.8	15	200
德国社会民主党	24.6	59	19.7	20.5	94	153

续表

政党	直接投票			政党名单		总席位
	得票率（%）	席位	席位占比（%）	得票率（%）	席位	
德国选择党	11.5	3	1.0	12.6	91	94
自由民主党	7.0	0	0	10.7	80	80
左翼党	8.6	5	1.7	9.2	64	69
绿党	8.0	1	0.3	8.9	66	67
基督教社会联盟	7.0	46	15.4	6.2	0	46
其他党派	3.1	0	0	5.1	0	0
总计	100	299	100	100	410	709

◇ 行政选举

立法机关的选举制度多种多样，且往往十分复杂，而总统选举的制度则相对简单——因为总统只能是一个人，不能同时来自两个政党。这就直接消除了比例代表制的选项，只能从相对多数制和绝对多数制之间做出选择。

虽然相对多数制看起来最简单，但它的结果可能是无法令人信服的**授权（mandate）**，而参加选举的候选人越多，这种授权就越无法令人信服（参见聚焦 15.2）。如果总统在没有获得绝对多数支持的情况下当选，那么人们对他们的能力以及对其推行政策议程的信任就会较低。当候选人仅通过微弱多数获胜时，这个问题就显得尤为严重。例如，1992年，菲德尔·拉莫斯仅以 24％ 的得票率当选为菲律宾总统，这一得票率很难为其坐上该国行政首脑的位子提供有力的支持。2016 年，罗德里戈·杜特尔特以 39％ 的得票率获胜，尽管情况有所好转，但仍远未达到绝对多数。在墨西哥，自 20 世纪 90 年代的选举改革以来，获胜的候选人就很少得到令人信服的票数：费利佩·卡尔德龙在 2006 年的得票率仅为 36％，恩里克·培尼亚·涅托在 2012 年的得票率仅为 38％。直到 2018 年，安德烈斯·曼努埃尔·洛佩斯·奥夫拉多尔 53％ 的得票率才足够令人信服。

因此，大多数总统选举制度都要求通过两轮选举来实现绝对多数当选。在第一轮投票中，所有符合条件的候选人展开竞争，如果其中一人获得超过半数的选票，则该候选人被直接宣布胜选。如果没有人赢得超过半数的选票，则将在得票数排名最前的两名候选人之间展开第二轮投

授权：
在某一特定的领域得到代表他人行动的委托。选举授权是人民经由特定过程对政府进行的授权。

票。第二轮投票通常在第一轮投票后的 2～3 周内进行。两轮投票制不259仅能确保获胜者赢得了大多数选民的支持，还能鼓励参与决选的两名候选人从第一轮开始接触落选的候选人，这有助于促进其获得更广泛的政治基础。然而，两轮选举另一方面也延长了竞选的时间和增加相关成本，同时也有着第二轮投票率下降的风险，还为第一轮选举中进行"战术投票"敞开了大门。

法国是一个极具影响力的案例（Lewis-Beck et al.，2011）。有人说，法国选民在第一轮用心投票，第二轮则用脑投票。这样的情况可能导致如 2002 年总统选举那般的意外发生（参见表 15 - 3）。彼时，总统雅克·希拉克正在谋求连任，但其支持率已经下降，而此选举是在人们对法律和秩序担忧的背景下进行的。希拉克和他的对手——社会党候选人利昂内尔·若斯潘原本被预期为总统的两个主要竞争候选人。在第一轮投票中，为了表达对希拉克的不满，很多选民把票投给了少数候选人。希拉克虽然仍位居榜首，但仅以微弱的优势领先，若斯潘则被右翼国民联盟候选人让-玛丽·勒庞挤到了第三位。对这一结果感到震惊的大多数选民决定在第二轮选举中无论如何不能让勒庞当选，因此投票率飙升至近 80%，而希拉克也以超过 82% 的得票率赢得了选举，创下民主法国历史上最大优势当选纪录。

表 15 - 3　2002 年法国总统选举

候选人	政党	第一轮（%）	第二轮（%）
雅克·希拉克	保卫共和联盟	19.88	82.21
让-玛丽·勒庞	国民联盟	16.86	17.79
利昂内尔·若斯潘	社会党	16.18	—
弗朗索瓦·贝鲁	法国民主联盟	6.84	—
阿莱特·拉吉耶	工人斗争党	5.72	—
其他 11 名候选人		34.52	—
已投票数		2 850 万	3 100 万
投票率（%）		71.6	79.7

有趣的是，印度尼西亚、肯尼亚和尼日利亚这三个国家超越了简单的决选，要求获胜的候选人满足额外的**分布要求（distribution requirements）**，以证明他们所获的支持的广度和深度。以尼日利亚为例，该国存在着严重的种族、地区和宗教分歧，因此要求获胜的总统必须能够证

260

分布要求：
规定获胜候选人的选票必须在不同地区或社会团体之中有所分布的规则。

聚焦 15.2

选举叙事与授权

即便选举结果已经宣布，但选举仍远未结束。选举的结果需要被进一步阐释，这在很大程度上影响着选举对随后政治的影响。本次选举是变革的授权吗？是对政府的拒绝吗？是一次经济公投吗？人民发出了自己的声音了吗？如果答案是肯定的，那么人民表达了什么呢？在这里，我们可以看到政治学中解释路径（参见第二章）的作用。即便投票的构成或政府中的政党结构保持不变，选举叙事也会影响后面的政治。

在选举后，关注的主要焦点通常是胜选者或表现出色的小党。失败者则很快会被遗忘，除非失败是戏剧性的。胜选者的领先越大、越超出预期，就越可能建构起对胜选者有利的积极叙事。宣称 X 党之所以能够获胜是因为 Y 党不得人心，或者候选人 A 能够获胜是因为获选人 B 表现不堪难当大任。挖掘获胜方的优势有利于在执政时增加其权威。

对选举结果的阐释源于对授权上的模糊。获胜者通常声称胜利是对上一任政府的否定并赋予了他们进行变革的权利，媒体也通常可以

接纳这种说法。事实上，只有个别选民（而非作为整体的选民）对他们的投票选择有理性认知。即便如此，在每次竞选活动结束后，我们都可以找到试图判断选民意图的文章和博客。

2015 年的英国大选就是这样一个例子。五年来，戴维·卡梅伦的保守党与较小的自由民主党在一个充满苦难的联盟中联合执政。它们要面对三个主要议题：经济、苏格兰独立运动和英国与欧盟关系的论辩。民意调查显示，保守党与工党在得票率上接近，但是保守党最终赢得了多数席位并实现了一党组阁。这一结果得到了诸如令人惊讶、震惊、惊人等评语，并被解释为保守党得到了选民的授权以强化其亲市场政策，并凸显了选民对工党激进做法的拒绝。但实际上，保守党的多数仅建立在 12 个席位之上，其得票率仅为 37%（比 2010 年微增 0.7%），而工党的失败可能更多地反映了对其执政能力而非政策的怀疑。尽管如此，选举叙事还是形成了，信息已经被传达，授权也得到了保障。而这全部（或主要）是因为民意调查低估了人们对保守党的支持。

明其获得了地区和国家范围的支持。在第一轮投票中，获胜条件是既要获得全部选票的绝对多数，又要在尼日利亚全部 36 个州中至少 2/3 的州获得 25% 以上的选票。如果没有候选人达到这个要求，第二轮将按照相同的要求进行。如果仍然没有人跨过这一门槛，则举行第三轮投票，从排在前两位的候选人中以绝对多数制选出总统。

一些国家仍然采用间接选举的方式选出总统。例如，在德国和印度的议会制下，总统几乎没有什么实质的行政权力。美国则用极不常见的选举人团来选举总统（有关讨论参见 Bugh，2016）。选举人团最初的目的是通过智者的集会过滤人民的声音，投票是投给选举人团，而非直接

投给总统候选人。今天，对于这一制度应该保留还是废除，人们意见不一。更复杂的是，除了两个州之外，所有的州都采取"赢家通吃"的计算方式，即在该州获得最多普选票的候选人赢得该州的所有选举人团票。

这种制度的弱点在最近的总统选举中得到了明显的体现。2000 年，普选获胜者戈尔在投票记录存在严重缺陷、投票站的准入规则也存在问题的背景下，在选举人团投票中输给了小布什。2008 年，奥巴马在选举人团投票中赢得了 68％ 的选票，尽管他在普选中的得票率仅为 53％。2016 年，希拉里比特朗普多赢得了 280 万张选票（得票率为 48.3％ 对 46.1％），但她在选举人团投票和选举中以 227 比 304 票输给了特朗普（参见"聚光灯　美国"）。

聚光灯

美国

简介

作为世界上最强大的经济和军事力量，美国在过去几十年间给世界带来了巨大变化，而其自身也深受这些变化的影响。如今，美国必须利用其优势以应对更为复杂的国际挑战：从陷入打击全球恐怖主义的战争到前所未有的经济竞争。在国内，美国也深受社会分裂、巨额国债、持续不断的种族紧张态势、老旧的基础设施、不断加大的贫富差距以及移民问题的困扰。

政府组成	由 50 个州和哥伦比亚特区组成的联邦总统制共和国；建国于 1776 年，现行宪法通过于 1878 年
行政	总统制。总统任期四年，可最多连任两届，由副总统、行政办公室、白宫办公室和联邦内阁辅佐
立法	两院制国会：众议院（435 名成员）由选举产生，任期两年；参议院（100 名成员）由每个州的两名参议员组成，任期六年
司法	联邦法院和州法院并立的制度，由联邦最高法院领导。联邦最高法院的九名联邦大法官由总统任命，经参议院批准后终身任职

续表

选举体制	仍然采用单一选区相对多数制的少数大国之一。形式上，总统是通过选举人团间接选举产生的
政党	多党制，但由民主党和共和党主导

人口：3.23 亿

国内生产总值：19.4 万亿美元

人均国内生产总值：59 531 美元

美国的选举

美国的选举至少在以下三个方面冠绝全球：由选举产生官员的数量，花费在竞选活动上令人咋舌的资金总额，以及总统选举的选举人团制度和国会操纵选区划分对民主的破坏程度。

从基层政府到州政府，再到地方治安官，竞选产生的职位数量庞大，这不仅体现了对庞大而古老的边疆社会治理的实践要求，也反映出强调平等和问责的政治文化。另外，美国特色的预选制度也让政党候选人的选择向普通民众敞开了大门。

虽然花费在竞选活动上的大笔资金并不能保证选举的成功，但如果没有大笔广告预算，就几乎不可能在选民的脑海中留下印象。在最近的选举中，竞选资金像滚雪球一样膨胀，所有职位竞选的总花费从 2000 年的 30 亿美元增长到 2008 年的 50 多亿美元，再到 2012 年的近 62 亿美元和 2016 年的近 65 亿美元（Center for Responsive Politics, 2017）。以言论自由为名，2010 年最高法院的一项裁决取消了此前对竞选资金的一些限制，允许几乎无止境地对竞选支出，而且通常是由受到匿名保护的团体提供。

虽说选举人团制度所产生的非民主后果令人感到担忧，但更令人不安的是另一个具有美国特色的问题——**不公正的选区划分**（gerrymandering）。由于大部分州允许多数政党设计国会选区，许多政党选择操纵选区的边界，使之对自己有利。根据政党支持者或少数族裔选民的分布情况，甚至能划分出奇形怪状的选区。这种现象导致了选举结果被歪曲和操纵，因此经常被批评说"是议员选择了选民，而不是选民选择了议员"。但不公正的选区划分正面临法律挑战：2018 年，宾夕法尼亚州出现了一起判例，该州被要求重新划分选区，以减少党派之争。

延伸阅读

Barbour, Christine, and Gerald Wright (2017) *Keeping the Republic*：*Power and Citizenship in American Politics*：*The Essentials*, 8th edn (Sage).

Duncan, Russell, and Joe Goddard (2018) *Contemporary United States*, 5th edn (Red Globe Press).

Wasserman, Harry (2015) *The Basics of American Politics*, 15th edn (Pearson).

> **不公正的选区划分：**
> 一种美国特色的现象，指故意重新划分选区以有利于某一政党而不利于另一政党。

无论是直接选举还是间接选举，总统选举还有另外三个特点值得注意。第一，总统的任期有时比议员更长，但很少有比议员任期短的情况。任期越长，总统就越不容易受眼前的连任压力影响，而是从长远的角度出发考虑问题。由于阿根廷、巴西和美国总统的任期只有四年，这些国家的总统在第一个任期里就会发现自己必须在第一年积累经验，第四年准备竞选，只有中间两年才能真的做点实事。

第二，总统比议员更有可能受到任期的限制。总统的任期往往被限制在一至两届，或规定连任不可超过两届（见表 15-4）。令人担忧的是，如果没有这些限制，总统将能够利用他们的地位来无限连任。然而，任期限制也可能产生意料之外的后果，即清楚自己无法连任的总统不再直接对选民负责，这一事实构成了对民主的限制。此外，这样的总统往往会在其任期的尾声失去政治影响力。与此同时，任期限制使得受欢迎和有政绩的总统无法继续发挥他们的经验。在墨西哥，总统和州长的任期不得超过一届，议员也不得连任。

表 15 - 4　总统选举比较

国家	方式	期限（年）	任期限制
阿根廷	两轮	4	最多连任两届
尼日利亚	最多三轮	4	两届
巴西、哥伦比亚、埃及、伊朗	两轮	4	两届
智利	两轮	4	不允许连任
美国	选举人团	4	两届
南非	由立法机关选举产生	5	两届
法国、土耳其	两轮	5	两届
俄罗斯	两轮	5	最多连任两届
秘鲁	两轮	5	不允许连任
墨西哥、菲律宾	相对多数	6	一届
芬兰	相对多数	6	不允许连任
委内瑞拉	相对多数	6	无限制

第三，总统选举的时机非常重要。当总统选举和立法选举同时进行时，成功的候选人就更有可能来自立法机关的第一大党。在不威胁到权力分立的情况下，同时举行的选举限制了分裂，增加了总统和立法机关持有类似观点的可能性。2000 年，法国总统的任期从 7 年缩短为 5 年，与国会的任期相同。

261

◇ 全民公投、倡议和罢免

选举也许是代议制民主的工具，但人民的作用只是决定由谁来做决定。相比之下，全民公投、倡议和罢免等手段，使选民自身成为决策者，针对直接形成政策的重点问题进行投票。然而，虽然这些都是直接民主的好例子，但它们一定对民主有好处吗？

全民公投

全民公投（referendum）是最重要的直接民主形式。它有可能是义务的（意味着公民必须针对特定的议题进行投票，如宪法修正案）、自愿的，甚至是宪法禁止的少数保留议题，如税收和公共支出。全民公投的结果可能是有约束力的，如公民针对宪法的修正进行的批准投票；也可能仅仅是建议性质的，如 2016 年英国就是否继续留在欧盟举行的全民公投（结果是反对留在欧盟）。

世界范围内全民公投的发生越来越频繁（见图 15 - 3）。瑞士在全民公投的举行方面名列前茅：从 1940 年到 2017 年，瑞士就包括核能、同

全民公投：
全体选民就特定的公共政策议题——如宪法修正案——进行投票。

性伴侣关系和移民等一系列问题举行了近 500 次公投。澳大利亚也经常举行全民公投，但仅仅针对宪法修正问题：自 1901 年澳大利亚联邦成立以来，已经举行了 40 多次公投，然而只有不到 1/4 的公投结果是赞成。其中，最引人注目的一次是 1999 年关于澳大利亚是否应该切断与英国王室的最后联系，成为一个共和国的公投——近 55％的公民投了反对票，然而这一问题并没有就此了结。很少有其他国家经常使用全民公投这一工具，而它在欧盟层面却变得越来越普遍。在欧盟，全民公投常被用于决定是否加入欧盟或欧元区，以及通过新的欧盟条约。

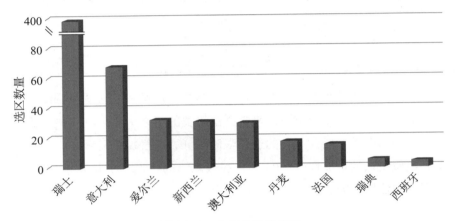

图 15 - 3　全民公投的使用

资料来源：Morel，2007：table 1. 包含 1940—2007 年的数据，并利用公共领域信息补充至 2017 年。

264　　　全民公投有以下几个优势。首先，它们在选举产生的官员、政党或利益集团之外，提供了一个让政府直接听取公民意见的渠道。其次，有证据表明，全民公投有助于提高公民对利害攸关问题的理解，并增加他们对自己政治能力以及政府回应能力的信心（Setälä & Schiller，2009）。再次，全民公投可以为政客提供信息。例如，2005 年法国和荷兰选民对欧盟宪法条约提案的否决，让欧洲精英认识到，各国选民已经对欧洲的宏伟计划感到厌倦。最后，全民公投可以提供一个安全出口，让政府（尤其是执政联盟）在自己无法做出决定时将问题交给人民。

　　而与此同时，全民公投也带来了以下问题：

- 组织和举行公投的成本可能很高。

- 公投涉及的问题可能过于复杂，无法直接做出"是或否"的选择。

- 公投可能会通过制造争议和分裂来分化选民。

- 为了公投的有效性，选民需要进行深入研究。
- 公投举行的时机可能至关重要。
- 太频繁的公投会让选民感到厌烦，降低投票率。
- 没有机制能确保全民公投所做出决定的一致性，也未必能够明确这一结果在多长时间之内具有决定性。
- 影响选民判断的往往不限于选票上的具体主张，还可能有更广泛的考量。

许多全民公投由于其特殊的性质而具有额外的复杂性，政府也会挑选它们认为会有利于其政治利益的议题进行公投。更有甚者，统治者可以轻易无视公投的结果。例如，在 1955 年，瑞典人在全民公投中以压倒性的投票支持继续靠左行驶，然而就在八年后，立法机关通过了一项法律，引入了靠右行驶。

除了上述的这些困难之外，全民公投很容易因为混淆要向选民提出问题的确切措辞而受到干扰。我们在第十三章中就曾看到 2016 年英国脱欧公投的措辞所引发的问题。而在那两年之前，即 2014 年的苏格兰独立公投中，苏格兰民族党首先提出的措辞是"您是否同意苏格兰成为独立国家？"（Do you agree that Scotland should be an independent country?）。选举委员会对此进行了干预，将问题改为"苏格兰应该成为一个独立的国家吗？"（Should Scotland be an independent country?）这一中性表达。不过后来有人担心，这种措辞会让原本支持独立的运动变成有积极意味的"Yes 运动"，而让反对独立的运动变为具有消极意味的"No 运动"。这种对措辞和语气的斟酌是在传统选举中难以见到的。

倡议

顾名思义，**倡议（initiative）**是允许公民带头要求就某一特定议题进行公投或要求立法机关进行讨论的一种形式。倡议分为两种，第一种是全民公投倡议，它允许一定数量的公民就特定的议题发起全民投票。有近 40 个国家允许这一倡议形式，其中大多位于欧洲和拉丁美洲。例如，在瑞士，10 万名选民可以发起州一级的一项新法律或国家一级的宪法修正案倡议。政府在投票前会就此事提出建议，而建议往往是拒绝倡议。在其他地方，公投倡议可以更广泛地应用于对拟定或现行政策的投票。全民公投倡议通常被纳入后威权主义的宪法中，以防止威权统治死灰复燃。美国的许多西部州也允许全民公投倡议，如加利福尼亚州。

265

倡议：
允许公民发起就特定提议进行公投（公投倡议），或使其进入立法机关议程（议程倡议）的一种程序。

另一种倡议形式是议程倡议，其作用是公民向立法机关请愿，当署名的选民数量达到要求时，可以要求就某一特定议题展开讨论。这种方式的一个优点是，它允许少数族裔把他们所关心的问题摆到台面上。这一机制在第一次世界大战后被写入了一些欧洲国家的宪法中（如奥地利和西班牙），并随后拓展到了其他国家（如波兰和泰国）。奥地利的议程倡议则尤为完善（Giese，2012）。2006 年，有 25 万多名公民签名要求如果欧盟提出让土耳其加入欧盟，就进行全民公投，这一要求也被奥地利总理接受。在英国，一份请愿书若获得 10 万人署名，则必须提交下院辩论，但前提是至少有一名议员做支持这次辩论的发言。

罢免：
就一名已当选的官员在其正常任期内是否应被撤职问题进行的公投。

266

罢免

罢免（recall）是对当选官员在其正常任期内是否应被免职的投票。如果一项关于罢免官员的请愿书得到了选举该官员时投票数量的一定比例，就要进行罢免投票，这让罢免成为一种常见的倡议形式。与弹劾（impeachment）不同，罢免是一种政治手段而非法律手段，是古老的检举（denunciation）手段的现代版本（Rosanvallon，2008）。如果选举是信任投票，那么罢免就是不信任投票。它寻求通过在正常任期结束前罢免无能或腐败的现任官员来改善治理。

委内瑞拉是少数几个可以在国家层面进行罢免的国家之一。在委内瑞拉，若有 20％的相关选民发出倡议，则可以对任何官员——包括总统进行罢免投票。美国有 15 个州还规定可对所有州官员进行罢免投票，而有更多的州允许罢免地方官员。罢免很少被实际使用，尽管它曾在 2003 年登上国际头条。当时，电影明星、健美运动员阿诺德·施瓦辛格在加利福尼亚州州长格雷·戴维斯（Gray Davis）被成功罢免后成了州长。

◆ 威权国家的选举

很少有国家完全废除选举——文莱自 1962 年以来就没有过选举，只有一个类似于顾问团队的立法委员会；索马里在 1980 年至 2012 年间没有选举，但这只是因为其政府体系的崩溃。沙特阿拉伯和厄立特里亚都没有全国性的选举，但都有地方选举。与此同时，一些国家的选举是在执政党的体制内举行的，先从地方开始，并逐级向上选举出最高权力。

我们会发现，世界上有相当大一部分人生活在威权体制之下，但却极少有人没经历过选举。诚然，一些选举的结果往往是事先确定的，投票过程中也经常充斥着操纵和腐败，偶尔还会产生难以置信的投票率和支持率。尽管这些国家的选举不像民主国家一样在自由和公平的竞争环境中进行，但它们也是有组织的。这就为我们提出了问题：为什么？这有必要吗？仅仅是为了装点门面吗？可以理解的是，对威权体制下选举的研究要少于对民主体制下选举的研究，但综合现有研究得出的广泛结论，我们发现，虽然在举行选举的过程中存在较高程度的伪装，但这些选举也确实为统治者和政治精英提供了一些有用的政治功能，见表 15-5。

表 15-5　选举在威权国家的七个功能

功能	特征
拉拢精英	利用选举，统治者可以通过权力的分配来拉拢精英、党员或大型社会团体
拉拢反对派	通过允许部分反对派议员当选，分享政治职位，从而分裂反对派
维持纽带	通过诱使选民投票支持该政权，他们可以阻止统治精英的叛变——因为产生的选举结果往往表明反对是徒劳的
提供信息	选举可以帮助该政权明确支持者和反对者，让他们奖励前者，惩罚后者
消除反对	允许穷人当选，可以避免革命的威胁
公民参与	有限的地方民主选举可以鼓励公民的参与，并便于对地方政府问责
合法性	选举向国内外发出信号，即该政权可以宣称自己是民心所向，即使这一主张实际上毫无根据

资料来源：Gandhi & Lust-Okar，2009.

在尼日利亚和土耳其这样的混合政体中，选举在确认统治者权威方面发挥着重要的作用。当然，这也是其民主说辞的核心。选举的结果往往是人民对现行权力体系的例行接受。但是选举操纵的失效，一些来自非执政党的候选人赢得选举，低投票率甚至选举失败的可能性也同样存在。

在竞选期间，有时（至少在非洲）会上演所谓的"大人物政治"：竞选的主角主导了媒体的报道，利用电视宣传他在任时的丰功伟绩。与威权政权相比，混合政体强调的是"胡萝卜加大棒"的策略，既提供投票给现任领导人的理由，又对反对派的支持者进行威胁。尽管非洲的多党选举取得了进展，但竞选期间和有争议的竞选结果所引发的暴乱，也在揭示着这些选举所存在的问题（Kovacs & Bjarnesen，2018）。

混合政体的在位者也可以开发其特有的政治资源。他们为选民所熟知，利用国家公款进行竞选活动，实行有利于自己的选举制度，领导着广泛的赞助网络，在选区分发传单，并在任职期间悉心积累政治信誉。由于可以预期到现任领导人的连任，巴望讨好的下属们也将主动帮助其竞选。这些操作在很大程度上可以将竞争对手吓退——为什么要发起一场毫无胜算的战斗，并惹恼一个肯定会当选的候选人呢？

当我们把视线转移到威权国家，就会看到选举的态势大不相同。在一些国家，甚至不需要找什么借口，执政党不可能通过选举被击败，甚至不可能遭到强烈反对。在另一些威权国家，竞争通常受到限制而不是被完全消除。反对派是被允许获胜的，但这似乎也不会影响到整体的结果。独立的候选人会发现自己受到重重威胁：秘密警察盯着他们，一些会议被打断等。另外，基于专断的候选人登记规则，独立的候选人也可能被禁止参选。媒体、选举制度和政府都被控制并支持执政党。通过这一系列的运作，这些政权能够既给人以"有的选"的假象（尤其是对外国而言），又能维持国内的权力现状（对国内民众而言）。这样的选举通常不需要篡改结果就能确保胜利，尽管这也不失为其他方法失效后的一种选择。

在"阿拉伯之春"发生以前，埃及就是此类选举操纵的案例。从1976年开始，在国民议会中出现了多党竞争，形成了多党制。但穆巴拉克总统的民族民主党一直占据着主导地位。根据官方数据，议会选举的投票率为80％，甚至更高，但这无疑是被政府夸大后的数字。穆巴拉克本人声称，在他的五次选举中，每一次都以88％～98％甚至更高的支持率获胜。

1990年，大多数反对党因抗议政府控制选举过程而抵制选举，只有15％的选民参加了投票，也只有一个反对党赢得了足够的选票进入议会。在1995年的选举中，投票率回升至48％，但只有13名反对派的代表当选。反对派候选人在法庭上质疑选举结果的选区超过半数。事实上，也没多少埃及人会被这样的选举愚弄。有一个笑话在坊间广为流传，是关于某位敢于在选举中投票反对政府的选民的。这位投完票的选民在走回家的路上，脑海里全都是他的选票被查出，他和他的家人遭受报复的画面。越想越害怕的他赶忙折回投票站，不停地向负责的警察道歉，说他在选票上填错了。警察告诉他："是啊，我们也发现你填错了，但是别担心，我们已经及时帮你改正了，下次别这么粗心了。"（Whitaker，2005）

　　这些现象不断增加了公众的愤怒，最终在 2011 年政权被推翻。今天的埃及比以往任何时候都有更多活跃的政党，在 2015 年的选举中有 19 个政党赢得了席位。然而，没有一个政党哪怕接近于赢得绝对多数，而且它们与独立候选人的数量之比仅为 2∶3。同时，将自己重新包装成平民的前军方领导人塞西在 2014 年的总统选举中轻松获胜，据称获得了 97％ 的选票，这与他在 2018 年选举中的得票率持平。显然，埃及并没有发生太大的实质性变化。

　　伊朗是另一个提供了自由选择假象的选举操纵案例。虽然有定期举行的总统和议会选举，但是最高领袖却不受任何限制（终身担任），不存在政党，选举也由宗教精英操纵，以降低政权遭到反对的可能性。自 1979 年以来，伊斯兰保守主义的议程一直主导着伊朗政治，最高领袖利用其权力来削弱任何可能威胁到这一现状的候选人。伊朗宪法监护委员会（由 12 名神职人员和法学家组成）会审查所有候选人的资质，以确保他们支持革命理想。所有候选人都必须宣誓忠于最高领袖的统治和神职人员拥有最终政治权力的主张。如此一来，大量潜在的候选人被排除在外。伊朗宪法监护委员会还以"宪法要求候选人必须是宗教或政治人物"这一解释禁止女性竞选总统。

　　在俄罗斯，普京已经在选举中身经百战。普京不得不开始处理多党制和选民投票率下降的问题（2018 年总统选举投票率只有 67％），但他仍然能够熟练使用各种手段在选举中占据上风（White，2014）：

● 政党必须正式注册，这意味着它们实际上必须得到政府的批准。

● 政党的注册过程昂贵且费时费力。

● 媒体（特别是电视）的使用受到控制，有利于执政党和其他已经被批准的政党。

● 公共示威活动的组织受到严格控制。

● 在选举日，国家资助的机构（如工厂、议员和军事基地）的工人被要求投票，且被建议投给执政党。

● **填塞选票（ballot stuffing）** 和计票员故意破坏选票的例子很普遍。

　　需要指出的是，操纵选举并非只存在于威权政体，在民主政治中也

268

填塞选票：
一种选举舞弊形式，指法律规定只能投一票的人在一个投票站投多票或在多个地方投票。

存在，甚至是合法的——如美国的不公正选区划分。尽管如此，民主体制和威权体制之间的差异仍然是根本性的，与后者相比，前者的舞弊行为更加精妙、更难测量。

问题研讨

- 存在完美的选举制度吗？
- 立法选举和总统选举的最佳制度分别是什么？为什么？
- 下列哪些（如果有的话）群体应该被赋予在全国选举中投票的资格：（a）非公民定居者，（b）囚犯，（c）16～17 岁公民？

- 新当选的领导人、政党或政府需要什么条件才能令人信服地宣称自己获得了进行变革的授权？
- 全民公投是一个好主意还是坏主意？
- 威权政权为何举办选举？

核心概念

- 填塞选票
- 分布要求
- 选举公式
- 选举制度
- 一阶选举
- 不公正的选区划分
- 倡议

- 授权
- 比例代表制
- 罢免
- 全民公投
- 二阶选举
- 单一选区相对多数制

延伸阅读

Farrell, David M. （2011） *Electoral Systems*：*A Comparative Introduction*，2nd edn （Red Globe Press）. 本书为我们了解选举体制提供了一个实用易懂的指南。

Geissel, Brigitte, and Kenneth Newton （eds） （2012） *Evaluating Democratic Innovations*：*Curing the Democratic Malaise*？（Routledge）. 本书比较分析并评估了直接民主和协商民主。

Herron, Erik S., Robert J. Pekkanen, and Matthew S. Shugart （2018） *The Oxford Handbook of Electoral Systems* （Oxford University Press）. 一本关于选举制度和结构及影响的论文集，包括涉及 18 个不同国家和地区的独立章节。

LeDuc, Lawrence, Richard G. Niemi, and Pippa Norris （eds） （2014） *Comparing Democracies 4*：*Elections and Voting in a Changing World* （Sage）. 对选举和投票进行了比较分析，包括选举制度、政党、竞

选、媒体、参与、经济和妇女参与选举的章节。

Michalik，Susanne（2015）*Multiparty Elections in Authoritarian Regimes*：*Explaining their Introduction and Effects*（Springer）. 本书认为，威权国家中的选举不仅是装点门面而且有助于解决内部斗争并维持其执政地位。

Qvortrup，Matt（2014）*Referendums Around the World*：*The Continued Growth of Direct Democracy*（Palgrave Macmillan）. 本书是关于全民公投及其在世界上不同地区的政治影响的研究。

第十六章
政　　党

预览

270 　　对于大多数民主国家的居民来说，政党是他们与政府和政治联系的渠道。政党为他们提供一系列不同的政策，鼓励他们参与政治进程，是谁统治、谁不统治的决定性因素，然而，具有讽刺意味的是，尽管政党在政治进程中处于如此中心的地位，但它们并不总是能得到公民的认可。它们往往被视为政客用来谋求私利的渠道，而不是鼓励公民参与的方法。这一观点的结果是人们开始寻求其他政治表达渠道，而对政党的支持逐步减少。在威权体制中，情况则更加糟糕：政党通常是精英操纵民意的手段，它既是权力的盾牌，又是权力的工具。

　　本章从介绍政党的起源与角色的变迁开始，进而介绍世界各地的各种政党制度——从不允许政党存在的国家，到一党制、一党独大制国家，再到两党制、多党制下的大多数民主国家。我们回顾了在这些不同的政党制度下，政党活动的不同动态，然后研究了政党的组织方式及其如何选拔领导人和候选人。在讨论了政党获取资金的方式以及公共资助的利弊后，本章结尾讨论了政党在威权国家中所扮演的角色。

核心观点

- 政党曾被认为是关键的社会代理人以及政治动员的重要力量，但人们对其影响和政治角色的认识正在逐渐幻灭。

- 政党有六大核心角色，包括引导和动员选民、聚合政治利益以及为政府行使权力提供基础和方向等。

- 政党制度有多种不同形式，从总的趋势来看，一党独大制和两党制正在衰退，多党制正在崛起。

- 政党领导人和候选人的选拔过程几经变化，但其对候选人质量的影响仍未见分晓。

- 对政党公共资助的增加改变了政党的政治角色和性质。

- 威权体制中的政党更多地作为一个工具来解决冲突、平衡威胁、操纵选举、扩大影响和教育选民。

◈ 政党：一个概述

271

政党：
以名称和意识形态为区分的团体，通过派出候选人参加选举来赢得公共职位和对政府的控制。

虽然我们现在很难想象若没有了**政党**（political party），政治系统应如何运作，但政党的历史比大多数人想象中的要短一些。出生在俄罗斯的 19 世纪政治思想家莫伊塞·奥斯特罗戈尔斯基（Moisei Ostrogorski）是最早认识到政党在政治中日益重要的人之一。正如他所言，他对英美政党的研究更关注政治力量而非政治形式。他认为，"无论这种政党活动在哪里发展，它们都聚焦于公民的政治感受和行动意愿"（Ostrogorski，1902）。他的结论得到了充分的证实：在西欧，群众型政党建立了起来，以争取规模日益扩大的选民的选票；在法西斯国家，执政党垄断了政治权力，试图对社会进行重建；而在发展中国家，民族主义政党成为把殖民统治者赶回故土的重要力量。

政党是 20 世纪的关键动员手段，前所未有地吸引了数以百万计的人民参与国家的政治过程。在这一过程中，政党洗刷了自己最初的形象——攫取和扭曲公共利益的私人派系。相反，它们被公认为自由民主的核心代表形式。这一变化的其中一个反映，是政党开始在各国新修正的宪法中被明确提及，一些国家甚至禁止无党派候选人参加立法机关的选举，或禁止当选后的议员转党。这些限制被认为是确保以政党为基础的选举的必要条件。到 20 世纪末，政党已经成为大多数政治体系的一部分，承担了为政府提供基础、聚合政治利益、动员选民和为政治职位招募候选人等功能。大多数自由民主国家甚至动用部分公共资金来支持政党的工作。

另一方面，关于政党的问题同样存在。政党似乎不再是社会充满活力的代表，以试图让国家向其支持者希望的方向发展。相反，它们似乎面临着被国家本身所俘获的风险。它们似乎不常为选民提供多样的政策选择，而是更关心自身的利益并为之争取政治权力。其结果是，政党对政治参与者的吸引力正在迅速丧失，人们似乎对通过相互竞争的政党来实现民主这一愿景越来越感到失望。

与此同时，在威权国家，政党要么不存在（在少数情况下），要么沦为统治精英的工具。竞争性政党的概念与非民主控制的理念不符，政党与其说是群体或利益的代表，不如说是威权领导人建立、保有和运用其权力的工具。除了执政党拥有巨大的权力之外，其他政党往往十分软弱，缺乏自主权，只是加强了精英对社会的控制。在贫穷和民族分裂的国家，政党通常不像在大多数自由民主国家那样代表着相互对立的意识形态，而是一个社会群体的利益凌驾于另一个社会群体的表现。

起源与角色

政党既不像我们想象的那么古老，也不像我们想象的那样位于政府的中心。它们看起来是民主政治的命脉，但政府和国家长期以来都在警惕它们对国家统一的潜在威胁。这也是政党不像其他政府机关那样较早地在宪法中被提及的原因之一。

如果考察政党的起源，我们可以将它们分为两种类型：

● 干部型政党（cadre parties）或精英政党，是由立法机关内的成员就其共同关注的问题，在扩大化的选民中争取支持而组成的。19 世纪最早的政党都属于这一类型，包括英国、加拿大和斯堪的纳维亚的保守派政党，以及美国的第一批政党（联邦党人和民主共和党人）。干部型政党有时会被称为"党团会议"政党（caucus parties）。党团会议指政党成员在立法机关的非公开会议。这类政党高度致力于构建其领导人的权威，普通成员则主要扮演支持者的角色。

● 群众型政党出现较晚，且起源于立法机关之外，是围绕**政治分裂**（**political cleavages**）而组成的政党。例如，有些政党致力于代表一些社会团体，作为其实现政策目标的一种方式。20 世纪初遍布西欧的工人阶级社会主义政党就是这种政党类型的典型代表。群众型政党的成员大量来自其所在地方的分支机构，与干部型政党不同的是，他们试图将其代表的范围明确在较小的领域。他们在教育和政治社会化、教育资助、举办讲习班、筹办党报等方面发挥了重要作用，而这些都是为了将其成员紧密团结在政党周围。

随着干部型政党和群众型政党的成熟，它们倾向于演变成**全方位型政党**（**catch-all parties**）（Kirchheimer，1966）。这是政党对动员政治体系的一种反应，在这种体系下，选举交流绕开了党员，而通过大众传播进行。这类政党寻求以国家利益作为其执政的目标，而非作为某一社会群体的代表。事实上，一个政党要发展得足够庞大以获得多数，就必须变得无所不包，以至于不容许它们保有一个独特的意识形态框架（Kirchheimer，引自 Krouwel，2003）。全方位型政党［也被称为"大帐篷政党"（big-tent parties）］在任何它们可以涉足的地方寻求政治支持，

政治分裂：
选民分化为彼此意见相似的投票团体的过程，这一分化可能基于民族、宗教、语言或社会角色。

272

全方位型政党：
致力于吸引范围更广、具有不同政治观点和意识形态选民的政党。

它们的目的是执政而不是代表。

政党向全方位型政党转变的经典案例，是欧洲的基督教民主党从宗教自卫组织扩大为范围广泛的中右翼政党。另外，西班牙和英国的几个主要社会主义政党转变为领导人主导的社会民主党派也是这一过程的案例。虽然当下的大多数政党都是全方位型政党，但它们的起源仍然对其政党风格、领导人自主性以及普通党员的地位有着深远影响。

现代民主政党履行了几项重要的政府组建和选民参与职能（见表16-1）。其中（议会制下）最主要的功能即为政府的组建。此外，它们还通过帮助选民在众多不同政策的组合中做出选择来引导选民，通过聚合选民中意见一致的部分和过滤需求来帮助选民表达自己的意见，鼓励他们参与政治，并通过推选公职候选人来为政府工作提供支持。与此同时，在威权体制中，它们也执行了其中的一部分而非全部功能，这是因为威权体制下政党的主要目的是控制选民，而不是提供真正的选择。

表 16 - 1　政党的六个角色

角色	特征
政府	为政府行使权力提供基础和方向
引导	为选民提供几套连贯而对比鲜明的政策，让他们从中做出选择，使自由民主的理念产生实效
聚合	聚合利益，过滤具体的需求，进而产生可操作、有排序的提案集
动员	通过竞选活动、募集资金和投票，鼓励公民参与政治
招募	为公职招募和准备候选人
控制	在威权体制中，政党更多地被设计用于限制选择而不是提供选择。见表 16 - 4

◇ 政党制度

政党制度：
政党政治的总体结构，包括其数量、类型、相对重要性、相互作用和有关法律规定。

比较和理解政党的最好方法，是将它们作为不同**政党制度（party system）**的案例来看待。通过关注政党数量、类型和角色，有助于我们理解政党如何相互作用，以及这些作用对国家治理的影响。政党制度大致可分为五种类型：无政党制、一党制、一党独大制、两党制和多党制（在表 16 - 2 中总结）。随着多党制变得越来越普遍，一党独大制和两党制在自由民主国家日渐式微。与此同时，在威权国家，无政党制和一党独大制是最普遍的。

表 16 – 2 比较政党制度

类别	特征	例子
无政党制	任何政党都不允许与统治者的权威进行竞争	伊朗、阿曼、卡塔尔、沙特阿拉伯
一党制	只有一方重要，任何次要的政党都处于从属地位	中国、古巴、朝鲜、老挝、越南
一党独大制	无论是单独执政还是联合执政，政府中总有一个政党	阿尔及利亚、安哥拉、日本、匈牙利、俄罗斯、新加坡、南非、叙利亚、坦桑尼亚、土耳其
两党制	两大政党竞争组建一党政府	澳大利亚、美国
多党制	议会由几个少数党组成，由联盟或少数党领导政府	欧洲大多数国家

无政党制

中东等地的少数威权国家不允许政党的成立和运作，或根本没有政党。例如，在阿曼和沙特阿拉伯，既不存在立法机关，也不允许组建政党，但也有一些运动经许可而演变为政党的特例。2011 年，沙特阿拉伯的伊斯兰主义者颇具象征性地向国王提出请求，以授权他们组建政党。与此同时，在伊朗，公职候选人和当选官员因对伊斯兰教在公共生活中作用的看法不同而有所区分：保守派遵循较为严格的政教合一路线，实用主义者往往采取温和的路线，而改革者则更强调政治制度和公共舆论。如果政党在伊朗被合法化，这三股势力将成为政党创立的自然基础。

一党制

一党制曾经在大多数非洲和阿拉伯国家十分普遍。现如今，只在几个国家实行。这样的政党往往是高度精英化的。

一党独大制

在一党独大制下，一个政党远远甩开了其他政党，成为天然的执政党——尽管它有时会与较小的政党联合执政。一党独大意味着该国的派系斗争向党内发展，容易导致内耗、野心和腐败。虽然一党独大不足以说明这一制度在本质上是非民主的，但有几个例子表明，占主导地位的政党不得不学着分享其权力，包括印度的印度国民大会党、瑞典的社会民主党（自 1932 年以来，仅有 16 年没有执政）、意大利的天主教民主

274

党以及墨西哥的革命制度党（参见"聚光灯 墨西哥"）。

日本自民党自 1955 年以来就主导着这个国家，仅在 1993 年、1996 年、2009 年和 2012 年有过短暂的中断。虽然自民党整体上是一个政党，但却是由几个派系组成的，每一派系都有自己的领导人，这为党内竞争提供了形式。在自民党执政时期，日本首相未必是自民党的领袖，也可能不是最大派系的领袖，甚至可能不是任何派系的领袖，而是能够在派系竞争中获得足够支持以组建政府的人。自民党一党独大的原因有很多，其中包括其与日本战后经济恢复的联系、优秀的草根支持者团体网络以及缺乏足以发起有力挑战的反对党（Hrebenar & Nakamura，2016）。

新加坡作为一个有缺陷的民主国家，其执政党——人民行动党为我们提供了一党独大的另一个案例。自 1959 年独立以来，人民行动党赢得了这个城市国家的每一次选举，在有些年份，它仅以 70％ 的得票率就获得了议会的几乎全部席位。担任总理职务直到 1990 年的李光耀也承认，他权力的真正来源是其党内职位，而不是行政职位。光是人民行动党的一党独大还不够，新加坡还有着家族政治的特色：李光耀的长子李显龙从 2003 年开始就作为党领导人担任总理。新加坡是世界上最富有的国家之一，人民行动党的一党独大，对经济繁荣与民主之间关系的理论提出了挑战。雷耶斯（Reyes，2015）将人民行动党的成功归因于国家选举机构属于总理办公室这一让反对党几乎没有资源的选举制度，以及国家对大众媒体的控制。

一党独大的一个新案例是南非的非洲人国民大会。这个政党在多个方面具有优势：其反抗种族隔离的文化记忆、在占多数的黑人中间有着很高的地位，以及其利用公职来奖励自己的支持者。从 1994 年种族隔离政策终结到 2014 年间，南非共举行了 5 次选举，非国大得票从未少于 62 票，这是一项了不起的成就。然而，日益严重的派系和腐败问题，也在威胁着非国大的统治地位。

两党制

在两党制中，两个势均力敌的主要政党在选举中争夺选民的支持，为政治竞争提供了框架，而其他政党则对政府的组成和政策几乎没有影响。在两个大党轮流执政中，总有一个政党占多数。然而话虽如此，两党模式也如一党独大模式一样，已经逐渐式微。

美国是少数几个坚持两党制的国家之一，自 1860 年以来，美国一直保持着民主党（Democrats）与共和党（Republicans）竞争下的政治。这两个政党之所以能够经久不衰，部分原因在于美国相对多数制的选举制度（参考第十五章），另一部分原因则在于美国的大多数州都允许政党划定选区边界，从而可以将其设计为最有利于赢得席位的形态。最重要的一点是，赢得美国总统大选就像攀登一座高峰，只有能够在全国建立广泛的联盟、筹集到数额巨大的竞选资金的大党才有资格攀登。在自由市场经济的殿堂里，两个主要政党形成了强大的双头垄断。

275

澳大利亚是两党制的另一个例子，而其同样也受到了非比例代表选举制度的强化。自二战以来，自由党和工党一直是最大的两个政党，二者几乎在议会中赢得了 80% 甚至 90% 的席位。只是因为规模小得多的澳大利亚国家党（National Party）的存在，才不至于形成美国式的双头垄断局面。国家党的选民基础在农村地区，通常能获得 5% 左右的选票。澳大利亚政府在工党单独执政与自由党和国家党联合执政之间交替进行。

英国长期以来被视为两党制的标志，但最近也遇到了诸多困难。保守党和工党曾经定期交替执政，相对多数的选举制度也让它们的席位份额大于得票份额，但如今第三政党也已经站稳了脚跟。2010 年，中间立场的自由民主党在议会 650 个席位中赢得了 57 个席位，在没有政党获得多数席位的情况下，与保守党结成联盟。然而，在 2015 年选举中，在自由民主党发生内讧，而工党也无竞争力的情况下，保守党曾以微弱多数获胜。此外，两党还都面临着来自苏格兰民族党的挑战。

多党制

当前，多党制是民主国家最常见的政党制度。在多党制体系下，每个政党都能够在立法机关中获得席位，并有机会成为执政联盟的一员。这种机制背后的动力，在于每个政党都代表了分裂社会中的特定社会群体（或意见群体，如环保人士）。如此一来，立法机关就成了调停和解的场域，政治平衡的细微变化会反映在政党联盟的形成与衰落中。欧洲是这一模式的典型例子，该地区大多数国家的政党都来自 9 个主要政党谱系中的一部分，但不是全部（见表 16-3）。

表 16－3　欧洲主要的政党谱系

类型	示例
极左	共产党（法国、葡萄牙）、左翼党（瑞典）、"我们能"党（西班牙）、激进左翼联盟（希腊）
绿党	联盟 90/绿党（德国）、绿色联盟（芬兰）、绿党（瑞典）
社会民主党	社会民主党（丹麦、芬兰、瑞典）、民主党（意大利）、工党（英国、爱尔兰）、社会党（法国）、西班牙工人社会党
基督教民主党	德国基督教民主联盟（德国）、统一党（爱尔兰）、人民党（西班牙）、波兰人民党
保守党	保守党（英国、挪威）
中间党	中间党（芬兰、挪威、瑞典）、自由民主党（德国）、公民纲领党（波兰）
自由党	人民党（荷兰）、社会自由党（丹麦）、自由民主党（英国）、自由党（瑞典）、共和国前进党（法国）
极右	新弗拉芒联盟党（比利时）、国民联盟（法国）、自由党（荷兰）、瑞典民主党、德国选择党、法律与公正党（波兰）、青年民主主义者联盟（匈牙利）
地区性政党	苏格兰民族党、基督教社会联盟（巴伐利亚）、新弗拉芒联盟党（比利时）

丹麦就是一个很好的例子，自 1909 年以来，没有任何一个政党在一院制的议会中获得多数席位。虽然丹麦复杂的政党体制在审慎的协商中运行，但由于新政党的出现，这一体制也面临一定的压力。在 1973 年的一场选举中，有 3 个新政党获得了席位。自那时起，立法机关中至少有 7 个政党能够赢得席位。2015 年大选后成立的中右翼"蓝色联盟"就是由 5 个政党组成的，控制了 90 个席位，仅比同样由 5 个政党组成的"红色联盟"多出 5 个席位。

聚光灯

墨西哥

简介

作为拉丁美洲的强国之一，墨西哥自 1990 年以来经历了民主化过程，形成了一种更具竞争性的政治格局。同时，墨西哥的经济改革也给新兴市场带来了更大的自由，扩展了其作为世界最大产油国之一的经济基础。遗憾的是，腐败、政党派系斗争和政治集权等问题仍未解决，贫富差距也持续存在。自 2006 年以来，一场导致 23 万人死亡的毒品战争加大了贫困差距。学者就如何描述墨西哥的政治现状存在分歧，他们的分析充斥着官僚主义、精英主义和世袭制等术语。

政府组成	联邦总统制共和国，由 32 个州（首都墨西哥城已由联邦区改为州）组成；建国于 1821 年，最新宪法通过于 1917 年
行政	总统制。总统任期 6 年，最多担任一届，没有副总统
立法	两院制国民议会：众议院由选举产生的 500 名议员组成，任期 3 年；参议院由选举产生的 128 名议员组成，任期 6 年。议员均不得连任
司法	最高法院由 11 名成员组成，由总统提名并经参议院审议通过，每届任期 15 年
选举体制	总统选举是相对多数制的直接投票选举，议会则采取混合成员绝对多数制：众议院包含 300 个单一选区相对多数席位和 200 个比例代表席位；参议院则采取单一选区相对多数制、最优少数派和全区席位制
政党	多党制。墨西哥曾长期实行一党制，20 世纪 90 年代以来的民主化改革则推动了多党制的发展。目前，3 个主要政党在国家和州一级与一些较小的党派竞争。

人口：1.275 亿

国内生产总值：1.15 万亿美元

人均国内生产总值：8 902 美元

墨西哥的政党

近几十年来，墨西哥经历了从一党制向更具竞争性的多党制的转变，3 个主要政党的候选人都有能力竞争最高的政府职位：这甚至比它北边邻居的选择还要多。但是，墨西哥在民主的方向上走了多远，仍然是个问题。一些分析人士指出，墨西哥存在腐败、派系斗争和政治集权等问题。

1929 年至 2000 年间，革命制度党（PRI）几乎垄断了权力，赢得了每一次总统选举。它们在国会两院都拥有多数席位，并赢得了几乎所有的州选举和地方选举。革命制度党通过各种手段控制权力，包括成为赞助来源、整合墨西哥的主要社会和经济部门、在选举期间动员选民以及监督选举进程等。

20 世纪 90 年代，墨西哥面临经济问题的困扰，革命制度党无法将其归咎于反对党。同时，墨西哥人受到了更好的教育、变得更加富裕，因而越来越多的人要求能在国家的政治体系中有更多的选择。游戏规则的变迁带来了更有竞争性的选举，最终导致革命制度党在 1997 年的全国立法选举中第一次尝到败绩，并在 2000 年的总统选举中首次输给了更保守的国家行动党（PAN）。

尽管人们还在不断质疑选举的公正性（Camp，2013），但如今的墨西哥选民已经可以从多个政党中进行选择：居于右翼的国家行动党、居于中间的革命制度党、位于左翼的民主革命党（PRD）以及成立于 2012 年的国家复兴运动党（Morena）。以国家复兴运动党为基础，安德烈斯·曼努埃尔·洛佩斯·奥夫拉多尔在公众对腐败、派系斗争和毒品暴力倍感担忧的背景下，于 2018 年 7 月成功当选墨西哥总统（于同年 12 月就职）。

延伸阅读

Camp，Roderic Ai（ed.）（2012）*The Oxford Handbook of Mexican Politics*（Oxford University Press）.

Camp，Roderic Ai（2013）*Politics in Mexico：The Democratic Consolidation or Decline*? 6th edn（Oxford University Press）.

Deeds，Susan M.，Michael C. Meyer，and William L. Sherman（2017）*The Course of Mexican History*，11th edn（Oxford University Press）.

278　　　巴西自 1985 年恢复平民政府以来，发展出了极为丰富多彩的多党制政党政治。在 2014 年的众议院选举中，至少有 28 个政党赢得了席位。它们代表了广泛的意见和利益群体，形成了一个支持政府的联盟、两个反对派联盟和一系列独立的政党并存的局面。其中，有 12 个政党的当选成员不足 10 人；支持政府的联盟包括 9 个政党，总共控制了 59％的席位。巴西国内对右翼政党的普遍排斥（源于军政府时期的政治遗产）、许多小党派的内部纪律的涣散以及其他强势主体（如州长）的存在，使得巴西的政党政治呈现出复杂的图式。其结果是用一个被称为"联盟总统制"（coalition presidentialism）的政治体系来描述总统必须依赖庞大而不稳定的联盟来推行立法的局面（Gómez Bruera，2013）。

　　　在一些国家，多党制的两个重要组成部分是在传统政党划分之外的小众政党（见聚焦 16.1），以及仅在地区层面运作的政党。在后一种情况中，以英国为例，存在着代表苏格兰、威尔士和北爱尔兰利益的政党；而德国基督教民主联盟与只在巴伐利亚运作的基督教社会联盟保持长期同盟关系。此外，很少有国家比印度拥有更多、更多样的地区性政党，而这些政党如今在国家政治中扮演着更广泛的角色。例如，印度国大党领导的团结进步联盟自 2009 年选举后就严重依赖西279 孟加拉邦、泰米尔纳德邦和马哈拉施特拉邦的地区性政党。在 2014年的选举中，印度人民党获得了 11 个席位，占绝对多数，但该党仍然是 1998 年成立的联合政府的一部分。它与接近 30 个地方政党合作，在印度议会下院"人民院"拥有近 60 个席位。

◆ 政党组织

　　　大型政党是多层级的组织，从政党的领导层、主要捐助者和研究部门，一直到在国家、地区和地方各级工作的志愿者。这种复杂性意味着任何一个大型政党都是去中心化的——尽管我们仍不可避免地将政党作为一个单一实体，但政党组织这个概念有时还是会显得过于宏大。在中央以下，特别是在该党不占优势的选区，党的组织可能只是个空壳，而且各级之间的协调也很薄弱。一些学者甚至将这种组织形态与麦当劳等特许经营组织进行类比（Carty，2004）。在特许经营组织的结构中，组织的中心负责制定政策重点、管理品牌、开展营销活动并为各个运营单

聚焦 16.1

小众政党的兴起

吸引选民的范围更加狭窄的**小众政党(niche party)** 的崛起是近来在许多欧洲国家出现的现象。这些政党被定义为以下几种不同的模式：非中间派或极端主义政党，有限议题政党，甚至是单一议题政党——这些政党聚焦非经济议题，超越了传统意义上的社会分化和政党联盟（Wagner，2012）。对于许多欧洲国家来说，小众政党往往具有特殊的意识形态，包括极右翼、民族主义或民粹主义议程的政党。与主流政党不同，小众政党很少通过改变它们的立场来获得成功，而是利用它们天然但有限的支持群体来获得成功（Meguid，2008）。奥地利的奥地利自由党、瑞士的瑞士人民党等多个政党参与了联合执政，英国的独立党也成功地影响了主流政党的议程。

极右翼小众政党是政党出现时所代表的明确的社会利益之外的特例。有证据表明，它们很大程度上依赖于受教育程度较低和失业的年轻男性的短暂支持。随着对正统民主政治的幻灭，以及老牌的保守主义政党逐渐向中间派靠拢，这些选民逐渐被极右翼政党所吸引。这些政党将犯罪率的上升归咎于移民、难民和其他少数族裔，并将自身在不断变化的世界中的经济和文化焦虑也归咎于这些群体（Akkerman et al.，2016）。

这揭示了一种新的社会分化：当代劳动力市场的赢家和输家。赢家的阵营里是受过良好教育、家境优渥的专业人士，自豪地展示着他们的宽容和后物质自由主义。而在围栏的另一侧则是低端产业转移至人力成本更低的经济体之后，那些没有专业资质、没有工作也没有前景的人。在这种背景下，移民——尤其是肤色不同的移民的经济条件改善，就格外容易招来怨恨。

然而，事情也并没有那么简单。这并不是通常意义上的社会分化，因为极右翼政党的支持者是那些彼此素昧平生、但他们的诉求被主流政党所忽视的个人。一旦小众政党成为领先的政党，那些抗议的参与者就可能停止投票给它们，从而为这些政党的支持率设定了一个天然的上限。即使仅仅是加入联合政府，也会削弱其"局外人"的形象。从长期来看，小众政党缺乏那些以更安全和传统的社会分化为基础的政党所具有的韧性（McDonnell & Newell，2011）。

> **小众政党：**
> 吸引狭窄范围选民的政党，通常强调非经济议题。

位提供支持。不管是麦当劳分店还是地方的政党组织，其主要工作都由地方代理人负责。例如，政党的地方组织负责在地方层面选择候选人、制定选举策略。

关于政党组织的探讨长期以来被德国学者罗伯特·米歇尔斯（Robert Michels，1875—1936）的论点所主导。在《政党》（1911）一书中，米歇尔斯认为，即使是具有民主抱负的组织也会被领导层和官员所组成

寡头政治铁律：
政党组织——即使是那些宣称致力于民主的政党——也必定被精英集团所主导。

安全选区：
政党在该选区拥有强大的支持，以至于其候选人一定会在选举中获胜。

代表选举团：
为政党提名参与选举的候选人的团体。

的统治集团所控制。他指出，领导者增强了自己的组织技能、专业知识和继续掌权的兴趣；而普通党员意识到自己知识和地位的边缘化，从而接受了自己的从属地位。米歇尔斯的悲观主义表现在他著名的**寡头政治铁律（iron law of oligarchy）**中：组织处处意味着寡头政治（说到组织，就是说到寡头政治）。

然而，后来的情况发生了很大的变化。竞选公职仍然是政党的一项重要的、长期的功能，即使政党在其他方面衰落了，但它们仍然主导着国家立法机关的选举，且民主国家的大多数政治领导人都是从国家立法机关中选出的。**"安全选区"（safe district）**的候选人或排名靠前的候选人，实际上可以锁定议会的席位。拉哈特（Rahat，2007）将其称之为"选择之前的选择"，这不是一种选民选举，而是**代表选举团（selectorate）**。然而，有证据表明，普通党员在领导人和候选人的选择中扮演着越来越重要的角色——这一发现正在挑战米歇尔斯的寡头政治铁律，因为政党试图通过给党员在党内事务中更大的发言权来留住党员（Cross & Katz，2013）。

政党领导人

政党领导人的选拔方法应当得到比当前更多的关注（Pilet & Cross，2014），因为，政党领导人很有可能成为议会制国家的总理。在一些国家，包括欧洲大陆的许多国家，政党的主席不允许被提名为政府首脑的候选人（Cross & Blais，2012）。在德国，总理候选人和政党领导人是分别任命的，不一定是同一个人。在美国，总统候选人和党的全国委员主席不是同一人，而后者通常是由前者任命的。我们有必要梳理一下政党领导人的选择机制及其内涵。

领导人的选择方式各有不同，传统的方式是由立法机关中的政党成员选举，这种方式在一些议会制国家仍然在使用，包括澳大利亚、丹麦和新西兰。有趣的是，一些政党通过特别国会（special congress）或一次两轮投票选出领导人，从而让议员和普通党员都有选择权。例如，英国保守党让普通党员在从议会中的党员里选出的两位候选人中做出选择。尽管这看起来是一个更民主的选择方式，但当地方层面的普通党员与国家层面的党员意见不合时，会出现地方利益压倒国家利益的问题。

当然，只有国会议员的投票是在一个极为狭窄的选区中进行的。潜在的领导人获取议会同僚信任的能力，或许并不能说明他们是否有能力赢得通过电视和社交媒体进行的大选。然而，议会中的同僚们实际上对候选人的能力了如指掌。因为他们是一个更专业的选民群体，不仅可以判断一个同僚领导政党的能力，也更能判断其领导国家的能力。议会中的党员似乎也比普通党员更富有经验。也许正是出于这一原因，许多政党仍然允许议会中的党员罢免党的领导人，即使这一领导人最初是通过更广泛党员的选择而上任的。

280

候选人

立法机关成员的候选人选拔方式也有很多种，包含从包容性选举（全体选民公开投票）到排他性选举（政党领导人选择），见图 16-1。考虑到政党组织的复杂性，提名的程序往往是去中心化的。少数政党将控制权交给党的国家领导层，但即便如此，领导人通常也会从较低级别产生的名单中进行选择。更多时候，地方政党很有活力，要么自主行动，要么提出提名以期在国家一级得到批准。而规模更小、更极端的政党在选举程序上往往是最去中心化的。但通常情况下，选民似乎正如比尔斯（Bierce，1970）所讽刺的那样，有着"为别人的选择而投票的神圣特权"。

图 16-1 参与立法选举的候选人由谁决定？
资料来源：Hazan & Rahat，2010：Fig. 3.1.

提名工作也受到政治体制的三种广泛特征的影响：

● 选举制度：在相对多数制下为单一选区选择候选人，相比在政党名单制下编制统一的全国名单而言更加去中心化（参见第十六章）。

● 在位者：现任的立法机关成员几乎在任何地方都有优势，通常不需要费力就能赢得改选。换句话说，只有在任者下台后才能真正地选择候选人。

● 规则：几乎所有国家都对立法机关的成员施加诸如公民身份之类的条件限制，正如我们在第十三章看到的，许多政党也对候选人实行了性别配额。

选举制度会对提名程序产生影响。在政党名单比例代表制下，政党必须制定一个候选人的排名名单，并向选民公布。这一工作需要中央进行协调，即使候选人是在地方被推荐的。例如，在荷兰，每个政党都需要提供这样一份名单。主要政党设立提名委员会来审查来自地方分支和个人的申请，之后由高级党务委员会制定最终名单。

在少数仍然使用单一选区相对多数制的国家中，提名程序通常较为去中心化。候选人必须在特定的地区赢得当地政党的选拔，不过在此之前他们通常需要经中央预审批准，获得进入总名单的资格。这一做法的结果可能是，党的地方派系和个别地区的利益压过党在全国层面和广大选民的利益。

美国在开放选拔过程方面走在世界前列。在美国，政党的支持者可以通过**初选（primary election）**选出特定职位的候选人——上至总统下至地方职位均是如此。在没有正式党员身份传统的情况下，大多数州将政党的支持者也定义为该党的成员，并因此允许其参加**非开放式初选（closed primary）**。开放式初选进一步将初选的选择范围扩大至所有已登记的选民。

越来越多的国家采取混合选举制度，即由选民选出政党名单和地区候选人。如此一来，需要同时确定党的全国名单或地区名单和地方选区的候选人提名，这让选举工作变得非常复杂。在这种情况下，个别政客也面临一个选择：是应该寻求通过政党名单来参加选举，还是寻求通过选民来参加选举？许多高层党员都需要确保自己同时出现在这两个名单中，利用自己在党内的高位来防止自己所在的选区出现岔子。

政党经费

281　曾经，成为一名政党成员是参与政治的重要手段，但如今的情况已经大为不同，例如，自 20 世纪 60 年代以来，大多数欧洲主要国家的党员人数都大幅下降。在这个开支（尤其是竞选开支）持续增加的时代，党员人数减少意味着政党收入的减少。因此，政党的资金问题变得非常重要。政党的工作经费到底应该由党员、捐赠者还是国家买单？私人捐赠是应该被鼓励（以增加经费、促进参与）还是应予以限制（以保障公平、减少丑闻）？对捐款和支出的限制会妨碍言论自由吗？（见聚焦 16.2）

总体而言，争取公共资金的斗争已经取得胜利。在自由民主国家，国家对政党的支持变得越来越普遍。在全球范围内，国际民主与选举援助研究所（International Institute for Democracy and Electoral Assistance，IDEA）研究发现，在有数据记录的国家中，超过 2/3 的国家在

初选：
相关选民为接下来的选举选拔候选人。

非开放式初选：
是指初选仅在该政党注册的支持者中进行。

聚焦 16.2

金钱、政党和政治

281

在世界范围内，几乎所有国家包括允许政党存在的威权政权，都在以某种方式监管对政党的捐赠。绝大多数法律禁止政府及其机构向政党和候选人实施捐赠（监管之下的公共资金拨款除外），大多数国家也禁止国外政党和候选人的捐款。然而，却少有国家对捐赠的规模实施限制，财务报告也往往不会受到充分的监督，这为候选人无视或绕开捐赠限制提供了便利。国际民主与选举援助研究所认为，金钱在政治中的作用是当今民主面临的最大威胁，并进一步指出：

这种全球性的威胁并无国界，从美国竞选中的巨额企业捐款，到拉丁美洲渗入政治的毒品资金，再到亚洲和欧洲的腐败丑闻，在各大洲都显而易见。通过政治金融的法律和条例解决这些挑战的努力，往往因政治意愿或能力的缺乏以及措施的设计与执行不当而受到破坏。（IDEA，2017）

说到金钱在政治中发挥的作用，很少有地方如美国的现状这样令人不安。在美国，参与竞选是一件特别昂贵的事，其资金来源也很少受到限制。根据总部位于华盛顿特区的监督机构"响应政治中心"（Center for Responsive Politics）2017 年的数据，美国选举支出从 2000 年的 30 亿美元增加到了 2016 年的近 65 亿美元。尽管这一数字庞大到无出其右，但对这些捐赠的监管则被证明是无效的。竞选支出并无上限（除非候选人傻到去动用公共资金），竞选成本持续攀升，美国最高法院还以言论自由为由，裁定限制捐赠违宪。独立于候选人的团体发布的竞选广告也不受限制。

2017 年为政党提供了公共资金，这其中包括埃及、印度、伊朗、意大利、马来西亚、尼日利亚、巴基斯坦和菲律宾（IDEA，2017）。在东欧的新兴民主国家，国家补贴也发展迅速，这些国家的党员人数远低于西欧国家。

通常情况下，国家为立法团体或竞选活动提供支持。竞选支持可能会流向政党或候选人，或兼而有之。为了降低对国家的依赖程度，公共资金可能被要求与政党从其他途径（包括党员）所筹集的资金相匹配。在任何情况下，大多数资助制度仅对一定数额的政党支出进行报销。

为政党提供公共资金是既有成本也有收益的。从积极的一面来看，这有助于为各方创造一个公平的竞争环境，减少腐败发生的可能性。而从消极的一面看，公共资金降低了政党发展党员的动力，并倾向于建立为国家服务的政党，这在实践中有利于大型的老牌政党。一些学者认为，向公共资金的转变导致国家和主要政党在单一的统治体系上趋同。事实上，执政党会为自身拨付这些资金：卡茨和梅尔（Katz & Mair， *282* 1995）发现，勾结的政党成了国家的代理人，并利用国家的资源来保持

卡特尔政党：
占主导地位的政党利用其地位建立游戏规则，如公共资金，从而强化其优势地位。

其自身的生存。**卡特尔政党（cartel party）**的危险在于，它们成了政治建制的一部分，削弱了其作为特定社会群体代理人的作用，并抑制了政治市场上新兴政党的发展。

威权国家的政党

"是的，我们这里有很多政党，"哈萨克斯坦总统纳扎尔巴耶夫如是说，"它们都是我创立的。"（引自 Cummings，2005）这句话揭示了大多数威权政权中政党的从属性特征。政党不是引导、聚合、动员和招募的渠道，而是统治的手段；权力既不源自其本身，也不源自选举的胜负。正如劳森（Lawson，2013）所言，政党是权力的盾牌和工具，它的职能是根据其他拥有更大权力的机构（军队或政客）的指示来完成政府的工作。在这一过程中，它往往表现为追求反帝国主义、民族团结或经济发展等关键议题为基础的国家议程，但这类信息往往只是一种合法化权力的手段，而不是一种实质性的承诺。

格迪斯（Geddes，2006）认为，尽管允许政党和选举的存在对威权政权而言是潜在的危险，但它们仍然可以发挥从解决冲突到公共教育等诸多作用（见表 16-4）。这些作用的长期结果是她所称的"支持性政党"不仅可以延长个别领导人的执政时间，还可以延长政权本身的存续。当然，民主国家的政党也在履行这些功能，但后者同时提供了一些额外的价值：它们基于社会的分化而出现，至今仍然基于对经济社会问题的相互竞争的观点吸引选民群体。在许多较为贫穷的威权国家，政治更多是由身份和利益的差异，而不是政策偏好驱动的。种族、宗教、地方认同比政策偏好更为重要。

表 16-4　威权国家政党的五个角色及特征

角色	特征
解决冲突	帮助解决政权内部的冲突，或进行精英之间的讨价还价，以使这些冲突不至于终结或动摇统治
平衡威胁	执政党可以用于制衡其他潜在威胁，尤其是军队
操纵选举	占主导地位的政党可以监管选举、选民贿赂、奖励忠诚者
扩张影响	一个全国性的政党须在全国范围内组织其支持者网络，从而将政府的影响力扩大至边远地区
教育	执政党可以通过选民教育和政治社会化使选民支持该政体的意识形态和经济政策

尼日利亚的情况印证了这些观点。这是一个有着悠久政党活动历史的国家，早在 1960 年从英国殖民统治下独立之前，尼日利亚就已经存在政党活动了。第一个政党——尼日利亚和喀麦隆全国委员会——以尼日利亚民族主义为平台建立于 1944 年，并很快（分别于 1948 年和 1949年）与两个地区为基础的政党——西部的行动集团和北部的北方人民代表大会合并。尼日利亚独立后，各党派继续沿着民族主义路线合作，并导致 1966 年和 1983 年两个文官政府的垮台。1987 年，军政府创建了两个全国性政党：社会民主党和全国共和党大会，然而这一努力胎死腹中。值得注意的是，在这样一个区域性大国，各党派保持了趋向于不同族裔的群体认同。然而，2015 年的和平选举首次见证了现任总统的连任失败，这表明该国的政党制度正在走向成熟和民主。尽管如此，尼日利亚仍然是一个混合政体。

283

撒哈拉以南非洲的政党是一个谜，许多看着类似的国家有着完全不同的情况。20 世纪 50 年代和 60 年代独立后，民族主义斗争的英雄们终止了政党竞争，建立了一党制。尽管政党只是领导人的工具，但其在国家统一和团结方面仍然发挥着合理的作用。蒙博托·塞塞·塞克等人巧妙地利用了仁慈领袖的传统：

> 在我们非洲的传统中，从来就没有两个酋长；酋长有时候会有一个自然的继承人，但谁能告诉我他听说过一个村庄有两个酋长？这就是为什么我们刚果人为了符合我们大陆的传统，决心把我们公民的所有精力集中在一个单一的民族政党旗帜之下。（引自 Meredith，2006）

然而事实表明，这些单一的政党往往都十分弱势，很难独立于国家领导人；而且它们也没有如承诺般建立团结，只是巩固了精英阶层的控制。就像政府本身，它们有着较大的城乡差距，在农村地区缺乏强大的影响力，并对政策漠不关心。诚然，这些政党是为数不多的全国性政治组织，并在招募支持者担任公职方面发挥了作用，但这也无法掩盖其凝聚力、组织性和方向性的缺乏。事实上，当这些开国领袖去世时，他们的政党有时也会随之消失。例如，另一个混合政体赞比亚的联合民族独立党就属于此类情况。联合民族独立党成立于 1959 年，并在 1964 年建立了赞比亚独立后的第一个政府，并同总统肯尼思·卡翁达一样执政至1990 年。1990 年发生骚乱和政变后，赞比亚于 1991 年举行了自由选举，卡翁达败选并退出政界，该党自此陷入了默默无闻的境地。他的儿子蒂尔杰尼在 2011 年和 2016 年作为联合民族独立党候选人参与总统选举，但只赢得了不到 1% 的选票，联合民族独立党也因此在赞比亚国民议会中没有席位。

284 　　尽管近年来经济有所增长，但非洲国家仍然饱受贫困、文化差异和中央集权的政治制度的困扰，使得民主面临严重的威胁。即便如此，里德尔（Riedl，2014）发现，自 20 世纪 90 年代初以来，有近 20 个国家实现了民主竞争，包括南非、博茨瓦纳、加纳、坦桑尼亚和莫桑比克。她认为，民主转型的本质决定了它们能取得胜利（见第五章）。里德尔提出了一个似乎违反直觉的结论：在威权统治者强大的地方，对民主转型的控制更为严格，从而导致了更强大的政党制度；而如果执政党较为弱势，就会失去对过渡阶段的控制，允许其他政党进入过渡过程，导致较弱的政党制度。

　　另一个混合政体——坦桑尼亚，最近发生的事件说明了在混合政体中建立政党竞争的困难。几十年来，坦桑尼亚一直由一个政党——革命党主导，该党在最近的立法选举中赢得了 70%～75% 的席位；自 2015 年来，其领导人一直由约翰·马古富力总统担任。作为没有腐败污点的外行被该党选中后，马古富力起初更像一名改革者，常常在不事先通知的情况下突访政府部门，以确保官员各在其位，并会在电视直播中直接解雇官员。然而他也会打压政治反对派，利用自身作为国家主席和该政党主席的双重权力将反对者免职，任命其支持者担任关键职位。《经济学人》（*The Economist*，2018）指出，坦桑尼亚近来的多元化趋势已经消失，革命党成为坦桑尼亚最稳定、最强大的机构，且在加强其他机构和限制总统权力方面的努力少之又少。

　　当我们将视线转移到拉丁美洲时，会发现在不同国家和同一国家的不同时期，政党制度的性质存在着很大的差异。人们对此的解释包括领导人的素质、社会环境的差异等。弗朗茨和格迪斯（Frantz & Geddes，2016）的一项历史研究分析了独裁对政党制度的影响，以及当独裁者下台、国家恢复民主时所发生的状况。他们在文章的开头指出，独裁者掌权时通常面临三种选择：

1. 压制所有政党——例如委内瑞拉。
2. 与一个政党结盟，并利用它帮助自己执政——例如哥伦比亚、尼加拉瓜、巴拉圭。

3. 压制既有政党，建立一个新的政党来支持自己——例如多尼米加。

研究发现，当选择方案 1 或者方案 2 时，其结果是独裁者下台，国家开始重新民主化，这将有助于一个新的稳定政治体制的建立。甚至在政党被长期压制的情况下也是如此：政党转入地下，被允许运作时则重新出现——就像从冰箱里拿出来一样。方案 1 和方案 2 倾向于保留原有的政党体系，组织新政党的崛起。然而，选择方案 3 时，政党的延续性和稳定性受到破坏。新政党根基尚浅，一旦独裁者下台，该党往往会像所有为支持该政权而建立的机构一样被废止。

关注委内瑞拉的状况及其是否或何时会回归民主，是一件有趣的事。在独裁统治的早期阶段，多个政党在 1948 年被宣布为非法组织；而在 1958 年军事政权倒台后，这些政党又重新出现。两个先前存在的政党——中间派的民主行动党和相对保守的基督教社会党再次活跃起来，并包揽了 1993 年之后的每一任总统。1997 年，委内瑞拉成立了一个新政党——委内瑞拉统一社会主义党，以支持雨果·查韦斯。从此，该党主导了委内瑞拉的政治，民主行动党和基督教社会党成为反对派，经常拒绝参加其认为存在严重缺陷的选举。

俄罗斯的情况则截然不同。乍看上去，俄罗斯目前似乎拥有广泛的政党供选民选择。然而，这些政党很少能发展出长期或真正的影响力。事实上，在 20 世纪 90 年代的民主化初期，出现了相当多的新兴政党，以至于被调侃为"出租车政党"（意为这些政党就像出租车开车兜圈子，不断让老成员下车，让新成员上车），甚至"沙发党"（意为这些政党规模太小，一个沙发都坐不满）。显然，如果一个政党上次选举还在，下次选举就消失时，是不可能真正对其进行问责的。无怪乎它们在一个信任度本就很低的社会中，仍然成为最不受信任的公共组织（Levada Centre，2017）。

与其他总统制或半总统制不同，俄罗斯总统选举的选民是在候选人*285*而不是政党之间进行选择。俄罗斯的三位总统——叶利钦、普京和梅德韦杰夫——被一条清晰的意识形态线联系起来：尽管他们都以独立人士的身份正式参与选举，但他们都得到了单一主导政党的支持。在这里，政党更像是汽车，而非司机。在 20 世纪 90 年代，选举还尚有一些竞争性，以至于 1996 年的选举不得不进入第二轮。但从那以后，最大的政党（统一党，现为统一俄罗斯党）开始占据主导地位（见图 16-2）。统一俄罗斯党被俄罗斯人称为"执政党"。

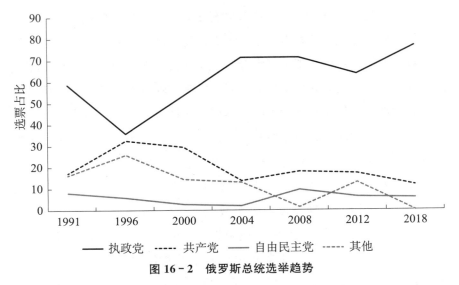

图 16-2 俄罗斯总统选举趋势

鉴于俄罗斯政党处于弱势地位，其组织不力、成员较少、缺乏融入这一庞大而多元的国家的能力就不足为奇了。与典型的威权政权一样，有关政党登记、候选人提名和接受国家资金的规则都偏向于大党。小党陷入了螺旋式的困境：它们由于不够重要而无法发展，但它们不发展就无法变得重要（Kulik，2007）。

弱政党体系的另一图景出现在海地。海地存在的政治问题不比它们遭受的自然灾害少，这从它们目前正在制定 1804 年独立以来的第 23 部宪法就可见一斑。这种多变性既是其政治困境的原因，也是其政治困境的后果，其正式的政治机构甚至比其政党更缺乏一致性。海地有选举，但很少公平或有效。其政党活动历史悠久，但从未发展出具有稳固社会根基的长期性政党。在总统选举期间，出现围绕候选人的新政党时，政党活动才最为活跃。它们代表了广泛的议题，从海地民族主义到农村农民的利益、海地青年、工人权利以及对现任政府的反对。然而，它们的存续时间很少超过与其相关的领导人的任期，各政党也因此在海地政治中只起到外围作用。

问题研讨

● 我们需要政党吗？如果需要，它最有　　价值的功能是什么？

● 两党制和多党制哪个更好？

● 你所在的国家是哪一种政党制度？它是什么的反映——社会分化、选民偏好、政府结构，或是别的什么？

● 政党自己选择领导人和候选人，和把选择权交给选民相比，哪种方式更民主、更有效？

● 为政党和竞选活动提供资金最公平和最民主的方法是怎样的？

● 与民主政体中政党的角色相比，威权政体中的政党所扮演的五种角色，除了程度不同外，是否有更大的不同？

核心概念

● 卡特尔政党

● 非开放式初选

● 小众政党

● 政治分裂

● 初选

● 代表选举团

● 全方位型政党

● 寡头政治铁律

● 政党制度

● 政党

● 安全选区

延伸阅读

Cross William P. , and Richard S. Katz (eds) (2013) *The Challenges of IntraParty Democracy* (Oxford University Press). 本书关注到了一个重要议题，即政党和国家必须引入更大程度的党内民主。

Gauja, Anika (2016) *Political Parties and Elections：Legislating for Representative Democracy* (Routledge). 对于民主国家尝试管理政党行为的比较分析。

Hazan, Reuven Y. , and Gideon Rahat (2010) *Democracy within Parties：Candidate Selection Methods and Their Political Consequences* (Oxford University Press). 关于候选人遴选方式的比较分析。

Lawson, Kay, and Jorge Lanzaro (eds) (2010) *Political Parties and Democracy* (Praeger). 一个关注美洲、欧洲、亚洲、非洲和阿拉伯世界政党的五卷本文集。

Pettit, Robin T. (2014) *Contemporary Party Politics* (Red Globe Press). 对民主国家中政党政治的分析，关注了不同的政党体制、政党意识形态、党员和政党的未来。

Riedl, Rachel Beatty (2014) *Authoritarian Origins of Democratic Party Systems in Africa* (Cambridge University Press). 本书是对非洲国家政党的研究，关注了从威权主义向竞争性政党体制转型的挑战。

第十七章
选　　民

预览

选民如何在选举中做出选择？他们如何决定参加或不参加选举？这是政治学研究最多的问题之一，但目前仍未得到一致的回答。媒体对选举结果的报道往往侧重于政党支持率细微和短期的变化，而学术研究则侧重于社会阶级、经济变化和政党忠诚等更为广泛的社会学与心理学问题。

本章从影响选举的长期因素开始谈起。我们关注政党认同，以及政党和选民之间的联系正在减弱的趋势。随后，本章回顾了帮助我们解释选民选择的主要因素：社会阶层（其影响力正在下降）、宗教、议题、经济因素以及领导人的个性。而所有这些因素都是有争议且值得讨论的。

本章还探讨了选民和政党的理性选择分析路径，这为我们在第二章中讨论过的理论方法提供了研究案例。随后，我们更具体地讨论了选民的投票率问题，包括近几十年来许多民主国家的投票率的下降趋势、这一趋势背后的原因、投票率对民主质量的影响以及强制投票的后果。本章的最后讨论了威权国家的选举，以及对选民的限制、操纵和胁迫方式。

核心观点

● 选民的习惯和动机长期以来都是一个谜，尽管有多种解释理论出现，但没有一个一致的结论。

● 政党认同是理解选民的关键，但问题在于它如何发挥作用，在政党解组的背景下更是如此。

● 投票的社会基础已经大大削弱，尽管在一些国家宗教还在发挥着重要的作用。

● 对诸如议题、经济因素、领导人的个性等选民选择的短期影响因素的解释，其论据是不断变化的。

● 大多数民主国家的投票率日趋下降，尽管其原因因时因地而变。

● 威权国家的投票模式与其说是为了理解选民的意图，不如说是为了理解统治者的意图。

◇ 选民：一个概述

288   如果说选举是民主的核心，那么选民就是选举的命脉。尽管在代议制民主制度中，选民的主要作用不过是在政党提供的选项中做出选择，但选民的价值观、偏好、议程、直觉和理解将共同塑造政党在竞选中所提供的政策。我们面临的挑战在于理解选民如何在不同的选项中做出选择，对此，不同类型的研究主要遵循社会和心理两大路径。

社会路径的研究关注选民的社会和经济背景，其结果可能是左翼政党在较为贫穷的选民、少数族群和城市居民中占据优势，而右翼政党则会吸引较为富裕、年长的选民，以及郊区、乡村的选民。心理路径的解释关注选民的想法，以及他们对政党、候选人以及不同议题的看法。我们认为，选民的选择取决于变化不定的因素，如变化的公共议程，而较少地取决于静态因素，如**社会阶层**（social class）。

社会阶层：
以财富、教育、职业和地位等衡量标准为基础的社会等级划分。

长期以来，对政党的认同一直是将这两种路径联系起来的关键因素。一方面，选民会长期信赖自己的政党，这反过来塑造了他们的价值观、观点和投票时的选择。另一方面，这种心理上的拥护又会被选民的社会状况——家庭背景、朋辈群体和同事——所塑造和加强。然而，随着社会分裂减弱、教育普及、人口流动性增强、政党为扩大支持面而偏向中间立场以及选民对政治的失望，选民和政党之间的联系也逐渐减弱。

在解释选民行为时，短期影响越来越多地补充了长期影响的解释：不仅要考虑支持哪一政党，还要考虑要不要投票。由于社会阶层影响力的下降以及宗教影响力的动摇，选民更有可能受到他们关心的特定议题的影响，如经济状况、领导人的个性等。选民的选择变得越来越多变，而非基于社会阶层或宗教等推动因素。这意味着，关于选民及其动机的理论越来越有帮助。例如，当涉及经济问题时，大多数选民并非基于他们对复杂经济问题的理解做出判断，而是更多地基于一些直观因素，如失业率、新增就业岗位、生活成本的变化以及当地的经济状况等做出判断。

与此同时，威权政体中的选民行为受到的影响则截然不同。这些影响主要受到领导人和精英意图的驱动，以期用一些在民主国家无法接受的手段来保持自身对权力的控制。在民主环境中，投票是一种自愿的行为，无论选民的意见在多么复杂因素的影响下形成，最终做出投票与否这一决定的仍是选民自己。而在威权体制下，选民更有可能被限制选择——无论是通过限制参与竞争的政党数量，还是通过操纵与胁迫，抑或通过非法手段来改变选举结果。值得注意的是，即使在民主国家，执政的政客也会利用自己的有利地位使竞争环境向自己倾斜：他们有更多的渠道获得更多的资金，有更大的名声进行选民激励，也可以操纵选举制度使其对自身有利。

 ## 政党认同

关于民主选举的一切讨论都起源于《美国选民》一书（Campbell et al.，1960）。这本经典著作建立了研究选民、思考选民如何做出决定的方法，至今仍具有影响力。作者在全国范围内对选民进行了抽样调查，并对他们在这些调查中所表达的态度进行了评估。这一努力被认为体现了对主观状态进行客观调查的行为主义范式的兴起。而其他的研究传统——尤其是那些将选民置于家庭、朋友、邻居、同事和选区所构成的社会环境中的传统——则失去了主导地位。

《美国选民》的核心概念就是**政党认同**（**party identification**），即选民对某一特定政党的拥护帮助其决定为哪一政党投票，并为他们在复杂的政治世界中提供指引。和许多其他身份一样，对政党的忠诚通常在童年和青春期早期，在父母和同龄人群体的影响下开始显现，而后随着个人的成长加深，并被其所属的社会群体的忠诚所强化。政党认同是选民政治信仰体系的引擎，在这一引擎的驱动下，其支持政党的领导人就是最好的领导人，该党的政策也就是最好的政策。选民越多地选择他们认同的政党，他们对这一政党的忠诚度就越高。

政党认同与其说是对某一政党的热情支持，不如说是一种支持该政党的潜在倾向。就像经常购买一个特定品牌的汽车会让你在每次购买时都不需要对一款新车型及其所有的配置——进行评估一样，投票给一个特定的政党是一种长期的拥护，排除了每次选举时进行"试驾"的必要。对于许多人来说，投票给特定的政党是一种务实的、长期的品牌选择。虽然会有特殊的情况使得丰田的车主购买福特，自由派的选民投票给保守派，但回归倾向会使得他们下次的选择回到常态。

很少有国家像美国一样表现出始终如一的政党认同模式。由于美国政治制度的诸多特点，包括其稳固的两党制、封闭的政党初选以及选民在大量的民选职位上根据党派进行投票的能力，在过去的数十年间选民选择几乎没有变化。在 1992 年至 2017 年间，选民大致可以分为三个同

政党认同：
对某一政党的长期拥护，这为选民理解政治事件提供了过滤器。

289

等规模的群体：认同民主党的群体、认同共和党的群体和独立选民群体（Pew Research Center，2018）。

在欧洲，情况则截然不同。欧洲选民历来认同阶级和宗教，工会和教会反映了这些关系，并反过来鼓励他们投票给某一政党而非其他政党。然而，今天的欧洲人面临更多可选择的政党，这意味着他们有更多可能从一个政党转移到另一个政党。此外，在选民选择过程中，环境问题、全球化、移民问题、恐怖主义、犯罪和欧盟等更广泛的议题也在发挥着作用。这一定程度上导致了选民和政党联系的弱化，这一过程被称为**政党解组**（**partisan dealignment**）。[这一情况也可能发生在一些新兴国家，但它们的政党没有老牌民主国家那么久远的历史，因此很难找到有意义的比较数据。参见库马尔和拉伊关于印度尼西亚的讨论（Kumar & Rai，2013）。]

政党解组：
选民和政党之间的联系减弱，这既体现在认同某一政党的选民比例的下降，也体现在忠于政党的选民忠诚度的下降。

最近一项针利用长期调查数据对 19 个先进的工业化民主国家的研究发现，其中 17 个国家中政党认同的比例和强度都有所下降（Dalton，2013）。英国就是一个突出的案例：1964—1966 年和 2010 年，认同某个政党的选民比例从 90％下降至 82％。虽然这看起来变化很小，但同期对政党有着很强忠诚度的受访者比例从 40％下降至 11％。据丹佛等学者（Denver et al.，2012）所言，这一结果显示出工党和保守党的"信徒"现在已经成为"濒危物种"。

类似的变化也发生在德国，体现为独立选民阶层的崛起。这些选民是已经身经百战的无党派人士（apartisans），尽管他们缺少与政党的联系，但依然参与政治。如图 17-1 所示，1972—2009 年，政党认同非常强或强的德国西部人口从 55％下降至 32％，而政党认同较弱或没有政党认同的比例从 40％上升至 64％。在瑞典，这种下降更为明显：1968—2006 年，认同政党的人数减少了几乎一半（见图17-2）。

是什么导致了选民对政党看法的改变？尽管一个国家内的评论家经常关注国家带来的影响，但跨国的比较也反映出了一组共有的社会政治因素（见表 17-1）。从社会学的角度来看，历史上社会分裂的弱化、宗教地位的改变和教育的普及都导致了政治认同的弱化。多尔顿（Dalton，2013）指出，所谓的"认知动员"（cognitive mobilization）成为一种公民将其自身与政治相联系的日益普遍的方式。受过教育并对政治感兴趣的选民可以通过媒体获取政治信息，并通过自己的理解来解读政治，从而自主参与政治。

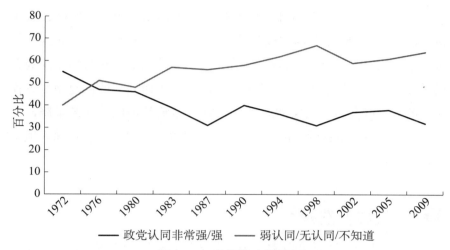

图 17－1　德国的政党解组

资料来源：Dalton，2014.

注：仅为德国西部数据。

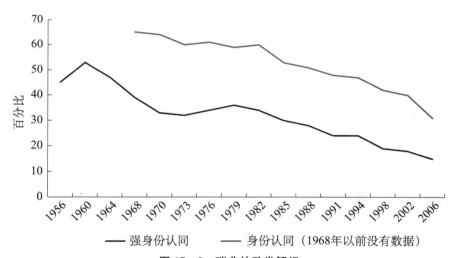

图 17－2　瑞典的政党解组

资料来源：Oscarsson & Holmberg，2010.

表 17－1　政党解组的原因

因素	趋势
社会分化的削弱	阶级差异的减少削弱了政党忠诚
教育普及	受过良好教育的选民在解释政治事件时不依赖政党提供的线索
多元化	选民从通过政党参与政治转向多元化的政治参与渠道
资金	来自国家的竞选资金多于来自政党成员的
政策趋同	为了增加自己在政治市场上的份额，主流政党的政策不再有鲜明立场
政治幻灭	丑闻和腐败降低了民众对政党的信任

从心理学角度看，有几个因素在发挥着作用。例如我们已经看到的：政党以外的政治参与方式多样化（如第十三章所谈到的非正式参与以及第十八章所讨论到的利益集团的支持），政党成员对筹集政党资金的重要性下降（第十六章），依靠人们政治幻灭而兴起的反建制的民粹主义政党，以及多个国家的政党卷入丑闻导致其选民信任的下降，等等。我们在下一节详细讨论影响选民做出选择的因素时，将更深入地了解这些变化。

◇ 选民如何选择？

选民如何做出他们的选择？有证据表明，阶级作为解释这一问题的一项指标，其效力一直在减弱。而令人意外的是，在相当多的世俗国家中，宗教仍然是影响选民选择的因素。除去以上两种长期影响因素，短期影响因素——如投票、经济因素和领导人的个性——会有何种影响？这些因素往往会在竞选活动中吸引大多数媒体的注意，但这种注意是这些因素实际效果的体现，还是我们想象它们具有效果的体现？虽然不同的影响因素的具体作用因时因地而有所差异，但总体而言，领导人个性的影响力容易被夸大，经济绩效则会具有持续的影响，议题的影响则会随着教育水平的提高而更加显著（见表 17-2 的总结）。

表 17-2　解释选民选择的关键因素

因素	解释
社会阶层	政党的阶级基础在不断被削弱
宗教	尽管重要性略有下降，但仍在大多数民主国家扮演着重要角色
议题	随着教育水平的提高，议题因素的影响力越来越大，但远不是选民决策的主导因素
经济	总是重要的因素，但不总是决定性的
领导人的个性	这一因素存在争议，其影响很可能被夸大了

社会阶层

自工业革命以来，社会阶层一直是民主世界选民选择的关键因素：工人阶级倾向于支持左翼政党，而中产阶级倾向于支持右翼政党。然而，近几十年来，出于阶级而投票的比例有所下降，尤其是在以往比例最高的西欧国家。这种变化是出于政治和经济因素的混合影响：

● 政治方面，"粉红色"欧洲的崩溃促使许多左翼政党转向了中间路线，淡化了传统的阶级色彩。

● 经济方面，发达经济体从工业向服务业的转变意味着有工会组织的大型工厂已经被规模较小的服务公司所取代，而后者可以为高素质员工提供更多样化的工作。这些高素质员工在劳动力市场中的权力来自其个人的资质、经验和能力。与从事大规模统一工作的体力劳动者不同，这些雇员对工会不感兴趣，也就不会去推动基于阶级的左翼政党的建立。

在某些国家，尤其是美国和英国，这些趋势可能在收入不平等加剧的背景下受到一定的抑制，民粹主义者对高层管理人员的收入愈发不满。即便如此，个人收入也并不是影响人们投票选择的主要因素，而且这种仇富心理在其他民主国家（如平等程度较高的北欧国家）缺乏共鸣。

宗教

在许多民主国家，宗教向来是影响选民选择的一个因素，这与社会阶层因素的弱化形成了鲜明对比。早在 20 世纪 60 年代，罗斯和厄温（Rose & Urwin，1969）就得出结论：当今西方世界政党的主要社会基础是宗教分化而非阶级分化。埃斯梅尔和彼得森（Esmer & Pettersson，2007）发现，在大多数欧洲国家（英国和斯堪的纳维亚半岛国家除外），宗教信仰仍然显著地影响着选举选择。在某些方面，宗教甚至比阶级更重要——只有宗教不重要时，阶级才重要。然而，宗教并不是一个单一变量，我们可以从三个主要角度对其进行研究：

● 我们可以大致对宗教选民与世俗选民进行区分，前者倾向于投票给右翼政党，后者则倾向于投票给左翼政党。

● 我们可以根据宗教在选民生活中的重要性来对宗教选民进行划分，宗教信仰最强烈的选民会允许宗教成为它们选择政党的更重要因素，这一群体也会有更高的投票率。

● 我们可以根据教派来对选民进行划分。例如，天主教徒倾向于投票给右翼政党，犹太教选民则倾向于投票给左翼政党。

正如工业产业的变革带来基于阶级投票的减少，**世俗化（seculari-zation）** 可能会导致基于宗教投票的减少。而一个社会越现代化，它就越有可能变得世俗。当然，宗教信仰的影响在许多民主国家正持续下

世俗化：
宗教在政治、社会和个人生活中所占空间的减少。

降，尤其是在欧洲（美国同样也在下降）。然而，我们很难找到证据表明基于宗教的投票下降的程度与基于阶级投票的下降程度相同。总的来说，选举行为的宗教基础仍然有着相当强的持久力。

议题

竞选活动通常围绕诸如经济、犯罪、安全、环境、外交事务、教育、公共开支和税收等问题展开，这意味着这些问题可能成为选民做出选择的关键要素。但现实是，想要成为一名合格的**议题选民（issue voter）**并不是一件容易的事。他们要做到：（1）了解这一议题，（2）对这一议题有自己的看法，（3）认为不同政党在这一议题上的政策有所不同，（4）投票给与自己立场最接近的政党。

议题选民：
在选举中根据其最感兴趣的政策议题做出选择，而不是仅仅根据其社会或人口因素做出选择的选民。

292

在选民政党忠诚较高的年代所进行的研究发现，只有少数选民跨越了全部这些障碍。后来的研究则表明，基于具体政策（以及更广泛的意识形态）进行投票的选民比例增加了。例如，1992 年，富兰克林在一项对 17 个民主国家的研究中发现，基于议题投票的增加或多或少地与基于社会阶层投票的减少相匹配。刘易斯-贝克等人（Lewis-Beck et al.，2008）对可获取更长时间跨度数据的美国选举进行了研究，并得出了类似的结论：

自 20 世纪 50 年代开始，美国选民的教育水平大幅提高，这体现在基于议题的投票更加频繁、大众议题态度的结构更加清晰、公众政治思想中意识形态主题更加突出等。

293

这一结论在当时可能是正确的，但正如我们在第十三章中看到的，选民的知识质量问题仍然存在；而我们在第十四章中也了解到，回音室效应和假新闻的双重影响使这一问题变得更加复杂。很多人都了解某一议题，并有着自己的看法，但其中又有多少人了解这一议题相关的细节及原因和影响呢？

经济

1992 年美国总统大选期间，克林顿竞选团队的总部挂着一个标语，以时刻警醒工作人员。这一由竞选战略家詹姆斯·卡维尔（James Carville）编写的标语只有三句话："改变与更多的相同；经济，白痴！还有别忘了医疗。"其中，"经济，白痴！"很快成了克林顿阵营的竞选标志，之后还出现了"赤字，白痴！"和"选民，白痴！"等多种形式。

长期以来，有大量证据表明经济状况不仅影响政府的支持率，还会影响选民的选择。例如，黑尔维希（Hellwig，2010）的一项研究就反映了这一点。在综合了1996—2002年28个国家的调查结果后，他考察了受访者对过去12个月经济状况的评价（改善、不变、恶化）对选举的影响。如表17-3所示的研究结果令人惊讶：认为经济有所改善的选民投票给现任总统或总理所在政党的可能性是认为经济状况恶化的选民的两倍。当然，那些支持执政党的选民可能会戴着有色眼镜来更乐观地看待经济，从而夸大了经济对投票的影响。但即便如此，研究所观察到的经济评价与选举选择之间还是有着很强的联系。

294

表 17-3　经济与选民选择

对过去 12 个月经济状况的看法	投票给现任领导人所在政党的百分比
经济变好了（改善）	46
没有变化（不变）	31
经济变差了（恶化）	23

资料来源：Hellig, 2010：Table 9.1.

无论是在贫穷的国家还是在富裕的国家，贫穷选民的行为都构成了一个有趣的悖论。许多研究表明，有相当多的穷人经常投票给那些似乎并不代表他们自身物质利益，而是代表富人利益的政党。例如，休伯和斯坦宁（Huber & Stanig，2009）指出，在富裕的民主国家，大量选民支持那些反对让他们受益的高税收和再分配政策的政党。这在2016年特朗普的胜利中得到了反映：他的大部分支持者是那些感到被政治和经济精英边缘化的选民，以及支持他控制移民和创造就业机会承诺的选民。然而，他所任命的政府成员大多数是像他自己一样有企业背景的富人，且其许多政策旨在减轻富人和企业的税收负担，增设贸易壁垒，从而提高进口商品价格以及限制出口。

当我们把视线转到贫穷且有缺陷的民主国家时，我们能找到围绕其投票的研究远少于富裕的民主国家。目前学界所收集的证据指向了一种不同的经济激励形式——**贿选（vote buying）**，或承诺给予投票相关的有形物质奖励。谢弗（Schaffer，2007）指出，这种激励可能会以现金、商品（从香烟到手表，从棺材到理发，从一袋米、一个生日蛋糕到一台电视机等）或服务的形式出现。

贿选：
政党和候选人向选民提供物质利益以换取他们在选举中的支持的过程。

293

聚焦 17.1

选民是理性的吗？

行为主义的解释为理解选民提供了一种方法。而另一种方法则是由理性选择理论提供的：它假设选民是政治市场的理性参与者，并寻求效用最大化。目前，这一方面最具影响力的研究是安东尼·唐斯（Anthony Downs）发表于 1957 年的《民主的经济理论》一书。唐斯的关注点不仅在于选民或政党，更在于二者的关系。

唐斯让我们想象这样一个情况：政党的行动似乎只受到权力的驱动，但选民却只希望一个代表他们的政策偏好、反映他们利益的政府。他还假设选民的政策偏好可以用一个简单的一维坐标表示，最左端代表着政府对经济的完全控制，而最右端代表绝对的自由市场。他提问道，如果把这些假设纳入考虑，政党应该采取什么政策来最大化其得票呢？

这一问题的结论就是我们现在所称的"中间选民定理"——两党制中，追求选票最大化的政党将在政治坐标的中点汇合，而中间立场的选民才是决定选举胜负的关键。一个政党在其诞生时可能从一个极端开始，但它必然向中间靠拢，因为在那里可以赢得更多的选票。在向中间立场靠拢的过程中，该党仍然保持着与该极端上选民的联系，但也吸引了此前与其竞争对手关系更紧密的中间派选民。而一旦各个政党聚集在中间选民的立场上，它们就会达成一种平衡，从而没有继续改变立场的动机。

但是我们该如何看待唐斯所言的选民会依理性行为，将选票投给与他们在政策坐标中最接近的政党这一假设呢？对此，安索拉贝赫（Ansolabehere，2006）提出了三点批评：

● 考虑到单张选票决定选举结果的可能性极小，出于自利动机的选民为什么还要去投票呢？

● 既然没有哪一张选票会是决定性的，那选民为什么要费力去获取必要的信息来投出理性的一票呢？

● 因此，将选举理解为基于不同立场选民的政策辩论这一假设是值得被怀疑的。

总之，唐斯的理论将我们带入了一些有趣的悖论。他关于利己主义和理性选择的概念，虽然是基于理性选择思维的考量，但似乎引向了"不知情的选民在政党采取的政策立场几乎没有区别的情况下选择不投票"的结果。不过，将理论与现实对照的过程本身就会产生一些困惑，而这些困惑的解决才是带来深刻洞见的关键。

撒奇尔（Thachil，2014）对印度的案例进行了研究，重点关注了印度人民党（通常被认为是印度高特权种姓的政党）在印度穷人中间取得的成功。他认为，原因在于印度人民党通过基层分支机构为底层选民提供基本社会服务，从而赢得了他们的支持。这种"外包"让该党得以继续代表其以特权阶层为基础的政策利益的同时，从穷人那里弄来了许多选票。

巴西则提供了一个政治精英内部贿选的例子。2005 年，巴西爆出了一桩重量级丑闻，有人指控执政的劳工党每月向一些国会议员发放津贴，以换取他们对劳工党立法提案的支持。该事件被称为"每月巨额津贴丑闻"，差点导致卢拉·达席尔瓦总统的政府垮台。虽然卢拉总统本人得以连任，但在随后的案件庭审中，38 名被告中的 25 人被判多项罪名成立。

这次庭审成为巴西腐败问题的一个写照，这一问题在更低的级别也有反映，如候选人向选民支付现金以获得他们的支持。亚达夫（Yadav，2011）认为，随着能够从巴西政府获得资金的强大政党的出现，这一问题还会恶化。（2018 年 4 月，卢拉因洗钱和收受贿赂被判处九年监禁。）

贿选现象不只发生在比较贫穷的国家或地区。例如，在国际组织的会议上，政府会合法地购买其他政府的选票（Lockwood，2013）。再比如，几乎任何代表都可以承诺在某一地区建设工厂、学校甚至军事设施，这些都可以被定义为贿选。在印度收买一个选民和在美国收买一个选民并没有很大的区别。

领导人的个性

正如我们在第十四章中所看到的，样貌、风格和亲和力显著影响了 ²⁹⁵ 政治候选人的著名案例出现在 1960 年美国总统候选人肯尼迪和尼克松的第一次电视辩论上。长期以来，个性一直是影响政治选择和领导人支持率的一个因素，而在电视时代，这一因素的重要性只会变得更大。例如，当撒切尔担任英国首相时，她的顾问们就建议她压低声调，以显得更有权威。在法国和美国，民意调查发现奥朗德和奥巴马能在 2012 年各自赢得总统大选，有一部分原因就是他们看起来比萨科齐和罗姆尼更讨人喜欢。而特朗普则是不走寻常路，完全不按得体行为教科书里面的套路出牌，这反而更激励了他的支持者，当然也震惊了他的批评者。

将领导人的个性视为影响选民选择的一个因素存在许多问题，包括难以测量这一主观因素等。个性对选举选择的影响是可以相互抵消的，某一候选人可能会因某种个性吸引一部分候选人，但是讨厌这一个性的候选人可能一样多，结果就是不产生净效应。对领导人的讨论也会产生选择偏差，过多关注有魅力的而忽略平平无奇的。

在对这一主题的一项比较研究中，金（King，2002）尝试对 1960 年至 2001 年在加拿大、法国、英国、俄罗斯和美国进行的 52 次选举中领导人个性所起到的作用进行评估。他所得出的结果如下：

- 无影响：37 例

- 可能有影响：6 例

- 大概有影响：5 例

- 有影响：仅 4 例——威尔逊，英国 1964 年、1974 年选举；戴高乐，法国 1965 年选举；特鲁多，加拿大 1968 年选举。

296 　　这一研究总体的结论是，政治竞争仍然主导着大多数选举，各政党也根据这一事实进行领导人和候选人的选拔。后来的研究也印证了金的这一研究：阿尔茨等学者（Aarts et al.，2001）对 9 个民主国家的研究同样证实领导人的特征其实并不重要。在影响个人投票和整体选举结果的因素中，领导人的个性只是其中一部分，而且往往是很小的一部分。

　　另外，领导人的特点的确发挥了作用，但发挥作用的似乎是与能否胜任职位直接相关的特质，比如能力和品行。相比之下，纯粹的个人特点，如相貌和亲和力等，并不重要。在对澳大利亚、德国和瑞典的分析中，奥尔和奥斯卡松（Ohr & Oscarsson，2011）发现，政治相关和绩效相关的领导人特质是选民做出政治判断的重要标准，但对领导人的评估还是基于政治理性的考量。如果说个人特征很重要，那是因为它们被认为与政府绩效有关系。

◆ 投票率

投票率：
参与选举选民占选民总体的百分比。

　　本章到目前为止重点讨论了影响选民选择的因素。然而，选民的**投票率（voter turnout）**或许是我们在理解政府与政治时同样重要的话题。投票率因时间和地点的不同而有所差异，从最高的 90％以上到最低的 20％～30％都存在，但多数民主国家的平均投票率为 50％～70％。图 17-3 提供了一些案例，显示出投票率与民主质量之间的相关性很小。例如，土耳其和尼日利亚都是混合政体，但前者的投票率几乎是后者的两倍。与此同时，澳大利亚和瑞典的投票率是法国的两倍多，而此三者都属于民主国家。

　　近几十年来，许多民主国家出现了投票率下降的现象。随着教育水平不断提升，大多数民主国家的投票率持续下降，图 17-4 反映了这一趋势。具体而言，美国的投票率下降了 35 个百分点，法国下降了 31 个
297 百分点，日本下降了 20 个百分点，德国下降了 12 个百分点。是何种原因导致了这一普遍下降？这些国家存在一个共同的原因吗？我们应该把投票率低视为一个问题吗？

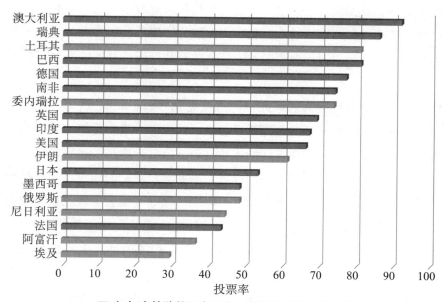

图 17 - 3　部分国家投票率比较

资料来源：Institute for Democracy and Electoral Assistance，2018b.

注：这些数字是针对国家立法选举中的投票年龄人口。

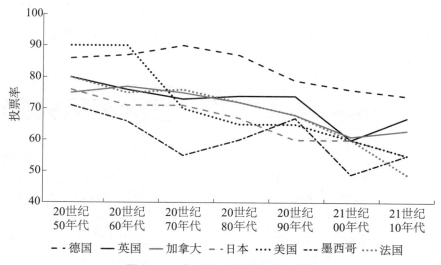

图 17 - 4　部分国家投票率趋势比较

资料来源：Institute for Democracy and Electoral Assistance，2018b.

注：这些数字是针对国家立法选举中的投票年龄人口。

　　一方面，这一趋势可能是对政府缺乏信心而导致的有限政治参与的表征；但另一方面，这一趋势也可能是一种"满足"的反映：既然岁月静好，为什么还要投票呢？另外，低投票率也可能是我们在第十三章讨论的多样化政治参与的体现，即公民仍然保持着政治参与，只是通过不同的方式而已。与此同时，高投票率被视为健康的公民参与的标志，但也可能被解释为对过于激烈的政党竞争或对政府所选择方向感到担忧的结果。

在一项颇有影响力的研究中，富兰克林（Franklin，2004）将投票率的下降与选举重要性的下降联系起来。他认为，战后许多民主国家在维持国家福利和保障就业方面的成功（参见第二十章）一定程度上解决了资本和劳动力之间长期存在的冲突。随着阶级冲突的减少，公民投票的动机也就减少了。正如他所言，近年来的选举可能会出现投票率较低的情况，其原因也很简单——这些选举所能决定的问题不再像 20 世纪 50 年代末那么重要。换句话说，没什么利害相关的话，人们更愿意待在家里。

然而，民众对民主政府的满意度下降也在一定程度上起到了降低投票率的作用。在本书的其他几个章节中，我们已经看到了许多民主国家的政府的信任是如何下降的。尽管对民主原则的支持仍然很高，但迄今为止，对政府表现愈演愈烈的冷嘲热讽也让更多人远离了投票。尽管如此，正如表 17-4 中所反映出的，投票率的下降也有一些非常现实的原因。总体而言，正如理性选择理论所表述的那样，在投票成本或努力较少，而可感受到的收益较高的国家，投票率往往比较高。

表 17-4　高投票率的秘诀

政治体制的特征	选民特征
强制投票	中年
自动登记	受过良好教育
允许邮寄投票和代理投票	已婚
允许提前投票	收入较高
周末举行投票	有工作
通过选举决定谁执政	有房产
团结的政党	对政党忠诚
比例代表制	教徒
候选人预期票数接近	工会成员
较小的选民规模	近期未改变住所
高昂的竞选经费	曾在选举中投票
同时举行多个职位的选举	

资料来源：Endersby et al.，2006；Geys，2006；IDEA，2018a。

从投票成本的角度看，如果像在美国那样选民被要求主动登记，投票率就会降低。相比之下，在大多数欧洲国家，由政府负责选民登记在一定程度上会提高投票率。在工作日投票和必须亲自投票的情况下，投票率也会有所下降。因此，将投票日安排在周末或允许委托投票、邮寄选票、电子选票，或将投票站设在超市附近等便利的位置也有助于投票率的提高。允许提前投票也会有所帮助：美国选举日之前投票的选民数量一直在稳步增长，并在 2016 年达到了 4 700 万的新高（United States Elections Project，2016）。

从投票收益的角度看，一张选票的重要性越高，选民就越愿意承担投票的成本。因此，竞争越激烈的选举，投票率就越高。近几十年来的多项研究表明，在鼓励选民投票方面，比例代表制是最有效的选举制度（见第十五章），部分原因是在这一制度下投票的收益反馈更加明确：因为政党获得的席位与其得票数直接挂钩，所以每一张选票都很重要。而在单一选区相对多数制下，大多数选区是特定政党的安全选区，这意味着个人的一张选票不太可能影响选举的结果。

在国家内部，参与率的变化也是其他政治参与形式的反映，个人投票的可能性也与其政治资源和政治利益有关（见表 17 - 4 右侧一栏）。最有可能投票的是受过教育、富裕、已婚、有工作、对政党有强烈忠诚的中年公民，他们还很有可能归属于教会或者工会，在一个社区长期居住。这些人有足够的资源支持其对正式政治参与的兴趣。相比之下，那些拥有的资源较少，也没什么理由投身于政党政治的公民则最不可能投票。他们很有可能是受教育程度低、单身、失业的年轻人，同时不属于任何组织，缺乏党派关系或经常迁徙。

提高投票率就要对政治现实有敏感性：虽然提高投票率可能有利于整个政治体制，但将对体制内的政党产生不平等的影响。保守党对于鼓励投票的做法尤其谨慎，因为那些本不投票的人更有可能投给左翼政党。此外，还有一种简单粗暴但极为有效地提高投票率的方法：强制投票（见聚焦 17.2）。

◆ **威权国家的选民**

到目前为止，本章所介绍的是影响民主国家选民选择的因素，关键词是"选择"——选民面临多种可替代选择，决定支持哪个政党或者领

298

聚焦 17.2

强制投票的利与弊

强制投票可以说是提高投票率的"核武器"。比利时、阿根廷和澳大利亚就分别于 1892 年、1914 年和 1924 年引入过强制投票的制度。尽管目前只有不到 30 个国家有此制度，但其中有一些国家将其付诸实施（采用罚款、监禁或剥夺公民权等惩罚措施），另一些国家则没有（见表 17-5），这些国家的投票率比自愿投票的国家平均高出约 7 个百分点（Institute for Democracy and Electoral Assistance，2018c）。

表 17-5　强制投票的国家

执行强制投票		未执行强制投票	
阿根廷	卢森堡	玻利维亚	洪都拉斯
澳大利亚	瑙鲁	保加利亚	墨西哥
比利时	秘鲁	哥斯达黎加	巴拉圭
巴西	新加坡	多米尼加共和国	泰国
塞浦路斯	土耳其	埃及	
厄瓜多尔	乌拉圭	加蓬	

资料来源：IDEA，2018c。

注：在刚果民主共和国、黎巴嫩和巴拿马，投票也是强制性的，但没有关于是否强制执行的信息。不再使用强制投票的国家包括智利、斐济、意大利和委内瑞拉。

强制投票是一个值得讨论的问题。选民悉数参与意味着选民更具代表性，因而加强了政府的权威，也可以将远离政治的群体吸引到政治过程中。选民数量的扩大也使得选民群体的知情度增加，政党也不需要花费大量资源去鼓励其支持者投票。既然大部分公民都承认纳税、担任陪审员甚至服兵役是他们的公民义务，那么为什么他们不愿意在选举中投入那点微不足道的精力呢？我们就这样放任没良心的弃权者搭民主的便车吗？

然而，反对的声音也同样强烈。强制投票破坏了自由，而这又是民主的重要组成部分：强制人们参与这一举措充满了威权主义而不是自由选择的味道。此外，不投票也可能是对现状满意的表现，这意味着低投票率并不是一个问题。最成问题的是，强制投票会更多影响到更不知情、更不投入的选民。布伦南（Brennan，2011）认为，投票是民主最不可或缺的元素，因此所有公民都有参加投票的义务这一民间理论有着大批拥趸。然而，他补充道，公民要投票，就要投好票，也就是必须在能够促进公共利益的可靠基础之上投票。如果他们缺乏投票的动机、知识、理性或能力，他们就根本不应该投票。显然，强制投票并没有考虑到这一点。

目前，民主国家的选举仍然能够吸引足够多的选票支持它们形成一个决定。没有证据表明高投票率会提高政治选择的质量，那么我们为什么不继续顺应有兴趣的选民和冷漠的弃权者这一天然分工呢？

导人，甚至决定是否投票时都要考虑多种因素。我们现在把目光转向威权国家，它们也几乎都有选举（正如我们在第十五章中看到的），但其投票却是基于不同的动力。虽然与民主国家相比，威权国家的选举投票并没有得到充分的研究和理解，但很明显的一点是，（对于威权国家的投票而言）理解统治者的动机要比理解选民的动机更重要。

与民主国家政党政治盛况截然相反的是中东的几个无政党国家，这些国家公民的政治选择非常简单，那就是没有选择——至少在选举方面是这样的。人们必须通过更加微妙的手段让政权听到他们的声音，而且在说什么、怎么说上要十分小心。将目光投向别处，一些一党制国家的公民也没有太多的选择，但仍可以通过选票来支持该政党的候选人。在这样的体制下，执政党不可能遭到实质性的反对或被击败，而官方的候选人只是被简单地经选民投票来获得仪式上的授权。具体案例请参阅"聚光灯 伊朗"。

在威权政体中，选民对选举过程、政党政策或重大公共问题的任何可能的意见都无法在投票站进行表达。毫无疑问，选民对这些问题是有自己看法的，因为在这些国家，政治在日常生活中的地位要比民主国家显得更重要，人们也能够区分全国性的宣传与当地的现实。然而，在选举日的选择如此受限的情况下，这些意见事实上遭到了压制。这一现象与我们在第十三章中所看到的动员参与相联系：在动员式参与中，选民的行动是被管控和强制的，在领导人和精英的组织下，政治参与给人以支持政权的印象。

这种无政党国家和一党制国家其实非常罕见，绝大多数的威权政体都有两个及两个以上的政党来竞争公民的选票，也就是我们常说的**选举威权主义**（electoral authoritarianism）。正如社会科学中的众多概念一样，它可以用于描述广泛的政治体制类型。谢德勒（Schedler, 2009）就用其描述那些一边玩着多党选举的游戏，一边践踏着自由民主的自由、平等原则，进而将选举变为威权统治而非民主政治的工具的政权：

> 政府为了在选举中保持不败，采用了各种操纵选举的策略：禁止组建政党、起诉候选人、骚扰记者、恐吓选民、伪造选举结果等。它们的直接目的是消除选举结果的不确定性。反对党有时拒绝参加这种不透明的选举，有时则以抗议者的身份参加。

换言之，尽管存在多名候选人参加的定期选举，但为了消除现任政府失败的可能性，选举遭到了严重的操纵。实质性的竞争可能在地方层面出现，但不被允许影响全国性的选举结果。这一结果（通常是不言而喻的结果）是当局宣布其政策得到支持的信号。但事实是，选民是被拉拢甚至是违心地去支持当局工作的。

埃及也是选举威权主义运作的一个案例。在执政期间（1981—2011）举行的 5 次总统选举中，穆巴拉克从来没有受到过实质性的挑战：在前 4 次几乎是全民公投的投票中，他的得票率从未低于 94%；2005 年的选

选举威权主义：
一种制度安排，在这种安排中，一个政权表面上是民主的，并为选民提供政治选择，但这是为了掩饰其威权主义的本质。

302

聚光灯

伊朗

简介

伊朗长期以来在中东地区扮演着重要的角色，这首先是因为英国长期以来寻求其石油储备，随后是因为美国与伊朗王国之间的密切战略关系，现在又是因为这个于 1979 年伊斯兰革命后创建的伊斯兰共和国的重要意义。伊朗有选举产生的总统和立法机关，最高领袖掌握着权力，周围是相互竞争的派系。公职候选人需要经过审查，法律需经由非选举产生的神职司法委员会批准，政治权利受到限制，妇女也被边缘化。这是一个贫穷的、控制着巨大石油和矿产财富的、社会多元化国家。即使大多数伊朗人信奉同一种宗教，但他们仍然存在保守派与改革派之间的分歧。这些差异很大程度上是由性别、世代和教育水平决定的。

政府组成	统一的伊斯兰共和国。国家建立的日期有争议，最新的宪法通过于 1979 年
行政	总统制。总统最多可以连任两届，任期四年，但与专家会议（实际上是一个选举团）任命的终身制最高领袖共享权力。最高领袖必须是伊斯兰法专家，并作为国家元首拥有相当大的行政权力
立法	一院制议会（Majlis），由 209 名成员组成，每届任期四年
司法	最高法院成员任期五年。伊朗的法律体系建立在伊斯兰法和民法结合的基础之上
选举体制	立法机关选举采取单一选区相对多数制，总统选举采取简单绝对多数制
政党	无政党。只有伊斯兰政党才能合法运作，但类似政党的组织也在事实上存在。然而，这些都不是传统意义上的政党，而是代表保守派和改革派立场的松散联盟

人口：8 030 万

国内生产总值：4 390 亿美元

人均国内生产总值：5 415 美元

伊朗的选民

自 1979 年伊朗伊斯兰革命推翻了西方支持的伊朗王国政权，迎来了阿亚图拉（什叶派高级神职人员）的时代以来，伊朗在西方政府眼中一直是令人唾弃的形象。一直被指控在国内进行镇压活动、支持黎巴嫩真主党等组织、秘密计划研制核武器等。

更具讽刺意味的是，伊朗的选举看上去有着活跃的选民群体和数量可观的选择项。然而，执政的神职人员和军方依然掌握着巨大的权力，许多反对派人士在监狱中备受煎熬，而选举的竞争更多的是宗教派系而非政党。这并不意味着伊朗人都不渴望民主的选择，或不愿在选举中反对现政权并支持改革派候选人。

在 2009 年、2013 年和 2017 年的总统选举中，各候选人就经济问题提出了不同的解决方案。主要候选人的辩论也包含在了公开的竞选活动中。虽然没有可靠的方法测量伊朗的民意，但很明显，许多公民，尤其是受高失业率影响最大的年轻选民，更愿意表达自己的意见。据统计，2013 年和 2017 年的总统选举投票率超过了 70%，但有关选举舞弊的指控仍然在继续——尽管在缺乏独立选举监督的情况下，这些指控也难以核实。

伊朗面临着人口高速增长、失业、通货膨胀、环境污染、毒品和贫困等诸多问题，但政府不仅没有解决这些问题，反而使其加剧。而在众多受过教育的年轻选民中，对变革的强烈渴望似乎蕴含着希望。在布伦伯格和法希（Brumberg & Farhi, 2016）看来，这可能暗含着变革和转型的多重机会。

延伸阅读

Axworthy, Michael (2016) *Iran：What Everyone Needs to Know* (Oxford University Press).

Boroujerdi, Mehrzad, and Kourosh Rahimkhani (2018) *Post-revolutionary Iran：A Political Handbook* (Syracuse University Press).

Brumberg, Daniel, and Farideh Farhi (2016) *Power and Change in Iran：Politics of Contention and Conciliation* (Indiana University Press).

举中，在有反对派的情况下，穆巴拉克仍然获得了 89% 的选票。穆巴拉克政权还先后举行过 7 次立法选举，在多党竞争的外衣下，其执政党民族民主党总是能设法赢得压倒性多数。由于不允许选民登记投票，大量选民无法参与选举，从而巩固了穆巴拉克的统治（见图 17-5）。

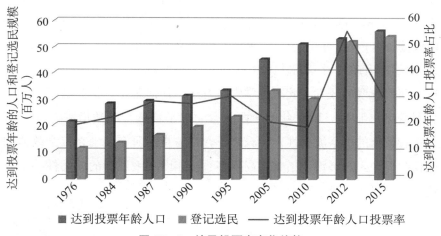

图 17-5　埃及投票率变化趋势
资料来源：IDEA 的数据引自 Solijonov, 2016.
注：图中为国家立法选举数据。

截至 2010 年，埃及有超过 2 000 万未登记的选民，占有选民资格人口的 2/5。在 2011 年革命之后，法律被修改为自动登记所有选民，几乎所有的合法选民都得到了登记，使得投票率暴增 200%。然而，这一波的民主热情转瞬即逝：因为选民对选举舞弊的死灰复燃感到失望，在 2015 年选举中，在登记选民数量相当的情况下，投票率又暴跌回了穆巴拉克执政时期的水平。

选举威权主义的另一种变体，是那些只有少数选择的国家，由于政府对操纵选民的行为睁一只眼闭一只眼，或者其自身也参与了操纵选民的行为，从而削弱了选择的意义。2018 年初，俄罗斯和埃及举行的两场总统选举都是已知结果的选举。这不仅是因为两国的执政当局都阻碍

303 竞争对手参选，还因为选举本身存在舞弊。尽管这些问题一直存在，俄罗斯的投票率也一直保持着较高的水平，仅仅从 20 世纪 90 年代的 65%～75%小幅下跌至 2010 年以来的 60%～70%。然而，这一下降趋势还是较为明显的。麦卡利斯特（McAllister，2014）指出，俄罗斯公民弃权的原因往往与民主国家相似（弃权的更有可能是贫穷、受教育程度低、对政治不感兴趣的公民）。然而，他还指出，投票率的下降也可以解释为人们对政治的普遍幻灭、对现有选项的失望、对选举的不公正性认识的加深，以及俄罗斯本就十分脆弱的公民社会。

由于没有悠久的政党政治历史，威权国家的政党认同模式不像民主国家那样易于测量。但就目前可以观察到的情况而言，这些国家的选民和政党之间的关系既不紧密也不稳定（Hagopian，2007）。对**选举波动性（electoral volatility）**的研究也反映了这一点。对波动性的测量最初由佩德森（Pedersen，1979）提出，他定义了一个 0%～100%的指数，0%表示所有政党都获得了和上次选举一致的选票，而 100%表示上次选举获得选票的政党在此次选举中没有获得任何席位。作为参考，佩德森测量出在 1948—1977 年间，西欧政党的平均选举波动指数为 8.1%，意味着较低的选举波动性。相较之下，进一步的研究发现在混合政体和威权政体中，选举波动指数要高得多——东欧和俄罗斯的波动性甚至高达 45%或更高（见图 17-6）。

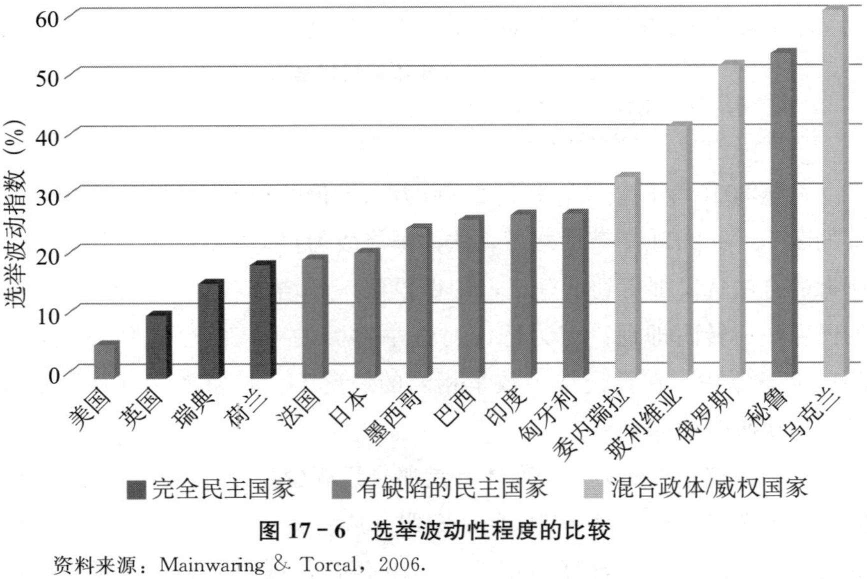

选举波动性：
衡量政党在两次选举中支持率变化的指标。

图 17-6 选举波动性程度的比较

资料来源：Mainwaring & Torcal, 2006.

注：图中为 1978—2003 年间立法选举数据。

政治暴力（political violence）是一个影响选举和选民行为的潜在因素，也是民主国家和威权国家间的一个重要区别。民主国家的选民偶尔会面对恐吓，但很少再像过去那样冒着生命危险来参加竞选活动或投票。相反，在威权国家，来自政权的恐吓加之其国内社会或民族分裂的危险，意味着选举和更广泛的政治活动很有可能伴随着死亡与破坏。当该政权的选举操纵失效时，其结果可能是相互竞争的团体在竞选活动中发生直接的和短期的冲突，并对选民造成影响。如此一来，选举就不再是巩固政权的手段，反而成为不稳定的来源。目前还没有关于选举暴力的详细数据，因此我们也对选举暴力发生的原因知之甚少。但这一问题近年来在许多国家都切实存在，例如阿富汗、科特迪瓦、洪都拉斯、巴基斯坦和菲律宾。

在属于混合政体的尼日利亚，政治暴力的问题尤为严重。在这样一个庞大、分裂和动荡的社会中，选民首先认同的是自己的民族，各个政党的形成也常常是民族冲突的体现。民族问题会同宗教和社区的紧张关系产生严重的政治暴力。国际公民自由与法治（The International Society for Civil Liberties and the Rule of Law）估计，1999—2010 年，尼日利亚死于政治暴力事件的人数在 1.1 万～1.35 万之间（引自 Campbell，2013）。而另一个不稳定来源——"博科圣地"伊斯兰运动对尼日利亚东北部的渗透——则直接导致尼日利亚 2015 年总统和立法选举推迟了 6 周。然而，批评人士指责此举并非出于安全动机，而是出于政治动机：为现任总统古德勒克·乔纳森争取更多时间以挽回支持率的颓势。在此次选举中，他还是败给了他来自北方的竞争对手穆罕默杜·布哈里，这是尼日利亚在任总统第一次在连任竞选中败北。

在非洲大陆的另一边，另一个混合政体国家肯尼亚最近也因选举期间爆发的政治暴力而备受关注。和尼日利亚一样，肯尼亚也面临种族分裂问题，其中部的基库尤族和西部的卢奥族这两个主要族群之间的关系长期紧张。20 世纪 60 年代，肯尼亚由基库尤民族主义领袖乔莫·肯雅塔统治，他的主要对手之一是卢奥人奥金加·奥廷加。他们两人的儿子乌呼鲁·肯雅塔和拉伊拉·奥廷加在 2007 年的选举中扮演了关键角色，前者是政党的组织者，后者则是总统候选人。最终奥廷加输掉了选举，而在选举期间也发生了前所未有的暴乱，造成 1 300 多名肯尼亚人死亡。肯雅塔和奥廷加在 2013 年和 2017 年的选举中两次相遇，在舞弊和暴力的风波中，肯雅塔赢得了这两次选举。

政治暴力：一个群体出于政治目的对另一个群体实施的暴力。

304

回到威权国家的选民投票率问题，由于选举结果被操纵，可靠的数据很难获得。当候选人名单上出现已经去世的人的名字（有时甚至重复出现）时，我们可以确定出现了选举舞弊。还有一种我们认为出现选举操纵的指标是不现实的高投票率和得票率。例如，伊拉克领导人萨达姆·侯赛因宣称，他以100%的得票率赢得了100%投票率的2002年大选（也可以说是全民公投），几乎没有比这更难以置信的选举结果了。这种荒唐的数字体现并强化了独裁者的权力，包括禁止任何人质疑投票率和选举结果的能力。

然而，如果有看起来更现实的可靠独立数据，我们就会发现威权国家的投票率往往与民主国家相当。例如，根据询问人们是否在最近的选举中投票的民意调查数据，德·米格尔等学者（de Miguel et al.，2015）发现，7个阿拉伯国家（阿尔及利亚、巴林、约旦、摩洛哥、黎巴嫩、巴勒斯坦和也门）的投票率为51%～72%，平均为61%。

考虑到选民对选举过程可能抱有怀疑态度，以及他们与精英利益之间几无关系的现实，我们有理由对威权国家选民为何如此积极地参加选举提出疑问。在对阿拉伯国家选举的研究中，德·米格尔等学者（de Miguel et al.，2015）反对将这一地区的选举纯粹视为庇护者竞争的观点。尽管承认任免权确实发挥着作用，但他们认为选民同样关心政策，并利用选举来表达他们对政权及其绩效——尤其是经济绩效——的看法。他们得出结论：对经济表现的积极评价会导致个人对政权的整体评价更加积极，这反过来又会增加选民投票的可能性。

问题研讨

- 如果政党认同在下降，那它又为何没有完全消失？
- 参与投票是违背理性的吗？
- 在解释选民的选择时，领导人个性的作用是被高估了还是低估了？
- 投票率低是好还是坏？
- 强制投票是好还是坏？
- 如果说在解释威权国家的投票行为时，领导人的动机比选民的动机更重要。那么同样的逻辑能在多大程度上适用于民主国家？

核心概念

- 选举威权主义
- 政治暴力

- 选举波动性
- 议题选民
- 政党解组
- 政党认同

- 世俗化
- 社会阶层
- 贿选
- 投票率

延伸阅读

Aarts，Kees，André Blais，and Hermann Schmitt（eds）（2011）*Political Leaders and Democratic Elections*（Oxford University Press）. 本书评估了政治领导人在九个民主国家投票决定中的作用，表明了领导人的个性并没有传统智慧所想象的那么重要。

Arzheimer，Kai，Jocelyn Evans，and Michael S. Lewis-Beck（2017）*The Sage Handbook of Electoral Behaviour*（Sage）. 一套两卷本的著作，关注了研究选民行为的不同方法，并以多个国家和地区作为示例。

Caplan，Bryan（2007）*The Myth of the Rational Voter：Why Democracies Choose Bad Policies*（Princeton University Press）. 一位经济学家对选民特有的误解和偏见所进行的研究，以及这些误解和偏见如何使得他们在选举中做出糟糕的选择。

Duch，Raymond M.，and Randolph T. Stevenson（2008）*The Economic Vote：How Political and Economic Institutions Condition Election Results*（Cambridge University Press）. 对民主国家中经济投票行为的权威分析。

Schedler，Andreas（2013）*The Politics of Uncertainty：Sustaining and Subverting Electoral Authoritarianism*（Oxford University Press）. 本书是对选举威权主义发展变化的评估。

Solijonov，Abdurashid（2016）*Voter Turnout Trends Around the World*（International Institute for Democracy and Electoral Assistance）. 这是一份来自斯德哥尔摩研究中心的简短报告，其中包含关于近期投票率走向及其可能含义的数据和分析。

第十八章
利益集团

预览

大多数政府机关都是依照宪法的明文规定组建的，而与此不同的是，利益集团（如政党）主要是在这些正式结构之外成立和运作的。经过多种演变，利益集团的核心目的是在不成为政府一部分的前提下影响政策的形成，成为实施治理的另一种方式。利益集团有几种不同的类型，使用不同的方法，或直接或间接地达成它们的目标。充满活力的利益集团通常是一个健康的公民社会的标志，但如果利益集团和支持这些利益集团的组织有着不平衡的影响，则其也可能成为选举中民意表达的阻碍。

本章首先考察了利益集团的起源、类型以及运作方式。而后评估了利益集团的影响渠道、影响因素，并探讨了是何种因素赋予了特定群体的游说能力。随后，本章讨论并批判了多元主义的理念，将思想的自由

306

市场与利益集团在政治进程中能够发挥的特权作用进行了对比。在评估公民社会的全球形态和讨论威权国家的利益集团之前，我们研究了社会运动的独特性质和影响。在威权政体中，利益集团通常被视为对政权权力的威胁，或是政权维持社会控制的手段。

核心观点

● 利益集团有着多种形态和规模，并在目的、手段和影响力方面有着很大区别。

● 如同政党一样，利益集团是政府的正式过程中相对新近的组成部分。

● 利益集团通过直接或间接的渠道发挥影响力。在与政府关系非常紧密的地方，存在出现享有优先权的"影子政府"的风险。

● 多元主义与利益集团的研究密切相关，但我们有理由质疑其是否准确描述了利益集团的实际运作。

● 更广泛的社会运动往往是利益集团的一个补充，这些运动冲击着正式渠道的政治参与。

● 在民主政府往往过多地被强大的利益集团所影响的同时，威权国家的情况可能与之完全相反。

◆ 利益集团：一个概述

307

利益集团：
政府之外运作并影响公共政策的主体。也被称为非政府组织。

　　利益集团（interest group）是寻求从政府的正式结构之外影响公共政策的主体。它们通过对政府和官僚体系直接施加压力，或通过媒体和舆论间接施加压力来达成其目的。利益集团有许多不同的形式，包括雇主组织、消费者团体、专业团体、工会和单一议题团体等。它们主要在国家一级开展工作，但同样也可以在地方和国际舞台上运作。与政党一样，利益集团是社会与政府之间交流的重要渠道，民主国家尤其如此。而与政党不同的是，它们关注的是特定的议题，试图影响政府而不是成为政府。它们并不是竞选组织，相反，它们通常采取务实的方法来处理它们所面对的任何权力结构，并通过任何合法的（有时也是非法的）渠道达成其目的。

　　尽管许多利益集团默不作声地开展工作，但它们的活动却是无处不在的。它们的工作人员就协商中的法律法规的细节与政府官员展开谈判，在立法委员会的听证会上强调自己的观点，邀请记者共进午餐并以此影响媒体的报道。芬纳（Finer，1966）曾指出，利益集团的日常活动遍及国内每一个政策领域；在每一天、以每一种方式出现在政府的每一个角落和缝隙。毫无疑问，尤其在政策细节问题上，利益集团是功能代表（functional representation）的核心。但即便如此，对于利益集团与国家之间的关系也有着不同的界定方式。利益集团可被视为：

- 独立于国家之外的，自由社会的必要组成部分。
- 国家建立善治社会的合作伙伴。
- 信息提供者，政府行为的监督者。
- 公民参与政治的又一渠道。
- 精英主义的推动者，为特定行业提供了接近政府的特权。

公民社会：
存在于国家和个人之间的场域，在这一场域内，各种团体基于共同的利益进行集体行动。

　　利益集团也是健康的**公民社会（civil society）**的重要组成部分。在一个民主国家，政府发挥着有限的作用，政府对各种团体和运动的较少干预，为它们的出现以及共同问题的解决留下了空间。深厚的公民传统也为利益集团的发展及其影响政府的能力提供了背景。然而，一些利益集团可能变得过于强大，与政府发展为一种特权关系，进而破坏平等准入原则。与此同时，在威权体制中，利益集团的运作往往受到限制，因为统治者将其视为潜在的威胁，压制它们或将其纳入自己的政权。其结果是威权体制下的公民社会受到约束。

利益集团的起源和类型

利益集团的出现要早于政党，且在许多方面都可以被视为一种更自然的政治组织形式：最早的集团要么是为了提供政府未能提供的服务，要么是为了把一群有共同利益、希望向政府提出共同主张的人聚集在一起。尽管公民个人也可以提出自己的主张，并试图影响政治决策，但作为群体的一员做出同样的努力往往是一种更好的策略——群体越大，政府就越有可能听到他们的声音。施加影响力的核心方法之一就是**游说**（**lobbying**），该词起源于英国议会中分隔下院和上院的大厅（lobby）。在这个大厅里，公民曾经可以接触他们的议员代表来为他们的提案辩护或请求帮助，这一习惯衍生出了游说和游说者（lobbyist）的概念（参见聚焦 18.1）。

游说：
努力影响民选官员或官僚代表个人、团体或组织做出的决定。

现代最早的利益集团可以追溯到工业革命时期，包括为帮助穷人而成立的慈善组织、为政治或社会问题而成立的运动和团体等。在英国，后者的例子包括成立于 1787 年的废除奴隶贸易委员会（Committee for the Abolition of the Slave Trade）和成立于 1824 年的禁止虐待动物皇家协会（the Royal Society for the Prevention of Cruelty of Animals）。随后，代表工业、农业雇主或工人利益的团体先后成立，而后者后来演变为工会（在大多数工业国家，工会有很长一段时间被认定为非法组织）。在 20 世纪早期，一些代表专业人士利益的新协会成立了，如医生、律师和教师的团体。后来，随着在本书第十二章中所讨论的后物质主义价值观在二战之后的出现，有着更广泛议程的团体开始发展，包括促进妇女和少数族裔权利的团体、代表人权的运动和保护环境的运动等。

308

今天，利益集团的形式和规模千差万别，其各自的目标、方法和影响力也各不相同。有些团体的建立是出于实践或慈善的目的，而非政治行动的目的。但当它们试图修正公共政策或抵制其认为不利的变化时，就已经发展出了政治的维度。有些团体有数百名成员，与地方政府合作，专注于本地的短期问题；有的团体则有着数百万名成员，在许多不同的国家展开工作，与国家政府或国际组织打交道。事实上，利益集团的多样性之大、手段之多、相互重叠之复杂，让我们很难就其提炼出一个清晰的分类列表（见表 18-1）。

表 18 - 1 利益集团的类型

类型	利益焦点
经济	有共同物质经济利益的群体，商务、工业、生产、贸易和工人等
公共	公共关切，如消费者、公共卫生、人权、环境利益等
专业	特定的专业性群体，如律师、医生、大学教授等
单一议题	确切而有限的议题，如动物权益或家庭暴力等
宗教	与宗教相关的问题，通常带有浓厚的道德色彩
政府	面向国家政府代表城市、地方和区域利益的团体
机构	虽然不是利益集团，但对政府有影响的公共组织，如医院、大学和军队

保护型团体：
为其成员谋求特定利益和在政府相关部门获得内部地位的利益集团。

邻避：
"别在我的后院"（not in my back yard）的首字母缩写，用于描述一些本地利益集团阻碍当地集中发展规划的努力。

促进型团体：
与只关注成员有形利益的保护型团体相比，倡导更广泛的议题和事业的"利益"集团。

309

为了有助于理解这种多样性，我们有必要首先区分保护型团体和促进型团体。**保护型团体（protective group）**是最重要、最强大的团体，它们表达了其成员的物质利益——包括工人、雇主、专业人士、退休人员、退伍军人等。这些主体有时被称为"群体性"（sectional）或"功能性"（functional）团体，代表着明确的利益，通常有着良好的组织、联系和资源。它们的首要目的是影响政府，并可以通过诉诸制裁的方式来帮助其实现目标，如工人进行罢工、商业组织撤销与政府的合作等。

保护型团体也可以基于地方利益而不是功能性利益而建立。当居住在同一地区的人们的共同利益面临威胁时——例如建设高速公路、建设发电站或为低收入居民提供公共住房计划等——地缘团体就会出现。由于其消极的立场，这些团体有时被称为**邻避（nimby）**团体，意为别在我的后院。总的来说，邻避团体可以产生一个荒唐的结果：在任何地方建不成任何东西。然而，与常设的功能性组织不同的是，邻避团体经常因特定的需求、威胁和不断变化的公共利益而出现或消失。

与保护型团体相对狭窄的利益诉求相比，**促进型团体（promotional group）**的视野更加广阔（见表 18 - 2），它们也因此被称为倡导、态度、运动或事业团体——尽管它们真正在公共利益方面发挥了多大的作用仍是一个有争议的问题。它们不期望从其所追求的事业中直接获利，也不关心这些事业如何解决与其自身有无重大利害关系。相反，它们在自己感兴趣的问题上寻求广泛的政策变化，包括消费者权益、女性利益、司机安全、环境保护或经济发展。促进型团体在近几十年的发展是利益政治发展的主要趋势。尽管这些团体的参与者有很多只是"信用卡成员"，他们注册成为会员或为团体捐款，也许会关心一下相关问题的新闻，但在其他方面并没有过多参与。由于这一原因，促进型团体作为"民主学院"的有效性很容易被夸大（Maloney，2009）。

表 18-2 保护型团体和促进型团体的对比

	保护型团体	促进型团体
目标	保护一种利益	促进一项事业
成员	封闭的：成员范围受限	开放的：任何人都可加入
地位	内部的：经常受到政府咨询，并会寻求这一角色	外部的：不那么常被政府咨询，以舆论或媒体为目标
收益	选择性的：只有团体成员受益	集体性的：成员与非成员均可受益
焦点	寻求在成员切身利益问题上影响国家政府	在广泛的政策议题上影响国家和全球机构

代表某一特定行业的利益保护团体不仅会直接游说政府，还经常会加入一个**高峰协会（peak association）**，或志同道合组织的保护伞。其成员不是个人，而是企业、贸易协会和工会。例如，工业协会和公司可以加入面向政府代表商业利益的更广泛的团体，工会也可以为代表工人利益而采取类似的措施。高峰组织的例子包括德国雇主联邦组织（the Federal Organization of German Employers）、美国全国制造商协会（the National Association of Manufacturers）和英国工业联合会（the Confederation of British Industry，CBI）等。其网站显示，英国工业联合会的会员资格赋予了其成员对政府的商业影响力、对政策趋势的洞察力以及接触政治领导人的机会（CBI，2018）。

高峰协会：
面向政府代表行业或劳工利益的保护伞组织。

尽管工会成员的数量和劳工的斗志普遍下降（本章稍后将展开论述），但许多劳工高峰协会仍然能够发出强音。2018 年，德国工会联盟（the German Trade Union Confederation，DGB）由 8 个工会组成，总成员近 600 万人；而英国职工大会（Britain's Trades Union Congress）则有 49 个下属工会，代表着相当可观的劳动人口。这样的数字通常足以使其在决策的会议桌上享有一个席位。

在试图影响公共政策方面，高峰协会通常能够取得成功。这是因为它们与国家政府同气连枝，拥有强大的研究能力，并且代表着重大的经济利益。例如，德国工会联盟（DGB，2018）就这样描述其组织：

德国工会联盟是德国工会的政治保护伞组织，代表德国劳动人民的发声。从地方政府到欧洲再到国际机构，德国工会联盟面向政治家和其他组织，联合并代表了工会及其成员工会的利益……联盟及其成员工会致力于实现"普遍工会"的原则，这意味着它们与宗教、信仰、意识形态以及政党无关。不论工人属于何种行业、何种雇佣关系、拥有何种政治观点或信仰，联盟都将他们联合起来。

然而，由于亲市场思想、国际市场的发展和小型服务公司的崛起，高峰协会的地位一直在发生变化。工会成员的数量逐渐下降，而行业的声音也正在更多地由企业直接表达。此外，对政府施加影响的工作也越来越多地被委托给专业的游说公司。为了应对这些趋势，高峰协会倾向于成为影响政策和提供服务的机构，而不仅仅是代表其成员与政府谈判的组织。

310

智库：
对某一特定的政策领域进行研究的私人组织，其目的是促进公共辩论和政治变革。

智库（think-tank）或政策研究所是另一种类型的利益集团。这类私人组织成立的目的就是进行政策研究，以期影响公众和政治讨论。智库通常会发表报告、组织会议和举办研讨会，通过这些活动来促进社会对其感兴趣问题的讨论，进而直接或间接地影响政府和议员。智库大多由私人资助，也有一些由政府、政党或公司支持，后者通常有着明确的国家、公司或意识形态议程。本书就引用了几个此类机构的成果，包括透明国际（Transparency International，德国）的腐败研究、弗雷泽研究所（Fraser Institute，加拿大）的经济自由研究以及公民社会（Civicus，南非）的公民社会研究——本章稍后将详细展开。

◇ 影响渠道

利益集团对政策制定有着敏锐的嗅觉，并善于通过辩论寻求问题的解决。它们还擅长使用不同的手段来塑造和改变政治议程。这些方法包括筹款、提高公众意识、生产信息、动员成员、游说政府、为议员提供建议以及鼓励媒体对其关心的问题进行有利于自身的报道等。这些方法大致可以分为直接和间接两类（见表18-3）。

表18-3 利益集团的影响渠道

目标	影响方式	渠道	特征
决策者	直接	高级官员	在政策敲定前与政府部长直接对话
		官僚体系	专注于比政策方向更容易改变的政策细节
		立法机关	游说议员，影响其对法律和政策的看法与投票
		法院	提出法律异议
政党、媒体和舆论	间接	政党	利益集团与政党的独有联系正在减弱
		传统媒体	购买广告或有利于自己的报道
		社交媒体	与公众一起直接参与

对决策者的直接影响

政策的制定者是大多数利益集团的最终目标。理想的状况当然是与政府部门的部长直接对话，在具体政策形成之前就与部长进行对话尤其有价值，因为这会使一个群体在政策形成阶段就进入政策过程。但是这种特权通常仅限于少数人，实际上，大多数利益集团的活动与官僚体系、立法机关和法院有关。其中，官僚体系是主要的着眼点：利益集团跟随权力而活动，而决策的细节往往是在官僚们的办公室中形成的。

311

相比于始终是各种团体活动重要舞台的官僚体系，立法机关的重要性则取决于其政治分量。我们可以从美国和加拿大的比较中看出其中的差异：

● 美国国会（尤其是国会各委员会）是政策制定机制中的一个重要齿轮。国会议员——尤其是众议院议员们意识到他们置身于公众的监督之下，而两年一度的选举则意味着他们必须不断了解利益集团对他们的评价，以为竞选活动寻找资金来源。利益集团支持特定候选人的能力使得议员对它们的需求十分敏感，尤其是那些与他们的选区息息相关的需求（参见 Cigler et al.，2015）。

● 如同大多数民主国家一样，在加拿大，议会更多是被动的而非主动的。因此，利益集团将其视为舆论的制造者，而非决策者。政党投票的现象在下院根深蒂固，其影响甚至超出了院会投票而蔓延至委员会。委员会在任何情况下都很少越界去修改摆在他们面前的政策草案，也几乎不会否决政府提出的任何法案（Brooks & Ménard，2017）。在这样一个循规蹈矩的环境中，几乎没有利益集团插足的余地。

游说是直接影响政策制定者的核心方式（参见聚焦 18.1），但也引发了许多令人不安的问题：游说只是贿赂的委婉说法吗？富有的利益集团和公司是否可以简单地花钱雇用游说公司，以确保一项法案被否决或搁置？总的来说，答案是否定的。尽管游说者出于商业目的夸大自己的影响力，但事实上，除了政府和关键利益集团关系特别紧密的国家（如日本——详见本章稍后的内容）外，大多数游说者能够接触到的也无非是与之关系较近的政客或官僚。例如，一项关于美国游说活动的研究发现，尽管花费了数百万美元，但游说活动十次中有六次都不能改变任何政策（Baumgartner et al.，2009）。

尽管存在着实践上的局限性，但专业的游说活动的确有助于有效的政治交流。它可以把客户相关的信息集中到决策者处，确保其声音被需要听到的人听到。此外，游说者将大部分时间花在了与他们有共同看法的议员身上，帮助他们推动其本就相信的事业。长期工作于布鲁塞尔的专业游说者斯坦利·克罗西克（Stanley Crossick）引用托马斯和赫雷贝纳尔（引自 Thomas & Hrebenar，2009）的话说："成功的游说就是在正确的时间、正确的问题上，以正确的形式将正确的信息传递给正确的人。"至少在这一方面，游说提高了治理的效率。

通过舆论的间接影响

公共舆论（民意）是促进型利益集团的重要目标，其目的是改变公众的观念和习惯，聚集公共利益，从而给政府带来改变政策的压力。通过付费广告、在传统媒体中发表有利的报道（公共关系）以及通过社交媒体进行观念推广，并将志同道合的选民聚集起来，这些团体可以扩大它们的受众。

就利益集团的影响目标来说，政党已经不像以前那样重要了。例如，在欧洲，工会和社会主义政党长期以来在努力促进广泛的工人阶级利益方面有着密切的联系，环境保护运动也催生出了针对特定议题（如污染、废弃物和野生动物保护）的促进型团体和绿色政党。后来，利益集团变得更加专业化，而政党则有着更广泛的议程。因此，多数利益集团目前都在寻求两面下注。松散而务实的联系是它们与政党关系的常态——利益集团倾向于跟随权力，而非政党。

本书在第十四章中讨论的碎片化现象意味着利益集团必须开拓更广泛的媒体策略，使用尽可能多的媒体渠道，同时更有针对性地关注它们的支持者最有可能感兴趣的社交媒体。尽管如此，传统媒体仍然至少与之前一样重要。无论通过何种方式，对该群体关心的问题进行有利的报道，是这些团体的最终目标。当这些群体意识到民意与自己连在一起时，它们就会采取双重策略：一面呼吁公众，一面呼吁立法者。

◈ 影响要素

312 　　毫无疑问，一些利益集团对政府的影响力要大于其他利益集团。那么是什么赋予了特定群体的说服能力呢？我们可以从一般到具体的四个属性中找到大部分答案，这些属性是：合法性、成员、资源和制裁。

聚焦 18.1

游说

312

尽管游说已经远远超越了其起源于英国议会的原本含义，但仍然是利益集团试图影响立法者的关键手段（Godwin et al.，2013；Bitonti & Harris，2018）。现在的游说者往往是专业的，为公司或专门的游说公司工作，这些游说公司由利益集团沟通业务的雇佣枪手组成。这类服务的提供者不仅仅限于专门与政府打交道的公司，还包括律师事务所和管理咨询公司内的一些部门。游说业务在民主国家越来越普遍，有些公司甚至开始拓展国际业务。

游说的兴起有着以下三个原因：

● 政府规制的持续增加。一个为多个利益集团工作的专业游说公司通常可以比每个利益集团亲力亲为更有效地监督拟议的法律法规。

● 公共关系活动正变得越来越复杂，并经常寻求在同一个项目中同时影响利益集团、舆论以及政府。制订计划和多种活动方案对于一个利益集团来说可能过于复杂，专业机构在这些方面发挥着自己的作用。

● 许多公司现在已经开始直接与政府接洽，而不是通过它们的行业协会。无论大公司还是小公司，它们都发现通过游说公司帮忙联系政府机关或议员，是比通过行业协会生效更快的方法。

游说行业的核心特征是其强烈的个人色彩，这在**旋转门（revolving door）**机制根深蒂固的美国发展到了令人不安的程度。游说是一项关于"你认识谁"的工作：一个说客如果是议员的前同事，那他就更容易接到该议员的回电。然而，一项关于旋转门现象的研究表明，相比于获取内部特殊渠道，利益集团更关注游说者个人在争执过程中，为其客户提供抵御日益失调和不可预测的政治系统所带来的风险的经验（LaPira & Thomas，2017）。

旋转门：
人员在立法者（官僚）与受法律法规影响的行业成员两种角色之间流动的现象。

首先，一个特定的群体所取得的合法性程度非常重要。享有高声望的利益团体最有可能在特定问题上占据上风。虽然一些拥有象征社会体面的成员的利益集团，曾经不时会像工会一样激进严厉，但如律师和医生等专业人士逐渐脱离了吸引公众敌意的工会。同样，企业对经济绩效的重要性也使它们的声音通常能够被政府所听到。

其次，集团的影响力取决于其成员。这既是一个**密度（density）**和投入程度的问题，也是一个数量的问题。例如，在几乎所有民主国家中，特别是在私营部门，随着工会成员比例的下降，工会的影响力也在逐渐下降（见图18-1）。除了斯堪的纳维亚半岛，目前工会成员仅占劳动人口中的少数，这削弱了工会与政府、雇主交涉的能力。

新西兰在这方面尤为突出（参见Edwards，2016）。1985年，新西

密度：
在有资格加入团体的所有个人中实际加入的成员比例。密度越高，则该团体的权威性和交涉能力越强。

313

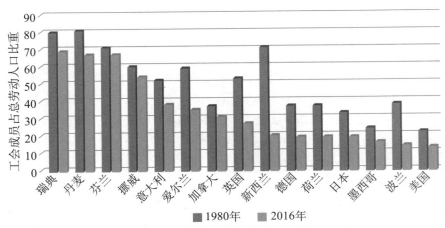

图 18 - 1 工会成员占比对比

资料来源：OECD，2017b.

注：波兰早期的数据来自 1990 年，墨西哥的来自 1992 年。

兰的工会成员比例达到了历史最高，约有一半的劳动人口都是工会成员。而到了 2016 年，这一数字已经下降到了不足 1/5。这种下降始自 1991 年，当时新西兰通过了一项结束强制加入工会的法案，并逐渐开始进行政府服务的改组和私有化。工会的声望也并不理想：2016 年的一项调查显示，只有 30％ 的新西兰人信任工会，这使得工会的排名仅仅高于媒体，成为新西兰信任度倒数第二的机构。此外，工会还受到工作场所变化的影响——工作时间固定、人员流动低的大型工作场所，逐渐被后工业社会中的常见的时间灵活、场所分散的工作方式所取代。

然而，成员数量本身并不代表影响力，被《纽约时报》描述为美国最可怕的游说组织的全美步枪协会（NRA）的成功就反映了这一点（Draper，2013）。尽管全美步枪协会拒绝公布真实数字，但多数有根据的猜测显示，该协会的成员约为 500 万人，不足美国人口的 2％，成员以年长的白人男性为主。然而，全美步枪协会在游说活动中十分有效，其成员非常乐于联系其地方和全国代表，以实现该组织维护持枪权利的目标。这也使得美国成为世界上针对枪支的法律限制最少的国家之一，以及迄今为止民主世界中枪击死亡率最高的国家。

再次，资源是利益集团能力的第三个测量标准。以欧盟为例，随着欧洲层面的决策增多，越来越多的利益集团在欧盟的主要机构所在地布鲁塞尔开设了办事处（参见 Bitonti & Harris，2018：Chapter 1）。这一举动使它们更便于与这些机构展开合作，加强了它们与地方、地区和国家政府接触的能力。为了代表更广泛的经济利益，欧洲已经出现了多个跨部门、跨国家的组织，包括欧洲商业联合会（成员包括各国商业联合会）、欧洲消费者组织、欧洲工会联合会以及欧洲工业圆桌会议——由近50家欧洲主要企业的首席执行官组成的非正式论坛。与其他地方一样，欧洲越来越多的公司也直接或通过游说公司与政府或欧盟接触。

最后，组织实施制裁的能力显然也十分重要。最典型的例子是工会罢工，但由于工会力量的下降，这一路线已经少有人使用。其他利益集团的制裁方式则更为聚焦，如一个利益集团撤回对某一政党或某一候选人的支持（这只有在该集团成员众多或对该党或候选人有价值的情况下才有意义，例如全美步枪协会）。高峰协会也可能会收回它们在制定政策方面与政府的合作。一般来说，促进型团体（例如环境保护团体）可以用来作为谈判筹码的制裁手段较少，其影响力也因此受到了限制。

314

◇ 利益集团的动态

长期以来，围绕利益集团角色的论辩一直以**多元主义**（pluralism）为中心展开。多元主义是一种将自由组织的利益集团之间的竞争视为一种民主形式的理论模型。在理想世界中，利益集团应可以代表社会的所有主要部分，使各部分的利益都得到充分的政治表达。利益集团将在公平竞争的环境中争夺对政府的影响力，而政府也不应对任何利益集团有偏袒。新的利益和身份的出现也会促使代表这些利益和身份的利益集团形成，并迅速在权力中心找到自己的一席之地。整体而言，多元主义是指通过政府的开放性，使政策能够反映经济和社会发展，从而实现分散决策的良性过程。

多元主义：
相互竞争的利益集团对回应性政府施加影响的政治体制。

利益集团动态的现实却与这一理想有所出入，对利益集团与政府之间关系的最初描绘，现在被普遍认为是片面和肤浅的（McFarland，2010）。批评主要集中在四个方面：

● 利益集团并不是在公平的环境中竞争。一些利益集团——如商业集团——天生就更为强大，而另一些则不然，甚至处于边缘地位。其结果是不同的利益集团形成了一个影响力等级，它们在这一等级中的排名反映着它们的资源、它们对政府的价值以及公众对它们事业的支持。

● 多元主义忽视了政治文化和政治制度中某些利益高于其他利益的

偏差。倡导在现行秩序下进行适度改革的团体，通常比那些寻求激进变革的团体能够得到更多的认同。而另一些群体，如穷人、无家可归者和失业者，则更难得到关注。

● 国家不仅仅是一个中立的仲裁者。除了决定听取哪些利益集团的意见外，它还可以对这些利益集团的运作进行监管。国家甚至能够在其所认为的重要领域培育和支持利益集团的形成，从而从根本上塑造利益集团的布局态势。

● 多元的冲突将会使人们忽视主流群体的领导人所共享的利益——例如他们同属于一个阶级或种族群体。1956 年，C. 赖特·米尔斯（C. Wright Mills）在其著作《权力精英》中提出了一个著名的观点，即工业、军队和政府的领导人是一群环环相扣的权力精英，而不是多个分散的权力中心。尽管米尔斯以美国为分析对象，但事实上这一观点的适用范围要更广。

对多元主义理论的另一个批评来自政治学家曼库尔·奥尔森（Mancur Olson）于 1965 年发表的著作《集体行动的逻辑》。在此之前，人们常常认为，所有利益集团都可以在谈判桌上获得大致平等的地位。但奥尔森认为，有些分散的共同利益者很难找到彼此，很难团结和组织起来，也很难与更加集中、组织更完善的利益集团相竞争。这有助于解释为何普通公民很难与大公司抗衡。例如，大公司拥有资金、资源、人脉和许多其他可以用于影响决策者的筹码。奥尔森的分析与理性选择理论有所呼应，即公民没有足够的动机了解政治并接触其他公民。

然而，并非所有人都认同奥尔森的分析。从奥尔森的时代开始，代表消费者和其他许多分散群体的组织相继涌现、发展，其中有一些也发出了有力的声音。特朗布尔（Trumbull，2012）表示，分散的利益难以组织起来或不足以影响政策是对历史的误读。相反，他认为弱势者的利益往往会占据上风。他对此的解释是，组织不如合法性重要。换言之，行动者和监管者之间的同盟可以形成"合法性联盟"，将他们的议程与更广泛的公共利益联系起来。例如，这种联盟不仅限制了欧洲农业和制药部门的影响，也限制了一些发展中国家的跨国公司的影响。在不同地区、不同时期的多重社会运动的兴起也表明，比个人和群体更强大的力量开始发挥作用——参见聚焦 18.2。

奥尔森的这些观点是在互联网和社交媒体出现的多年之前提出的，

而互联网与社交媒体的结合让拥有共同利益的人更容易找到彼此。这可能不会导致新利益集团的产生，但今天任何上网的人都可以创建倡议网站，从而吸引用户关注、发布信息、讨论问题，与志同道合的网友建立网络并与反对者进行接触。通过轻按鼠标来开设一个账户或建立一个网站并不需要多少努力，参与者也可能只是发表一条评论或玩一个梗，但这些在线对话预示着非正式社区的建立，并累积成足以影响舆论的更大运动，甚至演变为直接的政治行动。2011 年的埃及民主化运动、2014年的乌克兰民主化运动、2016 年的英国"脱欧"、2017 年美国支持女性权利和移民改革的"女性大游行"、2018 年美国反对枪支暴力的高中生示威等都是这一过程很好的例子。

美国和日本的案例也说明了多元主义思想的局限性——这两个国家不同群体的政府接触都不平衡，但有着不同的原因。美国经常被认为是多元主义模式的典范，因为它看起来是为数众多的、可见的、有组织的、有竞争力的、资源充足的成功利益集团的家园。例如，有学者列出了 1981—2006 年在华盛顿特区活跃的 27 000 多个政治组织（Schlozman，2010）。权力的分立为利益集团提供了多处可以撬动的杠杆，包括国会委员会、行政机关和法院。此外，还有其他团体致力于影响州和地方的政策。但批评人士指责政府巩固了那些已经足够富有和强大的组织的利益，包括那些被认为"稳如泰山"的金融机构。普遍的利益往往被湮没在特殊需求的海洋中，这避免了多数人的独裁，却带来了少数人暴政的风险。

316

聚焦 18.2

社会运动

316

任何关于利益集团工作的研究都不能忽视社会运动的影响。**社会运动**（social movement）是一种不那么正式的政治参与形式，通过它，人们聚集在一起，以集体和非制度化的方式来促进（或阻碍）社会的变革（Flacks，2005）。这些运动可能来自既有利益集团，也可能导致新的利益集团产生，但无论如何，它们往往以一个团体为核心。不同的社会运动围绕着广泛的议题展开（见表 18-4），采取各种各样的方

法，包括示威、静坐、抵制和政治罢工等（参见 Staggenborg，2016）。

2011 年，抗议者占领了纽约市金融区的祖科蒂公园（Zuccotti Park），以表达他们对（尤其是金融业）日益加剧的收入不平等的不满。在"我们是 99%"的口号下，"占领华尔街"运动不仅迅速在全国范围内引起震动，而且得到了国际上的强烈反响。包括澳大利亚、巴西、加拿大、法国、德国、墨西哥、新西兰、尼日

利亚、南非和土耳其在内的许多国家都出现了类似的运动。"占领华尔街"运动并没有推选出选举候选人，也没有进行传统的游说活动，而是成功地将公众的注意力（尽管只是暂时地）集中到了收入差距和不受约束的企业权力上。

为了更好地理解社会运动的特征，我们可以将其与政党和利益集团进行比较（见表18-5）。社会运动的组织更加松散，并没有明确的成员身份或政党指导。与那些来自立法机关之外的政党一样，社会上出现了挑战政治建制派的运动。然而，这些运动并不寻求将不同的利益聚合为一个整体，它们只是在特定的领域占据道德制高点。

社会运动的支持者并不总是需要太多的资源来吸引人们的目光，如果有明确的目标，那么单凭数量就可制胜。这意味着社会运动对贫穷社会的政治参与十分有利，这些社会中的一些运动也受益于许多参与者在鼓励政策变革方

面的直接利益。成立于1977年并一直活跃在肯尼亚的"绿带运动"（Green Belt Movement）就是一个很好的例子。这一运动动员农村妇女植树造林，阻止森林的砍伐和水土流失，并得到木材和燃料的收入。2004年，"绿带运动"的创始人旺加里·马塔伊（Wangari Maathai）成为第一位获得诺贝尔和平奖的非洲女性。

传播技术的发展降低了参与新社会运动的门槛，在传统政治参与日渐式微的背景下使得社会运动快速涌现。以法国抗议农业政策（包括限制价格、进口优惠、环保限制）的案例来说，大量的农民走上街头，并用多种技术表达抗议：在高速公路上开速度缓慢的拖拉机，在城市广场上倾倒成吨的蔬菜或粪便，在公共建筑外点燃干草等。

> **社会运动：**
> 在社会上出现的通过非制度的方式，致力于非建制化目标的运动。其目的不是片面的而是广泛的，其风格包含对现有精英的挑战。

表 18-4　社会运动举例

议题	时间地点	焦点
公平贸易	20世纪60年代至今；欧洲	要求发展中国家向发达国家出口日用品的生产者采用更可持续的技术，提高价格
抱树运动（契普克运动）	20世纪60—80年代；印度	以村镇为基础的反对砍伐森林的抗议活动
无地工人	20世纪80年代中期至今；巴西	土地改革及使穷人拥有土地
反全球化	20世纪80年代末至今；许多国家	批评跨国企业和资本的权力
性少数群体权利	20世纪90年代至今；以发达民主国家为主	呼吁同性恋者、跨性别者、变性者的平等权利
"我也是（受害者）"（#MeToo）	2017年开始发源于美国并在全球传播	反对性虐待、性骚扰和性侵犯

表 18-5　政党、利益集团和社会运动的比较

	政党	利益集团	社会运动
是否试图影响政府？	是	是	通常是
是否试图成为政府？	是	否	否
是否聚焦单一议题？	很少	经常	是
是否有正式组织？	是	是	不常有
运用何种战术？	正式的	混合的	非正式的
主要在哪一层次运作？	国家，区域	全球，国家，地方	全球，国家，地方

　　日本也是一个强调群体政治的社会，因此看上去同样是多元主义的自然居所。日本的许多组织都很活跃，它们使用标准化的策略进行活动，如游说和提高公众的意识。然而，法尔（Pharr，2005）曾经用"四少"来形容日本的大多数组织：成员少、专业人员少、预算少、运作空间少。相比之下，企业与政府的关系长期以来都非常密切——更具体来说，是大企业和占主导地位的自民党之间有着密切的关系。日本的公共政策与其说是来自选举和公众辩论，不如说是来自自民党高层、官僚体系、企业这一**铁三角（iron triangle）**之间的讨价还价，小企业则相对边缘化。人们常说，这种明显的非多元化模式的结果，是一个人民贫穷的富裕国家。

　　美国同样存在铁三角问题，包括官僚体系、国会委员会、公司或利益集团（见图18-2）。在拥有可分配资源的政策部门，国会立法委员会为政府部门拨出部分资金，用于补偿利益集团成员利益，而这些利益集团又会为议员提供选举支持和竞选经费。在这些铁三角中也许最著名的是艾森豪威尔（Eisenhower）总统在其卸任演说中提到的"军工复合体"（the military-industrial complex）。这一概念描述了美国国防部、国会武装部队委员会和为美国提供大部分武器的国防承包商之间的密切关系。尽管这些关系在许多部门已经松动，但它们仍然是多元化模式竞争性决策中的例外。

　　近年来，铁三角的影响力有所减弱，这要归功于媒体更严密的监督、新的公共利益团体在发现公众被欺骗时的大声疾呼、立法者更愿意公开、反对封闭甚至腐败的决策方式以及社交媒体所提供的公共论坛。另外，政策问题变得越来越复杂，更多团体加入了政策过程，让内幕交易变得更加困难。在政府更加开放的背景下，最初由赫克罗（Heclo，1978）提出的**"议题网络"（issue network）**得到了更多讨论。议题网络

317

铁三角：
一种政策影响关系，（在美国）包含利益集团、官僚、立法委员会以及这三者之间的信息、利益和支持交易。

议题网络：
利益集团、政府部门、立法委员会和专家之间一套松散灵活的关系，它们就共同关心的政策提议开展工作。

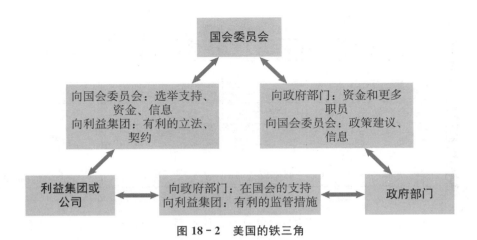

图 18-2　美国的铁三角

是指为我们所熟知的决策参与者之间的一系列关系，包括政府部门、利益集团、立法委员会和外部专家。然而，议题网络比铁三角更为开放，有更广泛的利益方参与决策，有利于保护型团体的偏差也有所减少，新兴团体能够参与辩论，合理的论点也变得更有分量。

威权国家的利益集团

318　　　正如我们所看到的，利益集团既可以改善民主的质量，也可以降低民主的质量。它们能让更多的声音被听到，可以为一个健康、多元的文明社会做出贡献；但也可以导致少数人的声音被更大的声音淹没。它们的实际作用取决于其不同的动员和说服能力，甚至取决于其受政府管制、控制或支持的不同情况。利益集团的权力和地位反映了它们所在国家的政治、经济和社会的优先事项。

　　威权国家的利益集团也会受到类似因素的影响，但一个明显的差异是，威权国家的政府对利益集团获取权力的控制更加明显。在民主国家，一般至少存在鼓励多元主义的努力，尽管这些努力经常被内部团体进入政府并获得特权所削弱。但相比之下，威权国家对团体（非政府组织或公民社会组织）的控制与限制更为严格，公民社会也受到更多的限制。威权统治者将自由组织的团体视为对其自身权力的潜在威胁，因而要么压制这些团体，要么将它们纳入其权力结构。在"聚光灯　埃及"中，我们可以看到这一动态的一个例子。

　　对于社会运动而言，虽然它们面临的压制更为强烈，并且参与者的生命和福利都面临巨大风险，但它们偶尔也会成为威权政治的一个显著特征。社会运动往往动员穷人和边缘群体，这些面临严重生活问题的人群在不利的政治环境中寻求合作以改善他们的生活条件。城市里的穷人组织施粥所，棚户区居民游说实施土地改革，成群的母亲强烈要求获得她们在军事统治下"失踪"的儿子们的信息——这些都是大众政治活动兴起的例子。

正如在政治和政府领域一样，如果没有比较，就很难针对利益集团的工作形成清晰的图式，公民社会的工作在这方面很有帮助，这是一个总部位于南非约翰内斯堡的智库，由来自大约175个国家的40 000多个国家团体组成的联盟。自2011年以来，该智库持续发布公民社会状况的年度报告，并根据公民空间的开放程度将国家分为五类。在该报告所涵盖的样本中，瑞典和德国表现最好，被评为"开放的"；美国和日本等有缺陷的民主国家被评为"有限的"；其他有缺陷的民主国家（如印度、巴西）被评为"阻塞的"；土耳其和委内瑞拉等被评为"压制的"；伊朗等国被评为"封闭的"。

在其2017年的报告中，公民社会（Civicus，2017）声称世界上只有3％的人口生活在公民空间完全开放的国家，并对这一态势的发展趋势做出了悲观的总结：

在世界范围内，对权力发起挑战正在变得越来越危险，且这一举动有遭到报复的风险……针对从事捍卫人权和基本自由的民间社会组织和活动人士的攻击正在形成一种惯常的模式，这些组织和活动人士受到国家机器、极端团体、和大企业有关的犯罪实力的压倒性攻击……对公民空间的限制已成为常态，而非例外。这应被视为一种全球紧急状况。

公民社会（Civicus，2018）在其2018年的报告中持续关注了这一 *319* 趋势，指出民粹主义思想在多个国家不断蔓延、政治极化、个人统治破坏民主制度等现象。但它也指出，公民社会的组织也正在积极地响应，加强他们对这种趋势的抵抗。

"政府主导的非政府组织"是**法团主义（corporatism）**的产物。这 *322* 是一个含义具有广泛争议的术语，从法西斯主义的意大利一直到斯堪的纳维亚半岛的民主法团主义都有所应用。在这里，它被用来描述一种政治制度，在这一制度下，国家对少数利益集团施加控制，让它们参与决策，以换取它们对政权的支持。这一概念曾一度与巴西和墨西哥等民主化之前的拉丁美洲国家联系在一起。

法团主义：
与多元主义所建议的影响力与观点的竞争相反，这一安排使社会中被选定的利益集团正式参与政府工作，并为政府提供支持以换取进入政府的机会。

聚光灯

埃及

简介

320

埃及长期以来都是参与中东政治的主要角色，这不仅是因为其在促进阿拉伯民族主义方面发挥了先锋作用，更是因为其在冷战和阿以冲突中的战略意义。埃及也是"阿拉伯之春"运动的中心，2011 年，支持民主的示威活动导致了胡斯尼·穆巴拉克的下台。2012 年，穆罕默德·穆尔西通过民主选举上台，但在第二年就被军事政变赶下了台。埃及人现在面临的不确定性导致其从混合政体降至威权政体。在阿拉伯世界，埃及是仅次于沙特阿拉伯的第二大经济体，但却资源贫乏。埃及严重依赖旅游业、农业和海外埃及工人的汇款，并在满足其快速增长的人口的需求以及抵御伊斯兰武装分子的潜在威胁中挣扎。

政府组成	统一的半总统制共和国。现代国家建立于 1952 年，最新宪法通过于 2014 年
行政	半总统制。总统由直接选举产生，任期不超过两届，每届四年；总理领导内阁，对人民议会负责；没有副总统
立法	一院制：人民议会，由 567 名成员组成；其中 540 名由选举产生，任期四年；27 名可以由总统任命（2019 年 4 月修宪将议会由一院制改为两院制）
司法	埃及法律是英国、意大利和拿破仑法典结合的产物。最高宪法法院一直密切关注埃及新近的政治变化，它由总统任命的 21 名终身成员组成，70 岁强制退休
选举体制	总统选举采取两轮选举制，在第一轮中获胜需要获得绝对多数。人民议会采取混合成员绝对多数制：2/3 的议员通过政党名单比例代表制选举产生，1/3 的成员在两大选区通过少见的多选区相对多数制选举产生
政党	多党制，但由于最近的局势而不稳定。政党代表着广泛的立场和意识形态

人口：9 570 万

国内生产总值：1 350 亿美元

人均国内生产总值：2 412 美元

埃及的利益集团

321

我们在第六章看到，在基于个人的威权体制中，与决策者的接触是如何依赖于恩庇关系的——这印证了一句名言：你认识谁比你知道什么更重要。埃及就是一个很好的例子。它似乎有一个健康而多样的利益集团社区，有代表着商业、农业、专业人士和宗教的各种团体，但政府长期以来对这些团体有着密切的关注。与此同时，一些利益集团已经发展出足够的权力和权威，对政府施加一些通常在民主国家才会出现的利益集团影响力。

在胡斯尼·穆巴拉克执政期间（1981—2011），埃及的团体数量和范围快速增长。商会和工业联合会等机构为了实现经济自由化而进行游说，内容包括废除固定价格等。记者联合会、律师联合会和工程师联合会等专业团体的领导人利用他们在政府中的个人关系，为其成员争取利益。

利益集团的快速发展使得穆巴拉克政府认识到有必要对其进行更加严密的监管，政府开始要求这些团体进行正式注册，并在 1999 年迈出了备受争议的一步：通过了一项赋予政府干预团体工作的极大权力的法律。根据这项法律，政府可以雇用或解雇董事会成员，取消董事会的决议，甚至根据法院的命令解散一个团体。团体还被禁止参加政治活动，其成员也因各种莫须有的罪名遭到监禁，"破坏国家团结"就是罪名之一。

　　埃及的公民社会在推翻穆巴拉克的革命中达到了新高度，自 2013 年掌权以来，阿卜杜勒·法塔赫·塞西政府承诺要取缔这部 1999 年通过的法律，代之以更有利于团体运作的新法律。然而，政府继续以威胁国家安全的眼光看待利益集团的活动（Braun，2016），随着法律的变更，对抗议活动的限制及针对恐怖主义和伊斯兰武装分子的措施仍然限制着团体的活动。

延伸阅读

Hassan, Abdalla F.（2015）*Media，Revolution and Politics in Egypt*（I. B. Tauris）.

Ketchley, Neil（2017）*Egypt in a Time of Revolution：Contentious Politics and the Arab Spring*（Cambridge University Press）.

Springborg, Robert（2018）*Egypt*（Polity Press）.

　　委内瑞拉则是拉丁美洲法团主义传统的一个例外。该国在查韦斯革命后变得两极分化，利益集团的角色也从多元走向了对抗。在 2018 年的公民社会发布的报告中，该国的公民社会状况被评为"压制的"。20 世纪 80 年代，贫困和不平等是非政府组织工作的驱动力，而在 90 年代则主要是中产阶级对政治领导人合法性下降的反应（Lean，2012）。自从 1998 年查韦斯发起玻利瓦尔革命以来，政府和利益集团之间的冲突更是公开化，利益集团要么支持查韦斯政权，要么反对其激进的变革。许多利益集团也不得不关注委内瑞拉面临的人道主义危机以及人权所遭受的破坏。

　　在尼日利亚和土耳其等混合政体中，利益集团的地位介于民主国家和威权国家之间。公共部门和私人部门之间的边界被疏于监管，使得总统及其盟友能够插手经济，以奖励朋友、惩罚敌人。但这种参与是有选择的而非全面性的，领导人只是有时会凌驾于正常的商业活动之上，但并不寻求完全取代它们。

　　在更发达的混合政体中，其结果可能是一种二元的代表制，将利益集团在日常事务上的角色与对总统和统治精英至关重要的事务中更加个人化的关系（通常由赞助培育）结合起来。在最敏感的经济领域（如对能源资源的控制），雇主之间为争夺政治影响力而相互对立，几乎没有给有影响力的商业协会的发展留有任何余地。总体而言，尽管混合政体允许一定的利益表达，但利益集团的重要性远没有达到自由民主国家的程度。

　　以俄罗斯为例，在这个有着悠久威权统治历史的国家的政治体系中，利益集团的地位面临着与俄罗斯政党相同的问题。在 20 世纪 90 年代，数以千计的新组织被创建，政府也采取了一系列措施让它们成为政府的帮助者而非反对者（Robertson，2014）。这些措施包括，创建一个国家公民协会，旨在让"公民"在公共政策中发出声音。这一组织在 2005 年召开了第一次会议，不久，全国其他地区相对应的组织也加入了进来。然而，由于协会管理着一个需要各个非政府组织竞争的资金体系，且该协会的 166 名成员中有 40 人是由普京直接任命的，这其中显然存在着操纵的因素。在某种程度上，该协会类似于政府主导的非政府组织，政府与对它们有利的群体合作，并排斥其他无足轻重的群体。

俄罗斯政府强烈的民族主义基调导致了对依靠海外支持生存的团体（如妇女协会）的激烈批评。在俄罗斯，很少有促进型团体拥有大量的会员，大多数团体也仅在基层一级运作，从事教育或环境等方面的地方工作项目。这些团体在国家的监管之下运作，俄罗斯独断的政府和羸弱的公民社会也因而继续限制着利益集团的发展。

问题研讨

323

● 利益集团为民主带来了什么，又使民主失去了什么？

● 是否存在一种利益的等级关系，某些群体在其中比其他群体更有优势？抑或说群体的数量和多样性是否会导致利益的平衡？

● 特殊的利益在多大程度上限制了政治观念的市场运作？

● 游说是民主过程与生俱来、不可避免的一部分吗？

● 多元主义是真实存在的，抑或仅仅是一种足以被不同利益的不平等所破坏的理论假设？

● 法团主义在何种程度上存在于民主政体和威权政体之中？

核心概念

- 公民社会
- 法团主义
- 密度
- 利益集团
- 铁三角
- 议题网络
- 游说
- 邻避

- 高峰协会
- 多元主义
- 保护型团体
- 促进型团体
- 旋转门
- 社会运动
- 智库

延伸阅读

Bitonti，Alberto，and Phil Harris（eds）（2018）*Lobbying in Europe：Public Affairs and the Lobbying Industry in 28 EU Countries*（Palgrave Macmillan）. 本书是对欧盟游说活动的评估，书中对欧盟各成员国的情况有简短的章节讨论。

Cavatorta，Francesco（ed.）（2012）*Civil Society Activism under Authoritarian Rule：A Comparative Perspective*（Routledge）. 近来为数不多的对威权国家利益集团活动的研究。

Edwards，Michael（ed.）（2011）*The Oxford Handbook of Civil Society*（Oxford University Press）. 关于公民社会的研究文集，专章探讨不同部门和世界不同地区的情况。

Staggenborg，Suzanne（2016）*Social Movements*，2nd edn（Oxford University Press）. 对社会运动及其方法与成效的教科书式调查，其中的案例包括女性主义运动、性少数群体运动和环保运动。

Yadav，Vineeta（2011）*Political Parties，Business Groups，and Corruption in Developing Countries*（Oxford University Press）. 一项关于发展中国家商业游说与腐败之间关系的研究。

Zetter，Lionel（2014）*Lobbying：The Art of Political Persuasion*，3rd edn（Harriman House）. 全球视角下的游说发展介绍，书中有对欧洲、美国、亚洲和中东情况研究的章节。

第十九章
公共政策

预览

324 　　公共政策关乎政治过程的结果：如果政府的核心目的是管理和解决社会的需求，那么它所遵循的方法和采取（或避免）的行动就共同构成了公共政策。政策是政治互动的产物，我们在前面的章节中已经有过讨论：政策是由意识形态、制度、政治文化、公民的参与，以及媒体、政党和利益集团的影响共同决定的。本章将更详细地探讨政策的形成与实施、参与这一过程的行动者以及对这一过程产生影响的因素。为了方便讨论，我们将用教育、公共卫生以及环境保护等政策案例来说明政策的可能性与局限性。

　　本章首先回顾了政策过程的三种模型：理性模型、增量模型和垃圾桶模型。随后，本章进一步研究了政策周期——这是一种为现实中无序的过程人为附加某种秩序的手段。在发起、制定、实施、评估和复议这一周期的每个阶段所经历的不同问题，让我们能够理解为何如此多的公共政策都未能达成其目标。本章接下来研究了政策扩散和政策趋同的相关现象。最后，我们回顾了威权国家的政策动态：在威权国家，由于权力更加集中，政策有其独有的特征与动态。

核心观点

● 研究公共政策包括了解政府做什么（或不做什么），以及它们工作所处的制度框架。

● 将政策制定想象成有精确目标的理性过程是危险的。增量模型和垃圾桶模型提供了有用的现实主义解释。

● 政府有多种政策手段，大致可分为"大棒"、"胡萝卜"和说教。

● 将政策过程分为从发起到复议的各个阶段，有助于对其进行分析和比较。

● 对政策扩散和政策趋同的研究有助于我们解释为何多个国家的政策会朝着相似的方向演变。

● 民主国家和威权国家几乎在政策的所有方面——从机构间的权力平衡到决策者的方法、动机、资格和关注点——都存在根本性差异。

公共政策：一个概述

325

公共政策：
政府为满足社会需求
而采取的立场和行动
（或不行动）。

公共政策（public policy）是政府行为的总称。它不仅仅是一个决定或一系列决定，而是表示政府在处理它们的需求时所采取的方法，以及它们采取（或避免采取）的满足公众需求的行动。政府的选择受到多种因素影响，包括其自身的优先事项、政治意识形态、对它们提出的要求、经济和政治状况以及可用的预算等。政策既包括目标（如应对气候变化），也包括手段（如发展可再生能源以减少碳排放）。

政党或候选人竞争政治职位时，他们会有一个"购物清单"，以列出他们希望解决的问题以及他们上任后的政策立场。这些内容通常以公开声明、政府方案、法律和行动的形式表达。如果政策仅限于已公布的目标，那么它还算相对容易理解和测量。然而，政府和治理也受到机会主义、政治和公共利益变化、对失败政策的修正以及对新出现问题做出反应的需要等多种因素的影响。

一旦上台，政治领导人通常会发现他们的优先排序和首选的应对措施会随着环境的改变而发生变化。他们有可能被其他紧急问题转移注意力，或发现他们的提案缺乏足够的政治支持和预算，再或者发现设想的落地要比他们预期的困难许多。在理解政策如何制定与实施的过程中，避免将固定顺序强加于政策过程十分重要，因为这些过程经常随政治考量而变化：政策可能会互相矛盾，可能只被用来装点门面（有时重要的是表现出努力的姿态，而不需要对目标的实现抱有任何现实的期望），政策的陈述也可能是为了掩盖事实上向着相反方向进行的行动。

无论采取何种方法和最终结果如何，政府的行动（和不行动）都构成了政策。这些政策决定性地反映了政府及其领导人的素质，它们在解决和改善问题方面的记录将成为评估政府和领导人的依据，并成为决定他们是否能够连任的关键因素。但对于威权主义领导人而言情况则不同。在他们看来，要想生存下去，更重要的是向盟友和支持者提供足够的庇护，而不是好的政策。

政策分析：
对公共政策的内容与
影响的系统性研究。

政策分析（policy analysis）是指理解政府做了什么、如何做的以及产生了何种效果（Dye，2012）。因此，政策分析的焦点是公共政策的内容、实施工具、影响和评估，以及对政策过程的影响，其强调下游（实施和结果）和上游（政策的制度来源）。分析人士关心的是如何提高公共政策的质量和效率，因此这一主题散发出一种务实的气息。政策分析者想要了解的是一项政策是否有效、为什么有效以及如何实现其目标。然而，这是一项说起来容易做起来难的工作。

 政策过程的模型

在分析政策制定的方式时，学者们开发了三个相互竞争的模型：以赫伯特·西蒙（Herbert Simon，1983）为代表的理性模型，查尔斯·林德布洛姆（Charles Lindblom，1959，1979）开发的增量模型，以及迈克尔·科恩等人（Michael Cohen et al.，1972）命名的垃圾桶模型，如表 19-1 所示。

表 19-1 政策制定的三种模型

模型	目标与方法	最优政策结果	分析	指导
理性模型	目标先于方法被设定	政策会达成清晰的目标	综合性的分析；所有影响和所有选项都要被提出	理论
增量模型	目标与方法被同时考虑	政策会被所有主要行动者同意	选择性的分析；目的是找出能被接受的政策，而不是最好的政策	与类似问题的比较
垃圾桶模型	目标是通过采取行动而发现的，而不是被单独指定的	某些问题在某些时间点被部分地解决	很少分析；政府主要采取行动而非决策	不断试错，加一些近期的经验

● 理性模型通过阐述一种理想的决策方法来设置政策基准，而不对这一结论在现实中的映射做任何假定。

● 增量模型将政策视为目标不明确甚至相互矛盾的行为体之间的妥协。这一模型既可以被看作政治应该如何运作的描述（和平地调和不同的利益），也可以被看作对政策实际如何制定的描述。

● 垃圾桶模型突出了许多组织内决策过程的限制，只关注实然，不关注应然。

我们应该认识到，这些模型强调了不同的功能，而不是完全水火不容的。

理性模型

假如你是教育部长，主要政策目标是改善学生们的表现。那么如果

理性模型：
一种理解政策的方法，它假设存在一种最有效的手段，能够系统地实现具体的目标。

你选择**理性模型**（rational model），你首先要确保拥有一套完整而准确的学生表现数据，然后你需要设定目标（如 5 年内让高中毕业的学生人数增加 10%），下一步则是列出实现这一目标最有效的方法。你可以选择增加教师数量、加强教师培训、扩大学校规模或学校数量、加大对弱势群体背景学生的支持、改善设施等——或这些方法的某种组合。如此一来，你的要做的就集中于收集可靠的数据、给定目标和价值观、开发出具体的选项、评估每个选项的价值以及所有可能的影响，并选择实现价值最大化的选项。

成本-效益分析：
基于对不同选项相对成本和效益的系统性分析来做出决定。

换句话说，你需要完成一个全面的**成本-效益分析**（cost-benefit analysis，CBA）过程。虽然预测和测量往往会因遇到一些不可预测、不可测量的事物而变得非常困难，但尝试对每个可能的决定的成本和效益进行分析也有其优势，特别是当我们必须从一小部分选项中做出选择时（参见 Boardman et al.，2018）。具体而言，成本-效益分析将潜在的假设摆在台面上，以吸引那些本不会对此有政治影响力的利益群体的注意（例如，修建新的机场跑道对国家经济的溢出效应被摆在台面上，使决策者不至于看到当地的强烈反对就忽视这一点）。此外，成本-效益分析反对没有经过深思熟虑就着手解决问题的决策方式。它还有助于制定更透明的政策，因为它会迫使决策者在进行成本高于效益的决策前三思。

然而，成本-效益分析以及政策的理性模型同样有其缺陷：

- 轻视了公平、生活质量等软性因素。
- 只计算成本和效益的净分布，忽视了它们在社会群体中的分布。
- 决策过程烦琐、成本高、费时。
- 不会自动地将其所声称的效益实现的可能性纳入评估。
- 何谓成本、何谓效益，通常很难达成共识。

以空气污染问题为例，我们知道它的存在（特别是在大城市及其周边地区），知道它的来源，也知道控制和预防它的方法；而且它无疑会带来健康问题、降低总体预期寿命。然而，空气污染对人的影响并非完全相同，有些人比其他人更有能力在污染的环境中工作和生活。污染与疾病或死亡之间的确切关系尚不明确，我们不能确定更严重的污染会带来多少医疗成本的增加；我们也很难为一个人预期寿命的延长赋予明确的价值（Koren，2017）。控制污染前提下的经济发展和不考虑污染问题的经济发展，其相对的成本与效益也很难计算。所有这些困难的结果是，在现实的政治世界中，理性政策模型的价值是有限的。

增量模型

理性模型从目标开始，而**增量模型**（incremental model）则从利益开始。同样是改善教育的例子，教育部长在循序渐进的过程中会与各种利益相关者进行协商，包括教师工会、地方政府和教育研究人员。他们可能会就如何分配额外的资源达成各方都能接受的共识。这一过程可能不会对长期目标进行衡量和明确，而是侧重于制定一项所有人都能接受的政策。这种方法是通过演变而不是革命的方式制定政策，"增量"在字面意义上理解就是现有序列上增加的一小步。这与我们在第三章中讨论的路径依赖（过程的结果取决于将政策引向特定路径的早期决策）有一定的联系。

增量模型是由林德布洛姆（Lindblom，1979）开发的，作为对理性模型的一个批评性回应。他认为，政策制定不是对现有的选项进行系统性筛选，而是对现有的方向进行一系列微调，从而不断重新制定——这一过程被他称为"蒙混过关的科学"（the science of muddling through）。在这里，重要的是相关各方能就政策而非目标达成一致。因此，政策产生于利益集团的协商，而不是协商之前。

这一模型可能不会实现宏伟目标，但由于每次只迈出一小步，它至少可以避免犯下重大的错误。然而，在只有通过战略性的行动才能成功的情境中，该模型就显现出了局限性。正如林德布洛姆（Lindblom，1990）自己逐渐认识到的那样，渐进的政策制定所处理的是眼下的问题，而无法避免未来的困难。它在政治上是安全的，但缺乏冒险精神；只能修补，不能创新。例如，环境灾害的威胁正是我们没有考虑到人类活动的长期性、累积性影响的结果。渐进主义也更适合稳定的、富裕的民主国家，而不是寻求通过发展实现转型的低收入国家。这是一种"正常时期"的多元主义决策方法。

垃圾桶模型

在**垃圾桶模型**（garbage-can model）下，提高学生表现的教育政策会如何制定？答案是，它会首先质疑这种明确目标的意义。这一模型将会建议在政府的教育部门内分出科室和人员，在其日常工作中通过各种委员会进行互动，这些委员会的组成也随着时间的推移而变化。不尽如人意的考试成绩可能是学校管理者所关心的问题，而其他的方案也值得

增量模型：
一种理解政策的方法，它将政策演变视为相关利益方进行协商后带来的微小变化。

328

垃圾桶模型：
一种理解政策的方法，它强调局部性、流动性和无组织性。

考虑——如在线学习。但是，有解决方案的参与者是否会遇到有问题的参与者，从而促成问题的成功解决，就如同垃圾桶里不同类型垃圾的排列一样充满变化、不可预测。

因此，垃圾桶模型展现了一种不确定的决策图式。当理性模型和增量模型都着眼于开出处方时，垃圾桶模型则表达了有偏见的现实主义者所持有的视角。对此，科恩等学者（Cohen et al.，1972）的描述如下：

一堆选项在寻找问题，议题和感受在寻找让它们能够被知晓的决策情境，解决方案在寻找适合它们的议题，而决策者在寻找工作。

决策被视为部分的、流动的、混乱的、无政府的和不完整的。组织被认为是观点的松散集合，而不是明确偏好的持有者。为了解决问题，它们必须排队并等待轮到自己。具体的行动往往反映着对特定领域立即响应的要求，而不是去追求一个总体的政策目标。最好的情况是，某些问题在特定时间得到了部分的解决。

这种模式可能很难把握，这也反映出在我们的头脑中，试图将理性强加于决策的思维是多么根深蒂固。像大学这样大型的、分散的公共组织就是一个很好的例子。在大多数的大学校园中，决策都是由委员会做出的，这些委员会在很大程度上独立运作。节能小组可能不知道何种工具可以帮助它们达成目标，而工程学院则可能十分了解这样的设备，却并不知道节能委员会的存在。标准委员会可能希望提高整体的录取门槛，而机会平等团体则可能对少数族裔的申请更感兴趣。即便是对同一个群体而言，其立场也可能取决于参加会议的人。

政府则是另一个大型分散实体的典型例子。它并不是一个单一的实体，而是一系列使用不同手段实现其目标的部门和机构（参见聚焦19.1）。各政府部门可能同时处理一个问题的不同方面，但没有任何一个部门具有全局观。可能一个部门在忙着治理污染，另一个部门则忙着吸引投资建设新的污染工厂。通过垃圾桶模型的考虑，我们可以看到为什么我们应该对候选人的强势承诺——比如他们在执政期间计划实现什么或"我们的政策是……"——持怀疑态度。

◇ 政策周期

思考公共政策的一种方式是将其视为一系列的周期性阶段。这种方法的结果可能是描绘出一幅与政治现实相脱离的有序图景，但它有助于

聚焦 19.1

"大棒"、"胡萝卜" 和说教

除了了解政策是如何制定和实施的，了解政府的施政工具也十分重要。换言之，政府是如何进行治理的？例如，立法机关似乎可以确立福利和合法权利，然后安排具体的政府部门为符合条件的人提供这些福利。然而，现实中，立法和监管只是许多政策工具中的两种，而且并不是最常见的。

政策工具可以分为"大棒"（惩罚）、"胡萝卜"（奖励）和说教（信息与说服）(Bemelmans-Videc et al.，1998)。以减少烟草消费的政策为例（见表 19-2），"大棒"包括传统的命令和

表 19-2 政策工具：以烟草为例

范畴	类型	内容
命令和控制（"大棒"）	立法	卫生部门采取措施减少被动吸烟
	监管	餐厅禁止吸烟
服务	公共的	政府提供资金，支持公共卫生诊所开设戒烟课程
	私人的	私人机构通过开设戒烟课程获得收入
财政（"胡萝卜"）	税收	对烟草生产征税
	补贴	对尼古丁替代产品进行补贴
倡议（说教）	信息	举办宣传吸烟危害的公共活动
	说服	举办呼吁停止吸烟的公共活动
	公民社会	成立或资助反对吸烟的团体

控制手段，如禁止或限制烟草的使用；"胡萝卜"包括财政奖励，如对烟草使用征税或为尼古丁替代产品提供补贴；说教则包括表达出对吸烟危害忧虑的公共宣传运动。

除了这些传统的工具之外，市场化工具(market-based instruments，MBIs)也已经成为政策工具的一个有趣的补充。再回到空气污染的例子，美国和欧盟已经成功地使用了一种被称为碳排放交易的方法：对排放量设定限额，低于限额的公司或国家就可以向那些超出限额的公司或国家出售"污染权"。这样一来，减少排放就有了财政上的好处，超标排放也有了财政上的惩罚。从理论上讲，市场化工具解决了监管与市场之间的冲突。其目标是通过创造新的市场——如果说现实中的市场往往是不完美的话——来进行监管(Kreiser et al.，2013)。

在一系列工具面前，政策制定者应该如何进行取舍？实践中，工具的选择受到过去的实践、国家政策风格和政治因素的强烈影响，例如可见度（一些事只有被看到才能被完成）。决策者还可以对有效性、效率、公平性、适宜性进行评估。由于大多数政策使用组合的工具，所以还应该处理好总体的配置。工具的作用不应互相冲突，而应形成一个理想的逻辑链条。

让一种通常而言极为复杂的现象加入某种秩序。概括政策周期的方法有很多种，其中一种就是分为发起、制定、实施、评估和复议（见图 19-1）。当然，这种划分更多是分析性的，而不是按照实际的时间顺序。因为在现实世界中，这些阶段常常是重叠的，且有些阶段可能永远无法实

现。尽管如此，对这些阶段进行考察可以帮助我们明确政策分析的重点，包括其对政策敲定之后所发生情况的关注。

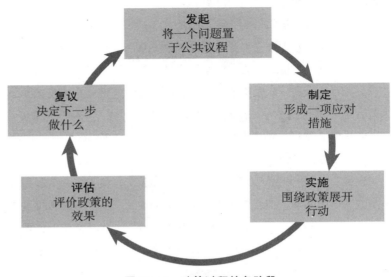

图 19-1 政策过程的各阶段

发起与制定

329 　　政策需要一个起点，但确定这个起点并不容易。我们可以肯定的是，在民主国家，很多议程都是自下而上的，由官员以急需关注的问题为形式提出。这些问题可能是全新的，也可能是对先前政策意外影响进行修正的需要，这也导致了"政策产生政策"的概念（Wildavsky，

330 1979）。例如，如果我们开始通过减少煤炭和石油等化石燃料的使用来解决空气污染问题，我们就必须考虑这对煤炭和石油行业的经济影响，太阳能和风能等可再生能源技术，以及重新配置发电、供电系统的需要。

　　就像法律的发展一样，公共政策自然会随着时间的推移而变得越来越多；工作量增加，倒退的情况并不常见，比如取消政府规定。此外，包括年度预算在内的许多政治事务都是定期发生的，以可预测的时间间隔决定人们的注意力。因此，决策者发现，日常事务总是很紧迫，在很大程度上，它们是在回应一个驱动自己的议程。在这一广泛的特征中，美国和欧洲（以及其他政党领导的）自由民主国家之间的政策启动有所不同。

　　在美国的多元主义政治中，一项提案的成功取决于政策窗口的打

开，比如新一届政府的当选所带来的机会。金登（Kingdon，2010）认为，**政策企业家（policy entrepreneurs）** 有助于把握住这些机会。这些政策的发起者必须像冲浪者一样抓住浪潮的时机，让政治精英相信问题的存在以及他们所提出的解决方案的及时性。然而，随着政治辩论和公众情绪的进一步发展，政策发起的机会窗口很快就会关上，留给每个问题的关注时间非常短暂。

政策企业家和政策开放等概念在结构更加完善、以政党为基础的欧洲民主国家则没有太大市场。在这里，政治议程受到更严格的控制，尽管这些控制并不绝对，但政党宣言和联合执政协议为政府规定了较为明确的议程。通常来说，政策制定者只能在狭窄的范围内运作，并寻求与该部门的广泛的意见以及以往政策的潮流相一致的解决方案。

实施

在一项政策被敲定后，它就要被付诸实施——这样一个显而易见的问题，却在政策辩论中经常被忽视。通常，政治上的当务之急只是制定一项政策，从某种意义上来说，它是否有效并不那么重要。对于建立在就"应该做什么"而不是"实际做了什么"达成的一致基础之上的联合政府而言，情况更是如此。对于政策的实施，我们可以归纳出两种原理：

● 传统的观点往往遵循**自上而下（top-down）**的方式。一个官僚政治的经典问题是：如何确保公务员的政治方向？部长和书记换了一届又一届，却发现很难保证那些各自为政的部门的服从。如果没有来自上级的监督，即使是健全的政策也会被习惯于原有工作流程的下层官僚所劫持，削弱新举措的效果（Dunn，2016）。

● **自下而上（bottom-up）**的观点则与之截然不同，其出发点是，政策制定者应尝试接触而不是控制那些真正将政策转化为实践的人。持这一观点的学者，如希尔和休普（Hill & Hupe，2014）提出了以下问题：如果政策制定后环境发生了变化会如何？如果政策本身设计得不好怎么办？毕竟，许多立法都是基于不确定的信息而制定的，而且其政策的内容也相对笼统。有时没有按章办事是因为根本无章可循。

许多政策分析人士认为，如果政策的实施者不仅得到鼓励和资源，还被赋予灵活性的话，目标就更有可能实现。为本就应实现多个目标的政府部门设置单一的具体目标，只会导致政策落实的不平衡。还有一点

政策企业家：
通过提出问题概况、设定讨论框架或展示新方法来推动新政策或新政策观点的人。

自上而下的实施：
认为政策的实施应确保实现政策制定者计划的产出或结果。

331

自下而上的实施：
认为应该鼓励执行政策的人适应本地情况和不断变化的环境。

十分重要，那就是认识到在政策真正落地的街道层面，政策往往产生于地方官员和有关群体之间的互动。在这一末梢区域，让目标适应当地的环境，往往能更好地实现目标。例如，教育、医疗和环境方面的政策，在城乡之间以及贫困地区和富裕地区之间往往会有所差异。

另外，地方执行者往往是唯一完全了解不同政策如何互动的人。他们知道，如果两项政策的目标互不相容，就必须做出让步。他们了解当地的重要行动者，包括参与政策实施的营利性机构、非营利性机构。政策的实施往往是实际参与工作的各个团体之间建立关系的问题，这是在政策文本中很少被提到的艺术。第十一章提到的"所有政治都是地方性的"这一观点，尤其适用于政策的执行。自下而上的方法反映了一种渐进式的政策观点。在这一观点下，政策的实施被视为另一层次的政策制定。这种方法也与当代对治理的强调相适应，它强调政策过程中涉及许多利益相关者。政策实施需要面对的挑战是确保地方联盟为该政策效力，而不是演变成一个反对该政策的联盟。

评估

政策分析不仅强化了对政策执行重要性的认识，还强化了对政策评估的重视：一个方案是否实现了其目标？如果是，则其效率和效果如何？这并不是一个容易回答的问题，部分原因是公共政策和为了实施政策而建立的组织，都缺乏类似私营部门所使用的衡量盈利能力的标准。如果没有战争、没有输赢记录，我们应如何评价国防政策？哪一种方法是最好的治安措施——是解决犯罪最多的方法，还是使解决的犯罪最少的方法？

此外，评估之所以复杂，另一原因是政策目标在执行过程中会经常被修改，以将失败的政策转变为成功的政策。借用科特尔（Kettl, 2018）的话说，这种"目标的模糊"意味着决策者的意图往往是一个糟糕的评价标准。以欧盟为例，它试图为欧洲的经济注入更快速增长的动力：2000 年出台的"里斯本战略"引起大量关注，该战略的目标是在十年内使欧盟成为"世界上最具活力和竞争力的知识型经济体"。但我们很快发现，欧盟成员国并没有为此做出必要的改变（例如减少监管和开放市场），"里斯本战略"也被转化为"欧洲 2020 战略"，修改了一些具体目标的同时将达成期限延长了 10 年。

政策评估研究分为**政策产出（policy outputs）**和**政策结果（policy**

政策产出：
政府的行动，相对容易识别和测量。

政策结果：
政府行动的效果，更难确定和测量。

outcomes）两部分。政策产出通常包括一些容易通过量化指标来衡量的活动，如访问、出行、处理、检查等。其重点是做了什么，而不是达成了什么。因此，政策结果，也就是政策的实际效果应该是政策评估中更重要的部分。问题在于，结果容易被定性，但不容易被定量；我们很难推翻对结果的定义，这导致为了达到单位效果而付出的成本可能是高昂的，且效益常常只是暂时的。此外，那些希望粉饰自己表现的机构可能会操纵评估结果。为达成这一目的，它们有多种可选择的手段，包括"挑肥"（creaming）、"拣瘦"（offloading）和"指鹿为马"（reframing），具体可见表 19 - 3。

表 19 - 3　操纵政策结果的手段

手段	定义	示例——以就业服务为例
"挑肥"	专注于做最简单的事	为那些最容易再就业的失业人员提供最多的就业帮助
"拣瘦"	困难的工作不记录在案或干脆不管	拒绝为有心理健康问题的失业人员提供服务，或直接将他们从名单中移除
"指鹿为马"	重新设置对象的类别标签	通过将失业人员的标签改为"不宜就业"或残疾人员，从而将他们从劳动力市场中移除

资料来源：Rein，2006.

在社会项目中，这种"挑肥拣瘦"的过程往往会稀释政策的影响。例如，戒毒中心会发现治疗本就最有可能戒毒的人会更加容易。它们希望将那些成功的案例（尽管在其中它们没有起到决定性的作用）记录在案，同时减少对困难病例的记录。就像受监管的公司能够与监管机构周旋一样，公共机构也能利用其在特定政策领域的独有知识来巧妙地测量政策结果。

社会现实的胶着意味着试图"弥补人类生活质量的缺陷"永远不可能得到完全的成功。事实上，这些尝试经常归于彻底的失败（Gardner & Brindis，2017）。如果我们对政策结果的预期更加现实，我们可能就不会对有限的结果感到那么失望了。如此，我们就可以理解为什么评估自己项目的机构往往更喜欢描述它们喜人的产出，而不是有限的结果。

复议

一旦完成了对政策的评估——即使还没有进行评估——政策就会面临三个选择：继续、修改或终止。大多数政策只需要进行小的修改就可以继续实施。一旦确立了政府的角色，它就会倾向于一直持续，即使负责履行职能的机构可能会随着时间的推移而发生变化：一项任务被分派给两个或多个机构或曾经独立的部门被合并到一个组织（Bauer et al.，2012）。因此，"没有什么像临时政府组织那般永久"这一说法就显得有些不着边际了。

然而，为何代理的终止司空见惯，而政策的终止却如此少见？为什么政府整体上似乎更喜欢增加新职能而不是放弃旧职能？巴尔达赫（Bardach，1976）提出了五种可能的解释，这些解释至今仍有价值。

● 政策本就是为持续很长一段时间而设计的，其中包含对未来效益的期望。

● 政策终止所带来的冲突可能是一场腥风血雨。

● 没人愿意承认某一政策是一个坏主意。

● 政策终止可能会影响其他项目和利益。

● 政治鼓励创新而非条理。

19世纪的普鲁士将军毛奇常说："遇敌之后，任何作战计划都会变成废纸。"本着大致相同的思想，从政策周期来看，显然没有一项公共政策能够完全与该政策的目标保持对接。尽管周期揭示了政策过程的某种有序性，但政策仍然是一种权宜之计，一种流动的、对不断变化的环境做出的反应。政策制定和政策结果的跨国差异也在很大程度上可以归结为更普遍的政策风格。不同国家对政策的不同影响（参见"聚光灯瑞典"），导致了它们在面对类似问题时处理方法的不同。

◇ 政策的扩散和趋同

曾几何时，世界上没有限速，没有安全带，没有营养成分表，没有对香烟广告的限制，没有政党候选人的性别配额，没有国家对政党的补贴。现在这些全都有了。大多数民主国家都在这些领域和其他许多领域推出了大致类似的政策——而且往往是在相近的时间内。那么，从那时到现在，它们是如何先后出现的？这个问题要结合**政策扩散（policy diffusion）**（Evans，2010）和**政策趋同（policy convergence）**来回答。政策扩散指某种政策方案从一个国家传播到另一个国家。相比于政策转移（policy transfer）、政策学习（policy learning）和吸取教训（lesson-drawing）等概念来说，这一概念较少地强调对政策的刻意模仿。政策

政策扩散：
政策在国际范围内蔓延的趋势。

333

政策趋同：
政策在不同国家呈现相似的趋势。

趋同则是指各国政策呈现相同的趋势，也就是说在没有清晰的扩散现象的情况下，各国却采取了类似的方式（如提高退休年龄）来应对共有的问题（如人口老龄化）。扩散和趋同都涉及公共政策分析的比较维度。

尽管政策扩散是国际因素影响国家政策的一个例子，但明显模仿国外政策创新的例子也并不多见。理论上，整个世界都可以成为政策创新的实验室；但在实践中，大多数政策制定仍然遵循国家的惯例。那么，我们如何解释为什么政策会在没有明显模仿的情况下趋同？换句话说，为什么民主国家在同一时期采取了大致相似的政策，却没有像政策趋同所表示的那样有意识地借鉴国外政策？

罗杰斯（Rogers，2003）提供了一个有用的观点。他在其分析中区分了数量较少的创新者和先行者、占大多数的中期行动者以及少数落后者，未采纳该政策的则被排除在外（见图 19-2）。虽然政策被设计时并没有考虑到跨国的扩散，但这种方法能够帮助我们解释为何特定政策会存在传播，以及为什么有些国家往往是创新者。创新最有可能出现在高收入国家，因为：（1）一些问题在这些国家有着最严重的表现，（2）这些国家拥有政策创新所需的资源，以及（3）授权和实施治理的能力。

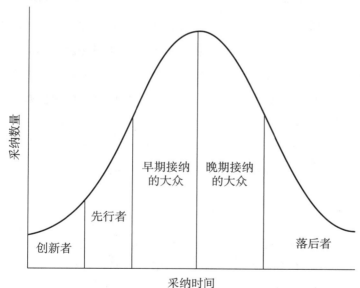

图 19-2　政策创新的扩散

资料来源：Rogers，2003.

尼尔和托松（Knill & Tosun，2012）发现了一系列促使政策趋同的机制（见表 19-4）。首先是独立解决问题。随着国家的现代化，它们会发展出类似的问题，并需要做出政策上的回应。例如，在发展的早期阶段，城市的脏乱、教育的不足以及对社会保障能力的要求等问题被提上议程。而发展所带来的问题则随后出现，例如肥胖率的上升、社会养老成本的上升等。在各国对这些问题的反应中，我们经常看到政策制定是并行的，而不是分散的。即使一个国家的回应受到其他国家政策创新的影响，它仍需要对推动政策的国内问题做出反应。

表 19-4 政策趋同的机制

类型	影响	示例
独立解决问题	随着国家的发展，相似的问题出现，常常导致相似的政策	缺乏监管的工业发展带来空气污染和水污染
国际协议	各国政策因寻求遵守国际法律、法规和标准而趋于一致	世界贸易组织（WTO）为其成员制定了共同的规则
国际竞争	带来经济或政治优势的政策将被其他国家效仿	较高的经济自由度和较低的腐败程度会促进投资的增长
政策学习	即使在不带来竞争优势的情况下，也可以有意借鉴部分政策	死刑的废除是因为其他国家的证据表明其对犯罪率的影响有限
胁迫与条件	一个国家可能对另一国家提出政策要求，以换取回报或援助	为回报 2009 年欧元危机时所获帮助，希腊实施改革

其次，政策趋同可能源于对不断扩大的一系列国际协议的适应。从核技术到儿童权利，这些都是由各国政府达成共识并由政府间组织监督的议题。这些协议的签署是自愿的，尽管其内容可能由最强大的国家（标准的制定者而非接受者）制定，但国际规范仍然是促使政策趋同的一个强大因素。

聚光灯

瑞典

简介

瑞典在民主、政治稳定、经济发展、教育和社会平等方面的国际排名都居于前列，从这个意义上说，它可以被视为本书所提及的最成功的国家之一。自 1917 年以来，社会民主党一直在瑞典议会中占据多数席位。瑞典并没有重大内部分裂（除阶级外）的传统，长期以来，它一直遵循有助于保持高经济生产率和低失业率的公共政策。这是一个生活水平很高、收入分配相对平等的国家。瑞典以及斯堪的纳维亚其他国家证明，富裕和有限的不平等是可以兼容的。与此同时，瑞典也在国际事务中保持中立，并未加入北约，但是欧盟坚定的一员。

政府组成	单一制的议会制君主立宪国家。国家建立的日期有争议，最早的宪法要素可以追溯到 1810 年
行政	议会制。首相为政府首脑，是最大政党或政党联盟的领导人，在内阁的辅佐下治理国家。君主为国家元首
立法	一院制"王国会议"，349 名成员经选举产生，任期四年，可连选连任
司法	国家的宪法由四个坚固的部分组成：《政府法典》、《王位继承法》、《出版自由法》和《言论自由基本法》。最高法院在传统上受到限制，由 16 名成员组成（67 岁退休）
选举体制	议会由政党名单比例代表制选举产生，并设有额外的席位以确保比例。至少要获得全国 4% 的选票才能获得席位
政党	多党制，社会民主党有领导党的历史地位，并与左翼党、绿党组成左翼阵营。然而，中右翼的政党联盟（由温和党领导，包括中间党、基督教民主党和自由党）在近期站稳了脚跟

人口：990 万

国内生产总值：5 280 亿美元

人均国内生产总值：53 442 美元

瑞典的公共政策

瑞典的政策制定被评价为"开放、理性、一致且极为审慎的"（Anton，1969）。后来，理查德森等学者（Richardson et al.，1982）将瑞典的政策风格描述为可预期且寻求共识的。事实上，瑞典的情况几乎没有改变。即使作为一个主权牢固地建立在一院制立法机关基础之上的单一制小国，瑞典也避免了中央集权，并发展出一种文化和体制上最安全的协商民主制。

维持这一政策风格的一个原因是瑞典的 11 个中央政府部门紧凑的规模和政策焦点，这些部门总计只有 4 600 名职员。正如瑞典政府网站（2018）所概述的那样，其目标是成为"一个创新、互动型的中央政府管理机构，合法而高效，有着出色的素质、服务和可达性，从而有助于瑞典的发展和有效的（与欧盟）工作"。大多数的技术问题以及由庞大的福利国家所提供的服务，都外包给了 300 多个公共机构和地方政府。高度的透明与信任使这一分工体系得以维持。

调查委员会（又称考察团）是这一政策过程的关键。一般情况下，政府任命一个委员会来研究一项议题并提出建议。委员会与有关利益团体和政党进行协商，公布并讨论提议，有关部门负责审查报告并在必要时起草法案。该法案在正式成为法律之前须经议会讨论并进行修改。这一过程是缓慢的，但却是理性的（充分收集和分析信息）和渐进的（提案反对者有机会有组织地充分表达其担忧）。

这一政策过程也有其缺点，那就是广泛的协商会导致平庸而非创新的政策；对政策制定的强调也可能是以对政策实施不够重视为代价的。但这就是瑞典独特的政策风格，它提供了一个有价值的标准，同其他自由民主国家相对不那么审慎的政策风格形成对比。

延伸阅读

Bergh, Andreas（2014）*Sweden and the Revival of the Capitalist Welfare State*（Edward Elgar）.

Miles, Lee（2015）*The New Politics of Sweden*（London：Bloomsbury Academic）.

Pierre, Jon（2016）*The Oxford Handbook of Swedish Politics*（Oxford：Oxford University Press）.

336　　　再次，除了正式的国际协议之外，国际竞争还会带来效仿成功政策的压力。在这一方面，越来越多的国际机构编制的排名提供了基准，将各国政府推向生产商所青睐的方向。其中之一就是世界银行所编制的"营商环境指数"（Doing Business Index），该指数根据创业、注册财产和电力供应保障等标准对各国进行排名。

　　　例如，在围绕国外投资的直接竞争中，没有任何一个政府愿意在世界银行的排名中落于下风。然而，实现其目标的方法不止一种。在寻求外来投资时，一些政府强调劳动力的质量（向上竞争），另一些政府则强调劳动力的成本（向下竞争）。竞争会产生相似的压力，但其导致的政策则各不相同。相反，竞争还可能鼓励各国利用其自身的优势，进而产生差异化而非趋同。

337　　　又次，政策趋同背后的第四个机制（或许是最弱的机制）是直接的政策学习。各国政府不会直接从一大堆政策中做出选择，而是需要在国内辩论和以往政策的背景下进行操作。因此，调整往往比创新更为常见，且有两个条件：

　　● 只有当国内议程无法解决问题时，国外的模式才可能被认真考虑。即便如此，国家也不会从全球范围内搜寻相关措施，而是将重点放在与之建立长期友好关系的国家或相邻国家。

　　● 政策本身往往会在扩散过程中演变：这是一个"翻译"的过程而非"传输"的过程。即使一个政府真的借鉴了国外的案例，它也更有可能是出于国内的政治原因而这么做。一般来说，政府会发现政策学习反而比自主决策更难。

　　　我们再次回到公共卫生政策的例子，就拿全民医疗来说，这是一种向每个人——不论其先前存在的疾病或支付能力如何——提供医疗费用减免的政策。每个富裕的民主国家（美国除外）都有某种形式的全民医疗，甚至允许地方层面有所差异。然而，在最贫穷的国家，包括阿富汗、柬埔寨、海地、肯尼亚和尼日利亚，医疗保健则既不是免费的，也不是全覆盖的。

　　　最后，第五种政策趋同的实现机制是一个国家对另一个国家施加的胁迫与条件［不包含在尼尔和托松的列表中，（Knill & Tosun，2012）］。在极端情况下，战争的胜利可以让占主导地位的大国将一系列要求强加给战败国，如二战战胜国对德国和日本强加的民主建设，以及最近美国在伊拉克强制推行的民主化建设。更常见的情况是，经济的脆弱性让弱小的国家无从选择，只能屈从于大国和国际组织。例如，许多发展中国家在西方国家银行背负大量债务，经济援助往往以附加条件为前提，这在20世纪90年代成为国际政治的一个重要主题。同样，国际债权人（包括国际货币基金组织）于2010年在希腊推行了改革，以减少该国严重的金融债务。将胁迫作为一种政策形成工具的困难在于，接受国可能并不真心实意地推行改革，导致长期改革走向失败。

总体而言，我们应该从观念的传播而不是政策的角度来思考这一问题。即使政策仍然依附于国家，但观念——至少对实力较强的国家来说——则是没有边界的。广泛的议程（哪里需要政策）和框架（如何思考这一领域）往往具有跨国性，并通过国际组织的讨论加以完善。观念为制定国家政策提供了一种"氛围"，无论国家决策者是否意识到这种影响。就像在普遍的政治中一样，观念在公共政策中十分重要，即使我们很难从一个个案例中分析出它的影响。

◇ 威权国家的公共政策

至少从表面上看，民主国家和威权国家对待公共政策的方式似乎并没有多少不同。这两种类型的国家有着大致相同的政府机关，政府和官僚之间也有着大致相同的关系，也面对着大致相同的公民诉求。举例来说，无论生活在民主国家还是威权国家，人们都需要学校、医院、能源和饮用水、公共安全以及高效的交通系统。不过，在相同的表面之下也有许多不同之处，其中最突出的五种不同见表19-5。

第一，各个机构之间的权力平衡截然不同。在民主国家，政府是由行政机关、立法机关、法院、政党、媒体和民意的复杂利益塑造的，这一平衡随着这些主体相对的资源和地位的变化而变化。而在威权国家，政府部门比立法机关和法院拥有更大的权力（正如我们在第八章中看到的），领导人所做出的决策较少地基于民意或吸引有利的媒体报道的需要（鉴于国家控制了大部分的媒体，报道几乎总是有利的）。正如我们在第六章中看到的，威权国家参与政策过程的人也相对较少（仅包括统治精英、统治家族、执政党或占主导地位的族裔），恩庇主义在威权国家比在民主国家更多地占据着政策过程的核心。在决定政策在何处落地、资金如何分配等问题上，恩庇网络往往比广泛的福利更重要。

在一党制国家，或俄罗斯、委内瑞拉等一党独大国家中，政策制定由政党机构所把持。这意味着理解政策如何制定更多的是一个理解党内政策的重点而不是更广泛的政策议程的问题。从某种程度上讲，掌握这样一种政策过程是更容易的，因为这一过程更为集中；但又是更困难的，因为它并不是那么透明。

表 19 - 5　民主国家和威权国家的公共政策比较

特征	民主国家	威权国家
制度	权力分立且有多种动机	权力集中于领导层或执政的政党/精英
方法	更有包容性，更关注民意，更多地使用"胡萝卜"和说教的方法	更关注领导，强调使用"大棒"的方法
动机	制定政策、达成效果、实现连任	尽可能长时期执政，利用政策谋求局部和个人的利益
资质	领导人通常有从政经验	领导人上台时往往缺乏从政经验
政策重点	广泛的议程，强调社会项目和经济管理	更少关注社会，更多关注安全事务

第二，两种制度的政策方法截然不同。在民主国家，我们会看到一个复杂的系统，通过这一系统进行信息的收集与处理，并使用"胡萝卜"、"大棒"和说教相结合的方式来实现政策目标。而在威权国家，政策往往更多的伴随着胁迫，这意味着更多的"大棒"，更少的"胡萝卜"和说教。统治者来决定他们要做什么或不做什么，并将自己的意愿强加于人。他们更关心的是让支持他们的精英满意，而不是让人民满意。

威权体制下的政策的讽刺之处在于，虽然决策机构看上去十分强大，但这并不意味着政策能够得到成功的实施。正如布鲁克（Brooker，2014）所指出的，威权国家官僚体系的政策实施角色往往是为了掩盖其政策制定的角色，但即使是在"制定"政策时，它们的作用通常也只是为领导人提供建议。杰克逊和罗斯贝里（Jackson & Rosberg，1982）很久以前就注意到政策的制定和事实之间的距离。他们发现许多非洲领导人面临一个悖论：拥有制定政策的相对自由，但在实施或执行政策方面受到了相当大的限制。

第三，民主国家与威权国家政策的区别还在于政策制定者持有不同的动机。在民主国家和威权国家，控制和做出改变都是政策的动机，且二者在保持特定选民满意的动机上有相似之处。然而，无论是宪法所设置的"时钟"还是手握权力缰绳所带来的不安全感，都会让民主国家的领导人明白自己的时间是有限的。他们希望在这有限的时间内将政策推向自己理想的方向，同时限制反对派的影响。而对于威权国家的领导人来说，他们的动机则完全不同——参见聚焦 19.2。

第四，民主国家与威权国家政策的区别还在于担任公职者的资质，这进一步产生了两种不同的规则。在大多数情况下，民主国家的领导人在上任前都有从政经验。尽管这不能确保其能力或执政质量，但至少意味着其更熟悉政府的工作流程。没错，一些现代威权国家的领导人在执政之前是没有从政经历的。例如，俄罗斯的普京、伊朗的马哈茂德·艾哈迈迪-内贾德和哈桑·鲁哈尼以及委内瑞拉的尼古拉斯·马杜罗都是如此。

这些领导人许多是通过暴力推翻前任、军事政变和家族王朝获得权力的。这使他们往往缺乏行政经验，也不知道如何鼓动支持者、识别反对者。这些问题在军政府中尤为常见，这些政权领导人对武装部队的等级责任结构了如指掌，但对文官政府中的决策类型则缺乏认识。这些将军有时候确实是为了改善公共决策而"真诚地"夺得权力，但后来却发现良善的治理所需要的正是他们不具备的技能。

339

聚焦 19.2

公共政策与政治生存

世界各地的公共政策在很大程度上都受到领导人执政的期望时间以及他们执政所用手段的影响。民主国家领导人的动机是复杂政治遗产的结合：让选民满意，并确保即使他们个人的任期受到宪法的限制，但他们所在的政党也能保持掌权，阻止反对党的上台。相比之下，在威权体制下，政治生存有着颇为不同的含义。

威权统治者同样知道自己的时间是有限的，因此他们希望给自己续上更多时间。他们首要的任务就是利用国内政治力量的相互制衡来确保自己执政的延续，并尽可能地让自己的支持者获益。出于对自己政治生存的忧虑，以及获得尽可能多的资源保证支持者的支持，他们会更倾向于在控制国家资源的同时让自己、

家族和支持者更加富有。与此同时，这些资源也被用于更多用途，例如经济和社会发展的投资。这些出于个人政治生存和富裕的目标很难带来有序的公共政策，就更不必说对经济发展有利的政策了。

为此，津巴布韦的罗伯特·穆加贝提供了一个很好的例子。穆加贝统治着一个拥有丰富人力、自然和农业资源的国家，但由于过于关注支持者的需求而忽视了广泛政策举措的制定。他可能没有像其他许多非洲威权统治者一样让财富流进自己的腰包，但却制定了一项土地掠夺政策，将农场从白人所有者手中没收，并交给他自己的支持者。这些支持者很多是独立战争的老兵——即使有些非常年轻甚至没参

加过战斗。这一政策的后果是许多农场被废弃了，因为它们的新主人几乎没有任何农业知识或经验。

与此同时，比穆加贝小 41 岁的妻子格蕾丝利用丈夫的权力，在一个大多数人要么失业、要么灵活就业（在所谓的非正规行业谋生）的国家过上了奢靡的生活。因其个人品味，她被冠以"古驰·格蕾丝"（Gucci Grace）的绰号。由于频繁征用国有航空公司津巴布韦航空的飞机出国购物，该航空公司已经濒临破产。有传言称，穆加贝正在为妻子接替他担任总统一职做准备，这也是他在 2017 年被赶下台的原因之一。

第五，民主国家和威权国家的政策重点有所不同。民主国家的政府面临着广泛的政策需要，并强调社会项目和经济管理。换言之，它们会受到连选连任的激励，去优先保障公民的健康、教育和就业。由于威权政权不那么关心民众的满意度，而更关心支持它们的经营网络；又由于它们往往比民主国家更贫穷，它们对社会政策也不那么感兴趣（或没有能力）。威权国家更关注技术问题（如维护道路、修建学校），在军事上常常投入大笔资金（着眼于内部安全而非外部安全），这也导致它们在社会保障或医疗服务方面的支出较少。

然而，正如之前所提到的，区分不同类型的威权政府十分重要。在一个极端上，许多军事和独裁统治者对自己的飞黄腾达十分关注，对国家的发展则毫不关心，这会导致政策的短缺。而在另一个极端上，统治精英表现出明确的国家目标意识和通过遵循长期政策——特别是经济发展政策——而牢固掌握权力的意识。这些国家不会受到懒政的影响，相反，它们更容易推动实质性的政策变革，因为这能够抑制开放政治体系中可能出现的短期需求。

340　　在转型的最初混乱之后，俄罗斯取得了相当大的政策成功。不仅为商业投资创造了可预测的环境，权力的再集中也促进了新编纂的法律体系更加统一的应用；税收收入得到改善，社会政策也随着 2005 年改革的进行而更加一致（Twigg，2005）。

尽管如此，俄罗斯的政策制定仍然受制于统治精英的政治要求。对普京构成政治威胁的企业家仍然发现，一些规则和条例针对性地用于对付他们。政府加强了对石油和天然气的控制，政治和经济的紧密融合、在最高层级排除了统一的政策实施以及对出口商品的公共控制使得俄罗斯的精英得以维持自己的地位，即使这让他们忽视了与俄罗斯人民发展更紧密的关系。当一个国家的统治者从经济中榨取资源用于积累个人财富时、贫困、酗酒、暴力犯罪和农村人口减少等社会问题就被剥夺了它们在民主国家中应有的政策优先地位。

与许多贫困国家一样，公平无偏见的公共政策在俄罗斯是不可能的。由于许多公职人员薪酬极低，腐败就成了他们维持生计的重要工具。虽说阳光是最好的消毒剂，但腐败和权力寻租的治理无法仅仅通过呼唤更高的透明度就得以实现。困境在于，透明度天然地来自基础广泛的经济发展，但这样的经济发展本身就需要减少腐败。

问题研讨

- 政策过程的三种模型中，哪一种最能洞察政策过程的现实？
- 既然政策制定如此复杂，为什么政客们还在不断地做出不切实际的承诺，而选民还不断地接受了这些承诺？
- 如果有的话，你会在政策周期中加入哪些额外的阶段？
- 哪些政策工具可能最有效地减少肥胖、吸毒、开车时玩手机和气候变化？
- 为什么政策经常无法达成其目标？
- 本章概括了民主体制和威权体制在公共政策方面的五种不同。这些不同在多大程度上是实质性的，在多大程度上只是程度问题？

核心概念

- 自下而上的实施
- 成本-效益分析
- 垃圾桶模型
- 增量模型
- 政策分析
- 政策趋同
- 政策扩散
- 政策企业家
- 政策结果
- 政策产出
- 公共政策
- 理性模型
- 自上而下的实施

延伸阅读

Birkland, Thomas A. （2015） *An Introduction to the Policy Process: Theories, Concepts and Models of Public Making*, 4th edn (Routledge). 对公共政策的专题介绍，特别关注政策阶段。

Dodds, Anneliese （2018） *Comparative Public Policy*, 2nd edn (Red Globe Press). 对公共政策的比较分析，涉及经济、福利和环境政策等具体问题。

Dunn, William N. （2016） *Public Pol-*

icy Analysis，5th edn（Routledge）. 研究政策制定和实施所涉及的不同方法和途径的指南。

Knill，Christoph，and Jale Tosun（2012）*Public Policy：A New Introduction*（Red Globe Press）. 对公共政策的专题概述，强调理论和概念。

Sabatier，Paul A.，and Christopher M. Weible（eds）（2014）*Theories of the Policy Process*（Westview）. 本书对公共政策研究的竞争性方法进行了比较分析。

Weible，Christopher M.，and Paul A. Sabatier（eds）（2017）*Theories of the Policy Process*，4th edn（Routledge）. 本书比较分析了政策过程的理论与方法。

第二十章
政治经济

 目录

预览

    本章关注政治与经济之间的联系，呈现二者对彼此的重要作用。政治学和经济学在几十年相互孤立的研究后终于联结了起来。自 20 世纪 60 年代以来，政治学家和经济学家开始共同致力于理解两个学科的交叉领域。正如理解政治制度如何运作以及威权国家与民主国家有何不同十分重要一样，理解经济制度如何运作、政府如何以及为何采取不同的经济模式也十分重要。

    首先，本章讨论了何谓政治经济学，它主要解决什么问题。随后，我们依次考察了政治经济学的四个主要理论，其中包括古典自由主义、激进主义、经济民族主义和现代自由主义。我们还讨论了四个主要理论下面几个更为重要的子理论。现代自由主义是当代自由民主国家最流行的观点，不过在部分国家有了经济民族主义政策回归的迹象。

本章还讨论了新兴国家的发展动态，以及福利国家在富裕的自由民主国家中的演变。接着，本章探讨了发展在不断变化的全球环境中的意义，以及变化中的全球经济力量平衡会产生何种影响。最后，本章讨论了威权国家中的政治经济，尤其关注国家资本主义如何在俄罗斯这样的国家生根发芽。

核心观点

● 政治经济研究的复兴为政治学和经济学的交互提供了新视角。

● 古典自由主义强调自由市场为政治经济提供了基础，这一观点也能在许多国家的新自由主义的框架中找到。

● 激进主义源于对自由市场脆弱性的反应，但这一理论因国家社会主义的过激行为而受到了伤害。

● 当代的大多数民主国家对自由市场和再分配主要持现代自由主义的观点，但在部分民主国家出现了经济民族主义的复兴。

● 关于经济发展的最佳途径并没有定论，不过在国际金融危机的压力下，人们开始重新审视福利国家的观念。

● 国家资本主义是一种独特的政治经济学理念，许多威权国家的实践都体现了这一理念。

政治经济：一个概述

政治经济学（political economy）是政治学和经济学的交叉学科。这本就是两个不可能完全分开的学科：政治决策在很大程度上是由经济需求和压力所驱动的，而政府的经济决策也要受政治考量的影响。政治经济学既是一种进行一般性政治分析的手段，也是研究任何更加具体的议题的方法。从农业到通信、文化、教育、环境、金融、性别、劳工、移民、贸易和战争，都可以使用政治经济的视角。到目前为止，我们在本书中的注意力都集中在政治方面。在本章中，我们将转向经济视角，回顾前几章对制度和过程的讨论。我们关注经济态势如何影响政治决策，政治决策又如何影响经济发展。

亚当·斯密、约翰·斯图亚特·穆勒以及卡尔·马克思等不同的理论家从政治和经济结合的视角或政治经济的视角来研究社会。19 世纪下半叶，随着经济学家、政治学家和社会学家开始分道扬镳，他们关于政府角色及研究方法（例如经济学家比大多数政治学家更偏好量化方法）的分歧开始呈现。最近，又出现了向混合方法回归的趋势，甚至我们看到了所谓的**新政治经济学**（new political economy）的概念。这一方面意味着传统政治学和经济学研究方法的结合，另一方面也指向经济学家所提出的最新研究方法。

本章是对政治经济学的一个整体性检视，首先我们将介绍其中的关键概念并对经济体制的不同维度展开讨论。随后，我们将对政治经济学中的四个主要理论进行比较。首先是古典自由主义，这一理论认为，在政府干预最少的情况下，个人和社会追逐自己的利益就会带来繁荣。经济民族主义强调政府对国民经济的保护，现代自由主义则认为政府应该在保护权利的同时关注对财富和机会的再分配。后者体现在福利国家的实践中，这也一直是富裕民主国家政治经济思考的核心。

在对威权国家政治经济进行把握的时候，我们不能仅仅将其与民主国家进行比较，或者在富裕国家与贫穷国家间进行比较。我们应该更深入地研究政治政策和经济政策之间的相互作用。在大多数情况下，两者都用于施加控制，但这容易形成所谓的国家资本主义并经常导致效率低下与腐败。威权国家的实际运作要比任何理论模型所阐述的都更加复杂且精细化。

343

政治经济学：
社会科学的一个分支，研究市场与国家之间的关系。

新政治经济学：
对早期经济学研究方法的复兴并将之与现代经济分析工具相结合。

◇ 理解政治经济

克拉克（Clark，2016）声称："政治经济学是最原初的社会科学。"对这一概念的使用可以追溯到 17 世纪的法国，主要指的是对皇家财产的管理。随后这一概念扩展到了对国家财富的解释（如亚当·斯密 1776 年的经典著作），评估政府应该践行何种政策以建立所统治社会的经济。古典自由主义的政治经济学观点认为，除了旨在保护产权的法律外，政府干预越少，市场的作用就越佳。然而，不久之后，这一观念就带来了污染、童工、城市荒芜、失业（劳动力被机器所替代）、犯罪和社会动荡等问题。很显然，一些人由此会得出政府应该采取更加激进和干预主义的方式来管理市场的结论。

与此同时，政治经济学开始失去经济学家的助力，他们开始寻求与包括政治学在内的其他学科分开以自立门户。经济学家依据成本效益计算的理性决策假设建立了新范式，他们还认为经济学与政治学有着各自不同的利益和出发点（参见 Clark，2016）：

- 经济决策是个人驱动的，政治决策是集体驱动的。
- 经济决策基于对繁荣的追求，政治决策基于对公正的追求。
- 经济决策的发生情境是市场，政治决策的发生情境是政府。

在政治学家和经济学家分道扬镳几十年后，20 世纪 60 年代以来又出现了将两者重新联结的努力，政治经济学的研究又迎来了复兴。在今天，主流观点认为政治学和经济学是紧密相关的，对一者的研究离不开对另一者的认识，否则就无法准确理解社会的运作模式。政治经济学必须考虑并比较不同经济和政治体制的发展动态、考虑全球化对国内和国际政策的影响以及一系列更为具体的问题。例如，如何平衡不断增长的消费者需求与有限的资源，生产模式和工作场所组织的变化有何种政治影响，以及民主国家和威权国家在优先事项上的差别是如何形成的。

在我们更加深入探讨之前，我们需要掌握本章所涉及的关键概念。首先是**经济学**（economics）。我们在第一章中认识到，政治学是对政府和政治的理论与实践的研究，强调制度、过程与行为的结构与变化。经济学则关注诸如生产和财富的创造与分配、稀缺的原因与影响、供应与需求的关系以及资源使用效率的问题。对经济学的研究关注**市场**（markets）、金融、银行、商务和贸易，包括对**微观经济**（microeconomics）到对**宏观经济**（macroeconomics）的研究。关键行动者包括个人消费者、

344

经济学：
对商品与服务的生产、分配和消费的理论与实践进行研究。

市场：
交易商品与服务的场所，其价格主要由供需关系决定。

微观经济学：
研究小规模或个人的经济决策以及个体经济参与者的相互作用。

宏观经济学：
研究整个经济体制及其复杂的内部动态。

小企业、大企业、跨国公司及政府。

政治经济学所关注的问题如下：

- 经济是如何构成的，不同结构有何种特点？
- 为什么有些国家或社会富裕，有些国家或社会贫穷？
- 政府在何时以及如何干预经济才是适当的。
- 政府应该如何应对经济衰退与失业？
- 为什么做同样的工作，男性收入要高于女性？
- 税收政策会产生何种影响？

就经济本身而言，**经济体制**（economic system）由许多类似的与市场相关的互动和制度组成。就像政治体制是由公民参与政府的程度及政府对公民权利的保护程度所区分的一样，经济体制也有许多不同形式。公民参与市场的方式以及政府对公民相关权利的保障决定着经济体制的类型。一些经济体制将自己的角色限定在管理上，其目的是发挥个人创业的积极性，让他们自行决定购买或出售商品或服务的种类及数量。另一些经济体制则更加积极地致力于塑造市场，影响人们关于提供商品或服务的种类、数量与价格的决策。

经济体制：
社会所实行的管理生产、分配和消费的互动与制度，涉及政府和市场间不同程度的互动。

◇ 比较政治经济

掌握政治经济学需要了解市场如何运作、市场如何与政治和社会互动以及如何最好地管理市场。针对这些问题存在不同的观点。克拉克（Clark，2016）为这一团迷雾提供了一个有益的指南，他整理了关于政治与经济互动的几个主要理论，每个理论都有对个人和社会利益及政府适当角色的不同认识，见表 20-1。（另一种视角被称为国家资本主义，我们将在本章后续部分进行讨论。）

345

表 20-1 政治经济学中的五个理论

理论	主要特点	应用
古典自由主义	个人应被允许在政府的最小干预下追求其利益	因大萧条而衰落，但在 20 世纪 80 年代以新自由主义的名头复兴
激进主义	为了确保公平正义，政府干预是必要的	
经济民族主义	政府应将国民经济的优先地位置于其他之上	重商主义一度被英国和法国所奉行，保护主义被特朗普治下的美国以及日本所提倡

续表

理论	主要特点	应用
现代自由主义	政府应当保护权利，同时也应对财富和机会进行再分配	当代大多数自由民主国家采用的政治经济形式
国家资本主义	政府应承担许多正常情况下留给自由市场的职能	在许多威权国家中流行

古典自由主义

资本主义：
将生产、分配与定价的决策尽可能地交给自由市场的经济原则。

守夜人国家：
政府承担的职能有限，诸如维持法律与秩序、提供国防、确保契约的执行以及应对紧急状况。

这是政治经济研究中最早的理论，其形成源于**资本主义（capital-ism）** 在 14 世纪的兴起。其核心观点是，在没有政府干预的情况下，如果个人被允许追逐其个人利益的最大化，那么个人将会做得最好，社会也将最有可能走向繁荣。政府应像**守夜人国家（night-watchman state）** 那样行事。

在中世纪，个人处在由封建国家、教会所主导的社会等级制之中，古典自由主义却强调个人的选择与能动性以及私人产权的重要性（参见 Brennan & Tomasi，2012）。诸如托马斯·霍布斯、约翰·洛克、亚当·斯密和弗里德里希·哈耶克这样的思想家和哲学家所发展出来的古典自由主义，将个人视为自利的并有能力为满足个人需求而找到并实践最佳的做法。自由市场就是激励新发现及解决问题的新措施的最佳手段，政府应致力于保障个人的自然权利并提供诸如教育这样的公共服务，以及解决由市场所造成的不平等问题，除此之外，不需要政府再做得更多了。正如托马斯·杰斐逊（Thomas Jefferson）曾说过的一句著名的话："最好的政府就是管得最少的政府。"

346

外部性：
经济活动对第三方所造成的后果。

古典自由主义在 20 世纪 30 年代的大萧条中备受打击，很多人因而相信自由市场并不一定是塑造经济活动的最佳手段。资本主义似乎无法克服经济活动的宏观波动，市场也不是一个公平的竞争环境，其中还包含许多结构性的问题，例如垄断发展的趋势，以及强大的经济利益会造成更大的政治影响力。古典自由主义也（颇有些不公平）被指责对共同体的福祉不够关心：个人进步固然重要，但是社会和经济本身也需要良好的教育、医疗和基础设施，其中大部分都不适合由市场来提供，而更适用于或只能由政府来提供。古典自由主义也未能解释经济学家所说的**外部性（externalities）**。外部性可能是负面的，例如污染或酒后驾车；也可能是正面的，例如教育和科研。

二战结束后，和平终于到来。以再分配政策为主要模式的政府活动开始复兴，政府设定了更高的累进税率、更多的政府监管，以及对教育、医疗和福利的更多投资。对政府扩张的反对出现在 20 世纪 80 年代，在英国首相撒切尔和美国总统里根的带领下，古典自由主义以**新自由主义（neoliberalism）**之名重生。哈维（Harvey，2007）将新自由主义政治经济学界定为："以强大的私有产权、自由市场和自由贸易为特征的制度框架能够解放个人的创业精神，提高个人技能并能最好地提升人类的福祉。"这一理念后来流行至其他发达经济体，以及世界银行、国际货币基金组织等国际组织，甚至也扩散到了新兴国家（Jones，2012）。然而，新自由主义经常被批评为"没有良心的资本主义"，因其过于关注利润和增长，牺牲了经济和政治上的平等（参见 Monbiot，2016）。

新自由主义：
一种经济哲学理念，代表了古典自由主义的复兴，自 20 世纪 80 年代以来被许多民主国家中的保守派所接受。

激进主义

激进主义（与古典自由主义的发展时期重合并源于古典自由主义）的核心理念在于：社会不仅是个人的集合，政府代表了集体利益，因此民主政府对市场的干预是保障公平与正义的关键。早期的激进主义思想是由欧洲工业化及其所造成的严峻问题与不平等引发的，其理念的基础是社会将从工会、最低工资和福利中获益，但这些都必须由政府来保障施行。在思想史上，卓越的激进主义思想家包括让-雅克·卢梭。卢梭（1712—1778）认为，财富不平等让一些有产者可以支配其他人，每个人都参与政治对于使个人利益与集体利益相结合十分重要。

经济民族主义

经济民族主义为了国家利益而关注国内经济，并关注国民经济的建设以便在国内维持尽可能多的经济活动。经济民族主义批评全球化和自由贸易，保有控制贸易的设想并支持对劳动力、资本和商品流动的限制。16—18 世纪，几个欧洲国家的重商主义实践反映了经济民族主义的观念，其目的是提升国家相对于其他竞争性经济体的权力，尽管这种行为可能招致战争。法国和英国是重商主义思想的主要践行者。亚当·斯密对其进行了批评，他认为这种观念过于关注生产而不是消费，是一种寻租的形式（参见本章后续部分）。经济民族主义中固有的保护主义思想可能有助于建立民族产业及民族企业，但是这也创建了一个受保护

347

的市场，它允许生产者提高价格并削弱竞争，这可能导致其他国家的保护主义行为。美国的特朗普政府是经济民族主义复兴的例证，他支持国内的钢铁和煤炭产业，并强调对国内基础设施的投资。

现代自由主义

现代自由主义经常被简单（也是易令人混淆的）地描述为自由主义，它是古典自由主义的产物并融合了激进主义的元素。杰里米·边沁、约翰·斯图亚特·穆勒、约翰·梅纳德·凯恩斯和约翰·罗尔斯是现代自由主义理论的主要发展者（参见 Ryan，2012）。尽管新自由主义的出现引发了古典自由主义的复兴，以及部分国家出现了经济民族主义复苏的现象，但现代自由主义是当代大多数自由民主国家主流的政治经济学范式。现代自由主义承认资本主义和民主的缺陷，但它也承认两者的价值。现代自由主义者认为，政府的目的是保护权利，以便个人可以集体地追求自由市场所无法实现的目标，同时只关注那些有助于公共利益的活动。

福利经济学（welfare economies） 是现代自由主义观念的关键。福利经济学的出现基于对自由市场未必会优化社会福利的认识。自由市场可能会带来经济效率，但同时也会忽略穷人的需求，这让穷人在改善生活上面临挑战。因此，政府不仅应负责对财产权的保障，还应该参与对财富和机会的再分配以实现社会福利的最大化。正如我们在第十章中看到的，大萧条和两次世界大战大大扩张了政府在许多民主国家中的作用，并导致福利国家的形成（参见本章后续部分）。直到 20 世纪 60 年代之前，福利国家的创建在主要自由民主国家中都得到了舆论的支持。此后，一些国家出现了对"大政府"信心的下降，我们在本书中的其他部分也对这一现象进行过讨论。关于其对政治经济的影响人们仍未达成一致。

趋同论（convergence thesis） 认为，在全球化的经济压力下，发达经济体和福利国家正在现代自由主义的观念下趋同发展。这与国家独特性的普遍削弱相关。在前面的章节中，我们看到国家的政治制度集中体现于成文宪法、宪法法院、自由民主制度、多党制度和比例代表制度。那么，为什么在经济方面不会出现类似的趋同效应呢？不过，高收入民主国家的趋同发展的实践证据并不显著（参见 Hay，2017），我们实际上看到的是政治经济观念的碎片化。不同的领导人、政党和政府对何谓最佳的经济政策，以及政府在市场中应扮演何种角色各有看法。

福利经济学：
一种关注商品和服务的分配如何影响整体社会福利的经济学分支。

趋同论：
认为高收入经济体正在采用共同的经济模式，基于自由和对市场的信任，同时限制福利支出并鼓励劳动力的扩张。

在对经济自由的比较中存在一种测量差异的方法。此外，不论自由民主国家已经发生或将要发生什么，我们都不能忽视世界其他地区的发展。这些地区最初受到较富裕的民主国家政策的影响，但随着新兴国家变得更为强大且更有影响力，这种平衡发生了变化。

福利国家

对许多人来说，福利国家是自由民主国家的主要政策成就。即便经济发展起起伏伏，自由民主国家仍然设法维持福利计划，这通常占据国家预算的大部分。美国也并不例外，许多人错误地认为国防是美国预算中最大的支出项目。事实上，大约有2/3的联邦支出用于**社会保障（social security)**、失业救济、公共医疗和相关的项目中，相比之下，国防预算仅占16%（Congressional Budget Office，2018）。因此，为了充分理解政治经济学，我们必须研究福利国家，并比较国家在保障民众福利方面的差异，这一做法揭示了公民身份在不同国家的重要差异。

与比较政治的许多概念一样，福利国家的概念在一些国家要比在其他国家更频繁地进入公众的视野中。这一概念在欧洲最为常见，也最具积极内涵。正如欧洲是研究多党制和联合政府的理想情境一样，它也拥有最发达的社会保障制度。尽管福利国家一词在20世纪三四十年代于英国开始流行，但它的起源要追溯到19世纪晚期的德国（Pierson & Leimgruber，2010）。为了抵消社会主义政党和天主教会的影响，奥托·冯·俾斯麦（1871—1890年任德意志帝国宰相）创立了强制性的社会保险项目，这帮助人们（至少对产业工人而言）抵御事故和疾病等风险。

在这一基础上，其他西欧国家开始逐渐引入并扩大福利项目。起初是支持低收入和失业群体，后来扩展至养老金、家庭津贴和对更多群体（如农村人口和产业工人的家属）的保障。这种福利大拼盘（见表20-2）通常由国家政府资助并直接或通过地方政府及其他公共或私人机构下拨。到了20世纪70年代，在大多数民主国家，主要福利项目几乎已经覆盖了所有民众。

发达自由民主国家向福利国家的转型是在20世纪完成的，特别是在二战后的三个"黄金十年"。这种转型在不同国家、不同时期以不同的速度发生，导致了各国在福利支出上的差异（见图20-1）。在经济合作与发展组织（OECD）成员国中，这些相对富裕的国家2016年在所有

348

349

社会保障：
针对低收入或无收入群体的福利项目的统称。

社会福利项目上的平均支出为公共机构支出总额的 20%，其中最高的法国为 31%，最低的墨西哥为 7%。

表 20-2　福利项目清单

养老金
失业救济
女性生育险（有时也提供给男性）
免费医疗或医疗补贴
免费教育或教育补贴
对残疾人士的补贴
住房补贴
家庭津贴
社会服务（例如家庭护理中心）

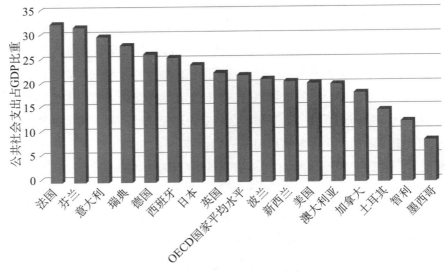

图 20-1　比较各国福利支出

资料来源：OECD, 2018b.

注：图中为各国 2016 年的数据，包括所有社会目的的公共机构现金流动，不包括减税和私人支出，美国、英国和日本在这两项上的支出较高。

350　埃斯平-安德森（Esping-Andersen, 1990）在一项有影响力的研究中界定了高收入自由民主国家中的三种福利国家模式：

● 自由式福利国家（或有限福利国家）。在这些国家中，获得福利的规则是严格的，福利是相对适度的。只有人口中的一小部分人能获得福利，他们通常没有工作且有时还被污名化。这与其说是福利国家，不如说是国家福利。这种做法反映了守夜人国家的传统，常见于英语世界的国家，尤其是澳大利亚、加拿大和美国。

● 保守式福利国家。在这里，国家是福利的主要提供者，福利与职业相关并取决于个人贡献和工资水平。为国家服务的工作，尤其是公务员，通常会拥有优厚的医疗与养老福利。这一制度反映了教会的影响，有利于家庭并鼓励生育。这种国家主要出现在欧洲大陆，德国就是一个典型的例子，奥地利、法国和意大利也属于这样的国家。

● 社会民主式福利国家。这类国家相对不那么常见，其运作基于平等原则，社会福利人人有份。福利的供给主要基于需要而不是贡献，国家直接接管了对于儿童与老人的照顾。斯堪的纳维亚国家是这种覆盖广泛、成本高昂但人人平等的福利制度的典型。

20 世纪 80 年代，福利国家的黄金年代结束了。经济衰退和金融危机减少了福利项目的可用资源，但是社会对福利的需求却在持续增加。人口平均年龄的增加又进一步提高了养老金、医疗保障和相关支持服务的成本。这一状况的部分原因是福利国家建立在开放式承诺的基础上，政府承诺对所有贫困、失业、残疾和退休的人予以保障。这样一来，个人的风险被消除了，但国家必须承担起相应的责任。

国际压力的影响也很重要。如果一个国家福利体系的成本高于其他国家，那么该国的竞争力可能会受到影响，或被认为会受到影响。皮尔逊（Pierson，2006）认为，向更加开放的国际经济体系的转型"削弱了福利国家进一步发展的机会"。亚洲在全球经济中日益增加的重要性正在于其国内福利体系的成本较低，这使其比欧洲、北美洲更悠久且更昂贵的制度更具优势。

这些问题导致鼓励国家的建设出现倒退（Bonoli & Natali，2012）：　*351*

● 福利被削减。

● 获得福利的资格被收紧，如提高退休年龄。

● 部分服务开始引入收费机制（诸如医疗服务）。

● 较为古老的护理机构得到了振兴，特别是慈善机构和教堂。

● 新员工和兼职员工的就业福利被削减。

福利国家建设的倒退也反映了政府优先事项的转变，社会的优先地位让位于经济发展。尤其是自全球金融危机以来，各国开始努力提升经济产出和税收以应对财政挑战，这促使它们努力让民众回到工作岗位上。即使这样，福利支出依然很高，但很多国家的失业救济已经有所减少（Levy，2010）。

◈ 发展和全球分野

政治经济学的四个主要理论主要来自西方工业化国家的发展经验。然而，随着殖民时代的终结，以及拉丁美洲军人政权走下历史舞台，关于政治经济的讨论也在发生变化。现在，越来越多的欠发达国家、发展中国家或所谓的不发达国家，其政治和经济环境与西方截然不同。对于**发展（development）**的理解在政治经济的议程中获得了重要地位。我们在如何理解发展中国家或新兴国家（其中大部分长期与殖民大国保持不平等和被剥削的关系）如何能够抓住新机会并提升其在全球体系中的绝对和相对地位方面几乎没有什么共识（参见 Todaro & Smith，2016）。

四个主要的政治经济理论应用于最不发达国家时形成了不同的立场（Clark，2016）。对于古典自由主义者来说，发展的关键是让市场在政府干预最少的情况下有效运作。这在最不发达国家中很难实现，因为许多国家的政府效率低下且容易受特殊利益的操控，而且对外国援助形成了某种形式的依赖，因此它们很难保护自己的市场免受自由贸易的冲击。这些国家也往往缺乏有价值的资源，需要长期的投资以提升基础设施水平，其文化中也含有阻碍企业家精神的部分。

对于激进主义者来说，较贫穷的国家因为对廉价劳动力的剥削和对自然资源的开采已经变得同质化，这正在帮助富裕的工业资本家抵消本国的革命情绪。这种观念推动了**依附理论（dependency theory）**的形成，该理论在 20 世纪六七十年代，尤其在拉丁美洲经济学者中十分流行。该理论认为，欧洲殖民主义者破坏了被殖民国家本土的社会和经济制度，也破坏了它们独立于欧洲殖民大国进行自主发展的能力。对这些国家的开发主要集中在矿产、木材和农业等少数几个产业上，其中大部分的利润都流向了欧洲。因此，该理论主张最小化不发达国家与富裕国家之间的接触，更好地保护本国产业从而使其形成独立发展的能力。

发达国家中的保守主义者并不关注最不发达国家，他们关心的是国内的政治经济安排。他们对传统观念与制度及对孤立主义哲学的支持影响了其对最不发达国家的看法，在这方面，他们主张资本主义时代之前的价值观，如忠诚、权威和共同体，支持保护主义反对对外援助。

最后，现代自由主义者认为最不发达国家的问题就在于市场的不发达、政府的低效、极端的不平等和不平等的贸易关系。最不发达国家想要走向成功需要平衡增长与公平（例如促进 GDP 增长的同时要通过教育和医疗的提升来改善普通人的生活）、扩大个人机会、**公平贸易（fair**

发展：
民众、共同体或国家经济和社会福祉的改善。经常在较贫穷的国家中使用。

依附理论：
该理论认为资源从边缘的贫穷国家流向了核心的富裕国家，这造成了穷国对富国政治和经济上的依赖。

公平贸易：
贫穷国家的生产者应该在商品销售过程中分得更大份额的利润的观念。

tade)、在自由贸易和保护主义之间维持平衡、达成公平的自由贸易协
定并接受那些创造新机会而不是依附的援助（参见 Brown，2013）。

　　冷战结束后，亚洲和拉丁美洲的经济迅速崛起。这些地区的许多国
家的潜力长期以来广为人知，它们的发展让其全球地位更加显著，其中
一些国家还走上了民主化的道路。正如我们在第四章看到的，在 2001
年，经济平衡的变化出现了金砖国家的说法，作为金砖国家的巴西、俄
罗斯、印度和中国，其英文名称的首字母组成英文（BRIC）"砖"，这
也是"金砖"的来源。到了 2012 年，金砖国家的提出者吉姆·奥尼尔
（Jim O'Neill）提出了新兴 11 国（N11）：新兴市场的第二集团，其中包
括孟加拉国、埃及、伊朗、墨西哥、尼日利亚和越南（Martin，2012）。
尽管这些国家出现了积极的发展趋势，但许多其他发展中国家仍然处于
落后状态，经济落后，教育和医疗缺位，环境恶化，（在最糟糕的情况
下）饱受极端贫困与饥饿的折磨。

　　2007 年，随着**全球金融危机（global financial crisis）**的爆发，国际
体系受到冲击，这是自 20 世纪 30 年代大萧条以来最严重的一次国际金
融危机。这与其说是一场全球性危机不如说是北大西洋地区的危机，它
源于美国金融监管的缺位。当欧洲的银行和金融机构利用这一机会迅速
套利时，金融危机也扩展到了欧洲。美国的房地产市场崩溃后，大西洋
两岸的许多机构要么破产要么向政府申请救助。股价暴跌，许多人失去
了工作和住所，消费需求萎缩，企业也陷入了财务困境。

全球金融危机：
因美国的金融监管缺
位和投机行为而在
2007 年爆发并迅速蔓
延至欧洲的一场危机。

　　危机的快速蔓延体现出富裕的资本主义国家国内金融监管的缺失已到
了何种严重的程度。与此同时，许多新兴经济体因受金融危机的影响较小
而取得了快速发展。但也有很多早已摆脱了传统殖民主义的不平等关系的
国家仍然处在贫困和经济困顿的状况中，这说明要了解政治经济的发展变
化仍然有很多工作要做。我们生活在一个经济迅速变化且日益全球化的世
界中，仍然有很多不平等现象，仍然有很多尚未兑现的发展潜力。

◇ 威权国家的政治经济

　　正如威权国家会利用政治手段进行控制一样，我们可以合理推算，
它们也会使用经济手段来维持稳定，而这将对国家的政治及经济发展造
成影响。不过，情况并非如此简单。确实，威权统治者可能不会像民主
国家的领导人那么关心民众的福祉，而且我们也确实能看到威权国家普

遍存在着特权、裙带关系和腐败等现象，并且在经济上相对落后。不过，近年来经济增长较快的国家也恰恰是威权国家，例如埃塞俄比亚、伊朗、乌兹别克斯坦等。

哈达德（Haddad，2012）在其对叙利亚以及政治经济如何在"阿拉伯之春"中发挥作用的研究中阐述了理解威权国家和政治经济之间关系所要面临的挑战。他批评了基于"贫困和匮乏的一般性经济观点"来解释"阿拉伯之春"的行为，认为评估政治和经济变量之间的互动十分重要。他对叙利亚案例的发展历程描述如下：

> 当威权精英在20世纪七八十年代开始与资本家或商业阶层建立联系时，他们不仅是为了追求个人的利益而是为了应对日益严重的经济危机。然而，随着时间的推移，当这些政治精英的后代转型为国家的经济精英时，他们的利益直接影响了他们的政策偏好、生活方式和不断变换的社会联盟。

哈达德还认为，凭借将经济财富转化为政治权力的新能力，更多的政府官员及其家人进入了一个由"裙带关系主导的市场"。在这个市场中，经济政策是由企业与哈菲兹·阿萨德（1971—2000年任叙利亚总统）及其儿子巴沙尔·阿萨德（自2000年起任叙利亚总统）政府的共同利益所决定的。这一模式催生了叙利亚内战的爆发，换句话说，叙利亚内战不仅是民主对独裁的战争，而且涉及一系列政治经济因素。

国家资本主义：
国家高度控制经济的体制。国家会负责在资本主义体制中本应由自由市场承担的职能或活动。

威权国家的政治经济学可以用**国家资本主义（state capitalism）**的范式来进行概括，这一模式在包括俄罗斯和土耳其在内的几个混合政体国家中也存在着（参见"聚光灯 土耳其"）。尽管国家资本主义不是什么新鲜事物，并且不仅限于威权国家（法国、日本和韩国在不同时期也呈现出国家资本主义的特征），而且可以说是政治经济学除本章前述四种理论范式之外的第五种主要理论范式。国家资本主义在近几十年实现了复兴。该模式强调国家对经济管理采取更加积极的做法，通过国家直接拥有并运营在能源和技术等重要战略领域的大公司（也被称为国有企业，这类企业曾经在欧洲也很重要，例如英国和荷兰的东印度公司）来实现的。与自由资本主义的模式不同，这些国有企业被认为是永久性的，即便它们的利润非常微薄。

库兰齐克（Kurlantzick，2016）指出，国家资本主义的原则可以在诸如巴西、印度等民主国家中找到，但在俄罗斯等威权国家中体现得最为淋漓尽致。他认为这种发展趋势反映了民主的衰落，因为政府已经收紧了政治控制。他警告说，与自由市场经济相比，"国家资本主义的模式更具保护主义色彩，对全球安全与繁荣更加危险，对政治自由的危害也更大"。

俄罗斯国有企业占国内生产总值的比重从 2005 年的 35% 提升到了 2015 年的 70%（Aslund，2017）。詹科夫（Djankov，2015）认为，普京鼓励国家对能源和金融等关键行业的控制，俄罗斯的石油和天然气出口成为外交的工具。凭借俄罗斯丰富的自然资源收入，俄罗斯迟迟没有进行医疗保健与福利制度的改革，并忽视了社会贫富差距拉大的问题，而且也能够经受住欧盟和美国的制裁（这些制裁也推高了国有经济在经济中的占比）。当然，所有这些都体现了普京强悍而富有进攻性的领导风格。

对于阿斯伦德（Aslund，2017）来说，俄罗斯的国有企业（包括俄罗斯天然气能源工业股份公司、俄罗斯石油公司及科技公司俄技集团）只不过是裙带资本主义（参见第十章）的另一张面孔。它们似乎在以现代模式进行公司经营，例如会发布年度报告并召开年度股东大会，但它们的做法具有欺骗性：

> 这些公司并不是由国家精英所领导，相反，它们是被一小撮寡头（包括前克格勃军官、部长、总统办公室的资深官员）所领导，他们是普京的私人代表。

忠诚的高管在这些公司长期任职（无论他们的管理技能如何），经理们通过提供中标机会及出售资产的方式让自己的朋友和同事获利，其家人不论年龄或资历如何总是能被任命到重要岗位上。阿斯伦德认为这是"新封建资本主义"的一种形式，这将对俄罗斯的社会和政治稳定造成威胁。

在威权国家中，更常见的是统治者利用国内政治力量互相争斗以坐收渔翁之利，从而维护自己的统治地位。在这种情况下，经济发展的连续性会受到影响。公共部门经常变得臃肿，正如我们在第十章看到的那样，收入较低的员工们经常以牺牲业务为代价来增加自己的收入。公司的成功及税负更多地取决于其政治联系而不是业务实力。经济和政治没有很好地结合，资本利用率低下。另一种情况是，统治者只是想把国家资源和财富转移到个人名下，让他们自己的家庭或他们所属的族群或宗教群体富裕起来。主要的官员以及与民众直接打交道的官员通常十分腐败，这既妨碍了经济增长又伤害了政权合法性。当国家遭受资源诅咒时

（参见聚焦 20.1），此类现象则尤为明显。

聚光灯

土耳其

简介

土耳其曾是奥斯曼帝国的核心，但今天已经成为一个横跨欧亚的世俗性共和国。土耳其长期希望成为欧盟的一员，但是这一努力经常受制于对其国内人权状况和民主发展的担忧。自从埃尔多安上台以来，外界的这种担忧愈加深重。埃尔多安自 2003 年上台，其中有 11 年任土耳其总理，2014 年以来，他又当选为总统并将总统一职从仪式性的虚位国家元首变为掌有实权的职位。2016 年的一次未遂政变强化了埃尔多安的权力，接着在 2017 年，一次有争议的公投通过了使土耳其转变为总统制国家的提案。

政府组成	单一制的总统制共和国。建国于 1923 年，现行宪法是自 1876 年以来的第六部宪法，发布于 1982 年并已经经历了近 20 次修正
行政	总统制，行政体制正处于从议会制向总统制的转型过程中。总统由直接选举产生，任期五年，最多连任一次。总统在副总统和内阁的支持下工作。总理一职在 2017 年被废除
立法	一院制的国会，由 600 名议员组成，议员每五年改选一次
司法	宪法法院共有 17 名成员，任期 12 年不可连任。其中有三名成员通过国会选举产生，其余成员由总统基于下级法院的提名进行任命
选举体制	国会选举采用比例代表制，获得议席的门槛相对较高，必须获得 10% 以上的票数。总统自 2014 年起一直由选举产生。总统候选人必须得到至少 20 名国会议员的提名，并基于多数制进行竞争
政党	多党制，保守主义的正义与发展党（成立于 2001 年）执政，社会民主派和共和人民党是主要的反对党。

人口：8 100 万

国内生产总值：8 510 亿美元

人均国内生产总值：10 540 美元

土耳其的政治经济

土耳其是一个新兴经济体，在欧洲和中东之间占有重要的战略地位。土耳其的人口几乎和德国一样多，并在近年来稳步增长。其经济迅速从全球金融危机的影响中恢复过来，实现了城市化率的快速增长，并在世界银行的排名中被列为中等偏上收入的国家（与巴西和墨西哥相当）。奥尼斯和库特拉伊（Önis & Kutlay, 2013）将土耳其称为"准金砖国家"。国际货币基金组织将土耳其归为新兴市场经济体，或具有部分发达经济体特征的经济体。简言之，土耳其的经济潜力十分可观。

然而，土耳其的经济发展历程仍引发了人们的疑问。土耳其一直在强化其民主制度并努力修改法律法规以实现其加入欧盟的长期愿望。然而，自埃尔多安于 2003 年上台以来，他破坏了许多民主建设的成果，为总统一职建构了新权力，并推行了一个被描述为民粹主义、民族主义、伊斯兰主义、保守主义和反西方主义的政策框架。埃尔多安政府在政治上引发的担忧也蔓延到了经济领域。这部分源于埃尔多安政府对利率实施控制的计划，部分原因是通货膨胀的加剧，土耳其里拉的币值在 2018 年初贬值了 1/5。

许多人在土耳其看到了新自由主义的迹象，这反映在诸如私有化等政策中，以及从原有的初级福利国家模式向更多支持私人医疗和社会保险的模式。不过卡拉达格（Karadag，2010）认为土耳其的政治经济模式是从国家资本主义转为他所称的"寡头资本主义"。他将寡头资本主义界定为政治派系化以及封闭化的精英政治商业卡特尔的形成。这一发展态势有助于解释土耳其长期存在的腐败问题。总之，土耳其当前的政治和经济发展趋势之间存在并不令人意外的重叠关系。

延伸阅读

Başer, Bahar, and Ahmet Erdi Öztürk（eds）（2017）*Authoritarian Politics in Turkey：Elections，Resistance and the AKP*（I. B. Tauris）.

Finkel, Andrew（2012）*Turkey：What Everyone Needs to Know*（Oxford University Press）.

Genç，Kaya（2016）*Under the Shadow：Rage and Revolution in Modern Turkey*（I. B. Tauris）.

聚焦 20.1

资源诅咒

在许多威权国家都存在**资源诅咒（resource curse）**（Auty，1993；Collier & Bannon，2003）或"丰裕悖论"的现象，它形成了对经济政策的扭曲。一些国家拥有很多能够而且本应构成经济发展基础的资源，但这却改变了政治和经济的平衡，只关注单一部门，最终将经济增长压低至预期值以下。此时这些国家就出现了所谓的资源诅咒。

加拿大和挪威等几个富裕的民主国家也面临着类似的风险，但它们采取了谨慎和透明的政策并确保其经济建立在广泛的发展基础之上，这有助于避免资源诅咒的影响。然而在很多贫穷（且往往是威权）的国家中，它们急于发展却欲速而不达。例如安哥拉、乍得、赤道几内亚、加蓬、尼日利亚和苏丹等几个撒哈拉以南非洲国家，石油已经变成了一个难题。在富含铜矿、铀矿等易开采矿产的国家，或富含钻石等珍贵矿产的国家中，资源诅咒的现象也时有发生。

资源诅咒的产生主要有四个要素：

● 资源相对容易开发并且能够带来快速且高额的汇报，因此一个国家往往将主要的发展努力都集中在相关产业，对其他产业的投资则很少。这就是所谓的"荷兰病"，得名自20世纪70年代荷兰对北海天然气的开发（Humphreys，2007）。这种做法将会导致经济失衡，使经济依赖于特定的产品，相关产品的价格波动将会直接影响到经济表现。

● 当政府可以依靠主要自然资源的收益来获得足够的财政收入时，它就缺乏通过改善经济表现提升人力资本来增加财政收入的动力，这从长期来看也损害了经济发展的前景。

● 自然资源收益会助长腐败，相关收入可能会进入权势者的个人账户而不是用于经济投资。

● 资源收益可能会催生内部冲突。国内较为贫困的地区可能发现它们并没有从国家的自然资源收益中获益。在最极端的情况下，这可能导致国内政治暴力事件甚至爆发内战。

博茨瓦纳本来也可能会受到资源诅咒的影响，但该国实行了更具连续性的经济政策。在博茨瓦纳于1966年独立时，该国是世界上最为贫困的国家之一，国内还勘探到了巨量的钻石矿藏。博茨瓦纳本可以利用钻石来快速获得财税收入，但它却和戴比尔斯合资设立了戴比茨瓦纳矿业集团（Debswana Mining Company）。戴比尔斯当时垄断了全球的钻石贸易。此后，钻石开采推动了博茨瓦纳的经济发展，如今，

博茨瓦纳已经跻身中等收入国家的行列。

资源诅咒：
由于政策不平衡、腐败和内部冲突的广泛存在，一个某类或某几类自然资源丰富的国家反而有较低的经济增长水平。

357

寻租：
从资源出口中获得收益的努力，且相关收益并没有用于产生财富或回报社会。

在许多威权国家包括民主国家中都存在着一种被称为**寻租（rent-seeking）**的行为（Congleton & Hillman, 2015）。这种行为会强化经济停滞。但是许多个人、企业乃至整个政权都会追求这种行为。例如，政府可能会垄断自然资源所有权并向公民收取使用费，可能会要求进口产品必须获得进口牌照，也可能会收取办理签证的费用。同样，政府官员可能会收受贿赂来为公民办理护照或为公司办理牌照。在所有的情况下，资源被非生产性地用于产生不劳而获的收益，这是对经济和社会征收隐性税收，并且没有为更广大的市场产生任何价值。对于依赖寻租收益的政府而言，它们缺乏建构一个征收税收、发展经济并提升人力资本的正式结构。相反，统治者与被统治者之间陷入了互不信任的僵局，形成了一种与自由民主国家推行复杂倡议不相容的环境。

食利国家：
国家大部分收入都依赖于初级资源出口收入或将自然资源租借给外国企业开发的收入。

寻租会导致所谓的**食利国家（rentier state）**的出现。这一标签适用于收入主要依赖于自然资源出口的国家。从经济角度看，食利国家通过出口资源获得收入，其中主要是通过私人且主要是外国承包商来获得利润，这对当地的经济几乎没有什么贡献。例如，初级农产品出口后，农产品的加工在其他地方进行。食利国家的统治者能够从中获得直接收入，这削弱了他们提升税收能力的动机，并减少了呼吁政治代表权的压力。资源所产生的租金可以部分直接发放给民众，或者扩大公共部门来增加就业机会。这实际上是对民众的收买，以确保其对非民主政权的默许。这种做法推迟了民主转型的发生，这也是为什么许多依赖石油资源的食利国家都是非民主国家。

大多数中东石油国家——包括伊朗、沙特阿拉伯和海湾国家——都在不同时期属于食利国家。尤其是在全球石油价格高企的时候。不过，石油在世界经济中的地位长期下降可能对沙特阿拉伯等国产生重要影响。石油价格下跌加剧了它们的预算赤字，迫使政府削减补贴，征收有史以来的第一个一般税（以增值税的形式）。该国甚至考虑将全球最大

的石油公司沙特阿美私有化。塞兹内克（Seznec，2016）认为，从长期来看，这可能导致沙特阿拉伯的政治经济不再是"食利国家的缩影"，而是开始类似于更先进的工业民主国家。

问题研讨

358

● 对政治学与经济学进行交叉研究的主要好处是什么？

● 古典自由主义在何种程度上仍反映在现代自由民主国家的政治经济实践中？

● 激进主义在何种程度上反映在现代政治经济实践中？

● 福利国家的未来可能会怎样？

● 为什么自然资源丰富的自由民主国家能够避免资源诅咒的影响，而许多威权国家却做不到？

核心概念

● 资本主义

● 新自由主义

● 趋同论

● 依附理论

● 发展

● 经济体制

● 经济学

● 外部性

● 公平贸易

● 全球金融危机

● 福利经济学

● 微观经济学

● 新政治经济学

● 守夜人国家

● 政治经济学

● 寻租

● 食利国家

● 资源诅咒

● 社会保障

● 国家资本主义

● 宏观经济学

● 市场

延伸阅读

Castles, Francis C., Stephan Leibfried, Jane Lewis, Herbert Obinger, and Christopher Pierson (eds) (2010) *The Oxford Handbook of the Welfare State* (Oxford University Press). 关于福利国家研究的文集，包括福利国家形成的基本理由、政策目标和产出，专章探讨了欧洲现有的福利国家及世界其他地区的新兴福利国家。

Clark, Barry (2016) *Political Economy: A Comparative Approach*, 3rd edn (Santa Barbara, CA: Praeger). 对政治经济学进行了概述，书中探讨了领域内的竞争性观点，专章探讨了失业、通货膨胀、贸易和环境等议题。

Clift，Ben（2014）*Comparative Political Economy：States，Markets and Global Capitalism*（Red Globe Press）. 关于理解当代资本主义的方法和分析工具的概述。

Kurlantzick，Joshua（2016）*State Capitalism：How the Return of Statism is Transforming the World*（Oxford University Press）. 对国家资本主义的起源和影响进行评估，也涉及其对政治经济研究的影响。

Ravenhill，John（ed.）（2017）*Global Political Economy*，5th edn（Oxford：Oxford University Press）. 一本关于政治经济学的教科书，适用于全球层面的贸易、金融和发展。

Ryan，Alan（2012）*The Making of Modern Liberalism*（Princeton，NJ：Princeton University Press）. 对现代自由主义的起源、演变和当代特征进行了详细评估。

参考文献

A

Aarts, Kees, André Blais, and Hermann Schmitt (eds) (2011) *Political Leaders and Democratic Elections* (Oxford: Oxford University Press).

Acemoglu, Daron, and James A. Robinson (2013) *Why Nations Fail: The Origins of Power, Prosperity and Poverty* (London: Profile).

Ahmad, Ahmad Atif (2017) *Islamic Law: Cases, Authorities and Worldview* (London: Bloomsbury).

Akkerman, Tjitske, Sarah L. de Lange, and Matthijs Rooduijn (eds) (2016) *Radical Right-Wing Populist Parties in Western Europe: Into the Mainstream?* (Abingdon: Routledge).

Albertus, Michael, and Victor Menaldo (2018) *Authoritarianism and the Elite Origins of Democracy* (Cambridge: Cambridge University Press).

Allen, Peter (2018) *The Political Class: Why it Matters Who our Politicians Are* (Oxford: Oxford University Press).

Allmark, Liam (2012) 'More than Rubber-Stamps: The Consequences Produced by Legislatures in Non-Democratic States beyond Latent Legitimation', in *Journal of Legislative Studies* 18:2, pp. 198–202.

Almond, Gabriel A. (1966), 'Political Theory and Political Science', in *American Political Science Review* 60:4, December, pp. 869–79.

Almond, Gabriel A., and Sidney Verba (1963) *The Civic Culture* (Princeton, NJ: Princeton University Press).

Ambrosio, Thomas (2016) *Authoritarian Backlash: Russian Resistance to Democratization in the Former Soviet Union* (Abingdon: Routledge).

Anckar, Carsten (2008) 'On the Applicability of the Most Similar Systems Design and the Most Different Systems Design in Comparative Research', in *International Journal of Social Research Methodology* 11:5, November, pp. 389–401.

Anderson, Benedict (2013) *Imagined Communities: Reflections on the Origins and Spread of Nationalism,* revised edition (London: Verso).

Andeweg, Rudy B. (2014) 'Cabinet Ministers: Leaders, Team Players, Followers?' in R. A. W. Rhodes and Paul 't Hart (eds) (2014) *The Oxford Handbook of Political Leadership* (Oxford: Oxford University Press).

Andeweg, Rudy B., and Galen A. Irwin (2014) *Governance and Politics of the Netherlands,* 4th edn (London: Red Globe Press).

Ansolabehere, Stephen (2006) 'Voters, Candidates and Parties', in Barry R. Weingast and Donald A. Wittman (eds) *The Oxford Handbook of Political Economy* (Oxford: Oxford University Press).

Anton, Thomas J. (1969) 'Policy-Making and Political Culture in Sweden', in *Scandinavian Political Studies* 4:A4, January, pp. 82–102.

Aristotle (1962 edn) *The Politics,* trans. T. A. Sinclair (Harmondsworth: Penguin).

Armitage, David (2005) 'The Contagion of Sovereignty: Declarations of Independence since 1776', in *South African Historical Journal* 52:1, pp. 1–18.

Art, David (2012) 'Review Article: What Do We Know About Authoritarianism After Ten Years?' in *Comparative Politics* 44:3, April, pp. 351–73.

Aslund, Anders (2017) 'Russia's Neo-feudal Capitalism', in Project Syndicate at www.project-syndicate.org, 27 April. Retrieved October 2018.

Auty, Richard M. (1993) *Sustaining Development in Mineral Economies: The Resource Curse Thesis* (London: Routledge).

B

Bachrach, Peter, and Morton S. Baratz (1962) 'The Two Faces of Power', in *American Political Science Review* 56:4, December, pp. 941–52.

Baek, Jieun (2016) *North Korea's Hidden Revolution: How the Information Underground Is Transforming a Closed Society* (New Haven, CT: Yale University Press).

Bagehot, Walter (1867) [2009 edn] *The English Constitution* (Oxford: Oxford University Press).

Bardach, Eugene (1976) 'Policy Termination as a Political Process', in *Policy Sciences* 7:2, June, pp. 123–31.

Bardes, Barbara A., Mack C. Shelley, and Steffen W. Schmidt (2018) *American Government and Politics Today: The Essentials,* 2017–18 edition (Boston, MA: Cengage).

Bauer, Michael W., Andrew Jordan, Christoffer Green-Pedersen, and Adrienne Héritier (eds) (2012) *Dismantling Public Policy: Preferences, Strategies, and Effects* (Oxford: Oxford University Press).

Baum, Scott (2014) 'Australia.gov.au: Development, Access, and Use of E-government', in Scott Baum and Arun Mahizhnan (eds) *E-Governance and Social Inclusion: Concepts and Cases* (Hershey, PA: IGI Global).

Baumgartner, Frank R., Jeffrey M. Berry, Marie Hojnacki, David C. Kimball, and Beth L. Leech (2009) *Lobbying and Policy Change: Who Wins, Who Loses, and Why* (Chicago: University of Chicago Press).

Bayat, Asef (2010) *Life as Politics: How Ordinary People Change the Middle East* (Stanford, CA: Stanford University Press).

Beason, Dick, and Dennis Patterson (2004) *The Japan that Never Was: Explaining the Rise and Decline of a Misunderstood Country* (Albany, NY: State University of New York Press).

Beetham, David (2004) 'Freedom as the Foundation', in *Journal of Democracy* 15:4, October, pp. 61–75.

Bell, David S., and John Gaffney (eds) (2013) *The Presidents of the French Fifth Republic* (Basingstoke: Palgrave Macmillan).

Bemelmans-Videc, Marie-Louise, Ray C. Rist, and Evert Oskar Vedung (eds) (1998) *Carrots, Sticks, and Sermons: Policy Instruments and Their Evaluation* (New Brunswick, NJ: Transaction).

Bessi, Alessandro, and Emilio Ferrara (2016) 'Social Bots Distort the 2016 US Presidential Election Online Discussion', in *First Monday* 21:11, 7 November.

Bevir, Mark, and R. A. W. Rhodes (2004) 'Interpreting British Governance' in *British Journal of Politics and International Relations* 6:2, May, pp. 130–6.

Bhagwati, Jagdish (2007) *In Defense of Globalization: With a New Afterword* (Oxford and New York: Oxford University Press).

Bierce, Ambrose (1970) *Diabolical Definitions* (Mt. Vernon, NY: Peter Pauper).

Billig, Michael (1995) *Banal Nationalism* (London: Sage).

Bingham, Tom (2011) *The Rule of Law* (London: Penguin).

Bitonti, Alberto, and Phil Harris (eds) (2018) *Lobbying in Europe: Public Affairs and the Lobbying Industry in 28 EU Countries* (London: Palgrave Macmillan).

Blomgren, Magnus, and Olivier Rozenberg (eds) (2012) *Parliamentary Roles in Modern Legislatures* (Abingdon: Routledge).

Boardman, Anthony F., David H. Greenburg, Aidan R. Vining, and David J. Weimer (2018) *Cost-Benefit Analysis: Concepts and Practice,* 5th edn (Cambridge: Cambridge University Press).

Bodin, Jean (1980) *Selected Writings on Philosophy, Religion and Politics,* edited by Paul L. Rose (Geneva: Droz).

Boix, Carles (2003) *Democracy and Redistribution* (Cambridge: Cambridge University Press).

Boix, Carles (2011) 'Democracy, Development and the International System', in *American Political Science Review* 105:4, November, pp. 809–28.

Bonoli, Giuliano, and David Natali (eds) (2012) *The Politics of the New Welfare State* (Oxford: Oxford University Press).

Booth, John A., and Patricia Bayer Richard (2015) *Latin American Political Culture: Public Opinion and Democracy* (Thousand Oaks, CA: Sage).

Booth, Robert (2015) 'Why Did the Election Pollsters Get It So Wrong?' in *The Guardian* at www.theguardian.com, 14 May. Retrieved October 2018.

Boucher, Geoff (2014) *Understanding Marxism* (Abingdon: Routledge).

Bourgault, Louise M. (1995) *Mass Media in Sub-Saharan Africa* (Bloomington, IN: Indiana University Press).

Brady, Henry E., and David Collier (2010) *Rethinking Social Inquiry: Diverse Tools, Shared Standards,* 2nd edn (Lanham, MD: Rowman & Littlefield).

Braun, Brian R. (2016) 'Civil Society in Egypt Still Matters', in MENA Source, Atlantic Council, at www.atlanticcouncil.org, 22 April. Retrieved October 2018.

Bräutigam, Deborah, Odd-Helge Fjeldstad, and Mick Moore (2008) *Taxation and State-Building in Developing Countries: Capacity and Consent* (Cambridge: Cambridge University Press).

Brennan, Jason (2011) *The Ethics of Voting* (Princeton, NJ: Princeton University Press).

Brennan, Jason, and John Tomasi (2012) 'Classical Liberalism', in David Estlund (ed.) *The Oxford Handbook of Political Philosophy* (Oxford: Oxford University Press).

Brewer-Carías, Allan R., and Jan Kleinheisterkamp (2013) 'Venezuela: The End of Federalism?' in Daniel Halberstam and Mathias Reimann (eds) *Federalism and Legal Unification: A Comparative Empirical Investigation of Twenty Systems* (Dordrecht: Springer).

Brooker, Paul (2014) *Non-Democratic Regimes,* 3rd edn (London: Red Globe Press).

Brooks, Stephen, and Marc Ménard (2017) *Canadian Democracy: A Concise Introduction,* 2nd edn (Don Mills, Ontario: Oxford University Press).

Brown, Keith R. (2013) *Buying into Fair Trade: Culture, Morality, and Consumption* (New York: New York University Press).

Brumberg, Daniel, and Farideh Farhi (2016) *Power and Change in Iran: Politics of Contention and Conciliation* (Bloomington, IN: Indiana University Press).

Buckley, Chris (2018) 'Xi Jinping Thought Explained: A New Ideology for a New Era', in *New York Times,* 26 February.

Budge, Ian (2006) 'Identifying Dimensions and Locating Parties: Methodological and Conceptual Problems', in Richard S. Katz and William Crotty (eds) *Handbook of Party Politics* (Thousand Oaks, CA: Sage).

Bugh, Gary (ed.) (2016) *Electoral College Reform: Challenges and Possibilities* (Abingdon: Routledge).

Burke, Edmund (1774) [1975 edn] 'Speech to the Electors of Bristol', in B. Hill (ed.) *Edmund Burke on Government, Politics and Society* (London: Fontana).

Butler, Anthony (2017) *Contemporary South Africa,* 3rd edn (London: Red Globe Press).

C

Cagaptay, Soner (2017) *The New Sultan: Erdoğan and the Crisis of Modern Turkey* (London: I. B. Tauris).

Cambanis, Thanassis (2015) 'Egypt's Sisi Is Getting Pretty Good … at Being a Dictator', in *Foreign Policy* at http://foreignpolicy.com, 22 May. Retrieved October 2018.

Camp, Roderic Ai (2013) *Politics in Mexico: The Democratic Consolidation or Decline?* 6th edn (Oxford: Oxford University Press).

Campbell, Angus, Philip E. Converse, Warren E. Miller, and Donald E. Stokes (1960) *The American Voter* (New York: Wiley).

Campbell, John (2013) *Nigeria: Dancing on the Brink* (Lanham, MD: Rowman & Littlefield).

Carty, R. Kenneth (2004) 'Parties as Franchise Organizations: The Stratarchical Organizational Imperative', in *Party Politics* 10:1, January, pp. 5–24.

Castagnola, Andrea, and Saúl López Noriega (eds) (2017) *Judicial Politics in Mexico: The Supreme Court and the Transition to Democracy* (Abingdon: Routledge).

Center for American Women and Politics (2017) 'Gender Differences in Voter Turnout', at www.cawp.rutgers.edu/sites/default/files/resources/genderdiff.pdf. Retrieved April 2018.

Center for Responsive Politics (2017) 'Cost of Elections', at www.opensecrets.org/overview/cost.php. Retrieved April 2018.

Center for Systemic Peace (2016). 'Polity IV Project', at www.systemicpeace.org/polityproject.html. Retrieved February 2018.

Chaffee, Steven (2001) 'Studying the New Communication of Politics', in *Political Communication* 18:2, April–June, pp. 237–44.

Christensen, Tom, and Per Lægreid (eds) (2016) *The Ashgate Research Companion to New Public Management* (Abingdon: Routledge).

Cigler, Allan J., Burdett A. Loomis, and Anthony J. Nownes (eds) (2015) *Interest Group Politics,* 9th edn (Washington: CQ Press).

Civicus (2017) *State of Civil Society Report 2017,* at www.civicus.org/index.php/state-of-civil-society-report-2017. Retrieved June 2018.

Civicus (2018) *State of Civil Society Report 2018,* at www.civicus.org/index.php/state-of-civil-society-report-2018. Retrieved June 2018.

Clark, Barry (2016) *Political Economy: A Comparative Approach,* 3rd edn (Santa Barbara, CA: Praeger).

Clarke, Nick, Will Jennings, Jonathan Moss, and Gerry Stoker (2018) *The Good Politician: Folk Theories, Political Interaction, and the Rise of Anti-Politics* (Cambridge: Cambridge University Press).

Cohen, Daniel (2007), *Globalization and Its Enemies* (Cambridge, MA: MIT Press).

Cohen, Michael D., James G. March, and Johan P. Olsen (1972) 'A Garbage Can Model of Organizational Choice', in *Administrative Science Quarterly* 17:1, March, pp. 1–25.

Collier, Paul (2007), *The Bottom Billion: Why the Poorest Countries are Failing and What Can Be Done About It* (New York: Oxford University Press).

Collier, Paul, and Ian Bannon (eds) (2003) *Natural Resources and Violent Conflict: Options and Actions* (Washington, DC: World Bank).

Compagnon, Daniel (2011) *A Predictable Tragedy: Robert Mugabe and the Collapse of Zimbabwe* (Philadelphia, PA: University of Pennsylvania Press).

Comparative Constitutions Project (2018), at http://comparative constitutionsproject.org. Retrieved March 2018.

Confederation of British Industry (2018). Website at www.cbi.org.uk. Retrieved June 2018.

Congleton, Roger D., and Arye L. Hillman (eds) (2015) *Companion to the Political Economy of Rent Seeking* (Cheltenham: Edward Elgar).

Congressional Budget Office (2018). 'The Budget', at www.cbo.gov/topics/budget. Retrieved June 2018.

Corbridge, Stuart, John Harris, and Craig Jeffrey (2013) *India Today: Economy, Politics and Society* (Cambridge: Polity Press).

Coutinho, Luís Pereira, Massimo La Torre, and Steven D. Smith (eds) (2015) *Judicial Activism: An Interdisciplinary Approach to the American and European Experiences* (Heidelberg: Springer).

Crawford, James (2007) *The Creation of States in International Law* (Oxford: Oxford University Press).

Cross, William, and André Blais (2012) *Politics at the Centre: The Selection and Removal of Party Leaders in the Anglo Parliamentary Democracies* (Oxford: Oxford University Press).

Cross, William P., and Richard S. Katz (eds) (2013) *The Challenges of Intra-Party Democracy* (Oxford: Oxford University Press).

Cummings, Sally (2005) *Kazakhstan: Power and the Elite* (London: I. B. Tauris).

Curran, James, and Jean Seaton (2019) *Power without Responsibility: Press, Broadcasting and the Internet in Britain,* 8th edn (London: Methuen).

D

Dahl, Robert A. (1961a) *Who Governs? Democracy and Power in an American City* (New Haven, CT: Yale University Press).

Dahl, Robert A. (1961b) 'The Behavioral Approach in Political Science: Epitaph for a Monument to a Successful Protest', in *American Political Science Review* 55:4, December, pp. 763–72.

Dahl, Robert A. (1998) *On Democracy* (New Haven, CT: Yale University Press).

Dallmayr, Fred (ed.) (1999) *Border Crossings: Toward a Comparative Political Theory* (Lanham, MD: Lexington Books).

Dalton, Russell J. (2013) *Citizen Politics: Public Opinion and Political Parties in Advanced Industrial Democracies,* 6th edn (Washington, DC: CQ Press).

Dalton, Russell J. (2014) 'Interpreting Partisan Dealignment in Germany', in *German Politics* 23:1–2, pp. 134–44.

Dalton, Russell J., and Mark Gray (2003) 'Expanding the Electoral Marketplace', in Bruce E. Cain, Russell J. Dalton, and Susan E.

Scarrow (eds) *Democracy Transformed?: Expanding Political Opportunities in Advanced Industrial Democracies* (New York: Oxford University Press).

Dalton, Russell, J., and Christian Welzel (eds) (2014) *The Civic Culture Transformed: From Allegiant to Assertive Citizens* (New York: Cambridge University Press).

Deacon, Russell (2012) *Devolution in the United Kingdom,* 2nd edn (Edinburgh: Edinburgh University Press).

Deloitte (2017) *Media Consumption in Russia* (Moscow: Deloitte CIS Research Centre).

de Miguel, Carolina, Amaney Jamal, and Mark Tessler (2015) 'Elections in the Arab World: Why Do Citizens Turn Out?' in *Comparative Political Studies* 48:5, April, pp. 687–701.

Denters, Bas, and Pieter-Jon Klok (2005) 'The Netherlands: In Search of Responsiveness', in Bas Denters and Lawrence Rose (eds) *Comparing Local Governance: Trends and Developments* (London: Red Globe Press).

Denver, David, Christopher Carman, and Robert Johns (2012) *Elections and Voters in Britain,* 3rd edn (London: Red Globe Press).

Dershowitz, Alan (2001) *Supreme Injustice: How the High Court Hijacked Election 2000* (New York: Oxford University Press).

DGB (German Trade Union Confederation) (2018) 'Our Functions and Principles', at http://en.dgb.de/our-functions-and-principles. Retrieved May 2018.

Diamond, Jared (2011) *Collapse: How Societies Choose to Fail or Survive* (London: Penguin).

Diamond, Larry (1992) 'Economic Development and Democracy Reconsidered', in Gary Marks and Larry Diamond (eds) *Re-examining Democracy: Essays in Honor of Seymour Martin Lipset* (Thousand Oaks, CA: Sage).

Diamond, Larry (2015) 'Facing up to the Democratic Recession', in *Journal of Democracy* 26:1, January, pp. 141–55.

Diamond, Larry, and Gary Marks (eds) (1992) *Re-examining Democracy: Essays in Honor of Seymour Martin Lipset* (Thousand Oaks, CA: Sage).

Diamond, Larry, and Marc F. Plattner (eds) (2015) *Democracy in Decline?* (Baltimore, MD: Johns Hopkins University Press).

Diamond, Larry, Marc F. Plattner, and Christopher Walker (eds) (2016) *Authoritarianism Goes Global: The Challenge to Democracy* (Baltimore, MD: Johns Hopkins University Press).

Dicey, A. V. (1885) [1959 edn] *Introduction to the Study of the Law of the Constitution,* 10th edn (London: Macmillan).

Dixon, Rosalind, and Theunis Roux (eds) (2018) *Constitutional Triumphs, Constitutional Disappointments: A Critical Assessment of the 1996 South African Constitution's Local and International Influence* (Cambridge: Cambridge University Press).

Djankov, Simeon (2015) 'Russia's Economy under Putin: From Crony Capitalism to State Capitalism'. Policy Brief PB15-18, September (Washington DC: Peterson Institute for International Economics).

Dogan, Mattei, and Dominique Pelassy (1990) *How to Compare Nations* (Chatham, NJ: Chatham House).

Downs, Anthony (1957) *An Economic Theory of Democracy* (New York: Harper).

Draper, Robert (2013) 'Inside the Power of the NRA', in *New York Times Magazine*, 12 December.

Dryzek, John S., Bonnie Honig, and Anne Phillips (eds) (2006) *The Oxford Handbook of Political Theory* (Oxford: Oxford University Press).

Dunn, William N. (2016) *Public Policy Analysis*, 5th edn (Abingdon: Routledge).

Dye, Thomas R. (2012) *Understanding Public Policy,* 14th edn (Englewood Cliffs, NJ: Prentice-Hall).

E

Easton, David (1965) *A Systems Analysis of Political Life* (New York: Wiley).

Economist, The (2018) 'Tanzania's Rogue President', 15 March.

Economist Intelligence Unit (2017) *Democracy Index 2017*, at www.eiu.com/topic/democracy-index. Retrieved June 2018.

Edelman (2018) *Edelman Trust Barometer 2018*, at www.edelman.com/trust-barometer. Retrieved October 2018.

Edwards, Bryce (2016) 'The Future of the Unions', in *NZ Herald* at www.nzherald.co.nz/nz, 22 October. Retrieved October 2018.

Edwards, George C., Kenneth R. Mayer, and Stephen J. Wayne (2018) *Presidential Leadership: Politics and Policy Making,* 11th edn (Lanham, MD: Rowman & Littlefield).

Eichbaum, Chris, and Richard Shaw (2007) 'Ministerial Advisers, Politicization and the Retreat from Westminster: The Case of New Zealand', in *Public Administration* 85:3, September, pp. 569–87.

Eley, Geoff, and Ronald Grigor Suny (1996) 'From the Moment of Social History to the Work of Cultural Representation', in Geoff Eley and Ronald Grigor Suny (eds) *Becoming National: A Reader* (New York: Oxford University Press).

Elgie, Robert (2014) 'Executive Leadership in Semi-Presidential Systems', in R. A. W. Rhodes and Paul 't Hart (eds) (2014) *The Oxford Handbook of Political Leadership* (Oxford: Oxford University Press).

Endersby, James W., John R. Petrocik, and Daron R. Shaw (2006) 'Electoral Mobilization in the United States', in Richard S. Katz and William Crotty (eds) *Handbook of Party Politics* (Thousand Oaks, CA: Sage).

Esmer, Yilmaz, and Thorleif Pettersson (2007) 'The Effects of Religion and Religiosity on Voting Behavior', in Russell J. Dalton and Hans-Dieter Klingemann (eds) *The Oxford Handbook of Political Behavior* (Oxford: Oxford University Press).

Esping-Andersen, Gøsta (1990) *The Three Worlds of Welfare Capitalism* (Cambridge: Polity).

Evans, Mark (ed.) (2010) *New Directions in the Study of Policy Transfer* (Abingdon: Routledge).

Ezrow, Natasha M., and Erica Frantz (2011) *Dictatorships: Understanding Authoritarian Regimes and Their Leaders* (New York: Continuum).

F

Farrell, David M. (2011) *Electoral Systems: A Comparative Introduction,* 2nd edn (London: Red Globe Press).

Felbab-Brown, Vanda, Harold Trinkunas, and Shadi Hamid (2018) *Militants, Criminals, and Warlords: The Challenge of Local Governance in an Age of Disorder* (Washington DC: Brookings Institution).

Figgis, J. N., and R. V. Laurence (eds) *Historical Essays and Studies* (London: Macmillan, 1907).

Finer, S. E. (1966) *Anonymous Empire: A Study of the Lobby in Great Britain* (London: Pall Mall).

Finer, S. E. (1997) *The History of Government from the Earliest Times,* 3 vols (Oxford: Oxford University Press).

Finnemore, Martha (1996) *National Interests in International Society* (Ithaca, NY: Cornell University Press).

Finnemore, Martha, and Kathryn Sikkink (2001) 'Taking Stock: The Constructivist Research Program in International Relations and Comparative Politics', in *Annual Review of Political Science* 4:1, pp. 391–416.

Fishkin, James F. (1991) *Democracy and Deliberation: New Directions for Democratic Reform* (New Haven, CT: Yale University Press).

Fishkin, James F. (2011) *When the People Speak: Deliberative Democracy and Public Consultation* (New York: Oxford University Press).

Flacks, Richard (2005) 'The Question of Relevance in Social Movement Studies', in David Croteau, William Hoynes, and Charlotte Ryan (eds) *Rhyming Hope and History: Activists, Academics, and Social Movement Scholarship* (Minneapolis, MN: University of Minnesota Press).

Fortune (2018) 'Global 500', at http://fortune.com/global500. Retrieved June 2018.

Fox, Richard L., and Jennifer M. Ramos (2012) 'Politics in the New Media Era', in Richard L. Fox and Jennifer M. Ramos (eds) *iPolitics: Citizens, Elections and Governing in the New Media Era* (New York: Cambridge University Press).

Frame, Alex (2015) 'Introduction', in Alex Frame and Gilles Brachotte (eds) *Citizen Participation and Political Communication in a Digital World* (Abingdon: Routledge).

Franklin, Mark (1992) 'The Decline of Cleavage Politics', in Mark Franklin, Thomas Mackie, and Henry Valen (eds) *Electoral Change: Responses to Evolving Social and Attitudinal Structures in Western Countries* (Cambridge: Cambridge University Press).

Franklin, Mark (2004) *Voter Turnout and the Dynamics of Electoral Competition in Established Democracies* (Cambridge: Cambridge University Press).

Frantz, Erica, and Barbara Geddes (2016) 'The Legacy of Dictatorship for Democratic

Parties in Latin America', in *Journal of Politics in Latin America* 8:1, pp. 3–32.

Fraser Institute (2015) *Economic Freedom Index 2015*, at www. fraserinstitute.org. Retrieved October 2018.

Freedom House (2017) *Freedom of the Press 2017* (Washington DC: Freedom House).

Freedom House (2018) *Freedom in the World 2018*, at https://freedom house.org/report/freedom-world/ freedom-world-2018. Retrieved June 2018.

French, Paul (2014) *North Korea: State of Paranoia* (London: Zed Books).

Friedrich, Carl (1937) *Constitutional Government and Politics* (New York: Harper).

Fukuyama, Francis (1989), 'The End of History?' in *The National Interest*, Summer.

Fund for Peace (2018) *Fragile States Index 2018*, at http://fundforpeace. org/fsi. Retrieved July 2018.

G

Gallup (2018) 'Congress and the Public', at http://news.gallup.com/ poll/1600/congress-public.aspx. Retrieved April 2018.

Gandhi, Jennifer (2008) *Political Institutions under Dictatorship* (New York: Cambridge University Press).

Gandhi, Jennifer, and Ellen Lust-Okar (2009) 'Elections under Authoritarianism', in *Annual Review of Political Science* 12, pp. 403–22.

Gardner, Annette, and Claire Brindis (2017) *Advocacy and Policy Change Evaluation: Theory and Practice* (Stanford, CA: Stanford University Press).

Geddes, Barbara (2003) *Paradigms and Sand Castles: Theory Building and Research Design in Comparative Politics* (Ann Arbor, MI: University of Michigan Press).

Geddes, Barbara (2006) 'Why Parties and Elections in Authoritarian Regimes?' Revised version of paper prepared for presentation at the annual meeting of the American Political Science Association, Washington DC, 2005.

Geddes, Barbara (2007) 'What Causes Democratization?' in Carles Boix and Susan C. Stokes (eds) *The Oxford Handbook of Comparative Politics* (Oxford: Oxford

University Press).

Geertz, Clifford (1973) [1993 edn] 'Thick Description: Toward an Interpretative Theory of Culture', in Clifford Geertz (ed.) *Interpretation of Cultures* (London: Fontana).

Gerring, John (2007) 'The Case Study: What It Is and What It Does', in Carles Boix and Susan C. Stokes (eds) (2009) *The Oxford Handbook of Comparative Politics* (Oxford University Press).

Gerring, John, and Joshua Yesnowitz (2006) 'A Normative Turn in Political Science?' in *Polity* 38:1, January, pp. 101–13.

Gerth, Hans H., and C. Wright Mills (1948) *From Max Weber: Essays in Sociology* (London: Routledge & Kegan Paul).

Geys, Benny (2006) 'Explaining Voter Turnout: A Review of Aggregate-Level Research', in *Electoral Studies* 25:4, December, pp. 637–63.

Gheissari, Ali (ed.) (2009) *Contemporary Iran: Economy, Society, Politics* (New York: Oxford University Press).

Giese, Karim (2012) 'The Austrian Agenda Initiative: An Instrument Dominated by Political Parties', in Maija Setälä and Theo Schiller (eds) *Citizens' Initiatives in Europe: Procedures and Consequences of Agenda-Setting by Citizens* (Basingstoke: Palgrave Macmillan).

Ginsburg, Tom (2008) 'The Global Spread of Constitutional Review', in Gregory A. Caldeira, R. Daniel Kelemen, and Keith E. Whittington (eds) *The Oxford Handbook of Law and Politics* (Oxford: Oxford University Press).

Ginsburg, Tom, and Alberto Simpser (2014) *Constitutions in Authoritarian Regimes* (Cambridge: Cambridge University Press).

Gleeson, Brendan, and Wendy Steele (2012) 'Cities', in Rodney Smith, Ariadne Vromen, and Ian Cook (eds) *Contemporary Politics in Australia: Theories, Practices and Issues* (Melbourne: Cambridge University Press).

Glover, Amy (2014) 'Mexico seeks to empower women in politics'. Blog of Mexico Institute at Wilson Center at www.wilsoncenter.org/ article/mexico-seeks-to-empower-women-politics. Retrieved May 2018.

Godwin, Kenneth, Scott H. Ainsworth, and Erik Godwin

(2013) *Lobbying and Policymaking: The Public Pursuit of Private Interests* (Thousand Oaks, CA: Sage).

Gómez Bruera, Hernán F. (2013) *Lula, the Workers' Party and the Governability Dilemma in Brazil* (Abingdon: Routledge).

Goode, J. Paul (2010) 'Redefining Russia: Hybrid Regimes, Fieldwork, and Russian Politics', in *Perspectives on Politics* 8:4, December, pp. 1055–75.

Goodwin, Barbara (2014) *Using Political Ideas*, 6th edn (Chichester: John Wiley).

Government Offices of Sweden (2018) 'Central Government Administration Objectives', at www.government.se. Retrieved June 2018.

Grasso, Maria T. (2016) *Generations, Political Participation and Social Change in Western Europe* (Abingdon: Routledge).

Green, Daniel M. (ed.) (2002) *Constructivism and Comparative Politics* (Armonk, NY: M.E. Sharpe).

Green, Jeffrey Edward (2010) *The Eyes of the People: Democracy in an Age of Spectatorship* (New York: Oxford University Press).

Gregorian, Vartan (2004) *Islam: A Mosaic, Not a Monolith* (Washington, DC: Brookings Institution Press).

Guo, Gang (2007) 'Organizational Involvement and Political Participation in China', in *Comparative Political Studies* 40:4, April, pp. 457–82.

Gwartney, James, Robert Lawson, and Joshua Hall (2016) *Economic Freedom of the World: 2016 Annual Report* (Vancouver: Fraser Institute).

H

Haddad, Bassam (2012) 'Syria, the Arab Uprisings, and the Political Economy of Authoritarian Resilience', in Clement Henry and Jang Ji-Hyang (eds) *The Arab Spring: Will It Lead to Democratic Transitions?* (New York: Palgrave Macmillan).

Hagopian, Frances (2007) 'Parties and Voters in Emerging Democracies', in Carles Boix and Susan C. Stokes (eds) *The Oxford Handbook of Comparative Politics* (Oxford: Oxford University Press).

Hamilton, Alexander (1788a) [1987 edn] *The Federalist*, No. 84, ed. Isaac Kramnick (London: Penguin).

Hamilton, Alexander (1788b) [1987 edn] *The Federalist,* No. 62, ed. Isaac Kramnick (London: Penguin).

Hammerstad, Anne (2010) 'Population Movement and Its Impact on World Politics', in Mark Beeson and Nick Bisley (eds) *Issues in 21st Century World Politics* (London: Red Globe Press).

Han, Lori Cox (ed.) (2017) *New Directions in the American Presidency* (Abingdon: Routledge).

Hardin, Russell (2006) *Trust* (Cambridge: Polity).

Harvey, David (2007) *A Brief History of Neoliberalism* (Oxford: Oxford University Press).

Hasmath, Reza (2016) 'China's NGOs Go Global', in *The Diplomat* at https://thediplomat.com, 23 March. Retrieved October 2018.

Hasmath, Reza, Timothy Hildebrandt, and Jennifer Y. J. Hsu (2016) 'Conceptualizing Government-Organized Non-Governmental Organizations'. Paper presented at Association for Research on Non-profit Organizations and Voluntary Action, Washington DC, 17–19 November.

Hay, Colin (2017) 'Globalization's Impact on States', in John Ravenhill (ed.) *Global Political Economy*, 5th edn (Oxford: Oxford University Press).

Hay, Colin, Michael Lister, and David Marsh (2006) 'The Transformation of the State', in Colin Hay, Michael Lister, and David Marsh (eds) *The State: Theories and Issues* (London: Red Globe Press).

Hayek, F. A. (1960) *The Constitution of Liberty* (Chicago: University of Chicago Press).

Hayes, Louis D. (2017) *Introduction to Japanese Politics*, 6th edn (Abingdon: Routledge).

Haykel, Bernard, Thomas Hegghammer, and Stéphane Lacroix (eds) (2015) *Saudi Arabia in Transition: Insights on Social, Political, Economic and Religious Change* (Cambridge: Cambridge University Press).

Hazan, Reuven Y., and Gideon Rahat, G. (2010) *Democracy within Parties: Candidate Selection Methods and Their Political Consequences* (Oxford: Oxford University Press).

He, Zhou (2009) 'Political Communication Dual Discourse Universes: The Chinese Experience', in Lars Willnat and Annette Aw (eds) *Political Communication in Asia* (New York: Routledge).

Heater, Derek (1999) *What is Citizenship?* (Cambridge: Polity).

Heclo, Hugh (1978) 'Issue Networks and the Executive Establishment', in Anthony King (ed.) *The New American Political System* (Washington, DC: AEI).

Heinelt, Hubert, Annick Magnier, Marcello Cabria, and Herwig Reynaert (eds) (2018) *Political Leaders and Changing Local Democracy: The European Mayor* (London: Palgrave Macmillan).

Held, David, and Anthony McGrew (2007) *Globalization/Anti-Globalization: Beyond the Great Divide*, 2nd edn (Cambridge: Polity Press).

Heldman, Carline (2017) *Protest Politics in the Marketplace: Consumer Activism in the Corporate Age* (Ithaca, NJ: Cornell University Press).

Hellwig, Timothy (2010) 'Elections and the Economy', in Lawrence LeDuc, Richard G. Niemi, and Pippa Norris (eds) *Comparing Democracies 3: Elections and Voting in the 21st Century* (Thousand Oaks, CA: Sage).

Henderson, Sarah L., and Alana S. Jeydel (2013) *Women and Politics in a Global World*, 3rd edn (Oxford: Oxford University Press).

Hendley, Kathryn (2014) 'Assessing the Rule of Law in Russia', in Stephen White, Richard Sakwa, and Henry E. Hale (eds) *Developments in Russian Politics 8* (London: Red Globe Press).

Herb, Michael (2005) 'Princes, Parliaments, and the Prospects for Democracy in the Gulf', in Marsha Pripstein Posusney and Michele Penner Angrist (eds) *Authoritarianism in the Middle East* (Boulder, CO: Lynne Rienner).

Hill, Michael, and Peter Hupe (2014) *Implementing Public Policy: An Introduction to the Study of Operational Governance*, 3rd edn (London: Sage).

Hindmoor, Andrew, and Brad Taylor (2017) 'Rational Choice', in Vivien Lowndes, David Marsh, and Gerry Stoker (eds) *Theory and Methods in Political Science,* 4th edn (London: Red Globe Press).

Hirschl, Ran (2008) 'The Judicialization of Politics', in Gregory A. Caldeira, R. Daniel Kelemen, and Keith E. Whittington (eds) *The Oxford Handbook of Law and Politics* (Oxford: Oxford University Press).

Hobbes, Thomas (1651) [2014 edn] *Leviathan* (Wordsworth Classics of World Literature) (Ware: Wordsworth).

Hoffmann, Herwig C. H., and Jacques Ziller (2017) *Accountability in the EU: The Role of the European Ombudsman* (Cheltenham: Edward Elgar).

Holmberg, Soren, Staffan Lindberg, and Richard Svensson (2017) 'Trust in Parliament', in *Journal of Public Affairs* 17:1–2, February–May.

Holmes, Leslie (1997) *Post-Communism: An Introduction* (Cambridge: Polity).

Holton, Robert J. (2011) *Globalization and the Nation-State*, 2nd edn (London: Red Globe Press).

Hooghe, Liesbet, Gary Marks, and Arjan H. Schakel (2010) *The Rise of Regional Authority: A Comparative Study of 42 Democracies* (Abingdon: Routledge).

Horowitz, Donald L. (2002) 'Constitutional Design: Proposals versus Processes', in Andrew Reynolds (ed.) *The Architecture of Democracy: Constitutional Design, Conflict Management and Democracy* (New York: Oxford University Press).

Horowitz, Donald L. (2006) 'Constitutional Courts: Primer for Decision-Makers', in *Journal of Democracy* 17:4, October, pp. 125–37.

Hrebenar, Ronald J., and Akira Nakamura (eds) 2016) *Party Politics in Japan: Political Chaos and Stalemate in the 21st Century* (Abingdon: Routledge).

Huber, John D., and Piero Stanig (2009) 'Individual Income and Voting for Redistribution Across Democracies'. Unpublished working paper, Columbia University, New York.

Humphreys, Macarten, Jeffrey D. Sachs, and Joseph E. Stiglitz (2007) *Escaping the Resource Curse* (New York: Columbia University Press).

Huntington, Samuel P. (1991) *The Third Wave: Democratization in the Late Twentieth Century* (Norman, OK: University of Oklahoma Press).

Huntington, Samuel P. (1996) *The Clash of Civilizations and the Making of World Order* (New York: Simon & Schuster).

Huskey, Eugene (2010) '*Pantouflage à la russe*: The Recruitment of Russian Political and Business Elites', in Stephen Fortescue (ed.) *Russian Politics from Lenin to Putin* (Basingstoke: Palgrave Macmillan).

I

Immigrant Voting Project (2018) *Current Immigrant Voting Rights,* at www.immigrantvoting.org. Retrieved May 2018.

Inglehart, Ronald (1971) 'The Silent Revolution in Europe: Intergenerational Change in Post-Industrial Societies', in *American Political Science Review* 65:4, December, pp. 991–1017.

Inglehart, Ronald, and Christian Welzel (2010) 'Changing Mass Priorities: The Link between Modernization and Democracy', in *Perspectives on Politics* 8:2, June, pp. 551–67.

Inglehart, Ronald, Christian W. Haerpfer, Alejandro Moreno, Christian Welzel, and others (eds) (2014) 'World Values Survey: Round Six', in World Values Survey at www.worldvaluessurvey.org. Retrieved April 2018.

International Institute for Democracy and Electoral Assistance (2014) *Funding of Political Parties and Election Campaigns: A Handbook on Political Finance* (Stockholm: IDEA).

International Institute for Democracy and Electoral Assistance (2017) 'Data on Provisions for Public Funding of Parties', at www.idea.int. Retrieved April 2018.

International Institute for Democracy and Electoral Assistance (IDEA) (2018a) *Direct Democracy Database,* at www.idea.int. Retrieved May 2018.

Institute for Democracy and Electoral Assistance (2018b). 'Voter Turnout Database', at www.idea.int/data-tools/data/voter-turnout. Retrieved April 2018.

Institute for Democracy and Electoral Assistance (2018c). 'Data on Compulsory Voting', at www.idea.int/data-tools/data/voter-turnout/compulsory-voting. Retrieved May 2018.

International Telecommunication Union (2017) *ICT Facts and Figures.* ITU website at www.itu.int/en/ITU-D/statistics. Retrieved April 2018.

International Telecommunication Union (2018) 'Statistics on Internet Access', at www.itu.int/en/ITU-D/Statistics/Pages/stat/default.aspx. Retrieved May 2018.

Inter-Parliamentary Union (2018) *Parline Database on National Parliaments,* at www.ipu.org. Retrieved April 2018.

Ireton, Cherilyn (2015) 'Thinking About 2025: Scenarios for the Future of Journalism', in World Association of Newspapers and News Publishers, at www.wan-press.org. Retrieved April 2018.

J

Jackson, Keith (1994) 'Stability and Renewal: Incumbency and Parliamentary Composition', in Albert Somit, Rudolf Wildenmann, and Bernard Boll (eds) *The Victorious Incumbent: A Threat to Democracy?* (Aldershot: Dartmouth).

Jackson, Robert H. (1990) *Quasi-states: Sovereignty, International Relations and the Third World* (Cambridge and New York: Cambridge University Press).

Jackson, Robert H., and Carl G. Rosberg (1982) *Personal Rule in Black Africa: Prince, Autocrat, Prophet, Tyrant* (Berkeley, CA: University of California Press).

Jamieson, Kathleen Hall, and Paul Waldman (2003) *The Press Effect: Politicians, Journalists and the Stories that Shape the Political World* (New York: Oxford University Press).

Japan Times (2017) 'Women Set Record 25.8% Pass Rate on Civil Service Exam', at www.japantimes.co.jp, 30 June. Retrieved October 2018.

Jin, Dal Yong (2015) *Digital Platforms, Imperialism, and Political Culture* (Abingdon: Routledge).

Johnson, Burke, and Larry Christensen (2017) *Educational Research: Quantitative, Qualitative and Mixed Approaches,* 6th edn (Thousand Oaks, CA: Sage).

Johnson, Chalmers (1982) *MITI and the Japanese Miracle: The Growth of Industry Policy 1925–1975* (Stanford: Stanford University Press).

Jones, Daniel Stedman (2012) *Masters of the Universe: Hayek, Friedman, and the Birth of Neoliberal Politics* (Princeton, NJ: Princeton University Press).

Jones, Kent (2015) *Reconstructing the World Trade Organization for the 21st Century: An Institutional Approach* (Oxford: Oxford University Press).

K

Kagan, Robert (2008) *The Return of History and the End of Dreams* (New York: Knopf).

Kaid, Lynda Lee, Jacques Gerstlé, and Keith R. Sanders (eds) (1991) *Mediated Politics in Two Cultures: Presidential Campaigning in the United States and France* (New York: Praeger).

Kalberg, Stephen (ed.) (2005) *Max Weber: Readings and Commentary on Modernity* (Oxford: Blackwell).

Karadag, Roy (2010) 'Neoliberal Restructuring in Turkey: From State to Oligarchic Capitalism'. Discussion Paper 10/ 7, July (Cologne: Max Planck Institute for the Study of Societies).

Kasem, A., M. J. F. van Waes, and K. C. M. E. Wannet, *What's New(s)? Scenarios for the Future of Journalism,* at www.journalism2025.com. Retrieved July 2015.

Katz, Richard S., and Peter Mair (1995) 'Changing Models of Party Organization and Party Democracy: The Emergence of the Cartel Party', in *Party Politics* 1:1, January, pp. 5–28.

Kendall-Taylor, Andrew, Erica Frantz, and Joseph Wright (2016) 'The New Dictators: Why Personalism Rules', in *Foreign Affairs,* 26 September.

Kessler, Glenn, Salvador Rizzo, and Meg Kelly (2018) 'President Trump has Made 3,001 False or Misleading Claims so Far', in *Washington Post,* 1 May.

Kettl, Donald F. (2018) *Politics of the Administrative Process,* 7th edn (Washington, DC: CQ Press).

King, Anthony (ed.) (2002) *Leaders' Personalities and the Outcomes of Democratic Elections* (Oxford: Oxford University Press).

King, Gary, Robert O. Keohane, and Sidney Verba (1994) *Designing Social Inquiry: Scientific Inference in Qualitative Research* (Princeton, NJ: Princeton University Press).

King, Gary, Jennifer Pan, and Margaret R. Roberts (2013) 'How Censorship in China Allows Government Criticism But Silences Collective Expression', in *American Political Science Review* 107:2, May, pp. 326–43.

Kingdon, John W. (2010) *Agendas, Alternatives and Public Policy,* updated 2nd edn (New York: Longman).

Kirchheimer, Otto (1966) 'The Transformation of the Western European Party Systems', in Joseph LaPalombara and Myron Weiner (eds) *Political Parties and Political Development* (Princeton, NJ: Princeton University Press).

Kittilson, Miki Caul, and Leslie A. Schwindt-Bayer (2012) *The Gendered Effect of Electoral Institutions: Political Engagement and Participation* (New York: Oxford University Press).

Klapper, Joseph T. (1960) *The Effects of Mass Communication* (New York: Free Press).

Klug, Heinz (2010) *The Constitution of South Africa: A Contextual Analysis* (Oxford: Hart).

Knill, Christopher, and Jale Tosun (2012) *Public Policy: A New Introduction* (London: Red Globe Press).

Knutsen, Oddbjørn (1996) 'Value Orientations and Party Choice: A Comparative Study of the Relationship between Five Value Orientations and Voting Intention in Thirteen West European Democracies', in Oscar W. Gabriel and Jürgen W. Falter (eds) *Wahlen und Politische Einstellungen in Westlichen Demokratien* (Frankfurt: Peter Lang).

Kommers, David P. (2006) 'The Federal Constitutional Court: Guardian of German Democracy', in *Annals of the American Academy of Political and Social Science* 603, January, pp. 111–28.

Koren, Herman (2017) *Best Practices for Environmental Health: Environmental Pollution, Protection, Quality and Sustainability* (Abingdon: Routledge).

Kovacs, Mimmi Söderberg, and Jesper Bjarnesen (eds) (2018) *Violence in African Elections: Between Democracy and Big Man Politics* (London: Zed Books).

Kreiser, Larry, David Duff, Janet E. Milne, and Hope Ashiabor (eds) (2013) *Market Based Instruments: National Experiences in Environmental Sustainability* (Cheltenham: Edward Elgar).

Kreiss, Daniel (2012) *Taking Our Country Back: The Crafting of Networked Politics from Howard Dean to Barack Obama* (New York: Oxford University Press).

Kroeber, Arthur R. (2016) *China's Economy: What Everyone Needs to Know* (New York: Oxford University Press).

Krook, Mona Lena (2009) *Quotas for Women in Politics: Gender and Candidate Selection Reform Worldwide* (New York: Oxford University Press).

Krouwel, A. (2003) 'Otto Kirchheimer and the Catch-All Party', in *West European Politics* 26:2, April, pp. 23–40.

Kulik, Anatoly (2007) 'Russia's Political Parties: Deep in the Shadow of the President', in Kay Lawson and Peter H. Merkl (eds) *When Parties Prosper: The Uses of Electoral Success* (Boulder, CO: Lynne Rienner).

Kumar, Sanjay, and Praveen Rai (2013) *Measuring Voting Behaviour in India* (New Delhi: Sage).

Kurlantzick, Joshua (2016) *State Capitalism: How the Return of Statism is Transforming the World* (Oxford: Oxford University Press).

L

Lam, Willy Wo-Lap (ed.) (2018) *Routledge Handbook of the Chinese Communist Party* (Abingdon: Routledge).

Landes, Richard (2017) '"Celebrating" Orientalism', in *Middle East Quarterly* 23:1, Winter, pp. 1–17.

Landman, Todd, and Edzia Carvalho (2017) *Issues and Methods in Comparative Politics*, 4th edn (Abingdon: Routledge).

Langenbacher, Eric, and David P. Conradt (2017) *The German Polity*, 11th edn (Lanham, MD: Rowman & Littlefield).

Langman, Lauren (2006) 'The Social Psychology of Nationalism', in Gerard Delanty and Krishan Kumar (eds) *The Sage Handbook of Nations and Nationalism* (London: Sage).

Lankov, Andrei (2013) *The Real North Korea: Life and Politics in the Failed Stalinist Utopia* (Oxford: Oxford University Press).

LaPira, Timothy M., and Herschel F. Thomas (2017) *Revolving Door Lobbying: Public Service, Private Influence, and the Unequal Representation of Interests* (Lawrence, KS: University of Kansas Press).

Lasswell, Harold D. (1936) *Politics: Who Gets What, When, How?* (New York: McGraw-Hill).

Lasswell, Harold D. (1968), 'The Future of the Comparative Method', in *Comparative Politics* 1:1, October, pp. 3–18.

Laver, Michael (1983) *Invitation to Politics* (Oxford: Martin Robertson).

Laver, Michael (2006) 'Legislatures and Parliaments in Comparative Context', in Barry Weingast and Donald Wittman (eds) *Oxford Handbook of Political Economy* (Oxford: Oxford University Press).

Lawless, Jennifer L., and Richard L. Fox (2012) *Men Rule: The Continued Under-Representation of Women in US Politics* (Washington DC: Women & Politics Institute).

Lawson, Kay (2013) 'Political Parties and Party Competition', in Joel Krieger (ed.) *The Oxford Companion to Comparative Politics* (New York: Oxford University Press).

Lean, Sharon F. (2012) *Civil Society and Electoral Accountability in Latin America* (New York: Palgrave Macmillan).

Lenin, Vladimir Ilyich (multiple years [1917]) *Imperialism: The Highest Stage of Capitalism* (multiple publishers).

Levada Centre (2017). Public opinion on levels of institutional trust in Russia, at www.levada.ru/en/2017/11/10/institutional-trust-3, 10 November. Retrieved October 2018.

Levin, Paul T (2009) The Swedish Model of Public Administration: Separation of Powers – The Swedish Style', in *Journal of Administration & Governance* 4:1, July, pp. 38–46.

Levitsky, Steven, and Lucan A. Way (2010) *Competitive Authoritarianism: Hybrid Regimes After the Cold War* (Cambridge: Cambridge University Press).

Levitsky, Steven, and Daniel Ziblatt (2018) *How Democracies Die* (New York: Crown).

Levy, Jonah D. (2010) 'Welfare Retrenchment', in Francis G. Castles, Stephan Leibfried, Jane Lewis, Herbert Obinger, and Christopher Pierson (eds) *The Oxford Handbook of The Welfare State* (Oxford: Oxford University Press).

Lewis-Beck, Michael S., Richard Nadeau, and Éric Bélanger (eds) (2011) *French Presidential Elections* (Basingstoke: Palgrave Macmillan).

Lewis-Beck, Michael S., Helmut Norpoth, William G. Jacoby, and Herbert F. Weisberg (2008) *The American Voter Revisited* (Ann Arbor, MI: University of Michigan Press).

Li, Joe (2015) 'State Capitalism: Leviathan Economics of the Future', in *Yale Economic Review*, 13 February.

Lichbach, Mark Irving, and Alan S. Zuckerman (1997) *Comparative Politics: Rationality, Culture and Structure* (Cambridge: Cambridge University Press).

Lijphart, Arend (1971) 'Comparative Politics and the Comparative Method', in *American Political Science Review* 65:3, September, pp. 682–93.

Lim, Timothy C. (2010) *Doing Comparative Politics: An Introduction to Approaches and Issues*, 2nd edn (Boulder, CO: Lynne Rienner).

Lindblom, Charles E. (1959) 'The Science of Muddling Through', in *Public Administration* 19:2, Spring, pp. 78–88.

Lindblom, Charles E. (1979) 'Still Muddling, Not Yet Through', in *Public Administration Review* 39:6, November–December, pp. 517–26.

Lindblom, Charles E. (1990) *Inquiry and Change: The Troubled Attempt to Understand and Shape Society* (New Haven, CT: Yale University Press).

Linde, Jonas, and Gissur Ó Erlingsson (2012) 'The Eroding Effect of Corruption on System Support in Sweden', in *Governance* 26:4, October, pp. 585–603

Linz, Juan J. (1975) [2000 edn] *Totalitarian and Authoritarian Regimes* (Boulder, CO: Lynne Rienner).

Linz, Juan J., and Alfred Stepan (1996) *Problems of Democratic Transition and Consolidation: Southern Europe, South America, and Post-Communist Europe* (Baltimore, MD: Johns Hopkins University Press).

Lippman, Walter (1922) *Public Opinion* (London: Allen & Unwin).

Lipset, Seymour Martin (1959) 'Some Social Requisites of Democracy: Economic Development and Political Legitimacy', in *American Political Science Review* 53:1, March, pp. 69–105.

Lipset, Seymour Martin (1990) *Continental Divide: The Values and Institutions of the United States and Canada* (New York: Routledge).

Locke, John (1690) [1993 edn] in Mark Goldie (ed.) *Two Treatises of Government* (London: J M Dent).

Lockwood, Natalie J. (2013) 'International Vote Buying', in *Harvard International Law Journal* 54:1, Winter, pp. 97–157.

Loeb, Ketty (2017) 'A Grim Outlook for China's Civil Society in the Wake of the 19th Party Congress', in *Asia Pacific Bulletin* 402, 26 October.

Loughlin, John, Frank Hendriks, and Anders Lidström (eds) (2011) *The Oxford Handbook of Local and Regional Democracy in Europe* (Oxford: Oxford University Press).

Lowndes, Vivien, David Marsh, and Gerry Stoker (2017) 'Introduction', to Vivien Lowndes, David Marsh, and Gerry Stoker (eds) *Theory and Methods in Political Science*, 4th edn (London: Red Globe Press).

Luce, Edward (2017) *The Retreat of Western Liberalism* (London: Little, Brown).

Lukes, Steven (2005) *Power: A Radical View*, 2nd edn (London: Macmillan).

Lupia, Arthur (1994) 'Shortcuts versus Encyclopedias: Information and Voting Behavior in California Insurance Reform Elections', in *American Political Science Review* 88:1, March, pp. 63–76.

Lutz, Donald S. (2007) *Principles of Constitutional Design* (New York: Cambridge University Press).

Lynch, Marc (2011) 'After Egypt: The Limits and Promise of Online Challenges to the Authoritarian Arab State', in *Perspectives on Politics* 9:2, June, pp. 301–10.

M

Macpherson, C. B. (1977) *The Life and Times of Liberal Democracy* (Oxford: Oxford University Press).

Macridis, Roy (1955) *The Study of Comparative Government* (New York: Random House).

Maghraoui, Abdeslam (2014) 'Egypt's Failed Transition to Democracy: Was Political Culture a Major Factor?' on *E-International Relations* website at www.e-ir.info, 29 April. Retrieved October 2018.

Mahoney, James (2003) 'Knowledge Accumulation in Comparative Historical Research: The Case of Democracy and Authoritarianism',

in James Mahoney and Dietrich Rueschmeyer (eds) *Comparative Historical Analysis in the Social Sciences* (New York: Cambridge University Press).

Mainwaring, Scott, and Mariano Torcal (2006) 'Party System Institutionalization and Party System Theory after the Third Wave of Democratization', in Richard S. Katz and William Crotty (eds) *Handbook of Party Politics* (London: Sage).

Mair, Peter (2009) 'Left–Right Orientations', in Russell J. Dalton and Hans-Dieter Klingemann (eds) *The Oxford Handbook of Political Behaviour* (Oxford: Oxford University Press).

Maloney, William A. (2009) 'Interest Groups and the Revitalization of Democracy', in *Representation* 45:3, pp. 277–88.

Manza, Jeff, and Christopher Uggen (2008) *Locked Out: Felon Disenfranchisement and American Democracy* (New York: Oxford University Press).

March, James G., and Johan P. Olsen (1984) 'The New Institutionalism: Organizational Factors in Political Life', in *American Political Science Review* 78:3, September, pp. 734–49.

March, James G., and Johan P. Olsen (2011) 'Elaborating the "New Institutionalism"', in Robert E. Goodin (ed.) *The Oxford Handbook of Political Science* (Oxford: Oxford University Press).

Marten, Kimberly (2012) *Warlords: Strong-arm Brokers in Weak States* (Ithaca, NY: Cornell University Press).

Martin, Eric (2012) 'Goldman Sachs's MIST Topping BRICs as Smaller Markets Outperform', on Bloomberg website at www.bloomberg.com. Retrieved October 2018.

McAllister, Ian (2014) 'Voting Behaviour', in Stephen White, Richard Sakwa, and Henry E. Hale (eds) *Developments in Russian Politics 8* (London: Red Globe Press).

McCann, Philip (2015) *The Regional and Urban Policy of the European Union* (Cheltenham: Edward Elgar).

McCargo, Duncan (2012) *Contemporary Japan*, 3rd edn (London: Red Globe Press).

McCauley, Martin (2013) *Stalin and Stalinism*, 3rd edn (Abingdon: Routledge).

McCormick, John (2014) 'Voting on Europe: The Potential Pitfalls of a British Referendum', in *Political Quarterly* 85:2, April–June, pp. 212–19.

McCormick, John (2015) *European Union Politics*, 2nd edn (London: Red Globe Press).

McCormick, John (2017a) *Understanding the European Union*, 7th edn (London: Red Globe Press).

McCormick, John (2017b) *Environmental Politics and Policy* (London: Red Globe Press).

McDonnell, Duncan, and James L. Newell (2011) 'Outsider Parties in Government in Western Europe', in *Party Politics* 17:4, July, pp. 443–52.

McFarland, Andrew (2010) 'Interest Group Theory', in L. Sandy Maisel and Jeffrey M. Berry (eds) *The Oxford Handbook of American Political Parties and Interest Groups* (Oxford: Oxford University Press).

McNair, Brian (2018) *An Introduction to Political Communication*, 6th edn (Abingdon: Routledge).

Meguid, Bonnie M. (2008) *Party Competition Between Unequals: Strategies and Electoral Fortunes in Western Europe* (New York: Cambridge University Press).

Melo, Marcus André, and Carlos Pereira (2013) *Making Brazil Work: Checking the President in a Multiparty System* (New York: Palgrave Macmillan).

Melton, James, and Tom Ginsburg (2014) 'Does *De Jure* Judicial Independence Really Matter? A Reevaluation of Explanations for Judicial Independence'. Coase-Sandor Institute for Law & Economics, Chicago: Working Paper No. 612.

Meredith, Martin (2006) *The Fate of Africa: From the Hopes of Freedom to the Heart of Despair* (New York: Public Affairs).

Mezey, Michael L. (2013) *Presidentialism: Power in Comparative Perspective* (Boulder, CO: Lynne Rienner).

Michels, Robert (1911) [1962 edn] *Political Parties* (New York: Free Press).

Milbrath, Lester W., and M. L. Goel (1977) *Political Participation: How and Why Do People Get Involved in Politics?* 2nd edn (Chicago, IL: Rand McNally).

Mill, John Stuart (1859) [1982 edn] *On Liberty* (Harmondsworth: Penguin).

Mill, John Stuart (1861) [1977 edn] 'Considerations on Representative Government', in J. M. Robson (ed.) *Collected Works of John Stuart Mill*, Vol. 19 (Toronto: University of Toronto Press).

Mills, C. Wright (1956) *The Power Elite* (New York: Oxford University Press).

Minkov, Michael, and Geert Hofstede (2011) 'Is National Culture a Meaningful Concept? Cultural Values Delineate Homogeneous National Clusters of In-Country Regions', in *Cross Cultural Research* 46:2, pp. 133–59.

Minzner, Carl (2018) *End of an Era: How China's Authoritarian Revival is Undermining Its Rise* (New York: Oxford University Press).

Mitra, Subrata K. (2017) *Politics in India: Structure, Process and Policy*, 2nd edn (Abingdon: Routledge).

Monbiot, George (2016) *How Did We Get Into This Mess? Politics, Equality, Nature* (London: Verso).

Monroe, Kristen Renwick (ed.) (2005) *Perestroika! The Raucous Rebellion in Political Science* (New Haven, CT: Yale University Press).

Montargil, Filipe (2010) 'E-Government and Government Transformation: Technical Interactivity, Political Influence and Citizen Return', in Paul G. Nixon, Vassiliki N. Koutrakou and Rajash Rawal (eds) *Understanding E-Government in Europe: Issues and Challenges* (Abingdon: Routledge).

Montesquieu, Charles de Secondat, Baron de (1748) [1989 edn] *The Spirit of the Laws* (Cambridge: Cambridge University Press).

Moore, Barrington (1966) *Social Origins of Dictatorship and Democracy: Lord and Peasant in the Making of the Modern World* (Boston, MA: Beacon Press).

Moran, Michael (2015) *Politics and Governance in the UK*, 3rd edn (London: Red Globe Press).

Morel, Laurence (2007) 'The Rise of "Politically Obligatory" Referendums: The 2005 French Referendum in Comparative Perspective', in *West European Politics* 30:5, pp. 1041–67.

Morlino, Leonardo (2012) *Changes for Democracy: Actors, Structures, Processes* (Oxford: Oxford University Press).

Morris, Richard B. (ed.) (1966) *Alexander Hamilton and the Founding of the Nation* (New York: Dial).

Moury, Catherine (2013) *Coalition Government and Party Mandate: How Coalition Agreements Constrain Ministerial Action* (Abingdon: Routledge).

Munck, Gerardo L. (2007) 'The Past and Present of Comparative Politics', in Gerardo L. Munck and Richard Snyder, *Passion, Craft, and Method in Comparative Politics* (Baltimore, MD: Johns Hopkins University Press).

Munck, Gerardo L., and Richard Snyder (2007), 'Debating the Direction of Comparative Politics: An Analysis of Leading Journals' in *Comparative Political Studies* 40:1, January, pp. 5–31.

N

Negro, Gianluigi (2017) *The Internet in China: From Infrastructure to a Nascent Civil Society* (London: Palgrave Macmillan).

Nicholson, Peter P. (2004) 'Politics and the Exercise of Force', in Adrian Leftwich (ed.) *What is Politics?* (Cambridge: Polity).

Niemann, Arne, and Philippe Schmitter (2009), 'Neofunctionalism', in Antje Wiener and Thomas Diez (eds) *European Integration Theory*, 2nd edn (Oxford: Oxford University Press).

Niskanen, William A. (1971) *Bureaucracy and Representative Government* (Chicago: Aldine, Atherton).

Noack, Rick (2014), 'The Berlin Wall Fell 25 Years Ago, But Germany is Still Divided', in *Washington Post*, 31 October.

Norris, Pippa, and Ronald Inglehart (2011) *Sacred and Secular: Religion and Politics Worldwide*, 2nd edn (Cambridge: Cambridge University Press).

Nordenson, Jon (2017) *Online Activism in the Middle East: Political Power and Authoritarian Governments from Egypt to Kuwait* (London: I. B. Tauris).

O

Oates, Sarah (2014) 'Russia's Media and Political Communication in the Digital Age', in Stephen White, Richard Sakwa, and Henry E. Hale (eds) *Developments in Russian Politics 8* (London: Red Globe Press).

O'Brien, Diana Z., and Johanna Rickne (2016) 'Gender Quotas and Women's Political Leadership', in *American Political Science Review* 110:1, February, pp. 112–26.

O'Donnell, Guillermo (1973) *Modernization and Bureaucratic Authoritarianism: Studies in South American Politics* (Berkeley, CA: California University Press).

O'Donnell, Guillermo, Philippe C. Schmitter, and Laurence Whitehead (eds) (1986) *Transitions from Authoritarian Rule: Comparative Perspectives* (Baltimore, MD: Johns Hopkins University Press).

Ohmae, Kenichi (2005) *The Next Global Stage: Challenges and Opportunities in our Borderless World* (Upper Saddle River, NJ: Wharton School Publishing).

Ohr, Dieter, and Henrik Oscarsson (2011) 'Leader Traits, Leader Image, and Vote Choice', in Kees Aarts, André Blais, and Hermann Schmitt (eds) *Political Leaders and Democratic Elections* (Oxford: Oxford University Press).

Olson, Mancur (1965) *The Logic of Collective Action: Public Goods and the Theory of Groups* (Cambridge, MA: Harvard University Press).

O'Neill, Jim (2001) 'Building Better Global Economic BRICs'. Global Economics Paper No. 66. 30 November, Goldman Sachs, New York.

Önis, Ziya, and Mustafa Kutlay (2013) 'Rising Powers in a Changing Global Order: The Political Economy of Turkey in the Age of BRICs', in *Third World Quarterly* 34:8, pp. 1409–26.

Organisation for Economic Co-operation and Development (OECD) (2017a) *Government at a Glance 2017* (Paris: OECD Publishing).

Organisation for Economic Co-operation and Development (2017b) *Trade Union Density*, at https://stats.oecd.org. Retrieved April 2018.

Organisation for Economic Co-operation and Development (2018a) 'What We Do and How', at OECD web page at www.oecd.org/about/whatwedoandhow. Retrieved February 2018.

Organisation for Economic Co-operation and Development (2018b). Social Expenditure Database', at www.oecd.org/social/expenditure.htm. Retrieved June 2018.

Orren, Karen, and Stephen Skowronek (1995) 'Order and Time in Institutional Study: A Brief for the Historical Approach', in James Farr, John S. Dryzek, and Stephen T. Leonard (eds) *Political Science in History: Research Programs and Political Traditions* (New York: Cambridge University Press).

Oscarsson, Henrik, and Sören Holmberg (2010) 'Swedish Voting Behavior'. Report by Swedish Election Studies Program, Department of Political Science, University of Gothenburg, at www.valforskning.pol.gu.se. Retrieved October 2018.

Ostrogorski, M. (1902) *Democracy and the Organisation of Political Parties* (London: Macmillan).

Owen, Roger (1993) 'The Practice of Electoral Democracy in the Arab East and North Africa: Some Lessons from Nearly a Century's Experience', in Ellis Goldberg, Resat Kasaba, and Joel S. Migdal (eds) *Rules and Rights in the Middle East* (Seattle, WA: University of Washington Press).

P

Paine, Thomas (1791/2) [1984 edn] *Rights of Man* (Harmondsworth: Penguin).

Parekh, Bikhu (2008) *A New Politics of Identity: Political Principles for an Interdependent World* (London: Red Globe Press).

Parel, Anthony J. (1992) 'The Comparative Study of Political Philosophy', in Anthony J. Parel and Ronald C. Keith (eds) *Comparative Political Philosophy: Studies Under the Upas Tree* (New Delhi: Sage Publications).

Parsons, Craig (2018) 'Constructivism and Interpretive Theory', in Vivien Lowndes, David Marsh, and Gerry Stoker (eds) *Theory and Methods in Political Science,* 4th edn (London: Red Globe Press).

Pateman, Carole (2012) 'Participatory Democracy Revisited', in *Perspectives on Politics* 10:1, March, pp. 7–19.

Paxton, Pamela M., and Melanie M. Hughes (2017) *Women, Politics, and Power: A Global Perspective* (Sage: London).

Pedersen, Mogens N. (1979) 'The Dynamics of European Party Systems: Changing Patterns of Electoral Volatility', in *European Journal of Political Research* 7:1, March, pp. 1–26.

Pegg, Scott (1998) *International Society and the De Facto State* (Aldershot, Ashgate).

Pei, Minxin (2016) *China's Crony Capitalism: The Dynamics of Regime Decay* (Cambridge, MA: Harvard University Press).

Peters, B. Guy (2013) 'Politicization: What Is It and Why Should We Care?' in Christine Neuhold, Sophie Vanhoonacker, and Luc Verhey (eds) *Civil Servants and Politics: A Delicate Balance* (Basingstoke: Palgrave Macmillan).

Peters, Yvette (2018) *Political Participation, Diffused Governance, and the Transformation of Democracy* (Abingdon: Routledge).

Pew Research Center (2014) 'Many in Emerging and Developing Nations Disconnected from Politics', at www.pewglobal.org/2014. Retrieved May 2018.

Pew Research Center (2017a) 'Worldwide, People Divided on Whether Life Today Is Better Than in the Past', at www.pewglobal.org, 5 December. Retrieved October 2018.

Pew Research Center (2017b) 'Public Trust in Government: 1958–2017', at www.people-press.org. Retrieved March 2018.

Pew Research Center (2017c) 'Democracy Widely Supported, Little Backing for Rule by Strong Leader or Military', at www.pewglobal.org/2017. Retrieved May 2018.

Pew Research Center (2017d) 'The State of the News Media', at www.stateofthemedia.org. Retrieved April 2018.

Pew Research Center (2108) 'Party Identification Trends, 1992–2017', at www.people-press.org/2018/03/20/party-identification-trends-1992-2017. Retrieved May 2018.

Pharr, Susan J. (2005) 'Civil Society Groups and Policy-Making in Contemporary Japan'. Comments as discussant on panel at Association for Asian Studies annual meeting, Chicago, April.

Pierson, Christopher (2006) *Beyond the Welfare State? The New Political Economy of Welfare*, 3rd edn (Cambridge: Polity).

Pierson, Chris, and Matthieu Leimgruber (2010) 'Intellectual Roots', in Francis G. Castles, Stephan Leibfried, Jane Lewis, Herbert Obinger, and Christopher

Pierson (eds) *The Oxford Handbook of The Welfare State* (Oxford: Oxford University Press).

Pierson, Paul (2004) *Politics in Time: History, Institutions and Social Analysis* (Princeton, NJ: Princeton University Press).

Pilet, Jean-Benoit, and William Cross (eds) (2014) *The Selection of Political Party Leaders in Contemporary Parliamentary Democracies: A Comparative Study* (Abingdon: Routledge).

Piscopo, Jennifer M. (2015) 'States as Gender Equality Activists: The Evolution of Quota Laws in Latin America', in *Latin American Politics and Society* 57:3, Fall, pp. 27–49.

Pitkin, Hanna Fenichel (1967) *The Concept of Representation* (Berkeley: University of California Press).

Poguntke, Thomas, and Paul Webb (2004) *The Presidentialization of Politics: A Comparative Study of Modern Democracies* (Oxford: Oxford University Press).

Pollitt, Christopher, and Geert Bouckaert (2011) *Public Management Reform: A Comparative Analysis*, 3rd edn (Oxford: Oxford University Press).

Popkin, Samuel L. (1994) *The Reasoning Voter: Communication and Persuasion in Presidential Campaigns* (Chicago: University of Chicago Press).

Popper, Karl R. (1959) [2000 edition] *The Logic of Scientific Enquiry* (London: Routledge).

Powell, Jonathan M., and Clayton L Thyne (2011), 'Global Instances of Coups from 1950 to 2010: A New Dataset', in *Journal of Peace Research* 48:2, March, pp. 249–59.

Powell, G. Bingham, Russell J. Dalton, and Kaare Strøm (2014) *Comparative Politics: A Theoretical Framework*, 11th edn (New York: Pearson Longman).

Preston, Julia, and Samuel Dillon (2004) *Opening Mexico: The Making of a Democracy* (New York: Farrar, Straus and Giroux).

Proeller, Isabella, and Kuno Schedler (2007) 'Change and Continuity in the Continental Tradition of Public Management', in Ewan Ferlie, Laurence E. Lynn Jr., and Christopher Pollitt (eds) *The Oxford Handbook of Public Management* (Oxford: Oxford University Press).

Przeworski, Adam (1991) *Democracy and the Market: Political and Economic Reforms in Eastern Europe and Latin America* (New York: Cambridge University Press).

Przeworski, Adam (1995), in Atul Kohli, Peter Evans, Peter J. Katzenstein, Adam Przeworski, Susanne Hoeber Rudolph, James C. Scott, and Theda Skocpol, 'The Role of Theory in Comparative Politics: A Symposium', in *World Politics* 48:1, October, pp. 1–49.

Przeworski, Adam, and Fernando Limongi (1997) 'Modernization: Theories and Facts', in *World Politics* 49:2, January, pp. 155–83.

R

Rahat, Gideon (2007) 'Candidate Selection: The Choice before the Choice', in *Journal of Democracy* 18:1, January, pp. 157–71.

Rainer, Helmut, and Thomas Siedler (2009) 'Does Democracy Foster Trust?' in *Journal of Comparative Economics* 37:2, June, pp. 251–69.

Rampell, Catherine (2014) 'Why Women Are Far More Likely to Vote Than Men', in *Washington Post*, 17 July.

Rein, Martin (2006) 'Reforming Problematic Policies', in Michael Moran, Martin Rein, and Robert E. Goodin (eds) *The Oxford Handbook of Public Policy* (Oxford: Oxford University Press).

Remington, Thomas F. (2014) 'Parliamentary Politics in Russia', in Stephen White, Richard Sakwa, and Henry E. Hale (eds) *Developments in Russian Politics 8* (London: Red Globe Press).

Reno, William (1997) *Warlord Politics and African States* (Boulder, CO: Lynne Rienner).

Reyes, Sebastian (2015) 'Singapore's Stubborn Authoritarianism', in *Harvard Political Review*, 29 September.

Richardson, Jeremy, Gunnel Gustafsson, and Grant Jordan (1982) 'The Concept of Policy Style', in Jeremy Richardson (ed.) *Policy Styles in Western Europe* (London: Allen & Unwin).

Riedl, Rachel Beatty (2014) *Authoritarian Origins of Democratic Party Systems in Africa* (New York: Cambridge University Press).

Riker, William H. (1996) 'European Federalism: The Lessons of Past Experience', in Joachim Hans Hesse and Vincent Wright (eds) *Federalizing Europe? The Costs, Benefits and Preconditions of Federal Political Systems* (Oxford: Oxford University Press).

Ritzer, George (2018) *The McDonaldization of Society: Into the Digital Age*, 9th edn (Thousand Oaks, CA: Pine Forge Press).

Robertson, Graeme B. (2014) 'Civil Society and Contentious Politics in Russia', in Stephen White, Richard Sakwa, and Henry E. Hale (eds) *Developments in Russian Politics 8* (London: Red Globe Press).

Rogers, Everett M. (2003) *Diffusion of Innovations*, 5th edn (New York: Free Press).

Rosanvallon, Pierre (2008) *Counter-Democracy: Politics in an Age of Distrust* (Cambridge: Cambridge University Press).

Rose, Richard (2005) *Learning from Comparative Public Policy: A Practical Guide* (Abingdon: Routledge).

Rose, Richard, and Derek Urwin (1969) 'Social Cohesion, Political Parties and Strains in Regimes', in *Comparative Political Studies* 2:1, April, pp. 7–67.

Ross, Cameron (2010) 'Reforming the Federation', in Stephen White, Richard Sakwa, and Henry E. Hale (eds) *Developments in Russian Politics 7* (London: Red Globe Press).

Ross, Marc Howard (2009) 'Culture and Identity in Comparative Political Analysis', in Mark Irving Lichbach and Alan S. Zuckerman (eds) *Comparative Politics: Rationality, Culture and Structure* (New York: Cambridge University Press).

Rotberg, Robert I. (2004), 'The Failure and Collapse of Nation-States: Breakdown, Prevention and Repair', in Robert I. Rotberg (ed.) *When States Fail: Causes and Consequences* (Princeton, NJ: Princeton University Press).

Rousseau, Jean-Jacques (1762) [1968 edn] *The Social Contract* (London: Penguin).

Rubin, Edward L., and Malcolm M. Feeley (2008) 'Federalism and Interpretation', in *Publius* 38:2, Spring, pp. 167–91.

Russell, Bertrand (1938) *Power: A New Social Analysis* (London: Allen & Unwin).

Russell, Meg (2016) 'Parliament: A Significant Constraint on Government', in Richard Heffernan, Colin Hay, Meg Russell, and Philip Cowley (eds) *Developments in British Politics 10* (London: Red Globe Press).

Ryan, Alan (2012) *The Making of Modern Liberalism* (Princeton, NJ: Princeton University Press).

S

Saich, Tony (2015) *Governance and Politics of China,* 4th edn (London: Red Globe Press).

Said, Edward W. (1978) *Orientalism* (London: Routledge and Kegan Paul).

Said, Edward (2001) 'The Clash of Ignorance', in *The Nation*, 4 October.

Saikal, Amin (2003) *Islam and the West: Conflict or Cooperation?* (London: Red Globe Press).

Sartori, Giovanni (1994) *Comparative Constitutional Engineering: An Inquiry into Structures, Incentives and Outcomes* (London: Macmillan).

Schaffer, Frederic Charles (ed.) (2007) *Elections for Sale: The Causes and Consequences of Vote Buying* (Boulder, CO: Lynne Rienner).

Schedler, Andreas (2009) 'Electoral Authoritarianism', in Todd Landman and Neil Robinson (eds) *The Sage Handbook of Comparative Politics* (London: Sage).

Schedler, Andreas (2013) *The Politics of Uncertainty: Sustaining and Subverting Electoral Authoritarianism* (Oxford: Oxford University Press).

Schlozman, Kay L. (2010) 'Who Sings in the Heavenly Chorus? The Shape of the Organized Interest System', in L. Sandy Maisel and Jeffrey M. Berry (eds) *The Oxford Handbook of American Political Parties and Interest Groups* (Oxford: Oxford University Press).

Schudson, Michael (1998) *The Good Citizen: A History of American Civic Life* (Cambridge, MA: Harvard University Press).

Schuler, Paul, and Edmund J. Malesky (2014) 'Authoritarian Legislatures', in Shane Martin, Thomas Saalfeld, and Kaare W. Strøm (eds) *The Oxford Handbook of Legislative Studies* (Oxford: Oxford University Press).

Schumpeter, Joseph (1943) *Capitalism, Socialism and Democracy* (London: George Allen and Unwin).

Schwab, Klaus (2018) (ed.) *The Global Competitiveness Report 2017–18* (Geneva: World Economic Forum).

Searing, Donald D. (1994) *Westminster's World: Understanding Political Roles* (Harvard: Harvard University Press).

Setälä, Maija, and Theo Schiller (eds) (2009) *Referendums and Representative Democracy* (Abingdon: Routledge).

Seznec, Jean-François (2016) 'Saudi Energy Changes: The End of the Rentier State?' (Washington DC: Atlantic Council).

Shinoda, Tomohito (2011) 'Prime Ministerial Leadership', in Alisa Gaunder (ed.) *Routledge Handbook of Japanese Politics* (Abingdon: Routledge).

Shirk, Susan (ed.) (2011) *Changing Media, Changing China* (New York: Oxford University Press).

Simon, Herbert A. (1983) *Reason in Human Affairs* (Oxford: Blackwell).

Skey, Michael, and Marco Antonsich (eds) (2017) *Everyday Nationhood: Theorising Culture, Identity and Belonging after Banal Nationalism* (London: Palgrave Macmillan).

Skocpol, Theda (1979) *States and Social Revolutions: A Comparative Analysis of France, Russia and China* (New York: Cambridge University Press).

Slider, Darrell (2014) 'A Federal State?' in Stephen White, Richard Sakwa, and Henry E. Hale (eds) *Developments in Russian Politics 8* (London: Red Globe Press).

Smith, Adam (various years [1776]) *An Inquiry into the Nature and Causes of The Wealth of Nations* (various publishers).

Smith, Anthony D. (2010) *Nationalism,* 2nd edn (Cambridge: Polity).

Smith, B. C. (2013) *Understanding Third World Politics: Theories of Political Change and Development,* 4th edn (London: Red Globe Press).

Smith, Daniel Jordan (2007) *A Culture of Corruption: Everyday Deception and Popular Discontent in Nigeria* (Princeton: Princeton University Press).

So, Alvin Y. (2015) 'Introduction: Rethinking the Chinese Developmental Miracle', in Alvin Y. So (ed.) *China's Developmental Miracle: Origins, Transformations, and Challenges* (Abingdon: Routledge).

Solijonov, Abdurashid (2016) *Voter Turnout Trends Around the World* (Stockholm: International Institute for Democracy and Electoral Assistance).

Somin, Illya (2016) *Democracy and Political Ignorance: Why Smaller Government Is Smarter,* 2nd edn (Stanford, CA: Stanford University Press).

Sørensen, Georg (2004) *The Transformation of the State: Beyond the Myth of Retreat* (London: Red Globe Press).

Soyinka, Wole (1997) *The Open Sore of a Continent: A Personal Narrative of the Nigerian Crisis* (New York: Oxford University Press).

Sreberny, Annabelle, and Gholam Khiabany (2010) *Blogistan: The Internet and Politics in Iran* (London: I.B. Tauris).

Staggenborg, Suzanne (2016) *Social Movements,* 2nd edn (New York: Oxford University Press).

Steinberger, Peter J. (2004) *The Idea of the State* (Cambridge: Cambridge University Press).

Steinmo, Sven (2003) 'The Evolution of Policy Ideas: Tax Policy in the Twentieth Century', in *British Journal of Politics and International Relations* 5:2, May, pp. 206–36.

Stepan, Alfred (2001) *Arguing Comparative Politics* (Oxford: Oxford University Press).

Stevens, Jacqueline (2012) 'Political Scientists Are Lousy Forecasters', in *New York Times*, 23 June.

Stokes, Wendy (2005) *Women in Contemporary Politics* (Cambridge: Polity).

Stolle, Dietlind, and Michele Micheletti (2013) *Political Consumerism: Global Responsibility in Action* (Cambridge: Cambridge University Press).

Stone, Adrienne (2018) 'Expression', in Cheryl Saunders and Adrienne Stone (eds) *The Oxford Handbook of the Australian Constitution* (Oxford: Oxford University Press).

Street, John (2011) *Mass Media, Politics and Democracy,* 2nd edn (London: Red Globe Press).

Strønen, Iselin Åsedotter (2017) *Grassroots Politics and Oil Culture in Venezuela: The Revolutionary Petro-State* (London: Palgrave Macmillan).

Sustein, Cass R. (2017) *#republic: Divided Democracy in the Age of Social Media* (Princeton, NJ: Princeton University Press).

Svolik, Milan W. (2008) 'Authoritarian Reversals and Democratic Consolidation', in *American Political Science Review* 102:2, May, pp. 153–68.

Svolik, Milan W. (2012) *The Politics of Authoritarian Rule* (New York: Cambridge University Press).

Swiss Economic Institute (2018) at www.kof.ethz.ch. Retrieved March 2018.

T

Tavits, Margit (2008) *Presidents with Prime Ministers: Do Elections Matter* (Oxford: Oxford University Press).

Taylor, Adam (2014) 'We Treat Him like He's Mad, But Vladimir Putin's Popularity Has Just Hit a 3-Year High', in *Washington Post*, 13 March.

Taylor, Matthew M. (2014) 'The Limits of Judicial Independence: A Model with Illustration from Venezuela under Chávez', in *Journal of Latin American Studies* 46:2, May, pp. 229–59.

Tenhunen, Sirpa, and Minna Säävälä (2012) *An Introduction to Changing India: Culture, Politics and Development* (London: Anthem).

Tetlock, Philip E. (2005) *Expert Political Judgment: How Good Is It? How Can We Know?* (Princeton, NJ: Princeton University Press).

Tetlock, Philip E., and Aaron Belkin (eds) (1996) *Counterfactual Thought Experiments in World Politics* (Princeton, NJ: Princeton University Press).

Teune, Henry (2010) 'The Challenge of Globalization to Comparative Research', in *Journal of Comparative Politics* 3:2, July, pp. 4–19.

Thachil, Tariq (2014) *Elite Parties, Poor Voters: How Social Services Win Votes in India* (Cambridge: Cambridge University Press).

Theocharis, Yannis, and Jan W. van Deth (2018) *Political Participation in a Changing World: Conceptual and Empirical Challenges in the Study of Citizen Engagement* (Abingdon: Routledge).

Thomas, Clive S., and Ronald J. Hrebenar (2009) 'Comparing Lobbying Across Liberal Democracies: Problems, Approaches and Initial Findings', in *Journal of Comparative Politics* 2:1, March, pp. 131–42.

Thompson, Brian, and Michael Gordon (2014) *Cases and Materials on Constitutional and Administrative Law* (Oxford: Oxford University Press).

Tilly, Charles (1975) 'Reflections on the History of European State-Making', in Charles Tilly (ed.) *The Formation of National States in Western Europe* (Princeton, NJ: Princeton University Press).

Tilly, Charles (1997) 'Means and Ends of Comparison in Macrosociology', in *Comparative Social Research* 16, pp. 43–53.

Todaro, Michael P., and Stephen C. Smith (2016) *Economic Development*, 12th edn (Boston, MA: Pearson).

Transparency International (2018) *Corruption Perceptions Index 2017*, at www.transparency.org. Retrieved June 2018.

Troianovski, Anton (2018) 'The Putin Generation: Young Russians are Vladimir Putin's biggest fans', in *Washington Post*, 9 March.

Trumbull, Gunnar (2012) *Strength in Numbers: The Political Power of Weak Interests* (Cambridge, MA: Harvard University Press).

Turner, Mark, David Hulme, and Willy McCourt (2015) *Governance, Management and Development: Making the State Work*, 2nd edn (London: Red Globe Press).

Twigg, Judy (2005) 'Social Policy in Post-Soviet Russia', in Stephen White, Zvi Gitelman, and Richard Sakwa (eds) *Developments in Russian Politics 6* (London: Red Globe Press).

U

Uggen, Christopher, Ryan Larson, and Sarah Shannon (2016) '6 Million Lost Voters: State-Level Estimates of Felony Disenfranchisement, 2016' (Washington DC: The Sentencing Project).

UK Parliament (2018). Website at www.gov.uk/guidance/legislative-process-taking-a-bill-through-parliament. Retrieved March 2018.

UNESCO (United Nations Educational, Scientific and Cultural Organization) (2001) *Universal Declaration on Cultural Diversity*, at www.unesco.org. Retrieved April 2018.

UNESCO (2018) 'UNESCO Condemns Killing of Journalists', at https://en.unesco.org/unesco-condemns-killing-of-journalists. Retrieved May 2018.

United Nations Department of Economic and Social Affairs (2016) *E-Government Survey 2016* (New York: United Nations).

United Nations Development Programme (2017) Human Development Index 2016, at http://hdr.undp.org/en/content/human-development-index-hdi.

United States Bureau of Labor Statistics (2018). Data on federal employees', at www.bls.gov/home.htm. Retrieved June 2018.

United States Department of Health and Human Services (2018) Website at www.hhs.gov. Retrieved June 2018.

United States Elections Project (2016) 2016 November General Election Early Voting', at www.electproject.org. Retrieved May 2018.

Urbinati, Nadia (2000) 'Representation as Advocacy: A Study of Democratic Deliberation', in *Political Theory* 28:6, December, pp. 758–86.

V

van Dijk, Jan A. G. M., and Kenneth L. Hacker (2018) *Internet and Democracy in the Network Society* (Abingdon: Routledge).

Vanberg, Georg (2015) 'Constitutional Courts in Comparative Perspective: A Theoretical Assessment', in *Annual Review of Political Science* 18, May, pp. 167–85.

Vásquez, Ian, and Tanja Porčnik (2017) *The Human Freedom Index 2017* (Washington DC: Cato Institute. Vancouver, BC: Fraser Institute. Berlin: Friedrich Naumann Foundation for Freedom).

Verba, Sidney (1991), 'Comparative Politics: Where Have We Been, Where Are We Going?' in Howard J. Wiarda (ed.) *New Directions in Comparative Politics* (Boulder, CO: Westview Press).

Verba, Sidney, Kay Lehman Schlozman, and Henry E. Brady (1995) *Voice and Equality: Civic Voluntarism in American Politics* (Cambridge, MA: Harvard University Press).

Vosoughi, Soroush, Deb Roy, and Sinan Aral (2018) 'The Spread of True and False News Online', in *Science* 359:6380, 9 March, pp. 1146–51.

W

Wagner, Markus (2012) 'Defining and Measuring Niche Parties', in *Party Politics* 18:6, November, pp. 845–64.

Wah, Francis Loh Kok (2015) 'Centralised Federalism in Malaysia: Is Change in the Offing?' in Meredith L. Weiss (ed.) *Routledge Handbook of Contemporary Malaysia* (Abingdon: Routledge).

Wahlke, John C., Heinz Eulau, William Buchanan, and LeRoy C. Ferguson (1962) *The Legislative System: Explorations in Legislative Behavior* (New York: John Wiley and Sons).

Waterbury, John (1983) *The Egypt of Nasser and Sadat: The Political Economy of Two Regimes* (Princeton, NJ: Princeton University Press).

Watts, Ronald J. (2008) *Comparing Federal Systems*, 3rd edn (Montreal: Institute of Intergovernmental Relations).

Weale, Albert (2007) *Democracy,* 2nd edn (London: Red Globe Press).

Weber, Max (1922) [1957 edn] *The Theory of Economic and Social Organization* (Berkeley, CA: University of California Press).

Wedeen, Lisa (2008) *Peripheral Visions: Publics, Power, and Performance in Yemen* (Chicago: University of Chicago Press).

Wedeen, Lisa (2015) *Ambiguities of Domination: Politics, Rhetoric, and Symbols in Contemporary Syria* (Chicago: University of Chicago Press).

Wehner, Joachim (2006) 'Assessing the Power of the Purse: An Index of Legislative Budget Institutions', in *Political Studies* 54:4, December, pp. 767–85.

Welzel, Christian, and Ronald Inglehart (2009) 'Political Culture, Mass Beliefs, and Value Change', in Christian W. Haerpfer, Patrick Bernhagen, Ronald Inglehart, and Christian Welzel (eds) *Democratization* (Oxford: Oxford University Press).

Wheeler, Deborah L., and Lauren Mintz (2012) 'New Media and Political Change: Lessons from Internet Users in Jordan, Egypt, and Kuwait', in Richard L. Fox and Jennifer M. Ramos (eds) *iPolitics: Citizens, Elections and Governing in the New Media Era* (New York: Cambridge University Press).

Whiskin, Margaux (2018) *Iran and the West: Cultural Perceptions from the Sasanian Empire to the Islamic Republic* (London: I. B. Tauris).

Whitaker, Brian (2005) 'How Mubarak Won the Election', in *The Guardian*, 13 September.

White, Stephen (2014) 'The Electoral Process', in Stephen White, Richard Sakwa, and Henry E. Hale (eds) *Developments in Russian Politics 8* (London: Red Globe Press).

Wiarda, Howard J. (1991) 'Comparative Politics Past and Present', in Howard J. Wiarda (ed.) *New Directions in Comparative Politics* (Boulder, CO: Westview Press).

Wiarda, Howard J. (2014) *Political Culture, Political Science, and Identity Politics: An Uneasy Alliance* (Farnham: Ashgate).

Wildavsky, Aaron (1979) *The Art and Craft of Policy Analysis* (Boston, MA: Little, Brown).

Williams, Melissa S. (1998) *Voice, Trust, and Memory: Marginalized Groups and the Failings of Liberal Representation* (Princeton, NJ: Princeton University Press).

Wimmer, Andreas (2013) *Waves of War: Nationalism, State Formation, and Ethnic Exclusion in the Modern World* (Cambridge: Cambridge University Press).

Wintrobe, Ronald (2007) 'Dictatorship: Analytical Approaches', in Carles Boix and Susan C. Stokes (eds) *The Oxford Handbook of Comparative Politics* (Oxford: Oxford University Press).

Wood, Gordon S. (1993) 'Democracy and the American Revolution', in John Dunn (ed.) *Democracy: The Unfinished Journey, 508 BC to AD 1993* (Oxford: Oxford University Press).

World Association of Newspapers and News Publishers (2017) *World Press Trends 2017,* www.wan-press.org. Retrieved April 2018.

World Bank (2017) *Measuring Business Regulations,* at www.doingbusiness.org/rankings. Retrieved April 2018.

World Bank (2018) 'Development Indicators', at http://data.worldbank.org. Retrieved June 2018.

World Values Survey (2018) 'Findings and Insights', at www.worldvaluessurvey.org/WVS Contents.jsp. Retrieved May 2018.

Wright, Joseph, and Abel Escribà-Folch (2012) 'Authoritarian Institutions and Regime Survival: Transitions to Democracy and Subsequent Autocracy', in *British Journal of Political Science* 42:2, February, pp. 283–309.

Wuthnow, Robert (2018) *The Left Behind: Decline and Rage in Rural America* (Princeton, NJ: Princeton University Press).

Y

Yadav, Vineeta (2011) *Political Parties, Business Groups, and Corruption in Developing Countries* (New York: Oxford University Press).

Yin, Robert K. (2018) *Case Study Research and Applications: Design and Methods,* 6th edn (Thousand Oaks, CA: Sage).

Z

Zhang, Qianfan (2012) *The Constitution of China: A Contextual Analysis* (Oxford: Hart).

Zhong, Yang (2015) *Local Government and Politics in China: Challenges from Below* (Abingdon: Routledge).

Zijderveld, Anton C. (2000) *The Institutional Imperative: The Interface of Institutions and Networks 7* (Amsterdam: Amsterdam University Press).

索　　引

图书在版编目（CIP）数据

政治的规则：第十一版 /（英）罗德·黑格
（Rod Hague），（英）马丁·哈罗普（Martin Harrop），
（美）约翰·麦考密克（John McCormick）著；赵德昊，
殷昊译 . -- 北京：中国人民大学出版社，2024.4
（人文社科悦读坊）
ISBN 978-7-300-32658-0

Ⅰ.①政… Ⅱ.①罗… ②马… ③约… ④赵… ⑤殷
… Ⅲ.①政治学-研究 Ⅳ.①D0

中国国家版本馆 CIP 数据核字（2024）第 059267 号

人文社科悦读坊

政治的规则（第十一版）

［英］罗德·黑格（Rod Hague）
［英］马丁·哈罗普（Martin Harrop）　　　　著
［美］约翰·麦考密克（John McCormick）
赵德昊　殷　昊　译
Zhengzhi de Guize

出版发行	中国人民大学出版社		
社　址	北京中关村大街 31 号	**邮政编码**	100080
电　话	010 - 62511242（总编室）	010 - 62511770（质管部）	
	010 - 82501766（邮购部）	010 - 62514148（门市部）	
	010 - 62515195（发行公司）	010 - 62515275（盗版举报）	
网　址	http://www.crup.com.cn		
经　销	新华书店		
印　刷	北京宏伟双华印刷有限公司		
开　本	787 mm×1092 mm　1/16	**版　次**	2024 年 4 月第 1 版
印　张	30.25 插页 1	**印　次**	2025 年 2 月第 2 次印刷
字　数	520 000	**定　价**	128.00 元